Luciano Canfora

CAESAR

Luciano Canfora

CAESAR

Der demokratische Diktator
Eine Biographie

Aus dem Italienischen
ins Deutsche übertragen
von Rita Seuß

Verlag C. H. Beck München

Dieses Buch erschien als Originalausgabe unter dem Titel
Giulio Cesare. Il dittatore democratico
in italienischer Sprache 1999 im Verlag Editori Laterza.
© 1999, Giuseppe Laterza & Figli Spa, Roma-Bari

Mit 3 Karten im Text

Die Deutsche Bibliothek – CIP-Einheitsaufnahme

Canfora. Luciano: Caesar : der demokratische Diktator ; eine Biographie /
Luciano Canfora. Aus dem Ital. ins Dt. übertr. von Rita Seuß. – München :
Beck, 2001. Einheitssacht.: Giulio Cesare ⟨dt.⟩ ISBN 3-406-46640-0

ISBN 3 406 46640 0

www.beck.de

Ich danke allen,
die mir mit Rat und Tat zur Seite gestanden haben,
insbesondere Giorgio Fabre
und Marina Silvestrini,
und für die Arbeit an der deutschen Ausgabe
Rita Seuß, Thomas Gerhardt und Rene Pfeilschifter.

Inhalt

Anhang

Suetons Darstellung – Die Fälscherwerkstatt – Der Charakter der *commentarii* und die Genese der „Ergänzungen" – Das „Tagebuch des Generalstabs" – Die Genese des *„Corpus" Caesarianum* – Der „augusteische" Ursprung der Endfassung des *„Corpus" Caesarianum* und die Folgen – Caesars Propaganda im „Bürgerkrieg"

Vorwort

„Den 'Caesar' schreibend, das entdecke ich jetzt, darf ich keinen Augenblick glauben, daß es so kommen muß, wie es kam", notierte Brecht im *Arbeitsjournal*.[1] Die folgenden Zeilen schweifen ab und schwächen damit den Eindruck dieser Überlegung. Brecht ergeht sich in müßigen Reflexionen über die Nichtaufhebbarkeit der Sklaverei in der Antike. Doch wenig später kehrt er zu seinem Ausgangspunkt zurück und wendet sich polemisch gegen die optimistische und letztlich beliebige „Suche nach den Gründen für alles Geschehene". Daher seine scharfe Kritik an dem unpersönlichen „man" in den Geschichtswerken („all dies Gerede davon, daß *man* Sklaven brauchte, weil *man* keine Maschinen hatte"), die auf eine für jeden Historiker wichtige Frage hinausläuft: „Wer ist *man*?"

Der Gegenstand des vorliegenden Buches ist wie geschaffen für ein solches Mißtrauen gegenüber allem historischen Determinismus, hätten doch die politischen und militärischen Ereignisse an jedem entscheidenden Punkt auch genau den entgegengesetzten Verlauf nehmen können. Um nur ein Beispiel aus der letzten Phase zu nennen: Die Partei der Caesargegner war im Bürgerkrieg so außergewöhnlich stark, daß sie erst nach erbittertem Ringen geschwächt werden konnte – ein Jahre dauernder, ebenso skrupellos wie blutig geführter, vor allem aber niemals wirklich entschiedener Kampf.

War sein Schatten der ganze Erdkreis?

Ein Gedicht von Jorge Luis Borges hebt in wenigen, eindeutig von Shakespeares *Julius Caesar* inspirierten Zeilen die Bedeutsamkeit der „Vorsehung" in den Mittelpunkt von Caesars Leben: „Hier ist das, was die Dolche hinterließen. / Hier dieses arme Ding, ein toter Mann / der sich Caesar genannt". In diesen Anfangsversen klingen jene Worte nach, die Antonius in Shakespeares Drama beim Anblick von Caesars Leiche ausruft: „Oh, großer Caesar, liegst du so im Staube? Sind alle deine Siege, Herrlichkeiten, Triumphe, Beuten eingesunken nun in diesen kleinen Raum?" Doch am Ende des kurzen

Gedichts wird der andere Caesar sichtbar: „Hier auch der Andre,
der Künftige, dessen großer Schatten der ganze Erdkreis sein wird".
Die Idee ist klar: Caesar als einer jener Männer, deren Werk „tiefe
Spuren" hinterläßt und bahnbrechende Umwälzungen zeitigt: im Fall
Caesars die Romanisierung des keltischen Europa und die Entstehung einer universalen Monarchie, der noch eine große Zukunft beschieden sein wird. Männer dieses Schlags werden gern als „Werkzeug" der Geschichte bezeichnet. Da sie *notwendige* Neuerungen in
Gang gesetzt haben, Veränderungen, die stattfinden *mußten*, weil die
„Zeit reif" dafür war, interpretiert man die Folgen ihrer Taten gern
als einer der Geschichte immanenten „Logik" unterworfen.

Mit seiner Selbstermahnung im *Arbeitsjournal* stellt Brecht eben
diese Gewißheit grundsätzlich in Frage: den „Glauben" an die Macht
der „Vorsehung", die jenes „arme Ding", von den Dolchen der Feinde durchbohrt, und „den Andren [Caesar], dessen großer Schatten
der ganze Erdkreis sein wird", zur Deckung bringt. Ein weit in der
Zukunft liegendes historisches Resultat soll bereits im Wirken jenes
ebenso kühnen wie glücklosen Parteiführers angelegt sein.

Der Ausgang von Caesars politischem und militärischem Handeln
war stets und insbesondere in den entscheidenden Momenten völlig
offen. Er hat hoch gepokert, vor allem in jenem endlos langen Konflikt, der mit seinem gewaltsamen Tod endete. Sein Scheitern erfolgte
durch eine spektakuläre Aktion, die dennoch nicht gänzlich überraschend kam: die Verschwörung in den eigenen Reihen. Dennoch blieb
sein Ansehen über seinen Tod hinaus ungebrochen, und die ungeheure Faszinationskraft, die von Caesar ausging, machte seine Person,
ja seinen Namen, zu einem Archetyp. Liegt der Grund dafür lediglich
in der geschickten Manipulation durch Octavian, den späteren Augustus, Caesars Sohn und Erben? Octavian hat Caesar neu „gestylt",
um sich dann über Jahre zu seinem „Erben" zu erklären. Später ließ
er ihn immer mehr in den Hintergrund treten, gleichsam eingefaßt
in eine Formel, die vor allem ihm selbst, dem Sohn des Vergöttlich-
ten, dem *Divi filius*, zugute kam.[2] Dieser Umstand erschwert die
Arbeit des Historikers, der zwischen dem „echten" Caesar und demjenigen zu unterscheiden hat, den die Überlieferung seit Octavian
geformt hat. Diese Tradition beeinflußte nicht nur die zeitgenössische
Geschichtsschreibung, sie führte – mit Berechtigung oder nicht – zu
der bis heute dominierenden Sicht auf Caesar.

Wir müssen von Glück reden, daß uns dieser Mann über seine
politischen und militärischen Maßnahmen im entscheidenden Jahr-

zehnt seines öffentlichen Wirkens (58–48 v. Chr.) einen Bericht überliefert hat: die authentischste *Idee von sich selbst,* die uns dieser
„Tote namens Caesar" hat hinterlassen wollen. Wir wissen, wie ver-
lockend, aber auch gewagt es ist zu beschreiben, was eine historische
Figur tatsächlich *war* – über das hinaus, was sie *sein wollte* und vor
allem selbst *behauptet, gewesen zu sein.*

Die Lösung liegt folglich in der Darstellung. In der Schilderung
einer politischen Karriere, die die Überwindung der *res publica,* der
althergebrachten Ordnung des römischen Staates, zum Ziel hatte.
Eine solche Schilderung kann allerdings nur zum Teil Rekonstruktion
sein, da die Überlieferung von Anfang an manipuliert ist. Caesar
selbst hat diesen Prozeß der Manipulation mit seinen *commentarii*
in Gang gesetzt. Der Suche nach einem Zusammenhang zwischen
den Ambitionen und der Karriere eines Parteiführers und dessen „historischer Bedeutung" für die Zerstörung der alten *res publica* steht
Caesars unermüdliche Beteuerung entgegen, er habe die Regeln und
Gesetze der traditionellen Ordnung strikt verteidigt. Mißtraut man
aber konsequent dieser Selbstdarstellung, so läuft man Gefahr, in
einen Teleologismus, in eine Art Geschichtsmetaphysik zu verfallen.

Der Caesar der Herrscher

Dennoch darf man die lange historiographische Tradition und den
Caesar, den sie hervorgebracht hat, nicht außer acht lassen. Ein über
die Jahrhunderte hin immer wiederkehrender und bis heute so vitaler
und vieldeutiger Begriff wie „Caesarismus", der eine bestimmte Ty-
pologie der Macht bezeichnet, muß in die Betrachtung Eingang finden, ist damit doch der Caesar der Überlieferung selbst zu einem
Faktum geworden. Aber welcher Überlieferung? Auf der einen Seite
die der Herrscher, die sich gern auf dieses Vorbild beziehen, auf der
anderen Seite eine äußerst kritische Deutungstradition, die wir in der
von Ronald Syme so geschätzten Formel vom „republikanischen Pessimismus" zusammenfassen können.

Einblick in das Interesse der Herrscher am Caesar-Archetyp gibt
uns Napoleon III. mit der bekannten Einleitung, die er dem zweiten
Band seiner unvollendeten und sehr gelehrten *Histoire de Jules César*
von 1866 voranstellen ließ. „Bei der Veröffentlichung des zweiten
Bandes der vom Kaiser verfaßten *Geschichte Caesars",* schreibt der
Herausgeber (offenbar im Einvernehmen mit dem Kaiser), „ist es

nicht ohne Interesse, die Namen der Herrscher und Fürsten zu nennen, die sich mit diesem Gegenstand befaßten". Es folgt eine Reihe von Namen, die es aufgrund ihrer Bedeutung wert sind, hier angeführt zu werden: Karl VIII., der ein „solches Gefallen an Caesars *commentarii* fand", daß er den Mönch Robert Gaguin aufforderte, ihm eine Übersetzung der *commentarii* zum Gallischen Krieg anzufertigen (1480). Karl V., von dem uns ein Exemplar der *commentarii* „mit eigenhändigen Randbemerkungen" überliefert ist; sein Interesse an den strategischen Aspekten von Caesars Bericht war so groß, daß er eine wissenschaftliche Mission nach Frankreich schickte, um die Topographie der gallischen Feldzüge untersuchen zu lassen; die Frucht dieser Bemühungen sind vierzig Landkarten, sorgfältig gedruckt von Giacomo Strada (1575); eine davon zeigt die Belagerung von Alesia. Ein Zeitgenosse und Nacheiferer Karls V., der türkische Sultan Süleyman II., ließ in ganz Europa Ausgaben der *commentarii* Caesars zusammentragen und kollationieren. Auf diese Weise entstand eine Übersetzung in türkischer Sprache, die dem Sultan zur täglichen Lektüre diente. Heinrich IV. und Ludwig XIII. übersetzten die beiden ersten bzw. letzten Kommentarien (eine Ausgabe mit beiden Übersetzungen erschien im Jahr 1630 „au Louvre", d. h. in der königlichen Druckerei). Ludwig XIV. (der sich wahrlich nicht verausgabt hat) übersetzte das erste Kommentarium neu, das schon Heinrich IV. ins Französische übertragen hatte, und gab es 1651 (noch unter der Vormundschaft Mazarins) in einer prächtigen Ausgabe heraus. Der Herausgeber der *Histoire de Jules César* nennt weiterhin den großen Condé, der Caesars Feldzüge genau studiert hatte. In seinem Auftrag fertigte Perrot d'Ablancourt eine Übersetzung sämtlicher *commentarii* an – im 18. Jahrhundert die renommierteste und am weitesten verbreitete Übersetzung. Nach Hinweisen auf eine Caesarbiographie Christines von Schweden und auf die Karte zu den Gallischen Kriegen, die Philipp von Orléans in Auftrag gab, wird das eigentliche Vorgängerwerk für das eindrucksvolle Mammutprojekt Napoleons III. genannt: der *Précis des guerres de César*, den Napoleon I. Anfang 1819 auf der Insel Helena dem Grafen Marchand diktierte und den dieser 1836 in Paris veröffentlichte.

Der Caesar Napoleon Bonapartes

Napoleon hat sich mit Caesar tatsächlich identifiziert. Sein Getreuer Las Cases führt in seinem *Mémorial de Sainte-Hélène* Vergleiche auf, die mit Sicherheit vom Kaiser selbst stammen: „Es ist festzuhalten, daß Napoleon 60, Caesar 50 Schlachten geschlagen hat".[3] Und an den Grafen Marchand richtet der Kaiser eine Voraussage: „Wie Caesars Tod so wird auch mein Tod durch ein Zeichen angekündigt werden" (in Anspielung auf das Erscheinen des Kometen zum Zeitpunkt des Todes).[4] Im Gespräch mit Las Cases weist der Kaiser darauf hin, genau wie Caesar die Trockenlegung der Pontinischen Sümpfe geplant zu haben.[5] Und der Baron de Pommereul stellte die Vergleichskoordinaten sogar auf den Kopf, als er in den *Campagnes du général Bonaparte en Italie* (1797) schrieb: „Verglichen mit Napoleon ist Caesar nur ein Anwärter auf militärischen Ruhm!"

Aber Napoleon übernimmt nicht nur – wie die Herrscher, die vor ihm den „Caesarkult" betrieben – ein ganz bestimmtes Herrschaftsmodell. Er hat vielmehr eine sehr lebendige Vorstellung von der besonderen Beziehung Caesars zum „Volk": *Le peuple*, in den Revolutionsjahren ein Modewort („L'ami du peuple" heißt Marats Zeitung), bezeichnet jenen politisch aktiven Teil der untersten sozialen Schichten, der tatsächlich Politik macht und die herrschenden Kräfte nachhaltig beeinflußt. Denken wir nur an einige typische Auftritte Caesars, die verdeutlichen, was Napoleon meint, wenn er *peuple* sagt: Im Januar 49 hätte sich Pompeius in Rom der Auseinandersetzung mit Caesar stellen können, „aber *le peuple* war gegen ihn" (S. 209); „*le peuple* hegte eine tiefe Zuneigung für Caesar" (S. 125); „als der junge Caesar für Iulia, die Schwester seines Vaters und Gattin des Gaius Marius, die Leichenrede hielt, nahm *le peuple* mit Begeisterung zur Kenntnis, daß die Bilder des Marius in einer öffentlichen Zeremonie wieder zur Schau gestellt wurden" (S. 26). Napoleon verwendet *peuple* in derselben Bedeutung wie Sueton in seiner *Caesar*-Biographie den Begriff *plebs*: als Manövriermasse, aber auch als soziale *pressure group*, die im Bürgerkrieg die zentrale Rolle spielte. Napoleon erfaßt damit ein Kernelement: eine „Grundausrichtung" Caesars, der seine Feinde mit allen möglichen Taktiken zu schlagen versucht, ohne von dieser Grundausrichtung jemals abzuweichen. Ganz zu Recht erkennt Napoleon (S. 213) in gewissen Zugeständnissen Caesars an die Aristokratie nach dem Sieg im Bürgerkrieg die Ursache für die „Unzufriedenheit der *parti populaire* und des Heeres". Napoleon richtet seine Aufmerksamkeit auf einen Punkt, der ihm selbst sehr am Herzen liegt: die „Legitimität" der persönlichen Macht Caesars,[6] der auch in seiner neuen Rolle als Alleinherrscher („Diktator auf Lebenszeit") der Führer des „Volkes" bleibt. Angesichts von Verfall und Niedergang des Senats, der starken Präsenz von Veteranen in Italien, „attendant tout de la grandeur de quelques hommes et rien de la république", stellt Napoleon die These auf, „Caesar sei der Garant der römischen Oberherrschaft" und der „Sicherheit der Bürger aller Parteien" gewesen.

Der Nachdruck, mit dem Napoleon darauf beharrt, Berichte über Caesars Streben nach der Königswürde seien nichts als verleumderische Behauptungen, ist ein weiterer Beleg dafür, wie sehr er sich mit Caesar identifiziert hat: nicht mit einem König Caesar, sondern mit dem Diktator auf Lebenszeit („dictateur perpétuel"), der als solcher ein Garant der römischen Oberherrschaft und der Sicherheit aller Bürger war.

Diese Selbstidentifikation vermag nicht zu überraschen (der Italienfeldzug war für Napoleon dasselbe wie der Gallische Krieg für Caesar: nämlich eine *praeparatio*, eine Vorbereitung auf entscheidendere und gewichtigere Schlachten). In den „Kriegsschulen" waren Caesars *commentarii* Bücher, die intensiv studiert wurden:[7] die Stelle im *Précis*, wo Napoleon gewissenhaft und kenntnisreich logistische Probleme eines Angriffs gegen die Parther und der dafür geeigneten Wege erörtert,[8] ist gleichsam eine „Schulübung" in militärischer Ausbildung.

Und der Caesar der „Republikaner"

Napoleon Bonaparte scheint (*pro domo suo*) nahelegen zu wollen, der einzig richtige Weg einer populären Politik sei die Bindung an eine starke persönliche und notwendigerweise klassenübergreifende Macht.[9] Der extreme Gegenpol hierzu ist die Position des, pauschal gesprochen, „republikanischen Pessimismus", der im 20. Jahrhundert zahlreiche, auch bedeutende Vertreter hatte. Symes *Römische Revolution* und Gelzer (sein *Caesar*, aber auch seine weniger bekannten Schriften) sind ein beredtes Zeugnis dafür. Der Kern dieser Position liegt in der postulierten Gleichwertigkeit aller Parteiführer der späten Republik und der Zurückstufung ihrer Verlautbarungen und „Programme" auf den Status reiner Propaganda. Paradoxerweise erinnert diese Position zumindest in einem wesentlichen Punkt (in ihren Schlußfolgerungen, nicht in ihren Prämissen) an die, wie wir es nennen können, „marxistisch-leninistische" Sicht. Sie hat ihre Hauptvertreter in der sowjetischen Geschichtsschreibung, klingt aber auch in manchen Äußerungen Brechts im oben zitierten Arbeitsjournal an. Auch sie tendiert aus ganz eigenen Gründen dazu, die Unterschiede zwischen den Parteiführern im Streit um die Oberherrschaft zu nivellieren. Obwohl sich diese Führer bekämpfen, werden sie für ein bestimmtes politisches Verhalten mitverantwortlich gemacht, das darauf abzielt, die Sklavenordnung zu bewahren. Obwohl sie sich bekämpfen, stehen sie alle auf derselben Seite der Barrikade. Brecht verweist mit einem Satz beiläufig auf ein Problem, das diesen Schematismus aufzubrechen scheint: dort, wo er davon spricht, daß „die Sklaverei eine Politik der Plebs so unmöglich machte". Eine flüchtige Bemerkung, die jedoch zu einer differenzierteren Betrachtung des gesamten Komplexes führen könnte.

Schematisch ist gewiß die Sicht, die man dem „republikanischen Pessimismus" aufgeprägt hat. Nicht zu Unrecht wandte sich Arnaldo Momigliano kurz nach seiner Ankunft im englischen Exil gegen das leere, nur vordergründig dicht bevölkerte „prosopographische" Universum: Die Bestimmung dieser Männer, deren Leben und Wirken zur Zeit des Bürgerkriegs wir sehr genau kennen, habe sich nicht darin erschöpft, in Pauly-Wissowas Realencyclopädie aufgenommmen zu werden – sie seien vielmehr Mitglieder unterschiedlicher Schichten, einander bekämpfender sozialer Gruppen, des städtischen Proletariats, der *nobilitas*, der alten Aristokratie usw.[10]

Der „republikanische Pessimismus"[11] wird, wen wundert's, von einem moralistischen Ton beherrscht. Selbst der Prinzipat – jene Herrschaftsform, die Augustus einführte – ist für Gibbon „Sklaverei". Für ihn wie für Syme sind Cremutius, Thrasea usw. Märtyrer der Freiheit unter dem Prinzipat und zudem die „letzten Römer". „Die Erziehung des Helvidius [Priscus] und Thrasea, des Tacitus und Plinius war dieselbe, wie jene Catos und Ciceros. Aus der griechischen Philosophie hatten sie die richtigsten und freisinnigsten Ansichten von der Würde der menschlichen Natur und dem Ursprunge der bürgerlichen Gesellschaft eingesogen. Die Geschichte ihres eigenen Vaterlandes hatte sie gelehrt, eine freie, tugendhafte und siegreiche Republik zu verehren, Cäsars und Augustus' von Erfolg gekrönte Verbrechen zu verabscheuen und jene Tyrannen, welche sie äußerlich

mit allen Zeichen der verworfensten Schmeichelei anbeteten, innerlich [inwardly] zu verachten".[12] Der bei Gibbon einnehmende Ton
wirkt bei Syme anachronistisch.

Die Praxis der Machtausübung in der alten Republik tendierte
mindestens ein paar Jahrhunderte lang (allerdings nicht ohne spektakuläre Ausnahmen) sehr viel mehr auf einen Prinzipat, der den
alten Stadtstaat und seine politischen Formen weiterführte, als auf
eine hellenistisch-militärische Monarchie (für die die griechische Welt
schon mit Alexander ein ideologisches und charismatisches Modell
zur Verfügung gestellt hatte). Zwischen diesen beiden Modellen steht
Caesar. Wir tun ihm Unrecht, wenn wir sein ganzes Bestreben auf
seinen unbedingten Willen reduzieren, mit Freunden und persönlichen Feinden abzurechnen, ein Wille, der besonders in den *commentarii* zum Bürgerkrieg zum Ausdruck kommt. Dank Sueton sind uns
glücklicherweise Informationsfragmente aus Caesars Umgebung sowie indirekt auch von Caesar selbst erhalten. Damit wird Caesar
jenseits seiner Bemühungen um Selbstdarstellung in den *commentarii*
gewissermaßen überrascht und durch eine originale und eindringliche
Dokumentation neu beleuchtet, die nach Sueton kein Geschichtswerk
mehr erreicht hat.

Durch dieses Überlieferungsdickicht bewegt sich unsere Darstellung. Über die Jahrtausende hinweg hat Caesar das Interesse der
Historiker immer wieder neu entfacht. Kluge und erfahrene Köpfe
haben über ihn wie über etwas Unaussprechliches gesprochen. „Aber
eben hierin liegt auch die Schwierigkeit, man darf vielleicht sagen die
Unmöglichkeit, Caesar anschaulich zu schildern", schrieb Theodor
Mommsen. „Wie der Künstler alles machen kann, nur nicht die vollendete Schönheit, so kann auch der Geschichtschreiber, wo ihm alle
tausend Jahre einmal das Vollkommene begegnet, nur darüber
schweigen".[13]

Eine derartige Verzückung gereicht einem Historiker sehr zum
Nachteil. Bezeichnend aber ist es zu sehen, daß einer der größten
Historiker des 19. Jahrhunderts der Faszination Caesars in solchem
Maße erlegen ist. Das macht es für uns Nachgeborene noch schwie-
riger.

I
Vor Sulla auf der Flucht:
Erste Erfahrungen eines jungen Aristokraten

1. In seinen frühen Jahren tritt uns Caesar als ein gejagter, aber unbezähmbarer junger Mann entgegen, entschlossen, die Ehre der unterlegenen „popularen" Partei zu verteidigen. Er zieht sich die Feindschaft des Diktators Sulla zu, der ihm, dem Neffen des Gaius Marius, nach dem Leben trachtet. Aber Caesar ist auch der Sproß einer der ältesten patrizischen Familien, des iulischen Geschlechts, das seinen mythischen Ursprung auf Iulus, den Sohn des Aeneas, zurückführt. Gegen den blutjungen Sohn des Gaius Iulius Caesar (*maior*, der im Jahr 85 n. Chr. starb, als der künftige Diktator sechzehn Jahre alt war) vorzugehen war ein heikles Unterfangen. Sulla zog es vor, ihn zu demütigen, unter anderem, indem er von ihm verlangte, seine Frau Cornelia zu verstoßen. Cornelia ihrerseits war die Tochter Cinnas, des anderen „popularen" Führers, den Sulla mit seinem Marsch auf Rom besiegt hatte.

Die ersten Jahre seines „bewußten" Lebens unter der sullanischen Diktatur bescherten Caesar eine entscheidende Erfahrung. Er bekam zu spüren, was es hieß, angesichts einer Übermacht politischer Feinde alles aufs Spiel zu setzen. Und er mußte erfahren, wozu die unkontrollierte Herrschaft der *factio paucorum*, einer Clique von wenigen, führen konnte.

Nachdem Sulla Caesars Amtsantritt als *flamen Dialis*[1] verhindert hatte, wollte er ihn endgültig ausschalten und töten lassen. Plutarch sagt das klar und deutlich.[2] Sueton läßt es immerhin durchblicken, wenn er schreibt, daß Caesar, gezwungen, jede Nacht das Versteck zu wechseln, und genötigt, „seine Häscher" mit Geld zu bestechen, schließlich durch die Vestalinnen und durch Aurelius Cotta „Begnadigung erlangte" (*veniam impetravit*).[3]

Mit seinem Plan, Caesar aus dem Weg zu räumen, stieß Sulla auf Widerstand in den eigenen Reihen. Daher die seinen Anhängern, als diese Caesars Gefährlichkeit nicht wahrhaben wollten, wütend entgegengeschleuderte Bemerkung, „sie sollten ruhig ihren Willen haben und Caesar behalten, wenn sie sich nur darüber im klaren wären,

daß derjenige, den sie mit soviel Mühe zu retten suchten, einst der
Adelspartei (*optimatium partibus*), die sie doch gemeinsam verteidigt
hätten, den Untergang bereiten werde. In Caesar sei nämlich mehr
als ein Gaius Marius verborgen".[4] Obwohl es an anonymen, zuverlässigen Meuchelmördern[5] nicht fehlte, war Sulla die Beute ent-
wischt. Die extreme Erfahrung, daß Caesar „lange Zeit im Sabiner-
land umherirrte", so Plutarch, und sich jede Nacht einen neuen Unterschlupf suchen mußte,[6] bestimmte schon früh die Richtung seines
Weges.

2. Er beschloß, für eine Weile aus Rom zu verschwinden. Gelegenheit dazu bot ihm eine Mission als *legatus* von Marcus Minucius
Thermus, der im Jahr 81, gleich nach dem Ende seiner Prätur, vielleicht auch schon vor Ablauf des Amtes,[7] in die Provinz Asia geschickt wurde. Iulius Caesar war sein Begleiter. Das war offensichtlich ein Weg, ihn aus Rom zu entfernen. In Asia wurde Caesar von
Thermus zu König Nikomedes von Bithynien gesandt, einem guten
Freund der römischen Republik. Mit ihm fühlte sich Caesar schon
bald durch eine enge Freundschaft verbunden, über die Caesars Feinde beharrlich das Gerücht streuten, es handle sich um eine homoero-
tische Beziehung. Noch 35 Jahre später war diese Freundschaft Gegenstand von Spottliedern, die Caesars Soldaten beim Triumph über
Gallien sangen:[8] „Beide Gallien hat Caesar bezwungen, den Caesar
jedoch Nikomedes",[9] und weiter: „Seht, wie Caesar jetzt hier triumphiert, der Gallien bezwang. Nicht triumphiert Nikomedes, der doch
den Caesar bezwungen". Caesar wahrte solchen Spötteleien gegenüber stets souveräne Distanz. Seine Mission in der Provinz Asia war
freilich auch von kriegerischen Ereignissen geprägt. Für seine Verdienste bei der Belagerung von Mytilene, nach Mithridates' Niederlage die letzte Bastion des Widerstands gegen die Römer, wurde Caesar „von Thermus mit der Bürgerkrone *ob cives servatos* ausgezeichnet".[10]
     Im Jahr 78 weilte Caesar in Kilikien und stand im Dienst von
Servilius Isauricus.[11] Diesem war nach dem Konsulat ein schwieriges
Heereskommando gegen die Seeräuber übertragen worden, deren
strategische Festung, Stützpunkt und Zufluchtsstätte Kilikien bildete.
Die Einzelheiten kennen wir nicht genauer, aber Caesar blieb offenbar weiterhin im Osten tätig, jedenfalls kehrte er zu Lebzeiten Sullas
nicht nach Rom zurück. Mit Sonderaufgaben betraut, arbeitete er
mit den in Kleinasien eintreffenden römischen Kommandanten zu-

sammen, was ihm aufgrund seiner Zugehörigkeit zum Patriziat möglich war. Auch sei erwähnt, daß ihm offenbar Beamte, obgleich durchaus Sulla ergeben, behilflich waren, was zu seinem Überleben und zu seiner Rettung nicht wenig beitrug.

Erst auf die Nachricht von Sullas Tod und der Erhebung des Marcus Aemilius Lepidus (Konsul im Jahr 78) gegen die sullanische Ordnung hin betrat er wieder den Boden Roms.[12] Bemerkenswert die Umstände seiner Rückkehr: Dieser zweiundzwanzigjährige junge Mann, von Häschern verfolgt und aus Rom geflohen, um sein Leben zu retten, dabei aber keineswegs in die Knie gezwungen, bricht auf, sobald er vom Tod des Diktators erfährt. Er verhält sich wie ein Führer, der weiß, daß er als solcher erkannt wird. Er erwägt Lepidus' Angebot und Chancen und lehnt schließlich ab. Lepidus, der Ältere und Angesehenere, Konsul in diesem Jahr, lädt ihn herzlich und mit „einem sehr günstigen Angebot"[13] ein, mit ihm am Abenteuer der Revolution teilzunehmen: Er erkennt in Caesar einen Führer der Popularen. Aber Caesar hat bereits den Blick des erfahrenen Politikers, der den bloßen Abenteurer sehr wohl vom aussichtsreichen Führer unterscheiden kann. Sueton, der hierzu wertvolle Details zu berichten weiß, nennt zwei Gründe für Caesars Weigerung, mit Lepidus gemeinsame Sache zu machen: Caesar „traute Lepidus' Fähigkeiten"[14] ebensowenig wie „der konkreten Situation, die er weniger günstig als erwartet vorgefunden hatte".[15] Mit seinem raschen Auffassungs- und Reaktionsvermögen ist Caesar schon ganz der Staatsmann, der die gemäß der klassischen Staatslehre entscheidende Eigenschaft besitzt: die Fähigkeit, Entwicklungen intuitiv zu erkennen, das „Künftige, das wieder einmal, nach der menschlichen Natur, gleich oder ähnlich [dem Gewesenen] sein wird".[16] Dazu gehört auch das Gespür für die Kräfteverhältnisse.

Lepidus' übereilter und schlecht organisierter Aufstand mußte scheitern. Nachdem er in Gallia Transalpina Unruhen geschürt hatte, rückte Lepidus (im Jahr 77 v. Chr. Prokonsul) gegen Rom vor, wurde aber von Catulus geschlagen und mußte nach Sardinien zurückweichen. Ein Teil seiner Männer floh zu Sertorius nach Spanien. Eine eher glanzlose Karriere lag hinter ihm. Als Anhänger Cinnas hatte er eine Frau geheiratet, die mit dem glücklosen popularen Parteiführer Saturninus verwandt war. Als sich Sullas Sieg abzuzeichnen begann, verstieß er seine Frau, wechselte auf die Seite Sullas und bereicherte sich im Zuge der Proskriptionen: ein ewiger Schandfleck. Im Rahmen von Organisationsplänen, die auf Sulla selbst zurückgingen, wurde er Konsul und tat sich mit Pompeius zusammen, der im übrigen eine Kreatur Sullas und dessen Schützling war. Pompeius verhielt sich auf lange Sicht weitaus geschickter als Lepidus, wenn es darum ging, die sullanische Verfassung zu stürzen, deren restriktive Gesetze den oligarchischen Charakter der römischen Republik hervorkehrten. Caesar nun hatte sich genau umgekehrt verhalten: Er hatte sich geweigert, sich von Cinnas Tochter scheiden zu lassen, hatte dem Diktator getrotzt und dabei alles riskiert. Darauf spielt Sueton an, wenn er vom Mißtrauen Caesars gegenüber Lepidus' *ingenium* spricht. Im übrigen war Politik in Rom ein erbliches Geschäft, und Caesar, zynisch genug, auch auf diskreditierte Männer zurückzugreifen, wird zu Beginn des Bürgerkriegs 49/48 mit Hilfe von Lepidus' Sohn seine Diktatur formal absichern, ihn zu seinem *magister equitum* – dem Oberbefehlshaber der Reiterei – machen und nicht zuletzt als „Rivalen" des allzu unabhängigen und unruhigen Antonius ausspielen.[17]

3. Gegenüber den Männern des sullanischen Regimes entscheidet sich Caesar für eine andere und besonnenere Taktik (die sich mitunter auch als weitaus produktiver erweist): Er bringt einige von ihnen mit handfesten Anschuldigungen vor Gericht. So verklagt er Gnaeus Cornelius Dolabella (81 Konsul, ein Jahr zuvor Befehlshaber der sullanischen Flotte) wegen Erpressung im Amt als Prokonsul in Makedonien. Und auch zur Zeit der Proskriptionen – als die Feinde Sullas für vogelfrei erklärt, zu Tausenden ermordet und ihre Vermögen zugunsten des Staates und der Denunzianten eingezogen wurden – war Dolabella alles andere als ein Unschuldsengel gewesen. Höchstwahrscheinlich verlängerte sich Dolabellas Statthalterschaft in Makedonien bis zur Ankunft von Appius Claudius Pulcher (Konsul im Jahr 79). Demnach fand die Gerichtsverhandlung im Jahr 77/76 statt. Tacitus dagegen datiert in seinem *Dialogus de oratoribus* diesen denkwürdigen Prozeß, in dem Dolabella von Spitzenanwälten wie Hortensius verteidigt wurde, freiweg auf Caesars „einundzwanzigstes Lebensjahr",[18] das heißt auf das Jahr 79 oder sogar 80. Das kann aber unmöglich stimmen, andernfalls hätte der Prozeß noch unter Sulla stattgefunden. Caesars Anklagerede gegen den erpresserischen Exkonsul wurde noch zur Zeit von Gellius[19] im 2. Jahrhundert gelesen. Velleius Paterculus, der zur Zeit von Kaiser Tiberius lebte, bezeichnet die Anklageschrift begeistert als *accusatio nobilissima* (glanzvolle Anklage) und fügt hinzu, daß auch die öffentliche Meinung auf Cae-

sars Seite stand. Aber mit Hilfe der besten und einflußreichsten An-
wälte kam der Erpresser straflos davon.[20] Caesar, ohnehin illusions-
los, was den Prozeßausgang betraf, äußerte in seiner Rede gegen den
Angeklagten, daß „ihm durch die Verteidigung des Gaius Cotta der
beste Prozeß entrissen"[21] werde. Die Niederlage machte ihm zu schaffen. Man darf nicht vergessen, daß, wie oft in solchen Fällen, Lepidus' Scheitern das Regime, das er hatte stürzen wollen, gefestigt hatte. Dolabellas Freispruch war ein Zeichen für die Vitalität und Dreistigkeit[22] der sullanischen Partei, die nach wie vor fest im Sattel saß.

Die Griechen, die gehofft hatten, gegen Dolabella Recht zu bekommen, waren enttäuscht. Caesar vertrat sie noch ein zweites Mal
vor Gericht, diesmal gegen Gaius Antonius Hybrida, der ebenfalls
der sullanischen Clique angehörte. Gaius Antonius, der seine wech-
selvolle Karriere noch vor sich hatte,[23] der Nachwelt aber vor allem
als der Onkel des Tribunen Marcus Antonius in Erinnerung geblieben sein dürfte, hatte während Sullas Feldzug die Griechen durch
Plünderungen erheblich geschädigt[24] und nach seiner Rückkehr nach
Italien mit den Gütern der Geächteten spekuliert. Aber die ausge-
plünderten Griechen verklagten ihn beim *praetor peregrinus*, ein
Amt, das in jenem Jahr 76 Marcus Terentius Varro Lucullus innehatte. Plutarch[25] zufolge war Caesar, Anklagevertreter der Provinzbewohner gegen den sullanischen Plünderer, derart erfolgreich, daß
Gaius Antonius schließlich bei den Volkstribunen Berufung einlegte
– mit der Ausrede, ihm seien gleiche Prozeßbedingungen verweigert
worden. Weder Plutarch (mit seiner oft fehlerhaften Chronologie)
noch der Grammatiker Asconius geben Auskunft über den Prozeßausgang, aber alles deutet darauf hin, daß Antonius der Verurteilung
entging.

Sicher dagegen ist, daß sich Caesar unmittelbar nach diesem po-
litisch-juristischen Zwischenspiel erneut zurückzog, um „den Anfein-
dungen zu entgehen", wie Sueton kommentiert.[26] Was gab es Besseres für einen jungen Mann der römischen Oberschicht als eine gute
„griechische" Erziehung in Form einer Bildungsreise nach Rhodos,
dem kulturellen Zentrum und Mekka jener Zeit?

II
In der Gefangenschaft der Seeräuber
(75–74 v. Chr.)

1. Doch die Reise wurde durch einen unvorhergesehenen Zwischenfall jäh unterbrochen. Auf der Höhe von Pharmakussa, einer Spora-
deninsel südlich von Milet, wurde Caesars Schiff von Piraten gekapert. Von Kilikiens grausamen Piraten. Am farbigsten schildert Plutarch diese Episode, die auch in Velleius' Geschichtswerk[1] Eingang
gefunden hat. Sueton berichtet ebenfalls Details, die mit der leben-
digen Schilderung des griechischen Biographen, seines Zeitgenossen,
übereinstimmen. Man kann sich schwer vorstellen, daß ein anderer
als Caesar hinter der Art und Weise steckte, in der dieses Ereignis
kolportiert wurde. Auf ihn geht wohl auch der ironisch-verwegene
Ton zurück, der dieser Geschichte eigen ist. „Sie verlangten zwanzig
Talente Lösegeld von ihm", schreibt Plutarch, „er aber lachte ihnen
ins Gesicht, sie wüßten ja gar nicht, was sie für einen Fang getan,
und versprach, deren fünfzig abzuliefern".[2] Caesar schickte Männer
seiner Begleitung aus, die das Lösegeld zusammentragen sollten, lediglich seinen Leibarzt und zwei Sklaven behielt er bei sich.[3] Selbst
als Geisel (während der 38 Tage Gefangenschaft) und in Sorge, ob
seine Boten mit dem Geld zurückkehrten, gewann er rasch eine beherrschende Stellung. Wollte er schlafen, schickte er einen der beiden
Sklaven, für Ruhe zu sorgen. Wenn sich seine Kidnapper in Wett-
kämpfen übten, erteilte er ihnen Anweisungen, als hätte er mit ihrer
Einwilligung das Kommando übernommen. Auch machte er sie sich
als Zuhörer zunutze. Um die unfreiwillige Muße der Gefangenschaft
sinnvoll zu verbringen, verfaßte er Gedichte und Reden, die er seinen
Entführern vorlas. Wenn sie ihm keine Bewunderung zollten, be-
schimpfte er sie als „Barbaren ohne Bildung", ja stieß lachend Drohungen aus, etwa, daß er sie aufknüpfen lassen werde. Sie wiederum
hatten ihre Freude daran, „hielten sie ihn doch für einen harmlosen,
lustigen Patron, der die losen Reden nicht lassen könne".[4] Schließlich
traf das Lösegeld ein, die geforderten fünfzig Talente wurden bezahlt,
und man brachte Caesar an Land. Wie aber war er an die hohe
Lösegeldsumme herangekommen? Velleius gibt genauer Auskunft:

„Die Städte (*civitates*) in Asien bezahlten das Lösegeld für ihn[5] – er hatte zuvor die Piraten dazu gebracht, diesen Städten Geiseln zu stellen". Die Sache wird plausibler, wenn man bedenkt, daß Caesar seine Entführung auf die mangelnde Wachsamkeit der „Küstenpolizei"[6] der umliegenden Gemeinden (*civitates*) zurückführen konnte. Es war das Jahr 74, in dem der Proprätor Marcus Iuncus Statthalter der Provinz Asia war:[7] eine für die römische Seeherrschaft extrem ungünstige Zeit. Servilius Isauricus hatte es nicht geschafft, die Piraten, die damals die Meere unsicher machten, auf seinem Militärfeldzug zu vernichten; der römische Staat konzentrierte seine wirtschaftlichen und militärischen Kräfte auf den schwierigen Krieg gegen Sertorius in Spanien, der damals heftig wütete. Besonders für die Piraten Kilikiens war dies eine glanzvolle Zeit, die ihnen die Vorherrschaft insbesondere im östlichen Mittelmeer sicherte: Die Küstenstädte der Provinz Asia befanden sich in der Defensive. Der nachdrücklichen Forderung eines römischen Adeligen, der praktisch vor ihrer Küste und aufgrund unzureichender Überwachung Seeräubern in die Hände gefallen war, konnten sie sich nicht entziehen, und in relativ kurzer Zeit gelang es, die hohe Lösegeldsumme aufzubringen.

Kaum auf freiem Fuß, ging Caesar daran, seine Entführer zu bestrafen. In Milet rüstete er Schiffe aus, setzte den Piraten nach und überraschte sie noch unweit der Insel. Nicht zu Unrecht weist Velleius darauf hin, daß Caesar die ganze Aktion als *privatus*[8] (Privatmann) ausgeführt hatte. In Ermangelung „staatlicher" Kontrolle der Meere und mutmaßlich mit einer ähnlichen Taktik wie beim Eintreiben der *pecunia publica* (öffentlicher Gelder) für seine Freilassung rüstete er, sicher mit Hilfe von *privati*, Schiffe aus, deren Kommando er gleich selbst übernahm, ohne in diesem Augenblick ein Amt zu bekleiden, das ihn zu einem solchen Schritt befugt hätte. Es kam zur Seeschlacht: Ein Teil der Piratenschiffe suchte das Weite, ein anderer wurde versenkt, der Rest gekapert. Es gab zahlreiche Gefangene.

Zu diesem Zeitpunkt befand sich der Proprätor der Provinz Asia, Iuncus, mit prokonsularischem *imperium* (Befehlsgewalt) in Bithynien, um das Testament zu vollstrecken, das Nikomedes IV. hinterlassen hatte (auf dem Sterbebett hatte er das Königreich Bithynien „dem römischen Volk" vermacht). Daher begab sich Caesar samt seiner „Menschenbeute" an gefangenen Piraten von Pergamon nach Bithynien, in der Erwartung, der Proprätor werde sie angemessen bestrafen. Doch das geschah nicht.

2. Iuncus dachte nicht daran, die Gefangenen hinrichten zu lassen. Plutarch zufolge war er „lüstern nach den Beutegeldern", da Caesar den Piraten „bedeutende Summen" abgenommen hatte.[9] Aber Velleius gibt die präzisere Auskunft: Iuncus spekulierte darauf, durch den Verkauf der Piraten viel Geld zu machen.[10] Er traf entsprechende Vorkehrungen, aber Caesar brach mit seinen Schiffen auf, noch ehe die Schreiben des Proprätors ihre Adressaten erreicht hatten, und ließ die Gefangenen eigenmächtig ans Kreuz schlagen. Die Überlieferung ist wie gewohnt caesarfreundlich. An anderer Stelle seiner Caesarbiographie weist Sueton (zum Beweis, daß Caesar auch in seiner Rache Milde walten ließ!) darauf hin, daß er ihnen allen die Kehle durchschneiden ließ, um ihnen den langsamen und grausamen Kreuzestod zu ersparen.[11] Und Plutarch legt Wert auf die Feststellung, daß Caesar mit der Kreuzigung nur das Versprechen gehalten habe, das er als Gefangener („nach ihrer [der Piraten] Meinung allerdings im Scherz") gegeben hatte.[12]

Die Tatsache, daß der spätere „Herr der Welt" als junger Mann Seeräubern in die Hände gefallen war, eignete sich vorzüglich für legendenhafte Ergänzungen und Ausschmückungen. Bei Polyainos, der zur Zeit Marc Aurels, also später als Plutarch und Sueton, sein Handbuch der *Kriegslisten* verfaßte, verdankt Caesar seine Befreiung aus der Hand der Piraten einer des Odysseus würdigen List. Mit weit mehr Geld überhäuft als erwartet, werden die Piraten angehalten, ein Bankett zu feiern, und durch betäubungsmittelhaltigen Wein berauscht. Caesar läßt sie im Schlaf töten und gibt den Milesiern ihr Lösegeld zurück.[13] Daß die Piraten enthauptet (*decollati*) und nicht gekreuzigt worden seien, weiß Fenestella, ein Antiquar und Zeitgenosse des Augustus, im zweiten Buch seiner heute verschollenen *Epitome* zu berichten.[14]

In Zusammenhang mit Caesars Aufenthalt in Asia und seiner unerfreulichen Begegnung mit dem Statthalter Marcus Iuncus muß auch Caesars Rede *Für die Bithynier* gesehen werden, von der Gellius ein paar Sätze bewahrt hat.[15] Diesem Fragment und Gellius' dürftigem Kommentar nach zu urteilen, hält Caesar diese Rede vor Iuncus, denn Caesar spricht ihn an (und zwar in dessen Funktion als Beamter, an den die Rede gerichtet ist).[16] Caesar erklärt, daß er wegen seiner alten und freundschaftlichen Beziehungen zu Nikomedes nicht anders kann, als die Bithynier zu verteidigen. Und er formuliert ein Credo, das *die grundlegende Verhaltensnorm eines guten Politikers in Rom* zusammenfaßt: „Man kann, ohne sich dem höchsten, schmachvollsten Vorwurf auszusetzen, seine Klienten nicht verlassen".[17]

3. Weitere Details dieser Geschichte kennen wir nicht. Sie bestätigt aber, daß Caesars Beziehung zu Iuncus nicht zum besten stand (die Bestrafung der Piraten war gewiß keine Lappalie). Die Episode ist ein weiteres Mosaiksteinchen im Gesamtbild der Rechtsstreitigkeiten, bei denen sich der junge Caesar als Verteidiger der Provinzbewohner stark machte[18] – vor allem, dies entnehmen wir seinen Worten, im Hinblick auf ein Netz von Beziehungen, die ihm bei seinem weiteren Aufstieg politisch nützlich sein konnten.

Caesars ursprünglich geplante Reise nach Rhodos wurde im übrigen nicht nur durch die „Seeräuberpistole" und das Nachspiel in Bithynien gestört. In der Provinz Asia nahm Caesar an Militäroperationen gegen einen General des Mithridates teil, dessen Namen Sueton (die einzige Quelle) jedoch nicht nennt.[19] Die Episode ist rasch erzählt: Die Provinz wurde immer wieder von Überfällen dieses Generals heimgesucht; Caesar zog Hilfstruppen zusammen, vertrieb den Angreifer und festigte damit das Bündnis der Städte, deren Treue zu ihrem Verbündeten Rom aufgrund der offenkundigen Schwäche der römischen Herrschaft nicht nur in dieser Region ins Wanken geraten war. Wie Caesar als *privatus* Schiffe ausgerüstet hatte, um die Seeräuber zu verfolgen, so requirierte er jetzt Hilfstruppen und sammelte (wenn auch marginale) Erfahrungen in einem außerordentlich ernsten Konflikt. Wenn es sich bei diesem „Gaius Iulius", neben Publius Autronius als Legat des Antonius Creticus in einer griechischen Ehreninschrift im Jahr 71 angeführt, um Caesar handelt,[20] kennen wir ein weiteres Mosaiksteinchen, das über seine Reisen und sein Engagement in Griechenland vor der Rückkehr nach Rom Auskunft geben kann.

Unterdessen wurde Caesar in Abwesenheit für den verstorbenen Gaius Aurelius Cotta in das Kollegium der *pontifices* (Priester) gewählt.[21] Velleius bewertet dies als Ausgleich für den Verlust des *flamen Dialis*-Amtes im Zuge von Sullas Verfolgung. Von Anfang an war Caesar die Bedeutung sakraler Aufgaben deutlich bewußt, während für ihn (wie für alle Mitglieder der römischen Führungsschicht) die persönliche religiöse Einstellung bei politischen Entscheidungen keine Rolle spielte. Nicht durch Zufall wurde er zum Parteiführer und baute seine Macht zielstrebig und beharrlich immer weiter aus – wozu mit gutem Recht auch das Oberpontifikat gehörte.

III
Aufstieg eines Parteiführers

1. Nach der, wie Velleius vermutet, von Piraten, den „Herren der Meere",[1] bedrohten Rückreise wieder in Rom, erzielte Caesar einen ersten Wahlerfolg: Im Jahr 72 wurde er Militärtribun für das folgende Jahr.[2] An erster Stelle gewählt,[3] war er gewiß alles andere als ahnungslos, wie man einen Wahlkampf gewinnt. Indes nutzte er seine Kraft für Kämpfe im Sinne der popularen Tradition und Politik, was um so bemerkenswerter war, als der Krieg gegen Spartacus Italien erschütterte. Caesar unterstützte, wie Sueton etwas allgemein schreibt, „die Befürworter der Wiederherstellung der von Sulla eingeschränkten Macht der Volkstribunen". Genauer bezeugt ist seine Unterstützung der *Lex Plautia*, die den mittlerweile zu Sertorius geflohenen Anhängern des Lepidus (unter ihnen auch sein Schwager Lucius Cinna) die Rückkehr in die Heimat ermöglichen sollte.[4]

Daß das heikelste Problem der Erblast Sullas die Wiederherstellung der Rechte der Volkstribunen blieb, war allen politischen Kräften bewußt. Diese Forderung war schon Bestandteil von Lepidus' Programm, Gaius Aurelius Cotta hatte sich im Jahr 75, Lucius Quinctius 74 und Licinius Macer 73 darum bemüht, und unter dem Konsulat von Crassus und Pompeius im folgenden Jahr (70 v. Chr.) sollte ein entsprechender Antrag angenommen werden. Auf welche konkreten Initiativen des Militärtribuns Caesar bezog sich also Suetons allgemeine Bemerkung („er unterstützte mit aller Kraft die Befürworter der Wiederherstellung der Macht der Volkstribunen")? Wahrscheinlich auf sein Engagement für die Wahl des Crassus. Die Konsulatswahlen für das Jahr 70 fanden 71 statt. Nichts liegt also näher als die Annahme, daß Caesar und seine Anhänger einen Kandidaten unterstützten, der über die notwendigen Mittel verfügte, die Mehrheit auf seine Seite zu bringen, und dem das Engagement eines anerkannten und so aktiven Führers der Popularen gleichwohl hilfreich war.

In seiner *Crassus*-Vita berichtet Plutarch, auf eine unbekannte Quelle gestützt, Caesar habe nach seiner Entführung durch die Piraten ausgerufen: „Wie wirst du dich freuen, Crassus, wenn du von

meiner Gefangennahme hörst!"[5] Wenn diese Episode nicht frei erfunden ist, legt sie den Schluß nahe, daß zwischen Caesar, politisch
noch ein Lehrling, und dem steinreichen und einflußreichen Konsu-
latsanwärter Crassus ein gespanntes Verhältnis, wenn nicht sogar
Rivalität bestand – trotz der extremen Ungleichheit an Macht und
Mitteln. „Aber später", so fährt Plutarch fort, „verkehrten sie sogar
freundschaftlich miteinander". Und in der Tat, wie wir sehen werden,
ist Crassus mit Caesar, der Schlüsselfigur des Jahrzehnts zwischen 70
und 60, auf vielfache Weise verbunden, nicht zuletzt durch die (auch
allgemein verbreitete) Überzeugung, sie zögen insgeheim die Fäden
dunkler Machenschaften.[6] Es ist daher wahrscheinlich, daß sich die
beiden im Wahlkampf des Jahres 71, als Crassus den Konsulat anstrebte (und ihn nach Absprache mit Pompeius auch erhielt) und
Caesar Militärtribun war, zu beiderseitigem Nutzen näherkamen.

2. Das Jahr 70 war für die römische Verfassung und die römische
Politik ein entscheidendes Jahr. Die beiden Konsuln, zugleich die
mächtigsten Männer im Staat, stimmten sich nicht nur im Wahlkampf, sondern auch in der Regierungspolitik ab, um die Grundlagen der sullanischen Verfassung zu zerstören und insbesondere den
Tribunen ihre Befugnisse zurückzugeben. Das Klima hatte sich verändert, was bald deutlich wurde, als Caesar nach seinem Amtsantritt
als Quästor am 5. Dezember 70[7] mit einer Reihe symbolträchtiger
Gesten an die Öffentlichkeit trat und die „politische Ehre"[8] der Partei der Marianer offiziell wiederherstellte. Auf der Rednertribüne des
Forum hielt Caesar, „wie es Brauch war",[9] die Leichenreden für Iulia,
seine Tante väterlicherseits und Witwe des Gaius Marius, und für
seine Frau Cornelia, Cinnas Tochter, beide im Jahr 69 verstorben.
Dem Leichenzug vorantragen ließ er die Bildnisse von Gaius Marius
und dessen Sohn Marius dem Jüngeren, die damit seit Sullas Sieg
erstmals öffentlich gezeigt wurden.[10] Empörte Rufe gingen in der
Begeisterung der Menge unter, die „Caesar händeklatschend einen
jubelnden Empfang bereitete, voll Bewunderung, daß er Marius' Ehre
nach so langer Zeit gleichsam aus dem Hades in die Stadt zurückgeholt habe".[11] Caesar, der sich der Wirkungsmacht von Symbolen
bewußt war, ließ vier Jahre später, als erfolgsgestärkter Ädil, auch
die Siegesdenkmäler seines Onkels Marius wieder aufstellen.[12]
    Die Gedenkrede für Iulia ist uns besser bekannt als andere seiner
Reden, weil Sueton ausführlich daraus zitiert.[13] Der Auszug ist von
seinem Biographen offenbar nicht ohne Hintersinn gewählt. In dieser

Leichenrede geht Caesar ausführlich auf Iulias Abstammung *mütter-licherseits* ein und betont ihre Herkunft von Ancus Marcius (von Venus, einem der legendären Könige der römischen Frühzeit, stammen dagegen die Iulier ab). Indem Caesar diese *königliche* Abstammung für sich reklamiert, unterstreicht er das Charisma der Königswürde. Unter anderem sagt er: „So vereinen sich in unserem Geschlecht *die Ehrwürdigkeit der Könige*, die bei den Menschen die höchste Macht haben, und die Heiligkeit der Götter, *in deren Gewalt wiederum die Könige stehen*". Sueton hat, wie man annehmen muß, diese Stelle mit Bedacht gewählt, um darauf aufmerksam zu machen, mit welchem Nachdruck sich Caesar auf seine königliche Herkunft beruft und wie selbstgefällig er sich in diese Tradition stellt. Sueton kannte das tradierte Caesarbild (Caesar als Aspirant auf das *regnum*, die Königsmacht) und trug mit seiner Biographie selbst nicht wenig dazu bei. Caesars Redefragment kommt ihm also zur Veranschaulichung nicht ungelegen. Caesars „monarchisches" Image geht gestärkt daraus hervor.

Die Lobrede auf Cornelia war ein außergewöhnlicher Akt, denn es war durchaus unüblich, Leichenreden auf junge Frauen zu halten.[14] Caesar setzte sich erstmals darüber hinweg. Plutarch zufolge steigerte gerade diese so ungewöhnliche wie innovative Geste die Zuneigung des Volkes. Nach Plutarch bewunderte das Volk ihn als einen „zartfühlenden, tiefempfindenden Mann".[15] Die allgemeine Sympathie für diese Neuerung im Rahmen eines offiziellen Anlasses[16] (die Ehrung des Andenkens einer jungen Frau statt einer Matrone) ist beträchtlich.

3. Caesar sammelte seine wichtigsten politischen Erfahrungen als Quästor in den Monaten, die er unter Gaius Antistius Vetus in Hispania ulterior verbrachte, also im äußersten Süden Spaniens gegenüber Marokko. Vetus war im Jahr 70 Prätor und im Jahr darauf Statthalter in dieser Region. Noch Jahre später und in einer gänzlich anderen Situation (als er im Jahr 45 in Hispania ulterior den Söhnen des Pompeius entgegentreten mußte) erinnerte sich Caesar, daß ihm „schon zu Anfang seiner Quästur diese Provinz vor allen anderen Provinzen" am Herzen gelegen und er seinerzeit alles getan habe, um ihr Wohltaten angedeihen zu lassen. Diese Worte überliefert uns der anonyme Verfasser des *Bellum Hispaniense*.[17] In der dort paraphrasierten Rede erinnert Caesar auch an die Erleichterungen, die er dieser Provinz während seiner Prätur und seines ersten Konsulats ge-

währt hatte (nämlich die Befreiung von den unter Metellus auferlegten Steuerlasten). Von Anfang an bemühte sich Caesar also darum (das erfahren wir aus seinen eigenen Worten), in dieser Provinz seine Fäden zu spinnen: Er wußte, daß der Aufbau weitverzweigter Klientelbeziehungen in den verschiedenen Regionen des Reiches die grundlegende Voraussetzung für das Vorwärtskommen eines Politikers war. Erinnern wir uns an die kleine Lektion über die Bedeutung der *clientela* und deren Schutz, die er dem Prätor Iuncus in Bithynien erteilt hatte. Das alles überragende „Vorbild" ist freilich Pompeius, der sich in diesen Jahren Klientelbeziehungen in großem Stil aufbaut: ein engmaschiges Netz, das bis in die entlegensten Provinzen ausgreift und letztlich Basis und Garantie für die Stabilität seiner Macht darstellt. Als sich Caesar dann im Anschluß an die Prätur (ein Amt, das er im Jahr 62 bekleidete) für eine Provinz zu entscheiden hatte, optierte er für Hispania ulterior und entfaltete dort im Jahr 61 vielerlei Aktivitäten.

Von seinen regen Unternehmungen als Quästor in Spanien vermittelt uns Sueton einen Eindruck, wenn er schildert, wie Caesar in den verschiedenen Städten des Landes (unter anderem in Cadiz/Gades) rastlos auf Gerichtsreisen unterwegs war.[18] Mit gewohnter Emphase führt Velleius an, daß Caesar die Quästur „mit bewundernswerter Tüchtigkeit und Einsatzfreude in Spanien verwaltete".[19] Antistius hatte Caesar mit dem Mandat *iure dicundo* (Rechtsprechung) beauftragt:[20] eine gute Möglichkeit, den Aufbau der Provinzverwaltung von Grund auf kennenzulernen. Die damals geknüpften Beziehungen konnte Caesar später weiter ausbauen. Plutarch bemerkt, daß Caesar nach seinem Amtsantritt als Prätor seinerseits den Sohn des Antistius Vetus zum Quästor bestimmte.[21]

4. Caesar verließ die Provinz vorzeitig, ja er „forderte seine Beurlaubung, um sobald wie möglich Gelegenheiten zu größeren Taten in Rom zu suchen", um Suetons umständlich-ausführliche Worte zu verwenden.[22] Daß er *ante tempus*, also noch vor dem Ende seiner Amtszeit, aus Spanien abgereist sei, betont Sueton gleich im folgenden Abschnitt. Mit Vorsicht, ja als Mythologisierung zu betrachten ist die Begründung, die der Biograph für diesen vorzeitigen Aufbruch anführt: Es ist die berühmte, unterschiedlich datierte Geschichte, in der sich Caesar mit Alexander dem Großen vergleicht. Die Episode gehört, ebenso wie der ihm zugeschriebene Traum („Es war ihm, als ob er mit seiner Mutter verbotenen Umgang triebe"), zum Stan-

dardrepertoire der Caesarüberlieferung.[23] Plutarch zum Beispiel datiert
Caesars plötzliche beklemmende Einsicht, im Gegensatz zu Alexan-
der dem Großen im gleichen Alter noch nichts Großes geleistet zu
haben, in die Zeit seiner Prätur (62 v. Chr.)[24] und den Traum in die
Nacht vor dem Überschreiten des Rubikon.[25] Es ist in erster Linie
die chronologische Unsicherheit, die auf die Unhaltbarkeit solcher
Episoden hindeutet. Bezüglich Caesars Selbstvergleich mit Alexander
existieren außerdem unterschiedliche Lesarten der Begleitumstände.
Bei Sueton ist die Rede von einer blitzartigen Erkenntnis vor dem
Standbild Alexanders beim Herkulestempel in Gades;[26] bei Plutarch
beginnt Caesar beim Lesen zu weinen: „Habe ich denn nicht Grund
zum Weinen, wenn Alexander in meinem Alter schon über so viele
Völker herrschte, während ich noch keine Heldentat vollbracht
habe".[27] Damit beginnt – von Caesar selbst angestoßen – die Tradition der Synkrisis, der Gegenüberstellung Caesars mit Alexander, die
sich zu einem eigenständigen literarischen Genre entwickelt. Das Mo-
tiv des Vergleichs der beiden Charaktere erscheint zwar am Ende von
Plutarchs Doppelbiographie (*Alexander* und *Caesar*) nicht mehr, aber
Appian stellt am Ende des zweiten Buches seiner *Bürgerkriege* Caesar
und Alexander einander ausführlich gegenüber und meint, Caesar sei
Alexander durchaus zu vergleichen.[28] Der Zusammenhang zwischen
Caesars „Alptraum" von der Überlegenheit Alexanders und seinem
Entschluß, vorzeitig nach Rom zurückzukehren, liegt auf der Hand.
Bei Sueton wird die Erinnerung an Alexanders fulminante Karriere
für Caesar zum Ansporn, die Gelegenheit für große Unternehmungen
im Zentrum der Macht, also in Rom, „beim Schopf zu packen"
(*captandas*!).

Mit Caesars Rückreise nach Rom ist eine Episode verknüpft, die
uns nur durch Sueton überliefert ist; allerdings bleibt dessen Schilderung diesmal äußerst vage. Vor seiner Rückkehr nach Rom habe
Caesar „zu den latinischen Kolonien" Kontakt aufgenommen, „die
sich um den Erwerb des Bürgerrechts bemühten". Offenbar sind die
Kolonien der Transpadana gemeint, die bis zum Ende des Bundesgenossenkriegs (88 v. Chr.) nicht in den Genuß des vollen römischen
Bürgerrechts, sondern nur in den Genuß des „latinisches Rechts"
gekommen waren.[29] Der nachfolgende Satz ist keine Feststellung,
sondern eine Mutmaßung: „Er hätte sie wohl zu gewagten Unternehmungen aufgewiegelt, wenn nicht die Konsuln die für Kilikien ausgehobenen Legionen aus eben diesem Grunde eine Zeitlang zurückgehalten hätten".[30] Bei dem Konsul kann es sich nur um Quintus

Marcius Rex handeln, der 68 dieses Amt bekleidete und in jenem Jahr in Kilikien kämpfte.[31] Das also wäre der chronologische Rahmen dieses Ereignisses.

Daß aber Marcius Rex tatsächlich seine Abreise verschob, um mit seinen Legionen die vagen Umsturzpläne des jungen, aus Spanien heimkehrenden Quästors zu vereiteln, ist schwer zu glauben. Vielleicht haben jene recht,[32] die meinen, diese Episode stamme aus denselben, nicht eben wohlgesinnten Quellen, deren sich Sueton auch auf den folgenden Seiten bediente;[33] der Abschnitt ist voller Indiskretionen und Unterstellungen mit Blick auf Übereinkünfte zwischen Caesar und Crassus bei den „Verschwörungen", die in diesem Jahrzehnt so häufig waren: am bekanntesten die Verschwörung des Catilina, am erfolgreichsten das „Triumvirat".

5. Im Rahmen der Ädilität, die Caesar im Jahr 65 zusammen mit Marcus Bibulus innehat, setzt er sich – seit 68, nach Beendigung der Quästur, auch Senatsmitglied – endlich als Führer durch. Er betreibt seine eigene Politik und gewinnt die Beachtung der „großen" Politik. Allerdings verliert er bei seinem „Marsch" (nicht selten Seite an Seite mit Crassus) niemals Pompeius „aus dem Blick", den eigentlichen „Patron" der römischen Politik jener Jahre. Im Jahr 67 unterstützt Caesar die *Lex Gabinia*, auf deren Grundlage Pompeius der Oberbefehl im Krieg gegen die Piraten übertragen wird.[34] Im Jahr 66 setzt er sich zusammen mit Cicero für die *Lex Manilia* ein, mit der Pompeius das Kommando im Krieg gegen Mithridates anvertraut wird:[35] zwei kluge und weitsichtige Entscheidungen, die ihr Gewicht bekommen, als Caesar, nachdem er viele irritiert und traditionelle Machtbalancen gebrochen hat, mit seiner Wiederannäherung an Pompeius im Rahmen einer politisch-programmatischen Übereinkunft den für seine Karriere und die Geschichte der Republik entscheidenden Schritt vollzieht.

Jetzt, als Ädil, hat Caesar genügend Spielraum, um mit den gängigen Mitteln von Konsensgewinn und Konsensfestigung persönliche Erfolge zu erzielen. Vorrangig ist eine umfassende Politik der Bautätigkeit oder besser gesagt Geschenkverteilung. Caesar „verschönerte außer dem Versammlungsplatz am Forum und dem Forum selbst sowie den Markt- und Gerichtshallen auch das Kapitol, wozu er provisorische Säulengänge errichtete, in denen angesichts der Menge der vorhandenen Gegenstände ein Teil seiner Kunstsammlung ausgestellt werden sollte".[36] Zu seinen weiteren Amtsaktivitäten gehörten

Veranstaltungen wie Tierhetzen und andere Spiele. Die Meriten dafür heimste ausschließlich Caesar ein, obwohl Bibulus die finanziellen Mittel zur Verfügung stellte. Bibulus war kein besonders geistreicher Mensch, aber in diesem Fall brachte er die Situation treffend auf den Punkt: Ihm ergehe es wie Pollux, meinte er, denn der auf dem Forum errichtete Tempel zu Ehren der Zwillingsgötter werde allgemein und ebenso ungerecht „Castortempel" genannt.[37] Eine weitere Gelegenheit, sich der Öffentlichkeit gegenüber großzügig zu erweisen und damit gleichzeitig eine politisch-familiäre Inszenierung zu verbinden, waren die Gladiatorenkämpfe, die Caesar zum ehrenden Gedenken an seinen Vater ausrichten ließ.[38] Dazu verpflichtete er 320 Kämpferpaare.[39] Gern hätte er noch mehr engagiert, aber seine Gegner, beunruhigt und erschrocken über die große Zahl von Mannschaften, die er von überall zusammengezogen hatte, verabschiedeten ein Gesetz, das Haltung und Training von Gladiatoren in der Stadt Rom einschränkte.

Die Organisation des Gladiatorenwesens war in einer so stark militarisierten Sklavenhaltergesellschaft wie der römischen eine brisante Angelegenheit, um so mehr nach dem erbitterten Krieg wenige Jahre zuvor (73–71) gegen das Gladiatorenheer von Spartacus und Crixus. Ein Beispiel bietet Decimus Brutus, dem im März 44 die Haltung zahlreicher Gladiatorenmannschaften in der Stadt oblag: Zum Zeitpunkt des Attentats gegen Caesar und in den Tagen unmittelbar danach spielte er mit diesen Mannschaften eine wichtige Rolle. Aber diesmal ging es auch um etwas anderes, und zwar um die Veranstaltung von Gladiatorenspielen zu Wahlzwecken. Zwei Jahre später, 63, wird der Konsul Cicero mit der *Lex Tullia de ambitu*[40] ein Gesetz auf den Weg bringen, das Amtsbewerbern in den zwei Jahren vor der Kandidatur die Ausrichtung von Gladiatorenkämpfen verbietet, außer der Verstorbene hat den Zeitpunkt vor seinem Tod testamentarisch bestimmt. Für die Gladiatorenkämpfe Caesars im Jahr 65 gibt Sueton bedauerlicherweise nicht an, wer genau und aus welchem Grund die Bestimmung *de numero gladiatorum* (über die Anzahl der Gladiatoren) erlassen hat.

Caesar kümmerte sich persönlich und mit glühendem Eifer um Engagement und Betreuung der Gladiatoren. Nur allzu gut wußte er, welchen zentralen Stellenwert diese tragischen Sklavenkämpfer in den Gewaltphantasien der Zuschauer aus allen Bevölkerungsschichten einnahmen. Er verfügte über einen eigenen „Informationsdienst", der die besten und kämpferischsten Gladiatoren ausfindig machte, welche „vor ihnen feindlich gesonnenen Zuschauern zu kämpfen hatten" (jene, die „niemals starben" und zahllose Kämpfe überlebten)[41], wie Sueton in aller Härte schreibt.[42] Hatte Caesar selbst Gladiatoren gekauft, so ließ er sie nicht in einer Gladiatorenschule und durch berufsmäßige und fest besoldete Lehrer ausbilden, sondern „in Privathäusern durch römische Ritter und sogar durch waffenkundige Senatoren, wobei er sie, *wie aus seinen Briefen ersichtlich ist*, inständig bat, sie möchten die Ausildung einzelner übernehmen und persönlich den Auszubildenden Anweisungen geben".[43] Als Jahre später seine Tochter starb, versprach er dem Volk Gladiatorenspiele. Keiner vor ihm hatte das jemals getan.

Freilich war dies eine kostspielige Angelegenheit. Die präzisesten Auskünfte über die Folgen von Caesars Ädilität für sein Vermögen, über seine immense Verschuldung als Ädil und später als Prätor gibt Appian,[44] der aus einer Caesar nahestehende Quelle schöpft (was für das gesamte zweite Buch Appians gilt). Damals begann Caesars akuter Geldmangel, der politische Schachzüge mit manchmal weitreichenden Konsequenzen notwendig machte.[45] Mit dieser Geldnot steht wahrscheinlich auch Caesars gescheiterter Plan in Zusammenhang, sich durch ein Plebiszit ein „außerplanmäßiges militärisches Kommando" in Ägypten übertragen zu lassen. Aber aufgrund „des Widerstands der Partei der Optimaten"[46] mußte er schließlich darauf verzichten.

Damit kam es zum offenen Krieg mit der von den „Popularen" sogenannten „Optimatenpartei". Caesar reagierte entschieden propagandistisch, aber höchst effektiv. Er ließ die Denkmäler der großen Militärsiege des Marius gegen die Kimbern und Teutonen wiederaufstellen, die seinerzeit auf Befehl Sullas niedergerissen worden waren. Da er als Ädil bei Mordprozessen den Gerichtsvorsitz innehatte, stellte er außerdem die der Tötung der Proskribierten Verdächtigen unter Mordanklage, obwohl Sulla seinerzeit die Tötung dieser Verbannten von der strafrechtlichen Verfolgung ausgenommen hatte.[47]

Die mit Symbolen ausgetragene Auseinandersetzung spitzte sich auf diese Weise mehr und mehr zu. Und gerade dank des hartnäckigen Widerstands seiner Gegner ging der neue Führer gestärkt daraus hervor.

IV
Pontifex Maximus

Sed pietate ac religione [...] omnes gentes
nationesque superavimus
Aber an Ehrfurcht und Religiosität
übertreffen wir alle Völker und Staaten

Cicero

1. Einer seiner gelungensten politischen Schachzüge trug ihm im Jahr 63 überraschend das Amt des *pontifex maximus* (Oberpriester) ein. Auf sein Betreiben war dessen Wahl wieder in die Hände des Volkes gelegt worden – ein weiterer Schlag gegen die sullanischen Verfassungsänderungen.[1] Das politische Gewicht dieses sakralen Amts in Rom war enorm. Der Skeptiker Caesar, der in starkem Maße epikureischen Vorstellungen anhing,[2] zögerte freilich keinen Augenblick, sich in den Kampf um dieses Amt des obersten Hüters der Staatsreligion zu stürzen, das naturgemäß über den alltäglichen Parteienstreit erhaben war. Aufgrund seiner intellektuellen Neigungen Epikureer, erkannte Caesar sofort, wie bedeutend dieses Herrschaftsinstrument war. Er wußte, daß die falschen Göttervorstellungen Furcht erzeugt und diese Furcht eine falsche Religion hervorgebracht hatte, einen Kult, der auf einer beinahe geschäftsmäßigen Beziehung zu den Göttern beruhte. Caesar schätzte die Epikureer (Militante wie Sympathisanten), die, wie Benjamin Farrington[3] treffend formulierte, die „gefährliche" Lehre verbreiteten, Gott wohne nicht im von Menschen gemachten Tempel, selbst wenn der Staat ihn habe errichten lassen. Und er wußte, daß für griechische politische Schriftsteller die römische Lebenswelt inzwischen so selbstverständlich war, daß sie deren leidenschaftliche „realpolitische" Verfechter wurden. So schrieb zum Beispiel Polybios, der Historiker aus Megalopolis, in seinem programmatischen Buch VI, daß das, „was bei anderen Völkern ein Vorwurf ist, die Grundlage des römischen Staates zu bilden scheint: eine beinahe abergläubische Götterfurcht". Und weiter: „Die Religion spielt dort im privaten wie im öffentlichen Leben eine Rolle".[4]

Hier bringt Polybios sein ganzes Credo zum Ausdruck, das zugleich das Credo der „aufgeklärten" Führungsschicht der antiken Stadt ist: „Ich glaube indessen, daß es um der Masse willen geschieht. Denn wenn man ein Staatswesen bilden könnte, das nur aus Weisen besteht, würden solche Methoden *wohl* [Man beachte dieses *wohl!*] nicht nötig sein. Da jedoch die Masse immer leichtfertig und voller gesetzwidriger Begierden ist, geneigt zu sinnlosem Zorn, zu Leidenschaften, die sich in Gewalttaten entladen, bleibt nichts übrig, als sie *durch dunkle Angstvorstellungen* und eine gut erfundene Mythologie im Zaum zu halten". Polybios schreibt zwar in griechischer Sprache, aber sein Werk ist für ein im wesentlichen römisches Publikum bestimmt. Mit solchen Worten lobt und tadelt er die herrschende römische Klasse in einer Sprache, die nur die Führungsschicht und die gebildeten (im Haus erzogenen, der politischen Macht aber fernstehenden) Sklaven verstehen konnten. Diese Reflexionen wurden von Römern der unterschiedlichsten Denkrichtungen gelesen. Auch der Stoiker Brutus verfaßte in seinen Mußestunden Auszüge aus Polybios. Die römische Elite wiederum sprach griechisch, wenn sie mit einem Thema unter sich bleiben wollte.

Diese säkulare und gleichzeitig instrumentelle Sicht der Religion war Caesar (und nicht nur ihm) vertraut. *Pontifex maximus* dieser gigantischen, religiös-kultischen wie politischen Täuschungsmaschinerie zu werden hat ihn gewiß amüsiert. Aber die Eroberung der politischen Macht war für ihn ein viel zu ernsthaftes und zwingendes Ziel, als daß es in seinen Augen Sinn gemacht hätte, nach einem verbindenden Element zwischen seiner innersten religiösen Überzeugung und seinem öffentlichen Verhalten zu suchen. Er wußte, er hatte mit größtem Ernst alles zu tun, was dieses zentrale Amt von ihm verlangte.

2. Aber dieses Ziel, der Sieg im harten Wahlkampf, war teuer erkauft: Caesar mußte ungeheure Geldanleihen aufnehmen, *profusissima largitione*, wie Sueton sagt.[5] In Anbetracht seiner enormen Schulden, die er sich im Rahmen des Wahlkampfs aufbürdete, machte Caesar eine aufschlußreiche Bemerkung. Als er sich am Wahltag von seiner Mutter verabschiedete, sagte er: „Ich werde nicht nach Hause zurückkehren, es sei denn als Pontifex Maximus".[6] Seine Mitbewerber Quintus Lutatius Catulus und Servilius Isauricus, die er aus dem Rennen warf, waren ihm an Alter überlegen und hatten bereits eine steile Ämterkarriere hinter sich (das Oberpontifikat galt als die

Krönung einer „glorreichen" Laufbahn). Aber Caesars Sieg war so überwältigend, „daß er in deren Stimmbezirken mehr Stimmen erhielt als beide in allen zusammen".[7]

Dieser glänzende, teuer erkaufte Sieg ging einher mit einer Reihe mehr oder weniger effektiver Aktionen, darunter Caesars „Hilfe" für Crassus gegen Ciceros Wahl im Jahr 64, dem Prozeß gegen Rabirius[8] (der des Hochverrats angeklagt war, weil er vierzig Jahre zuvor an der Ermordung des Saturninus teilgenommen hatte) und dem Prozeß gegen Gaius Piso, der gleichfalls von Cicero verteidigt und „gerettet" wurde.[9] Der eigentliche „Schlag" gegen die Feinde war jedoch Caesars Wahl zum *pontifex maximus.* Plutarch schreibt über diesen Erfolg, die „Optimaten" seien von der bangen Sorge beschlichen worden, „er werde nun das Volk zu den verwegensten Schritten verleiten". Um auch äußerlich ein Zeichen zu setzen, entschloß sich Caesar zu einem feierlichen und symbolträchtigen Schritt: Nach seiner Wahl zum *pontifex maximus* bezog er ein stattliches Gebäude in der Via Sacra und gab sein altes Haus in der Subura auf.[10] Dieser glänzende Erfolg zog einen weiteren nach sich, der vor allem in den Augen seiner Gegner seine unbestrittene Popularität weiter festigte. Er wurde für das folgende Jahr 62 zum Prätor gewählt. Als sich der Senat im November und Dezember 63 mit der Catilina-Affäre auseinanderzusetzen hatte, trat Caesar, der seit 68 im Senat saß, mit einer seinem Amt als *pontifex maximus* und designierter Prätor entsprechenden Autorität auf. Doch sein „Draht" zu Pompeius riß nicht ab. Titus Labienus, der im Jahr zuvor die Wählbarkeit des *pontifex maximus* zugunsten Caesars durchgesetzt hatte, erwirkte jetzt mit dessen Unterstützung eine Initiative zugunsten des Pompeius und brachte zusammen mit dem Tribun Titus Ampius[11] ein Plebiszit auf den Weg, das es Pompeius gestattete, bei den szenischen Spielen die *toga praetexta* sowie den Lorbeerkranz zu tragen und sich während der Zirkusspiele im Triumphalgewand zu präsentieren.[12]

V
Die „Geschäfte" des Herrn Julius Caesar und anderer

1. Die Kosten für diese beiden immens aufwendigen Wahlkämpfe hatten Caesars finanzielle Ressourcen überstrapaziert. Das Ausmaß seiner Verschuldung war beängstigend. Caesar wußte, daß in einer so schweren finanziellen Bedrängnis der Bürgerkrieg den letzten Ausweg darstellte. Jungen Leuten aus seinen Kreisen, die sich durch Schulden völlig ruiniert hatten und ihn baten, ihnen aus der Klemme zu helfen, pflegte er nüchtern und offen zu sagen, „daß für sie ein Bürgerkrieg nötig sei".[1] Eine auf den ersten Blick paradoxe Bemerkung, die jedoch einen Caesar naheliegenden gedanklichen Zusammenhang deutlich macht: Krieg als Reaktion auf die Überschuldung und den wirtschaftlichen Ruin von Gruppen der herrschenden Klasse. Davon nicht so weit entfernt scheint ein Gedanke Caesars, der ihm Asinius Pollio zufolge beim Anblick der Gefallenen von Pharsalos kam. Zu seinen Vertrauten soll er gesagt haben: „Das wollten sie ja haben! Nach allen meinen großen Leistungen wäre ich, Gaius Caesar, verurteilt worden, hätte ich mir nicht von meinem Heer Hilfe geholt".[2] Asinius maß diesem Satz, der nicht zuletzt auf die wahren Beweggründe Caesars für seinen Bruch und den Bürgerkrieg verweist, große Bedeutung bei: Offenbar war Caesar selbst einer dieser jungen Männer gewesen, für die der Bürgerkrieg das letzte Mittel zur Lösung persönlicher Probleme war. Mit dieser Jugend muß auch Asinius, Freund und Gefährte des Catull,[3] einschlägige Erfahrungen gemacht haben. Uns, die wir uns in parteilichen und einseitigen Bewertungen von Ereignissen zurechtfinden müssen, die in Wahrheit vielfältige Ursachen haben, erscheint es bezeichnend, daß Asinius diese Diagnose (wenn auch nur in vagen Bezügen) auf Caesar selbst zurückführt.

2. Für Caesars Schulden, die mit den Wahlkämpfen für das Pontifikat und die Prätur ins Unermeßliche gewachsen waren, gab es weitere Gründe. Das politische Alltagsgeschäft eines „Potentaten" verschlang immense Geldsummen. „Nachdem er sich alle in der Umgebung des Pompeius und einen großen Teil des Senats durch zinslose oder billige Darlehen verpflichtet hatte", schreibt Sueton, „suchte er

auch diejenigen aus den übrigen Ständen durch überreiche Geldge-
schenke zu gewinnen, ja selbst ihre Freigelassenen und Sklaven, je
nachdem, wieviel der einzelne seinem Herrn oder *patronus* bedeutete".[4] Diese Bemerkung macht deutlich, daß selbst dieser offensicht-
lichen „Geldverschwendung" eine Logik zugrunde lag und daß es in
diesem sich mit atemberaubender Geschwindigkeit drehenden Geld-
karussell (dessen letzte Quelle nicht selten die scheinbar unerschöpf-
liche Kasse des Marcus Licinius Crassus war) einen „roten Faden"
gab: die Verbindung zu Pompeius, die Caesar nicht abreißen ließ.
Ohne Abstimmung mit Pompeius war keine Politik möglich, es sei
denn eine simple Agitation im Stil von Publius Clodius, dem Liebling
der Plebs.

Zinslose oder billige Darlehen waren ein unschlagbares Mittel,
um Unterstützung und Zustimmung zu erhalten. Freilich bedurfte
es enormer Ressourcen, um diesen Standard halten und mitmischen
zu können. Im täglichen Jonglieren mit diesen Geldern, die zumeist
nicht Caesar selbst gehörten, kam es immer wieder zu Zwischen-
fällen und Unannehmlichkeiten. Die Szene in Bertolt Brechts Cae-
sar-Roman, in der Caesars Haus in der Subura eines Nachts vom
Mob gestürmt wird, stellt das bittere Elend dieser Situation zur
Schau. Bei den Angreifern handelte es sich um „Gesindel aus den
Vorstädten, viele junge Burschen darunter, deklassierte Elemente",
und sie forderten Geld, das Caesar versprochen hatte, über das er
aber nicht verfügte („Wo hast du die Wahlgelder, du windiger Schie-
ber!"). Der spätere Diktator versucht vergeblich, sich hinter einer
riesigen Amphore zu verstecken, wird schließlich aufgespürt und
muß sich mit den Zipfeln seines Schlafrocks die Spucke seiner Verfolger abwischen. Tags darauf kommt Clodius, um „eine formelle
Entschuldigung zu überbringen".[5] In diesem täglichen Nahkampf
mußte man schwere Schlappen einstecken, ohne dabei jedoch seine
Ziele und Ambitionen aus den Augen zu verlieren. Dies ist ein
Aspekt von Caesars Beharrlichkeit, aber auch ein zentrales Element
seiner Lebenserfahrung. Seit der Verfolgung durch Sulla hatte ihn
das Bewußtsein dafür, daß man bei diesem Spiel alles verlieren
kann, nie mehr verlassen. Es hatte ihn in Munda begleitet und auch
bei der Belagerung von Alexandria, als er sich vor dem Pfeilregen
der Ägypter durch einen Sprung ins Wasser rettete, die eine Hand
mit den Notizen, von denen er sich niemals trennte, aus dem Wasser
streckend. Das ständige Restrisiko des finanziellen Fiaskos bleibt
eine dieser Extremerfahrungen.

Beim Wahlkampf für den Konsulat, zu dem er nicht als Einzel-
kämpfer antrat, mußte er dennoch immer neue Geldgeber finden. Er
ahnte, daß ihm der dritte und schwächste Bewerber eine Chance bot:
Lucius Lucceius, sein Gegenspieler und zugleich Gegenspieler des
Bibulus, war ein hochvermögender Mann. Caesar schlug ihm ein
Wahlabkommen vor: Lucceius sollte in den Zenturien Wählerstimmen kaufen – im Namen beider Kandidaten, aber ohne finanzielle
Beteiligung Caesars. Auf diese Weise würde er nicht nur die Wahl
gewinnen, sondern hatte gleichzeitig einen Amtskollegen, den er
nicht zu fürchten brauchte. Die Optimaten, in heller Aufregung, beschlossen, mit den gleichen Waffen zurückzuschlagen. Sie stellten
ihrem Kandidaten Bibulus ebenso hohe (und höhere) Bestechungs-
mittel zur Verfügung, wie sie Lucceius aufwendete. Der unbescholtene Cato, Caesars Erzfeind und oberste moralische Instanz der Front
aller „Rechtschaffenen", wurde um seine Meinung befragt und
sprach sich dafür aus: „Die Bestechung", sagte er, sei legitim, weil
sie „im Interesse des Staates geschehe".[6] Auch die kostenlosen Getreidezuteilungen an die Plebs billigte der Gestrenge, sofern sie dazu
dienten, dem Gegner seine Popularität streitig zu machen. Noch einmal zurück zum Jahr der Wahl zum *pontifex maximus* und der Designation zum Prätor (es ist auch das Jahr der Verschwörung des
Catilina), und wieder sind die „Optimaten" in heller Aufregung. Am
Rande seiner Schilderung der Verschwörung datiert Plutarch die
großzügigen kostenlosen Getreidezuteilungen, die Cato vorgeschla-
gen hatte, um Caesars Einfluß zu schwächen, in jenes Jahr.[7]
    Seit diesem Vorfall war Cato in schwerer Sorge wegen der revo-
lutionären Stimmung unter dem besitzlosen Pöbel, welcher auf Caesar alle Hoffnungen setzte und das ganze Volk in Gärung bringen
konnte. Darum schlug er dem Senat eine monatliche Getreidespende
an die arme Bevölkerung vor. Diese Maßnahme belastete zwar die
Staatskasse mit siebeneinhalb Millionen *denarii* [1250 Talenten!]
jährlich, doch war sie offensichtlich geeignet, die Angst, welche im
Augenblick nicht klein war, zu verscheuchen. Auch tat sie Caesars
Macht ganz empfindlich Abbruch und schwächte seinen Einfluß gerade in dem Augenblick, da er die Prätur antreten wollte und durch
dieses Amt noch gefährlicher zu werden drohte.[8]

3. Über Catos Unbescholtenheit in Wahlkampfangelegenheiten waren, wie man sich denken kann, so manche Legenden im Umlauf.
Man lobte seinen Vorschlag, die Beamten sollten auch ohne Ankla-

gen oder gerichtliche Verfahren Rechenschaft ablegen. Man erinnerte
an seine berühmten Wahlkämpfe, die er nur deshalb verlor, weil er
seinen Anhängern verboten hatte, mit Geld Zustimmung zu erkaufen
– was jedoch inzwischen allgemein Usus war.[9] Vielleicht bedachte
man zu wenig, daß es sich um Wahlen handelte, bei denen der politisch ungeschickte Cato von vorneherein nur als Verlierer dastehen
konnte.

Sein Neffe Brutus aber, der gestrenge Marcus Iunius Brutus, seit
den Iden des März als der „Befreier" bekannt, praktizierte Zinswucher. Doch nicht einmal für seine Zeitgenossen war die Sache ganz
durchsichtig. Als Cicero in den Jahren 51 und 50 v. Chr. Statthalter
von Kilikien war, „entdeckte er", wie Arnold Toynbee mit gemesse-
ner Ironie schreibt, „voll Verwunderung und Entrüstung, daß Brutus,
der in Rom ein so strenges und makelloses Image zur Schau stellte,
in den Besitzungen und Schutzgebieten Roms in der Levante mit
seinem Kapital Wucher trieb".[10] Cicero, der sich für einen mindestens
ebenso großen Menschenkenner wie Odysseus hielt, war einigerma-
ßen bestürzt, als er feststellte, daß Brutus von ihm wie schon von
seinem Amtsvorgänger erwartete, Geldspekulationen zum Nachteil
der Schuldner zu decken.[11] Von dieser unerfreulichen Angelegenheit
spricht Cicero in vertraulichen Briefen an Atticus. Aber genau bese-
hen äußert er sich auch hier nicht frei und ungezwungen, denn Atticus war mit Brutus freundschaftlich verbunden (was Cicero wußte).
Doch seine Sicht der Dinge ist dennoch aufschlußreich:[12] „Und nun
höre von Brutus![13] Dein Brutus ist mit ein paar Gläubigern der Salaminier von Cypern befreundet, mit Marcus Scaptius[14] und Publius
Matinius, die er mir warm ans Herz gelegt hat. Scaptius ist zu mir
ins Heerlager gekommen, und ich habe ihm versprochen, Brutus zu-
liebe wolle ich mich darum kümmern, daß er sein Geld von den
Salaminiern bekomme". Aber das war Scaptius nicht genug gewesen.
Er drängte Cicero, ihn zum Präfekten zu ernennen, aber der Prokonsul hatte entschieden abgelehnt, ja durchblicken lassen, wenn Scaptius den Posten nur wolle, um seine Schuldforderungen leichter
durchzusetzen, werde er, Cicero, selbst dafür sorgen, daß er zu seinem Recht käme. Ciceros Amtsvorgänger Appius Claudius Pulcher[15]
dagegen hatte Scaptius dieses und anderes durchgehen lassen. Er
hatte ihn zum Präfekten der Reiterei ernannt, nur damit dieser um-
standslos und mit militärischem Zwang in Zypern Schulden eintreiben konnte – zu Brutus' Gunsten, versteht sich.[16] Cicero blieb höf-
lich, aber bestimmt. Und er merkt dazu an: „Unser Freund Appius

hatte diesem Scaptius seinerzeit einige Schwadronen zur Verfügung gestellt, um mit ihnen die Salaminier unter Druck zu setzen, und ihm auch eine Präfektur gegeben; so drangsalierte er denn die Salaminier fortgesetzt. Ich befahl den Reitern, Cypern zu verlassen; das paßte Scaptius gar nicht".[17] Ohne uns in weitere Einzelheiten zu verlieren, hier vielleicht nur noch dieser Hinweis: Cicero hatte die prekäre Aufgabe, den Streit zwischen Scaptius und den Salaminiern zu schlichten. Diese waren ihm dankbar, daß er einen heiklen Umstand ans Licht gebracht hatte: Seinerzeit, im Jahr 56, hatten Brutus' Freunde im Senat einen Beschluß verabschiedet, der den Zinssatz für die Bewohner Salamis' (Brutus' Schuldner!) *ad hoc* von ein auf vier Prozent erhöhte, das waren 48 Prozent jährlich.[18] „Im ersten Augenblick war ich starr", schreibt Cicero, der schließlich dem Drängen des Scaptius nachgab, die Streitfrage zunächst unentschieden zu lassen. Der nach ihm kommende Statthalter würde sicherlich weniger Skrupel haben. Wenn Brutus sein Standpunkt nicht einleuchte, fährt Cicero spöttisch fort, „dann weiß ich nicht, warum ich ihn lieben sollte."[19] Unverkennbar auch der Spott in der folgenden Bemerkung: „Seinem Oheim [dem gestrengen Cato] wird er sicher einleuchten".

4. Erhält der hochverschuldete, jahrelang von Gläubigern bedrängte Parteiführer eine blühende Provinz, ja setzt er vielleicht sogar seine Vorherrschaft in der Republik durch, so schöpft er Reichtümer ab – in der nicht unbegründeten Überzeugung, genau dies sei Grundlage eines derartigen politischen Systems. Edward Gibbon weist nachdrücklich darauf hin, daß der *wahre* Grund für Caesars Landung auf den britischen Inseln „die angenehme, obschon zweifelhafte Nachricht von einer Perlenfischerei"[20] gewesen sei, und führt zum Beleg Sueton an, der von Caesar mit scharfen Worten sagt, er habe das Gewicht britischer Perlen öfter mit eigener Hand bestimmt.[21] Sueton gibt ein mehr oder weniger umfassendes Bild von den Machenschaften, durch die sich Caesar finanziell sanierte:[22] „In Spanien [nach der Prätur, also im Jahr 61] hat er von den Bundesgenossen Geld angenommen, das er zur Tilgung seiner Schulden erbettelt hatte, und mehrere Städte der Lusitaner wie ein Feind ausgeplündert, obwohl sie seinen Anordnungen durchaus nicht Widerstand leisteten und ihm bei seiner Ankunft die Tore öffneten. In Gallien hat er Heiligtümer und Tempel der Götter, die mit Weihgeschenken angefüllt waren, beraubt sowie Städte häufiger der Beute wegen als wegen irgendeines Vergehens zerstört." Er eignete sich Gold im Überfluß an, das er

anschließend in Italien und in der Provinz zum Preis von 3000 Sesterzen pro Pfund auf den Markt brachte. Darüber hinaus hat er, folgt
man Sueton weiter, während seines ersten Konsulats (59 v. Chr.)
„vom Kapitol 3000 Pfund Gold entwendet und diese Menge durch
vergoldetes Kupfer ersetzt. Den Status von Verbündeten und die Königswürde verkaufte er. So nahm er allein dem Ptolemaios fast 6000
Talente in seinem und des Pompeius' Namen ab". Und weiter ist in
geradezu provokativem Ton davon die Rede, daß Caesar „ganz offen
Diebstahl und Tempelraub" beging, um damit die Bürgerkriege zu
finanzieren. Wir sind nicht in der Lage, derartige Angaben nachzu-
prüfen, die sich häufig nur bei Sueton finden. Sicher ist allerdings,
daß die gegnerische Propaganda diesen heiklen Punkt (Caesars finanzielle Schwierigkeiten) zum Schwerpunkt ihrer Polemik machte.

Sueton berichtet auch von den Bosheiten der Soldaten, die viele
Jahre später, als endlich der Sieg über Gallien gefeiert wurde, folgenden Vers sangen: „Gold verhurtest du in Gallien, hier [in Rom] hast
du dir's stets gepumpt".[23] Eine treffsichere und messerscharfe Sen-
tenz, die die beiden wichtigsten Aspekte zusammenfügt: Caesars rui-
nöse Verschuldung in der Zeit, als er die Ämter gewann, und das
wirtschaftliche Sich-Schadlos-Halten in der nachfolgenden Zeit seiner Provinzverwaltung – für Caesar ein einziger Eroberungskrieg, der
schlimmste und blutigste in der Geschichte Roms, dem ein verhee-
render Bürgerkrieg folgte.

Dieser Bürgerkrieg begann für Caesar mit einem Gewaltakt, über
dessen Tragweite kein Zweifel bestand: der Plünderung der Staatskasse. Im April 49, als sich Caesar mit den republikanischen Kräften
(die schmählich aus Rom flohen) bereits im offenen Krieg befand,
brach er die Türen zum *aerarium sanctum* auf, drang ein und ließ
sich 45 000 Goldbarren und 30 Millionen Sesterzen aushändigen.[24] Bemerkenswert, daß Caesar selbst, als er in seinen *commentarii* zum
Bürgerkrieg auf diese Punkte des Konflikts zu sprechen kommt, weitschweifig schildert, daß der Konsul Lentulus zwar „zur Öffnung des
Staatsschatzes gekommen war, um Pompeius gemäß Senatsbeschluß
das Geld zu bringen", aus Angst aber, Caesar komme jeden Augenblick, sofort nach Öffnung der Geheimkammer des Aerariums aus
der Stadt floh.[25] Nicht mehr. Caesar sagt nicht explizit, daß er sich
bei seinem Eintreffen großzügig bediente, sondern daß *seine Feinde*
dies vorhatten, es dann aber unterließen.

VI
Der politische Markt

1. Der Stimmenkauf, der bei den römischen Wahlkämpfen seine größten Triumphe feierte, bestätigt die wohlbekannte Tatsache, daß nur Angehörige der reichsten Familien eine politische Karriere einschlagen konnten. Die römische Republik war ja eine oligarchische Republik in dem Sinn, daß sich die gesamte politische Führungsriege aus der patrizisch-plebeischen *nobilitas* rekrutierte. Diese Oligarchie zeichnete sich dadurch aus, daß ihre Vorfahren den Konsulat (das höchste politische und militärische Amt) erreicht hatten. Zur Sicherung ihrer Existenz benötigten und lenkten sie das „populare" Votum, schlossen sich aber nicht streng gegen andere Familien ab (die nach dem Bundesgenossenkrieg auch aus der italischen Führungsklasse stammten). Mit viel Engagement und Entschlossenheit konnten sich solche *homines novi* (Aufsteiger) zwar durchsetzen, mußten aber ihrerseits wieder aus steinreichen Familien stammen, um den Eintritt in die Politik finanzieren zu können, und sich darüber hinaus, zumindest in der Anfangsphase, auch mit den Angehörigen der großen tonangebenden Familien verbünden. Man denke nur an Marcus Tullius Cicero, den wohl berühmtesten *homo novus* im spätrepublikanischen Rom, an seinen Eintritt in die Politik und seinen weiteren Karriereverlauf. Ein *homo novus*, insbesondere wenn er Geld besaß und eine rhetorische und juristische Ausbildung hatte, wurde kooptiert.

Wahlbestechung hat in Rom eine lange Geschichte. Für einen großen Moralisten wie Sallust stand das Problem der Korruption als Grundelement der politischen Praxis Roms im Mittelpunkt seines Geschichtswerks (zumindest soweit wir es kennen). Man könnte sogar sagen, daß das Bild der römischen Politik, das er zeichnet, eine in dieser Hinsicht ausweglose Lage darstellt. Sallust wollte wohl verdeutlichen, daß die traditionelle Republik, die Caesar hinwegfegte, seiner Ansicht nach den eigenen unaufhaltsamen Verfall nicht hätte überleben können. Iugurthas Abschied von Rom, das er höhnisch als eine feile Stadt beschreibt, die sich selbst verkaufen würde, wenn es einen Käufer gäbe,[1] hat bei dem Historiker Sallust eine symbolische Bedeutung, die über die konkreten Umstände des Konflikts zwischen der Republik und einem besonders geschickten und skrupellosen Klientelkönig hinausgeht. Die heillose Verschuldung wichtiger Familien der Führungsschicht, die sich daraus ergebende politische Unmoral, die das Verbrechen nicht scheute, waren für Sallust zentrale Aspekte und verdeutlichen die Ursachen für das, was er zum Gegenstand seiner ersten historischen Monographie machte, die Verschwörung des Catilina. Er ist allerdings so sehr auf den Verschwörungsmechanismus konzentriert, daß die Dreistigkeit der Gegner Catilinas bei den Wahlen ganz im Hintergrund bleibt. Doch eines wird deutlich: Die Methoden, mit deren Hilfe Catilina wiederholt vom Konsulat ausgeschlossen wird, sind illegal oder an der Grenze zur Illegalität. Es wurde jedenfalls in einer Weise manipuliert, daß das Wahlergebnis zuungunsten Catilinas ausfiel. In diesem berühmten und bedeutenden Beispiel des politischen Kampfes in der späten Republik war die Manipulation von Wählerstimmen *das Mittel*, um einen Politiker auszuschalten (und zu extremen Handlungen zu drängen), der selbst einen beunruhigenden Dissens zum Ausdruck brachte.

Aufgrund der zahlreichen erhaltenen Quellen, von denen einige auf die Hauptakteure – wenn auch nur die siegreichen – zurückgehen, beispielsweise Ciceros Reden, wissen wir über die Affäre Catilina ganz gut Bescheid. Doch die Tatsache, daß aus Gründen, denen hier nicht weiter nachgegangen werden kann, auch Ciceros Briefwechsel erhalten ist (eine von seinem Verfasser nicht kontrollierte Quelle), versetzt uns in die Lage, noch die weniger schmeichelhaften Aspekte zu erfassen. Einer der ersten Briefe Ciceros an Atticus beginnt mit der Feststellung: „Augenblicklich denke ich daran, meinen Mitbewerber Catilina zu verteidigen".[2] Catilina hatte einen heiklen Prozeß am Hals, in dem ihm Erpressung und Raub während seiner Amtszeit als Proprätor in Africa (67–66 v. Chr.) vorgeworfen wurden. Cicero spielt mit dem Gedanken, ihm zu helfen, um ihn im Wahlkampf auf seiner Seite zu haben. Allerdings wußte er genau, daß in dieser Sache juristisch nicht viel zu machen war: „Catilina wird sich bestimmt bewerben", schreibt er an anderer Stelle, „falls das Urteil lautet, am Mittag sei es nicht hell".[3]

2. Wahlabsprachen zwischen den Kandidaten waren in Rom nichts Neues. Wurden sie aber spektakulär aufgedeckt, so konnten sie den – wenngleich manchmal nur zeitweiligen – politischen Ruin jener unermüdlichen Wahlkämpfer bedeuten, die Sprößlinge der großen römischen Familien waren.

Bekannt ist Gaius Memmius, dessen Fall durch seine Verbindung zu dem epikureischen Dichter Lukrez für noch mehr Aufsehen sorgte. Bekanntlich hat Lukrez sein Gedicht *De rerum natura* (Über die Natur) Memmius gewidmet, dessen Name jedoch irgendwann aus dem Gedicht verschwindet. Man hat mit gutem Grund vermutet, daß dieses Verschwinden mit Memmius' politischem Ruin in Zusammenhang steht. Memmius, 58 v. Chr. Prätor, war im darauffolgenden Jahr Proprätor in Bithynien und Pontus gewesen. Von dieser Provinzstatthalterschaft wissen wir einiges (nicht gerade Schmeichelhaftes) von Catull (Gedicht 10 und 20). Kurzum, Catull begleitete Memmius in der Hoffnung, Geld zu erwerben, beschwerte sich aber in empörtem Ton, daß der Proprätor der einzige war, der sich bereicherte. Nach Ablauf eines Amts, für das immense Wahlkampfkosten investiert worden waren, in die Provinz zu gehen, um sich finanziell zu sanieren, war ein ganz normaler Vorgang.

Nach seiner Rückkehr im Jahr 56 konnte Memmius nicht sofort auf den Konsulat rechnen, denn die Triumvirn hatten für das Jahr 55 dieses Amt für sich selbst reserviert. In Anbetracht der eklatanten römischen Wahlmanipulation bekamen sie es auch. Im Jahr 56 wurden Pompeius und Crassus zu Konsuln für das Jahr 55 gewählt. Für 54 gelang es den Triumvirn, Appius Claudius Pulcher, einen Mann aus ihren eigenen Reihen, als Konsul durchsetzen; die Gegenseite brachte Domitius Ahenobarbus in dieses Amt, einen rachsüchtigen Erzfeind Caesars. Also konnte sich Memmius erst im Jahr 54 um den Konsulat 53 bemühen. Um sein Ziel zu erreichen, löste er mit einem Schlag das politisch-familiäre Bündnis mit Pompeius (unter anderem, indem er seine Frau verstieß, die skandalumwitterte Tochter Sullas; damit signalisierte er den völligen Bruch mit dieser politischen Gruppierung) und erhielt – auch finanzielle – Wahlkampfunterstützung durch Caesar. Zu dieser „Seilschaft" gehörte neben Memmius auch Gnaeus Domitius Calvinus (mit Caesar als Rückendeckung). Um sich die Wahl zu sichern, versprachen sie den Zenturien, die zuerst wählten (bekanntlich hatte die Stimme der ersten Zenturien bei den römischen Wahlen ein starkes Gewicht), eine gigantische Geldsumme (zehn Millionen Sesterzen) sowie den amtierenden Konsuln 4 Millionen Sesterzen als Bestechungsgeld für die Auguren. Schon im Juli kam der Skandal ans Licht. In einem Brief teilt Cicero seinem Bruder mit: „Hier sind wieder wüste Bestechungen im Gange, schlimmer denn je".[4] Bald wurden auch die Finanzkreise von dem Skandal erfaßt; Ciceros Brief an seinen Bruder zufolge kletterte der Zinssatz für Kredite im Nu von vier auf acht Prozent. Im September, unmittelbar vor den Wahlen, entschloß sich Memmius zu einem fast schon verzweifelten Schritt: im Senat „auszupacken" in der Hoffnung, in letzter Minute seine Haut zu retten – was wir aus heutiger Sicht als die Craxi-Strategie bezeichnen würden. Cicero, der mit Seitenhieben nicht spart, schreibt an den Bruder, man erwarte allgemein, daß die Kandidaten aus Scham Selbstmord begingen oder es zu einem Gewaltstreich käme, zur Diktatur etwa (*aut hominum aut legum interitus*). Caesar ließ Memmius augenblicklich fallen und lieferte ihn damit einem vernichtenden Prozeß *de ambitu* (wegen Korruption) aus. Anfang 53 gab es also keine Konsuln, es kam zum „Interregnum", da keine Wahlen hatten abgehalten werden können. Memmius entzog sich dem Prozeß und siedelte nach Athen über, wo er völlig unbehelligt Bauspekulation betrieb, wahrscheinlich durch Bestechung der örtlichen Behörden, wie wir einem Brief Ciceros an Memmius vom Juli 51[5] entnehmen können. Die Sache wäre nicht weiter aufgefallen, hätte Memmius nicht die wahnwitzige Idee gehabt, über den (angeblichen) Resten von Epikurs Haus bauen zu wollen.

3. Die politische Korruption in Rom hat noch viele weitere Facetten. Zur Verdeutlichung ihres auffälligsten Aspekts, eben der „Wahlbestechung" *(ambitus)*, haben wir andere, oft damit in Zusammenhang stehende Machenschaften aufgezeigt: die schamlose Ausbeutung der Provinzen und die Erpressung im Amt als deren wichtigste Form. Die Erpressung nahm derart überhand, daß in der römischen Strafgerichtsbarkeit erstmals außerordentliche Gerichte mit der Verfolgung dieses Verbrechenstatbestandes betraut wurden. Die Zusammensetzung der Richterliste war fünfzig Jahre lang Gegenstand heftigen Streits zwischen dem Ritterstand und den Senatoren – angefangen mit den Reformen des Gaius Gracchus (der *Lex Sempronia iudiciaria* aus dem Jahr 123 v. Chr.) bis zur sullanischen Restauration (81 v. Chr.), mit der das Geschworenenamt zur ausschließlichen Domäne der Senatoren wurde –, fünfzig entscheidende Jahre für die Krise der Republik, die durch Sullas drastische und blutige Restauration verschärft statt gemildert wurde. Mit einigem Recht kann man behaupten, daß der Kampf um die Kontrolle der Gerichte maßgeblich zur „Revolution" und zur unumkehrbaren Krise der Republik beitrug. Dabei ging es darum, ob nur die Senatoren oder auch die Ritter die Möglichkeit zur Ausbeutung der Provinzen erhielten. Ein Gericht, das die Anklage der Erpressung (das Repetundendelikt) „nieder-

schlug", war, wie man sich denken kann, ein wichtiges Rädchen im Getriebe.

In einer neueren Ausgabe von Ciceros *Verrinen* stellt der angesehene Forscher Marinone die weiteren Verflechtungen dar: Die Erpressung im Amt ging häufig Hand in Hand mit Unterschlagung von Staatsvermögen; „ein einziger Anklagepunkt enthält bisweilen die Extreme beider Delikte, wie es beispielsweise im Prozeß gegen Verres der Fall ist".[6] Betraf der Diebstahl für Kulthandlungen bestimmte Vermögenswerte, handelte es sich um das Delikt des Sakrilegs; andererseits konnte Erpressung „in schlimmen Fällen den Straftatbestand der Majestätsbeleidigung erfüllen, wenn das Verhalten des Amtsinhabers die Würde des Staates in der Öffentlichkeit beschädigte; kam schwerwiegende Unterschlagung von Staatsgeldern hinzu, erkannte man auf Verrat".[7] Nicht zufällig zählte die *Lex Cornelia de maiestate* (81 v. Chr.) zum Straftatbestand der *laesa maiestas*, „gemeinhin Handlungen der Magistrate, die die Würde des Staates verletzten".[8]

4. In seiner Rede *Für Murena*[9] macht Cicero darauf aufmerksam, daß „folgender Senatsbeschluß ergangen sei: Wenn jemand gegen Entgelt zum Empfang der Kandidaten ausziehe, wenn gemietete Leute ihnen das Geleit gäben, wenn das Volk bezirksweise für Fechterspiele Plätze erhalte und ebenso wenn man dem Volke Festschmäuse ausrichte, so solle dies als Verstoß gegen das Calpurnische Gesetz gelten". Zwar war die Stimme als käufliche Ware oder die Gefälligkeitsstimme, wie man zu sagen pflegt, das A und O der römischen Wahlmaschinerie, doch es gab auch Korrektive innerhalb dieses Systems. Sie dienten allerdings oft nur dem einzigen Zweck, die „Straftaten" aufzuzählen und die ungeschönte Realität der „Wahlen" darzustellen. Daß das Problem erkannt wurde, zeigen auch die zahlreichen Überlegungen zum Phänomen der „Wahlen"; sie sind uns durch eine Denkschrift in Brieform bezeugt, die Quintus Tullius Cicero für den berühmteren Bruder verfaßte. Anlaß war der Wahlkampf für den Konsulat 63 (für den Cicero im Jahr 64 gegen Mitbewerber vom Kaliber und von der Skrupellosigkeit eines Catilina antrat). Es handelt sich um das sogenannte *Commentariolum petitionis*, dessen Echtheit lange Zeit (wohl zu Unrecht) umstritten war.[10]

5. Vor Jahren schrieb Norberto Bobbio anläßlich der Neuausgabe der Werke von Gaetano Mosca eine eindringliche Glosse zur Kritik

Moscas an den Mechanismen der Parlamentswahlen. Bobbio erläutert darin die Kritik des fünfundzwanzigjährigen Mosca an den zum Stimmenschacher verkommenen Wahlen und fährt dann fort: „Der junge Mosca war sich nicht bewußt, daß das beklagte Übel dem demokratischen System als solchem inhärent ist, insbesondere der repräsentativen Demokratie". Und er beschließt seine Ausführungen: „Der im übrigen keineswegs neue Gedanke, daß die Demokratie einem großen und freien Markt vergleichbar ist, dessen wichtigste Ware die Wählerstimme ist, ist ernüchternd. Man muß sich diese Tatsache aber stets vor Augen halten, um das Verhalten der Politiker, insbesondere vor den Wahlen, zu verstehen. Wie der wirtschaftliche, so *entzieht sich* auch der politische Markt *jeglicher Kontrolle* von oben, so daß auch in dieser Hinsicht der Vergleich standhält".[11]

VII
Verschwörungen

1. Caesars politische Karriere ist durch zwei Verschwörungen geprägt: eine, an der er nur „aus der Ferne" beteiligt war, über die er zumindest aber informiert war; sie scheiterte. Und eine zweite, gegen ihn selbst gerichtete; sie gelang. Die Verschwörung des Catilina streifte ihn zwar nur am Rande, hätte ihn aber beinahe in den Abgrund gerissen. Seine Rettung war Cicero. Dokumente, die möglicherweise unecht waren, sollten Caesars Beteiligung am Komplott beweisen. Lucius Vettius, ein römischer Ritter, der als junger Mann im Bundesgenossenkrieg (89 v. Chr.) mit Cicero in Beziehung gestanden hatte (beide waren in Ascoli gewesen), wurde später ein Freund Catilinas und nahm an der Verschwörung[1] teil, schlug sich dann aber auf die Gegenseite und denunzierte[2] die Mitverschwörer. Er teilte dem Untersuchungsbeamten Novius Niger mit, er befände sich im Besitz eigenhändiger Schreiben Caesars an Catilina, die dessen Beteiligung belegten. Caesar hatte unterdessen seine Prätur angetreten, und eine solche Anschuldigung konnte ihn jetzt Kopf und Kragen kosten. Im Januar hatten sich Catilina und seine Anhänger in der Feldschlacht von Pistoia (Pistoria) in der Toskana gegen das Heer der Konsuln tapfer geschlagen. Caesar „erbat", so Sueton,[3] Ciceros Hilfe, die aber dem Biographen zufolge nicht darin bestehen konnte, nachzuweisen, daß die Dokumente gefälscht waren. Um der Bitte nachzukommen, konnte Cicero lediglich bezeugen, daß Caesar in Wirklichkeit schon vor Monaten, als die Verschwörung bereits in vollem Gange war, dem Konsul aus freien Stücken die ihm bekannten Einzelheiten darüber anvertraut hatte.[4] Eine etwas wackelige Verteidigung, die die Frage aufdrängte, warum Caesar über die Verschwörung so genau Bescheid wußte. Jedenfalls zeigte nun auch Cicero jenen guten Willen, den Caesar seinerzeit ihm gegenüber an den Tag gelegt hatte. Und seine Hilfe sollte wertvoll sein. Nicht zuletzt dank Caesars enormem Ansehen im Volk erwies sich die gegen ihn gerichtete Aktion für den Denunzianten Lucius Vettius als verhängnisvoll, der tätlich angegriffen wurde und für eine Weile ins Gefängnis mußte. Doch nicht nur für ihn. Auch Novius wurde eingesperrt, weil „er es zugelassen hatte, daß bei ihm ein höherer Beamter angeklagt wurde".[5]

2. Ciceros Zeugnis entlastete Caesar auch von der gefährlichen Anklage des Quintus Curius vor dem Senat. Curius, Sallusts Beschreibung zufolge[6] eine groteske Erscheinung, hatte entscheidenden Anteil
an der Niederschlagung der Verschwörung. Er rettete nicht nur Cicero
das Leben,[7] er nannte auch die Namen von Mitverschwörern, und
dank seiner Anzeige konnte das Komplott vereitelt werden. Auch Caesars Name war dabei.[8] Und daß einzig und allein die Nennung von
Caesars Namen falsch gewesen sein soll, erscheint äußerst merkwürdig. Schließlich ging es Curius um die für seine Denunziation versprochene Belohnung, und daher hatte er keinen Grund, sich die Sache
durch eine falsche Anschuldigung zu verderben. Tatsache aber ist, daß
Ciceros Zeugenaussage zugunsten Caesars (die er auf dessen Drängen
hin machte) gegen Curius selbst verwendet wurde, dem daraufhin die
Belohnung abgesprochen wurde, hatte er doch einen falschen Namen
genannt. Man könnte fragen, aus welchen Gründen Cicero einen
Mann, der ihm einst teuer gewesen war, derart schnell hatte fallen
lassen. Die Antwort kann nur in Form einer vorsichtigen Vermutung
vorgebracht werden: Vielleicht war es mittlerweile zu gefährlich, sich
gegen Caesar zu stellen. Vielleicht wollte Cicero auch „in die Zukunft
investieren", denn Caesar stieg immer weiter auf und genoß hohes
Ansehen – ähnlich wie Crassus, der trotz seiner alten und allgemein
bekannten Freundschaft zu Catilina „unberührbar" war. Im Rückblick betrachtet, war dieses Kalkül womöglich falsch. Ciceros Entschluß, Caesar zu helfen, nützte ihm herzlich wenig. Er rettete Caesar,
vernichtete aber gleichzeitig Curius, indem er dessen Zeugnis wertlos
machte. Später, durch Caesars Machtspiele als Konsul gezwungen, in
die Verbannung zu gehen, begann er, die „Wahrheit" über die Verschwörung und über Caesars und Crassus' Beteiligung niederzuschrei-
ben.[9] Diese Schrift hielt er jedoch unter Verschluß und gab sie zur
Veröffentlichung erst nach seinem Tod frei.[10] Trotzdem rückte er bereits nach Caesars unerwartetem Ende, das ihn auf dem Gipfel seiner
Macht ereilte, mit der „Wahrheit" heraus, beispielsweise in einer
höchst bedeutsamen, aber nicht ganz eindeutigen Anspielung in *De
officiis*.[11] Freilich hatte er schon zuvor einem engen Kreis von Freunden seine brisanten *anecdota* zu lesen gegeben.[12]

3. Man hat immer wieder die Vermutung geäußert, daß Sallusts ein-
zigartiges Werk *Die Verschwörung des Catilina* eine Erwiderung auf
diese damals bereits kursierende Schrift war.[13] Da wir die genaue
Entstehungszeit von Sallusts *Verschwörung* nicht kennen, können

wir die darin enthaltenen zahlreichen Anspielungen auch nicht in vollem Umfang würdigen. (Mit Sicherheit aber setzt Sallust die tragische Erfahrung der Proskriptionen des Triumvirats von Antonius, Lepidus und Octavian historisch voraus.)[14] Aufs Ganze gesehen gipfelt dieses Werk in einer „Apotheose" sowohl Caesars wie Catos, jener beiden Männer, die sich scharf bekämpft hatten – eine Auseinandersetzung, die mit der im Jahr 46, gleich nach Catos Tod, von dessen Anhängern gestarteten Kampagne weiterging. Caesar hatte die postume Verklärung seines ärgsten Feindes nicht einfach hingenommen und im Eifer des Gefechts auch einen mittlerweile so zahmen und harmlosen Intellektuellen wie Cicero nicht geschont, dem er ansonsten stets mit Hochachtung und Respekt begegnete. Sallusts Intention in diesem schmalen politischen Geschichtswerk, die beiden Kontrahenten zu idealisieren (sowie die immer wiederkehrende Diskussion pro und kontra Cato), ist politisch unklug. Es fehlt in diesem Werk auch nicht an Seitenhieben gegen die „Befreier" (deren *coniuratio* Sallust bereits in den ersten Zeilen in die Nähe des Verbrechens der Catilinarier rückt) und gegen die Triumvirn. Gegen sie wendet sich Caesar in einer langen Rede, die ihm Sallust freilich *post mortem*[15] in den Mund legt. Darin „prophezeit" Caesar weitere Proskriptionen in der Art Sullas – in offenkundiger Anspielung auf Octavian. Caesar erscheint in Sallusts Gegenüberstellung mit Cato als jemand, der nicht nur mit der Verschwörung nichts zu tun hat, sondern den Verschwörern auch noch mit Milde begegnet. Das apologetische Bestreben ist deutlich. Aus Sallusts Darstellungsweise gewinnt der Leser von Anfang an das Bild eines Caesar, der nicht einmal am Rande mit der Verschwörung zu tun hat,[16] sondern das heikle Problem angeht, sie zu verhindern und zu zerschlagen, ohne sich jedoch zu „Grausamkeiten" hinreißen zu lassen.

Der wirkliche Caesar freilich hat mit Sallusts idealisierender Darstellung wenig gemein. In einem der letzten Kapitel seiner *Caesar*-Biographie, das dessen Verhalten gegenüber seinen Freunden behandelt, zeichnet Sueton das realistische Bild eines Menschen, der sich anderer skrupellos und ungeniert zum eigenen Vorteil bedient: „Dabei erklärte er dann ganz öffentlich, er würde, wenn er sich bei der Bewahrung seiner Würde (*in tuenda dignitate*) der Hilfe von Wegelagerern und Meuchelmördern bedient hätte, auch Leuten *infimi generis* (niedriger Herkunft) entsprechenden Dank abstatten".[17]

Mit Sicherheit lehnt es einer wie Caesar auch nicht grundsätzlich ab, sich solcher Leute zu bedienen, wie es die Catilinarier waren.

Aber er hatte rechtzeitig begriffen, daß sie *ihm nicht nützten*. Der Umgang mit ihnen konnte allerdings nicht ohne Folgen bleiben, wie eben jene möglicherweise doch wahrheitsgemäßen Denunziationen zeigen, die der „beste Konsul" abwehrte (was er später bereute). Gegenüber den Catilinariern aber mußte Caesar beweisen, daß er mit der vom Senat in Gang gesetzten Repressionsmaschinerie nichts zu tun hatte. Er wußte, daß jene Männer im Volk Sympathien genossen, und die wollte er sich keinesfalls verscherzen. Ebenso war ihm klar, er käme nicht weit, stellte er sich an die Spitze der Unzufriedenheit im Volk. *Gegen* diese traditionelle „soziale Basis" der *partes populares* wäre er gleichfalls nicht angekommen. Derartige Überlegungen also bestimmten seine Entscheidung.[18]

4. Plutarch (bzw. die Quelle, aus der er in den ersten vierzehn Kapiteln seiner *Caesar*-Vita schöpft) hat diese Aporie präzise erfaßt: den heiklen Kernpunkt des Caesarismus als Versuch, die alte, traditionelle populare Politik zu überwinden – in der Gewißheit, mit dieser sozialen Basis nicht weit zu kommen, auf sie aber auch nicht verzichten zu können. Plutarch beschreibt eine Auseinandersetzung mit den Optimaten (die in Wirklichkeit womöglich nie stattfand), die zu Beginn von Caesars erstem Konsulat im Jahr 59 v. Chr. durch den zweiten Konsul, Caesars Kollegen Marcus Calpurnius Bibulus, an der Spitze der Macht vertreten sind. Plutarch schildert, wie Caesar angesichts der Proteste der Optimaten gegen seinen Agrargesetzvorschlag im Senat förmlich explodierte – eine Reaktion, die in gewisser Weise zeigt, wie sehr er sich von der popularen Tradition entfernt hatte: „Im Senat stieß er auf den Widerstand der Optimaten, aber das war ihm eben recht. Er beteuerte mit lauter Stimme, daß man ihn wider seinen Willen zum Volk hintreibe, daß des Senats Übermut und Härte ihn zwängen, dort einen Rückhalt zu suchen".[19]

Dieser Caesar ist fiktiv.[20] Aber die Anekdote macht deutlich, in welcher Identitäts- und Wertekrise sich die „populare" Partei zu diesem Zeitpunkt befand – eine Krise, für die Caesar einen Ausweg und eine neue Lösung zu finden hoffte.[21] Dabei war er stets darauf bedacht, seine traditionell gute Beziehung zum Stadtvolk Roms samt dessen Forderungen nicht aufs Spiel zu setzen, womit er sein politisches Schicksal von Anfang an verknüpft hatte. Das heißt allerdings nicht, daß es in diesem „Idyll" keine dramatischen Krisen gab: Man denke nur an die Aufstände von Caelius Rufus und Dolabella in den Jahren 48 und 47 (vgl. dazu Kapitel XXII, *Wider den Umsturz*). Aber

Caesar war immer noch der Neffe des Marius. Trotzdem kam es nach seiner Ermordung nicht zu einer sofortigen Volkserhebung. Die Reaktion erfolgte verspätet und war zumindest teilweise gesteuert – was auf den Verschleiß der Beziehung hinweist. Den Befreiern, die da und dort Reden schwangen, schlug ratloses Schweigen entgegen: „Die Menge", so Plutarch, „hörte ihn [Brutus] an, ohne daß eine Äußerung des Unwillens laut geworden wäre; aber auch zum Lob des Geschehenen erhob sich keine Stimme. Durch ihr tiefes Schweigen gaben die Bürger zu erkennen, daß ihnen Caesars Schicksal zu Herzen ging, daß sie aber auch Brutus ihre Achtung nicht versagen konnten".[22]

5. Doch das alles geschah sehr viel später. Der für das Jahr 63 designierte Prätor Caesar, der sich gegen die Hinrichtung der Catilinarier aussprach, war nicht der Konsul von 59, der das Triumvirat im Rücken hatte, und noch viel weniger der Diktator auf Lebenszeit (*dictator perpetuus*), der vage institutionelle Veränderungen plante. Er war ein ins Zwielicht geratener einflußreicher Vertreter der Popularen. In der Lebensgeschichte großer Politiker gibt es ja bisweilen solche dunklen Seiten – Momente, an die sie sich nur ungern erinnern, Zeiten unrühmlicher Kompromisse oder unangemessener Wendemanöver: Verhaltensweisen, die sie Kopf und Kragen hätte kosten können, wäre das Schlaglicht im entscheidenden Augenblick auf sie gefallen, als sie noch nicht waren, was sie später wurden. Bei einer nachträglichen Enthüllung stellt sich der erwünschte Effekt nicht ein. Vielleicht hat sich Caesar tatsächlich in der Weise mit den Catilinariern eingelassen, wie es Cicero spät und gewunden seinem *De consiliis suis* anvertraut hat. Doch zu diesem späten Zeitpunkt hatte sich das Bild dieser Persönlichkeit mit allem Für und Wider bereits konsolidiert. Und in einem solchen Fall fällt paradoxerweise bloß auf die „Enthüllung" ein trübes Licht.

Es kann letztlich also gar nicht anders sein, als daß Caesar – wie Crassus, der schon allein aufgrund seines imposanten Reichtums zum damaligen Zeitpunkt weitaus mächtiger war als jener – in die Catilina-Affäre hineingezogen wurde. Um so bewundernswerter, daß es ihm gelang, rechtzeitig in den Hintergrund zu treten. Fünfzehn Jahre zuvor, in jungen Jahren, hatte er mit geübtem Blick und „scharfem" Augenmaß die Unhaltbarkeit von Lepidus' Umsturzversuch richtig beurteilt, bei dem seine Mitwirkung als beinahe selbstverständlich vorausgesetzt wurde. Jetzt zog sich Caesar zwar zurück, konnte aber

nicht umhin, sich für die Rettung der verhafteten Verschwörer einzusetzen. Mit gleichem Recht kann man annehmen, daß die Verschwörung deshalb so prompt und unerbittlich niedergeschlagen
wurde, weil die großen Namen außen vor blieben. Es ist rührend zu
sehen, wie Cicero in seiner freilich erst *post eventum* niedergeschrie-
benen *Vierten catilinarischen Rede* (§ 9) lang und breit zwischen der
Leichtfertigkeit der Demagogen (*levitas contionatorum*) und der
„wahrhaft volksfreundlichen" Gesinnung Caesars unterscheidet,
dem das Wohl des Volkes am Herzen liegt!

6. „Der Einfluß Caesars in senatorischen Kreisen war so bedeutend
und seine Popularität unter der Plebs so groß, daß sein Name im
Zusammenhange mit dem Prozeß Catilinas nicht erwähnt wurde,
aber alle wußten von seiner Beteiligung an der Verschwörung",
schrieb Maschkin.[23]

Die Gerüchte über die Verwicklung Caesars und Crassus' schon
in die sogenannte „erste" Verschwörung (66–65 v. Chr.) sind noch
hartnäckiger. Nachdem Bibulus im Jahr 59 v. Chr. durch seinen
Amtsbruder Caesar im gemeinsamen Konsulat entmachtet war,
sprach er, zur Untätigkeit verurteilt, in seinen von zu Hause aus in
Umlauf gebrachten Verlautbarungen klar und deutlich, aber vergeblich, von den Verfehlungen seines Kollegen.

Auch hier gibt Sueton die umfassendsten Auskünfte.[24] Er hatte die
„Edikte" des Bibulus und das Geschichtswerk des Tanusius Geminus[25] gelesen, wo ausführlich davon die Rede ist, ebenfalls die (nicht
erhaltene) Briefsammlung *Ad Axium*, in der Cicero ähnlich wie in
De officiis von dem Element des Umstürzlerischen spricht, das seiner
Meinung nach Caesars Laufbahn wie ein roter Faden durchzieht. In
einem Brief an Axius, der möglicherweise im Jahr von Caesars Konsulat entstand, schrieb Cicero, Caesar habe sich „während seines
Konsulats jene monarchische Herrschaft (*regnum*) gesichert, nach der
er schon als Ädil gestrebt" habe.[26] Von diesem roten Faden in Caesars Karriere spricht Cicero auch in *De officiis*, jener Schrift, die erst
nach Caesars Ermordung entstand, an zwei Stellen: als er an Caesars
wiederholte Bezugnahme auf den eindrucksvollen Vers der *Phönikerinnen* erinnert (*si violandum est ius, regnandi gratia violandum
est*)[27] und als er offen von Caesars Verwicklung in die Catilina-Affäre
im Jahr 63 spricht und erneut den Sieger des langen Bürgerkriegs mit
dem hochverschuldeten und „besiegten" Revolutionär in Verbindung
bringt, dessen unmittelbares und persönliches Interesse die Verwirk-

lichung des catilinarischen Programms gewesen sei![28] Cicero zufolge besteht also ein logischer Zusammenhang zwischen dem Verschwörer Caesar von 66–65 und dem Konsul Caesar des Jahres 59, der seine Amtspflichten verletzt und (nachdem er Bibulus verdrängt hat) geradezu „monarchisch" herrscht; in gleicher Weise besteht eine Verbindung zwischen dem im Jahr 63 besiegten Catilinarier und dem Diktator von 48–44, der ein catilinarisches Programm (sic!) verwirklichte.

Die Einzelheiten dieser ersten Verschwörung von 66–65, bei der Crassus Diktator und Caesar dessen *magister equitum* werden sollte, fand Sueton aber bei einem zeitgenössischen Historiker, der Caesar ausgesprochen ablehnend gegenüberstand: Tanusius Geminus. Tanusius saß wahrscheinlich im Senat und hat folglich Catos propagandistische Forderung, Caesar wegen Verletzung des Völkerrechts während seiner Amtszeit als Prokonsul den Tenkterern zu übergeben, aus erster Hand gekannt. Und er wußte genau über jenes erste gescheiterte Experiment Catilinas Bescheid (eine Diktatur des Crassus mit Caesars Unterstützung).

Dieser Plan sah folgendermaßen aus: Anfang des Jahres 65, nach Amtseinführung der neuen Konsuln, wollte man den Senat stürmen und die Konsuln sowie die Hauptgegner töten. In dem nachfolgenden Chaos sollte sich Crassus die Diktatur übertragen lassen (nach dem Tod der Konsuln natürlich durch andere Beamte, wie es bei Sulla der Fall gewesen war) und Caesar zu seinem *magister equitum* ernennen. Nach dem Vorbild des Sulla wäre das dann eine Diktatur *rei publicae constituendae* (zur Errichtung des Staates), die den beiden eine radikale Verfassungsreform ermöglicht hätte. Unter anderem hätten die bei den Wahlen von 66 gescheiterten Kandidaten Publius Sulla und Publius Autronius zu Konsuln ernannt werden sollen. Aber Tanusius wußte auch (was Bibulus in seinen „Edikten" verschwieg), daß Crassus sich im letzten Moment „an dem für das Gemetzel vorgesehenen Tag" umentschieden und „deshalb auch Caesar seinerseits das verabredete Zeichen nicht gegeben" hatte.[29] Curio zufolge (dem Vater jenes Curio, der im Jahr 49 Caesars Mann in der Auseinandersetzung mit dem Senat war) bestand das Zeichen, das Caesar hatte geben wollen, in einer unscheinbaren Geste: Er sollte die Toga von der Schulter gleiten lassen. Curio wußte auch von einer weiteren Verwicklung Caesars. Für diese Episode fand Sueton in einem anderen zeitgenössischen Geschichtswerk Bestätigung, bei Marcus Actorius Naso, der vorgab, viel über Caesar zu wissen, unter anderem auch von dessen Affäre mit der afrikanischen Königin Eunoë, der Gattin des Königs Bogud.[30] Bei Curius und Actorius Naso ist die Rede von einer Intrige, die Caesar zusammen mit Gnaeus Calpurnius Piso gesponnen habe. Suetons Hinweise bleiben hier ziemlich vage: „Es sei abgemacht gewesen, daß sich beide gleichzeitig zum Aufstand erheben sollten, jener draußen (in Spanien) und er selbst in Rom, und zwar unter Mithilfe der Ambronen und der Transpadaner. Infolge von Pisos Tod sei beider Plan fallengelassen worden". Eine so maßgebliche Quelle wie Sallust dagegen macht ganz andere Angaben, und eben daraus entspringen die Probleme, die moderne Historiker mit diesen Aussagen haben. In Kapitel 18 und 19 seiner *Verschwörung des Catilina*, als es bereits um die Verschwörung des Jahres 63 geht und er die Namen der Anführer nennt, drängt es Sallust, auf die Verschwörung von 66 zurückzukommen. Eine relativ ausführliche Schilderung, die er, wie er selbst sagt, „so wahrheitsgetreu ich kann", wiedergibt und die in keiner Weise mit dem übereinstimmt, was Sueton aus jenen zeitgenössischen Quellen schöpfte. Für Sallust ist der für den 1. Januar 65 geplante blutige Staatsstreich und die mit Piso ausgeheckte Machenschaft ein und dasselbe. Suetons Bericht ist in höchstem Maße unklar, wo es um den Zusammenhang zwischen dem geplanten Umsturz in Rom und den Plänen in Spanien geht. Mehr noch: Es ist wenig wahrscheinlich, daß „sie den Mordplan wieder auf den 5. Februar verschoben" hatten, wie Sallust schreibt, als „ihr Plan bekannt" wurde. An den Nonen des Februar standen die Verschwörer tatsächlich zum Handeln bereit, aber der Plan scheiterte, weil Catilina „das Zeichen zu früh" gab (gleich anschließend allerdings behauptet Sallust, daß der Plan deshalb scheiterte, weil die Verschwörer noch nicht in ausreichender Zahl versammelt waren). Es folgt die Bemerkung, Piso sei als Proprätor nach Hispania citerior geschickt worden, was „Crassus veranlaßt hatte, der ihn ja als erbitterten Gegner des Gnaeus Pompeius kannte",[31] sowie eine detaillierte Wiedergabe der Mutmaßungen über den mysteriösen Mord an Piso. Den tatsächlichen Verlauf dieser Ereignisse werden wir nie genau rekonstruieren können. Was bei Sallusts ungereimter Darstellung jedoch auffällt, ist der obskure Zusammenhang zwischen der in Rom geplanten Aktion und Pisos Abenteuer in Spanien, vor allem aber, wie peinlich genau Caesar ausgespart bleibt. Die Aufgabe, die Tanusius Geminus zufolge Caesar zufiel, erledigt hier Catilina selbst (bzw. läßt sie unerledigt). Im übrigen weiß Sallust wie alle seine Zeitgenossen, wie eng in jenen Jahren Caesar mit Crassus in Verbindung steht.

Trotzdem bringt er es fertig, bei der ersten wie auch der zweiten Verschwörung einzig und allein Crassus anzuführen und Caesars Namen in dieser ganzen Angelegenheit konsequent beiseite zu lassen. Damit widerspricht Sallust dem, was überaus wahrscheinlich ist, war doch zu jener Zeit Caesar für Crassus der „politische Kopf", sein Werkzeug, um Pompeius zu bekämpfen, wo immer möglich, und um die Sympathien des Volkes zu gewinnen. Crassus hätte nichts unternommen (und schon gar nicht in dieser Hinsicht), wenn er sich der Mitwirkung Caesars nicht hätte sicher sein können. Sallusts Bericht, der, wie er beteuert, der Wahrheit entspricht, stellt also von allen, die wir kennen, am wenigsten zufrieden, geht es ihm doch einzig und allein darum, Caesar aus dem Dunstkreis der Catilinarischen Verschwörung herauszuhalten.[32] In Sallusts Bericht tritt Caesar in der Senatsdebatte als einer der beiden „Großen" der Politik in Erscheinung – neben Cato, dessen extremen, wenngleich nicht minder herausragenden Gegenpol er bildet.

7. Im Falle der Catilinarischen Verschwörung stiftet die Fülle an Quellenmaterial nur noch größere Verwirrung, weil sich fast ausschließlich die betroffenen Gruppierungen äußern: Cicero als der Protagonist, der seinen Konsulat zu einem Markstein nicht nur seiner Karriere, sondern seiner ganzen Epoche machen wollte, und Sallust, der es sich zur Aufgabe gesetzt hatte, die *memoria* Iulius Caesars hochzuhalten und sich folglich von einer nachdrücklichen und engagierten Suche nach womöglich schmerzlichen Wahrheiten dispensierte. Zufällig wird das Bild durch einen privaten Brief Ciceros an Atticus vom 17. Mai 45 korrigiert, dessen Ton von der Verärgerung über einen Dritten geprägt ist – Marcus Iunius Brutus, der zehn Monate nach diesem Brief zum Anführer der Verschwörer wurde, die Caesar ermordeten.[33] Zu jenem Zeitpunkt befiehlt Caesar in der Schlacht von Munda (der schwierigsten in seiner langen Laufbahn als General), und in Rom wütet ein Krieg mit Worten zu Ehren Catos, der sich nach Caesars afrikanischem Sieg in Utica das Leben genommen hatte. Cicero und Brutus hätten eigentlich auf derselben Seite stehen sollen. Cicero hatte die auf Aufforderung Brutus' (Catos Neffen, der vielleicht in himmelhoch jauchzender Stimmung davon träumte, seinem Onkel nachzueifern) verfaßten *Laudes Catonis* soeben zum Abschluß gebracht. Doch Brutus, mit dem Ergebnis offenbar unzufrieden, setzte sich hin und schrieb selbst eine neue Lobpreisung. Seine Schrift jedoch ärgerte und kränkte Cicero in einem keineswegs un-

erheblichen, ja für ihn entscheidenden Punkt. Brutus schrieb Cato nämlich das Verdienst zu, mit seiner Rede im Senat, die Sallust mit so wohlgesetzten Worten wiedergibt,[34] die Catilinarier zerschlagen zu haben. Dem „besten Konsul" des Jahres 63 durfte man alles antun, nur das nicht. Dem Brief nun, in dem Cicero diese Darstellung der Ereignisse durch den Freund heftig kritisiert, entnehmen wir Informationen, die für eine „ausgewogene" Rekonstruktion der Ereignisse hilfreich sein können. Aufschlußreich ist schon allein die Tatsache, daß Brutus Cato eine Rolle zuweist, die Cicero für sich selbst beansprucht. Dies entspricht in gewisser Weise der rhetorisch-erbaulichen Darstellung Sallusts. Aus der Notwendigkeit heraus, Brutus zu widerlegen, rekonstruiert Cicero sehr genau (und soweit er sich erinnern kann) die Abfolge der Reden in der Senatssitzung vom 5. Dezember, was bei Sallust vollkommen fehlt. Cicero schmälert Catos Verdienst entscheidend und gibt einen aufschlußreichen Hinweis: „In einem Punkte zeigt er [Brutus] eine beschämende Unwissenheit: Er meint, Cato habe als erster den Antrag auf Todesstrafe gestellt – für den doch schon vor ihm alle eingetreten waren bis auf Caesar". Cato habe auch gar nichts Neues gesagt, sondern dieselbe Sache nur „ausführlicher und lichtvoller" dargelegt.[35] Sueton wiederum kommt hier zu einem anderen Schluß: Caesar, der sich als einziger gegen die Todesstrafe aussprach, „hätte sein Ziel sogar erreicht" (*obtinuisset*), da er sogar den Bruder Ciceros auf seiner Seite hatte.[36] Catos Worte besaßen also Gewicht, lenkte er doch die Stimmung der Versammlung in die Gegenrichtung. So gesehen tat Sallust gut daran, die gesamte Debatte dieses Tages auf die beiden Hauptredner zu konzentrieren: auf Caesar und Cato. Damit kein schlechtes Licht auf seinen Helden fällt, verschweigt Sallust, was mit Caesar geschieht, nachdem Cato „den schon schwankenden Senat gestärkt"[37] hatte. Als echter *popularis* gab sich Caesar keineswegs geschlagen, er tat alles, um auch nach Catos unerbittlichem Redebeitrag den nunmehr absehbaren Ausgang der Beratung doch noch zu verhindern. Er versuchte, eine getrennte Abstimmung über die Todesstrafe und die Beschlagnahmung der Güter zu erreichen, und setzte trotz vielfältiger erboster Reaktionen durch, daß die Tribunen das Wort ergriffen.

Doch dann geschah etwas, was Sallust in seiner procaesarischen Hagiographie zurechtbiegt, indem er nur noch lapidar feststellt: „Cato ist der gefeierte Held des Tages; sein Antrag wird zum Senatsbeschluß erhoben".[38] Es verhielt sich jedoch so, daß Caesar so verbissen auf seinem Standpunkt beharrte (*immoderatius*, sagt Sueton), daß er im Senat sein Leben riskierte. Eine Schar von Rittern, so Sueton, die als Ordnungskräfte rings um die Kurie aufgestellt waren, drangen bewaffnet in den Senat ein und bedrohten Caesar. Die neben Caesar sitzenden Senatoren wichen zurück und ließen ihn im Stich (genau wie bei Catilina, der am 7. November im Senat von Cicero wie aus heiterem Himmel angegriffen wurde). Caesar wurde nur dadurch gerettet, daß einige Getreue sich dazwischen warfen und ihn aus dem Senat hinausbrachten.[39] Tiberius und Gaius Gracchus waren seinerzeit von ähnlichen Eiferern wie der Leibwache des „besten Konsuls" ermordet worden. Plutarch, der vom Angriff auf Caesar durch, wie er es nennt, „Ciceros Leibwache" berichtet, ergänzt ein Detail, das uns weiteren Aufschluß über seine Quellen gibt. Er schreibt nämlich, Caesar hätte sich diesen bewaffneten Männern tatsächlich nicht entwinden können, hätte Cicero nicht „abgewunken".[40] Cicero habe im letzten Augenblick abgewunken, „vielleicht aus Furcht vor dem Volk, vielleicht auch, weil er die Ermordung des Mannes als widerrechtlich und ungesetzlich verabscheute".[41] Jedenfalls lief Caesar Gefahr, schon damals – zwanzig Jahre vor der Zeit – im Senat ermordet zu werden.

Es handelt sich keineswegs um eine nebensächliche Episode. Der Vorfall gibt vielmehr in zweierlei Hinsicht Aufschluß über die Verschwörung und zeigt: a) daß sich Caesar darüber im klaren war, diese Männer nicht im Stich lassen zu können, weil er ihnen fast bis zum letzten Augenblick verbunden war; b) daß Cicero und seine bewaffneten Leibwächter sich zwar das Rededuell (glücklicherweise mit Cato als Widerpart) gefallen ließen, in dem Augenblick aber, als sie im Wortdisput zu unterliegen drohten, gegen Caesar vorgingen, *als sei er ein Verschwörer*.[42] Sie betrachteten ihn auch weiterhin hauptsächlich als deren Komplizen, gewissermaßen als einen „außenstehenden Verschwörer".

8. Wir können dieses Thema nicht abschließen, ohne nach dem Stellenwert der „catilinarischen" Affäre in der finalen Krise der Republik zu fragen. Es geht nicht darum, die lange Geschichte der „Rezeption" Catilinas zu behandeln, der nicht nur Gegenstand der Geschichtsschreibung, sondern auch der Literatur war.[43] Auf der einen Seite steht das Catilinabild Mommsens und Eduard Meyers: Catilina als der Wortführer der „Anarchisten", der auch Züge eines „Vorkämpfers der sozialen Revolution" (so Meyers Schüler Arthur Rosenberg, der in gewisser Weise das Werk seines Lehrers weiterführte) anneh-

men kann. Auf der anderen Seite das Catilinabild Gelzers: Catilina
als Glied einer von Cinna über Sulla bis zu Caesar reichenden Kette,
allesamt Männer, die ein für ihre Politik charakteristisches gemein-
sames Ziel verfolgten – die krisengeschüttelte Republik durch die
Monarchie zu ersetzen.[44]

Gelzer besteht nachdrücklich auf der Einzigartigkeit des Phänomens, wenn er schreibt, daß die Führer (die maßgeblichen Männer
des politischen Lebens der Republik) an die Aufrichtung eines dikta-
torischen Regiments dachten: die „Staatsform der Zukunft".[45] Dieses
Phänomen habe sich schon in den autoritären Plänen und Bestrebungen des Gnaeus Pompeius Strabo, des Vaters von Pompeius Magnus,
gezeigt und sei mit größerem Erfolg von Cinna und Carbo und nach
ihnen von ihrem siegreichen Gegner Sulla verfochten worden. Im
Jahr 78, so Gelzer weiter, unternahm Marcus Aemilius Lepidus einen
erneuten Versuch (gegen die sullanische Ordnung). 65 strebten Crassus und Caesar nach etwas ähnlichem (die Diktatur war ja tatsächlich das Ziel der Organisatoren der „ersten Verschwörung"). Dasselbe gilt 63 für Catilina und seine Gefolgsleute. Es war dies, so
Gelzer, ein Weg, der zu Caesar und weiter zu Augustus führte.[46] Zum
Beweis für die Richtigkeit seiner Diagnose verweist Gelzer auf Sallust. Wenn Catilina, behauptet dieser an einer Stelle, ans Ziel gelangt
wäre oder wenigstens den Kampfplatz nicht als Unterlegener verlassen hätte, hätten die Sieger diesen ihren Sieg nicht auf längere Zeit
genießen können, „nein, ein Stärkerer hätte den Erschöpften und
Ausgebluteten Macht und Freiheit (*imperium et libertatem*) entwun-
den".[47] Im übrigen ist es wiederum Sallust, der sich zu einem ähnlichen Phänomen äußert: Publius Cornelius Lentulus Sura, einer der
prominentesten *nobiles*, die mit Catilina an der Spitze der Verschwörung standen, wies ungeniert immer wieder darauf hin, daß in den
Sibyllinischen Orakeln die monarchische Herrschaft der drei Corne-
lier in Rom geweissagt werde; Cinna und Sulla hätten sie vor ihm
innegehabt, er selbst sei der dritte (wobei sich die ersten beiden Cor-
nelier erbittert bekämpften).[48] Ähnliche Ziele verfochten Führer wie
Gaius Cornelius Cethegus und Lucius Cassius Longinus. Als Catilina
Anhänger suchte, zögerte er nicht, „Staats- und Priesterämter" zu
versprechen.[49] Und in seiner *Zweiten catilinarischen Rede* betont
Cicero ausdrücklich diese Erwartung der Verschwörer: „Doch
gesetzt, sie hätten einmal erreicht, was sie begehren: Glauben sie
denn, sie könnten Konsuln oder Diktatoren oder gar Könige sein?"
(§ 19). Nicht unähnlich ist die von Caesar in seinen *commentarii* zum

Bürgerkrieg hämisch beschriebene Szene eines heftigen Streits zwischen Domitius Ahenobarbus, Scipio, dem Schwiegervater des Pompeius, und Lentulus Spinther im Lager des Pompeius wenige Stunden vor der Schlacht bei Pharsalos.[50] Zankapfel[51] ist das Amt des Oberpriesters, das noch Caesar bekleidet. Caesars Schadenfreude bleibt trotz der vordergründigen Objektivität der Schilderung deutlich spürbar; gewiß hat es ihm gefallen, ausgerechnet diese Episode unmittelbar vor seine Schilderung der Niederlage all dieser bei Pharsalos zu stellen. „Schon stritten sie ganz offen um Befehlsstellen und Priesterämter und vergaben auf Jahre hinaus das Konsulat".[52] Mit einer ähnlichen Szene werden die *commentarii* eröffnet: Nachdem auch die versöhnlichsten Vorschläge Caesars abgelehnt worden waren, „ging alles hastig und planlos vor sich",[53] „die Provinzen wurden Privatleuten zuerkannt",[54] und auch damals wurde in heimlicher Absprache alles in rücksichtslosem Egoismus aufgeteilt.

Die Ähnlichkeiten zwischen diesen beiden Verhaltensmustern liegen auf der Hand. Caesar selbst verhielt sich im übrigen nach seinem Sieg ganz ähnlich, er bestimmte die Nachfolger im Konsulat und verteilte Provinzen – allerdings mit größerem Weitblick, nicht mit jener sektiererischen Engstirnigkeit, die der gierige und streitsüchtige Klüngel um Pompeius an den Tag legte, und auch nicht mit den vollmundigen revolutionären Versprechungen (Schuldentilgung, Beschneidung der Reichtümer etc.) eines Catilina. Für Gelzer ist Catilinas Programm nur Wortgeklingel und die von ihm heraufbeschworene Krise bloß eine Etappe im Kampf zwischen der alten oligarchischen Staatsform und der Militärmonarchie, die ihm als die Geburtshelferin neuer, immer deutlicher sich abzeichnender Staatsformen erscheint.[55] Gewiß, sehr wahrscheinlich war Catilinas Demagogie derart kurzatmig, daß sie sich (wenn sie siegreich gewesen wäre) in einem wilden persönlichen Kampf der Führer um die Führerschaft aufgelöst und damit in eine faktisch auf die eine oder andere Weise neue sullanische Ära gemündet hätte. Hatte denn nicht Catilina selbst 66–65 eine Neuauflage sullanischer Verhältnisse vorgesehen – mit Crassus als Diktator und Caesar als *magister equitum*? Inmitten all der Unsicherheit und Parteilichkeit anfechtbarer oder desinformierter Quellen verdient ein gesicherter Umstand Beachtung: Caesar, der mit popularen Programmen gleichsam großwurde, machte sich keine dieser Forderungen zu eigen, weder in dem Augenblick, als er sich für den riskanten Weg des Bürgerkriegs entschied, noch als er dank der Flucht seiner Gegner die Macht in Rom innehatte, und auch nicht nach seinem Sieg. Im Gegenteil, kleine Catilinas wie Caelius Rufus und Dolabella schlug er nieder. Er hatte die Veränderung begriffen: War er erst einmal an der Macht, so würde er keine „Ackergesetze" verkünden oder Schulden erlassen, sondern das Bürgerrecht ausweiten und auch die alten herrschenden Schichten so gut wie möglich in dieses weitsichtige neue Ordnungsgefüge einbinden. Caesars politische Laufbahn, eingebettet in zwei Verschwörungen, zwischen denen ein endloser Bürgerkrieg tobte, war ein blutiger und grausamer Weg, der zeigt, wie schwer es der aristokratischen und imperialistischen Republik fiel, persönlicher Macht zu weichen, und wie teuer sie ihre Haut verkaufte.

VIII
Sallusts Neufassung von Caesars Rede im Senat

Sallust behauptet, der Umsturzplan sei schon vor Catilinas Niederlage bei den Konsulatswahlen im Jahr 63 entstanden. Diese Datierung ist einer der fragwürdigsten Aspekte von Sallusts Rekonstruktion. Ihm zufolge geht eine erste Enthüllung des Komplotts auf
Fulvia zurück, die Geliebte des Verschwörers Curius, die das Geheimnis ausgeplaudert haben soll, das ihr bei einem Schäferstünd-
chen anvertraut worden war. Die durch Preisgabe dieses Geheim-
nisses ausgelöste Aufregung habe Catilinas Mißerfolg bei den Wahlen von 63 (für den Konsulat von 62) mitbestimmt. Doch trotz der
Niederlage setzte Catilina seine Umsturzvorbereitungen weiter fort.
Daraufhin erteilte der Senat den Konsuln Cicero und Antonius die
Vollmacht zur Verteidigung Roms und der Halbinsel. Nachdem sein
„Bravourstück", sich im Senat zu präsentieren, gescheitert war, floh
Catilina am 8. November 63 aus Rom, wo Lentulus neue Anhänger
gewinnen sollte. Lentulus nahm auf Vermittlung von Umbrenus mit
der Gesandtschaft der Allobroger Verbindung auf, die sich zu diesem Zeitpunkt in Rom befanden, um gegen die Mißstände in der
römischen Provinzverwaltung Beschwerde zu führen. Doch aus
Angst gaben die Gesandten die Machenschaften preis und erklärten
sich bereit mitzuhelfen, die Verschwörer in die Falle zu locken. Sie
ließen sich eindeutige und kompromittierende, von den Anführern
der Verschwörung unterzeichnete Briefe zuspielen und in Absprache
mit Cicero in der Nacht vom 2. auf den 3. Dezember an der Mil-
vischen Brücke verhaften. Mit diesen Beweisen in der Tasche konnte
der Konsul Lentulus und Cethegus samt Komplizen vor dem Senat
überführen und verhaften lassen. In der nachfolgenden Senatsdebatte ergreift zuerst Decimus Iunius Silanus das Wort; er fordert die
Todesstrafe und findet dafür Zustimmung. Als Caesar, *pontifex maximus* und designierter Prätor für das Jahr 62, an der Reihe ist,
scheint die Stimmung zu kippen. Caesars Rede, von der Sallust ein
enormes Aufheben macht,[1] zielt auf das genaue Gegenteil dessen,
was Silanus gefordert hatte, wird aber, wie Sallust betont, schließlich auch von diesem gutgeheißen. Es bedurfte erst Catos Einsatz

und Beredsamkeit,[2] daß der Senat erneut umschwenkte und für eine unverzügliche Hinrichtung der Catilinarier ohne vorherigen Prozeß stimmte.

Catos Rede, die Sallust gleichfalls wiedergibt, ist denkwürdig aufgrund ihrer Härte und Schärfe. Velleius schreibt, Cato sei in dieser Sitzung als einer der letzten aufgetreten und habe mit solcher Leidenschaft (*vis ingenii*) und Beredsamkeit (*ardor oris*) gesprochen, daß er ipso facto „alle, die zu milderen Maßnahmen geraten hatten, nun als Mitverdächtige erscheinen ließ".[3] Damit drückt er aus, daß Cato mit seiner Rede Caesar in ein möglichst schlechtes Licht rücken wollte. Catos Bestreben, Caesar vor dem Senat als Komplizen der Verschwörer hinzustellen, stand so im Vordergrund, daß er sich in eine lächerliche Situation hineinmanövrierte, deren Schilderung wir Plutarch verdanken: „Als dann die große Catilina-Affäre im Senat verhandelt wurde, die um ein Haar die Stadt ins Verderben gestürzt hätte, hätten Cato und Caesar in scharfem Meinungsstreit beieinander gestanden. Als währenddessen von draußen ein kleines Briefchen an Caesar hereingereicht wurde, habe er es schweigend gelesen, Cato aber habe losgeschrieen, das sei ein unerhörtes Verfahren von Caesar, daß er Briefe und Mitteilungen von den Feinden entgegennehme. Als darauf viele einen großen Lärm erhoben, habe Caesar das Täfelchen, wie es war, dem Cato hingereicht, und der habe es durchgelesen und gesehen, daß es ein unanständiges Billet seiner Schwester Servilia war.[4] Das habe er denn mit den Worten: 'Behalt dir's, du Lüstling!' Caesar vor die Füße geworfen und sei in seiner Rede und Meinungsäußerung fortgefahren".[5]

Cato, der Alarm schlägt, weil jemand Caesar ein Briefchen zusteckt, sucht aufgeregt und kopflos nach dem „objektiven Beweis" gegen den Mann, dessen Beteiligung an der Verschwörung für ihn unzweifelhaft feststeht. Ja, Caesar ist in seinen Augen das gefährlichste Element des ganzen Komplotts, weil er ein Mitläufer ist und aufgrund seiner „sauberen Weste" die Entscheidungen eines Verfassungsorgans wie des Senats beeinflussen kann. Die Rede, mit der Cato die Stimmung im Senat nach Caesars Wortmeldung noch einmal herumreißt, war sicher im Ton weitaus schärfer als in Sallusts Fassung. Diese Rede, in der sich Cato gegen die Rettung der Catilinarier und für die sofortige Todesstrafe ausspricht, ist als einzige seiner Ansprachen überhaupt erhalten. Cato gehörte zu jenen Rednern, die nichts schriftlich fixierten, an deren rhetorische Wirksamkeit man sich aber auch noch sehr viel später erinnerte. Glücklicherweise wissen wir durch Plutarch,[6] daß diese Rede Catos vor dem Senat seine einzige in schriftlicher Form erhaltene Rede ist. Denn Cicero hatte im Versammlungsraum des Senats mehrere ausgezeichnete Stenographen plaziert, die eine besonders schnelle und effiziente Kurzschrift beherrschten; denn er wollte diese entscheidende Debatte vollständig und wortgetreu in allen ihren Einzelheiten bewahren. Das bedeutet, daß die von Cato gehaltene Rede in Umlauf gekommen sein muß. Und daher war Sallust gezwungen, eine Version anzubieten, die nicht völlig aus der Luft gegriffen war. Es ist allerdings möglich, daß Sallusts Fassung von Caesars Rede wirklichkeitsnäher war. Sallust, der Caesar zumindest in einigen Phasen des Bürgerkriegs nahestand (die sogenannten *Epistolae ad Caesarem senem*, eine rhetorische Übung Sallusts, sind genau in die Zeit gelegt, in der man von Begegnungen der beiden wußte), befand sich in einer so privilegierten Position, wie sie beispielsweise Thukydides gegenüber den großen Politikern Athens seiner Zeit innehatte.

Sallusts Caesar legt zunächst ausführlich dar, daß es angemessen sei, eine ausgewogene Entscheidung und nicht eine Entscheidung aus Zorn zu treffen, und warnt dabei insbesondere vor der Gefahr, mit der Verurteilung der Catilinarier einen verheerenden Präzedenzfall zu schaffen, so daß eines Tages ein anderer kommen und sich des Instruments der politischen Repression unbekümmert bedienen könnte. Dann formuliert er seinen Vorschlag: Die verhafteten Verschwörer sollten in den Landstädten in Haft gehalten werden, wo man sie besser überwachen könne; ihr Vermögen sollte eingezogen und ihr Fall später nicht mehr vor dem Senat beraten oder vor das Volk gebracht werden; wer dagegen verstoße, der solle zum Vaterlandsverräter erklärt werden.[7]

Zumindest diesen letzten und entscheidenden Passus der Rede hat Sallust wohl den Protokollen der Senatsdebatte (den *acta Senatus)* entnommen. Ein Problem ergibt sich jedoch aus dem Umstand, daß die anderen Protokolle, über die wir verfügen, Caesars Vorschlag in mehr oder weniger unterschiedlicher Weise wiedergeben. Insbesondere die wichtigste zeitgenössische Quelle, Ciceros *Vierte catilinarische Rede,* eine zwar im nachhinein neugesetzte Rede (wie im übrigen die anderen *Catilinarischen Reden* auch), deshalb aber nicht weniger bedeutsam als direktes Zeugnis von allerhöchstem Rang. Cicero referiert Caesars Vorschlag in einer völlig anderen konzeptuellen Reihenfolge und verzeichnet Details, die bei Sallust fehlen. Des weiteren kennen wir die Berichte Plutarchs[8] und Appians,[9] die wohl nicht als

Neuformulierung von Caesars Vorschlag, sondern als dessen Auslegung gelten müssen.

Das entscheidende Vorbild für Sallust ist Thukydides. Für ihn wie
für viele andere Gelehrte der Antike ist Thukydides das Urbild der
„historiographischen Monographie". Bereits in der Grundkonzeption seiner Catilina-Monographie orientiert sich Sallust unmittelbar
an seinem Vorbild. Dies gilt in besonderem Maße für die Reden und
deren Stellenwert in seiner Darstellung. Wie es bei Thukydides Reden
oder Redegruppen gibt, die den argumentativen oder dramatischen
Höhepunkt bilden, so bilden die einander gegenübergestellten Reden
Caesars und Catos pro bzw. kontra die Todesstrafe für die Catilinarier den konzeptionellen und dramatischen Kern von Sallusts Monographie. Wie Thukydides, so „wählt" auch Sallust die Personen aus,
deren Äußerungen er vorträgt, indem er sie neu formuliert: ausge-
hend von einem situativen Kontext, in dem bereits andere das Wort
ergriffen haben und in dem *diese*, die Auserwählten, nach dem Urteil
des Verfassers als die eigentlichen Protagonisten der wichtigen Debatte zu gelten haben. Daß Sallust hier die Situation nach dem Beispiel des Thukydides zuspitzt, wird dann deutlich, wenn man seine
Darstellung mit Plutarchs *Cicero*-Vita[10] vergleicht, die wahrscheinlich
auf Ciceros autobiographischem Bericht beruht. Bei Plutarch findet
die Debatte in einem weitaus differenzierteren Kontext statt. Im Anschluß an Silanus, der nach seinem Plädoyer für die „härteste Strafe"
viel Zustimmung erhält, tritt Caesar auf. Sein Vorschlag macht einen
so großen Eindruck, daß nicht nur Cicero ihm zustimmt (nicht zuletzt auf Vorschlag seiner engsten Freunde), sondern sogar Silanus
seine Worte zurücknimmt und erklärt, er habe nicht die Todesstrafe
gemeint (die „härteste Strafe" sei für einen römischen Senator vielmehr das Gefängnis!). Jetzt erhebt sich Lutatius Catulus, der sich als
erster Caesars von den Zuhörern so positiv aufgenommenem Vorschlag widersetzt. Nach Lutatius Catulus ergreift Cato das Wort, der
Caesar nicht zuletzt in den Ruch der Komplizenschaft mit den Verschwörern bringen will. Die Polarität Caesar – Cato ist also eine
Konstruktion Sallusts.

Sallust war, wie Thukydides, bevor er sich der Geschichtsschreibung widmete, ein kämpferischer Politiker und streitbarer Redner. In
seinem Kommentar zu Ciceros *Miloniana* bezeichnet Asconius Quintus Pompeius, Sallust und Munatius Plancus als die gegen Milo haß-
erfülltesten Volkstribunen des Jahres 52, die in jener Zeit der Wirren
inimicissimas contiones de Milone habebant, invidiosas etiam de Ci-

cerone quod Milonem tanto studio defenderet.[11] Ob die *Invectiva in Ciceronem* tatsächlich von ihm stammt, wissen wir nicht; mit Sicherheit wandte sich im Jahr 38 v. Chr. Ventidius an ihn als einen angesehenen Redner, um sich (einem Brief Frontos an Lucius Verus zufolge) von ihm eine schöne Rede *ad victoriam suam praedicandam* schreiben zu lassen. Dies ist es, was uns von der *grundsätzlichen Glaubwürdigkeit* der Reden überzeugt, die er den Hauptfiguren seiner Monographien in den Mund legt. Wenn er Caesars Rede im Senat vom Dezember 63 „erfindet“, so können wir sicher sein, daß er eine in Senatsdebatten übliche Rhetorik reproduziert. Aufgrund eigener Erfahrung steht ihm ein ganzes Spektrum an Ausdrucksformen zur Verfügung: Ansprachen an die Soldaten ebenso wie Reden von Volkstribunen sowie Senatsdebatten – Bereiche, die er aus eigener Anschauung kennt. Selbstverständlich gehört es zu seiner Kunst (und zur Tradition), in eine so weitgehend neugeschriebene Rede wie die Rede Caesars Gedanken einzuflechten, die tatsächlich von Caesar stammen; so zum Beispiel die Kritik an der Todesstrafe aus epikureischer Sicht (die Todesstrafe sei keine Strafe, sondern *requies aerumnarum*, Erholung von Mühsal). Daß dies Caesars Worte sind, geht aus der *Vierten catilinarischen Rede* Ciceros hervor.[12] Auch Thukydides hatte Perikles Gedanken in den Mund gelegt, die tatsächlich von dem großen Staatsmann stammten (beispielsweise die Bezeichnung Athens als 'unvollkommene Insel' in der ersten Rede; der Gedanke vom großen Wert 'ungeschriebener Gesetze' in der Leichenrede etc.), doch sie sind eingebettet in Thukydides' eigenen Gedankenzusammenhang.

Bei Thukydides fand Sallust auch wörtlich zitierte Dokumente (die Urkunden), und daher nahm er wohl die Berechtigung, seinerseits Dokumente wörtlich zu zitieren, etwa Catilinas Brief an Quintus Catulus (Kap. 35), den Sallust nach eigener Aussage in einer „Abschrift“[13] wiedergibt.

Allerdings hütet sich Sallust, Reden frei wiederzugeben, die schon in schriftlicher Fassung in Umlauf sind, beispielsweise Ciceros *Erste catilinarische Rede*. Sallust erwähnt die dramatische Sitzung vom 7. November 63, wo Catilina vor dem Senat auftrat, „um die Sache zu vertuschen oder um sich reinzuwaschen“, und wo Cicero eine „glänzende und politisch nützliche Rede“ hielt, die er – so beeilt sich Sallust hinzuzufügen – „später veröffentlicht hat“.[14] Sallust muß demnach also die Sammlung der konsularischen Reden gekannt haben, die Cicero bereits im Jahr 60 herauszubringen plante.[15] Daher kommt Sallust auch nicht auf die Idee, die *Erste catilinarische Rede* „neuzuschreiben" (und noch viel weniger baut er diese Rede Ciceros an prominenter Stelle in seine Darstellung ein). Die Grundregel, bereits veröffentlichte Reden nicht im Wortlaut wiederzugeben, formulieren Livius[16] und Tacitus;[17] sie entwickelt sich zu einer festen Stilregel der klassizistischen Geschichtsschreibung.[18]

Der *situative Kontext*, in den bei Sallust die Reden Caesars und Catos eingebettet sind, ist ein Topos: die Entscheidung über das Schicksal einer Gruppe von „Besiegten". Sallust hat hierfür zahlreiche Vorbilder. Insbesondere findet sich in Caesars Rede selbst[19] ein ausdrücklicher Verweis auf einen, wenn nicht den *locus classicus*: die Rede *Für die Rhodier*, mit der Cato der Ältere den Senat dazu brachte, die Rhodier (im Dritten Makedonischen Krieg gegen Perseus treulose Verbündete Roms) nicht rachsüchtig für ihr Verhalten zu bestrafen. Bezeichnend, daß auch die *Verteidigung der Rhodier* mit einer Einleitung über jene inneren Regungen beginnt, auf deren Grundlage im allgemeinen die zur Entscheidung Aufgerufenen ihren Entschluß treffen (und implizit darüber, wie sie ihn treffen sollen). Damit setzt auch – mit der Paraphrase eines berühmten Redeanfangs von Demosthenes – Caesars Rede ein. Sallusts zweites großes Vorbild ist das Rededuell zwischen Kleon und Diodotos im dritten Buch des Thukydides,[20] wo sich Kleon für und Diodotos gegen die harte „exemplarische" Bestrafung der aufständischen Bundesgenossen (der Bürger Mytilenes) ausspricht. Auch hier spielt Sallust ganz deutlich auf das Vorbild an, insbesondere auf die Überlegungen, mit denen Diodotos seine Rede eröffnet.[21] Modell steht des weiteren die lange Ansprache des Euryptolemos in Xenophons *Hellenika*:[22] eine geschickt aufgebaute Rede, mit deren Hilfe Alkibiades' einflußreicher Verwandter die Generäle vor der Todesstrafe retten will, die man in überstürzter Eile über sie verhängt hatte; diese Generäle waren aus der Schlacht bei den Arginusen-Inseln zwar als Sieger hervorgegangen, wegen unterlassener Hilfeleistung gegenüber den Schiffbrüchigen aber vor Gericht gestellt worden. Zwischen beiden Situationen gibt es zahlreiche Gemeinsamkeiten. Wie Euryptolemos so muß auch Caesar vor einem feindseligen Publikum sprechen; die auf der Anklagebank sitzenden Generäle sind wie die Catilinarier gesellschaftlich hochrangige Männer, deren „Prozeß" vor einem politischen Entscheidungsgremium stattfindet, das juristische Befugnisse besitzt. Weiterhin beruft sich Caesar wie Euryptolemos im letzten Teil seiner Rede auf die Gesetze über die Behandlung von Angeklagten.[23] Ein letztes Modell ist schließlich die Debatte bzw. das Rededuell zwischen dem nachsichtigen und humanen Bürger Nikolaos und dem unerbittlichen, Bestrafung fordernden spartanischen General Gylippos, das Ephoros nach der athenischen Belagerung von Syrakus in Szene setzte – eine Debatte, in der es um das Schicksal der athenischen Gefangenen geht.[24]

Im konzeptionellen Mittelpunkt von Caesars Rede steht jedoch nicht die Forderung nach Milde oder besser ausgewogener Beschlußfassung ohne Feindseligkeit oder übereilte Härte. Gewiß ist dies tatsächlich Caesars Anliegen, das auch aus anderen Quellen, allen voran der *Vierten catilinarischen Rede* Ciceros, bekannt ist. Der Dreh- und Angelpunkt[25] aber, um den herum Sallust seine Caesarrede aufgebaut hat, ist die Befürchtung, eine zu harte Bestrafung der Catilinarier könnte zu einem gefährlichen Präzedenzfall für neue Proskriptionen werden. Ronald Syme verdeutlicht dies überzeugend, wenn er schreibt, Sallust führe mit Hilfe Caesars und dessen warnend-prophetischer Rede den Streich gegen dessen Erben und verurteile die Proskriptionen der Triumvirn durch den Mund Caesars. Im Mittelteil der Rede wird dieser aktuelle Bezug zunehmend deutlicher.[26] Es ist dies ein bewundernswertes Beispiel für die hintergründige Verknüpfung von Vergangenheit und Gegenwart in einem Werk der Geschichtsschreibung. Und wo Sallust klar und deutlich spricht, wird sein Ton zunehmend sarkastischer. Beispielsweise, als Caesar sagt: „Das befürchte ich nun freilich nicht von Marcus Tullius und nicht von unseren Zeiten!" (*atque haec non in Marco Tullio neque his temporibus vereor*). Um diese Anspielung zu verstehen, muß man sich klarmachen, daß hier in Wirklichkeit nicht Caesar spricht, sondern Sallust selbst. Und als wäre das noch nicht genug, fährt er fort: *Alio tempore, alio consule, quoi item exercitus in manu sit* (ein Bezug auf Octavian, der sich mit 19 Jahren die Wahl zum Konsul ertrotzte und über illegal rekrutierte Truppen verfügte), „kann etwas Falsches für richtig gehalten werden" (*falsum aliquid pro vero credi*). Wenn diese Annahme stimmt, so entdeckt man in der gesamten Monographie noch weitere aktuelle Bezüge: Die Catilinarische Verschwörung war für Sallust also nicht nur ein Vorläufer der nicht weniger verbrecherischen *coniuratio* gegen Caesar. Die Notstandsmaßnahme, die das Todesurteil gegen die Drahtzieher der Verschwörung ermöglichte, legte in seinen Augen den Keim für weiteres Unrecht, dem schließlich auch Cicero zum Opfer fiel.

IX

Das „dreiköpfige Ungeheuer"

1. Wären die Optimaten nicht geradezu besessen gewesen von der Vorstellung, daß da jemand – und das konnte nur Pompeius sein – eine neue Form der persönlichen Macht anstrebte, hätten sie Caesar wahrscheinlich Pompeius nicht als wertvollen Verbündeten geschenkt. Pompeius bedeutete für die Republik eine ausgesprochen schwierige Erblast Sullas, um so mehr, als seine Macht und sein militärisches Ansehen, getragen von einem engmaschigen Netz von Klientelbeziehungen von einem Ende des Reiches zum anderen, kontinuierlich gewachsen waren. Er war in die Fußstapfen Sullas getreten, der sich im Bürgerkrieg gegen Marius als Sieger behauptet hatte.[1] Nach Sullas Tod hatte Pompeius entscheidend zum Sieg gegen Sertorius beigetragen, der an der Spitze des Aufstandes in Spanien beinahe einen Teil des Reiches – einen für die Herrschaft im Westen äußerst wichtigen Teil – herausgelöst hätte. Und schon bei dieser Gelegenheit hatte er dem Senat damit gedroht, wieder (wie seinerzeit Sulla) einen Marsch auf Rom zu organisieren, sollte man ihm nicht alles für den Krieg Notwendige schicken.[2] Vom Standpunkt der Optimaten allerdings war bereits Pompeius' Entscheidung, sich mit Crassus abzusprechen (mit dem zusammen er im Jahr 70 Konsul war), um die Grundlagen der sullanischen Verfassung aus den Angeln zu heben, de facto eine Art unblutiger Staatsstreich gewesen. Seinen weiteren Aufstieg verdankte Pompeius einer fortlaufenden Serie militärischer und diplomatischer Erfolge sowie geschicktem Taktieren. Als er im Jahr 62 nach der Eroberung des Ostens für Rom endlich nach Italien zurückkehrte, „erkannten die Länder des Ostens von Thrakien bis zum Kaukasus und bis hinunter nach Ägypten seine Oberherrschaft an".[3] Pompeius hatte ein Reich und gleichzeitig eine persönliche Hegemonie begründet. Die Bewohner von Miletopolis begrüßten ihn mit dem seit langem geläufigen Titel „Hüter des Him-

mels und der Erde".[4] Er war der unumstrittene *princeps*, der Erste
– allerdings nicht in Rom.[5] Ausgerechnet die *nobiles*, an deren Seite
er seit Beginn seiner Laufbahn gestanden hatte, begegneten ihm mit
Kälte und subtilem Boykott. Seine beiden Hauptforderungen – der
Senat solle die Regelungen absegnen, die er in den eroberten Territorien im Osten getroffen hatte, und außerdem seine Veteranen mit
Landzuteilungen belohnen – wurden unter fadenscheinigen Vorwän-
den blockiert; so verlangte beispielsweise Lucius Lucullus, die Anordnungen im Osten müßten im Senat Punkt für Punkt eingehend
erörtert werden.[6] Pompeius hatte auch versucht, innerhalb der den
Senat dominierenden Kreise verwandtschaftliche Beziehungen zu
knüpfen. Er ließ sich von seiner Frau, der Halbschwester des Metellus Celer, scheiden und bewarb sich um Catos Nichte, doch der
Gestrenge wies ihn ab.[7]

2. Man fürchtete den neuen Sulla, während Cicero, der ganz ohne
Rückgriff auf die militärischen Mittel des Pompeius[8] die Republik
vor Catilina „gerettet" hatte, von einem *princeps*[9] träumte. Cicero
war überzeugt davon, daß die Republik einer verfassungsrechtlich
gestützten Führerschaft bedurfte, war aber bis zuletzt unschlüssig,
wer in der gegebenen Situation dieser Aufgabe gewachsen war. Dann
überstürzten sich die Ereignisse, es kam zum Bürgerkrieg, und in
privaten Briefen erging sich Cicero in schroffen Urteilen über die
„sullanischen" Ambitionen der beiden Kontrahenten. Da es unvor-
stellbar erscheint, daß er tatsächlich an einen neuen Scipio als *princeps in re publica* dachte, bleibt der Verdacht, er habe (in beharrli-
chem Glauben an seine „Größe" bei der Vereitelung der Pläne Catilinas) mit dem Gedanken gespielt, er selbst könne das Schicksal jener
Republik, die er so herbeisehnte, in die Hand nehmen. Hatte er denn
nicht die Republik im Augenblick ihrer größten Gefährdung gerettet?
Der unermüdliche Eifer, mit dem er die Erinnerung an seine Tat
wachhielt und anderen abverlangte, nährt diesen Verdacht.
   Bezeichnend jedenfalls ist, daß Caesar mit dem Ende seiner Provinzverwaltung in Spanien (gerade rechtzeitig zur Kampagne der
Konsulatswahlen im Jahr 60 nach Rom zurückgekehrt) und nach
errungenem Wahlsieg daran dachte, auch Cicero in eine geheime
Abmachung einzubeziehen, die seine Bündnispartner gegen die Über-
macht der *factio* zusammenschloß. In einem Brief an Atticus[10] von
Ende Dezember 60 berichtet Cicero aufgeregt und verworren über
Caesars Angebot und seine letztendliche Ablehnung. Der Text ist

aufschlußreich, gibt er doch deutlich zu verstehen, daß das „Bündnis" zum 1. Januar, also mit dem Amtsantritt Caesars, in Kraft treten sollte.

Es handelt sich um einen weittragenden Entschluß. Ich könnte dem Ackergesetz entschlossen entgegentreten – das würde Kampf bedeuten, aber ruhmvollen –, oder ich müßte mich ruhig verhalten – das wäre fast dasselbe wie nach Solonium oder nach Antium zu gehen – oder den Antrag unterstützen, das erwartet Caesar angeblich von mir und ist fest überzeugt, daß ich es tue; denn Cornelius ist bei mir gewesen – ich meine diesen Balbus, Caesars Vertrauten – und der versicherte mir, dieser werde in jedem Fall meinen und Pompeius' Rat hören und sich außerdem bemühen, Crassus und Pompeius zu versöhnen.

Soweit Caesars Vorschläge, die im Grunde genommen auf eines hinausliefen: Cicero die verlockende Teilnahme an einem Viererbund anzubieten, *wenn dieser im Gegenzug Caesars Ackergesetz unterstützte* – ein Gesetz, das im übrigen in erster Linie darauf abzielte, die Veteranen des Pompeius zu belohnen.

Cicero kommentiert: „So steht es also: Ich bin eng liiert mit Pompeius, und wenn es mir paßt, auch mit Caesar; das würde Aussöhnung mit meinen Feinden, Frieden mit der Masse und ein ruhiges Alter bedeuten." Die Ironie ist unverkennbar – und sie entspringt möglicherweise einer Fehleinschätzung; vor allem aber einem Anfall von Humor, einer Selbstapotheose in Form eines Eigenzitats. Denn Cicero fährt fort: „Aber entscheidend für mich sind doch meine Schlußverse im dritten Buch, das so manch aristokratisches Wort enthält".[11]

Und er zitiert: „Halt inzwischen den Kurs, seit frühester Jugend gesteuert, / den als Konsul du auch so entschlossen und mutig gefahren, / halt ihn und mehre dir so bei den Guten Ansehn und Geltung". Danach schließt er vorläufig seine Überlegungen etwas ratlos ab und macht sich über die Folgsamkeit lustig, die ihm dieses Gebot abverlangt, denn in dem Epos habe ihm Calliope selbst die Hand geführt. Doch die briefliche Erörterung mit Atticus ist damit nicht zu Ende. Cicero setzt sie am 1. Januar des Folgejahres fort. Danach gerät der Briefwechsel ins Stocken. Der folgende Brief stammt erst vom April 59,[12] als der Augenblick der Entscheidung von den Ereignissen bereits überholt ist.

3. Der Brief zeigt auch, wie vorsichtig Caesar, vorläufig nur designierter Konsul, seine Fäden spinnt. Balbus, engster Vertrauter Caesars und in den diffizilen Fragen persönlicher Beziehungen förmlich seine rechte Hand, gleichzeitig aber ein alter Protegé des Pompeius, hatte Cicero zu verstehen gegeben, daß die Abmachung Caesars mit den beiden anderen mächtigen Männern Crassus und Pompeius zwar in der Luft liege, aber noch keine abgemachte Sache sei („Wir bemühen uns, Crassus und Pompeius zu versöhnen"). In Wahrheit freilich war es anders. Der Dreibund nahm schon während des Wahlkampfes im Jahr 60 zu den Konsulatswahlen im folgenden Jahr Gestalt an. Asinius Pollio scheint seiner Sache sicher, wenn er den Dreibund, das „Triumvirat", als den eigentlichen Ausgangspunkt für den Bürgerkrieg bezeichnete und vom „Bürgerzwist" sprach, „der unter dem Konsul Metellus begann" (also im Jahr 60).[13] Damit wäre das Triumvirat unzweideutig im Jahr 60 zustande gekommen, als der Wahlkampf für die Konsulatswahlen im Jahr 59 geführt wurde. Gestützt auf die entschieden caesarfeindliche Quelle, auf der der erste Teil seiner Caesarbiographie basiert, schreibt Plutarch deshalb auch, Caesar „gelangte indes unter dem mächtigen Schutz seiner Freunde Crassus und Pompeius zum Konsulat und wurde ehrenvoll gewählt".[14] Für Velleius dagegen wird das Bündnis, das er „Machtallianz" nennt, erst nach Caesars Amtsantritt als Konsul geschlossen.[15] Diese Chronologie stimmt im übrigen mit dem überein, was Cicero in jenem Brief an Atticus in den letzten Dezembertagen des Jahres 60 schreibt. Sueton datiert das Bündnis auf einen Zeitpunkt vor dem Amtsantritt Caesars und Bibulus': *Noch vor Bekanntwerden der Wahlergebnisse*[16] wurden die Provinzen an die noch zu wählenden Konsuln für das folgende Jahr 58 verteilt. Der Senat, fest davon überzeugt, daß Caesar die Wahl gewinnen würde, teilte dem künftigen Konsul „Wälder und Gebirgsweiden" als *provincia* zu – eine geradezu lächerliche Abspeisung und eine handfeste Provokation. Als Maßnahme gegen diesen Hohn entschloß sich Caesar zu dem folgenreichen Schritt, mit Crassus und Pompeius ein Geheimabkommen zu treffen und die alte, nie zur Ruhe gekommene Feindschaft zwischen den beiden auszuräumen.[17] Diese Rekonstruktion der Fakten könnte durchaus mit Dokumenten untermauert sein, denn Sueton lagen unter anderem die Briefe Caesars (auch die verschlüsselt geschriebenen) vor.[18] Der Satz „infolge dieser ungerechtfertigten Zurücksetzung"[19] bringt mit Sicherheit die Beurteilung und Bewertung Caesars zum Ausdruck, die in seinen Briefen jener Monate ihren Niederschlag

findet. Allerdings muß auch gesagt werden, daß Caesar die Notwendigkeit eines solchen Bündnisses, mit dem er einen langwierigen und
aufreibenden Stellungskrieg vermeiden wollte, wahrscheinlich schon
vor der provokanten Zuteilung einer lächerlichen und unbedeutenden Provinz spürte. Schon Caesars Wahlkampfstrategie nach seiner
Rückkehr aus Spanien spricht für eine solche Vermutung. Schließlich
darf man nicht glauben, daß es explizite Hinweise auf dieses Geheimabkommen gibt[20] (auch nicht in den vertraulichen Briefen, die Sueton
lesen durfte). Denn wichtigere Vereinbarungen werden nie schriftlich
fixiert.[21]

4. In ihrer Knappheit, die, wie wir hoffen, die Substanz des Originals
nicht verfälscht, bleibt eine Darstellung am überzeugendsten, die wir
bei Livius in der Zusammenfassung von Buch 103 lesen: Nach seiner
Rückkehr aus Spanien beschließt Caesar, als Konsul zu kandidieren
„und nach der Republik zu greifen", und dazu dient die Verschwörung (*conspiratio*) zwischen ihm, Pompeius und Crassus.[22] Den Kern
der Vereinbarung (eine geheime Abmachung, die aber sehr genau
festgelegte wechselseitige Verpflichtungen enthält und in diesem Sinn
tatsächlich eine „Verschwörung" ist) beschreibt Sueton, sicherlich
gestützt auf eine gute Quelle, folgendermaßen: „Er selbst ging mit
beiden ein Bündnis ein, daß nichts im Staate geschehen sollte, was
einem von den dreien mißfiele".[23] Die Unsicherheit der Datierung
erklärt sich aus der Geheimhaltungsabsicht.
    Es gibt keine historiographische Quelle, die den Bund unkritisch
kommentiert. Pollio, der in diesem Abkommen den Keim zum Bürgerkrieg gelegt sah, stimmt in seiner Beurteilung weitgehend mit Velleius überein, der übrigens Augustus bei dessen Machtantritt eupho-
risch begrüßte und auch Caesar pries. Velleius fügt jedoch gleich
hinzu, daß das „Machtbündnis" (*potentiae societas*) für die Stadt
und die ganze Welt und zu unterschiedlichen Zeitpunkten auch für
die drei Bündnispartner verheerend war.[24] Florus (der möglicherweise
dem älteren Seneca sehr viel mehr verdankt als Livius) argumentiert
auf der gleichen Linie: Das Triumvirat sei gleichsam ein Bund „für
einen Angriff auf den Staat"[25] und der erste Schritt zum Bürgerkrieg
gewesen. Livius spricht von „Okkupation des Staates",[26] und Sueton
beschreibt beredt die skandalöse Rechtswidrigkeit des Plans dieser
drei mächtigen Männer, *alle politischen Entscheidungen maßgeblich
zu bestimmen.* Marcus Terentius Varro verfaßt sogar eine Satire auf
das Triumvirat mit dem Titel *Das dreiköpfige Ungeheuer* (Τρικάρα-

νος).[27] Die Entscheidung, sich herauszuhalten und Caesars Angebot abzulehnen, brachte Cicero enorme persönliche Nachteile durch das Triumvirat (die Verbannung sowie den zeitweiligen Verlust der für ihn lebensnotwendigen Güter), und selbstverständlich beurteilte er diesen Bund ausschließlich negativ. Im geschichtlichen Rückblick gesehen behielt die Gruppe um Cato recht, die diese grundlegende politische Kehrtwende Caesars entschieden verurteilte. Man befürchtete einen *princeps* nach dem Vorbild Sullas, und jetzt hatte man plötzlich gleich drei. Daß allerdings diese Verliererfraktion in der Geschichtsschreibung ein so starkes und anhaltendes Gewicht besaß, hat mehrere Gründe: zum einen die Dominanz der senatorischen Tradition in der römischen Geschichtsschreibung[28] und zum anderen die Desavouierung von Caesars *Karriere* im Zuge der augusteischen Neudarstellung des langen Bürgerkriegs. Als treu ergebener „Sohn", der darauf aus war, den ermordeten Vater zu rächen, hat Augustus allerdings auch den Caesarkult mehr und mehr auf seine Person verlagert; dazu war es notwendig, Caesars Bild zurechtzustutzen.[29] Velleius meint denn auch, die „augusteische" Verurteilung des Triumvirats im Jahr 60 sei geradezu ärgerlich in Anbetracht des verbrecherischen Triumvirats von 43, das er selber, Octavian, geplant und mitgetragen und dessen Verbrechen er folglich mitzuverantworten hatte.

5. Technisch gesehen war es eine politische Glanzleistung, den Belagerungszustand zu beenden und Crassus und Pompeius zusammenzubringen. Dieser Schachzug raubte Catos Parteiung, seiner *factio*, die Möglichkeit, die Machthaber gegeneinander auszuspielen. Sie war gelähmt, wie sich insbesondere nach der Rückkehr des Pompeius deutlich zeigte. Darüber hinaus befreite sich Caesar mit seinem Schritt aus der finanziellen Abhängigkeit von Crassus;[30] denn solange die Rivalitäten zwischen Crassus und Pompeius andauerten, mußte sich Caesar wohl oder übel auf die eine oder die andere Seite schlagen (wobei es Caesar völlig klar war, daß der auch in Zukunft Wichtigere Pompeius und nicht Crassus hieß). Und schließlich gelang es Caesar mit diesem Schachzug, sich als *dritter* Machthaber den anderen beiden gleichzustellen, wenn nicht sogar, wie Plutarch meint, „ihren Einfluß sich selbst zunutze zu machen".[31] Die rechtliche Stellung als der dritte „Große" wurde mit seiner triumphalen Wahl zum Konsul sanktioniert. Die anderen beiden waren zehn Jahre vorher gemeinsam Konsuln gewesen. Mit

dieser Wahl ging der Konsulat außerdem endlich wieder an einen Vertreter des iulischen Geschlechts.[32]

Mit dem Triumvirat begann sich Caesar von einem Image zu befreien, das ihm bis dahin anhaftete: dem eines mehr oder weniger draufgängerischen Lepidus oder auch eines etwas geschickteren Catilina. Von Lepidus zu Catilina – in der Tat hat Caesar in einem fünfzehn Jahre währenden politischen Kampf manche kompromittierende Erfahrung durchlebt, oft am Rand des Abgrunds, und er hat es geschafft, nicht abzustürzen. Sein Gespür für die Notwendigkeit des Triumvirats war mit diesen Erfahrungen gereift. Caesar spürte, daß die traditionelle populare Politik – also jene Strategie, mit der Aristokraten zwar ihre eigenen Ziele verfolgten, dafür aber durchaus die Interessen und die politische Schubkraft der Unterschichten instrumentalisierten – in eine Sackgasse geraten war. Man mußte auf andere Kräfte, auf andere Partner setzen, ohne allerdings die stabile Rückendeckung aufzugeben, die in kritischen Zeiten ein wichtiger Faktor blieb. Als Caesar in das Triumvirat eintrat, hatte er in *seinem* Lager keine Rivalen mehr; daher konnte er es sich auch erlauben, unter bestimmten Umständen, aus politischer Notwendigkeit oder Opportunität diese Anhänger zu enttäuschen.

Er ist sich des Charakters der *conspiratio* (um mit Livius zu sprechen) sehr wohl bewußt – das ist eine „Verschwörung" von ganz anderem finanziellen und militärischen Kaliber als Catilinas verzweifeltes Abenteuer. Sie bedeutet den Wendepunkt in Caesars Leben. Ein erfolgreicher Schachzug: Bei ihm liegt jetzt die Initiative, alle verfügbaren Kräfte zu mobilisieren. Auch Ciceros Brief an Atticus, der Caesars Bemühen um Einbeziehung Ciceros dokumentiert, belegt, daß Caesar der politische Kopf des Unternehmens ist.

6. Die beiden anderen Bündnispartner erscheinen in den Zeugnissen, über die wir heute verfügen, eher als Nebendarsteller. Doch dieser Eindruck entsteht vielleicht auch durch die polemische Stoßrichtung der Quellen. So wird Pompeius auf die Rolle von Caesars Anhänger reduziert („er hatte sich ihm ausgeliefert"),[33] obwohl er doch, wenn auch ungeschickt und geradezu martialisch,[34] eine Gesetzgebung unterstützte, die größtenteils ihm selbst Vorteile verschaffte. Seine Mitwirkung an der Triumviratspolitik irritierte seine alten politischen Bezugspartner. Plutarch verleiht dieser Irritation Ausdruck: „Bis zu diesem Tag hatte Pompeius nichts derart Gewaltsames getan [gemeint ist hier die Drohung, Caesars Ackergesetz mit Waffengewalt

zu unterstützen]. Zu seiner Entschuldigung meinten seine Freunde, diese Worte seien ihm nur so herausgerutscht. Aber sein weiteres Verhalten zeigte klar und deutlich, daß er sich von diesem Augenblick an als Caesars Werkzeug in dessen Hände gegeben hatte".[35] Pompeius' überraschende, politisch motivierte Heirat mit Caesars Tochter Iulia bestätigt diese Analyse: Ein in der herrschenden Klasse Roms übliches politisch-verwandtschaftliches Bündnis wird in der triumviratsfeindlichen Geschichtsschreibung sofort als ein Akt des schmählichen Zynismus interpretiert. Iulia, so wird betont, sei fast aus den Armen des ihr als Gatten zugedachten Servilius Caepio[36] gerissen und an Pompeius weitergereicht worden. Der wütende Caepio „hält still", weil ihm Pompeius die eigene Tochter als Ehefrau anträgt,[37] die im übrigen Faustus Sulla, dem Sohn des verstorbenen Diktators, versprochen war. Daß die Instrumentalisierung der Gefühlsbeziehungen und deren Unterordnung unter die Politik so stark in den Vordergrund gestellt wird, hat seinen Grund in der polemischen Polarisierung und läßt ein anderes Faktum in den Hintergrund treten: daß nämlich Pompeius ein überaus bedeutsames (Heirats-) Bündnis mit Faustus Sulla bricht, um sich an den Drahtzieher des Triumvirats zu binden. Caesar heiratete unterdessen Calpurnia, die Tochter des Lucius Calpurnius Piso Caesoninus,[38] der gemäß den Triumviratsvereinbarungen im darauffolgenden Jahr 58 Konsul wird. Süffisant und vorwurfsvoll bemerkte Cato dazu, die „oberste Gewalt im Staat"[39] sei „durch Hochzeiten verkuppelt" worden und „man schanze sich durch Weiber Provinzen, Armeen und Ämter zu".[40]

Für Caesar bedeutete die Triumviratspolitik eine langfristig angelegte Strategie. Die Heiratsbündnisse geben davon beredtes Zeugnis. Nicht zufällig stellte Caesar Jahre später, nach dem Tod Iulias, als das Bündnis immer tiefere Risse bekam, Pompeius ein anderes Ehebündnis in Aussicht. Im Jahr 54 oder kurz danach bot er ihm Octavia als Ehefrau an, die Enkeltochter seiner jüngeren Schwester Iulia.[41] Aber Pompeius lehnte ab.[42] Mit der Langzeitstrategie des Triumvirats, der auch das Mittel der Heiratspolitik diente, verfolgte Caesar ein präzises Ziel – die gemeinsame Herrschaft mit Pompeius. Anläßlich seiner Beschreibung des Bürgerkriegs meint Syme, Caesars Taktik habe bis zuletzt, ja bis nach seiner Überschreitung des Rubikon, darin bestanden, „die alte *amicitia*" zu seinem Ex-Schwiegersohn wiederherzustellen. „Unter Anerkennung des nominellen Primats des Pompeius hätten Caesar und seine Anhänger die Regierung an sich gerissen und vielleicht den Staat reformiert. Caesars Feinde aber

fürchteten sich davor – und ebenso Pompeius. Nach langem Schwan-
ken entschied sich Pompeius am Ende dafür, die Oligarchie zu retten".[43] Der bewaffnete Kampf um die Vorherrschaft war also plötzlich, entgegen Caesars ursprünglicher Strategie, zur Notwendigkeit
geworden. Denn zumindest seit dem Tod des Clodius (52 v. Chr.)
spitzte sich die politische Lage immer weiter zu. Und selbst, als die
factio dem Pompeius eine neue Form der Diktatur anbot (einen Konsulat ohne Kollegen), verteidigte Caesar diesen Entschluß *gegen* seine
eigenen Parteigänger, die ihn drängten, sich dagegenzustellen. Der
Ausruf, den ihm Asinius auf dem von toten Römern übersäten
Schlachtfeld von Pharsalos in den Mund legt („Sie wollten es so
haben!"), war somit durchaus gerechtfertigt.

X

Die Folgen des Triumvirats: Asinius Pollios Urteil

Der Streit, der begann unter Metellus, dem Konsul,
zwischen den Bürgern, des Krieges Gründe,
Greuel, sein Verlauf, das Spiel auch der Fortuna und
die unheilvollen Bündnisse der Führer, die Waffen,
besudelt mit noch ungesühntem Blut:
Ein Werk, gefährlich, voll des Wagemuts,
beginnst du, schreitest hin durch Gluten,
die verborgen noch unter Asche voll Trug.

Horaz, *Pollio-Ode*

1. Zu Beginn seiner Pollio-Ode (II 1) legt Horaz – einst Republikaner, jetzt, wenngleich „distanziert", auf politischer Linie – Pollios
Auffassung über den inneren Zusammenhang zwischen „Triumvirat" und „Bürgerkrieg" dar.[1] Dabei drückt Horaz seine Besorgnis
aus über Entstehung und Fortgang von Pollios Geschichtswerk zu
den Bürgerkriegen. Noch viele Jahre später ist für den bekannten
römischen Dichter die Schlacht bei Philippi das Ereignis, „als zer-
brach Mannesmut" (*cum fracta virtus*).[2] Diese Einschätzung, die
Horaz mit Cremutius teilt, ist freilich in ein Gedicht eingebettet,
dessen Grundstimmung von Enttäuschung und Ernüchterung geprägt ist – in ein Buch, das mit der sorgenvollen Ankündigung von
Pollios Geschichtswerk beginnt. Die Ode vom „unrühmlich verlorenen Schild" besinnt sich wehmütig auf diesen politisch entscheidenden Augenblick.[3]

Daß neben anderen römischen Geschichtswerken auch Pollios
Werk verlorenging, ist besonders bedauerlich. Es war kein „konfor-
mes" Werk. Das größte unmittelbare Zeugnis, über das wir heute
verfügen, ist eben jene Ode, in der Horaz vor allem seine Sorge
über die *Gefahren* äußert, denen der Verfasser eines solchen Werks
ausgesetzt war: „... beginnst du, schreitest hin durch Gluten, die
verborgen noch unter Asche voll Trug" (Vers 7 f.). Aber Horaz
beläßt es nicht dabei. Er gibt sehr genau Auskunft über den Inhalt
von Pollios Werk und vor allem über einen wesentlichen Punkt: den

historischen Augenblick, mit dem Pollio sein Geschichtswerk beginnt.

Die Periodisierung des Bürgerkriegsbeginns ist bekanntermaßen Interpretationssache. Asinius ließ den *motus civicus*, den Bürgerzwist, nicht erst mit den Spannungen zwischen Caesar und dem Senat 50/49 v. Chr. beginnen, sondern bereits zehn Jahre früher, mit dem sogenannten Triumvirat (60 v. Chr.). Diesen grundlegenden Sachverhalt nennt Horaz ganz bewußt in der Eingangszeile seiner Ode, indem er sich einer sehr genau untersuchten Wortstellung bedient: *Motum ex Metello consule civicum*, „der Streit, der begann unter Metellus, dem Konsul" – also im Jahr 60, in dem Caesar, der eigentliche Schöpfer des „dreiköpfigen Ungeheuers", Pompeius und Crassus miteinander versöhnte. *Ex Metello consule* ist hier das Epitheton zu *motus civicus*; zwischen die beiden Begriffe gestellt, beherrscht es elegant den gesamten ersten, für eine Ode stets besonders bedeutsamen Vers.

Die nachfolgenden Ausführungen, die Thema und Leitgedanken von Pollios Geschichtswerk abstecken, folgen in augenscheinlich lockerer parataktischer Reihung – aber immer noch in der ersten Strophe: *Belli causas*, „des Krieges Gründe" (und im untergeordneten Satzteil *et vitia et modos*, „Greuel, sein Verlauf"), *ludum Fortunae* („das Spiel der Fortuna"), *gravis principum amicitias* („die unheilvollen Bündnisse der Führer"); und schließlich „die Waffen" (*arma*; das letzte Wort der Strophe), die – eine dramatische Wendung – als „besudelt mit noch ungesühntem Blut" beschrieben werden. Die Präzisierung „mit noch ungesühntem Blut" bringt nicht gerade die beruhigende Aussicht auf ein Ende des Bürgerkriegs zum Ausdruck. Damit beginnt die zweite Strophe, die ansonsten derart von Andeutungen der großen Gefahr für Asinius Pollio beherrscht ist, daß man den Eindruck des bewußten tautologischen Beharrens gewinnen muß.[4] In dieser Strophe kehrt eine Bemerkung über die anstrengende und risikoreiche Tätigkeit des Historikers wieder, ein Werk „gefährlich, voll des Wagemuts" – ein Satz, den moderne Forscher immer wieder (auch mit falschen Schlußfolgerungen) analysiert haben.[5] Der Satz ist zweifellos gewagt, betont er doch mit allem Nachdruck und aller Deutlichkeit ein *periculum* (eine Gefahr), das sehr viel mehr ist als das sprichwörtliche *incedis per ignis* („schreitest hin durch Gluten").[6] Das gibt zu denken, hat doch Horaz seine Worte gerade zu einem solchen Thema zweifellos sehr genau abgewogen.

2. Von „Zensur" und Kontrolle oder auch nur Druck, der unter der Regierung von Augustus und Tiberius auf die Geschichtsschreibung ausgeübt wurde, spricht man in ganz anderen Fällen. Dieses frühe Zeugnis politisch motivierter Vorbehalte gegenüber einem Geschichtswerk verdient daher um so größere Beachtung. Unter Tiberius war das *periculum*, dem sich Cremutius Cordus aussetzte, immens, machte doch der Geschichtsschreiber und Senator aus seiner Sympathie für Brutus und noch mehr für Cassius keinen Hehl. Auf Grundlage einer ungewöhnlich breiten Auslegung des Straftatbestandes der Majestätsbeleidigung (*lex maiestatis*) wurde ihm der Prozeß gemacht. Er wählte den Freitod. Aber auch unter Augustus gab es Beispiele schwerwiegender Unduldsamkeit, insbesondere gegenüber einer so schwer eingrenzbaren Kategorie von Texten, wie es die „Schmähschriften" waren.[7] Auch Pollio wurde später von Augustus mit gefährlichem Sarkasmus behandelt, als bekannt wurde, daß er den griechischen Geschichtsschreiber Timagenes von Alexandria bei sich aufgenommen hatte, den Augustus aus seinem Haus verwiesen hatte. „Du nährst in deinem Haus ein wildes Tier", sagt der *princeps* zu ihm, und zwar in griechischer Sprache,[8] die von gebildeten Römern zuweilen benutzt wurde, um mehr zum Ausdruck zu bringen, als man sagen konnte oder wollte. Asinius erwiderte daraufhin: „Caesar, wenn du es mir befiehlst, so werde ich ihm mein Haus auf der Stelle verbieten", worauf Octavian mit wütendem Spott reagiert: „Das wäre schade, da ich euch doch soeben miteinander versöhnt habe". Damit spielt er auf die Spannungen zwischen Asinius und Timagenes an, die Seneca zufolge, dem wir diesen Dialog verdanken,[9] Asinius nur überwand, weil sich Octavian inzwischen von Timagenes entfremdet hatte. Horaz' Sorge um das Schicksal von Pollios Geschichtswerk ist demnach nur allzu begründet. Bemerkenswert, wie geschickt er von Anfang an die Eckpfeiler von Asinius' Werk setzt: *belli causas*, *ludum Fortunae* und *principum amicitias*.

3. Doch es gibt noch eine bessere Quelle als Horaz mit seiner vorsichtigen parataktischen Reihung, die uns helfen kann, den inneren Zusammenhang zwischen dem Triumvirat und dem Bürgerkrieg besser zu verstehen. Es ist jener Passus in Plutarchs *Caesar*-Biographie, wo von der Entstehung des Triumvirats die Rede ist. „Es gelang ihm", heißt es dort, „die zwei mächtigsten Männer Roms, Pompeius und Crassus, miteinander auszusöhnen. Dadurch, daß er die Entzweiten zu einem neuen Freundschaftsbund zusammenführte, machte

er ihren Einfluß sich selber zunutze und leitete so durch eine Tat, welche scheinbar nur seiner Menschenfreundlichkeit entsprungen war, in aller Stille eine völlige Umwälzung des Staates ein. *Denn nicht der Streit zwischen Caesar und Pompeius führte, wie die meisten glauben, zum Bürgerkrieg, sondern vielmehr ihre Freundschaft".*[10] Es ist sehr wahrscheinlich, daß sich Plutarch hier wie auch sonst am Werk des Asinius Pollio orientiert hat. Darauf weist eben jene Über-einstimmung mit dem Zeugnis des Horaz hin. Es kann kein Zufall sein, daß Horaz' „Resümee" von Pollios Geschichtswerk mit der Feststellung endet, „alles auf Erden" (*cuncta terrarum*) sei Caesars Herrschaft „untertan" gewesen, „außer der unbeugsamen Seele des Cato". Und ebensowenig ist es ein Zufall, daß Plutarch an derselben Stelle, an der er Asinius Pollios These darlegt – daß das Bündnis der *principes* und nicht ihr Zerwürfnis den Bürgerkrieg ausgelöst habe –, er Cato ebenfalls eine Sonderrolle zuweist und ihn als denjenigen darstellt, der als einziger gesehen habe, worauf Caesars Politik hin-auslaufe, und daher stets deren unermüdlicher Widersacher gewesen sei. Vielleicht ist es Zufall, vielleicht aber hat sich Plutarch in diesem Punkt eng an den Befund gehalten, den ihm seine Quelle vorgab und den wir bei Horaz finden, allerdings geläutert durch die poetische „Distanznahme".

4. Die Einschätzung des Asinius Pollio, die letztlich auch Cato und sogar Cicero teilten – wenigstens bis zu dem Zeitpunkt, als sich beide auf die Seite des Pompeius schlugen –, wurde jedenfalls fast zum Gemeingut der nachfolgenden Geschichtsschreibung. In dieser Be-wertung sind sich Autoren höchst unterschiedlicher, zuweilen sogar gegensätzlicher Ausrichtung einig. Livius sprach von einer *conspira-tio* zwischen den drei mächtigsten Männern im Staat[11] und betonte damit den unrechtmäßigen und umstürzlerischen Aspekt dieser ge-heimen Abmachung. Auch für ihn begann der Bürger*krieg* im Januar 49. Entscheidend ist jedoch die Unterscheidung zwischen *bellum ci-vile* und *motus civicus*, welcher schon begann, bevor man zu den Waffen griff. Velleius, der im allgemeinen die historiographischen Grundausrichtungen oder besser gesagt die Propaganda des Augustus treu und loyal wiedergibt und Caesar beinahe mystisch verehrt, stellt lediglich nüchtern fest, daß „Caesar als Konsul"[12] mit Crassus und Pompeius „ein Machtbündnis schloß (*potentiae societas*), das nicht nur der Stadt und dem ganzen Reich Unheil bringen sollte, sondern auch ihnen selbst, dem einen früher, dem anderen später".[13] Diese

Wertung des devoten Velleius zeigt, daß das *Risiko*, das Horaz in Pollios Geschichtswerk sieht, wahrscheinlich nicht ganz so hoch war. Auch Annaeus Florus sieht im Triumvirat die „eigentliche Ursache" für den caesarischen Bürgerkrieg.[14] Doch Florus zeigt, daß er eine breitere Vorstellung vom *motus civicus* hatte, die er wohl dem Geschichtswerk seines entfernten Verwandten Annaeus Seneca des Älteren zu verdanken hatte. Dessen Werk *Ab initio bellorum civilium* beginnt mit der *seditio*, der Erhebung des Tiberius Gracchus. Eine breitere und vielleicht auch tiefgründigere Sicht als Asinius: Wir sehen ihren Einfluß in der einzigen noch erhaltenen Monographie über *Die Bürgerkriege* der Römer, die Appian zur Zeit des Fronto und des Antoninus Pius in griechischer Sprache verfaßte.

5. Asinius Pollio ist seit dem Erscheinen von Ronald Symes *Römischer Revolution* (1939) mehr in den Vordergrund des wissenschaftlichen Interesses gerückt. In der Einleitung seines Buches zeichnet Syme ein liebevolles Porträt des römischen Geschichtsschreibers, doch es ist geradezu tollkühn, wenn er sich zu der Behauptung versteigt: „Die Fragmente des Vorworts zu Sallusts *Historien* zusammen mit Tacitus *Historien* I 1–3 geben einen Eindruck von der Einleitung zu Pollios Werk über die Bürgerkriege".[15] Es ist grundsätzlich nicht ratsam, gestützt auf die eigenen intellektuellen Neigungen und literarischen Vorlieben, Zusammenhänge zu rekonstruieren. Hier ist es die These, Pollios Geschichtswerk, von dem wir lediglich das Zeugnis des Horaz und eine große Zahl biographischer Anekdoten besitzen, stehe in einer Linie mit dem getragenen Pessimismus, der uns aus den Werken des Sallust und des Tacitus entgegentritt. Es ist denkbar, in Anbetracht mangelnder Dokumente aber reine Spekulation. Syme hat eine Vorliebe für Asinius, dem er großzügig „altrömischen und republikanischen Geist" (S. 11) bescheinigt und den er „leidenschaftlich oder fatalistisch" stets „in Opposition" sieht (S. 11). Daß aber Pollio sich ausgerechnet in dem Augenblick für Caesar entscheidet, in dem dieser das republikanische Recht mit Füßen tritt und mit Waffen gerüstet den Rubikon überschreitet, erscheint Syme nicht weiter verwunderlich. Ihn überzeugt die Rechtfertigung, die Pollio selbst von diesem Schritt gibt: „Pollio hatte in beiden Lagern mächtige Feinde. Um seiner Sicherheit willen zu einer Entscheidung gezwungen, wählte er Caesar, seinen persönlichen Freund" (S. 12). Diese nicht gerade „republikanische" Parteinahme ist bei Syme geradezu eine glanzvolle Tat: „Caesar treu ergeben und stolz auf seine Treue, be-

kannte Pollio dennoch seine Anhänglichkeit an freie Institutionen". Den Beleg dafür sieht er in Pollios Brief an Cicero *(An seine Freunde* X 31), mitten im Mutinensischen Krieg und schon deshalb äußerst verdächtig oder zumindest von geringem Wert. Gleich darauf jedoch wird der Leser der *Römischen Revolution* darauf aufmerksam gemacht, daß „der Diktator Caesar [...] die größte Verantwortung für den Bürgerkrieg" trägt (S. 15). Aber wie läßt sich die Treue zu Caesar (und später zu Antonius) mit dem „Römer und Senator" in Einklang bringen, der „nie sein Vorrecht der Freiheit preisgeben" konnte (S. 11)? Um so mehr, als der Bürgerkrieg, für den Caesar „die größte Verantwortung" trägt (S. 15), auch die Ursache für den beispiellosen Ruin nicht nur des Landes und des Reiches, sondern zuallererst des Ritterstandes war, dem Syme zufolge „die besten Männer" angehörten (S. 15). Hier tritt dem Leser unvermittelt eine völlig andere Beurteilung des Bügerkriegs entgegen: „Der Ehrgeiz der Machthaber erregte Krieg zwischen Klasse und Klasse". Wie der Ehrgeiz einiger weniger den „Krieg zwischen Klasse und Klasse" auslösen kann, bleibt schleierhaft. (Man möchte vielmehr genau den umgekehrten Mechanismus annehmen.) Wie auch immer, Symes Bewertung dieser Ereignisse ändert sich von Kapitel zu Kapitel des Buches. Auf Seite 15 wird Pompeius mit Tacitus als *occultior non melior* (verborgener, aber nicht besser) beurteilt, auf Seite 48 hingegen hat sich Pompeius entschieden, „die Oligarchie" vor der Bedrohung durch Caesar „zu retten". Allerdings trägt Caesar auf Seite 15 „die größere Verantwortung für den Bürgerkrieg", während wir auf Seite 48 lesen: „Caesar trachtete danach, dem Mittel des offenen Krieges aus dem Wege zu gehen, sowohl vor als auch nach Ausbruch der Feindseligkeiten". Schließlich schlüpft Syme ganz in die Rolle Pollios (so wie er sich später auch mit Sallust und Tacitus identifiziert!) und vermittelt im Juni 1939 (!) dem Leser folgende Botschaft: „Dennoch muß der Principat letztendlich anerkannt werden, denn er verhindert Bürgerkriege und schützt die nicht-politischen Klassen.[16] Freiheit oder stabile Regierung: das war die Frage, mit der sich die Römer konfrontiert sahen, und ich habe sie genau auf deren Weise zu beantworten gesucht." In der Tat ähnelt Pollio, der am Vorabend von Actium eine neutrale Haltung einnimmt, aber bereit ist, „die Beute des Siegers"[17] zu sein, diesem Syme, der so heftig vom „Geist von München" angeweht zu sein scheint.

XI
Der erste Konsulat (59 v. Chr.)

1. Als erste Maßnahme während seines Konsulats traf Caesar die Bestimmung, über die Verhandlungen im Senat sowie über die Tätigkeit der Volksversammlungen (der *comitia*)[1] sollten schriftliche Protokolle angefertigt und veröffentlicht werden. Dies zielte klar darauf ab, den Senat von außen stärker „unter Druck" zu setzen. In der Tat schaffte Jahre später Augustus das Gesetz Caesars über die Veröffentlichung der Senatsverhandlungen wieder ab.[2] Hier zeigt sich Caesar deutlich von der griechischen demokratischen Tradition und dem in ihr verankerten öffentlichen Gebrauch der Schrift beeinflußt. Mit seinem Gespür für Symbolik verlangte Caesar, daß die Liktoren ihm auch in den Monaten folgten, in denen sein Amtskollege an der Spitze stand. Gewöhnlich schritten die Liktoren mit den Rutenbündeln und Äxten dem Konsul bei seinen öffentlichen Auftritten voran; im Wechsel schmückte sich auf diese Weise jeden Monat einer der beiden Konsuln mit diesen sprechenden Attributen der Macht. Caesar ließ eine alte Sitte wiederaufleben, derzufolge dem Konsul in dem Monat, in dem die Rutenbündel dem Kollegen zustanden, die Liktoren nicht voranschreiten, sondern folgen sollten. Im Laufe des Jahres allerdings verlor dieser Wechsel bald schon seinen Sinn. Der Bruch mit Bibulus, seinem von der *factio* gewählten Kollegen, war irreparabel und nahm so dramatische Formen an, daß sich Bibulus zu Hause einschloß und erbitterte, aber wirkungslose Edikte verfaßte, während Caesar de facto als Konsul ohne Kollegen agierte.

Die Krise war im Zusammenhang mit der Agrargesetzgebung[3] entstanden. Schon bei der Debatte um das erste der beiden Ackergesetze Caesars kam es zu einem Zerwürfnis im Senat, als Caesar die Sitzung verließ und das Gesetz vor die Volksversammlung brachte, wo es verabschiedet wurde.[4] Um dieser Verlagerung der Entscheidung ins Volk entgegenzutreten, beschloß Bibulus, Caesars Beschlußfassungen aus sakralrechtlichen Gründen zu verhindern: Er rief eine „Festzeit"[5] aus, in der keine Volksversammlung *(comitia)* stattfinden durfte. Doch Caesar verfügte über ein wirksames Gegeninstrument, bekleidete er doch seit geraumer Zeit neben dem Konsulat auch das Amt des *pontifex maximus*. Dadurch konnte er die Obstruktionsmaßnahmen des Kollegen in Frage stellen. Ohne Rücksicht auf Bibulus' Anordnungen berief Caesar die *comitia* ein, die das Gesetz verabschieden sollten. Doch Bibulus gab sich nicht geschlagen; er trat ebenfalls vor das Volk, um die Versammlung (aus seiner Sicht) für unrechtmäßig zu erklären, wurde aber mit Gewalt vertrieben: Sein Auftritt mußte die Gemüter erregen und unkontrollierbare Reaktionen hervorrufen. Freilich lag die politische Verantwortung für dieses schwerwiegende Vorgehen (die Vertreibung eines Konsuls aus den *comitia)* einzig und allein bei Caesar. Daher heißt es in caesarkritischen Quellen – und als solche darf beispielsweise Sueton in diesen Kapiteln gelten – lapidar, Caesar habe „seinen Kollegen mit Waffengewalt vom Forum"[6] vertrieben. Selbstverständlich hatte der Vorfall im Senat ein Nachspiel. Aber es fand sich keiner, so Sueton, der über ein so empörendes Ereignis einen Antrag stellte oder irgendwelche Maßnahmen forderte, „wie sie schon häufig bei geringeren Unregelmäßigkeiten beschlossen worden waren". Dies war das deutlichste Zeichen dafür, daß die *factio* gegenüber der Koalition der drei Machthaber handlungsunfähig geworden war. Unter diesem Umständen konnte sich die *factio* auch nicht sicher sein, die Mehrheit der Senatoren hinter sich zu haben.[7] Bibulus, der freilich nicht allein handelte, sondern von Cato und seinen Anhängern beraten wurde, wollte jetzt den totalen Bruch: Er hoffte, auf diese Weise eine Staatskrise herbeiführen zu können, was ihm jedoch nicht gelang. Er zog sich, wie gesagt, aus seinem Amt zurück und beschränkte sich starrköpfig darauf, sämtliche Maßnahmen Caesars für ungültig zu erklären[8] – stets unter Berufung auf jene „Festzeit", an deren Fortdauer einzig er noch glaubte. „Von diesem Zeitpunkt an ordnete Caesar alles im Staat allein und nach seinem Gutdünken".[9] Es gab Scherzbolde, die Urkunden nicht auf den Konsulat des „Caesar und Bibulus", sondern von „Iulius" und „Caesar" datierten.[10] In einem Brief an Atticus vom 28. April 59 schrieb Cicero mit großem politischem Gespür: „Bibulus' gerader Sinn spricht mit der Verschiebung der Wahlen ja doch nur sich selbst das Urteil, ohne die Lage des Staates zum Bessern zu wenden."[11] Und in einem Brief vom Juli heißt es spöttisch: „Bibulus ist im siebenten Himmel; warum, weiß ich freilich nicht. Aber man preist ihn, als ob ‚Ein Mann hat uns durch sein Zaudern das Vaterland gerettet' auf ihn gemünzt wäre" (mit dem berühmten Satz des Ennius war Fabius Maximus *cunctator*, der einstige Gegenspieler des Karthagers Hannibal, gemeint).[12] Im gleichen

Brief legt Cicero dem Atticus sein Dilemma dar: Seine Freundschaft zu Pompeius verhindere, daß er sich eindeutig gegen den Konsul und die Triumvirn stelle. Andererseits könne er ein solches Handeln auch nicht billigen, „um nicht meine eigene frühere Haltung zu desavouieren", wie er schreibt. Daher, so seine Schlußfolgerung, „winde ich mich durch". Eine Selbsttäuschung und ein höchst zweischneidiges Verhalten, mit dem er sich bei der *factio* unbeliebt machte, ohne durch die Gegenseite geschützt zu sein.[13]

2. Als „Konsul ohne Kollegen", allerdings auch ohne das Wohlwollen des Senats, betrieb Caesar eine offen populare Politik: Zuteilung von kampanischem und stellatischem Land an 20 000 Bürger, die drei oder mehr Kinder hatten;[14] Herabsetzung der Pachtsumme für die Steuerpächter um ein Drittel – die Basis, die ihn traditionell unterstützte, sollte greifbare, positive Zeichen seiner Präsenz an der Spitze des Staates sehen. In der Tat war ein gewisser Unmut im Volk zu spüren. Bei den Apollinarien, einem Fest zu Ehren des Apoll am 13. Juli, skandierte der Tragöde Diphilus pflichtgemäß seinen Text: „Durch unser Elend bist du groß!" (*nostra miseria tu es magnus*), und alle verstanden auf Anhieb, wie messerscharf dieser Vers auf Gnaeus Pompeius zutraf, der sich mit dem *cognomen* Magnus schmückte. Das Publikum forderte voller Begeisterung immer wieder neue Zugaben, und endlose Male mußte Diphilus denselben Vers rezitieren.[15] Pompeius war zwar nicht Zeuge dieses Vorfalls, dennoch aber gekränkt; und Caesar schrieb einen einfühlsamen Brief, in dem er dem großen, von der Unduldsamkeit des Volkes gekränkten Eroberer seine Solidarität zum Ausdruck brachte.

Dies ist ein besonders bekanntes und äußerst lehrreiches Beispiel für die beinahe pathologische Unzuverlässigkeit der städtischen Volksmassen. Sie waren ein hochsensibles und launisches Stimmungsbarometer und ließen sich sogar von denen mißbrauchen, die traditionell zu ihren Verächtern zählten. Caesar, ein guter Kenner dieser Verhaltensmechanismen, konnte freilich nicht zulassen, daß die *factio* sich eine flüchtige Mißstimmung zunutze machte und diese Karte gegen ihn ausspielte. Allerdings fügte er in seine Ackergesetze Garantieklauseln zugunsten der Eigentümer ein. Zur Verteilung waren nur Staatsdomänen vorgesehen. Das Exekutivorgan, das mit der Durchführung der Reformen betraut war, war ein Kollegium aus zwanzig Männern, den sogenannten *XXviri*, die von den Tribus gewählt worden waren und unter Eid geschworen hatten, nicht gegen das Gesetz zu verstoßen.[16] Eine Klausel sah vor, daß die Senatoren unter Androhung schwerster Strafen schwören mußten, das iulische Gesetz über die Landverteilung zu beachten.[17] Selbst Amtsbewerber, die bei ihren Wahlversammlungen eine Äußerung machten, die darauf hinauslief, der Grundbesitz könne auf einer anderen Grundlage als der nun gesetzlich geregelten beruhen, wurden schwer bestraft.[18] Während Bibulus weiterhin Edikte veröffentlichte, in denen er in unflätiger Weise über Caesar herzog[19] und (vergeblich) alle Versammlungstage (*dies comitiales*) Caesars für unwirksam erklärte – wodurch Caesar ihm zufolge keine Gesetze hätte erlassen können –, setzte Cato seine Opposition im Senat fort. Er forderte Caesar auf, sich für sein Verhalten gegenüber seinem Amtsbruder zu rechtfertigen. Caesar reagierte schroff: Er wies die Liktoren an, Cato aus der Kurie hinauszuwerfen und ins Gefängnis abzuführen.[20]

3. Von allen Maßnahmen Caesars im Jahr 59 kommt dem Repetundengesetz eine besondere Bedeutung zu. Dies war die bis dahin erste umfassende Gesetzesmaßnahme zur Lösung des Problems der Erpressung, und sie blieb in ihrem Kern für lange Zeit in Kraft. Der Wortlaut dieses sehr detaillierten Gesetzes (mit über hundert Einzelparagraphen)[21] basiert auf genauer Kenntnis der Realität der römischen Provinzverwaltung. Caesars Hauptziel war die größtmögliche Einschränkung der „ganz normalen Erpressung", die die Promagistrate und ihr Gefolge in der Provinz praktizierten. Das Gesetz beinhaltete das Verbot, in der Justizverwaltung Geschenke anzunehmen, beschränkte die sogenannten *legationes liberae* (Sonderkommissionen, die den Stab des Promagistrats unendlich aufblähten, der ja auch materiell versorgt sein wollte), legte die Indemnitäten für die Statthalter fest und schützte die Untertanen vor überzogenen Steuerforderungen der Promagistrate. Die Durchsetzung aller dieser Vorschriften sollte dadurch gewährleistet werden, daß die Promagistrate zwei Abschriften der Rechenschaftsberichte über ihre Amtsführung in zwei verschiedenen Städten der Provinz und eine dritte Abschrift im *aerarium*, dem Schatzamt, hinterlegten. Damit wurde die Kontrolle enorm verschärft. Das Verfahren im Falle eines Prozesses wurde vereinfacht, und es war jetzt sogar möglich, gegen die Erben vorzugehen.

Das war die wohl bedeutendste gesetzgeberische Leistung des Konsuls Caesar. Es ist kein Zufall, daß dabei ausgerechnet die Provinzverwaltung im Mittelpunkt stand. Caesar kannte das skrupellose

Vorgehen der Provinzbeamten und die Mängel ihrer Verwaltung aus eigener Anschauung. Er war zweimal in Spanien gewesen: zum erstenmal als Quästor des Antistius Vetus und dann erneut im Jahr 61 v. Chr. als Proprätor. Als junger Mann hatte er mit Strafanträgen gegen skrupellose Provinzstatthalter die ersten Schritte in die Politik gemacht – Prozesse, bei denen er viel gelernt hatte. Jetzt, da er an der Macht war, bemühte sich Caesar mit großem Engagement um Neuordnung und Disziplin in diesem brisanten Bereich – im Bewußtsein, daß sich der Zusammenhalt des von Rom beherrschten politischen und militärischen Gefüges auf die Provinzverwaltung gründete. Die Ausweitung des Bürgerrechts auf die Transpadaner (die dank seiner Bemühungen Jahre später durchgesetzt wurde) ist ein weiterer Aspekt desselben Plans: Ausweitung des Bürgerrechts und Wiederherstellung eines Vertrauensverhältnisses zu den Provinzbewohnern. Es ist keineswegs gewagt, von einem „Plan" zu sprechen, wenngleich es keine schriftlichen Zeugnisse Caesars gibt, auf die wir unsere Schlußfolgerungen stützen können. Doch wir kennen seine Maßnahmen und sein Gesetzeswerk, das in sich weitgehend kohärent und zweifellos inspiriert ist – gehen die in ihm enthaltenen Bestimmungen doch über die engen Grenzen und den politischen Horizont der Stadt und ihrer Konflikte weit hinaus. Allerdings wußte Caesar genau, daß die Umsetzung eines derart umfassenden, langfristig angelegten Plans den Sieg in jener privilegierten Arena im Zentrum der Macht voraussetzte, in der nun einmal der politische Kampf, der politische Wahlkampf im Parteienwettstreit entschieden wurde. Caesars außergewöhnliche Fähigkeit bestand darin, auf beiden Ebenen zu agieren: als geschickter Parteiführer im politischen Tageskampf und als weitsichtiger Gesetzgeber. Eine Mischung aus Kleingeisterei und Größe.

XII
Ein unbequemer Verbündeter: Clodius

1. Daher konnte Caesar auch das Phänomen Clodius nicht einfach ignorieren. Ging es ihm auch langfristig um eine stabile Provinzverwaltung, so erforderte die Politik in Rom dennoch eine Kontrolle der Stimmungslage und möglicher Umsturzbestrebungen der proletarisierten und parasitären städtischen Massen, denen sich nicht selten deklassierte Elemente der herrschenden Schicht als Führer anboten. Seinerzeit Catilina, jetzt also Clodius. Publius Clodius Pulcher, ein Demagoge patrizischer Abstammung, war mit Caesars Unterstützung – in dessen Eigenschaft als *pontifex maximus* – nur deshalb *ad plebem*[1] übergewechselt, hatte also seinen patrizischen Stand zugunsten der Angehörigkeit zum einfachen Volk aufgegeben, um zum Volkstribun gewählt werden zu können. Er war der Prototyp des prinzipienlosen Agitators, ein Schmarotzer, hervorgegangen aus dem Verfall des sozialen Kampfes in der Reichshauptstadt. Zunächst wiegelte er die Truppen des Lucullus im Osten auf, dann wurde er zum Ankläger Catilinas, wechselte aber später, so scheint es, auf dessen Seite. Vor der Wahl zum Volkstribun war seine Hauptbeschäftigung das galante Abenteuer, deren eines am Festtag der Bona Dea im Jahr 62 im Hause Caesars (seit kurzem *pontifex maximus)* übel endete. Plutarch gibt in seinem *Caesar* eine anschauliche Schilderung dieses Vorfalls: Clodius hatte es auf ein Stelldichein mit Pompeia abgesehen, Caesars damaliger Frau, mit dem Kalkül, daß das Fest der Bona Dea dem Ritus gemäß im Haus des *pontifex maximus* gefeiert wurde, in Abwesenheit aller Männer, einschließlich des Pontifex. Plutarchs Schilderung verschweigt auch das politische Nachspiel der ganzen Sache nicht:[2]

In diesem Jahr hatte Pompeia das Fest auszurichten. Clodius, der noch keinen Bart hatte und deshalb unerkannt zu bleiben glaubte, verkleidete sich in eine Harfenspielerin und ging hin. Er sah wirklich wie ein junges Mädchen aus. Zufällig fand er die Türen offen und ließ sich von Pompeias Zofe, welche ins Vertrauen gezogen worden war, ohne Scheu hineinführen. Dann lief jene voraus, um ihrer Herrin

Bescheid zu sagen. Da sie aber lange nicht zurückkam, getraute sich Clodius nicht, stehenzubleiben, wo sie ihn hatte warten heißen, und irrte, den Lichtern sorgfältig ausweichend, in dem weitläufigen Haus herum, bis ihm eine Dienerin der Aurelia begegnete und ihn, in der Meinung, eine Frau vor sich zu haben, zum Spielen aufforderte. Als er sich sträubte, zog sie ihn in die Mitte und fragte, wer er sei und woher er käme. Clodius erwiderte, er warte auf Pompeias Abra – so hieß jene Zofe –, verriet sich aber durch seine Stimme. Die Dienerin schrie auf und eilte sogleich zu der Gesellschaft in den erleuchteten Räumen mit dem Ruf, sie habe einen Mann ertappt. Aufgescheucht liefen die Frauen durcheinander, Aurelia brach die Mysterien ab und verhüllte die heiligen Gerätschaften, ließ dann die Türen verschließen und ging mit Fackeln durch das Haus, Clodius zu suchen. Man fand ihn versteckt im Zimmer des Mädchens, das ihn eingelassen hatte, und die Frauen, welche ihn bald erkannten, jagten ihn zum Hause hinaus. Noch in der Nacht ging die Gesellschaft auseinander, sogleich erzählten die Frauen ihren Männern, was geschehen war, und am andern Morgen durchflog die Kunde von Clodius' Ruchlosigkeit die Stadt. Der Frevler müsse büßen, er sei den Beleidigten Strafe schuldig wie auch der Stadt und den Göttern. Einer der Volkstribunen reichte gegen Clodius Klage ein wegen Schändung der Religion, und die mächtigsten Männer im Senat traten einhellig als Zeugen gegen ihn auf und bezichtigten ihn neben andern Untaten auch des Ehebruchs mit seiner eigenen Schwester, welche mit Lucullus verheiratet war. Aber trotz ihrem eifrigen Bemühen schlug sich das Volk auf Clodius' Seite, was dessen Stellung vor Gericht ganz beträchtlich verbesserte, da den Richtern vor dem Pöbel angst und bange war. Caesar schickte Pompeia auf der Stelle den Scheidebrief, doch als er als Zeuge in dem Prozeß vorgeladen wurde, sagte er aus, daß ihm von all dem, was man Clodius vorwerfe, nichts bekannt sei. Diese sonderbare Erklärung nötigte dem Ankläger die Frage ab, warum er sich denn von seiner Gattin getrennt habe. „Weil ich", erwiderte Caesar, „eine Frau nicht im Hause dulde, auf der auch nur der Schatten eines Argwohns liegt." Es wird behauptet, Caesar sei es mit diesen Worten ernst gewesen, andere freilich sehen darin nur eine Verbeugung vor dem Volk, welches Clodius retten wollte. Er wurde auch wirklich freigesprochen, weil die meisten Richter ihr Urteil in unleserlicher Schrift abgaben. Sie mochten Clodius nicht verurteilen, weil sie die Vergeltung des Pöbels fürchteten, aber auch nicht freisprechen, um es mit der Nobilität nicht zu verderben.

2. Das geschah im Jahr 62, als Caesar neben dem Oberpontifikat auch noch die Prätur bekleidete. Danach ging er in die Provinz und kehrte ein Jahr später nach Rom zurück, um im Frühjahr 60 am Konsulatswahlkampf teilzunehmen. Er siegte im Zeichen des Dreibundes. In Anbetracht der neuen Bündniskonstellation war Clodius mit seinen Anhängern eher eine Randfigur, als Agitator aber keineswegs zu unterschätzen, und daher war es besser, ihn nicht zum Feind zu haben (dessen war sich Caesar bewußt, als er in dem Prozeß als Zeuge aufgetreten war).

Um Volkstribun zu werden, mußte Clodius formell (mittels Adoption) in eine plebeische Familie übertreten. Die *transitio ad plebem* war unumgänglich, um gewählt werden zu können. Alle wußten im übrigen, daß sein Programm, sollte er es schaffen, Auswirkungen auf allen Ebenen haben würde, unter anderem auch auf die von erbitterter persönlicher Feindseligkeit geprägte Beziehung zwischen Clodius und Cicero (eine Folge des Prozesses nach dem Skandal beim Fest der Bona Dea, bei dem Cicero der Hauptbelastungszeuge gewesen war). Sueton zufolge war es eine unbedachte öffentliche Kritik Ciceros, die Caesar aus Rache bewog, die *transitio ad plebem* vornehmen zu lassen, um die sich Clodius „schon früher, aber vergeblich bemüht hatte".[3] Den Angriff auf Caesars Politik hatte Cicero im Verlaufe eines Prozesses vorgetragen, bei dem er die Verteidigung seines einstigen Kollegen im Konsulat Gaius Antonius übernommen hatte.[4] Und Caesars Reaktion hatte den befürchteten Effekt. Kaum hatte Clodius am 10. Dezember sein Amt angetreten, ging er (während Caesar sein Amt abgab und die anstrengende Tätigkeit in der Provinzverwaltung antrat) schon nach wenigen Tagen daran, mit vier *leges Clodiae* (Clodischen Gesetzen) Verfügungen zu treffen, die scheinbar Caesars Politik fortsetzten. Ein Gesetz sah kostenlose Getreiderationen für Besitzlose vor, ein anderes das Verbot für hohe Beamte, an den Tagen der Volksversammlungen nach Himmelszeichen zu spähen.[5] Ein fünftes, wenige Monate später (im Januar 58) verabschiedetes Gesetz betraf Cicero, ohne daß er namentlich genannt wurde. Es war ein Gesetz, „nach dem jeder geächtet sein sollte, der einen römischen Bürger ohne Gerichtsurteil habe töten lassen".[6] Velleius, der den genauen Wortlaut dieser Bestimmung wiedergibt, schreibt, Caesar und Pompeius blieben nicht frei von dem Verdacht, an Ciceros Sturz beteiligt gewesen zu sein. Cicero habe sich die Feindschaft der Triumvirn zugezogen, weil er sich geweigert hatte, in der Kommission der *XXviri* mitzuarbeiten, die mit der Aufteilung kam-

panischen Ackerlandes beauftragt war.[7] Dies ist eine andere Version
als die von Sueton und Cassius Dio überlieferte, sie enthält aber ein
Körnchen Wahrheit: Indem sich Cicero weigerte, die Triumviratspolitik zu unterstützen oder an ihr mitzuarbeiten, lieferte er sich schutzlos der Rache des Clodius aus. Die Debatte über die *Lex Clodia* war
ein denkwürdiges Ereignis. Sie fand auf dem Marsfeld außerhalb des
Pomeriums, des geheiligten Stadtbereichs, statt, so daß auch Caesar
daran teilnehmen konnte, ohne seine prokonsularischen Machtbefugnisse abzugeben. Es ging um die Grundrechte der Bürger: die *Lex
Clodia* wurde als eine Weiterentwicklung und Ergänzung der *leges
de provocatione* betrachtet, die den Schutz der Bürger vor magistra-
tischer Willkür verbrieften. Im Mittelpunkt stand das sogenannte
senatus consultum ultimum, eine Notstandsmaßnahme, die dem Senat das Recht übertrug, aufständische Bürger zu „Staatsfeinden" zu
erklären, ihnen alle Rechte abzusprechen, sie also für vogelfrei zu
erklären und gegen sie vorzugehen. Die *populares* hatten nie akzeptiert, daß der Senat dieses gefürchtete Sonderrecht ausübte. Implizit
(und nach einer Senatsdebatte dann auch explizit) bedeutete die *Lex
Clodia*, daß das Todesurteil gegen die Anführer der Catilinarischen
Verschwörung, das im Dezember 63 vom Senat beschlossen und vom
Konsul Cicero ausgeführt worden war, als unrechtmäßig zu betrachten war. Es war ja vollstreckt worden, ohne daß die Angeklagten,
ipso facto auch Verurteilten, die Möglichkeit erhalten hatten, sich
ans Volk zu wenden (*provocatio*). Cicero war isoliert und ging freiwillig in die Verbannung. Aufgrund einer weiteren Verfügung des
Clodius wurde Ciceros Vermögen konfisziert. Er bekam die Auflage,
sich mindestens 500 Meilen weit von Rom zu entfernen. Clodius
beteiligte sich persönlich daran, Ciceros Wohnhaus auf dem Palatin
in Brand zu stecken (an dessen Stelle ein Tempel der Freiheit errichtet
wurde)[8] und „blähte sich über seinen Erfolg derart auf, daß er sich
selbst dem Pompeius, der damals in der Stadt die größte Macht
besaß, an die Seite stellte".[9]

3. War Clodius tatsächlich zum vierten Machthaber aufgestiegen?
Die Hilfe, die ihm Caesar während seiner Amtszeit als Konsul und
kurz danach zuteil werden ließ, darf nicht zu der simplifizierenden
Schlußfolgerung verleiten, Clodius sei Caesars Werkzeug gewesen.
Clodius' Anhänger waren Angehörige des Subproletariats und Skla-
ven, die von ihm angezogen, ihm freilich untergeordnet waren; dieses
Gefolge aber versetzte ihn in die Lage, eine nicht ungeschickte eigen-

ständige Politik der Demagogie zu betreiben. Eine eigenständige Politik, wohlgemerkt. Eine Politik sui generis, die in dem beunruhigenden Novum bestand, bewaffnete Schlägertrupps ganz offen als Druckmittel und Terrorinstrument einzusetzen – selbst Pompeius hatte es für ratsam erachtet, sich zu Hause zu verschanzen, als ihm die Banden des Volkstribuns nachstellten. Auf lange Sicht war es eine kontraproduktive Politik. Als Cicero dank Pompeius nach achtzehn Monaten im Sommer 57 aus seinem griechischen Exil[10] zurückkehrte, wurde er mit großen Volkskundgebungen in Italien empfangen: Beweis dafür, wie unbeliebt Clodius bei jenen Bevölkerungsschichten war, die die Rückkehr eines „Opfers" seiner Machenschaften bejubelten. Auch der (gescheiterte) Versuch, Cicero daran zu hindern, sein Haus auf dem Palatin wiederaufzubauen, führte zu Protest und zeigte, wie schwach Clodius war. Ihm standen jetzt Schlägerbanden entgegen mit jenem Titus Annius Milo an der Spitze, der ihn später ermorden sollte. Verständlich, daß die Quellen (fast ausschließlich Cicero) ein Bild von Clodius als Verbrecher zeichnen, das wenig glaubwürdig erscheint, wenn man in Betracht zieht, was wir gern genauer kennengelernt hätten – sein Programm. Wenn Cicero schreibt,[11] was Clodius alles getan hätte, wenn er Prätor geworden wäre, können wir sicher sein, daß er ein Zerrbild Catilinas wiedergibt, das mit der Wirklichkeit nichts zu tun hat: Er habe mit aufrührerischen Sklavenbanden die Macht im Staat und den Privatbesitz an sich reißen wollen. Clodius habe die Sklaven gegen die Herren aufgehetzt[12] und öffentlich versprochen, sie zu befreien.[13] Der Anhang des Clodius (Cicero spricht gewöhnlich von „Abschaum", *faex*) war ein buntgemischter Haufen: Subproletariat ohne feste Arbeit, Söldner des Straßenkampfes, Sklaven, welche durch Versprechungen angelockt wurden, die über Wohltaten ad personam nicht hinausgingen, und Gladiatoren. Mit einem derartigen Anhang war Clodius in der Lage, die Stadtpolitik und von Fall zu Fall auch das Handeln der Machthaber zu beeinflussen. Doch weit kam er damit nicht. Am Ende wurde er von allen politischen Gruppierungen fallengelassen. Mit seinem aggressiven Auftreten auf der politischen Bühne der Hauptstadt trieb er es auf die Spitze. Mit Clodius erfüllte sich auch der Niedergang des stadtrömischen Proletariats zum Parasitentum – eine Entwicklung, die für Caesars Entschluß, sich von der traditionellen popularen Politik abzukoppeln, keine unwichtige Rolle spielte. Die Fäulnis sozialer Klassen, die sich in ihrer Unfähigkeit auch noch die Führung anmaßten bzw. der Hegemonie anderer Schichten anzu-

gleichen suchten, ließ Phänomene des blinden Schmarotzertums hervortreten und rief selbsternannte Führer auf den Plan, die sich auf
gewalttätige Schlägertrupps stützten. Dadurch wurde die demokratische Tradition oft allzu lange außer Kraft gesetzt.

XIII
Semiramis in Gallien

1. Die Verleihung der gallischen und illyrischen Provinzen an Caesar ging nicht problemlos vonstatten. Der ursprüngliche Senatsbeschluß,[1] bereits vor Caesars Wahl gefaßt und für diesen eine Provokation, mußte zugunsten einer Verleihung anderer Gebiete an Caesar widerrufen werden. Bei Plutarch heißt es kurz und bündig: „Pompeius erschien mit zahlreichen Bewaffneten auf dem Forum, setzte die Annahme der Gesetze für das Volk durch und sorgte auch dafür, daß Caesar die beiden gallischen Provinzen diesseits und jenseits der Alpen mitsamt Illyricum und dazu vier Legionen auf fünf Jahre zugesprochen erhielt".[2] An dieser Stelle fügt Plutarch seinen Bericht von Catos gewaltsamer Entfernung aus dem Senat ein, den Sueton in einem anderen Zusammenhang (im Anschluß an die Vertreibung des Bibulus vom Forum) erwähnt. Die Einzelheiten gibt Sueton am korrektesten wieder: „Anfangs bekam er zwar nach dem Gesetz des Vatinius nur das diesseits der Alpen gelegene Gallien nebst Illyrien, doch bald darauf durch den Senat auch noch das jenseitige Gallien. Die Senatoren fürchteten nämlich, das Volk würde auch diesen Teil noch geben, wenn sie selbst ihn verweigerten".[3] Es war ein außerordentliches Kommando: Das Ende des Fünfjahreszeitraums wurde auf den 1. März 54 festgesetzt; darüber hinaus erhielt Caesar das Recht, seine Legaten nach eigenem Ermessen auszuwählen, sowie eine feste Entschädigung, die aus der Staatskasse bezahlt wurde. Cicero spricht davon, daß Vatinius mit seinem Gesetz dem Senat Entscheidungsbefugnisse entzogen habe, darunter auch die *aerarii dispensatio* (Verwaltung der Staatsfinanzen).[4]

Die Polemiken, zu denen es infolge dieser Beschlüsse kommt, werden in allen Einzelheiten ausgeführt. Sueton berichtet von einem verbalen Schlagabtausch. In Anwesenheit der Senatoren soll Caesar am Rande oder im Verlauf einer Sitzung damit geprahlt haben, er „habe gegen den Willen und unter dem Zähneknirschen seiner Gegner *erreicht, was er erreichen wollte*". Eine aufschlußreiche Formulierung, die darauf hindeutet, daß sich Caesar die gallischen Provinzen gezielt hatte übertragen lassen. Dann habe er jedoch hinzugefügt, von nun an werde er „auf den Köpfen aller herumtanzen".[5] Cary ist bestürzt über diese Äußerung, die er für unwahrscheinlich hält: „Truculence was not a characteristic of Caesar".[6] Man könnte einwenden, daß doch etwas daran sein muß, wenn dies *frequenti curia*, vor dem zahlreich versammelten Senat, gesagt wurde. Doch richtig ist auch, daß man nicht nur einen Satz, sondern auch dessen Kontext erfinden kann. Wie dem auch sei, Sueton muß für diese Sammlung von Aussprüchen Caesars eine gute Quelle gehabt haben. Die Vielzahl von Äußerungen Caesars in entscheidenden Augenblicken seines bewegten Lebens, die Sueton peinlich genau wiedergibt, ist aller Wahrscheinlichkeit nach von einem maßgeblichen und scharfsinnigen Mann bezeugt, der vom Beginn des Triumvirats zum Historiker dieser Ereignisse wird: von Asinius Pollio. Diese Sätze finden sich auch in anderen Quellen (bei Plutarch und Appian), denen Pollios Werk mit Sicherheit zur Verfügung stand. Und mehr als einmal beziehen sich alle drei Autoren (Sueton, Plutarch und Appian) ausdrücklich auf Pollio als Quelle für ihre Caesarzitate. Man darf also mit einigem Recht von ihrer Authentizität ausgehen.[7]

An diesem Wortwechsel am Rande einer Senatsversammlung erstaunt die Schroffheit des Tons. Auf die Drohung, er werde „auf den Köpfen aller" herumtanzen, soll jemand erwidert haben, „das werde einer Frau nicht leichtfallen" – eine der üblichen derben Anspielungen auf Caesars allgemein bekannte Bisexualität. „Auch in Syrien hätte eine Semiramis geherrscht, und die Amazonen hätten einst einen großen Teil Asiens besessen",[8] soll Caesar lachend zurückgegeben haben. Der scharfe und unverblümte Ton dieses Satzes macht die unerhörte und überzogene Härte einer Bemerkung wie *ex eo insultaturum omnium capitibus*, gesprochen von einem zu Provokationen aufgelegten Caesar, durchaus glaubwürdig. Eine im übrigen keineswegs unrealistische Einschätzung dessen, was dieses lange und umfassende militärische Kommando für Caesars Machtzuwachs *in Rom* bedeutete.

2. Er hatte „erreicht, was er erreichen wollte". Durchaus denkbar, daß Caesar dies tatsächlich gesagt hat. Daß er sich Gallien hatte übertragen lassen, war wohlüberlegt und entsprach einem genauen Kalkül. Darüber hinaus konnte er in Gallien an die großen Siege des Gaius Marius gegen die keltischen und germanischen Völker anknüpfen – Siege, die im Volksbewußtsein fest verankert und unauslöschlich eingeprägt waren. Da sich Caesar der Woge großer, zustimmen-

der Emotionen sicher sein konnte, hatte er als Prätor die Trophäen
zur Erinnerung an jene großartigen Siege[9] wiederaufstellen lassen, die
vierzig Jahre zuvor von dem unumstrittenen „popularen" Führer er-
kämpft worden waren. Mit diesem großen Mann war Caesar zudem
verwandt – und er war stolz auf diese verpflichtende Beziehung, die
er nie vergaß. Er wollte als der neue Marius wahrgenommen werden
und dort, wo Marius unangefochtene Größe gezeigt hatte, in dessen
Fußstapfen treten. Bemüht um eine Wiederannäherung an Caesar,
wird Cicero, aus der Verbannung zurückgekehrt und nicht sehr
glücklich über die Fortdauer der Herrschaft des Dreibunds, die gallischen Feldzüge von Marius und Caesar einander gegenüberstellen
(wobei Caesar besser abschneidet!), und zwar in der Rede *Über die
konsularischen Provinzen*, die nach der Erneuerung des Triumvirats-
abkommens im Jahr 56 in Lucca entstand. In dieser Rede setzt sich
Cicero für die Verlängerung von Caesars militärischem Kommando
in Gallien ein – gegen die *factio*, die dieses Kommando beenden
möchte.[10] „Der Krieg *gegen* die Gallier, versammelte Väter, ist erst
unter dem Kommando Caesars ernsthaft geführt", sagt Cicero jetzt.
„Zuvor ist er lediglich hingehalten worden. Unsere Feldherren haben
nämlich die dort beheimateten Völker stets nur in die Schranken
weisen, nicht aber herausfordern zu müssen geglaubt. Selbst der
große Gaius Marius, dessen göttliche, unvergleichliche Fähigkeiten
den schweren Unglücksfällen und Verlusten des römischen Volkes
Einhalt geboten, hat nur die nach Italien strömenden Truppenmassen
der Gallier zurückgeschlagen, er ist nicht selbst bis zu ihren Städten
und Wohnsitzen vorgedrungen".[11] Hier spricht Cicero mit Sicherheit
das aus, was Caesar von ihm erwartete. Der Vergleich Caesars mit
Marius aus Ciceros Mund ist um so schmeichelhafter, wenn man
Ciceros große Verehrung für den Sieger über Kimbern und Teutonen
kennt, der wie er aus Arpinum stammte – eine Verehrung, aus der
er trotz seiner Meinungsverschiedenheit gegenüber dem Parteiführer
Marius keinen Hehl machte und die unter anderem in dem Gedicht
Marius zum Ausdruck kommt. Gallien diente also in erster Linie der
geschickten und effektvollen Imagepflege Caesars, der Selbstdarstellung als ein „besserer" Marius, der dem *ganzen* „römischen Volk"
gehört.

Es gibt allerdings noch einen tieferen Grund für Caesars Option
für Gallien: seine Bindung an Transpadanien, die nicht unterbewertet
werden darf. Auf der Rückreise von seinem ersten Aufenthalt in
Spanien als Quästor des Antistius Vetus hatte sich Caesar für die

transpadanischen Kolonien latinischen Rechts eingesetzt, die sich um den Erwerb des Bürgerrechts bemühten.[12] Mit den Transpadanern, so hieß es, habe er für die geheimnisvolle erste Verschwörung Pläne geschmiedet.[13] Die Verteidigung der Interessen Transpadaniens war auch ein entscheidender Aspekt, als Caesar Gaius Piso wegen Erpressung im Amt als Statthalter in dieser Provinz angegriffen hatte.[14] Und im Jahr 49, zu Beginn des Bürgerkriegs, als er seine erste Diktatur unter Dach und Fach hatte, war eine seiner ersten Maßnahmen die Ausdehnung des römischen Bürgerrechts auf die Transpadaner.[15] Beim Aufbau von besonderen, wenn nicht gar „Klientel"-Beziehungen zu bestimmten Provinzen hatte Caesar schon lange ein Auge auf Gallia Cisalpina geworfen. Schließlich wuchs der Einfluß eines Politikers in Rom nicht zuletzt aufgrund der Klientelbeziehungen, über die er in den Provinzen verfügte.

Und schließlich hatte Caesars Entscheidung auch langfristige politische Folgen. Durch einen so lang andauernden,[16] großen Eroberungs- und Kolonisierungsfeldzug mit einem riesigen Heer – einer im übrigen dem Ausmaß des Feldzugs entsprechenden Anzahl von Legionen – konnte er seine begrenzte, traditionelle „städtische" Machtbasis allmählich durch eine beeindruckende militärische „Basis" ersetzen: ein zunehmend wichtigerer politischer Faktor, der in den Entscheidungen der Machthaber eine maßgebliche Rolle spielte. Dies hatte Caesar selbst erfahren, als er sich als Konsul für die dringend gebotene Gratifikation von Pompeius' Legionen hatte einsetzen müssen. Mit dem langen Militärkommando in Gallien beginnt somit *eine neue Phase in der politischen Biographie* Caesars, deren bedeutendster Umstand *der schrittweise Aufbau einer neuen politischen Basis* ist, auch wenn es deshalb nicht zum Bruch mit dem popularen Hinterland in Rom kommt. Denn in Rom, wo Clodius sein mehr oder weniger zerstörerisches Werk fortsetzt, sitzen Caesars Männer, und das Triumvirat funktioniert weiterhin, wenn auch unter riskanteren Umständen.

Eine Zäsur jedenfalls ist gesetzt, und Plutarch trägt dieser Tatsache auch formal Rechnung: in einem Kapitel seiner *Caesar*-Biographie, das als erzählerischer Schlußpunkt zwischen dem ganz auf den skrupellosen und demagogischen Parteiführer konzentrierten ersten Teil[17] und dem zweiten Teil[18] fungiert, der von den großen Eroberungen handelt – mit allen Licht- und Schattenseiten, die Plutarch keineswegs verschweigt. Die beiden Phasen in Caesars Leben sind ganz klar getrennt, und Plutarch ist sich der mit dem Kommando in Gallien markierten Wegscheide sehr wohl bewußt: „So ungefähr spielte sich Caesars Leben vor den Kämpfen in Gallien ab. *Nun aber war es, als ob er in Leben und Wirken einen ganz neuen Weg beschritte.* Die Kriege, welche er von dieser Zeit an führte, die Feldzüge, in denen er das Land der Kelten unterwarf, machten es klar, daß er als Krieger und Feldherr den gepriesensten und größten Heerführern ebenbürtig war."[19] Dieses neue Leben stellt Plutarch ausdrücklich in Zusammenhang mit Caesars nunmehr zentraler Beziehung zu seinen Legionen. Das hat Plutarch ganz richtig gesehen. Mit dem Gallienfeldzug verändert sich alles, auch (und dies ist das Allerwichtigste) der soziale Bezugspunkt von Caesars politischem Handeln: An die Stelle der *plebs urbana* tritt die breite militärische Basis.[20]

Sehr zu Recht also schildert Plutarch ausführlich die Hingabe und das Vertrauensverhältnis, das zwischen Caesar und der Masse seiner Soldaten, besonders den Veteranen, herrschte.[21] Diese breite Darstellung Plutarchs wird von dem Bewußtsein bestimmt, das wichtigste Element von Caesars militärischen Unternehmungen in Gallien sei der Aufbau einer neuen „Basis" für sein politisch-militärisches Handeln. Über die Schilderungen Caesars in seinen *commentarii* hinaus existierte hierzu eine umfangreiche Literatur. Darauf deuten auch die zahlreichen Anekdoten Plutarchs hin, die die ausgezeichnete und stabile, von Verehrung und Vertrauen geprägte Beziehung zwischen Caesar und seinen Legionären belegen sollen. „Den Soldaten schätzte er weder nach seinen Lebensgewohnheiten noch nach seinem Besitz", schreibt Sueton, „sondern lediglich nach seinen Kräften ein *(tantum a viribus)* und behandelte ihn gleichermaßen streng wie nachsichtig".[22] „Solchen Mut und Ehrgeiz", kommentiert Plutarch, nachdem er zahlreiche Beispiele für die treue Ergebenheit der Truppen angeführt hat, „weckte und nährte Caesar selber durch seine Freigebigkeit in Belohnungen und Beförderungen. Er bewies damit, daß er die Reichtümer, welche der Krieg ihm zuwarf, nicht an sich raffte, um selber in Üppigkeit und Luxus zu schwelgen, sondern daß er sie in treue Obhut nahm als allen gehörigen Lohn für tapfere Taten[23] und für sich nur das Recht beanspruchte, sie an verdiente Soldaten verteilen zu dürfen".[24]

3. Die Legende von Caesars *Führungsstil* als Militärkommandant (und nicht mehr nur als Parteiführer in Rom) hat sich im Zuge der Überlieferung zunehmend konsolidiert. Sie basiert wahrscheinlich auf Episoden, die nicht frei erfunden sind, und umfaßt Caesars körperliche Ausdauer ebenso wie sein Kameradschaftsgefühl und seine Fä-

higkeit, sich in die harten Bedingungen des militärischen Alltags zu
fügen. Ein verfeinerter und hochgebildeter Adeliger wie er, der die
Annehmlichkeiten eines privilegierten Lebens durchaus zu schätzen
wußte, unterwirft sich mit Leichtigkeit und Zähigkeit der härtesten
und gefährlichsten Disziplin: karge Kost bzw., wie Plutarch schreibt,
„Anspruchslosigkeit im Essen",[25] wenig Schlaf unter unbequemen
Bedingungen wie etwa während der Fahrt im Karren, eine unglaub-
liche Reisegeschwindigkeit in Anbetracht der damaligen Verkehrs-
mittel (berühmt ist Caesars Reise von Rom an die Rhône innerhalb
von acht Tagen),[26] gleichzeitig Scharfsinn und Kreativität auch unter
den widrigsten äußeren Umständen: So diktierte er beim Reiten mehreren Schreibern gleichzeitig.[27]

Eine weitere Legende ist Caesars Verhalten im Krieg: eine geglückte
Mischung aus Vorsicht und Kühnheit. „Niemals führte er ein Heer
auf für Hinterhalte geeigneten Wegen, ohne vorher das Gelände genau
erkundet zu haben. Nach Britannien setzte er erst über, nachdem er
zuvor in eigener Person Häfen, Überfahrtsmöglichkeiten und den Zugang zur Insel erforscht hatte".[28] Er verkleidet sich wagemutig, um
die feindlichen Linien zu überwinden: „Und doch ist derselbe Mann,
als ihm die Umschließung eines Lagers in Germanien gemeldet wurde,
in gallischer Kleidung durch die Wachposten der Feinde zu den Seinen
hindurchgeschlüpft".[29] „Schlachten begann er nicht nur nach vorge-
faßtem Plan, sondern auch auf Grund günstiger Gelegenheiten, oft
gleich vom Marsche aus, bisweilen bei abscheulichem Wetter, wo man
am allerwenigsten erwartet hätte, daß er vorrücken werde".[30] „Eine
ins Wanken geratene Schlachtreihe hat er oftmals alleine wieder zum
Stehen gebracht, indem er den Fliehenden entgegentrat, einzelne zu-
rückhielt, sie am Hals packte und zum Feind hin drehte". In einem
solchen Schlachtengetümmel, Seite an Seite mit seinen Leuten, bedrohte ihn einmal ein Adlerträger mit dem unteren Ende des Feldzeichens,
ein anderer ließ sein Feldzeichen in Caesars Hand zurück.[31]

Dies sind Szenen, die an Tolstoi erinnern,[32] insbesondere weil in
ihnen das „Improvisierte" besonders hervorgekehrt wird. Caesar bereitete Kriegspläne nicht von langer Hand vor, vielmehr dachte und
handelte er nach Gelegenheit. An Tolstoi erinnert auch die Indivi-
dualisierung der Schlachtenszenen und die körperliche *Nähe* des
Heerführers zu den kämpfenden Soldaten. In diesem Punkt widerspricht Caesars Praxis der Kriegsführung Napoleons Auffassung von
den Kriegen Caesars: „Die Generäle der antiken Streitkräfte waren
weniger fachkundig als die der modernen Armeen".[33]

Von der Nähe zu seinen Männern erzählt Caesar selbst im zweiten Kommentarium zum *Gallischen Krieg*: ein kritischer Augenblick in der Nervierschlacht an der Sambre. Die Schlacht scheint auf die Niederlage zuzusteuern. Die Soldaten der zwölften Legion, deren Zenturionen größtenteils gefallen waren und die nach dem Tod des Bannerträgers auch keine Feldzeichen mehr hatten, mußten sich des Ansturms der Nervier erwehren. Als Caesar die Gefahr bemerkte, „entriß er einem Mann des letzten Gliedes den Schild – er selbst war ohne Schild gekommen –, stürmte in die erste Reihe vor, feuerte die Centurionen, sie einzeln namentlich ansprechend, an, ermutigte die übrigen und gab den Befehl, zum Sturm vorzugehen und die Manipeln aufzulockern, um leichter mit dem Schwerte kämpfen zu können".[34] In diesem dramatischen Augenblick, kommentiert Marchesi, zeigt Caesar so etwas wie persönliche Zuwendung, er erteilt seinen Soldaten den Befehl zum Angriff – und das Heer sammelt seine Kampfeskraft.[35] Hier tritt kein Demiurg auf den Plan, es herrscht vielmehr eine solch intime Nähe des Heerführers zu den kämpfenden Soldaten, daß man unwillkürlich an Tolstois berühmte Äußerung über die Rolle der Personen denkt, „die auf dem sichtbarsten Platz bei den Ereignissen stehen", die Helden der Weltgeschichte: „Man braucht nur in das Wesen des geschichtlichen Ereignisses einzudringen, das heißt in die Tätigkeit der gesamten Masse der Menschen, die an den betreffenden Ereignissen teilgenommen haben, um überzeugt zu sein, daß der Wille eines Helden der Weltgeschichte nicht etwa die Handlungen der Massen lenkt, sondern selbst von ihnen geleitet wird".[36]

4. Obwohl fernab vom Zentrum der Macht und mitten in einem Krieg, der immer weiter um sich greift und immer verwickelter wird, vernachlässigt Caesar keineswegs die „römische" Politik. Ganz im Gegenteil. Wenn man die gezielte Option für Gallien[37] und das sich daraus ergebende immer stärkere kriegerische Engagement Caesars als lange Vorbereitung auf eine Abrechnung mit Rom betrachtet, versteht man um so mehr, daß Caesar die politische Front unablässig pflegte: durch seine Vertrauensleute (allen voran Oppius und Balbus; nicht Clodius) und mit einem so entscheidenden Schritt wie der Konferenz in Lucca (56 v. Chr.), wo der Dreibund erneuert und aktualisiert wurde. In dem Augenblick, als Caesar in seine Provinz aufbrach, so Sueton, legte er „zur Sicherheit für die Zukunft großen Wert darauf, sich die jährlichen Beamten verpflichtet zu machen und von

den Bewerbern keinen anderen zu unterstützen und in ein Amt gelangen zu lassen als diejenigen, die ihm zugesagt hatten, seine fort-
gesetzte Abwesenheit zu verteidigen. Und er hatte keine Bedenken,
über diese Vereinbarung von einigen einen Eid oder sogar ein Schriftstück zu fordern".[38]

Sein alles entscheidender und bedeutsamster Schachzug jedoch
blieb das Treffen in Lucca. Obwohl es bei Zeitgenossen und Historikern in Verruf steht, sicherte es den inneren Frieden für weitere fünf
Jahre. Dies ist erneut Caesars Geschick zuzuschreiben, dauerhafte,
allen Beteiligten genehme Kompromißlösungen vorzuschlagen. Die
politische Szene in Rom wurde vom unentwegten Kampf des Clodius
und seiner organisierten Banden gegen Pompeius beherrscht. Der Anlaß der Agitation war äußerst ernst; er betraf die unzureichende Ge-
treideversorgung. Rasch machte der agitatorische Slogan von „Pompeius, der das Volk hungern läßt" die Runde – und die entsprechend
abgewandelten Slogans zugunsten des Crassus. Eine Chronologie dieser zermürbenden Agitation enthält ein bedeutsamer Brief Ciceros an
seinen Bruder von Mitte Februar 56. Allerdings trägt sich Cicero in
diesem Augenblick selber mit dem Gedanken, in die große Politik
einzutreten und Pompeius und Caesar zu entzweien – unter anderem,
indem er die wiederaufkeimende Feindschaft des Crassus und die
ständige Agitation der Straße gegen Pompeius ausnutzt, den Clodius'
Anhänger in demagogischer Absicht für den Getreidemangel verantwortlich machten. Sogar die Frage nach der Rechtmäßigkeit der Gesetzgebung Caesars zum *ager Campanus* (Land in Kampanien) wurde wieder aufgeworfen – mit spitzfindigen Unterscheidungen, die
Pompeius beruhigen sollten, der letztlich der Hauptnutznießer dieser
Gesetzgebung war. Zum schwersten Schlag holte allerdings Caesars
Erzfeind Lucius Domitius Ahenobarbus aus. Domitius bewarb sich
um den Konsulat des Jahres 55 und versprach, Caesar alle seine
Provinzen wegzunehmen, womöglich noch vor dem gesetzlichen Ablauf der Fünfjahresfrist. Jeder wußte, der Krieg in Gallien war auf
dem Höhepunkt. Eine Unterbrechung des außerordentlichen Kommandos Caesars konnte nicht nur das Scheitern dieser blutigen
Schlacht bedeuten, in die Caesar seine ganze Zukunft setzte, sondern
auch die vollständige Vernichtung Caesars nach seiner Rückkehr
nach Rom als Privatmann.

Aber Caesar befand sich geographisch gesehen gar nicht so weit
weg. Wie gewöhnlich verbrachte er den Winter in Gallia Cisalpina
(Oberitalien), vor den Toren Roms. Und im April 56 hielt er sich in

Ravenna auf, nur wenige Tagesreisen von Rom entfernt. Zu diesem
Zeitpunkt waren Pompeius und Crassus in Schwierigkeiten – der
rechte Augenblick, ihnen günstige Vorschläge zur Erneuerung des
Bündnisses zu machen. Schließlich verfügte Caesar zu diesem Zeitpunkt als einziger über ein Heer. Er lud Crassus zu einem Treffen in
Ravenna ein. Pompeius zögerte, brach in die Toskana auf und ließ
Caesar wissen, daß er sich von Pisa aus nach Sardinien einschiffe,
um dort Getreide einzukaufen. Zusammen mit Crassus reiste ihm
Caesar entgegen, überquerte den Apennin und konnte auf diese Weise Pompeius in Lucca treffen, ohne daß dieser seine Reiseroute ändern mußte. Eine Schar zweit- und drittrangiger Politiker begleitete
die drei „Großen": mindestens 120 Senatoren, die sich von der unheilvollen Wiederbelebung der *factio* distanzieren wollten. Sie nahmen zwar nicht an der Begegnung teil, die im geheimen stattfand,
bekamen deren Folgen jedoch bald zu spüren: Mit Unterstützung von
Legionären, die kurzfristig wieder Bürger geworden waren, traten
Pompeius und Crassus in den Wahlkampf um den Konsulat des darauffolgenden Jahres. Die hochfliegenden Hoffnungen auf einen
Wahlsieg, die sich Domitius Ahenobarbus gemacht hatte, zerstoben.
Der neue gemeinsame Konsulat von Pompeius und Crassus, die im
Jahr 70 schon einmal gemeinsam Konsuln gewesen waren und die
sullanische Verfassung abgeschafft hatten, brachte auch militärisch
etwas ein. Pompeius wurde Statthalter der Provinz Spanien, Crassus
Statthalter der Provinz Syrien – mit blendenden militärischen Perspektiven, beispielsweise einem großen Feldzug gegen die Parther;
Caesars Kommando in Gallien wurde um weitere fünf Jahre verlängert. Knapp und trocken schrieb Pompeius an Cicero, er solle die
Revision der Ackergesetze nicht mehr weiter verfolgen. Cicero fügte
sich. Caesar kehrte in seine Provinz zurück. Er hatte nicht die Absicht, die beiden anderen von der Macht zu verdrängen. Nach wie
vor betrachtete er die Machtteilung mit ihnen im „Protektorat" der
Republik als die einzig praktikable Lösung. Persönlicher Machter-
werb stand weder auf der Tagesordnung noch zeichnete er sich am
Horizont ab. Erneut ging es einzig und allein um die feste Kontrolle
der in Gallien kämpfenden Legionen und um die Perspektive eines
langen Provinzkommandos vor den Toren Roms.

XIV
Die Eroberung Galliens (58–51 v. Chr.)

1. Als Caesar im Frühjahr 58 nach Gallien aufbrach, hatte er ein genaues Bild von den Bewegungen der Völker und ihren Spannungen, insbesondere vom politischen Druck der Germanen auf Gallien. Er hatte eine langfristige Strategie erarbeitet, bei der er sich auch auf aktuelle ethnographische Erkenntnisse stützen konnte, und er selbst trug mit seinen *commentarii* zur Erweiterung dieser Kenntnisse bei – ein Beispiel, und beileibe nicht das einzige für das glückliche Zusammenspiel von Wissenschaft und Eroberungswillen.

Wie gefährlich zu diesem Zeitpunkt die Lage in Gallien für die angrenzenden römischen Provinzen tatsächlich war, läßt sich nicht mit Sicherheit beurteilen. Denn wir kennen nur Caesars Version der Ereignisse, festgehalten in seinem geschickt aufgebauten und genau abgewogenen Werk, den *commentarii* zum Gallischen Krieg. Durch die Erinnerung an die Invasion der Kimbern war die germanische Bedrohung im Bewußtsein vieler präsent: Die Zustimmung, die Caesars Feldzüge in weiten Teilen der Öffentlichkeit fanden, erklärt sich aus der Furcht, Horden germanischer Krieger könnten in Gallia Cisalpina oder in Italien einfallen. Varro Atacinus *(Bellum Sequanicum)* und Catull (elftes Gedicht) besangen Caesars Unternehmungen in Versen. Auch Cicero, dessen Bruder Quintus nach der Konferenz in Lucca Caesars Legat in Gallien war, stimmte in diesen Chor ein.

2. Der Gallienfeldzug fand auf zwei Ebenen statt – auf einer emphatisch-rhetorischen, die Caesars bisweilen zweifelhafte Erfolge schönreden half, und auf der realen Ebene eines erbitterten Krieges, dessen Ausgang ungewiß war und der durch den starken Autonomiewillen der keltischen Stämme immer wieder gefährdet war. Die Reaktionen, die Caesar mit seinen geschickt aufgemachten Berichten angesichts einer tatsächlich zweischneidigen politisch-militärischen Situation in Rom hervorrief, zeigen das Doppelbödige der Situation in aller Deutlichkeit (vor allem in den ersten beiden Jahren 58 und 57). Zu Recht sprach man im Hinblick auf die beiden ersten Kriegsjahre davon, „Gallien sei erobert worden, ohne wirklich erobert zu sein".[1] Auch

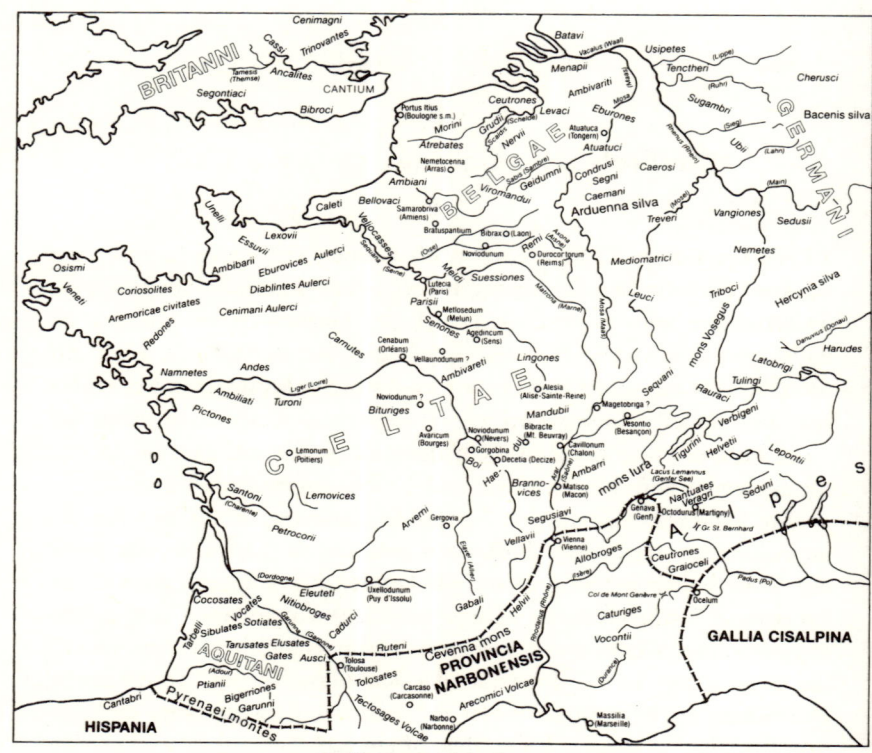

Gallien zur Zeit Caesars
© Patmos Verlag GmbH & Co. KG/Artemis & Winkler Verlag,
Düsseldorf & Zürich, 2/1999.

nach der klaren Niederwerfung der Belger stand der Anschluß an die römische Provinz nicht auf der Tagesordnung. Vorerst ging es lediglich um „eine indirekte und stillschweigende Schutzherrschaft", die mit Hilfe jener Stämme ausgeübt wurde, die einen solchen Schutz erbeten hatten und deren Beispiel auch andere Völker („in Anbetracht der Militärmacht, die hinter einer solchen Schutzherrschaft stand und deren Grundlage bildete")[2] mehr oder weniger freiwillig folgten.

Ganz anders ging man in Rom mit dieser komplizierten Realität um. Unmittelbar nach der Niederwerfung der Belger (57 v. Chr.) wurde dem Sieger auf Grundlage seiner offiziellen schriftlichen Berichte eine fünfzehntägige *supplicatio* (ein Dankfest) bewilligt, „eine Ehrung, die bis dahin noch niemand erfahren hatte".[3] Vielleicht kann man tatsächlich in den ersten beiden Kommentarien zum Gallischen Krieg (in der Form, in der sie uns heute überliefert sind) eine brillante und zeitlich genau terminierte literarisch-propagandistische Aufbereitung jener effektvollen Depeschen[4] sehen, die die Stadt und den Senat von der Großartigkeit der angepeilten Ziele überzeugen sollten.

Damit der Senat Caesar immer unverhältnismäßigere *supplicationes* bewilligte, mußten seine Männer in Rom in Aktion treten, und darüber hinaus mußte sich Caesar ein dauerhaft gutes Verhältnis zu Pompeius bewahren.[5] Freilich waren nicht alle bereit, sich auf diese Propaganda einzulassen. In einem Brief des Marcus Caelius[6] vom Mai/Juni 51 – als bereits ganz Gallien befriedet und unter Kontrolle gebracht worden war! – heißt es: „Was Caesar angeht, so treffen viele, wenig schöne *(non belli)* Gerüchte *(rumores)* über ihn hier ein [über Meutereien und Mißerfolge etwa]". Und weiter: „Aber bis jetzt weiß man nichts Sicheres, und auch dies Unsichere wird doch nicht allgemein herumerzählt; nur unter den wenigen – Du weißt, wen ich meine – spricht man öffentlich und heimlich davon".[7] Dieser Ton im Juni 51 mag überraschen. Er läßt darauf schließen, daß die Manipulationsmechanismen, mit deren Hilfe Caesar seine Unternehmung propagierte und in ein bestimmtes Licht zu rücken strebte, in kleinen, aber gut informierten Kreisen durchaus auf Ablehnung stießen.

3. Als Caesar in der Region eintraf, hatte ein Großteil der gallischen Stämme die monarchische Staatsform abgeschafft und an deren Stelle eine aristokratische Herrschaft gesetzt. Bei den Sequanern und Häduern hatte diese „Revolution" bereits eine Generation vorher stattgefunden. Was Caesar gleich zu Beginn der *commentarii*[8] über die

vom Helvetier Orgetorix beeinflußten Versuche berichtet, die monarchische Herrschaft bei den Sequanern und Häduern wiederherzustellen, läßt darauf schließen, daß zumindest bei diesen beiden Völkern die Monarchie nicht mehr die aktuelle Staatsform war. Könige
gab es jedoch noch bei den vom römischen Machtbereich weiter
entfernten Bevölkerungen: in Aquitanien, in Britannien und im nördlichen Gallien. Besonders in Britannien ist die Monarchie erst relativ
spät der aristokratischen Herrschaft gewichen, im Zeitraum zwischen Caesars Berichten und Tacitus' Schrift *Agricola*.[9] Auch jenseits
des Rheins setzte sich diese Tendenz zur Abschaffung der Monarchie
unter dem Einfluß gallischer Stämme auf die benachbarten Germanen zunehmend durch.[10] Hatte sich die Vorherrschaft der Aristokratie erst einmal durchgesetzt, galt das Streben einzelner nach monarchischer Herrschaft als Hochverrat und wurde mit dem Tod bestraft.
Doch auch dort, wo sie sich noch erhalten hatte, war die Monarchie
deutlich geschwächt. So schrieb Caesar über die Eburonen, bei diesem Stamm hätte die Volksversammlung ebensoviel Gewicht wie der
Herrscher.[11] Und Dion Chrysostomos (40–112 n. Chr.), eine bedeutende Quelle aus flavischer Zeit, wirft durch sein Zeugnis ein Licht
auf die Beschränkung der monarchischen Macht bei den Kelten
durch die Priesterkaste. Die keltischen Herrscher, so Dion, könnten
nichts unternehmen und entscheiden, bevor sie nicht die Druiden
befragt hätten. Daher seien die Monarchen weniger Regierungs- als
vielmehr „Exekutivorgane".[12]

Zu Recht stellt sich die Frage nach der Ursache für diese Entwicklung in Richtung einer aristokratisch-gemeinschaftlichen Machtausübung im keltischen Raum. Nicht ausgeschlossen ist der Einfluß politischer Herrschaftsformen Roms, der größten Macht, mit der die
Kelten in Beziehung standen. Entscheidender ist aber wohl ein anderes und allgemeineres Phänomen, das das soziale Gleichgewicht innerhalb dieser Gemeinschaften betrifft. Es bildete sich eine wirt-
schaftlich starke und unternehmerisch aktive Schicht heraus, die im
Verlauf mehrerer Jahrzehnte zum Wachstum urbaner Zentren beitrug. Diese Entwicklung fiel mit dem Niedergang der Monarchie
zusammen und begünstigte Herrschaftsformen, in denen die Mittel-
und Oberschicht der Gemeinschaft größeres Gewicht hatte.[13]

Auf die Gefahr einer Verallgemeinerung hin könnte man hinzufü-
gen, daß dieser Prozeß des Wandels und der sozialen Differenzierung
die römische Einflußnahme womöglich erleichtert hat. Wie aus seiner
brillanten Schilderung hervorgeht, setzte Caesar stets auf Spaltung

inner- und außerhalb der gallischen Gemeinschaften und suchte nach
Übereinkünften, die er sich mit großem Geschick zunutze machte.
(Das überrascht nicht: Als die Römer Gallien eroberten, hatten sie
fast zwei Jahrhunderte lang Erfahrungen als Eroberer gesammelt.)
Solche Übereinkünfte erreichte er unter Ausnutzung von Zwistigkeiten und dank einer raffinierten Politik unterschiedlicher Zugeständnisse. Bei den Aristokratien, die in der möglichen *Eingliederung* Vorteile sahen, stieß er auf größere Aufgeschlossenheit, bei der Bevölke-
rungsmasse, die von den Eroberern ausgebeutet und geplündert
wurde, eher auf Feindseligkeit und bei den Herrschern und Anführern – bei Ambiorix ebenso wie bei Vercingetorix und Commius, um
die traditionellen „Feinde Roms" zu nennen – auf offenen Widerstand. Indem Caesar die wirtschaftlichen und sozialen Gegebenheiten
seiner Gegner eingehend studierte, siegte er in dem schwierigsten und
aufwendigsten Kolonialkrieg in der Geschichte Roms.

4. Den Auftakt zum militärischen Eingreifen gaben die Helvetier, die
Druck auszuüben begannen. Eingezwängt in die engen Grenzen ihres
Siedlungsgebietes und der Konflikte mit den angrenzenden germani-
schen Bevölkerungen überdrüssig, brachen sie auf, um ins westliche
Gallien weiterzuwandern. Caesar spricht von 368 000 Auswanderern,
davon 92 000 Waffenfähigen.[14] Dieses bis in alle Einzelheiten geplante
Unternehmen, das jede Möglichkeit einer Sinnesänderung oder einer
Rückkehr ausschloß, konnte eine gefährliche Situation heraufbe-
schwören und zur Entstehung einer starken Militärmacht an den
Grenzen der römischen Provinz führen. Im übrigen war es vorhersehbar, daß sich die Helvetier bei ihrem Zug nach Westen mit den
siegreichen gallischen Fraktionen verbünden und diese noch weiter
stärken würden. Nachdem Caesar die Rhône-Übergänge gesperrt
und befestigt hatte, um die Helvetier am Übersetzen zu hindern,
verlagerten sie den Druck weiter nach Norden auf das Territorium
der Häduer.

Unter dem Vorwand, das Gebiet der Häduer zu schützen, die seinerzeit zu „Bundesgenossen und Freunden des römischen Volkes"
erklärt worden waren, griff Caesar im Sommer 58 in das Geschehen
ein, wehrte die Helvetier bei Bibracte (Autun) ab und zwang die
Reste des besiegten Heeres, in ihr Ausgangsgebiet zurückzukehren.
Vom militärischen Standpunkt aus war dies ein bedeutender Sieg. In
einer einzigen Schlacht war die Militärmacht eines ganzen Volkes
zerschlagen worden, noch dazu eines so kriegerischen Volkes wie der

Helvetier, auf die die Verfechter der Einheit und Unabhängigkeit Galliens hoffnungsvoll geblickt hatten. Doch es war ein zwiespältiger Sieg. Die antirömische Faktion der Häduer, die mit ihrer Reiterei ohne große Begeisterung am Feldzug teilgenommen hatte, stand schon für andere Bündnisse bereit. Daher waren die den überlebenden Helvetiern[15] auferlegten Bedingungen verhältnismäßig moderat. Ein Teil von ihnen wurde in einem weiträumigen Gebiet angesiedelt, das die Häduer abtraten. Ein von Weitsicht bestimmter Grund für dieses moderate Vorgehen war strategischer Art: Es sollte vermieden werden, daß mit dem Zusammenbruch der Helvetier ein Vakuum entstand, das die Germanen füllen konnten.

An dem Kampf um die Vormacht in Gallien – mit den Häduern auf der einen und den Arvernern und Sequanern auf der anderen Seite – waren die Germanen mit Geschick und Entschlossenheit beteiligt, nachdem die Sequaner sie um Hilfe gebeten hatten. Der Germanenkönig Ariovist hatte die Häduer niedergeworfen, Geiseln gefordert und ein Drittel des Territoriums der Sequaner an sich gerissen. Als die Sequaner die anderen Gallier (auch die Häduer) um Hilfe baten, erzielte Ariovist in einer Feldschlacht einen glänzenden Sieg. Dadurch festigte er seine Herrschaft über die Sequaner und begünstigte den weiteren Zustrom germanischer Bevölkerungsgruppen in deren Territorium. Angesichts dieser fortschreitenden Ausdehnung der germanischen Vorherrschaft in linksrheinisches Gebiet entschloß sich Caesar zum erbitterten Gegenschlag. „Der Krieg mit Ariovist", schreibt Camille Jullian, „war eine natürliche Folge der Unterwerfung der Helvetier".[16]

Zunächst erinnerte Caesar Ariovist an jene Bedingungen, die für die Aufrechterhaltung seines Status als Bundesgenossen unerläßlich waren – Respektierung des Territoriums Galliens, Beendigung der Wanderung germanischer Völkerschaften in linksrheinisches Gebiet, Rückgabe der Geiseln an die Häduer. Ariovist reagierte schroff: Als Verbündeter wollte er auf gleicher Stufe mit Caesar verhandeln, nicht als bloßer Befehlsempfänger. Caesars Antwort war der bewaffnete Angriff. Er wußte gut, daß er sich Ariovist vom Halse schaffen mußte, um Gallien fest in der Hand zu haben. Er drang in das Territorium der Sequaner bis nach Vesontio (Besançon) vor und führte, ohne sich Illusionen zu machen, letzte, aber vergebliche Verhandlungen mit Ariovist. Dann trat er ihm in einer Schlacht im heutigen oberen Elsaß (Mülhausen) entgegen und drängte ihn über den Rhein zurück (September 58).

Nach diesem Erfolg, der für das keltisch-germanische Kräftegleichgewicht rechts und links des Rheins[17] nachhaltige Folgen hatte,
drängte Caesar gezielt auf eine Ausweitung des Konflikts. Mit prokonsularischem *imperium* ausgestattet, rekrutierte er im Winter 58/57
in Gallia Cisalpina zwei neue Legionen und kehrte im Frühjahr 57
mit einem kühnen Plan zurück, der weitreichende politische Konsequenzen hatte. Er wollte den Konflikt in den Norden des Landes
tragen, indem er die belgischen Stämme, die seit längerem zum Angriff bereit waren, auf ihrem eigenen Territorium angriff; damit traf
er den militärischen Nerv des nördlichen Gallien.[18] Er gewann die
Häduer zur Kooperation, konnte aber die Geschlossenheit der gegnerischen Kampfverbände nicht aufbrechen. In der entscheidenden
Schlacht an der Aisne stellte sich ihm eine Koalition aller belgischen
Stämme (bis auf die Remer) geschlossen entgegen, die er nach einem
heftigen Kampf besiegte.[19] Aber er traf auf den zähen und heroischen
Widerstand der Nervier, der schließlich nach erbittertem Kampf gebrochen wurde (Schlacht an der Sambre).[20]

Im folgenden Jahr verlagerte sich der Konflikt nach Westen, in die
Bretagne, gegen die Aremoriker und die Veneter; unterdessen unterwarf Publius Crassus, Sohn des Triumvirn Crassus und Legat Caesars, die Aquitanier im Südwesten.[21]

5. Doch schon richtete sich der Blick auf die andere Seite des Ärmel-
kanals, nach Britannien, mit dessen Süden die Bevölkerung der Normandie und der Bretagne enge Beziehungen pflegte. Publius Crassus
wurde (im Spätsommer 57) mit einer ersten Erkundung der gegenüberliegenden Küste beauftragt. Die Operationen gegen die Veneter
führte Caesar selbst – eine gänzlich neue militärische Erfahrung. Die
Veneter verfügten über eine starke Flotte, die Römer dagegen besaßen keine Schiffe im Atlantik. Daher mußte im Winter 57/56 an der
Loire (dem Liger) eine völlig neue Flotte aufgebaut werden. Die
Mannschaften wurden aus Seeleuten der Küstenstädte rekrutiert. Die
Veneter hatten sich in ihren Küstenfestungen verschanzt, die unzugänglich auf Halbinseln lagen und vom Land wie vom Meer aus
praktisch uneinnehmbar waren.[22] Erst mit der neuen römischen At-
lantikflotte konnte ein Angriff gewagt werden. Es kam zur Schlacht
in der Bucht von Quiberon (Sinus Veneticus). Die Veneter verfügten
über 220 riesige Schiffe, die mit Eisenbalken konstruiert und mit
gewaltigen Segeln ausgestattet waren. Die römischen Schiffe dagegen
waren leichtere und niedrigere Ruderschiffe. Die große Höhe der

gegnerischen Schiffe erschwerte das Entern und die Treffsicherheit der Speere. Was jedoch den Venetern Kummer machte, war eine glückliche Erfindung der Römer: Die Römer durchschnitten die Taue, mit denen die Segel an den Masten befestigt waren, mittels an langen Stangen befestigten Sicheln (und die Segeln waren es ja, die diesen Giganten des Meeres ihre Beweglichkeit und Schnelligkeit verschafften). Nachdem die Schiffssegel herabgestürzt waren, wurden die ruderlosen venetischen Schiffe für die römischen Triremen eine leichte Beute. Mehrere Schiffe wurden zerstört; der Rest der venetischen Flotte versuchte zu fliehen, kam aber wegen einer plötzlichen Windstille nicht vom Fleck. So konnte Caesar fast die gesamte feindliche Flotte vernichten.

.   Die Auswirkungen dieser denkwürdigen Schlacht gingen über einen Feldzug zur Gewinnung der Oberherrschaft in Gallien weit hinaus. Die Seeherrschaft der Veneter im Golf von Biskaya und im Ärmelkanal war gebrochen, das geopolitische Kräftegleichgewicht in einem weiträumigen Gebiet somit gestört, und die Römer gingen daran, eine Expansion in Richtung Britannien ernsthaft ins Auge zu fassen. Den Besiegten gegenüber legte Caesar eine grausame Strenge an den Tag. Als Vorwand diente ihm eine angebliche „Verletzung internationalen Rechts" (die Gefangennahme römischer Offiziere, die mit Beschlagnahmung beauftragt waren, durch die Veneter). Er ließ den gesamten Senat der Veneter hinrichten und die Bevölkerung massenweise in die Sklaverei verkaufen. Es ist dies eine der düsteren Episoden in einem auch ansonsten düsteren Feldzug. Dennoch war keineswegs das ganze Gebiet unter römischer Kontrolle. Die Moriner zogen sich in die Wälder zurück und gingen zum Guerillakrieg über.

6. Doch eine größere Bedrohung von Caesars vorläufiger Ordnung in den neu eroberten Gebieten kam erneut von der anderen Rheinseite. Von den Sueben vertrieben, setzten die Usipeter und die Tenkterer im Winter 56/55 auf der Höhe von Xanten über den Rhein[23] und vertrieben die Menapier aus ihren angestammten Gebieten am linken Rheinufer unterhalb von Köln. Caesar gibt die Zahl der Invasoren mit 430000 an.[24] Von der Konferenz in Lucca zurückgekehrt, berief er vor dem Angriff gegen die Usipeter und Tenkterer in den neueroberten Gebieten eine Versammlung aller gallischen Führer ein. Er erwirkte die Teilnahme gallischer Truppenkontingente und trat sodann unweit von Xanten zwischen Rhein und Mosel dem Feind entgegen. Die Germanen drängten jedoch weiter auf eine Verhand-

lungslösung; Caesar fehlte nur ein Vorwand, um sie niederzumetzeln. Und mithilfe einer List konnte er sie besiegen. Den Vorwand lieferte ein Angriff usipetischer Reiter auf die mit Caesar verbündete gallische Reiterei. In diesem Kampf starben einige der für Caesar wertvollsten gallischen Kollaborateure.[25] Trotz dieses Zwischenfalls begaben sich die Germanenführer zu dem vorgesehenen Treffen mit Caesar. Er empfing sie zwar zu der Unterredung, ließ sie aber meuchlings ermorden. Dann überfiel er die zersprengten, führerlos gewordenen Gegner und ließ die Bevölkerung niedermetzeln, vom Säugling bis zum Greis.[26]

Als ein unmenschliches Verbrechen wurde dieses Massaker auch in Rom wahrgenommen, wo Cato (aus Gründen der innenpolitischen Auseinandersetzung) die Auslieferung des Prokonsuls Caesar in die Hände des Feindes forderte.[27] Daß Catos Vorschlag vermutlich keine wirklich humanitäre Begründung enthielt, darf nicht dazu verleiten, den Vorstoß von Caesars hartnäckigem Widersacher zu unterschätzen. Seine Forderung zeigt immerhin, daß die Ungeheuerlichkeit des Verbrechens durchaus gesehen wurde. Dessen ungeachtet belohnte der Senat „im imperialistischen Rausch", um mit Carcopino zu sprechen, Caesars Blutbad mit einer großartigen *supplicatio*.[28]

Bemerkenswert, wie gespalten noch heute das Urteil über dieses Gemetzel ist. Scharf urteilt Camille Jullian: „Es war der einfachste von allen Feldzügen Caesars und die niederträchtigste *(lâche)* aller seiner Aktionen".[29] „Dieses planmäßige Massaker", so lesen wir in der *Cambridge Ancient History*, „ist Caesars schändlichste Tat und das schlimmste Beispiel für die Greueltaten, zu denen es bei der Auseinandersetzung zwischen zivilisierten und barbarischen Völkern so häufig kommt".[30] Napoleon erwähnt in seinem *Précis des guerres de César* nicht einmal das Ausmaß des Massakers.[31] Mommsen dagegen macht sich geradezu zum Verteidiger Caesars: „Während darüber verhandelt ward, stieg in dem römischen Feldherrn der Argwohn auf, daß die Deutschen nur Zeit zu gewinnen suchten, bis die von ihnen entsendeten Reiterscharen wiedereingetroffen seien. Ob derselbe gegründet war oder nicht, läßt sich nicht sagen; aber darin bestärkt durch einen Angriff, den trotz des tatsächlichen Waffenstillstandes ein feindlicher Trupp auf seine Vorhut übernahm, und erbittert durch den dabei erlittenen empfindlichen Verlust,[32] glaubte Caesar sich berechtigt, jede völkerrechtliche Rücksicht aus den Augen zu setzen". Dann geht Mommsen auf die Schlacht selbst ein („mehr eine Menschenjagd als eine Schlacht") und meint: „Das Verfahren

Caesars gegen diese deutschen Einwanderer fand im Senat [in Wirklichkeit bei Cato, nicht im Senat] schweren und gerechten Tadel; allein wie wenig auch dasselbe entschuldigt werden kann, *den deutschen Übergriffen war dadurch mit erschreckendem Nachdruck gesteuert".*[33] Von einer geradezu weltentrückten Warte nennt Engels in seinem unvollendeten Aufsatz über die Deutschen als Ursache für den Untergang der Usipeter und Tenkterer die unheilvollen Wanderungen von Völkern: „Die Usipeter und Tenkterer waren mit 180000 Köpfen über den Rhein gegangen; sie kamen fast alle in der Schlacht und auf der Flucht um. Kein Wunder, daß da, während dieser langen Wanderzeit, ganze Volksstämme oft spurlos verschwinden".[34] Wenige Abschnitte zuvor jedoch schreibt er, der Untergang der beiden Völker sei nicht allein auf die militärische Überlegenheit der Römer, sondern auch auf „römischen Vertragsbruch"[35] zurückzuführen.

Anders urteilten die italienischen Nationalisten:

„Caesar erschien es angebracht", schreibt Giulio Giannelli, „diesen Regionen eine heilsame Angst vor der römischen Militärmacht einzuflößen. Caesar richtete sich vor allem gegen die germanischen Stämme der Usipeter und der Tenkterer, die über den Rhein gesetzt hatten und ihre Raubzüge bis ins Territorium der Treverer ausdehnten. Nachdem er diese Horden vernichtet hatte, ließ er eine Brücke über den Fluß schlagen und setzte durch das Land seiner Verbündeten hinüber ans rechte Ufer".[36] Der Ton Giannellis ist abstoßend und überdies der Beleg dafür, daß es in der Geschichtsforschung für historische Ereignisse niemals eine „definitive" Bewertung gibt. Die Geschichtsschreibung scheidet die Geister, und die ständige Revision ist ihre Waffe.

7. Im Sommer 55 eröffnete Caesar in Britannien eine neue Front. Die Jahreszeit war schon zu weit vorgerückt, um noch eine großangelegte Expedition zu unternehmen und dabei die von Publius Crassus durchgeführten Erkundungen erschöpfend zu nutzen. Es war nur ein erster Versuch. „Kein militärisches oder politisches Interesse", schrieben noch im vorigen Jahrhundert von Patriotismus beflügelte britische Historiker, „rechtfertigt diesen Versuch des Römischen Reiches, seine Macht über die natürlichen Grenzen hinaus zu erweitern,[37] aber die Besitzgier der Römer übersteigerte die Vorstellung von den Schätzen der unbekannten Insel. Eine siegreiche Expedition nach Britannien wäre ein spektakulärer Erfolg gewesen, der die Phantasie von Caesars Zeitgenossen unendlich mehr beflügelt hätte

als seine großartigen Erfolge auf dem Festland".[38] In diesen Worten
spiegelt sich die ältere Einschätzung Edward Gibbons wider, demzufolge die Expedition, wie sie Sueton auf Grundlage seiner caesarkritischen Quelle schildert, im wesentlichen dem sagenhaften Perlen-
reichtum galt.

Sei es aufgrund der fortgeschrittenen Jahreszeit, sei es aufgrund
des Schiffbruchs beim Transport der römischen Reiterei[39] – diese
erste Expedition wurde nur mit geringem Aufwand durchgeführt und
brachte wenig ein. Anfangs unterwarfen sich die Stämme von Kent
den Invasoren. Doch in Anbetracht der beschränkten militärischen
Schlagkraft ihrer Gegner und der sichtlichen Schwierigkeiten,[40] in
denen sich Caesar befand – tatsächlich entfernte er sich nie aus dem
Lager, aus Angst, ohne Kavallerie in schwere Gefechte zu geraten –,
schöpften sie Atem und griffen das römische Lager an, wurden aber
empfindlich zurückgeschlagen.[41] Es folgte eine erneute Unterwerfung,
dann zog sich Caesar mehr oder minder erfolglos zurück.[42]

Die zweite Überfahrt erfolgte Anfang Juli 54; die gewaltige Expedition[43] bestand aus fünf Legionen und 2000 gallischen Reitern. Alles
deutete auf einen Triumphzug hin, um so mehr, als die Britannier
untereinander zerstritten waren und von einem gemeinsamen antirömischen Konsens (wie er auf dem Festland sich abzuzeichnen begann) keine Rede sein konnte. Dennoch wurde auch diesmal die
Flotte durch die rauhe Witterung schwer beschädigt; es war ein Fehler gewesen, die Schiffe nicht an Land zu ziehen. In aller Eile mußte
Caesar jetzt an die Küste zurückkehren und Reparaturen ausführen
lassen. Damit ging wertvolle Zeit verloren: Noch knapp zwei Monate, dann war die günstige Jahreszeit zu Ende. Unterdessen schlossen sich die Britannier unter Führung von Cassivellaunus, dem König
der Region nördlich der Themse, gegen die Eindringlinge zusammen.

Die rein militärische Überlegenheit der römischen Invasoren war
unbestreitbar. Selbst die Verwendung von Streitwagen, die in Gallien
nicht mehr üblich war, durch den Feind brachte die keltische, unter
römischer Flagge kämpfende Reiterei nicht in ernste Schwierigkeiten.
Cassivellaunus gelang es zwar nicht, die Römer diesseits der Themse
zu halten,[44] doch er setzte den Kampf von unzugänglichem Gelände
aus fort:[45] eine Zermürbungstaktik, die das Terrain unsicher und ein
weiteres Vorrücken sinnlos machte. Auch hier war es der Verrat eines
Teils der Britannier unter Führung von Mandubracius, der den Konflikt entschied. Cassivellaunus, geschwächt durch die Abtrünnigkeit
und enttäuscht durch einen gescheiterten Angriff auf das römische

Lager, mußte die Bedingungen akzeptieren, die Caesar ihm in großer
Eile auferlegte. Denn Labienus hatte beunruhigende Nachrichten gebracht: Es drohten weitgreifende Aufstände im soeben unterworfenen Gallien. Die Friedensbedingungen sahen Garantien für den unter
dem „Schutz" der Römer[46] stehenden Mandubracius sowie die Zah-
lung eines jährlichen Tributs vor, was wohl von beiden Seiten nicht
besonders ernst genommen wurde. Anfang Herbst segelte Caesar zurück nach Gallien. Mit seinen beiden Invasionen in Britannien, militärisch aufwendigen und wenig ergiebigen Unternehmungen, die
aber in den Berichten, die Caesar in Umlauf brachte, propagandistisch geschickt aufbereitet waren,[47] erzielte Caesar einen Imageer-
folg. In seinem an Furius und Aurelius (die *comites Catulli*) gerichteten Gedicht faßt Catull Caesars große Unternehmung so zusammen: *Caesaris visens monimenta magni / Gallicum Rhenum, horribile
aequor ulti- / mosque Britannos* (Schaut die Stätten, die an die Siege
Caesars / Mahnen, fern in Gallien den Rhein, die Sturmsee, / und die
Britannen).[48] „Der große Caesar", *Caesar Magnus*, wird hier offen
Pompeius Magnus gegenübergestellt (ein Beiname, der auf Alexander
den Großen zurückgeht). Mit seinem Vorstoß in den äußersten Norden, wo man die Britannier vermutete, zielte der Prokonsul Galliens
nicht zuletzt darauf ab, sich durch seine endlosen Feldzüge die Glo-
riole von Größe und Tatkraft in fernen Ländern zu verleihen, die
Pompeius umgab. Es waren blutige Schlachten um des reinen Presti-
ges willen, die die öffentliche Meinung in Rom und in Italien nachhaltig beeinflussen sollten. Tatsache ist, daß „keine Abteilung in Britannien zurückgelassen wurde, um die Erfüllung der Friedensbedingungen zu kontrollieren, und es ist zu bezweifeln, daß der Tribut
jemals bezahlt wurde".[49]

8. Aber das ohne Rücksicht auf Menschenleben errichtete Gerüst
seiner Eroberungen drohte ernstlich einzustürzen, gärte doch seit einiger Zeit bei den gallischen Völkern unterschwellig die Rebellion.
Der Aufstand wurde jedoch erst dann entfesselt, als mit dem Arver-
nerkönig Vercingetorix ein Führer auftrat, der die Vielzahl der gallischen Stämme vorübergehend zu einen vermochte.

Angesichts der vor allem wirtschaftlichen Unterdrückung durch
die Eroberertruppen waren die alten Streitigkeiten vergessen. Seinem
eigenen Gesetz über die Provinzverwaltung zuwiderhandelnd, hatte
Caesar das neueroberte, weiträumige Gebiet ausgepreßt, wohl in der
Überzeugung, daß jene „Rechte", die seine Gesetze den Untertanen

garantierten, erst in einer zweiten Phase greifen würden, wenn nämlich das Land vollkommen geschwächt und vollständig unterworfen
wäre. Tatsache ist, daß das Gold der Gallier den Eroberern (bzw.
dem Kommandanten) in die Hände gefallen war und aus dem Verkauf der Gefangenen immense Gewinne flossen.[50] Dadurch wurde
der Aufstand zusätzlich geschürt und denjenigen Auftrieb gegeben,
die, vielleicht illusorisch, über die Befreiung hinaus sogar eine Wie-
dervereinigung des Landes anstrebten.

Der Aufstand vollzog sich in mehreren Phasen. Erstes Anzeichen
für den herannahenden Sturm war die Ermordung eines von den
Römern eingesetzten Herrschers durch die Karnuten, und zwar des
Tasgetius, der Caesar in allen seinen Feldzügen gute Dienste geleistet
hatte.[51] Dann ging es mit den Eburonen weiter, die von Indutiomarus[52] angestachelt und von Ambiorix angeführt wurden. Sie trieben
fünfzehn römische Kohorten unter Führung von Lucius Cotta und
Sabinus in einen Hinterhalt und ermordeten sie. Der Aufstand griff
sodann auf die Nervier über, die Ambiorix aufgefordert hatte, sich
ihm anzuschließen. Der römische Kommandant dieses Gebietes war
Quintus Cicero; er mußte das Schlimmste befürchten, wurde aber
durch Caesar gerettet, der ihm mit drei Legionen zu Hilfe kam.[53]
Hier gibt Caesar eine gute Vorstellung von seinem „Geheimkrieg",
wenn er erzählt, wie ein Wurfspieß mit einem Zettel in das befestigte
Lager hineingeschleudert wurde; die Nachricht wurde jedoch recht
spät von denen entdeckt, für die sie bestimmt war.[54]

Der Mythos von der Unbesiegbarkeit der Besatzer begann zu brök-
keln. In einem Kolonialkrieg gibt es für die Besatzungsmacht nichts
Gefährlicheres als eine Niederlage. Zum erstenmal seit Beginn des
Konflikts entschloß sich Caesar, in Gallien zu überwintern. Dem Aufruhr im Nordosten trat Labienus entgegen. Er wußte sehr wohl, daß
Indutiomarus, der Anführer der Treverer, der sich ihm mit viel tak-
tischem Geschick entgegengestellt hatte und aufreibende Kämpfe vermied, der einzige war, der sich die Sympathien der unruhigen Gruppen im mittleren Gallien verschaffen und damit den Aufstand weiter
schüren konnte. Daher suchte Labienus nach einer Möglichkeit, ihn
aus dem Weg zu räumen. Nachts zog er eine riesige gallische Kavallerie zusammen und wartete den geeigneten Augenblick ab, um die
Treverer anzugreifen. Die Reiter, vom Versprechen einer hohen Belohnung zur Kollaboration verleitet, sollten Indutiomarus um jeden
Preis gefangennehmen, auch wenn die anderen entkamen. Es wurde
mit Erfolg eine wilde Menschenjagd veranstaltet, die Caesar mit ge-

wohnter Nüchternheit und Eleganz auf den letzten Seiten des fünften Kommentariums beschreibt.[55]

9. Im Winter 54/53 glaubte Caesar, auch dank der von Pompeius entliehenen Legionen[56] (die später beim Ausbruch des Bürgerkriegs erneut auf den Plan treten werden), bald das ganze Land befrieden zu können. Mit einer nunmehr auf zehn Legionen angewachsenen Streitmacht zwang er die Nervier, die Senonen, die Karnuten und erstmals auch die Menapier im Norden, sich ihm zu unterwerfen. Labienus besiegte unterdessen erneut die Treverer. Blieben die Eburonen. Caesar war sich sicher, sie isoliert zu haben, aber da hatte er sich verrechnet. Er glaubte, den Germanen erneut seine Macht demonstrieren zu müssen. Wie schon nach dem Massaker an den Tenkterern und Usipetern ließ er eine Brücke über den Rhein schlagen, um in bedrohlicher Schnelligkeit auf die andere Seite der Grenze zu gelangen. Er hoffte auf eine entscheidende Schlacht gegen die Germanen, aber soweit kam es nicht; es war auch nicht klug, dieses Ziel in einer solchen Situation allgemeiner Unsicherheit zu verfolgen. Diesmal wurde die Brücke nicht wieder abgebrochen, sondern teilweise stehengelassen und mit einer Besatzung von zwölf Kohorten bestückt.[57] Nach Gallien zurückgekehrt, versuchte Caesar, den bewaffneten Feindseligkeiten der Eburonen nachdrücklich ein Ende zu bereiten und vor allem Ambiorix gefangenzunehmen, der sich immer wieder entzog. Diesmal jedoch schlug die Menschenjagd fehl. Trotz all seinem Haß gegen den ungreifbaren Gegner schwingt in Caesars Beschreibung dieser erbarmungslosen Jagd die Bewunderung für die „technische" Tüchtigkeit und das Geschick des gallischen Anführers mit, sich dieser zermürbenden Verfolgung jedesmal mit knapper Not zu entziehen.[58]

Es war ein Fehler, die Anführer der Senonen und Karnuten zu bestrafen, als seien sie aufständische Provinzbewohner. Ein solches brutales Vorgehen (Auspeitschung und Hinrichtung) mußte zu einem allgemeinen und entschlossenen Aufstand im mittleren Gallien führen; er erfolgte in den ersten Monaten 52. Die strategische Intuition der Anführer des Aufstands, insbesondere des Vercingetorix,[59] bestand darin zu handeln, während Caesar sich noch in Gallia Cisalpina befand und die Besatzungstruppen zwischen dem Norden (sechs Legionen unter dem Kommando des Labienus), dem Osten (zwei Legionen bei den Treverern und zwei bei den Lingonen) und dem Süden (den Garnisonstruppen in der Provinz) aufgeteilt waren. Bei

seiner Beschreibung des Überraschungsangriffs räumt Caesar selbst
ein, angesichts dieser unvorhergesehenen Situation zwischen zwei
gleichermaßen riskanten Strategien geschwankt zu haben: Ließe er
die im Norden stationierten Truppen in die Provinz marschieren,
setzte er sie – ohne ihn unterwegs – der Gefahr von Überraschungs-
angriffen aus; eilte er aber selbst zum Heer, so mußte er ein mittlerweile völlig unsicher gewordenes Territorium durchqueren.[60]

Nach der Sicherung der Provinz und besonders Narbonnes holte
Caesar zu einem ersten Überraschungsschlag aus, der den beinahe
ungehinderten Vormarsch der Rebellen störte. Obwohl die Cevennen
noch unter tiefem Schnee lagen und die Pässe so gut wie unpassierbar
waren,[61] wählte er ausgerechnet diesen als unbegehbar geltenden
Übergang im Herzen des Arvernerlandes, das er verwüstete, und
zwang Vercingetorix, sich zurückzuziehen. Dann durchquerte Caesar
das Gebiet der Häduer und stieß zu den beiden Legionen vor, die im
Territorium der Lingonen lagerten. So gelangte er zu seinen Truppen.

Jetzt änderten beide Seiten ihre Taktik. Für Caesar war es besser,
einen Zusammenstoß mit den Truppen des Vercingetorix so lange
wie möglich hinauszuzögern, um bessere Vorbereitungen treffen zu
können. Die Aufständischen wiederum mußten die Römer in ständige Scharmützel verwickeln und gleichzeitig im Umkreis der römischen Legionen verbrannte Erde hinterlassen, um sie auszuhungern
und so zur Kapitulation zu zwingen. Aber die Politik „der verbrannten Erde" war selbst unter den Aufständischen unpopulär, was daran
deutlich wird, daß Vercingetorix sich mit seinem Vorschlag, die Stadt
Avaricum – auf die sich der Angriff der Römer richtete, um sie zu
besetzen und dort ihr Lager aufzuschlagen – aufzugeben und zu zerstören, nicht durchsetzen konnte. Damit war Vercingetorix gezwungen, Avaricum von einer Befestigung nordöstlich der Stadt aus unter
enormem Kraftaufwand zu verteidigen. Mit ihrer fortschrittlichen
Militärtechnologie (einem gewaltigen Erdwall,[62] der einen Überraschungsangriff möglich machte) erstürmten die Römer die Stadt und
metzelten die Bewohner in einer Art Terrorstrategie erbarmungslos
nieder.[63] Für Vercingetorix ein schwerer Schlag, durch den – wenn
auch zu spät – die Richtigkeit seiner Strategie bestätigt wurde, die
bei den Seinen keine Zustimmung gefunden hatte.

Jetzt ging die Initiative auf die Römer über. Caesars Plan bestand
darin, den Gegner mitten im Arvernerland zu schlagen. Vercingetorix
gelang es nicht, die Feinde aufzuhalten, indem er eine der Brücken
über den Fluß Allier zerstörte. Die Römer setzten sie wieder instand,

und dem gallischen Heer blieb nichts anderes übrig, als sich auf die befestigte Stadt Gergovia zurückzuziehen und sich auf eine lange Belagerung einzustellen. Vercingetorix aber hatte die Geistesgegenwart und Klugheit, einen Teil seiner Streitkräfte auf die Anhöhen südlich und westlich von Gergovia zu dirigieren, von wo aller Wahrscheinlichkeit nach der feindliche Angriff erfolgen würde. Caesar wußte, es war unmöglich, die Stadt im Sturm zu erobern. Mit Gergovia würde er kein leichtes Spiel haben. Es war den Römern mit ihren sechs Legionen nicht möglich, Gergovia mitsamt der feindlichen Befestigungen einschließlich jener auf den umliegenden Hügeln lagernden Truppenteile in einem einzigen Belagerungskreis zu umschließen. Zunächst dachte Caesar daran abzuziehen, doch dann entdeckte er eine Lücke in den feindlichen Reihen und unternahm einen erfolgreichen Angriff auf die befestigten Stellungen auf den Anhöhen nahe Gergovia. Ein falscher Schritt (nach Caesar der eigenmächtige Vorstoß seiner Soldaten) war indes der Angriff auf Gergovia selbst, der in einer Niederlage mit mehr als 700 Toten endete, darunter zahlreiche Offiziere.[64]

Der Rückschlag, den diesmal Caesar selbst erlitten hatte und keiner seiner Kommandanten, gab den Ausschlag für die Desertion der Häduer. Aber indem sie zu den Aufständischen überliefen, verschob sich deren inneres Machtgleichgewicht: Vercingetorix' Führerschaft wurde angefochten, und er mußte sich von der Generalversammlung in Bibracte sein Oberkommando erst bestätigen lassen.[65] Danach verstärkte Vercingetorix seine Reiterei auf 15 000 Mann und versuchte, seine Operationen in die römische Provinz zu verlagern, zu deren Schutz Caesar rechtzeitig, keineswegs aber ungefährdet aufbrach. Es kam zu einer folgenreichen Schlacht. Die germanische Reiterei rettete Caesar und zwang Vercingetorix, sich nach Alesia zurückzuziehen.[66] Hier verschanzte sich der Anführer der Gallier und erwartete den Angriff, während er gleichzeitig seine Reiterei entließ, um möglichst viele Kämpfer zum Entsatz herbeizuführen.[67]

Verglichen mit der Belagerung von Gergovia, war Caesars Lage jetzt weitaus günstiger. Das Gelände, auf dem sich die befestigte Stadt erhob (der Mont Auxois) war kleinflächiger, vor allem aber verfügte Caesar jetzt über zehn Legionen. Klar war aber auch, daß Vercingetorix' Entsatzheer eintreffen würde, bevor die Belagerten aufgaben. Daher entschloß sich Caesar zu einer der größten Unternehmungen der Militärtechnik: zu einem doppelten Belagerungsring, einem inneren für den Angriff auf Alesia und einem äußeren, um die eigenen

Stellungen gegen den drohenden Angriff des aus dem übrigen Gallien rekrutierten Entsatzheeres zu schützen.[68]

Caesars Angaben zufolge umfaßte das Entsatzheer der Belagerten von Alesia 250000 Fußsoldaten und 8000 Reiter.[69] Ein mächtiges und diszipliniertes Heer, das in genauer Abstimmung mit Vercingetorix und den Seinen zu kämpfen verstand, die von Alesia aus gegen die Belagerer operierten, insbesondere gegen die römischen Stellungen südlich von Alesia. Caesar kämpfte gegen Vercingetorix, Labienus gegen das Entsatzheer, das die Belagerer einkesseln sollte. Der Sieg der Römer war einerseits dem soliden doppelten Belagerungsring, andererseits Caesars entscheidendem Schritt in der Schlacht zu verdanken. Er schickte nämlich einen Teil der römischen Reiterei zu den neu Anstürmenden.[70] Und diese Reiterei warf sich auf die Stürmenden und jagte sie zurück.

Vercingetorix entschloß sich – und darin zeigt sich seine Größe als Anführer –, ein Gemetzel an den Seinen zu vermeiden. Am Tag nach der Niederlage lieferte er sich Caesar aus und ersparte seinen Leuten damit die Qual einer zermürbenden Belagerung und einer erbarmungslosen Plünderung. In einer Rede an die Seinen erklärte er, „er habe diesen Krieg nicht im eigenen Interesse unternommen, sondern für die gemeinsame Freiheit".[71] Er verließ Alesia allein, zu Pferd und in seiner prächtigsten Rüstung. Und allein trat er Caesar gegenüber und umritt den Stuhl, auf dem Caesar saß; dann stieg er vom Pferd, legte die Rüstung ab und ließ sich zu Füßen des Prokonsuls nieder, um sich abführen zu lassen.[72] Er erlitt ein grausames Schicksal. Sechs Jahre lang wurde er für den gallischen Triumphzug gefangengehalten. Diesen Triumph feierte Caesar erst am Ende des langen Bürgerkriegs – besser gesagt, als er meinte, ihn beendet zu haben. Als Caesar im August 46, nach dem Sieg bei Thapsos, die vier Triumphe feierte – als ersten den Sieg über Gallien[73] –, wurde Vercingetorix als Gefangener des Siegers durch die Straßen Roms geführt[74] und anschließend hingerichtet[75] – nicht allzu lange, bevor Caesar von den Seinen ermordet wurde.

10. Mit der tapferen und tragischen Kapitulation des Vercingetorix begann die endgültige „Befriedung" Galliens. Caesar hatte sich am Ende durchgesetzt, mit Unterstützung kollaborationsbereiter Gruppen und Familien. Auch die Germanen hatte er im Kampf gegen die Gallier auf seine Seite gezogen, wann immer sich ihm eine Gelegenheit dafür geboten hatte. Neben seinen überragenden strategischen Fähigkeiten war dies einer der Hauptfaktoren für den Sieg. Mit seiner

Kaltblütigkeit, seinem Paternalismus, seiner Klugheit, aber auch seinem Willen, das Objekt oder vielmehr die Opfer seiner Aktionen zu verstehen und zu erforschen, besaß Caesar alle Eigenschaften eines bedeutenden Kolonisators. So ist es beispielsweise kein Zufall, daß der große Exkurs über Sitten und Religion der Kelten und Germanen ausgerechnet im sechsten Kommentarium steht:[76] als habe er durch ethnographische und soziologische Analyse die Ursache für die Niederlage dieser Völker in dem Augenblick darlegen wollen, als ihr großer und glückloser Aufstand begann. Als Kolonisator erforschte er mit tiefem Ernst die Völker, mit denen er kämpfen und leben mußte und über die er so lange herrschen sollte.

Im Jahr nach der Kapitulation des Vercingetorix (51) wurde die Kontrolle über das Territorium so weit wie möglich wiederhergestellt. Dazu war es notwendig, zu Übereinkünften zu gelangen bzw. jene zweitrangigen Führer aus dem Weg zu räumen, die mittlerweile über eine Anhängerschaft und ein gewisses Prestige verfügten. Selbst mit Commius, dem König der Atrebaten, der in der Region Arras römische Konvois angegriffen und vernichtet hatte, wurde ein Abkommen erzielt. Allerdings hielt Commius nicht lange still,[77] er flüchtete nach Britannien[78] und gründete dort ein unabhängiges Königreich, in dem auch Atrebaten Zuflucht fanden. Solange er auf gallischem Boden weilte, machte er den Römern schwer zu schaffen; aber sie blieben Herr der Lage. Jedenfalls legte Caesar ihm gegenüber nicht die erbitterte Feindseligkeit an den Tag, die er Ambiorix gegenüber gezeigt hatte.[79] Er schildert die Ereignisse im achten Kommentarium[80] nur bis zu dem Augenblick, als Commius mit Antonius eine Vereinbarung zu seinem persönlichen Schutz trifft.[81] In Falle des Ambiorix ist der Ton schärfer. Ambiorix gab den Guerillakampf niemals auf, und Caesar läßt sich von Wut hinreißen, wenn er schreibt, er habe es, als er ihn nicht zu fassen bekam, „wenigstens für seine Ehrenpflicht gehalten (*proximum suae dignitatis esse ducebat*), in seinem Gebiet Menschen, Gebäude und Vieh derart zu vernichten, daß Ambiorix durch den Haß seiner etwa durch Zufall entkommenen Landsleute als Urheber so schlimmen Unheils nicht mehr zu seinem Stamm zurückkönne".[82] Diese Taktik, die darauf abzielte, einen Rebellen bei den eigenen Leuten in Verruf zu bringen, indem man ihm die Verantwortung für Verbrechen der Besatzungsmacht in die Schuhe schob, ist altbewährt und wird auch heute noch angewandt. Erstaunlich allerdings bleibt die Tatsache, daß sich Caesar mit einer solchen Praxis brüstete.

11. Caesar hatte ein Interesse daran, die sogenannte Befriedung so rasch wie möglich voranzutreiben, zum einen, weil dies der einzige Weg war, um nach einem solch erbarmungslosen Völkermord die Herrschaft zu festigen. Zum anderen gab es dafür auch allgemeinere politische Gründe. Angesichts sich verschlechternder Beziehungen zum Senat und vermutlich auch zu Pompeius war ihm ein unbotmäßiges und von Aufständen erschüttertes Land nur hinderlich.

Man darf aber nicht meinen, die Besetzung Galliens sei damit abgeschlossen gewesen. Die moderne Vorstellung von einer kolonialen Eroberung mag hilfreich sein. Die Eroberung des gesamten Territoriums war ein langwieriger, Jahrhunderte dauernder Prozeß. In einem besetzten Land faßt die Kolonialmacht erst ganz allmählich Fuß. Nach der militärischen Phase der Eroberung oder vielmehr bereits in deren Verlauf werden Festungen, Straßen, Städte und Häfen genommen, die Verkehrswege kontrolliert, organisierte Widerstände niedergeschlagen und wenn möglich örtliche Eliten zur Kooperation verpflichtet. Die ländlichen Gebiete sind zu diesem Zeitpunkt noch nicht vollständig unter Kontrolle. Ein Beispiel, das diesen Prozeß verdeutlicht, gibt Caesar selbst. Als Proprätor in Spanien, so Plutarch, hatte Caesar Feldzüge geführt und „einige Stämme unterworfen, *welche sich bis dahin dem römischen Joch noch nie gebeugt hatten*".[83] Doch Spanien war bereits seit 197 Provinz, also schon fast eineinhalb Jahrhunderte lang, als Caesar im Jahr 61 als Statthalter hierherkam; die letzte Erhebung war nach einem blutigen Krieg mit dem Fall von Numantia im Jahr 133 niedergeschlagen worden. Aber noch fast zwanzig Jahre nach Caesars Statthalterschaft beklagt sich Asinius Pollio, Statthalter in Hispania ulterior, in einem Brief an Cicero, daß die häufigen Raubüberfälle die Durchreise der *tabellarii Romani* (der Postkuriere) durch bestimmte Bergregionen Baeticas nahezu unmöglich machten.[84]

Dieses Beispiel mag verdeutlichen, daß man nur eingeschränkt von einer Romanisierung Galliens während Caesars langer Herrschaftszeit sprechen kann. Sie nimmt hier ihren Ausgang, verstärkt sich insbesondere dank der zunehmenden Beteiligung herrschender Gruppen an der Verwaltung, zeigt aber erst hundert Jahre später, zur Zeit von Kaiser Claudius, sichtbare und nennenswerte Erfolge. Läßt man diesen Langzeitaspekt außer acht, läuft man Gefahr, Caesars Wirken zu mythologisieren. Der Vergleich Caesars mit Alexander dem Großen und dessen Hellenisierung des Orients, bei den Panegyrikern Caesars ein gängiges Muster (und noch beim jungen Droysen zu

finden), vermischt unterschiedliche Wirklichkeiten. Nüchtern reali-
stisch können wir sagen, daß es Caesar in seinem neunjährigen Gallienfeldzug nur „mit geringem Erfolg gelang, die Interessen des Reiches mit seinen eigenen zu versöhnen".[85] Der dort erworbene Ruhm
begann den des Pompeius Magnus zu überstrahlen. Und insbesondere war es ihm gelungen, ein großes Heer aufzustellen, zu führen und
sich dessen absolute Loyalität zu sichern. Dies ist der Ausgangspunkt
für seine weitere Karriere.

XV
Das „Schwarzbuch" des Gallischen Kriegs

Wir sind zu human geworden, als daß
uns die Triumphe des Caesar nicht
widerstehen sollten

Goethe

1. Caesars Gallienfeldzug stieß bei seinen Zeitgenossen nicht gerade auf Enthusiasmus. Auch das ist zu bedenken, wenn man sich mit den langfristigen Auswirkungen des Feldzugs auseinandersetzt und nicht die angeblich natürliche Zwangsläufigkeit dessen, was dieser Krieg alles nach sich zog, allzu sehr in den Vordergrund rückt. Eine solche Betrachtungsweise setzte sich nicht zuletzt dem Vorwurf aus, „kolonialistisch" zu sein. Der Krieg war kaltblütig und ohne ernsthafte Bedrohung heraufbeschworen worden; er führte zur Vernichtung einer Kultur und zur allmählichen Romanisierung Galliens. Nach dem übereinstimmenden Zeugnis von Plinius und Plutarch war es ein Völkermord von ungeheuren Ausmaßen. Das Unternehmen blieb einem einzigen Zweck untergeordnet: Für den Protagonisten und Initiator des Krieges war der Völkermord nur ein zynisch eingesetztes Instrument des innenpolitischen Kampfes. Zu seiner Strategie gehörte es auch, Gefangene in großer Zahl zu machen, um sie dann zu versklaven (Plutarch zufolge etwa eine Million); diese Sklaven machte er sich für demagogische Zwecke nutzbar – man denke nur daran, daß Caesar jedem seiner Soldaten einen Sklaven zum Geschenk machte. Caesar wußte genau, daß er ohne ein Gegengewicht zu Pompeius' militärischem Ruhm eine paritätische[1] Machtteilung mit ihm nicht erreichen konnte, insbesondere nicht nach Crassus' Tod.

Der mit enormem Aufwand geführte Krieg in Gallien in den Jahren 58–51 v. Chr. – der nicht zuletzt durch die Erneuerung des Dreibundes auf der Konferenz von Lucca und die anschließende Verlängerung von Caesars Provinzkommando möglich wurde – enthüllt sich also in zweierlei Gestalt. Zum einen ist er Instrument zur Romanisierung des mittel- und nordeuropäischen Westens (wie Momm-

sen mit ungebrochener Begeisterung und einem fragwürdigen Verweis auf die Eroberungen Alexanders des Großen schreibt), zum anderen dient er als Grundlage für den die *princeps*-Würde anstreben-
den Politiker, der sich eine vertraglich geregelte militärische Position
aufbauen will; als eine lange *praeparatio* auf die Abrechnung und
den Bürgerkrieg.

Die späterhin weitverbreitete Begeisterung für Caesars Eroberung
Galliens – in dieser Perspektive eine weitere „Spur", die die ge-
schichtliche „Vorsehung" in der Person Caesars auf Erden hinterlassen hat – führt leicht in die falsche Richtung. Von dieser Begeisterung
getragen waren so große Historiker wie Mommsen und viele andere
nach ihm, die eine grausame Eroberung nobilitierten, indem sie sie
mit der Hellenisierung des Ostens durch Alexander den Großen auf
eine Stufe stellten. Sie unterstellten Caesar eine weltgeschichtliche
Intention, die dem Prokonsul Galliens fernlag und in seinen gleichwohl eleganten und ausgefeilten *commentarii* über diesen fast zehn
Jahre dauernden Krieg auch nicht ansatzweise zu finden ist. Im Feu-
ereifer des Parteiengezänks beschuldigte Cato, Caesars hartnäckigster
und konsequentester Widersacher, den Prokonsul vor dem Senat der
Verletzung des Völkerrechts gegenüber den gallischen Volksgruppen
der Usipeter und Tenkterer.[2] Er wußte, daß er damit kaum Gehör
finden würde. Womöglich beruhte sein Antrag auch nicht auf huma-
nitärem Empfinden (obwohl dies Catos stoischer Grundeinstellung
durchaus entsprochen haben mochte, der Mehrheit seiner Kollegen
aber gewiß fremd war). Es war ein innenpolitischer Vorstoß, und als
solcher scheiterte er.

Doch auch wenn Cicero in seiner Gesamtbeurteilung von Caesars
Laufbahn am Schluß seiner *Zweiten philippischen Rede* (wohl eines
der wahrhaftigsten Urteile des Redners nach vielen Monaten unauf-
richtiger Lobhudelei in der Zeit der Diktatur) dem Ermordeten vieles
zugute hält, so schenkt er doch Caesars langen und grausamen kriegerischen Unternehmungen wenig Beachtung. *Res bello gesserat,
quamvis rei publicae calamitosas, at tamen magnas*[3] – zweifellos bedeutende Leistungen (wer könnte das leugnen?), aber „verderblich
für den Staat". So verderblich, wie es ein langer und sinnloser Krieg
immer ist, verderblich vor allem deshalb, weil er sich letztlich *gegen*
die Republik richtete. Oder beides zugleich.

Kein sehr freundliches Urteil, aber auch keines, das Caesars Verdienste schmälert oder einseitig Partei ergreift. Es ist ein *notwendigerweise* ausgewogenes Urteil, schon allein aufgrund der Tatsache,

daß es in dieser wunderbaren *peroratio* (Schlußwort) einen Gegenpol zu dem vernichtenden Urteil über Antonius bildet, den noch lebenden, gefährlichen politischen Erben des ermordeten Diktators. Ein differenziertes und klug nuanciertes Urteil. Sicherlich keine einfühlsame Charakterskizze. Cicero nimmt fast allen Leistungen Caesars gegenüber eine reservierte Haltung ein. Eines aber stellt er klar heraus: Caesar hat dem römischen Volk ein bedeutsames Geschenk gemacht – es hat gelernt, „wie weit es einem jedem Glauben schenken darf, wem es sich anvertrauen kann, vor wem es sich hüten muß"[4] (hier irrte der Redner); doch Cicero vergißt keine der großen Begabungen des Verstorbenen. Nur verrechnet er in dieser Bilanz die großen Eroberungen nicht auf der Seite der „Positiva"; „bedeutende", aber *verderbliche* Leistungen. Gallien wird nicht einmal erwähnt. Cicero erinnert an den *labor* (Mühe) und die *pericula* (Gefahren), in die gewiß auch der lange Gallienfeldzug eingeschlossen ist, aber eben als *ein* Aspekt innerhalb des Parteienkampfes und des unaufhaltsamen Aufstiegs zum *regnum* (Königtum): Er war „viele Jahre von der Absicht, Alleinherrscher zu sein, durchdrungen", doch *magno labore, magnis periculis quod cogitarat effecerat* („er hat unter großen Mühen und Gefahren das erreicht, was er anstrebte"). Nicht mehr, nicht *ein* Wort über die nach Gallien, Germanien und Britannien erweiterten Reichsgrenzen. Cicero wußte, wie sehr es Caesar gefallen hätte, wenn er diese Saite angeschlagen hätte.

In seiner *Rede für Marcellus* (im Sommer 46) hatte er gleich zu Beginn, an die Adresse des Diktators gewandt, ausgerufen: „Ich stelle mir immer wieder vor Augen und gehe in zahlreichen Gesprächen mit Freuden darauf ein, daß sich alle Erfolge, die von unseren bisherigen Feldherren, die von fremden Völkern, mächtigen Staaten und weltberühmten Königen errungen worden sind, nicht mit den deinigen vergleichen lassen: nicht das Ausmaß des Ringens, nicht die Zahl der Schlachten, nicht die Vielfalt der Schauplätze, nicht die Schnelligkeit des Vollbringens und nicht die Verschiedenartigkeit der Feldzüge, und daß niemandes Schritte rascher so weit voneinander entfernte Länder zu erreichen vermochten, als deine Eilmärsche oder richtiger Siege sie durchzogen haben".[5] Unmittelbar vorher hatte er erklärt, daß es auf der Welt keine Geisteskraft und keine rednerische Begabung gibt, die in der Lage wäre, Caesars Unternehmungen, wenn nicht in angemessener Weise zu rühmen, so doch zumindest in allen Einzelheiten zu schildern. Und noch deutlicher hatte er abschließend prophezeit: „Gewiß werden unsere Nachkommen stau-

nen, wenn sie von all deinen Befehlshaberstellen und Provinzen, vom
Rhein, vom Ozean und vom Nil, von den unzähligen Schlachten und
unglaublichen Siegen hören oder lesen" (Cicero, *Für Marcellus* 28).
Diese Hyperbel umschließt ganz offenkundig die gesamte militärische
Laufbahn des Diktators, seine Siege an allen vier Enden des Reiches.
Man kann jedoch sagen, daß trotz des lobenden, keineswegs kritischen Tons der Gallienfeldzug gleichsam in einer allgemeineren Ge-
samtschau untergeht, zu der Alexandria, Pharnakes und Thapsos
sowie auch Caesars Eroberungen während seiner langen Zeit als Prokonsul gehören. Und doch werden diese an keiner Stelle oder in
irgendeinem Zusammenhang konkret und in angemessener Weise erwähnt. Die Einsicht in die weltgeschichtliche Bedeutung der Eroberung Galliens ist allmählich gereift und hat sich erst in moderner Zeit
in vollem Umfang durchgesetzt.

2. Das „Schwarzbuch" der römischen Eroberung Galliens ist das
siebte Buch der *Naturkunde* (91–99), sein Verfasser Plinius der Ältere.
Es ist ein „Schwarzbuch" – um einen modernen Begriff zu gebrau-
chen – von ungewöhnlicher Härte. In ihm werden die Verbrechen
Caesars der Beurteilung der langen politisch-militärischen Laufbahn
des Pompeius diametral gegenübergestellt. Ohne die zahllosen Toten
des Bürgerkriegs zu erwähnen, den Caesar mit der Überschreitung
des Rubikon heraufbeschwor, jenes vier Jahre dauernden erbitterten
Bruderzwists, der durch das Machtstreben eines Mannes verursacht
war – ohne also über die Bürgerkriegsverluste Rechenschaft abzule-
gen, müsse man, so Plinius, an die 1,2 Millionen Menschen erinnern,
die Caesar allein deshalb niedermetzelte, weil er Gallien erobern
wollte. „Das aber will ich ihm nicht zum Ruhme anrechnen, dieses
so große der Menschheit zugefügte Leid". Er beschuldigt Caesar,
darüber hinaus die genauen Zahlen des großen Massakers zurückgehalten zu haben, „indem er die Verluste in den Bürgerkriegen nicht
veröffentlichte" (VII, 92). Caesar wohlgesinntere Historiker wie Velleius Paterculus sprechen von 400 000 Toten in Gallien und ebenso-
vielen oder mehr Gefangenen (II 47,1). Plutarch kennt die „runde"
Zahl von einer Million Todesopfern und einer Million Gefangener
(*Pompeius* 67,10; *Caesar* 15,5). Und in seiner Biographie *Cato der
Jüngere* spricht er von 300 000 getöteten Germanen (51,1). Appian
nennt in seinem fragmentarischen *Keltischen Buch* (1,12) die Zahl
von 400 000 Toten allein in der Schlacht gegen die Usipeter und Tenkterer (55 v. Chr.).

Plutarch referiert diese Zahlen ohne kritischen Unterton. Sie sind vielmehr wesentlicher Bestandteil eines für Caesar positiven Vergleichs mit den anderen römischen Feldherren. Alle diese Massaker und diese gewaltige Zahl von Gefangenen sind für den griechischen Biographen der Beweis für Caesars Größe. Es ist Plinius, der mit großer Entrüstung das Verbrechen Caesars, das, wie er sagt, *der Menschheit zugefügte Leid* moralisch verurteilt. Caesar selbst hatte im übrigen nicht die Absicht, diesbezüglich etwas zu vertuschen. Das zeigt seine Schilderung des Gemetzels an den flüchtenden Belgern: „So töteten unsere Leute ohne jede Gefahr eine ganze Masse von ihnen, solange der Tag anhielt, beendeten jedoch bei Sonnenuntergang die Verfolgung und gingen befehlsgemäß ins Lager zurück".[6] Allzu ästhetisierend schreibt hierzu Concetto Marchesi: „Deutlicher als der blutige tritt uns der sonnige Tag entgegen. Und die Soldaten, die sich nach dem Gemetzel an so vielen Männern nach Sonnenuntergang in die friedvolle Ruhe ihres Lagers zurückziehen, kommen uns eher wie müde Bauern vor, die am Abend in ihr Dorf zurückkehren".[7]

Gallien, die Welt der Kelten, wurde auf diese Weise mit all der Gewalt und dem Völkermord in den römischen „Kulturkreis" eingegliedert. Nur ein Napoleon III. konnte Caesar lobpreisen (ja, sich beinahe mit ihm identifizieren) und gleichzeitig Denkmäler für Vercingetorix aufstellen lassen. Unter anderen verurteilte Camille Jullian, der großen Historiker Galliens, der die Eigenständigkeit der durch Caesars Eroberung vernichteten keltischen Zivilisation betonte, die Menschenopfer dieses Krieges und die Zerstörung einer ganzen Kultur. Eine Bestätigung für die kulturelle Eigenständigkeit der Kelten liefern neuere Ausgrabungen in Bibracte. Wir müssen nicht eine „andere Geschichte" erfinden, die es in Wirklichkeit gar nicht gab. Wir müssen uns nur davor hüten, die Geschichte der römischen Eroberung als eine zwangsläufige Entwicklung zu betrachten, wie es angeblich jede Eroberung ist. Darin sind sich Verteidiger und Kritiker Caesars einig. Nach jedem neuen Bericht des Prokonsuls von seinen blutigen Siegen beschloß der Senat einmütig tage- und wochenlange Dankfeste. Als Caesar am Ende des zweiten Kommentariums die fünfzehntägige *supplicatio* erwähnt, die der Senat nach den Siegen über die Bellovaker dekretierte, notiert er zufrieden: *Quod ante id tempus accidit nulli* („was zuvor niemandem zuteil geworden ist"; II 35,4). Nach dem Massaker an den Usipetern und den Tenkterern wurde eine zwanzigtägige *supplicatio* bewilligt (VI 38,5). Dies ist ein

Beweis für die begeisterte Zustimmung des Senats. Die Unmengen von Sklaven, die auf diese Weise auf den römischen Markt gelangten, waren gleichermaßen nach dem Geschmack der Caesarianer und der republikanischen Loyalisten. Ein Vorstoß wie der Catos, der sich nach dem Sieg über die Usipeter und die Tenkterer gegen eine *supplicatio* aussprach und forderte, Caesar als Eidbrüchigen den Tenkterern auszuliefern (war der Sieg doch durch Verrat zustandegekommen; freilich, den „Barbaren" durfte man kein Ehr- und Loyalitätsgefühl zuschreiben, ebensowenig wie die spanischen Konquistadoren den Ureinwohnern Amerikas eine Seele zugestanden), resultierte eher aus unversöhnlicher politischer Feindschaft, die sich auch in einer solchen paradoxen Argumentation ausdrücken konnte (Plutarch, *Caesar* 22,4; *Cato der Jüngere* 51). Einen Beweis dafür liefert der Fortgang der Angelegenheit. Caesar schrieb einen erbitterten Brief gegen Cato, woraufhin Cato eine Attacke gegen Caesar im Senat losließ, deren Grundmotiv lautete, sie brauchten keine Angst zu haben vor den Söhnen der Britannier oder Kelten, sondern nur vor ihm, vor Caesar.[8]

Die Romanisierung Galliens ist jedoch ein Phänomen von solch historischer Tragweite, daß man sich fragen muß, ob die von Plinius mit aller Deutlichkeit vorgelegte Bilanz der Opfer – und sein scharfer Vorwurf, Caesar habe die Zahlen verheimlicht – in der historischen Bewertung nicht hinter dem für die Entstehung des mittelalterlichen und des modernen Europa maßgeblichen Faktum zurückstehen muß: der Romanisierung der Kelten, die Caesars Eroberung zu verdanken ist.

Auch im Fall der grausamen Eroberung der Neuen Welt durch die Konquistadoren und die Missionare des Alten Europa erhebt sich die bis heute offene Frage nach dem Preis an Menschenleben, den dieses Unternehmen gefordert hat. Auch hier gab es Versuche, ein „Schwarzbuch" zu schreiben, Versuche, die allerdings zumeist mit dem Argument der historischen Notwendigkeit dieser Eroberung beiseitegeschoben wurden. Immerhin darf man heute noch die Frage stellen: „Wie wäre die Geschichte ohne Pizarro verlaufen?". Aber darf man auch fragen: „Was wäre ohne Iulius Caesar aus Europa geworden?"

3. Es scheint, als sei eine solche Anklage während des langen Zeitraums, der uns von diesen Ereignissen trennt, angesichts der historischen Gesamtbilanz entkräftet und verblaßt.

Die Diskussion um Caesar kreist in der Tat um ein ganz anderes Problem, nämlich um die Frage, ob tatsächlich der persönliche Ehrgeiz und nicht vielmehr das Bestreben, eine neue Seite der Geschichte aufzuschlagen, die Triebfeder seines Handelns war. Als ob im Lebenswerk eines großen Politikers diese beiden Aspekte so klar zu trennen wären! Die Debatte um die Beurteilung Caesars konzentrierte sich im Laufe der Jahrzehnte und Jahrhunderte auf das Thema der Zerschlagung der alten Republik, die ihm – je nachdem – als Verdienst angerechnet oder zum Vorwurf gemacht wird. Es geht nicht um die Frage nach dem Preis an Menschenleben, den die Romanisierung Galliens gekostet hat. Viele Jahrhunderte später war es Simone Weil in ihren Schriften aus den dreißiger Jahren über Hitler und die römische Außenpolitik,[9] die nach Jullians Arbeiten den Nachdruck auf jenes Massaker legt und fragt, welche andere Geschichte Historiker gallischer Herkunft (wenn es sie denn gegeben hätte) über diese grausame Eroberung geschrieben hätten: Historiker, die nicht wie die Griechen der damaligen Zeit jene servile Haltung gegenüber Rom an den Tag gelegt hätten. Doch schon Goethe hatte vom „Widerstehen" gegenüber den „Triumphen des Caesar" gesprochen, für die wir „zu human" geworden seien.

XVI
Der Weg in die Krise

1. Der für Caesar gefährlichste Moment der politischen Krise, die in Rom ausbrach, während er sich mit dem Vercingetorix-Aufstand herumschlug, war zweifellos Pompeius' Designation zum „Konsul ohne Kollegen" Ende Februar 52. Angesichts des Zustands des Triumvirats – in Lucca gefestigt, mit Crassus' Tod in Syrien während des vernichtenden Feldzugs gegen die Parther in Carrhae jedoch „enthauptet" – bildete diese Designation ein geradezu traumatisches Ereignis. Der offen auf Umsturz gerichtete Straßenterror, der am 18. Januar 52 zur Ermordung des Clodius in Bovillae geführt hatte, stand Caesars Interessen diametral entgegen. Es lag nicht in seinem Interesse, als Anstifter einer umstürzlerischen Faktion dazustehen, wie es Clodius' Banden waren; und ebensowenig, daß die verheerenden Aktivitäten dieser Faktion Pompeius dazu brachten, die Unterstützung der *factio* zu suchen (und umgekehrt). Der Straßenkampf gefährdete seinen Plan, keinesfalls mit Pompeius zu brechen. Die Situation konnte leicht kippen und den Senat zu Notstandsmaßnahmen (*senatus consultum ultimum*) veranlassen, durch die die Macht faktisch in die Hände des Prokonsuls gelegt wurde, der sich vor den Toren Roms aufhielt: Pompeius.[1] Und genau so kam es, als sich mit dem Mord an Clodius die Ereignisse überstürzten. Der Senat griff zum äußersten Mittel: Er beschloß, daß ein *interrex* gewählt werde und dieser zusammen mit Pompeius (*qui pro consule ad urbem erat*, wie es im *senatus consultum*[2] heißt) und den Volkstribunen „für den Schutz der Stadt sorgen" solle.[3] Die Folge dieser Notstandsmaßnahme war die (verfassungsmäßig wie politisch schwerwiegende) Entscheidung, Pompeius – wohlgemerkt, ohne Wahlen – zum *consul sine collega* zu ernennen, was der Diktatur nahekam, die aus ähnlichen Maßnahmen hervorging. Politisch gesehen war es ein Affront gegen Caesar, der an dieser Entscheidung in keiner Weise beteiligt wurde. Seit Inkrafttreten des Dreibundes war die Designierung der Konsuln, insbesondere die Übertragung des Konsulats an einen von ihnen, das Ergebnis genauer Absprachen zwischen den Machthabern gewesen. Jetzt war es die *factio*, die Pompeius seinen dritten Konsulat bewilligte und

noch dazu in eine verfassungsmäßig überlegene Position brachte, wenn man zu seinen Machtbefugnissen noch das prokonsularische *imperium* hinzurechnet. Daß Pompeius, der stets darauf bedacht war, die Form zu wahren, sich in den letzten Monaten des Jahres[4] mit seinem Schwiegervater Quintus Caecilius Metellus Pius Scipio Nasica den Konsulat teilte, ändert nichts an der schwerwiegenden Bedeutung dieses Schritts.

Caesars Reaktion war von Realismus und vom Bemühen um eine Kompromißlösung bestimmt. Er bremste „seine" Tribunen, die darauf drängten, daß er als Kollege des Pompeius ernannt werde, und handelte einen Gegenvorschlag aus, den Pompeius akzeptierte: „Ihm, wenn die Zeit seines Oberbefehls ihrem Ende entgegengehe, trotz seiner Abwesenheit die Bewerbung um einen zweiten Konsulat zu gestatten, damit er nicht zu diesem Zweck übereilt und ohne den Krieg beendet zu haben seine Provinz verlassen müsse".[5] Diese sehr umstrittene Abmachung, die Pompeius, der sich schwankend zeigte, später zu leugnen versuchte, war von diesem Zeitpunkt an ein Fixpunkt in Caesars weitreichenden Strategieplänen. Sein Hauptanliegen bestand nicht darin, Pompeius in der Quasidiktatur des Jahres 52 zur Seite zu stehen, noch dazu bloß nominell. Vielmehr wollte er nach dem Ende seines zweiten fünfjährigen Kommandos in Gallien nicht als *privatus*, sondern als Konsul zurückkehren. In der Zwischenzeit demonstrierte er seine Präsenz in Rom, indem er durch ein feinmaschiges Netz finanzieller Verpflichtungen viele an sich band und Prestigebauten von öffentlichem Interesse wie zum Beispiel das *Forum Iulium* in Angriff nahm, dessen Grund und Boden mehr als hundert Millionen Sesterzen kostete.[6] Er erhöhte aus freien Stücken den Sold seiner Legionäre, eine Maßnahme, bei der ihm die reichliche gallische Kriegsbeute zustatten kam. Darüber hinaus schenkte er, wie wir bereits wissen, jedem Soldaten einen Sklaven als Kriegsbeute.[7]

2. Caesar versäumt es nicht, im Zusammenhang mit den Ereignissen in Rom zu Beginn des siebten Kommentariums darauf hinzuweisen, daß der Kern des *senatus consultum ultimum* (der Ausrufung des Staatsnotstands) darin bestand, Pompeius, der zwar Promagistrat in Spanien war, aber vor den Toren Roms lagerte, die Aushebung von Soldaten in ganz Italien zu gestatten.[8] Dabei verwendet er einen Ausdruck, der wahrscheinlich dem Senatsbeschluß selbst entnommen ist: „daß die Gesamtheit der jungen Männer Italiens den Fahneneid leisten solle".[9] Er fügt hinzu, daß er seinerseits „Anstalten traf, eine

Aushebung in der ganzen Provinz [also in Gallia Cisalpina und im Gebiet um Narbonne] vorzunehmen". Dies ist ein bedeutsamer Passus, zeigt er doch, mit welcher Unbekümmertheit Caesar dem oberflächlichen Leser vorgaukelt, mit seiner Aushebung in Gallia Cisalpina befolge er nur den Senatsbeschluß! Das ist freilich nicht der Fall: aus dem einfachen Grund, daß dieser peremptorische und hochdramatische Senatsbefehl einzig und allein an Pompeius[10] gerichtet und Italien *stricto sensu* gemeint war. In Wirklichkeit reagierte Caesar auf die militärische Verstärkung, die Pompeius mit diesem Beschluß erhielt – ein Beschluß, den man nur euphemistisch als noch rechtmäßig bezeichnen kann. Es war eine regelrechte Vergewaltigung der Verfassung, wodurch Pompeius das prokonsularische *imperium* (für so wichtige und mit Legionen ausgestattete Provinzen wie Spanien) *und* das konsularische *imperium* (noch dazu als alleiniger Konsul!) erhielt und gleichzeitig befugt wurde, in ganz Italien Truppen auszuheben, ja eine Art *coniuratio Italiae*[11] in seinem Namen zu erklären. Darauf reagierte Caesar seinerseits mit der Aushebung von Truppen, berief sich dabei aber ungeniert auf das *senatus consultum*. Etwas anderes blieb ihm nicht übrig, während er gleichzeitig formell seine Loyalität demonstrierte und den politisch unklugen Druck seiner Anhänger zurückwies, die ihn als Kollegen des Pompeius in eine gleichermaßen ungesetzliche Position zu drängen suchten. Mit der Aushebung neuer Truppen dagegen zog er aus der sich rasch verschärfenden Krise den einzig möglichen Vorteil.

In dieser spontanen Aktion des Prokonsuls, Truppen auszuheben (mit der er sich arglistig auf den Senatsbeschluß berief), lag bereits ein Überschreiten der Legalität. Wenn Sueton von „spontanen" Truppenaushebungen in Gallien spricht – zusätzlich zu den Truppen, die ihm der Senat bewilligt hatte –, etwa der Legion *Alaudae*, so betont er, daß dies der Prokonsul *privato sumptu*, auf eigene Kosten, getan habe.[12] Die Legion *Alaudae* erwarb sich große Verdienste und war Caesar treu ergeben, weshalb er diesen Soldaten en bloc das römische Bürgerrecht verlieh. In dieser Situation war es nur taktisch klug, daß beide Seiten den rechtmäßigen Machtvertretern der Republik ihre Loyalität zusicherten.

3. Die *factio*, wie sie Caesar nannte, glaubte wahrscheinlich nicht daran, daß er den „sullanischen" Weg einschlagen und gegen die Republik marschieren würde. Sie setzten alles daran, daß er als *privatus* nach Rom zurückkehrte, wo sie dann versuchen würden, ihn

strafrechtlich festzunageln. Und sie waren fest davon überzeugt, daß er es nicht wagen würde, es auf eine bewaffnete Auseinandersetzung mit dem Senat und dem einflußreichen Machthaber ankommen zu lassen, der im Osten wie im Westen über eine feste und weitverzweigte Klientel verfügte. Das irritierend Neue an Caesars Schritt war, daß er Sullas extremen Weg gegen die „Partei" einschlug, die auf Sullas Seite gestanden hatte, und mit Unterstützung ausgerechnet jener Kräfte, die Sulla versucht hatte zu bezwingen.

Marcus Claudius Marcellus (Konsul im Jahr 51) kündigte durch ein Edikt an, im Senat einen hochwichtigen Antrag zur Rettung der Republik einbringen zu wollen. Er stellte den Antrag, daß für Caesar noch vor Ablauf seines Mandats als Prokonsul in Gallien und Illyrien ein Nachfolger bestimmt werden müsse.[13] Sein Argument war unwiderlegbar: Wie die Depeschen und „Siegesbulletins" Caesars bestätigten, sei der Krieg in Gallien siegreich zu Ende gegangen; und nach dem Ende der Kampfhandlungen müsse jetzt das Heer entlassen werden.[14] Doch sein Frontalangriff ging noch einen Schritt weiter und betraf das heikelste Problem: Caesars Bitte, für die bevorstehenden Konsulatswahlen in Abwesenheit kandidieren zu dürfen. Die Abberufung des Prokonsuls von Gallien jetzt, da der Krieg zu Ende sei, sei gerade auch deshalb geboten, weil er kandidieren wolle.

Diese Kandidatur war Gegenstand von Verhandlungen zwischen den Machthabern. Im Jahr 55, als der Dreibund soeben erneuert worden war und Pompeius und Crassus noch einmal gemeinsam Konsuln waren, wurde Caesars prokonsularisches *imperium* durch eine *Lex Pompeia Licinia* auf weitere fünf Jahre verlängert. Ausgestattet mit einem *imperium* bis einschließlich 49 war Caesar damit „geschützt" und für politische Gegner unangreifbar. Im Jahr 49 sollte er dann den Konsulat für das Jahr 48 erhalten, womit er das zehnjährigen Intervall einhielt, das bis zur Übernahme des höchsten Amtes der Republik vorgesehen war. Gegen das seit 63 (dem Jahr von Ciceros Konsulat) geltende Gesetz, das die Bewerbung um einen Konsulat *in absentia*, das heißt bei einem Aufenthalt außerhalb Roms, untersagte, stand im Jahr der Wirren und Tumulte unter Pompeius' Konsulat „ohne Kollegen" (52 v. Chr.) ein von den Volkstribunen vorgelegtes Plebiszit, das es Caesar ausdrücklich erlaubte, sich auch in Abwesenheit zu bewerben. Aber Pompeius, ein Meister des zermürbenden Doppelspiels und geschickt darin, sich stets den Anschein von Legalität zu geben, bemühte sich, dieser Regelung zugunsten Caesars ihre Gültigkeit zu nehmen, indem er eine *Lex de imperio*

magistratuum einbrachte. Darin wurde erneut die Anwesenheits-
pflicht von Amtsbewerbern in Rom bekräftigt und an keiner Stelle
darauf hingewiesen, daß der Prokonsul Galliens von dieser Regelung
ausgenommen sei. Caesar äußerte seine Mißbilligung, und Pompeius
redete sich darauf hinaus, er hätte es „vergessen" und man könne
daran jetzt nichts mehr ändern, weil das Gesetz „bereits auf eine
Bronzetafel geschrieben und im Aerarium hinterlegt"[15] sei. Verständlich, daß Caesar darüber einen Streit entfachen konnte, was er auch
tat, indem er auf den Widerspruch zwischen dem neuen Gesetz und
dem tribunizischen Plebiszit hinwies. Aber er befand sich in einer
schwachen Position, nicht nur, weil die rechtliche Situation jetzt immer komplizierter, sondern auch, weil die Entfremdung von Pompeius immer schlimmer wurde. Er wußte gleichzeitig, daß sich der Angriff gegen ihn jetzt verschärfte und alles auf eine definitive Abrechnung hinauslief. Auch den ungeheuerlichen Antrag des Konsuls
Marcellus mußte Caesar als Signal einer direkten Konfrontation verstehen, die auf seine vollständige Vernichtung abzielte. Marcellus
forderte, den Kolonisten, die Caesar auf der Grundlage der *rogatio
Vatinia* in Comum angesiedelt hatte, das Bürgerrecht abzuerkennen.
Die Begründung, die der Konsul für diese Maßnahme gab, war eine
klare Provokation. Es sei ihnen *per ambitionem*[16] (das heißt im Bemühen um Wählerstimmen) verliehen worden.

4. Caesar äußerte seit einiger Zeit immer wieder eine Bemerkung,
die seinen Gegnern die wahren Absichten offenbaren mußte: daß es
„schwerer sei, ihn, der an der Spitze des Staates stehe, vom ersten
auf den zweiten Platz als vom zweiten auf den letzten zu drängen".[17]
Diesmal verrät Sueton nicht, woher er diesen Satz hat, er beschränkt
sich darauf mitzuteilen, daß man ihn „wiederholt von ihm gehört"
habe. In Anbetracht des Übereifers, mit dem Sueton Aussprüche Caesars aus den *Historiae* des Asinius Pollio wiedergibt, ist man geneigt
zu glauben, daß auch in diesem Fall Asinius die Quelle ist. Das
stünde auch in vollem Einklang mit der Aufmerksamkeit, die Asinius
den Begründungen zukommen läßt, die Caesar selbst für sein Handeln gibt – über das hinaus, was in den *commentarii* steht, die rein
propagandistisch ausgerichtet sind (worauf Asinius selbst hingewiesen hat).

Ob diese Indiskretion nun auf Asinius zurückgeht oder nicht, sie
vermittelt uns jedenfalls einen Begriff von der inneren Verfassung
Caesars in dem Augenblick, in dem er sich gegen den konzentrischen

Angriff wappnet. Diese programmatische Erklärung sagt klar und deutlich, daß Caesar nicht einen Millimeter zurückzuweichen gedachte. Er wußte genau, daß die eigentliche Niederlage darin besteht, „vom ersten Platz auf den zweiten" abgedrängt zu werden. Und den „ersten Platz" zu verlieren, hieß, alles zu verlieren. Die Erklärung für diese auf den ersten Blick rätselhafte Bemerkung lieferte er mit größter Brutalität auf dem Schlachtfeld von Pharsalos, nach seinem Sieg und beim Anblick der Tausenden von Toten. Diese Worte überlieferte Asinius nach dem übereinstimmenden Zeugnis von Sueton und Plutarch. Wir werden darauf zurückkommen. Vorerst war klar, Caesar würde keinen Schritt weichen; er war bereit, sich dem Kampf zu stellen. Richtig verstanden, bedeutete Caesars Bemerkung, daß ihn auch die Aussicht auf einen Bürgerkrieg nicht schreckte.

Zunächst aber setzte er alle „verfassungsrechtlichen" Waffen ein, über die er verfügte: das tribunizische Veto (*intercessio*) ebenso wie die Aufwiegelung des zweiten Konsuls Servius Sulpicius Rufus. Selbst Pompeius blieb nichts anderes übrig, als sich von Marcellus' extremem Vorstoß zu distanzieren.[18]

Im Jahr darauf nahm Gaius Claudius Marcellus, der Vetter des Marcus Claudius Marcellus, im Lager von Caesars Gegnern das Heft in die Hand. Er war zusammen mit Lucius Aemilius Lepidus Paullus Konsul für das Jahr 50. Auch diesmal griff Caesar zu den klassischen Methoden der römischen Politik. Er kaufte sich Aemilius Lepidus durch „maßlose Bestechung"[19] und schuf damit erneut eine lähmende Situation des Zerwürfnisses zwischen den beiden Konsuln. Vor allem aber erkaufte er sich ein dauerhaftes Bündnis und die treue Ergebenheit von Gaius Scribonius Curio, dem „rücksichtslosesten unter den Tribunen",[20] bis zu dessen tragischem Tod zu Beginn des Bürgerkriegs, indem er ihn von seinen drückenden Schulden befreite. Velleius Paterculus zufolge ging es um die Summe von rund zehn Millionen Sesterzen, Valerius Maximus zufolge (auch er lebte in tiberischer Zeit) um sechzig Millionen.[21]

Mit den Konsuln des folgenden Jahres, die am 1. Januar 49 ihr Amt antraten, änderte sich die Situation grundlegend. Gaius Claudius Marcellus und Lucius Cornelius Lentulus Crus waren beide Caesars Todfeinde und entschlossen, ihm das Kommando vor seiner eventuellen Bewerbung um den Konsulat zu entreißen.

5. In dieser neuen Situation bewies Caesar seine ganze Anpassungsfähigkeit – für einen Politiker, der in den Kernpunkten nicht nach-

zugeben bereit ist, eine unabdingbare Eigenschaft. Anpassungsfähigkeit und Unbeugsamkeit sind unauflöslich miteinander verknüpft
und nur bei den doktrinär Verstockten und bei den Opportunisten
getrennt. Caesar war weder das eine noch das andere, er war vielmehr ein großer Taktiker, der seinen Spieleinsatz, die unterschiedlichen Prioritäten und insbesondere die Kräfteverhältnisse niemals aus
den Augen verlor. Er machte daher eine Reihe von Vorschlägen zur
Versöhnung. Er bat den Senat, ihm nicht „das Geschenk des Volkes"
zu nehmen,[22] erklärte sich aber bereit, darauf zu verzichten, vorausgesetzt, daß auch die anderen Promagistrate ihr Heereskommando
abgaben. Bei seiner Schilderung dieses Vorschlags versäumt es Sueton
nicht anzumerken, daß Caesar sehr genau wußte, daß er im Notfall
„seine Veteranen leichter nach Belieben zusammenrufen könne als
Pompeius frisch ausgehobene Soldaten". Caesar machte noch weitere
Kompromißvorschläge. Er würde auf Gallia Transalpina verzichten,
acht Legionen entlassen und – falls er nicht zum Konsul gewählt
würde – nur Gallia Cisalpina und zwei Legionen behalten. Ein weiterer Vorschlag beinhaltete den Verzicht auf beide Gallien, in diesem
Fall würde er nur noch Illyrien und eine Legion behalten.[23] Dahinter
steckte die allgemein geteilte Vorstellung, daß man nur dann einen
politischen Kampf führen konnte, wenn man über Truppen verfügte.
    Caesar machte sich auch die notorische Kompromißbereitschaft
eines betagten und geachteten Konsulars zunutze (den er allerdings
zehn Jahre zuvor ohne Zögern ausgebootet hatte): den nie ganz ge-
fügigen Cicero, der ausgerechnet jetzt, zum Zeitpunkt der Endab-
rechnung, aus Kilikien nach Rom zurückkam. Cicero kehrte am
4. Januar 49[24] in die Stadt zurück, die er am 1. Mai 51 verlassen hatte.
In der Verwaltung der schwierigen kleinasiatischen Provinz, die
an das unruhige Syrien angrenzte, hatte er sich sogar – nicht ohne
Selbstironie – mit durchaus beachtlichen militärischen Unternehmungen gegen lokale Aufstände hervorgetan. Aber er war, wie man so
sagt, nicht mehr am „Puls der Zeit". Daß er glaubte, vermitteln zu
können, ist der beste Beweis dafür. Cicero bildete sich ein, auf Pompeius noch einen gewissen Einfluß auszuüben – eine unverzeihliche
Fehleinschätzung: Der „Große" war vollkommen unzugänglich,
überzeugt, er sei der Beschützer der Republik, nachdem der lästige
Prokonsul Galliens aus dem Weg geräumt war –, und setzte sich
vergeblich bei ihm für Caesars Vorschläge ein: Eine einfache Rechnung ergibt, daß er am 6. Januar, also am Vortag der für den Frieden,
ja das Leben der Bürger verheerenden Sitzung, auf Pompeius zuge-

gangen sein muß – jener Sitzung vom 7. Januar, die Caesar in Kapitel 3–5 des ersten Kommentariums zum Bürgerkrieg beschreibt. In jener Sitzung werden Caesars Vorschläge nicht einmal in Erwägung gezogen, die Tribunen werden in ihren Rechten behindert, und die *factio*, die inzwischen den Pompeius fest in der Hand hat, teilt sich die Provinzen im Hinblick auf eine in naher Zukunft zu findende Ordnung, wenn der „Feind" vollständig vernichtet oder vertrieben ist. Bestürzt über sein klägliches Scheitern und vor allem über die dramatische Wendung der Ereignisse, zieht sich Cicero (soweit möglich) geängstigt auf eine geschützte Beobachterposition zurück: erschrocken über die Dreistigkeit jener, die seine „natürlichen" Freunde hätten sein sollen, die nunmehr aber bereit sind zum Krieg. Auf allen Ebenen, auch auf der Ebene der kulturellen Gemeinsamkeiten, wird Cicero jetzt von Caesar hofiert, der auch nicht *einen* potentiellen Verbündeten verlieren will. Caesar möchte zumindest möglichst viele Neutrale, um so besser, wenn es sich um Konsulare handelt. Aber das ist die Geschichte der nachfolgenden Monate. Angesichts der Unerbittlichkeit seiner Gegner weiß Caesar, was ihn erwartet. Er wußte es schon lange: Einige Legionen, die eigentlich in Belgien hätten stationiert sein sollen, stehen jetzt überraschend in Rimini (Ariminum) – ein Beleg dafür, daß Caesar die notwendigen Schritte für eine bewaffnete Auseinandersetzung bereits frühzeitig eingeleitet hat.[25] Er wußte, mit wem er es zu tun hatte, und er hatte auch nie ernsthaft geglaubt, daß es mit einem Cato eine Einigung geben könnte.

6. Doch ehe er nach einem festen Szenario vorgeht, richtet er einen kalten spöttischen Blick auf seine Feinde und zeichnet auf den ersten Seiten seiner *commentarii* zum Bürgerkrieg ein eindrucksvolles Bild von ihnen, nicht zu künftiger Erinnerung, sondern zu unmittelbaren propagandistischen Zwecken. Die Schilderung basiert notgedrungen auf Berichten anderer. Seine Quellen waren mit Sicherheit die Volkstribune Antonius, Quintus Cassius Longinus und Caelius Rufus, die, bedrängt von den Drohungen der Ultras, in der Nacht vom siebten auf den achten Januar 49 aus Rom flohen. Antonius und Quintus Cassius hatten sich im Senat bei diesem gefährlichen Spiel am meisten exponiert. Aber sie waren keineswegs die einzigen Informanten und nicht jene, von denen Caesar bis ins Detail über die Vorgänge im gegnerischen Lager informiert worden war. Weit mehr zählen Balbus und Oppius, um nur zwei der Schlüsselfiguren zu nennen, die man

in den *commentarii* vergeblich sucht (sie sind nur einmal erwähnt,[26] und zwar in einem eher unwichtigen Zusammenhang). Caesar ist, wie alle echten Parteiführer, bestrebt, seine eigentlichen Gewährsmänner nicht zu verraten und seinen engeren Kreis nicht preiszugeben.

So kommt es, daß Asinius Pollio, der Caesar im Bürgerkrieg vom ersten Augenblick an begleitet hatte[27] und bei der Schlacht von Pharsalos ein Kommando innehatte,[28] in den *commentarii* an keiner Stelle auftaucht. Und doch verdanken wir ihm die detailgenaue Wiedergabe von Aussprüchen, die Caesar in entscheidenden Momenten des Kampfes im engsten Kreis gemacht hat. Davon legt Asinius in seinem Geschichtswerk über die Bürgerkriege Zeugnis ab, dem Appian, Plutarch und Sueton ihre Zitate entnahmen. Der sogenannte „Stilkanon", demzufolge es verboten war, wörtliche Zitate bereits kursierenden Reden herausragender Persönlichkeiten zu entnehmen, galt offenbar nicht für einzelne, oftmals aufschlußreiche Aussprüche. So sah es jedenfalls Asinius. Bei den Aussprüchen Caesars, die Asinius referierte, handelt es sich um regelrechte *Enthüllungen* über die tieferen Ursachen bestimmter seiner Entscheidungen.

Als Augenzeuge der Schlacht von Pharsalos, die im Sommer 48 Pompeius' Schicksal besiegelte, gab Asinius nicht nur die Zahl der Toten auf seiten des Pompeius mit 6000 an (sicher keine aus der Luft gegriffene Zahl)[29], er zeichnete auch jene Worte auf und überlieferte sie der Nachwelt, die Caesar beim Anblick des mit Tausenden von Gefallenen übersäten Schlachtfelds sprach: „Das wollten sie ja haben! Nach allen meinen großen Leistungen wäre ich, Gaius Caesar, verurteilt worden, hätte ich mir nicht von meinem Heer Hilfe geholt".[30] Asinius schreibt rund zwanzig Jahre nach Pharsalos und zeichnet diese Worte auf, weil sie Caesars Position freimütig offenlegen: Hätte ich mich nicht zum Aufruhr entschlossen, hätte ich mich gebeugt, statt „von meinem Heer Hilfe" zu holen, hätte man mich als *privatus* vor Gericht gestellt und auf juristischem Weg vernichtet. Mit Sicherheit geht die Bemerkung, die wir bei Sueton lesen – daß nämlich Caesar dies „wortwörtlich", *ad verbum*, gesagt habe –, auf Asinius zurück. Eine Bemerkung, die sich mit der zentralen Bedeutung erklärt, die Asinius (nicht zu Unrecht) diesem authentischen Ausspruch zuschrieb – einem Ausspruch, den Caesar in einer feierlichen und tragischen Situation, beim Anblick eines von Toten, von Mitbürgern übersäten Schlachtfeldes, gemacht hatte. In der Tat liefert diese so harte und so umständliche Erklärung den Schlüssel zur

Deutung von Caesars Entschluß, die Herausforderung bis zum Äußersten, bis zur Erhebung gegen die Republik anzunehmen. Dies war für Caesar der einzige Weg, um der sicheren und womöglich vernichtenden gerichtlichen Verfolgung zu entgehen, die seine Gegner seit fast zehn Jahren hartnäckig gegen ihn anstrengten.

7. So gab uns Asinius, eine unverdächtige Quelle,[31] zwanzig Jahre später mit Caesars eigenen Worten Auskunft über den *wahren* Grund dafür, weshalb Caesar im Januar 49 den Bruch vollzogen hatte. Damit trat er freilich Caesars eigener Propaganda in den *commentarii* entgegen, wo als Ursache für den Bürgerkrieg die Verteidigung der Rechte der Volkstribunen[32] und die Verteidigung seiner eigenen verletzten *dignitas* angeführt werden.

Sueton, der mit Asinius' Text äußerst gewissenhaft umging und ihm nicht nur in diesem Fall die wertvolle Dokumentation dessen entnahm, was Caesar in entscheidenden Situation tatsächlich gesagt hatte, machte sich diese Enthüllung Caesars über den Entschluß, die Krise bis zum Äußersten zu treiben, geschickt zunutze. Er fügte sie in ein Panorama unterschiedlicher Theorien und Hypothesen ein. Gleichzeitig liefert er Fakten, die das Bild ergänzen und zu einem besseren Verständnis beitragen. So teilt er uns beispielsweise mit, Cato habe zu wiederholten Malen „mit eidlicher Bekräftigung erklärt, er werde Caesar anzeigen, sobald dieser sein Heer entlassen hat", und ihn wegen der unrechtmäßigen Handlungen, die er während seines Konsulats im Jahr 59 begangen hat, vor Gericht bringen.[33] Das war seinerzeit nicht möglich gewesen. Auf Caesars konsularisches *imperium* war in nahtlosem Übergang der lange Prokonsulat gefolgt. Caesar strebte ja – bis zu einem bestimmten Punkt durch Absprache mit Pompeius – eine Wahl *in absentia* an, um erneut und ohne Unterbrechung vom Prokonsulat zum zweiten Konsulat zu wechseln und so rechtlich nicht belangbar zu sein. „Man sagte ganz allgemein", kommentiert Sueton, „es werde dahin kommen, daß er sich bei einer Rückkehr als Privatmann wie Milo,[34] von Bewaffneten umgeben, vor den Richtern verteidigen müsse". Und fährt fort, die Tatsache, daß Asinius Pollio diese freimütigen und harten Worte überliefert, die Caesar im Augenblick des Sieges im engsten Kreis gesprochen hat, mache es mehr als wahrscheinlich, daß diese Diagnose der wahren Ursachen des Bürgerkriegs ins Schwarze treffe.

XVII
Die „Tyrannis" als angestrebtes Ziel?

Sullam nescisse litteras, qui dictaturam deposuerit
Sulla war ein [politischer] Analphabet,
weil er die Diktatur niederlegte.

Caesar

1. Alle anderen Erklärungen verwirft Sueton. Auch jene, die Pompeius „zu geben pflegte", die aber eher unwahrscheinlich ist. Pompeius zufolge (und wir möchten allzu gern wissen, woher Sueton diese aufschlußreiche Information bezieht) konnte Caesar nicht vollenden, was er begonnen hatte: weder die Denkmäler und öffentlichen Bauwerke noch die Hoffnungen, die das Volk nach seiner Rückkehr in ihn gesetzt hatte. Dies habe Caesar den Vorwand für den Bürgerkrieg geliefert.[1] Sollte Pompeius eine solche Bemerkung tatsächlich gemacht haben, meinen Butler und Cary gewitzt, so zeigt er damit nur, daß er vom Charakter seines Gegners nichts verstand.[2] In Wirklichkeit war diese Äußerung des Pompeius weniger eine Analyse als vielmehr eine abschätzige Bemerkung, die den Gegner auf die Ebene eines aussichtslosen Parteiführers zurückstufte, bedrängt von ungeheurer Geldnot und erdrückt von Unternehmungen, die ihn überforderten. Dies mochte auf „catilinarische" Charaktere zutreffen, wie wohl auch Clodius einer war, nicht aber auf Caesar, der seine Karriere klug plante und seit seinem Gallienfeldzug über außergewöhnliche finanzielle Mittel verfügte. Wir wissen nicht, *wann* Pompeius dieses polemische Urteil getroffen haben könnte (*omnia permiscere voluisse* – er habe alles durcheinanderbringen wollen): Sicher ist, daß es auf Caesar in den Jahren 51–50 ganz bestimmt nicht zutrifft, der im Gegenteil fest entschlossen war, Kompromisse zu schließen.

2. Und eine weitere Erklärung gibt es für Caesars Entschluß, aufs Ganze zu gehen. Es ist das „teleologische" Bild eines Caesar, der seit Beginn seiner Laufbahn nur ein Ziel im Auge hatte – eines Caesar,

der schon immer und unermüdlich nach der „Tyrannis" strebte. Sueton trägt auch diese Vermutung vor, doch obwohl er keine direkte Kritik äußert, stellt er sie doch implizit in Frage. „Einige", so schreibt er, „glauben, er habe sich ans Herrschen gewöhnt[3] und nach Abwägen seiner eigenen Kräfte und der seiner Gegner[4] die Gelegenheit benutzt, die Herrschaft,[5] die er schon seit frühester Jugend begehrt habe, an sich zu reißen". Hier führt Sueton keine *Belege* an, sondern sagt lediglich, daß auch Cicero dieser Meinung war. Dann zitiert er einen gutgewählten Passus aus *Über die Pflichten*, wo Cicero diese Hypothese vorträgt und zu belegen sucht. In der uns vorliegenden Fassung entstand *Über die Pflichten*[6] nach dem Tod Caesars und gibt wieder, was Cicero denkt, nachdem er von dem „herzlichen" Miteinander mit dem Diktator befreit ist. Selbstverständlich gibt er sich distanziert; er spricht von Caesar, ohne ihn namentlich zu nennen, etwa im zweiten Buch, als er den toten Diktator massiv der Verwicklung in die Verschwörung des Catilina beschuldigt.[7] Im übrigen wird auch Pompeius nicht geschont, der gleichfalls nicht namentlich genannt, sondern als der Mann bezeichnet wird, „der sich sogar einen Schwiegervater [Caesar] wählte, durch dessen Verwegenheit er selbst mächtig werden könnte". Ciceros Urteil über Caesar (den „Schwiegervater") ist indirekt, aber dennoch unmißverständlich. Cicero greift dabei zum Mittel der „Enthüllung". Caesar habe „immer zwei Verse des Euripides im Munde geführt, in denen Eteokles sagt: ‚Denn wenn man schon das Recht brechen muß, muß man's der *Tyrannis* wegen brechen'".[8] Cicero übersetzte diese Verse mit „des *regnum* wegen" – eine meisterliche Übertragung, die dem politischen Sprachgebrauch im Rom der republikanischen Zeit vollkommen entspricht, wo *regnum* dasselbe bedeutet wie *Tyrannis*.[9] Cicero zufolge hat Caesar auch den zweiten Teil von Eteokles' Satz im Munde geführt: „Sonst muß man ihm [dem Gesetz] mit Respekt begegnen".[10] Cicero kannte Caesar schon lange, möglicherweise schon seit seiner Studienzeit in Griechenland. Daher haben wir keinen Grund, ihm nicht zu glauben, wenn er eine so aufschlußreiche *Konstante* in Caesars Denken oder besser *forma mentis* enthüllt: die Tiefenstruktur seiner politischen Sensibilität, die Cicero wenig später beschreibt, wenn er Caesar als einen bezeichnet, „der König des römischen Volkes und Alleinherrscher aller Völker (*rex populi Romani dominusque omnium gentium*) zu werden begehrte".

Freilich, die „Tiefenstruktur", die geistige Neigung, die sich auch in Form eines provozierenden Zitats ausdrücken kann, ist das eine,

der Plan des *regnum,* der persönlichen, definitiven Macht, den er
immer schon verfolgte, etwas anderes – ein Plan, der auch Pompeius
(Tacitus' berühmter Beschreibung zufolge *occultior non melior)* nicht
fremd war, wie Cicero sehr wohl wußte. Titus Ampius Balbus führte
einen anderen, nicht weniger aufschlußreichen Satz seines Feindes
Caesar an, „Sulla sei ein Analphabet gewesen, weil er die Diktatur
niedergelegt habe".[11] Auch diese angebliche Äußerung Caesars ist
provokativ, wäre er doch Sulla beinahe selbst zum Opfer gefallen,
als er kaum Mittel und Möglichkeiten hatte, sich zu verteidigen.[12]
Im übrigen änderte auch Cicero seine Einstellung gegenüber Caesar
mehrmals und revidierte wiederholt sein Urteil über ihn und seine
Ziele. Plutarch zufolge[13] hatte Cicero schon lange vor seinem „postumen" Urteil in *De officiis* warnende Töne angeschlagen. Er sagt
zwar nicht, wann, behauptet aber, Cicero habe Caesar als erster
durchschaut: „Er beobachtete Caesars Politik, gleich wie einen ruhig
lächelnden Meeresspiegel, mit Mißtrauen und Besorgnis".[14] Man
darf aber diese extemporierten Urteile nicht überbewerten. Als Cicero aus Kilikien zurückkehrte, setzte er sich für Caesars Kompromißvorschläge ein, mit denen dieser den Konflikt vermeiden wollte.

3. Es ist daher gewagt, Caesar als einen Mann zu beschreiben, der
es von Anfang an bis zur Übernahme der Diktatur auf Lebenszeit
(zu Beginn des Jahres 44) auf die Eroberung des *regnum* abgesehen
hatte. Ein solches Bild rückt, nähme man es ernst, die hartnäckigen
Verhandlungen, die der Überschreitung des Rubikon und der Eröffnung der Feindseligkeiten vorausgingen, in eine völlig falsche Perspektive. Caesars diesbezügliche Bemühungen wären dann nur ein
Spiel, an das er selbst nicht glaubte und das *von Anfang an* die
„wahren" Absichten des Prokonsuls (seine Konfrontation mit dem
Senat) verschleiert hätte. Sueton referiert auch diese Deutung, in der
Auseinandersetzung mit dem Senat habe Caesar „die Gelegenheit
benutzt", einen schon lange gehegten Plan zu realisieren, doch er
scheint – nicht zuletzt dank des zuverlässigen Zeugnisses des Asinius
– einer konkreteren, „kurzfristigeren" Deutung den Vorzug zu geben:
Caesar sei nicht bereit gewesen, sich den Vergeltungsschlägen und
gerichtlichen „Verfolgungen" seiner Gegner auszusetzen. An Caesars
Entschluß, alles auf eine Karte zu setzen – die schwerwiegendste und
folgenreichste Entscheidung seiner gesamten politischen Laufbahn –
erweist sich, wie abstrakt und unhaltbar das Bild von Caesar als eines
Übermenschen ist, dessen politisches Handeln auf ein einziges Ziel

gerichtet war: „als ob Caesar dem Gang der Ereignisse von Anfang an eine bestimmte Richtung gegeben hätte, in dem Wissen, daß Monarchie das Allheilmittel gegen die Übel dieser Welt sei".[15]

XVIII
Angriff auf den Erdkreis mit fünf Kohorten

*Le véritable auteur de la guerre
n'est pas celui qui la déclare,
mais celui qui la rend nécessaire*

Montesquieu

1. Am Vorabend des Bürgerkriegs wurde der Rechtsbruch dort besiegelt, wo er am allerwenigsten stattfinden durfte: im Senat, wo im Dezember 50 und in der ersten Januarwoche 49 dieses besondere Schauspiel stattfand. Am 1. Dezember hatte Gaius Scribonius Curio, ein von Caesar gekaufter Volkstribun,[1] im Senat offen ausgesprochen, was fast alle dachten: „Wenn man Angst vor Caesars Heeresmacht habe und der politische Druck des Pompeius und sein Heer auf dem Forum den gleichen Schrecken verbreiteten, sollten beide die Waffen niederlegen und ihre Truppen entlassen; so werde der Staat wieder frei und Herr seiner Entschlüsse sein".[2] Es war allgemeine Ansicht, daß die beiden Potentaten die Republik und die Freiheit der Institutionen bedrohten. Und seinen *Antrag präsentierte Curio an allerhöchster Stelle.* Er wurde mit der überwältigenden Mehrheit von 370 Stimmen bei nur 20 (oder 22) Gegenstimmen angenommen.[3] Bedenkt man, daß jeder wußte, wer Curio war und auf wessen Seite er stand, so wird klar, wie dünn die „parlamentarische" Basis der *factio* war, auch jetzt, da sie sich zunehmend auf Pompeius stützte. Man darf auch nicht vergessen, daß die Masse der Senatoren unentschieden und wenig geneigt war, sich einer *factio* zu unterstellen.[4] Es stand keineswegs von vornherein fest, wie der Senat entscheiden würde. In dieser Situation wußte die haushoch geschlagene *factio* nichts Besseres zu tun, als die für das Jahr 49 designierten Konsuln (beide Todfeinde Caesars) zu Pompeius zu schicken, der sich außerhalb des Pomeriums aufhielt, und ihn aufzufordern, zur Verteidigung der „von Caesars Legionen bedrohten" Stadt zu intervenieren. Eine erste, schwerwiegende Provokation der Volkstribunen, kann man sich doch kaum etwas Provokanteres vorstellen als eine solche

Aufforderung an Pompeius – gegen Curios (vom Senat gebilligten!) Vorschlag.

Nach ihrem Amtsantritt waren es die neuen Konsuln höchstpersönlich, die den Gesetzesbruch sanktionierten. In ihrem Bericht zu Jahresbeginn über den Zustand der Republik ist von Caesar die Rede, als sei er bereits geächtet. Lentulus Crus – im Jahr 61 Hauptankläger des Clodius[5] – stellte in Aussicht, „er wolle es an Eifer für Senat und Staat nicht fehlen lassen, wenn der Senat nur kühne und entschiedene Anträge stelle; sollten sie jedoch nach Caesar schielen und um seine Gunst buhlen wie früher schon, werde er für sich allein handeln und *sich dem Willen des Senats nicht beugen*".[6] Denselben Standpunkt vertrat Scipio (Pompeius' neuer Schwiegervater, der in den letzten Monaten des Konsulats ohne Kollegen kooptiert worden war): „Pompeius wolle den Staat nicht im Stich lassen, wenn der Senat hinter ihm stehe; zögere dieser und handle ohne Entschiedenheit, dann werde er Pompeius später, wenn er sich dazu entschließe, vergeblich um Hilfe bitten".[7] Bei der Schilderung dieser Einzelheiten, die er sicher den Berichten seiner Informanten entnahm, wählte Caesar das Material mit Bedacht so aus, daß deutlich wird, wie seine Gegner Recht und Gesetz mit Füßen traten. Die (unbeweisbare) Vorgabe seiner Gegner war dabei natürlich, *daß Caesar bereits außerhalb des Rechts stehe*; nur dadurch waren derart harsche Worte und Taten gerechtfertigt. Obwohl sich Caesar wie immer bemüht, objektiv zu sein, erlaubt er sich in dieser denkwürdigen Schilderung bissige Kommentare. Über Scipios Rede sagt er, sie scheine direkt aus dem Mund des Pompeius zu kommen.[8] Über die lautstarke Debatte, die mit der Verletzung des Vetorechts der Tribunen endete, heißt es: „Sehr harte Meinungen werden vorgetragen, und je schärfer und schonungsloser einer sprach, desto mehr Lob fand er bei Caesars Gegnern".[9] Zu den „wahren" Ursachen für Catos und Pompeius' Feindseligkeit meint er: „Daher [also aus egoistischen Motiven] ging nun alles hastig und planlos vor sich".[10] Und als er schließlich das *senatus consultum ultimum* erwähnt, das in der Senatssitzung vom 7. Januar beschlossen wurde, kommentiert er (ohne die Bestimmungen im Detail wiederzugeben)[11]: „So faßte man in den fünf ersten Tagen, in denen seit Amtsantritt des Konsuls Lentulus Senatssitzungen stattfinden konnten, über den Oberbefehl Caesars und über so bedeutende Männer wie die Volkstribunen höchst schwerwiegende und harte Beschlüsse".[12] Den Kampf gegen die *factio* führten Marcus Antonius und Quintus Cassius Longinus.

Am Ende jenes Tages, ihres Interzessionsrechts beraubt, mußten sie um Leib und Leben fürchten.

2. Caesar verfolgte den Fortgang der Verhandlungen im Senat von Ravenna aus, der Italien am nächsten liegenden Stadt in Gallia Cisalpina. Hinter seinen friedfertigen Worten steckt unverhohlene Ironie: „Caesar stand damals in Ravenna und erwartete Antwort auf seine höchst maßvollen Forderungen, in der Hoffnung, der Streit lasse sich bei einiger Billigkeit der Beteiligten friedlich beilegen".[13] In Wahrheit machte er sich keine Illusionen mehr über die Aussicht, doch noch zu einem Kompromiß zu kommen. Er wurde laufend mit Informationen versorgt. Zwischen dem 10. und dem 11. Januar traf er seine Entscheidung, noch bevor seine aus Rom geflohenen Tribunen bei ihm eingetroffen waren. Die Nachricht über den schwerwiegenden Senatsbeschluß, das Vetorecht der Tribunen zu mißachten, nahm ihm jeden noch verbliebenen Zweifel. Daß Caesar diese Nachricht noch vor dem Eintreffen der geflohenen Tribunen erhalten haben muß, entnehmen wir Sueton.[14] Prompt erfolgte seine Entscheidung: „Er schickte sofort heimlich einige Kohorten voraus"[15] (gemeint ist wohl: zur Grenze, also bis zum Fluß Rubikon) und verbrachte selbst einen ganz normalen Abend, „um keinen Verdacht zu erregen". Die Kohorten waren demnach schon in Alarmbereitschaft versetzt worden, um im Falle eines Falles den entscheidenden Schritt zum Aufstand gegen die verfassungsmäßige Macht zu vollziehen. Sie konnten diesen „Schritt ohne Wiederkehr" nicht vollziehen, ohne zu wissen, was das bedeutete. Ein vertrauter Kreis von Eingeweihten mußte also informiert sein. Das heißt aber auch, daß Caesar eine Infiltration seines engeren Umfelds durch die gegnerische Seite durchaus für möglich hielt.[16]

Caesar besuchte ein öffentliches Schauspiel.[17] Dann widmete er sich einer Beschäftigung, die ihm bekanntlich sehr am Herzen lag, und zwar die Planung einer neuen Gladiatorenschule;[18] er erörterte die Bauskizze für diese neue Schule des Todes. Dann ging er zum Abendessen und nahm, wie es seine Gewohnheit war, an einem großen Gelage teil.[19] Später, nach Sonnenuntergang,[20] wählte er sich das befremdlichste Transportmittel – nicht sein sagenumwobenes Lieblingspferd,[21] sondern einen von zwei Maultieren gezogenen Wagen, den er sich von einer nahe gelegenen Mühle entlieh.[22] Eine reine Tarnmaßnahme. Caesar zu Pferd, noch dazu auf *diesem* Pferd, war auch in der Nacht leicht zu erkennen. Ein mutmaßlicher Müller auf

seinem von Maultieren gezogenen Wagen erregte dagegen weiter kein
Aufsehen. Mit nur wenigen Begleitern schlug er einen verborgenen
Weg ein, der den meisten unbekannt war,[23] um die Kohorten einzuholen, die er vorausgeschickt hatte. Aber er kam vom Weg ab. Die
ganze Nacht irrte er orientierungslos durch den Wald – eine unangenehme Panne, die den ganzen Plan hätte zum Scheitern bringen
können. Erst im Morgengrauen fand er einen Führer, der ihn zum
Fluß hinunterbrachte. Der Vorfall trägt surreale Züge: der Prokonsul
Galliens, der sich zum Aufstand gegen die Republik anschickt und
sich einem unbekannten Hirten anvertrauen muß; der ahnte gewiß
nicht, wer diese nächtlichen Wanderer waren, die sich im Wald ver-
irrt hatten. Den Wagen hatten sie unterdessen bereits irgendwo stehen lassen und die Reise zu Fuß fortgesetzt. Schließlich erreichte
Caesar mit seinen treuen Begleitern zu Fuß den Rubikon, wo die
Kohorten, die ihn schon am Abend zuvor erwartet hatten, um sein
Kommen bangten.

3. Dieser nächtliche Zwischenfall wirkte sich auf die Moral der
Männer aus. Ein Knalleffekt war vonnöten. Der aufmerksame Zeuge, auf den sich Sueton stützt, erzählt, an der äußersten Grenze seiner
Provinz angelangt, habe sich Caesar mit seinen engsten Vertrauten
beraten und bemerkt, noch bestünde die Möglichkeit umzukehren.[24]
Die Quelle dieser Informationen ist mit Sicherheit Asinius; das bezeugt ausdrücklich Plutarch, als er Caesars letztes Zögern vor Überschreiten des Rubikon beschreibt: „Er erwog schweigend, in sich
gekehrt, noch einmal seinen Plan, prüfte ihn hin und her, faßte einen
Entschluß und verwarf ihn wieder. Lange beriet er dann mit den
Freunden in seinem Gefolge – *auch Asinius Pollio war unter ihnen* –
und sann dem Gedanken nach, wieviel Unglück über alle Menschen
kommen müsse, wenn er den Fluß überschritte".[25]

In diesem Moment allgemeiner Ungewißheit erschien ein Mensch
von imposanter Größe. Er setzte sich in die Nähe der erstaunten
Anführer und begann, auf einer Flöte zu spielen. Ihm zuzuhören
kamen Hirten, aber auch viele Soldaten, unter ihnen auch Signalblä-
ser. Plötzlich entriß der schweigsame Flötenspieler einem die Tuba,
blies aus voller Lunge ein Marschsignal und strebte dem anderen
Ufer zu. Dieser Augenblick kollektiver Erregung war für Caesar die
Gelegenheit, an seine Soldaten zu appellieren. Sueton zufolge befahl
er: „Man soll dahin gehen, wohin die Zeichen der Götter und die
Ruchlosigkeit der Gegner rufen. Der Würfel soll geworfen sein!"[26]

Sodann führte er seine Truppen über den Fluß. Plutarch erwähnt dieses „Wunder" nicht, beschreibt aber Caesars plötzliche Anwandlung in Übereinstimmung mit Sueton. Bei Plutarch ist es ein Augenblick der Lähmung, in dem Caesar seine Zweifel äußert; schließlich „schob er in leidenschaftlicher Bewegung die Zweifel von sich und tat den Schritt in die Zukunft", mit dem Wort, das schon so viele gesprochen haben, wenn sie sich in ein gewagtes Abenteuer stürzten („Der Würfel soll geworfen sein!") und hält auf die Furt zu.[27] Das wundersame „Zeichen", von dem Sueton berichtet, ist wohl ebenfalls Teil der Asinius' entnommenen Schilderung. Der übergroße Flötenspieler, der sich unvermittelt in einen Tubabläser verwandelt und die Soldaten ans andere Ufer führen will, kann unmöglich frei erfunden sein. Die ganze Episode war wohl eher ein geschickter Hokuspokus. Bestimmt war es nicht schwer, unter den zahlreichen gefangenen Galliern einen großgewachsenen Mann zu finden, der sich für eine solche Szene eignete. Zu einer ähnlichen List hatte seinerzeit Peisistratos gegriffen,[28] und Caesar war gewiß nicht weniger einfallsreich als dieser.

4. In der Nacht vom 7. auf den 8. Januar waren die Volkstribunen Antonius und Quintus Cassius in Begleitung von Curio und Caelius Rufus aus Rom geflohen und hatten sich zu Caesars Lager aufgemacht. Vor seinem Aufbruch hatte Caelius noch Cicero aufgesucht, der wenige Tage später in einem Brief an Tiro[29] eine Chronologie der Ereignisse wiedergibt, die dem durch Caesars Bericht vermittelten und geläufig gewordenen Bild von den Umständen dieser Flucht widerspricht.[30] Auch Asinius war davon beeinflußt (er befand sich ja in Caesars Lager und war Augenzeuge der dortigen Ereignisse), was man aus der Tatsache erschließen kann, daß Sueton von der „Vertreibung"[31] der Volkstribunen aus Rom spricht. Im Gegensatz dazu schreibt Cicero an Tiro, die Tribunen seien aus Rom geflohen, „obwohl ihnen niemand etwas zuleide tat".[32]

Wohin aber begaben sie sich? Bei Caesar heißt es zunächst: „Sie begaben sich zu Caesar. Dieser stand damals in Ravenna";[33] später heißt es, er hätte sich mit den aus Rom geflohenen Volkstribunen in *Rimini* (Ariminum) getroffen, also *nach* Überschreiten des Rubikon.[34]

Den *commentarii* zufolge spricht Caesar in *Ravenna*, also *vor* Überschreiten des Rubikon, zu seinen Truppen. Er schildert ihnen in dramatischen Worten die schwerwiegende Verletzung der Befugnisse der Volkstribunen und erhält das Einverständnis seiner Truppen zum offenen Aufstand gegen den Senat (der für das an den Tribunen begangene Unrecht verantwortlich ist). „Die Soldaten der dreizehnten Legion, die zur Stelle waren – Caesar hatte sie bei Beginn der Feindseligkeiten aufgeboten; die übrigen waren noch nicht versammelt – riefen laut, sie seien bereit, ihren Feldherrn und die Volkstribunen vor Unrecht zu schützen".[35]

All dies steht im Widerspruch zum gewissenhaften Zeugnis des Asinius und verschiedener, sich auf ihn berufender Berichte. Caesar sprach demnach in Rimini zu den Soldaten und ließ die verunglimpften und geflohenen Volkstribunen dort auftreten. „Jetzt konnte er die Wut seiner Soldaten erst recht aufstacheln", schreibt Plutarch, „indem er ihnen ausmalte, wie die beiden hochangesehenen Männer, Beamte des römischen Volkes, als Sklaven verkleidet auf einem Mietskarren hätten fliehen müssen".[36] Suetons Bericht ist hier am ausführlichsten. Nicht nur beschreibt er in allen Einzelheiten die Irrungen und Wirrungen in jener Nacht, bevor Caesar mit wenigen Kohorten am darauffolgenden Morgen den Rubikon überschreitet; er schildert auch sehr genau Caesars Ansprache in Rimini, nach Überschreiten des Flusses. „Als er so sein Heer hinübergeführt hatte, ließ er die Volkstribunen auftreten, die nach ihrer Vertreibung zu ihm gestoßen waren, und appellierte vor versammelter Mannschaft unter Tränen, und indem er sich das Gewand auf der Brust zerriß, an die Treue seiner Soldaten".[37] Diese mit wohlkalkuliertem Pathos inszenierte Darbietung fand bereits außerhalb seiner Provinz statt – in Rimini und in Anwesenheit der soeben eingetroffenen Volkstribunen, die passenderweise als verfolgte Flüchtlinge verkleidet waren. Ein Textfragment des Livius, das uns durch dessen späteren Bewunderer Orosius erhalten ist, zeigt, daß auch Livius diese Chronologie kannte: „Sobald sie in Rimini ankamen", heißt es da, „sprach er zu den fünf Kohorten (den einzigen, über die er im Augenblick verfügte und mit denen er den ganzen Erdkreis angriff) und erklärte ihnen, was er vorhatte".[38]

Der Grund für diese „arge Fälschung"[39] der Ereignisse durch Caesar liegt auf der Hand. Den *commentarii* zufolge überschritt Caesar den Rubikon mit der vorherigen bedingungslosen Zustimmung seiner Soldaten.[40] Doch in Wirklichkeit wurden die Truppen vor vollendete Tatsachen gestellt. Man schickte sie zum Fluß ohne viel Erklärungen, sie waren wohl aber doch nicht ganz ahnungslos, was vor sich ging. Caesar, der mit den Soldaten unbesehen auf die andere Flußseite

gelangen wollte, mußte also zu einer List greifen, um die ihm in
absoluter Treue ergebenen Kohorten der dreizehnten Legion zu diesem unrechtmäßigen Schritt zu bewegen. Nach Ankunft der Truppen
in Rimini und dem zeitlich genau abgestimmten Eintreffen der als
verfolgte Staatsmänner verkleideten Tribunen hielt Caesar eine mar-
tialische Rede (er selbst nannte seine Redekunst einmal selbstironisch
das „Wort eines Soldaten"[41]), in die er ein Höchstmaß an Drastik
(„Beschützt euren Kommandanten!"), Theatralik (die Tränen und
das Zerreißen des Gewandes) und Verführungskunst legte. Die Inszenierung sah den Auftritt der zur Flucht gezwungenen Tribunen
vor, sodann sollten die Truppen – durch Tränen und das Zerreißen
des Gewandes innerlich aufgewühlt – ihre *persönliche* Loyalität be-
kräftigen. Das realistischste Detail gibt erneut Sueton: „Bei seiner
aufrüttelnden Ansprache streckte er öfter den beringten Finger der
linken Hand vor und versicherte, er werde sich ohne Zögern selbst
seinen Ring vom Finger ziehen, um allen Verteidigern seiner Würde
zu danken".[42] Offensichtlich hatte Asinius in seinem Bericht nichts
ausgespart und auch die weniger vorteilhaften Momente nicht verhehlt.[43] Caesars Ansprache an seine Truppen ist klar und offen, und
er lockte sie auch mit konkreten Versprechungen, *nachdem sie in
Rimini angekommen waren* und eine Rückkehr äußerst schwierig
war. In den *commentarii* werden die Ereignisse in einer Reihenfolge
beschrieben, die den Entschluß des Kommandanten und auch der
Soldaten gleichsam nobilitiert, ja beinahe rechtfertigt. Die Rekonstruktion der exakten Abfolge der Ereignisse rückte die Rolle der
Tribunen ins rechte Licht: Sie begeben sich auf direktem Weg nach
Rimini, weil sie *vorher bereits wissen*, daß Caesar die Grenze der
Provinz überschreiten und den Krieg eröffnen wird. Dieser Entschluß
Caesars erhält durch das harte Vorgehen des Senats in der Sitzung
am 7. Januar zwar eine Bestätigung, aber er war bereits vorher geplant und galt als unvermeidlich. Die Volkstribunen spielten daher
die Umstände ihrer Flucht so weit wie möglich hoch, war doch Caesars propagandistische Strategie darauf gerichtet, die Verantwortung
für den Bruch möglichst auf den von der *factio* beherrschten Senat
abzuwälzen.

   In einem Brief an Cicero ein Jahr nach Caesars Tod besteht Pollio
zwar auf der Richtigkeit und Notwendigkeit von Caesars Entscheidung in jenem Monat Januar des Jahres 49,[44] bezeichnet aber in
seinen *Historien* die *commentarii* als „nicht sehr wahrheitsgetreu verfaßt". Caesar, so schrieb er, habe die Ereignisse „auch absichtlich"

falsch dargestellt, er „habe sie umschreiben und korrigieren wollen", wenn er Zeit gehabt hätte[45] – eine radikale Entwertung von Caesars Bericht und ein Urteil, das in diametralem Gegensatz zu Ciceros Einschätzung steht. In seinem *Brutus*, den er allerdings während Caesars Diktatur schreibt, bezeichnet Cicero Caesars Berichte als derart vollkommen, daß jeder abgeschreckt werde, der eine Geschichtsdarstellung zu verfassen beabsichtige.[46]

Alles deutet darauf hin, daß der Bericht, auf den Sueton als Quelle zurückgreift, von einem Augenzeugen verfaßt wurde. Dies geht unter anderem aus der Wiedergabe jenes Details hervor, daß die Soldaten Caesar zwar sehen, seine Worte aber nicht verstehen konnten.[47] Mit Recht wird als dieser Augenzeuge Asinius Pollio angesehen, der spätere Historiker dieser Ereignisse. Und mit Recht nimmt man an, daß uns Sueton Asinius' Bericht über den entscheidenden, nicht nur symbolischen, sondern politisch folgenschweren Augenblick der Überschreitung des Rubikon überliefert hat. Sueton hat richtig gesehen, daß er diesem Ereignis im Rahmen seiner Schilderung breiten Raum widmen mußte. Und Asinius seinerseits hatte die Darstellung insbesondere dieser Ereignisse in den *commentarii* richtigstellen wollen. Bei der Schilderung der nachfolgenden militärischen Operationen war die Möglichkeit für dermaßen einschneidende Abweichungen geringer.

XIX
Caesars „Programm": Die Suche nach dem Konsens

1. *Caesar grüßt Oppius und Cornelius. Es freut mich aufrichtig, daß Ihr mir in Euerm Schreiben zu verstehen gebt, wie sehr Ihr mit meinen Maßnahmen bei Corfinium*[1] *einverstanden seid. Gern befolge ich Euern Rat, und das um so lieber, weil ich selbst schon entschlossen war, größte Milde walten zu lassen und mich um eine Versöhnung mit Pompeius zu bemühen.*

So wollen wir versuchen, auf diese Weise, wenn möglich, allgemeine Zuneigung zu gewinnen (omnium voluntatem recuperare) *und den Sieg zu einem dauerhaften zu machen. Alle andern*[2] *haben ja infolge ihrer Grausamkeit dem Haß nicht zu entgehen vermocht und ihren Sieg nicht allzu lange aufrecht erhalten können, abgesehen von dem einen Sulla,* und den möchte ich nicht nachahmen.

Mit Barmherzigkeit und Großmut wollen wir uns sichern; das sei unsere neue Art zu siegen. Wie sich das wird durchführen lassen, darüber habe ich mir schon meine Gedanken gemacht, und sicher läßt sich mancherlei finden. Laßt Euch bitte die Sache durch den Kopf gehen.

Numerius Magius, einen von Pompeius' Adjutanten, habe ich zu fassen bekommen. Natürlich habe ich ihn meinen Grundsätzen gemäß gleich wieder laufenlassen. Schon zwei andere Offiziere von Pompeius' Partei sind mir in die Hände gefallen, und beide habe ich freigegeben. Wenn sie sich dankbar erweisen wollen, müssen sie Pompeius dazu zu bringen suchen, daß er es vorzieht, mir Freund zu sein und nicht diesen Leuten, die stets seine und meine erbittertsten Gegner gewesen sind. Ihren Machenschaften ist es zu danken, daß das Vaterland in diese Lage geraten ist. (Atticus-Briefe IX 7C)

Diesen Brief, den Caesar am 5. März beim Marsch auf Rom, kurz nach der Kapitulation von Corfinium (am 21. Februar 49), abfaßte,[3] kennen wir dank Ciceros Briefwechsel mit Atticus – der nur teilweise erhalten ist, fehlen doch sämtliche Briefe des Atticus. Am 13. März 49 schreibt Cicero an Atticus, der ihm empfiehlt, nicht mit Caesar zu brechen.[4] Im wesentlichen stimmt Cicero mit Atticus darin überein, daß ein solches Verhalten angebracht sei, zu dem er sich dann aber aus Schwäche nicht entschließt. Zum Beleg für die Richtigkeit eines solchen Verhaltens gibt Cicero dem Freund Auskunft über den Inhalt des regen Briefwechsels zwischen ihm auf der einen und Oppius und Cornelius Balbus, Caesars Agenten in Rom und dessen eigentlichen politischen Beratern, auf der anderen Seite. Er legt auch Caesars Brief an Oppius und Cornelius Balbus bei, die ihm eine Abschrift geschickt haben – ein Brief, so fügt er hinzu, „vernünftig im Vergleich zu seiner sonstigen Tollheit".[5] Der Brief stört Ciceros prekären Balanceakt. In seinem Kommentar an Atticus schreibt er, er sei erstaunt darüber, wie „eigentümlich erpicht unser Gnaeus darauf ist, es der Gewaltherrschaft Sullas gleichzutun". Während Cicero sonst eher dazu neigt, die beiden Kontrahenten und ihre Bestrebungen auf eine Stufe zu stellen, muß er hier, angesichts von Caesars feierlicher Beteuerung, den Konsens suchen und insbesondere Sullas Methoden nicht übernehmen zu wollen, eingestehen, daß es Pompeius ist, der beabsichtigt, in die Fußstapfen des verhaßten Diktators und Freundes der Optimaten zu treten. Daher nimmt er in diesem Brief an Atticus seinen ganzen Mut zusammen und setzt in griechischer Sprache[6] noch hinzu: „Ich weiß, was ich sage"; und dann in lateinischer Sprache: „Er macht absolut keinen Hehl daraus". Die Zustellung einer Abschrift von Caesars Brief an Cicero – ein „offener Brief", der Caesars Pläne weithin bekanntmachen soll – war von langer Hand vorbereitet. Teilten ihm Oppius und Cornelius Balbus zunächst mit, ihrer Erwartung und Voraussicht nach sei Caesar entschlossen, den Kompromiß zu suchen („Zur Zeit kann man höchstens vermuten, aber nicht wissen, wozu Caesar sich entschließt"[7]), so wickelten sie ihn geschickt ein, wenn sie ihm schrieben: „Wir jedoch werden, Dein Einverständnis vorausgesetzt, Caesar schreiben, er möge uns Nachricht geben, wie er sich dazu zu stellen gedenkt". Und so war der Brief, den Caesar an die beiden schickte, gleichsam auch eine positive Antwort an Cicero, der den beiden[8] geantwortet haben muß, daß er selbstverständlich für eine versöhnliche Lösung eintrete und gegen den Krieg sei. Die beiden gingen auch bei anderen Prominenten nach derselben Strategie vor – bei jenen, die trotz Pompeius' Drohung, wer in der Hauptstadt bleibe, mache sich zum „Komplizen" Caesars, in Rom ausharrten. So wurde Caesars „offener" Brief an seine Agenten gewissermaßen zur Proklamation seiner nächsten Schritte,[9] aber auch zur Kundgabe seiner langfristigen und dauerhaften Ziele. Er ist im Grunde genommen eine Vorwegnahme jener Linie, die Caesar in der Zeit des endlosen Bürgerkriegs beibehält, der mit dem Überschreiten des Rubikon begann. Von grundlegender Bedeutung ist dabei sein Entschluß, nicht in Sullas Fußstapfen zu treten, das heißt die Gegner nicht zu verfolgen, wie es in der Geschichte der Republik erstmals geschah, als Sulla seine Feinde in den sogenannten „Proskriptionen" für rechtlos erklärte – mit all den bekannten Konsequenzen: Denn wer außerhalb des Gesetzes stand, war aller Rechte beraubt, vogelfrei, konnte also von jedermann getötet werden. Sulla hatte geglaubt, auf diese Weise den mit Waffengewalt errungenen Sieg[10] durch Terror zu festigen.

In diesem bedeutsamen „offenen Brief" schreibt Caesar unter anderem, er habe sich schon seine „Gedanken gemacht",[11] wie sein Programm der Versöhnung – eine „neue Art zu siegen", wie er es nennt – realisiert werden könne. Wir wissen nicht, was er damit meint – über die schon in Corfinium geübte Praxis hinaus, die einmal besiegten Gegner (auch höherrangige Widersacher wie Domitius Ahenobarbus) laufen zu lassen, auch auf die Gefahr hin, nach einer Weile wieder mit ihnen konfrontiert zu sein. Er ist sich des enormen propagandistischen Werts eines solchen Verhaltens bewußt und weiß, wie nützlich es ist, um das für ihn alles entscheidende Ziel zu erreichen, den Konsens, den größtmöglichen Konsens. Konsens – das ist nicht nur die Gunst der öffentlichen Meinung, sondern auch die rasche Eingliederung der sich auflösenden Legionen des Pompeius in das eigene Heer; was nicht nur militärisch (man denke an die großartigen Siege), sondern auch politisch von großer Bedeutung war (man denke an die den Legionen vorbehaltenen kurz- und langfristigen Vergünstigungen).

Unmittelbar nach Eröffnung der Feindseligkeiten stellte sich Caesar die Frage aller Fragen: *Wie findet man aus einem Bürgerkrieg heraus?* Oder besser: Wie findet man *politisch* aus einem Bürgerkrieg heraus? Und er entschloß sich zu der Sulla diametral entgegengesetzten Strategie: keine Proskriptionen, sondern Amnestie. Blitzschnell erkannte er, daß es ein Fehler war, einem militärisch und politisch geschlagenen Feind gegenüber weiterhin das „Kriegsrecht" zu praktizieren. Es entging ihm auch nicht, daß zwischen Sulla, der gegen eine populare „Partei" gesiegt hatte, und ihm, der sich gegen ein über Klientelbeziehungen und Truppen verfügendes Häufchen von Optimaten den Sieg erhoffte,[12] ein großer Unterschied bestand. Die Niederlage der Optimaten, so Caesars Kalkül, würde die Auflösung ihrer Truppen wie auch ihrer Klientelbindungen nach sich ziehen. Das wiederum würde die Strategie der Wiederversöhnung und der möglichen Einbindung der Ehrgeizigsten und am wenigsten Kompromittierten unter ihnen – vor allem der Jüngeren, die noch eine politische Karriere vor sich hatten – weiter erleichtern.

Daher wird Caesar von Sulla ein eher „neutrales" Mittel wie die Diktatur übernehmen, die Proskriptionen dagegen empört ablehnen. In dem erbitterten Kampf, der nach seinem Tod ausbrechen wird, werden seine Erben feierlich der Diktatur abschwören, aber in noch weit größerem Umfang als Sulla Proskriptionen durchführen. Zu diesem tragischen Ausgang trug gewiß auch bei, daß die Gegner, die Caesar besiegt und in Ämter eingesetzt hatte, zu dem extremen Mittel der Verschwörung und des Attentats griffen.[13] Allerdings scheint man, trotz dieser dramatischen und folgenreichen Entwicklung, andere Möglichkeiten, über die caesarische Amnestie hinaus, gar nicht in Erwägung gezogen zu haben, um einen Bürgerkrieg politisch zu beenden.[14]

2. Noch in der politischen Polemik der spätrömischen Republik, also dreißig Jahre nach Sullas Tod, war der Begriff „sullanisch" ein Synonym für den radikalen Kampf. Caesar verwendet diesen Begriff zu Beginn seiner *commentarii* zum Bürgerkrieg. Indem die Koalition seiner Gegner die Rechte der Tribunen mißachtete, gingen sie noch weiter als Sulla und taten, was nicht einmal Sulla gewagt hatte. Sie sprachen den Tribunen ihr Vetorecht ab und bedrohten sie nach siebentägiger Amtszeit an Leib und Leben. Kurz darauf, in der Rede an die dreizehnte Legion, wiederholt Caesar diesen Vorwurf und leitet ihn mit der klassischen Attacke der Popularen ein: *Novum in re publica introductum exemplum.*[15] Er „beklagte den unerhörten Verfassungsbruch, mit Waffengewalt das Veto der Tribunen schimpflich zu unterdrücken"; Sulla habe zwar die Tribunen in jeder Hinsicht entmachtet, zumindest aber ihr Vetorecht respektiert; Pompeius dagegen, der sich rühmte, seinerzeit die Rechte der Tribunen wiederhergestellt zu haben, habe ihnen jetzt sogar das Recht der *intercessio*[16] entrissen. Und die Charakterisierung seiner Gegner als „sullanisch" nimmt Caesar geschickt mit den Worten eines dieser Widersacher vorweg: „Lentulus prahlte auch im Kreise seiner Freunde, er werde ein zweiter Sulla sein, auf den alle Macht übergehe".[17]

Da die Niederschrift nach Beendigung des Bürgerkriegs erfolgte, handelt es sich um eine rückblickende Polemik, die darauf abzielte, der gegnerischen Koalition das Etikett „sullanisch" anzuheften. Von

Cicero stammt die Äußerung, der Staatsstreich Sullas sei der unmittelbare Vorläufer von Caesars Staatsstreich gewesen. Die Antwort auf diesen Vorwurf war Caesars „Manifest", das er als offenen Brief an Oppius und Cornelius Balbus in Umlauf brachte.

In den ersten Monaten des Bürgerkriegs äußert Cicero in seinen fast täglichen Briefen an Atticus die Befürchtung, es könnten sullanische Verhältnisse zurückkehren. Der Kampf, der im Gange war, erscheint ihm beinahe als eine Wiederaufnahme der Kämpfe dreißig Jahre zuvor. Er hatte gehört, Caesar drohe damit, die Ermordung der führenden Marianer zu rächen;[18] und er werde sobald als möglich seine offizielle Anerkennung durch den Senat verlangen. Auch hier ist Sulla der Präzedenzfall: „Wenn Sulla die Ernennung eines Diktators und Reiterobersten durch einen Interrex durchgesetzt hat, warum sollte er es nicht auch können?"[19] Caesars Parole (*liberalitas*) konnte Cicero nicht überzeugen. Er befürchtete, „dies ganze Gerede von Milde" laufe auf *Cinnanam illam crudelitatem*[20] (jene cinnanische Grausamkeit) hinaus. Doch die größte Gefahr sieht Cicero im Lager des Pompeius, wo man sich nach den alten Zeiten zurücksehne. Am 27. Februar schreibt er: „Schon längst geht es auf ein Regiment in sullanischem Stil hinaus, und viele, die auf seiner [des Pompeius'] Seite stehen, sehnen es herbei".[21] Und etwa einen Monat später, am 20. März, berichtet er von den Eindrücken des Freundes und Ex-Schwiegersohnes Crassipes, der aus Pompeius' Lager nach Brindisi (Brundisium) zurückgekehrt ist: „nichts wie Proskriptionen, lauter kleine Sullas".[22] Auch Pompeius, der dreißig Jahre zuvor mit einer Privatarmee an der Seite Sullas begonnen hatte, scheint entschlossen, zu diesen Methoden zu greifen: *sullaturit animus eius* (es gelüstet ihn, ein zweiter Sulla zu werden), heißt es sarkastisch bei Cicero, der damit einen neuen Begriff prägt, *et proscripturit iam diu* (und lange schon ist er aufs Proskribieren erpicht).[23]

Die Versuchung, Sulla nachzueifern, war Pompeius seit jeher ein Stachel im Fleisch: „Unser Gnaeus ist eigentümlich erpicht darauf, es der Gewaltherrschaft Sullas gleichzutun. Ich weiß, was ich sage".[24] Ciceros scharfsichtige Einschätzung der Absichten des Pompeius und seiner Verbündeten ist aufschlußreich. Eine Äußerung gewissermaßen hinter vorgehaltener Hand (die offizielle Bewertung lautete ganz anders: *quos civis, quos viros*! – was für Bürger, was für Männer!),[25] bezeugt sie gleichzeitig eine politische Tendenz, zu der man sich nicht öffentlich bekennen konnte, da selbst die sullanische Oligarchie auf Propagandaebene diese Konnotation ablehnte.

Lentulus' Äußerung (*se alterum fore Sullam /* daß er ein zweiter Sulla sein werde) – so sie denn authentisch ist – war eine Provokation, und als solche verstand sie sogar Caesar. Der Begriff „sullanisch" war auch weiterhin negativ besetzt: *proscriptio Sullana, saeculum Sullanum, Sullana tempora* (sullanische Proskription, sullanisches Zeitalter, sullanische Zeiten).[26] Jedenfalls solange, bis das sullanische Jahrhundert mit dem großen „sullanischen" Massaker Ende 43 abgeschlossen war.

3. Die Kapitulation von Corfinium hatte Caesar erneut Gelegenheit geboten, sein Programm in die Tat umzusetzen. Als Publius Cornelius Lentulus Spinther,[27] der Corfinium gegen Caesars Belagerung nicht halten konnte, um die Aufnahme von Kapitulationsverhandlungen bat, nutzte Caesar die Gelegenheit (so, wie die Umstände nun einmal waren), Lentulus zum Sprecher seiner Propaganda gegenüber der Stadt und den belagerten Truppen zu machen. Hier folgt seine Darstellung der Ereignisse. Es ist kein Zufall, daß die *commentarii* alle Details wiedergeben:

[1] Um die vierte Nachtwache sprach Lentulus Spinther von der Mauer herab Caesars Wachposten an: Er wolle, wenn ihm dazu die Gelegenheit gegeben werde, mit Caesar zusammentreffen. [2] Dies wurde ihm gestattet, und er wurde aus der Stadt herausgelassen; aber die Soldaten des Domitius verließen ihn nicht eher, als bis er Caesar vorgeführt wurde. [3] Mit ihm verhandelte er wegen seiner Sicherheit; er bat ihn inständig, ihn zu schonen, erinnerte an die alte Freundschaft, wies auf die ihm von Caesar erwiesenen großen Gefälligkeiten hin; [4] durch ihn war er ins Priesterkollegium aufgenommen worden und hatte nach der Prätur die Provinz Spanien erhalten, von ihm war er bei seiner Bewerbung um das Konsulat unterstützt worden. [5] Caesar fiel ihm ins Wort: Er habe nicht in feindlicher Absicht seine Provinz verlassen, sondern nur, um sich gegen die schmachvolle Behandlung seiner Feinde zu wehren, die schmachvoll aus dem Lande vertriebenen Volkstribunen wieder in ihre Würde einzusetzen und sich und das durch das politische Treiben einer kleinen Gruppe bedrohte römische Volk zu befreien. [6] Durch seine Worte ermutigt, bat Lentulus um die Erlaubnis, in die Stadt zurückzukehren; was er zu seiner Rettung erreicht habe, werde auch den anderen Hoffnung und Trost bringen; einige seien so bestürzt, daß sie sogar an Selbstmord dächten. Er bekam die Erlaubnis und kehrte zurück.[28]

Doch die Sache ist damit keineswegs abgeschlossen. Wie wir aus
Caesars Brief an Oppius und Cornelius Balbus wissen, befand sich
unter den in Corfinium gefangenen Militärführern des Pompeius
auch Numerius Magius.[29] In seinem Brief vom 5. März schreibt
Caesar: „N. Magius, einen von Pompeius' Adjutanten, habe ich zu
fassen bekommen. Natürlich habe ich ihn meinen Grundsätzen
gemäß gleich wieder laufenlassen". In Wirklichkeit trug sich
alles etwas anders zu. Nach der Kapitulation von Corfinium liefen
einige Kohorten zu Caesar über, andere wurden abgefangen, als
sie versuchten, zu Pompeius nach Apulien vorzustoßen, dann aber
wieder laufengelassen. Numerius dagegen wurde gefangengenommen, zu Caesar gebracht und mit dringlichen Kompromißvor-
schlägen zu Pompeius geschickt, der sich bereits in Brindisi verschanzt hatte und sich anschickte, über das Adriatische Meer überzusetzen.

In seinen *commentarii* versichert Caesar, Pompeius habe Numerius nicht zu ihm zurückgeschickt, schon gar nicht mit einer Antwort.[30] Doch unter den Briefen Ciceros an Atticus ist zufällig auch
ein merkwürdiges Schreiben Caesars an Oppius und Cornelius Balbus erhalten, von dem Balbus am 22. März eine mit einem knappen
Kommentar versehene Abschrift an Cicero schickte.[31] In diesem
Schreiben heißt es: „Am 9. März bin ich vor Brindisi angelangt und
habe vor den Mauern Lager bezogen. Pompeius ist in Brindisi. Er
hat *mir* N. Magius wegen des Friedens zugeschickt". Eine Brachy-
logie, denn *misit ad me N. Magium de pace* kann sowohl „mit
Friedensvorschlägen" als auch „mit einer Antwort auf meine Frie-
densvorschläge" bedeuten.[32] Weiter heißt es: „Ich habe ihm meine
Gegenvorschläge übermittelt (*quae visa sunt respondi*). Davon wollte ich Euch gleich in Kenntnis setzen. Sobald ich den Eindruck
gewinne, mit den Verhandlungen weiterzukommen, benachrichtige
ich Euch sofort". Der Widerspruch würde sich nur auflösen, wenn
man sich vorstellt,[33] Magius habe zunächst Vorschläge überbracht,
die für Caesar inakzeptabel waren, und daher sei der Dialog ins
Stocken geraten, weshalb Magius im Lager des Pompeius blieb und
sich wenig später nach Osten einschiffte. Bleibt die Tatsache, daß
Caesar die Sache in den *commentarii* in einem möglichst vorteilhaften Licht darstellt[34] und jene Verhandlungsphase verschweigt (die
es mit Sicherheit gab), in der sich Caesar entschloß, Vorschläge
abzulehnen, die für ihn eher einer Kapitulation als einer gütlichen
Einigung gleichkamen.

Caesars Schreiben an seine beiden Agenten zeigte einen gereizten Ton. Ohne es mit Worten zum Ausdruck zu bringen, gibt Caesar deutlich zu verstehen, daß er die Vorschläge der Gegenseite abgelehnt hat: *Quae visa sunt respondi*, was man mit „Ich habe ihm die angemessene Antwort übermittelt" widergeben könnte. Dann macht auch der folgende Satz Sinn: „Davon wollte ich Euch gleich in Kenntnis setzen". Der Schlußsatz ist nicht nur der Enttäuschung angemessen, die aus den vorausgehenden Sätzen spricht, sondern bringt Caesars Skepsis über die Aussicht auf eine Einigung zum Ausdruck: „Sobald ich den Eindruck gewinne, mit den Verhandlungen weiterzukommen, benachrichtige ich Euch sofort". Daher kommentiert Balbus diese Sätze auch beinahe traurig (in einem letzten Versuch, Cicero weiter bei der Stange zu halten): „Wenn es sonst demnächst noch etwas Neues gibt, schreibe ich Dir sofort". In Wirklichkeit war damit die Sache erledigt. Am 14. März, einige Tage nach Caesars Brief an Oppius und Cornelius Balbus, teilte Caesar Quintus Pedius, seinem Neffen und Mitarbeiter, mit, daß die Belagerung von Brindisi lange Zeit in Anspruch nehmen werde, und vor allem, daß es „keine Alternativen" gebe.[35] Auch dieser Satz ist nur allzu aussagekräftig: Er besagt nicht nur, daß es keine Alternativen zu Caesars Hafenblockade, sondern daß es keine Alternativen *zum Krieg* gibt, der bereits ausgebrochen ist, weil der dünne Verhandlungsfaden gerissen ist. Numerius kam ja nicht zurück. Cicero begreift, daß jetzt auch für ihn die Stunde der Entscheidung gekommen ist, und es bricht aus ihm heraus: „Wo bleibt da der Friede, um den sich Balbus angeblich so sorgt?"[36]

Den weiteren Verlauf kennen wir.[37] Der Verhandlungspoker in allerletzter Minute war ein riskantes Spiel. Caesar scheut zwar keine Anstrengungen, um zu einer Versöhnung zu gelangen, er darf sich aber auch nicht in die Enge drängen lassen, bevor es zum Kampf kommt. Also muß er sich weit vorwagen, gleichzeitig aber Härte zeigen und sich rechtzeitig zurückziehen. Die Gegenseite wiederum möchte die Verantwortung für den Bruch Caesar in die Schuhe schieben. Daher auch die Vorschläge des Numerius, die Caesar als inakzeptabel ablehnt. Das ist auch der Grund dafür, daß Caesar in seinen *commentarii* diese Verhandlungsphase verschweigt, um seine Version der Geschehnisse besser zur Geltung zu bringen – daß nämlich am Scheitern der Verhandlungen seine Gegner schuld sind.[38]

XX
„Amicitia"

1. „Amicitia" – das war jener fundamentale Wert, der das Funktionieren des öffentlichen Lebens in Rom überhaupt erst ermöglichte. Sie war Dreh- und Angelpunkt aller politischen Gruppierungen, aber auch Garant für Menschlichkeit, ja Solidarität der Beziehungen zwischen Vertretern der politischen Richtungen. Zuweilen wird die Ansicht vertreten, die *Freundschaft* sei der entscheidende Faktor zum Verständnis der römischen Politik – nicht zuletzt deshalb, weil die politische Führungsschicht historisch tief verwurzelt war.[1] In der Tat, „der konservative römische Wähler konnte selten dazu gebracht werden, einem Manne seine Stimme zu geben, dessen Name nicht schon seit Jahrhunderten als ein Stück der Geschichte der Republik bekannt war".[2] Cicero widmete der *amicitia* eine berühmte Schrift, in der er die – seiner eigenen Lebenserfahrung widersprechende – rigoristische These vortrug, wahre Freundschaft müsse interesselos sein. Was er dabei außer acht läßt, ist die Tatsache, daß auch eine auf gegenseitigen Vorteil und Nutzen gegründete Freundschaft durchaus und ohne Einschränkungen als solche empfunden wurde. Daher ist nicht Ciceros *De amicitia* das Buch, das uns zu einem besseren Verständnis verhilft, sondern es sind Caesars *commentarii* zum Bürgerkrieg. Jahre später wird Asinius Pollio schreiben, die *amicitiae principum* (die Freundschaftsbeziehungen der Ersten) seien mit den Ursachen des Bürgerkriegs unauflöslich verbunden.[3]

Es existieren zwei nach Caesars Tod entstandene und an Cicero gerichtete[4] Briefe, deren Verfasser, die Caesar in den Bürgerkrieg gefolgt sind, ihrem Briefpartner nicht ohne eine gewisse Verlegenheit darlegen, weshalb sie diesen Weg gewählt haben: Asinius Pollio und Gaius Matius begründen beide ihren Schritt mit dem verpflichtenden Band der *amicitia*. Matius schreibt im August 44: „Ich bin in dem Bürgerzwist nicht dem Parteimann Caesar gefolgt, sondern habe nur den Freund nicht im Stiche gelassen".[5] Und Asinius: „Weil ich auf beiden Seiten erbitterte Feinde hatte, habe ich mich der Partei entzogen, bei der ich, wie ich wußte, den Nachstellungen eines meiner Feinde einfach schutzlos preisgegeben sein würde".[6] Die Diskussion

zwischen Matius und Cicero kreist um die Bedeutung der Freundschaft in der Extremsituation des Bürgerkriegs. In aller Ausführlichkeit erinnert Cicero daran, wie unerschütterlich ihre Freundschaft
geblieben war und wie sich deren Beständigkeit gerade dann erwiesen
habe (insbesondere auf seiten des Matius, der zu den Siegern gehörte), als sich ihre Wege trennten. „Soweit ich mir die Vergangenheit
vergegenwärtigen kann", schreibt Cicero, „bist du mein ältester, be-
währtester Freund".[7] Der unausgesprochene, aber eindeutige Sinn
und Zweck dieser Rekapitulation besteht in der Aussage, daß Politik
und *amicitia* zwar in einem Zusammenhang ständen, aber nicht dasselbe seien (tatsächlich sagt Cicero von seiner schweren und lange
hinausgezögerten Entscheidung für Pompeius, sie sei von „meiner
Ehre, meinem Pflichtgefühl oder meinem Verhängnis"[8] bestimmt gewesen). „Ich gebe zu", erwidert Matius, „daß ich diesen Grad der
Weisheit noch nicht erreicht habe [als er sich aus Freundschaft für
Caesar entschied]; die Leute [womit er aber Cicero meint] sagen
nämlich, erst komme das Vaterland und dann der Freund; gerade als
ob sie schon bewiesen hätten, daß sein Tod ein Segen für den Staat
gewesen ist".[9] Ciceros Position steht auch in diesem Briefwechsel in
Einklang mit seinen Erörterungen in *De amicitia*, die zur gleichen
Zeit entstanden sind. Matius dagegen vertritt die gängige Auffassung. Mit freundlicher Ironie schickt Matius – der Cicero nach eigenen Angaben ermuntert hat, seine *Philosophica* zu schreiben – daher
voraus, er habe noch nicht den Grad der Weisheit erreicht, der ihn
vergessen ließ, daß die *amicitia* im öffentlichen Verhalten an oberster
Stelle steht. Deshalb auch hatte er sich beispielsweise bei Ausbruch
der Feindseligkeiten über die Parteinahme des Brutus (des Sohnes der
Servilia, Caesars langjähriger Geliebter) so sehr ereifert. Alle wußten, daß Brutus' Vater im sullanischen Bürgerkrieg auf Befehl des
Pompeius brutal ermordet worden war.[10] Daher wurde allgemein erwartet, Brutus würde sich auf die Seite Caesars stellen. Fanatisiert
durch seinen Onkel Cato, Caesars Erzfeind und – wenn auch mit
erheblichem Widerwillen, sozusagen *obtorto collo* – Verbündeten des
Pompeius, hatte er sich für Pompeius entschieden: auch er überzeugt,
daß das Vaterland, um mit Matius' Worten zu sprechen (der diese
Auffassung nicht teilte), „vor der Freundschaft" käme. Cicero selbst,
der in seinem Brief an Tiro Mitte Januar 49 davon spricht, daß alles
auf den Bürgerkrieg zusteuere, sieht Caesar im übrigen zwar durchaus als den Verfasser „des scharfen, drohenden Schreibens an den
Senat", vergißt aber nicht, ihn „unser Freund" zu nennen.[11] In Wahr-

heit war der „weise" Matius ein weitaus stärkerer Verfechter der politischen Praxis in Rom. Als Lentulus Spinther, unfähig, der Belagerung von Corfinium länger standzuhalten, um eine Unterredung mit Caesar bat (die er auch bekam), erinnerte er ihn als erstes „an die alte Freundschaft" und (was noch interessanter ist) zählte nicht seine Verdienste gegenüber Caesar auf, sondern die Verdienste, die sich Caesar ihm gegenüber erworben hatte.[12] Das Band der Freundschaft war also nicht nur auf der Basis von Gegenseitigkeit geknüpft, sondern galt *als Wert an sich*. Wer einmal *amicus* war, war gewissermaßen angehalten, es immer zu sein, auch in der extremen Situation, in die Caesar und Lentulus gerieten – als Belagerer und Belagerter in einem Krieg, der soeben vom Streit der Worte zu Waffengewalt übergegangen war. Der Automatismus der *amicitia* behielt die Oberhand bzw. man erwartete, daß er gegenüber dem Automatismus des Bürgerkriegs die Oberhand behielt. Daher unterbricht Caesar auch Lentulus und sagt, er „habe seine Provinz nicht in böser Absicht verlassen [Lentulus brauche daher für seine Person nichts zu befürchten], sondern um sich gegen schimpfliche Behandlung durch seine Feinde zu wehren" und – doch das wird dem persönlichen Aspekt nachgeordnet – die „dabei aus der Stadt verjagten Volkstribunen wieder in ihre *dignitas* einzusetzen" und schließlich (in sonderbarer Steigerung, durch die die Belange von allgemeinerer Tragweite ganz in den Hintergrund gerückt werden) „sich und das römische Volk, das der Klüngel einiger weniger unterdrücke, zu befreien".[13] Lentulus, der eigentlich hätte ausharren und auf Befehl einer *factio paucorum* kämpfen sollen, kehrt, durch diese Worte ermutigt, mit Caesars Erlaubnis und mit der Zusicherung auf baldige Rettung auch der anderen Belagerten nach Corfinium zurück.

2. Solange die Fronten zwischen Siegern und Besiegten nicht klar gezogen waren, war also nichts unangebrachter als die Vorstellung eines Bürgerkriegsautomatismus. Marius galt für nicht weniger wild als Sulla, weil er sich nach einem solchen Automatismus verhielt und die anderen „Fäden" zerschnitt, die das Geflecht der politischen Gemeinschaft Roms zusammenhielten.

Auch im Bürgerkrieg blieb Caesar *pontifex maximus* (Oberpriester). Zu keinem Zeitpunkt des Konflikts dachten seine Gegner daran, ihn dieses Amtes zu entheben, selbst in der verhängnisvollen und in gewisser Weise tragikomischen Sitzung vom 7. Januar 49 nicht. Das war aber keineswegs einer Unvorsichtigkeit geschuldet, sondern der Inopportunität, Ämter zu entziehen (beispielsweise sakrale Ämter), die mit politischen Organen wie dem Senat nichts zu tun hatten.[14] Der Eifer, mit dem sich Sulla bemüht hatte, den Amtsantritt des jungen Caesar als *flamen dialis* zu vereiteln, hatte selbst seine Anhänger abgestoßen.[15] Sakrale Ämter konnten nicht durch einen politischen Akt, sondern nur durch einen gewaltsamen Übergriff entzogen werden – wie durch Sulla im Fall von Caesars Priesteramt als *flamen dialis*. Caesar blieb auch als *hostis*, als Feind, der *pontifex maximus*. Er wiederum bestimmte seinen alten Feind und „Verfolger" Lucius Domitius Ahenobarbus erst dann zu einem der *pontifices*, als dieser in Pharsalos ums Leben gekommen war, um ihn dann durch seinen eigenen Großneffen, den fünfzehnjährigen Octavius, zu ersetzen.[16]

Unmittelbar vor dieser Schlacht bei Pharsalos, als sie glaubten, Caesars Tage seien gezählt, brach zwischen Domitius Ahenobarbus, Lentulus Spinther und anderen ein Streit um das Oberpontifikat aus, das Caesar nach wie vor innehatte.[17] Sie glaubten, Caesar werde bald nicht mehr am Leben sein oder fliehen müssen und folglich keine Möglichkeit mehr haben, sein oberstes Priesteramt *auszuüben*. Er wurde also nicht *abgesetzt*. Die Nachfolgefrage wurde erst dann gestellt, wenn man annahm (in diesem Fall zu Unrecht), der Amtsinhaber sei bald nicht mehr am Leben.

3. Als „Gegenprobe" für den Mechanismus der *amicitia* fungiert die Unversöhnlichkeit, die erbitterte *inimicitia* (Feindschaft). „*Amicitia* setzt *inimicitia* voraus, ererbte oder erworbene. Kein Staatsmann konnte Macht und Einfluß gewinnen, ohne sich viele Feinde zu machen".[18] Caesar brachte man den abgeschlagenen Kopf des Labienus nach einer letzten erbitterten Schlacht gegen ihn, Caesars einstigen General im Gallienfeldzug: Labienus hatte die *amicitia* verraten, als er nach Überschreiten des Rubikon auf die Gegenseite wechselte. Wahrscheinlich einstmals in Caesars Umgebung eingeschleust, war er dort in immer höhere Positionen aufgestiegen.[19]

Titus Labienus hatte seine politische Karriere als Volkstribun an der Seite Caesars begonnen (63 v. Chr.) und ihn auch in dem politisch brisanten Prozeß gegen den Mörder des *popularis* Saturninus (ein Mord, der Jahrzehnte zurücklag) tatkräftig unterstützt. Bei der Wahl zum *pontifex maximus* ebnete er Caesar den Weg, indem er die Bestellung des obersten Priesters wieder in die Hände der Komitien legte. Caesar hatte ihn zum *legatus pro praetore* in Gallien ernannt,

ein Amt, das er zwischen 58 und 50 v. Chr. ausübte.[20] Noch kurz
vor Ausbruch des Bürgerkriegs betraute Caesar Labienus mit verant-
wortungsvollen militärischen Aufgaben.[21] Doch kurz nach Ausbruch
der Feindseligkeiten lief Labienus zu Pompeius über – damit einer
geheimen, aber alten „Loyalität" folgend, der er sich nicht entziehen
konnte und wollte. Pompeius verkündete bei seinem Treffen mit den
Senatoren am 17. Januar 49 bedeutungsvoll Labienus' Frontwechsel.
Es kam zu euphorischer Begeisterung, als stehe damit die Auflösung
von Caesars Streitkräften unmittelbar bevor. Labienus legte alles offen, was er über Caesars geheimste Pläne wußte, angefangen bei den
Truppenverschiebungen. Wir können uns gut vorstellen, daß Caesar
in fieberhafter Eile daranging, seine ursprüngliche Strategie in vielen
Punkten zu ändern, vor allem, da wir wissen, daß seine Gegner auch
weiterhin von seinen Schlägen überrascht wurden.

Von da an vertrat Labienus extreme Positionen und stellte sich
allen Einigungsbestrebungen entgegen. Er nahm an sämtlichen
Schlachten des Bürgerkriegs teil, und in Munda hätte er beinahe
gesiegt. Auf die *clementia Caesaris* konnte er zwar nicht hoffen, wohl
aber wurde ihm ein würdiges Begräbnis zuteil.

4. Ähnliche Positionen vertrat auch Cato. In der kurzen Skizze seiner
Gegner, die Caesar zu Beginn des Bürgerkriegs zeichnet, heißt es von
Cato nur, daß sein Groll durch das „alte Zerwürfnis"[22] (wir erinnern
uns an die peinliche Szene im Senat während der Sitzung, in der über
das Schicksal der Catilinarier entschieden wurde: als Cato das Billet
abfing, das man Caesar zugesteckt hatte) und die schmerzliche Niederlage bei seiner Bewerbung um den Konsulat[23] ausgelöst wurde.
Nachdem er vom verheerenden Ausgang der Schlacht bei Thapsos
erfahren hatte, nahm er sich in Utica das Leben, was selbst seine
Anhänger verwunderte. In seinen *commentarii* erwähnt Caesar Cato
nur, um ihn lächerlich zu machen, wenn er dessen schmachvolle
Flucht aus Sizilien beschreibt, einer Provinz, die er am 7. Januar erhalten hatte. Das knappe und vernichtende Kurzporträt, das Caesar
von seinem Widersacher zeichnet, wird durch die Paraphrase einer
Rede Catos ergänzt, mit der dieser seinen Anhängern die Gründe für
seine Flucht erläutert und Pompeius die Schuld an „einem unnötigen
Krieg"[24] gibt; Caesar schließt effektvoll mit den Worten: „Nach solcher Klage in der Versammlung floh er aus der Provinz".[25]

In seiner Rede vor dem Senat nach der Invasion in Italien und der
Rückkehr nach Rom, noch ohne offizielle Machtbefugnisse, wird

Caesar *einzig und allein* Cato namentlich aus der Gruppe seiner
Gegner herausgreifen und attackieren. „Die zehn Volkstribunen",
heißt es da, „hätten gegen den Einspruch seiner Feinde und bei erbittertem Widerstand Catos, der nach seiner alten Gewohnheit durch
Dauerreden die Tage hinzog, den Antrag gestellt, seine [Caesars]
Bewerbung solle auch *in absentia* berücksichtigt werden, und dies
unter Pompeius selbst als Konsul".[26]

Mit diesen wenigen Hinweisen auf Catos politisches Handeln will
Caesar ausdrücken, daß er ihn für einen mittelmäßigen und dummen
politischen Kopf hält.

Wir kennen die Quelle nicht, aus der Caesar die Information über
Catos gegen Pompeius gerichtete Worte vom „unnötigen Krieg" bezog. Diese Worte aus dem Mund eines Mannes, der die Provinz –
ihm anvertraut in einem Moment, da *angesichts des Konflikts mit
Caesar*[27] die Provinzen unter den Anhängern des Pompeius neu verteilt wurden – im Stich läßt, kommen jedenfalls einem politischen
Selbstmord gleich.[28]

XXI
Vom Rubikon nach Pharsalos

1. Der Ausbruch des Bürgerkriegs ist eine Art *drôle de guerre*. Nach der Besetzung von Picenum, Umbrien und Etrurien sowie der Demütigung des Lucius Domitius Ahenobarbus, der Caesars Statthalterschaft in Gallien zu übernehmen gedachte (sich aber bei der mißglückten Verteidigung Corfiniums lächerlich machte), versuchte Caesar, der die adriatische Küste entlang hinunter nach Brindisi (Brundisium) eilte, Pompeius' Flucht aus Italien zu vereiteln. Nachdem der Plan gescheitert war – am 17. März 49[1] stach Pompeius Richtung Dyrrhachium in See –, verlor Caesar seinen Feind für längere Zeit aus den Augen. Er kehrte eilends nach Rom zurück, um vordringlich die Herrschaft über Italien zu festigen. Auf einen fulminanten Beginn folgte eine Zeit der Stagnation oder besser des Abwartens. Der schnelle „Bewegungskrieg", den Caesar so sehr liebte, kam abrupt und für längere Zeit zum Stillstand. Zeitweilig kehrte sich die Strategie sogar um. Caesar bemühte sich um die Konsolidierung seiner Herrschaft vor Ort, Pompeius um den Aufbau einer großen Streitmacht in Griechenland und Makedonien.

Wie war es zu dieser paradoxen Situation gekommen? Pompeius hatte seine Freunde getäuscht, als er mit dem für ihn typischen Überlegenheitsgestus dem Rest der Welt gegenüber erklärt hatte, er müsse nur mit dem Fuß auf den Boden stampfen, dann werden „Streitkräfte zu Fuß und zu Roß emporsteigen".[2] Plötzlich aber überließ er Italien dem Gegner und begann, in Griechenland ein „unbesiegbares" Heer aufzubauen. Favonius, ein treuer Gefolgsmann Catos, hielt Pompeius diese unbedachte und selbstherrliche Ankündigung vor, als klar war, daß zumindest aus dem Boden Italiens rein gar nichts emporsteigen würde.[3] Für Napoleon war Pompeius' Taktik glatter Selbstmord. Sieht man einmal von seiner in den Militärschulen erlernten Übung ab, auf den Schlachtfeldern der Geschichte „Krieg zu spielen", muß man zugeben, daß der Kaiser der Franzosen in diesem Fall gar nicht so unrecht hatte, wenn ihn die Begeisterung für Caesar auch zuweilen blind machte. Seine Kritik ist militärisch wie politisch fundiert. Als guter General, als Kind der Französischen Revolution und der damaligen Erneuerung der Kriegsführung wußte Napoleon Bonaparte, daß Krieg und Politik unauflöslich miteinander verbunden sind. Daher ist der erste und schwerste Fehler, den er am Ende des neunten Kapitels seines *Précis* dem unzulänglichen Nacheiferer Alexanders des Großen anlastet, die Nichtbeachtung der Tatsache, daß „das Volk" hinter Caesar stand. Pompeius hatte sich verrechnet, denn er verkehrte nur mit den „Großen" und den Senatoren, „qui parlaient très haut" und deren „betäubende" Stimme das politisch maßgeblichste Faktum übertönte: „Das Volk hatte eine unbändige Neigung zu Caesar". Zunächst wiegte sich Pompeius in Rom in Sicherheit, dann überfiel ihn Panik, und er suchte nach einer sicheren Basis außerhalb Italiens. Pompeius' zweiter Fehler war, daß er nicht einmal die Möglichkeit erwog, die sechs ihm treu ergebenen spanischen Legionen in Rom zusammenzuziehen – war er doch nach wie vor Prokonsul in Spanien, auch wenn er sich nie aus Rom fortbewegt hatte, während sich Caesar in Gallien seine Zukunft aufbaute. Die in Spanien stationierten Legionen hätten, so meint Napoleon keineswegs zu Unrecht, aus Valencia, Cartagena und Tarragona aufbrechend, binnen weniger Wochen in Ostia und Neapel an Land gehen können.[4] Es waren kampferprobte Legionen, auch wenn sie zweitrangigen Kommandeuren unterstanden (Afranius, Petreius sowie dem großen Schriftsteller, aber mittelmäßigen Soldaten Marcus Terentius Varro); daher bezeichnete Caesar diese Legionen auch als „Heer ohne Feldherren".[5] Napoleons Schlußfolgerung jedenfalls lautet: „Rom war es, was verteidigt werden mußte; darauf hätte Pompeius vom ersten Augenblick an seine Kräfte konzentrieren müssen". Dann fährt er in beinahe belehrendem Ton fort: „Man muß alle seine Truppen zusammenhalten, *weil sie gegenseitig ihren Kampfgeist anfeuern*[6] *und in die Macht der Parteiung vertrauen*. Auf diese Weise entwikkeln die Truppen eine Anhänglichkeit und bleiben der Parteiung treu verbunden". Napoleon legt dar, welche Strategie er selbst anstelle von Pompeius verfolgt hätte. Hätten sich die dreißig Kohorten des Domitius Ahenobarbus – statt sich sinnlos bei der Verteidigung Corfiniums aufzureiben, um Caesar den Weg nach Picenum zu versperren – vor den Toren Roms mit den beiden Legionen des Pompeius vereint und wären die in Spanien, Africa, Ägypten und Griechenland stationierten pompeianischen Legionen gleichzeitig auf dem Seeweg nach Italien gekommen, hätte Pompeius mit einer größeren Streitmacht[7] als Caesar in den Kampf gehen können.

BRITANNIA

BELGAE

TREVERI

Samarobriva   Sabis

Durocatorum

Lutecia   Agedincum

VENETER

Cenabum

GALLIA

Vesontio

Alesia

Avaricum

HELVETII

Bibracte

Gergovia

Vienna

Comum

Uxellodunum

GALLIA ULTERIOR

GALLIA CIT

Placen

Tolosa

Lu

AQUITANI   Narbo   Massilia

Brigantium

CORSICA

Ilerda

HISPANIA

Tarraco

SARDINIA

HISPANIA   CITERIOR   Saguntum

ULTERIOR

Olisipo

Corduba

LUSI-
TANI   Italica   Obulco

Hispalis

Novo Carthago

Urso

Utica   Ca

Gades   Munda

AFRI

NUMIDIA   Hadrumetum

MAURETANIA

S

	49 v. Chr.
	48 v. Chr.
	47 v. Chr.
	47/46 v. Chr.
	46/45 v. Chr.

© Huber & Oberländer, München

Das Römische Reich zur Zeit Caesars
Schematische Darstellung der Unternehmungen
Caesars 49–45 v. Chr.

Diese Bemerkungen Napoleons hatte Mommsen vor Augen, als er in der *Römischen Geschichte* (V. Buch, 10. Kapitel) Pompeius' irritierende Entscheidung erörterte. Auch Mommsen ist der Ansicht, Pompeius hätte in kürzester Zeit, spätestens Anfang Frühjahr, über mindestens 60 000 Mann verfügen können, deren Kern die sieben ihm treu ergebenen spanischen Legionen gebildet hätten. Die beiden an Pompeius abgetretenen Legionen Caesars, die vor den Toren Roms standen, beurteilt Mommsen als äußerst unzuverlässig, gedachten sie doch, so meint der Historiker,[8] sehnsüchtig der Geschenke, die den Soldaten *ad personam* für den Triumph versprochen und den Truppen vor ihrem Abmarsch „im voraus ausgezahlt" worden waren. Die ersten Niederlagen in Picenum, so Mommsen weiter, hätten Rom in panischen Schrecken versetzt und Pompeius überzeugt, es sei klüger, sich zurückzuziehen; denn er war es gewohnt, mit einer überlegenen Streitmacht langsam und sicher zu operieren, statt improvisiert und überraschend anzugreifen. Der große Historiker Mommsen, der seine Sympathie für Napoleon III. nicht verhehlt, erörtert hier die militärischen Überlegungen Napoleons I., ohne ihn namentlich zu erwähnen, läßt aber dessen entscheidenden Punkt außer acht. Napoleon zufolge war schon die sinnlose Verteidigung von Picenum ein schwerer Fehler. Domitius hätte nicht allein in dieses gefährliche Unternehmen geschickt werden dürfen, vielmehr hätten sich seine Einheiten mit anderen Truppen des Pompeius zur Verteidigung Roms zusammenschließen müssen, was freilich nicht geschah.[9]

Tatsächlich hatte auch Domitius dem Pompeius die Unvernünftigkeit seiner Strategie vorgehalten. Das berichtet Caesar in seinen *commentarii*, die eine Fülle an Informationen aus der Zeit während und nach dem Feldzug enthalten.[10] Selbst vom belagerten Corfinium aus versuchte Domitius noch, Pompeius von seinem Plan abzubringen, der bereits in Apulien war. Caesar schreibt dazu: „Als Domitius dies sah, schickte er ortskundige Boten, denen er eine hohe Belohnung versprach, mit einem Brief zu Pompeius nach Apulien, um *dringend Hilfe von ihm zu erbitten*".[11] Der von den Boten überbrachte Strategieplan sah folgendes vor: „Man könne Caesar mit zwei Heeren [das heißt, wenn Pompeius umgehend in den Norden aufbricht und Domitius bei der Verteidigung von Corfinium zu Hilfe kommt] in dem engen Gelände leicht einschließen und vom Nachschub abschneiden".[12] Andernfalls, so Domitius' Befürchtung, gerate er selbst mit mehr als dreißig Kohorten „und einer großen Zahl römischer Senatoren und Ritter" in ernste Gefahr.[13]

Pompeius überhörte diesen dringenden Appell. Corfinium kapitulierte. Mit Vergnügen und minutiöser Genauigkeit berichtet Caesar von der Kapitulation und der Demütigung seines ärgsten Feindes. Vor allem ließ er sich alle Senatoren, deren Kinder, die Ritter und Militärtribunen vorführen, die an der Spitze des belagerten Heeres gestanden hatten. Es waren nur fünf Männer senatorischen Standes darunter[14] – Domitius Ahenobarbus selbst und Lentulus Spinther, der am Abend zuvor mit Caesar die Kapitulation ausgehandelt hatte, sowie zwei weitere Senatoren und der Sohn des Domitius –, dazu Ritter und eine Schar Dekurionen, die Domitius aus den nächstliegenden Munizipien hatte kommen lassen. Unter Schmährufen wurden sie vor Caesar gebracht. „Alle die Vorgeführten schützte Caesar vor Beleidigungen und Mißhandlungen durch die Soldaten".[15] Caesar hielt ihnen bloß in aller Kürze die Undankbarkeit vor, sich für die von ihm erwiesenen Dienste nicht erkenntlich gezeigt zu haben. Dann entließ er alle ungeschoren. Die gigantische Geldsumme von fast sechs Millionen Sesterzen, die Domitius im öffentlichen Aerarium der Stadt hatte hinterlegen lassen und die die Duumvirn von Corfinium Caesar überbrachten, gab er Domitius zurück.[16] Zur Begründung heißt es bei Caesar, „man solle nicht sagen, er habe mehr Beherrschung gezeigt, wenn es um Menschenleben als wenn es ums Geld ging", obwohl, so fährt er fort, „auch feststehen mochte, daß es Staatsgelder waren". Diese Sätze sind mit Bedacht gewählt: als Erwiderung auf die Kritik, die gegen ihn erhoben wurde, als er sich wenige Tage später in Rom den Staatsschatz aneignete (eine Episode, die man in den *commentarii* vergebens sucht;[17] dagegen wird der Konsul Lentulus lächerlich gemacht, der es nicht geschafft hatte, Pompeius das Geld aus dem Staatsschatz zu bringen, wie er es *ex senatus consulto* hätte tun sollen).[18]

2. Rom versank im Chaos. Eindrucksvoll beschreibt Plutarch die allgemeine Orientierungslosigkeit, die Handgreiflichkeiten zwischen Bürgern aus unterschiedlichen politischen Lagern, die Senatssitzung am 17. Januar, in der Pompeius heftig attackiert wird, weil er Caesars Angebote ausgeschlagen hat; Pompeius solle, so fordert Favonius höhnisch, mit dem Fuß aufstampfen und die versprochenen Armeen heraufrufen.[19] Nach dieser qualvollen Sitzung flohen die Konsuln mit Pompeius in Richtung Süden, wurden dann in Teanum von Caesars drängenden Friedensvorschlägen eingeholt, die sie erneut ablehnten. Bevor die Konsuln Rom verließen, erinnerte man sie an ihre Pflicht

und Schuldigkeit, die Staatskasse in Sicherheit zu bringen. Aufgefordert, dieser Pflicht zu genügen, ließen sie verlauten, es sei sicherer, wenn Pompeius zuvor Picenum besetze ...[20] Die Panik erklärt sich aus der Tatsache, daß niemand eine genaue Vorstellung von Caesars nächsten Truppenbewegungen hatte: Schon gab es Visionäre, die behaupteten, sie hätten seine Reiterei vor den Toren Roms stehen sehen. Derartige Gerüchte steigerten die allgemeine Aufregung, in der die Konsuln, Pompeius und ein Teil des Senats Richtung Süden und dann direkt nach Brindisi flüchteten, obwohl Labienus von seiner Desertion aus Caesars Lager wichtige und geheime Nachrichten mitgebracht hatte.[21]

Der Senat wurde erpreßt: Wer in Rom bleibe, so hieß es, beabsichtige, mit Caesar zu kollaborieren. Den Zweiflern hielt Pompeius entgegen, „nicht die Plätze und Häuser gewährten den Menschen die Macht oder die Freiheit, im Gegenteil, diese trügen, wo immer sie auch seien, jene mit sich".[22] Eine Strategie ganz im Geiste des Themistokles: Man müsse Athen verlassen, denn Männer machten eine Stadt aus. In einem der zahlreichen, aus innerer Qual entstandenen Briefe, die Cicero in jenen Monaten an Atticus schreibt, erinnert er an den themistokleischen Präzedenzfall und bezeichnet die Strategie des Pompeius als *Themistocleum consilium*.[23] Im Wirklichkeit ist er nicht ganz von dem überzeugt, was er da schreibt. Er erörtert die Strategie des Pompeius und interpretiert dessen Entscheidungen auf seine Weise. Natürlich mußte Pompeius Spanien verloren geben! schreibt er an Atticus, konzentrierte er doch alle seine Kräfte auf die Seestreitmacht, genau wie einst Themistokles.[24] In Wahrheit gab es einen weiteren Präzedenzfall. Die Geschichte Athens kennt noch einen berühmten Feldherrn, der ähnliche Überlegungen anstellte, nämlich Nikias, der vor der Katastrophe der Sizilischen Expedition gesagt hatte: „Männer machen eine Stadt aus, nicht Mauern und nicht unbemannte Schiffe".[25] Dies war freilich ein anrüchiges Beispiel, das man besser verschwieg.

Wir wissen nicht genau, wie viele Senatoren Pompeius nach Brindisi, nach Dyrrhachium und dann nach Griechenland folgten und wie viele in Rom blieben. Nach dem gescheiterten Bemühen, Pompeius' Aufbruch von Brindisi zu verhindern, kehrte Caesar nach Rom zurück, ließ den Senat am 1. April außerhalb des Pomeriums zusammenrufen und hielt vor den Senatoren, die an ihrem Platz ausharrten, eine lange und im Geiste der Versöhnung aufgebaute Rede. Eine so herausragende Persönlichkeit wie Cicero schiffte sich *erst am 7. Juni*

von Formiae aus ein – nach quälender Unentschlossenheit und end-
losem Abwägen sowie nach einem Briefwechsel mit Caesar,[26] der
beiderseits von großer Liebenswürdigkeit geprägt war.

Ciceros quälende Frage lautete: Warum sollte er sich einschiffen,
um am Krieg des Pompeius teilzunehmen? Eine bohrende Ungewißheit, die keine vernünftige Überlegung zu beenden vermochte. Am
12. März (Pompeius ist noch in Brindisi, Caesar liegt dort vor dem
Hafen, um die Flucht des Rivalen zu verhindern und ihn womöglich
doch noch zu Verhandlungen zu bewegen)[27] schreibt Cicero an Atticus einen von Selbstironie geprägten Brief, in dem er die verschiedenen Möglichkeiten als Gegenstand von *declamationes* vorstellt. Er
spricht von sich und seinem Dilemma in Form eines fiktiven rheto-
rischen Themenkatalogs, der die Ambivalenz und die Problematik
beider Positionen gut zum Ausdruck bringt. Mit minutiöser Genauigkeit erörtert er den Fall – in griechischer Sprache, um die Besonderheit des Gegenstands hervorzuheben (und vielleicht auch aus Vorsicht)[28] und fragt: a) ob man im Vaterland bleiben solle, wenn dieses
in der Hand eines Tyrannen sei; b) ob man die Pflicht habe, die
Tyrannengewalt mit allen Mitteln zu beseitigen, *auch auf die Gefahr
hin, daß das Gemeinwesen dabei zugrundeginge;* c) ob der Bekämp-
fer der Tyrannengewalt *nicht vielmehr auch an seine eigene Rettung
denken müsse;* d) ob man dem Vaterland, das von einem Tyrannen
beherrscht werde, nicht vielmehr durch rechtzeitiges politisches Handeln und durch ein gutes Wort helfen müsse *statt durch Waffengewalt;* e) ob es, wenn das Vaterland in dieser Lage sei, politisch vertreten werden könne, sich zurückzuziehen, oder ob man nicht vielmehr für die Freiheit jegliche Gefahr in Kauf nehmen müsse; f) ob
man sein von einem solchen Tyrannen drangsaliertes Land mit Krieg
überziehen und angreifen dürfe (dies ist Pompeius' Plan für das von
Caesar besetzte Italien); g) ob man sich nicht dennoch auf die Seite
der Optimaten schlagen müsse, *auch wenn man die Vernichtung der
Tyrannei mit Waffengewalt nicht gutheiße;* h) ob man mit seinen
Freunden und Gönnern im politischen Leben alle Gefahren teilen
müsse, *auch wenn man ihre politischen Maßnahmen nicht teile* usw.
Diese immer eindringlicheren Fragen laufen auf den alles entscheidenden Punkt zu: Die letzte und neunte Frage nämlich (ob einer, der
für sein Vaterland schon so viel erlitten habe, aus freien Stücken
dennoch alles für sein Vaterland wagen müsse) enthüllt am deutlich-
sten Ciceros Widerstreben, an der Seite des Pompeius und seiner
derzeitigen, einflußreichen Berater in einen neuen Bürgerkrieg einzu-

treten. Im weiteren Verlauf des Briefes schreibt er, dies seien die
Fragen, mit deren Beantwortung er sich beschäftige und deren Für
und Wider *(in utramque partem)* er sich in jenen Tagen vorhalte,
bald in griechischer, bald in lateinischer Sprache. Am 5. März hatte
Caesar in einem Brief um ein Treffen gebeten, „damit ich mich Deines Rates, *Deines Einflusses,* Deiner Stellung und Deines Beistandes
in allem bedienen kann".[29]

Dies sind keineswegs nur rhetorische Floskeln Caesars. Cicero
übte tatsächlich Einfluß aus, besonders auf jene nicht eben kleine
Gruppe im Senat, die unentschlossen und umzustimmen war. Caesar
kannte die Mechanismen der Senatspolitik nur allzu gut. Die mächtige Clique der *factio* war durchaus in der Lage, den Senat zu
beherrschen, einzuschüchtern und zu erpressen, vor allem wenn sie
– wie es jetzt der Fall war – über einen „bewaffneten Arm" (in
Gestalt des Pompeius) verfügte. Doch diese Männer waren im Augenblick auf der Flucht. Sie versuchten zwar, die anderen Senatoren
zu erpressen („wer bleibt, zeigt, daß er auf Caesars Seite steht"),
aber viele waren dennoch geblieben.[30] Männer wie Cicero gaben für
diese „Manövriermasse" der Senatoren ein Verhaltensvorbild ab:
daher Caesars Lob; daher „hofiert" er Cicero in der Hoffnung,
dieser bleibe in Rom, um dem Rumpfsenat nach der Flucht der
Konsuln eine „Legitimation" zu verschaffen. Cicero wird zusätzlich
von Balbus, Caesars wichtigstem politischem Agenten, über die verzweifelten geheimen Verhandlungsangebote an den in Brindisi ver-
barrikadierten Pompeius auf dem laufenden gehalten. In Ciceros
Briefwechsel mit Atticus findet sich die Abschrift eines Schreibens
von Balbus an Cicero über die Mission des Magius.[31] Am 18. März
klagt Cicero dem Freund Atticus in einem langen Brief sein Leid:[32]
„Besonders der Gedanke quält mich, daß ich Pompeius nicht durch
dick und dünn gefolgt bin, als er dem Verderben zutrieb oder vielmehr kopfüber sich hineinstürzte. Am 17. Januar sah ich den
Mann,[33] vor Angst schlotternd. Schon damals wurde es mir klar,
worauf er hinauswollte. Fortan bin ich nie mehr mit ihm einverstanden gewesen; fortgesetzt hat er einen Fehler nach dem anderen
gemacht". Und dann macht er Pompeius bittere, schmerzliche Vorwürfe, daß er ihm keine Zeile geschrieben habe: „Kurz und gut:
wie man sich in der Liebe[34] abgestoßen fühlt, wenn es unappetitlich,
geistlos und unanständig dabei zugeht, so hat mich seine überstürzte
Flucht, seine empörende Rücksichtslosigkeit ihm entfremdet". Ciceros Urteil könnte deutlicher nicht ausfallen: „Alles, was er tat, war

würdelos, und so konnte ich mich ihm unmöglich als Begleiter auf der Flucht zugesellen!"

Caesar dagegen schreibt unermüdlich an Cicero, er läßt ihm durch seine Vertrauensleute Briefe schreiben und bezieht ihn sogar in die Schlußverhandlungen ein. Und Cicero antwortet ihm (unter den Briefen an Atticus findet sich Ciceros langer Brief an Caesar, den Atticus in Kopie erhalten hat).[35] Er stammt vom 19. März und bringt Ciceros Befremden zum Ausdruck: „Aber was du mit meinem Einfluß und meiner Beihilfe meinst, ist mir nicht ganz klar". Doch dann akzeptiert Cicero vorerst die ihm zugeschriebene Rolle des Ratgebers und legt Caesar seine Vorstellungen über die Verhandlungen mit Pompeius dar: im wesentlichen nichts Bedeutsames, bis auf die Tatsache, daß er sich auf Caesar zubewegt, gleichzeitig aber an seiner Freundschaft und Treue Pompeius gegenüber festhält – man denke dagegen an seine Äußerungen im Brief an Atticus tags zuvor. Cicero betont auch seine Neutralität („Seit die Waffen sprechen, habe ich mich in keiner Weise am Kriege beteiligt").[36] Es ist eine sehr weitgehende Parteinahme dem Mann gegenüber, den er in seinem „Themenkatalog" für *declamationes* einen „Tyrannen" nennt. Caesar hat Ciceros Brief in Umlauf gebracht,[37] wohl weil er ihm Hilfe und Garantie bot. Viele betrachteten Ciceros mehr als versöhnlichen Vorstoß gegenüber dem „Tyrannen" mit Mißbilligung. Cicero seinerseits verleiht seiner Verärgerung über diese negativen Reaktionen in einem Brief an Atticus Ausdruck[38] und verteidigt ausführlich seinen Schritt.

Caesar wiederum drängt. Er möchte den so angesehenen wie unentschlossenen Konsular festnageln. Am 16. April, zwei Wochen nach der Senatssitzung, in der er (in Abwesenheit der flüchtigen Ultras) endlich nicht mehr Geächteter war, sondern als Promagistrat auftrat, schreibt er erneut an Cicero: „Zwar traue ich Dir keine unüberlegte, keine unkluge Handlungsweise zu; aber die Leute reden".[39]

3. Dies schrieb Caesar auf dem Marsch nach Marseille (Massilia). Angesichts Pompeius' Flucht und der damit in Italien neuentstandenen Situation (Machtvakuum und Machtdoppelung zugleich) hatte er sich zu einer Strategieänderung entschlossen: Er nahm nicht sofort die Verfolgung des Pompeius auf. Er war sich der Gefahr bewußt, daß Pompeius mit einem starken Heer versuchen werde, nach Italien zurückzukehren wie seinerzeit Sulla. Und Caesar wußte, daß es Pompeius gelingen könnte, seine Legionen in einem Zangengriff zu pakken, indem er gleichzeitig von Spanien und Griechenland aus Italien

attackierte. Um diesem Zangengriff auszuweichen, brach er entschlossen nach Spanien auf, um den in dieser Provinz stationierten,
Pompeius treu ergebenen Legionen entgegenzutreten.

Von diesem Zeitpunkt an nimmt der Bürgerkrieg gleichsam glo-
bale Ausmaße an. Cicero hatte dies schon früh erkannt, als er seine
Bestürzung über Pompeius' Entschluß kundtat, Rom zu verlassen:
„Nicht weil er die Hauptstadt nicht hätte schützen können, hat er
sie geräumt, nicht weil er aus Italien vertrieben wurde, hat er es
aufgegeben, nein, von Anfang an hat er nur den einen Gedanken
gehabt, *die ganze Welt und alle Meere in Bewegung zu setzen, Bar-
barenfürsten aufzuwiegeln*, wilde Völker in Waffen nach Italien zu
führen und Riesenarmeen auf die Beine zu bringen".[40] Pompeius'
Strategie ist hier anschaulich beschrieben: Mobilisierung der Klientel
und des gewaltigen Potentials, über das Pompeius im Osten verfügte;
Verschiebung der entscheidenden Auseinandersetzung auf den Zeitpunkt, da die Aufstellung der Streitkräfte abgeschlossen war, um
dann nach Italien zurückzukehren und das seinerzeit erfolgreiche
Manöver Sullas in großem Stil zu wiederholen. Caesar reagierte strategisch fehlerlos, ja er war weitaus schneller zur Stelle, als der Feind
gerechnet hatte. Das Manöver diente dazu, Pompeius' spanische und
afrikanische Legionen in seinem Rücken auszuschalten. In Spanien
gelang ihm ein Meisterstück, in Africa mußte Caesars Mitstreiter
Curio einen schweren Rückschlag hinnehmen und verlor sein Leben.
Pompeius verfügte in Spanien über eine starke politische Klientel, die
auch nach seinem Tod, zur Zeit der von seinen Söhnen organisierten
spanischen Rebellion, erhalten blieb. In Africa wiederum war Iuba
die Speerspitze bei der Wiederaufnahme des Kampfes nach der
Schlacht bei Pharsalos. Caesar jedenfalls beschloß, diese Einkreisung
an dem für ihn empfindlichsten Punkt, in Spanien, zu durchbrechen.
Mehr als alles andere begannen Pompeius' Aktivitäten dort im Westen Caesar sehr zu beunruhigen. Zwei der *nobiles*, die er nach der
Kapitulation von Corfinium (am 21. Februar 49) „begnadigt" und
mit kalkuliert großzügiger Geste ins Lager des Pompeius zurückgeschickt hatte, waren prompt in den „aktiven Dienst" zurückgekehrt
und von Pompeius in den Westen geschickt worden: Vibullius Rufus
nach Spanien, Domitius Ahenobarbus nach Marseille (Massilia), um
den Gegenangriff vorzubereiten und Caesar den Weg abzuschneiden.
Domitius hatte sich in Marseille mit einer auf der Insel Igilium und
im Gebiet von Cosa aus Sklaven und Kolonisten rekrutierten Privatarmee verschanzt. Zusätzlich hatte Pompeius eine Abordnung von

Marseiller Aristokraten, die zu seiner Klientel gehörten, mit einer
Botschaft in die Stadt zurückgeschickt, der Warnung nämlich, „über
Caesars neuerlichen Wohltaten das Andenken an seine alten ihnen
erwiesenen Dienste zu verdrängen".[41] Ein beredtes Beispiel dafür, was
für eine Rolle die „auswärtige Klientel" im Bürgerkrieg spielte. Caesar seinerseits hatte als Wohltäter der Bevölkerung Marseilles Ansprüche, die er jetzt geltend zu machen suchte.[42] Er erhielt aber nur
einen vagen Bescheid („so müßten sie für gleiche Dienste auch die
gleiche Gesinnung beweisen und dürften nicht dem einen gegen den
anderen helfen oder ihn in ihrer Stadt und ihren Häfen aufnehmen");[43] woraufhin Domitius Ahenobarbus mit seiner Flotte in die
Stadt einfiel, sich dort festsetzte und den entschlossenen Widerstand
gegen eine mögliche Belagerung durch Caesar organisierte. Jetzt begann Caesar die Belagerung der Stadt mit drei Legionen vom Land
her sowie mit einer *ex novo* aufgebauten Flotte vom Meer aus, deren
Kommando er Decimus Brutus und Trebonius übertrug.[44] Das war
im Mai 49. Bis Anfang Dezember, als Caesar endgültig nach Rom
zurückkehrte, die Diktatur antrat und die Adria überquerte, um
Pompeius auf dem Balkan zu schlagen, vergingen sechs Monate mit
einem harten Feldzug gegen Afranius und Petreius in Spanien und
gegen Marseille, das Ende Oktober kapitulierte.[45]

4. Es war alles andere als ein Triumphmarsch. Nicht nur die militärische Stärke, auch das strategische Geschick der Generäle war auf
beiden Seiten gleichmäßig verteilt. Während des Gallienfeldzugs war
Titus Labienus mit seiner taktischen Begabung Caesars *alter ego* gewesen, sein „Doppelgänger" gewissermaßen. Dieser Feldherr, möglicherweise schon immer Pompeius' Vertrauensmann, der es bis an die
Spitze von Caesars Generalstab geschafft hatte,[46] war nun auf die
Gegenseite gewechselt. Dadurch wurde der lange Krieg noch komplizierter. Niemand konnte sicher sein, den Sieg davonzutragen – bis
Pharsalos hatte allerdings Pompeius die besseren Möglichkeiten.
Doch auch danach noch und bis zur letzten und heftigsten Schlacht
von Munda gegen die Söhne des Pompeius mußte Caesar stets mit
einer Niederlage rechnen und kannte auch die Versuchung zum
Selbstmord. Sein Trumpf war allerdings sein gutes Verhältnis zu sei-
nen Truppen. Auch Caesar gegenüber kritisch eingestellte Historiker
wie Adcock gestehen ihm diesen Bonus zu, der den (zahlreichen)
Führern des gegnerischen Lagers fehlte: Caesar übte „eine magische
Anziehungskraft" aus, so daß „die Truppen für ihren Anführer

kämpfend in den Tod gingen".[47] Dieses wertvolle Kapital eines cha-
rismatischen Führers, auf dem Schlachtfeld die entscheidende Waffe,
hatte sich Caesar in den langen Jahren des Gallienfeldzugs verdient.[48]
Pompeius (der, von den spanischen Legionen weit entfernt, sich zwar
an allen vier Enden des römischen Erdkreises breiter Zustimmung
erfreute, aber mit der Truppe seit Jahren in keinem unmittelbaren
Kontakt stand) konnte in dieser Hinsicht nicht mit Caesar konkurrieren. Daraus erklärt sich Caesars unerschütterliche, bisweilen tri-
umphalistische Selbstsicherheit und sein Spott gegenüber Gegnern,
die den „Humanfaktor" nicht ausreichend zu würdigen vermochten
– ein Spott, der auf jeder Seite insbesondere der *commentarii* zum
Bürgerkrieg durchscheint. Die vom „Caesarismus" bewirkte Neube-
stimmung der Politik ist das Ergebnis einer langen Symbiose mit den
Truppen, die dank des neuartigen Phänomens der caesarischen Kriege wieder zu Bürger-Soldaten[49] wurden.

Die schwierigste Etappe von Caesars Spanienfeldzug war die vier-
undvierzigtägige Belagerung von Lérida (Ilerda), wo sich Afranius
und Petreius nach einem listenreichen Feldzug auf unsicherem Territorium verschanzt hatten. Am Ende ergab sich Varro dem Sextus
Iulius Caesar, einem (Groß-)Neffen Caesars, den er in dieser bedeutenden Mission – der Niederschlagung der mächtigen und furchtein-
flößenden pompeianischen Legionen in Spanien – zu seinem Stellvertreter bestimmt hatte.[50] Curios zeitgleiche Intervention in Africa
dagegen endete mit einer Niederlage[51] und mit dem Sieg des
Numiderkönigs Iuba, eines treuen Klienten des Pompeius. Diese Niederlage, die keine unmittelbaren militärischen Folgen hatte (eine
Landung Iubas in Sizilien war höchst unwahrscheinlich!), ließ Caesar
an den Grundzügen seiner Strategie keineswegs zweifeln. Nach Rom
zurückgekehrt, zum Diktator ernannt[52] und (zwischen dem 2. und dem
12. Dezember 49) zum Konsul für das Jahr 48 gewählt, suchte Caesar
sofort die entscheidende Konfrontation mit Pompeius. Am 22. Dezember ist er in Brindisi, am 4. Januar 48 überquert er das Adriatische
Meer.

5. Vom verfassungsmäßigen Standpunkt aus haben sich die Verhältnisse jetzt umgekehrt. Die Konsuln des Jahres 49, die eigentlichen
Verursacher des endgültigen Zerwürfnisses, das zum offenen Krieg
geführt hatte, sind nunmehr Ex-Konsuln. In die einzigen *noch bestehenden* Ämter (sie „rechtmäßig" zu nennen macht in einer Bürger-
kriegssituation, in dem zweierlei Recht und Gesetz herrschen, keinen

Sinn) setzte Caesar während seines kurzen und furiosen Romaufenthalts ein: sich selbst sowie Publius Servilius Isauricus als Konsuln, Antonius als *magister equitum* für die wenigen Tage bis Ende 49, in denen Caesar die Diktatur innehatte (doch nach Pharsalos wird ihm erneut die Diktatur übertragen werden), weiterhin Caelius Rufus, Quintus Pedius, Sulpicius Rufus, Trebonius und womöglich Pansa als Prätoren. Auch in den Provinzen, die er unter Kontrolle hatte, saßen seine Männer: Lepidus in Hispania Citerior, Decimus Brutus in Gallia Transalpina, Aulus Albinus auf Sizilien und Sextus Peducaeus auf Sardinien. Die Pompeius Gefolgschaft leistenden Promagistrate dagegen, die auf Drängen der *factio* im Januar 49 in den ihnen bestimmten Provinzen ihr Amt angetreten hatten, wurden auch für das Jahr 48 nicht ersetzt und übten ihr Amt auch tatsächlich aus. Damit gab es eine Doppelung der Macht: Der *orbis Romanus* war unter „rechtmäßigen Mächten" aufgeteilt, die sich gegenseitig bekämpften. In dieser Phase des langen Bürgerkriegs kam es auch zu einer zeitweiligen Trennung zwischen Osten und Westen.

Zu den im Jahr 49 amtierenden „pompeianischen" Promagistraten, deren Amtszeit „verlängert" wurde, kamen im Jahr 48 de facto auch jene Promagistrate hinzu, die durch die faktische Reichsteilung ihre Provinz verloren hatten. Domitius Ahenobarbus, Caesars „fanatischster" Gegner, ist einer von ihnen. Sein weiteres Schicksal im Bürgerkrieg erklärt sich im Licht jener tumultartigen Ernennung vom 7. Januar 49, die von den Volkstribunen vergebens für ungültig erklärt wurde. Ihm war Gallien zugefallen, und er hätte dort Caesar „aus dem Sattel heben" sollen. Daher entschied er sich für Gallia Cisalpina, ging aber Caesar bei dessen Belagerung von Corfinium ins Netz.[53] Von seinem „Feind" gedemütigt und freigelassen, fuhr er umgehend mit dem Schiff nach Marseille (Massilia) und organisierte den mehrmonatigen Widerstand gegen Caesars Belagerung. Als die Stadt nicht mehr zu halten war, entkam er auf See der Verfolgung durch Decimus Brutus.[54] Als Prokonsul mit Gewalt aus seiner Provinz vertrieben, flüchtete er zu Pompeius. Vor der Schlacht bei Pharsalos stritt er erbittert, aber allzu verfrüht, um die Aufteilung der Ämter, die nach dem Sieg zu bekleiden waren. Er beanspruchte für sich das Oberpontifikat.[55] Er fiel in der Schlacht von Pharsalos.

6. Pompeius' Schicksal wurde im Balkanfeldzug besiegelt. Alles begann mit der gescheiterten Blockade von Dyrrhachium, die die ersten

sechs Monate des Jahres dauerte, und endete mit der Feldschlacht von Pharsalos am 9. August 48.[56]

Der ursprüngliche Plan war, Pompeius in der Bucht von Dyrrhachium einzukesseln und zu vernichten. Aber nicht alles verlief nach Caesars Vorstellungen. Der dem Kommando des Marcus Antonius unterstellte Teil der Flotte, der zu einem bestimmten Zeitpunkt hätte eintreffen und die komplette Besetzung der strategischen Orte der Bucht (Dyrrhachium, Apollonia, Oricum) ermöglichen sollen, wurde von Bibulus, dem blindwütenden, aber glücklosen Amtskollegen Caesars im Konsulat 59, zur See blockiert. So konnte Caesar lediglich Oricum und Apollonia besetzen, während es Pompeius gelang, bei Petra sein Lager aufzuschlagen, mit freiem Zugang zum Meer. Selbst unter diesen Umständen, fast in unmittelbarer Konfrontation der beiden Streitmächte, gab Caesar die Hoffnung nicht auf, Pompeius doch noch zu Verhandlungen zu bewegen. Zu Beginn des Feldzugs hatte er ihm Vibullius Rufus geschickt, jetzt (da sich zwischen den Soldaten beider Lager die Aussöhnung anzubahnen begann)[57] suchte er durch Vatinius' Vermittlung eine Zusammenkunft mit Pompeius. Doch Labienus' schroffe Ablehnung machte alle weiteren Verhandlungschancen zunichte.

Monatelang mußte Caesar dieser schwierigen Situation alleine standhalten, während Antonius in Brindisi von der Flotte des Bibulus blockiert wurde.[58] Erst am 27. März[59] gelang es Antonius, die Blokkade zu umgehen, und nach waghalsigen und abenteuerlichen Manövern und mit günstigem Wind lief er im Hafen von Dyrrhachium ein.[60] Jetzt wendete sich das Glück. Bis dahin hatten Caesars Truppen Unmenschliches ertragen, die Vorräte gingen zur Neige, während Pompeius sich zu Wasser und zu Land mit Lebensmitteln versorgen konnte. Caesars Soldaten ernährten sich von einem großteils aus Gras hergestellten Brotersatz. Als Pompeius dieses „Brot" zufällig in die Hände bekam, erklärte er, er habe es mit wilden Tieren zu tun, und befahl, das Brot niemandem zu zeigen, damit die Moral seiner Truppen nicht untergraben werde.[61] Bei der Belagerung von Dyrrhachium entschloß sich Caesar zu dem waghalsigen Unternehmen, ein zahlenmäßig überlegenes Heer einzukesseln: „ein vermessenes Manöver", schreibt Napoleon, „das deshalb auch bestraft wurde. Wie konnte er auch hoffen, eine auf sechs Meilen befestigte Linie zu überwinden und ein Heer zu besiegen, das über einen Meereszugang verfügte und eine zentrale Position [Petra[62], wo Pompeius sein Lager aufgeschlagen hatte] besetzt hielt?"[63]

Pompeius durchbrach die Blockade und zog sich nach Makedonien zurück. Caesar nahm die Verfolgung auf, bis schließlich die beiden Heere am Fluß Haliakmon einander gegenüber lagerten. Nach Märschen und Gegenmärschen der beiden Streitmächte formierten sie sich schließlich in der Ebene von Pharsalos in Thessalien. Caesar befehligte Legionen mit Mannschaften vorwiegend aus Veteranen der Gallienfeldzüge. Zunächst hatte Pompeius nicht gewollt, daß die Schlacht hier stattfand. Doch seine Befehlshabenden waren ungeduldig und unruhig. Labienus, der an den Gefangenen bereits ein Exempel statuiert hatte,[64] trug entscheidend dazu bei, daß Pompeius seine Meinung änderte. In einem Kriegsrat, von dem Caesar jedes Detail beschreibt, sagte Labienus unter anderem, die alten Veteranen Caesars, die Gallien unterworfen hätten, seien zum großen Teil nicht mehr am Leben, Caesars Truppen mithin aus den Aushebungen dieser Jahre ergänzt worden.[65] Nachdem sie einander überzeugt hatten, daß es sich tatsächlich so verhielt (ein klassisches Beispiel für eine herrschende Gruppe, die ihrer eigenen Propaganda ins Netz geht), schworen alle dem Labienus nach, nur als Sieger ins Lager zurückzukehren.[66] Spät, zu spät, erkannte Pompeius seinen Fehler, sich an einer so unvorteilhaften Stelle und so weit entfernt von der Flotte, seinem militärischen Rückhalt, dem Kampf zu stellen.[67]

Auch hier in Pharsalos war Caesar dem Feind zahlenmäßig unterlegen. Caesar meint sogar, er habe gegenüber Pompeius nur mit halber Truppenstärke gekämpft. Man darf sich fragen, ob er hier nicht übertreibt, um seinem Sieg noch mehr Glanz zu verleihen. Man muß allerdings auch die Hilfstruppen und die Gefolgsleute mitrechnen, will man eine Vorstellung davon bekommen, wie viele Menschen an einem solchen Feldzug teilnahmen.[68] Caesars Ansprache an seine Truppen unmittelbar vor Beginn der Schlacht stand erneut im Zeichen der Mäßigung.[69] Nachdem er seine den Soldaten erwiesenen Dienste aufgezählt hatte, erinnerte er daran, daß er sich immer wieder um eine friedliche Lösung bemüht habe; er nannte alle, auch seine letzten Verhandlungsversuche und schloß, „niemals vergieße er unnütz das Blut der Soldaten, nie habe er *den Staat des einen der beiden Heere berauben wollen.*" Er erinnerte sich noch gut an den spontanen Drang der Truppen beider Lager, sich im Golf von Dyrrhachium zu verbrüdern. Während also Labienus die Gefangenen des Pompeius exekutieren ließ, führte Caesar seinen Männern ein letztes Mal die Schrecknisse des Bürgerkriegs vor Augen. Von seinen Worten überwältigt, forderten die Truppen den Kampf. Caesar berichtet, ein

Mann der zehnten Legion namens Crastinus, der sich als erster aus dem rechten Flügel in den Kampf stürzte, habe den anderen zugerufen: „Nur diesen Kampf noch müßt ihr bestehen; ist er gewonnen, wird Caeser seine Würde (*suam dignitatem*) wiedergewinnen und wir unsere Freiheit (*nostram libertatem*)".[70] Wir wissen nicht, ob es sich hierbei um eine reale Begebenheit oder um eine erbauliche Hinzufügung handelt, greift sie doch exakt die Losung auf, die Caesar bei der Überschreitung des Rubikon ausgegeben hatte: Wiederherstellung der von den Gegnern verletzten *dignitas* des Feldherrn und der Freiheit des römischen Volkes, bedroht von der Clique, die die Volkstribunen vertrieben hatte. Dieser Crastinus ist weniger ein todesmutiger Soldat als vielmehr das, was wir einen „Politkommissar" nennen könnten.

Bei seiner Beschreibung der Schlacht von Pharsalos ergeht sich Caesar in Betrachtungen über die Psychologie der Soldaten im Krieg. Es sind scharfsinnige Überlegungen eines Mannes, zu dessen geistiger Erfahrung seit Jahren auch die schreckliche Wirklichkeit des Krieges gehörte. Caesar beginnt mit der Erörterung eines strategischen Details, das ihn zunächst wohl irritiert hat: Pompeius hatte den Befehl erteilt, Caesars Angriff nur aufzufangen, selbst aber nicht vorzurükken – aus dem Kalkül, die gegnerischen Truppen würden während ihres Angriffs zersprengt und wären nach ihrem Sturmlauf (der somit länger war als geplant) bereits erschöpft, wenn sie auf die Soldaten des Pompeius träfen.[71] „Doch", so kommentiert Caesar, „scheint Pompeius dies ohne Einsicht befohlen zu haben, weil uns allen von Natur aus ein bestimmter innerer Antrieb und Tatendrang[72] innewohnt, der durch Kampfeslust erst richtig angefacht wird." Er beruft sich dabei auf den alten Brauch, daß Signaltrompeten ertönen und die Soldaten den Schlachtruf anstimmen. Caesar hat hier den Wesenskern des Kampfes erfaßt und sehr genau erkannt, daß sich die im Innern angestaute Energie erst in der Anstrengung entfalten kann. Daher ist ein Mensch auch in einer Extremsituation und in äußerster innerer Anspannung weitaus mehr zu leisten imstande als unter normalen Umständen. Caesar erteilt hier Pompeius eine Lektion in Kriegspsychologie und demonstriert deren unmittelbare Wirkung für den Erfolg der Schlacht: der Humanfaktor gegen bloß taktisches Kalkül.

Pompeius und seinen Offizieren glückte keines der klassischen Manöver. Caesar hatte aus der dritten Legion einzelne Kohorten abgezogen und aus ihnen eine vierte Linie gebildet.[73] Diese „neue" Legion stellte sich gegen die feindliche Reiterei, um zu verhindern, daß sein rechter Flügel von ihr umfaßt wurde; am Ende wurde Pompeius' Reiterei aus dem Feld geschlagen. Die Verluste waren ungleich verteilt: 200 Mann (zumeist Offiziere) auf seiten Caesars; rund 15 000 Tote und Verwundete auf seiten des Pompeius. Diese Zahlen kommentierend, bemerkt Napoleon richtig, daß dies „in den antiken Schlachten" ein relativ normales Verhältnis war, während in den modernen Schlachten das Verhältnis eins zu drei ist und „der größte Unterschied in der Zahl der Gefangenen liegt". Tatsache sei, so Napoleon weiter, daß die modernen Armeen bereits schwere Verluste erlitten hätten, bevor es zum Nahkampf käme, wogegen die antike Schlacht fast von ersten Augenblick an ein Kampf Mann gegen Mann wäre. Daraus ergibt sich, daß die bewährte Disziplin kampferprobter Veteranen aus dem Gallischen Krieg in den zahllosen Einzelkämpfen einer antiken Schlacht gegenüber den Truppen des Pompeius, die nur in „Kriegen in Asien" Kampferfahrungen gesammelt hatten, den entscheidenden Vorteil brachte – so geschehen in Pharsalos.[74]

7. Angesichts der verheerenden Niederlage und der Flucht der feindlichen Befehlshaber entschloß sich Caesar, Pompeius nachzusetzen.[75] Über diese Entscheidung, mit der Caesar bekanntlich in die beinahe tödliche Falle von Alexandria geriet, wurde viel diskutiert. Napoleon tadelte,[76] Caesar hätte sich, „nachdem er in Pharsalos gesiegt hatte, sofort an die afrikanische Küste begeben müssen, um Cato und Scipio zuvorzukommen".[77] Nach meiner Meinung hatte die unmittelbare, so ungestüme wie unvorsichtige[78] Verfolgung des nach Ägypten fliehenden Pompeius erneut politische Gründe: Caesar konnte schließlich nicht vorhersehen, daß Pompeius von seinem eigenen Klienten Ptolemaios getötet werden würde. Er wollte den besiegten Pompeius fassen, noch bevor der seine zersprengten Truppen neu ordnen konnte. Caesar versuchte, aus der Position der Stärke, nach siegreicher Schlacht, eine günstige politische Neuordnung zu erwirken und dem Bürgerkrieg und Catos unerbittlichem Druck ein Ende zu setzen. Wenn, wie ich glaube, dies Caesars Kalkül war, dann ist er damit überraschend gescheitert. Denn als Caesar wenige Tage nach Pompeius in Ägypten eintraf, war das Unvorhersehbare geschehen – Pompeius war mitten im Bürgerkrieg in Alexandria getötet worden.[79]

XXII
Wider den Umsturz

1. Während Caesar im Balkan in schwere Kämpfe verwickelt war, kam es in Rom zu zwei besonders gefährlichen sozialen Revolten, die beide niedergeschlagen wurden. Hauptakteur des ersten Aufstandes war Marcus Caelius Rufus, einer jener Volkstribunen, die im Januar 49 bei Caesar Zuflucht gefunden hatten. Caelius Rufus, dessen Briefwechsel mit Cicero zu einem nicht geringen Teil erhalten ist,[1] hatte nach seiner Rückkehr aus dem Spanienfeldzug gegen Afranius und Petreius von Caesar die Prätur für das Jahr 48 erhalten, nicht aber die Stadtprätur, für die Caesar Trebonius ausersehen hatte. Dies empfand Caelius als tiefe Kränkung. Seine Enttäuschung war groß. Daß Caesar am Anfang des dritten Kommentariums zum Bürgerkrieg den Taten des Caelius einen ausführlichen und polemischen Abschnitt widmet[2], macht deutlich, daß der Prätor, der sich zum Sprecher der Schuldner machte, den fernab weilenden Diktator gehörig in Schwierigkeiten brachte. Mit seinen Aktivitäten wollte Caelius den Forderungen der Schuldner Nachdruck verleihen, die von Caesars Schuldengesetzgebung[3] enttäuscht waren. Caelius hatte, wie fünfzehn Jahre zuvor Catilina, persönliche Gründe, einen radikalen Schulderlaß zu fordern. Er wollte Caesars Verfügung, derzufolge der Besitz geschätzt werden sollte (um den Umfang eines teilweisen Schulderlasses zu bestimmen), nicht hinnehmen. In seinen *commentarii* sieht sich Caesar genötigt, gegen Caelius' radikale Pläne mit polemischer Heftigkeit zu schreiben: „Seinen Besitz ungeschmälert behalten zu wollen, sich aber zugleich als Schuldner zu bekennen, dazu muß einer schon dreist und unverschämt sein".[4] „So fand sich keiner", fährt Caesar fort, „der ein solches Ansinnen gestellt hätte, ja Caelius zeigte sich härter noch als diejenigen, um deren Vorteil es ging". Hier standen sich ein routinierter Vertreter der popularen Partei und ein Demagoge gegenüber. Caesar kannte die populare Rhetorik mit ihren sprachlichen und praktischen Tricks sehr genau, entstammte er doch selbst dieser Tradition. Mit ihm war folglich ein Spiel, dessen Regeln ihm nur allzu vertraut waren, nicht so leicht zu treiben.[5]

Daher auch die scharfen Worte, mit denen Caesar zeigen wollte, daß Caelius so gut wie niemanden hinter sich hatte: „Doch veröffentlichte er nach diesem ersten Schritt, um sich nicht umsonst in diesen schmutzigen Handel eingelassen zu haben, einen Gesetzesvorschlag, nach dem Darlehen innerhalb von sechs Jahren unverzinst zu tilgen waren".[6] Derartige Anträge konnten leicht blockiert werden – und sie wurden auch abgeschmettert. Daraufhin brachte Caelius neue Anträge ein: Erlaß einer Jahresmiete; Schuldenerlaß. Der Senat machte in Übereinkunft mit dem Konsul Servilius kurzen Prozeß: Caelius wurde von seinem Amt suspendiert und gewaltsam von der Tribüne gezerrt, als er vor der Menge reden wollte. Jetzt ging Caelius zum offenen, widerrechtlichen Kampf über. Er schloß sich mit einem so anrüchigen Kerl wie Milo zusammen, der aus der „Verbannung" in Marseille wiederaufgetaucht war. Als er im Jahr 52 als Anführer von Schlägertrupps für extrem antipopulare Optimatenkreise Clodius ermordete und deswegen verurteilt wurde, zog es Milo vor, vorerst lieber von der Bildfläche zu verschwinden. In seiner ausführlichen Schilderung der Aufstände des Caelius Rufus geht Caesar mit deutlich polemischer Absicht auch auf dieses unerhörte Bündnis zwischen dem einstigen Bandenführer und Clodius-Mörder, der immer noch Gladiatorentrupps unterhielt, und dem unruhigen Neocatilinarier Caelius Rufus ein. „Caelius berief ihn nach Italien, verband sich mit ihm und schickte ihn in das Gebiet von Thurii (in Kalabrien)".[7] Unterdessen versuchte Caelius, in Kampanien Gladiatoren zu rekrutieren, doch die römischen Bürger von Capua vertrieben ihn, bewaffneten sich und erklärten ihn zum *hostis publicus*, zum Staatsfeind. Diese improvisierte Aufstandsbewegung ist durch ein Paradox gekennzeichnet, das ihren besonderen Charakter demaskiert: Caelius berief sich ausdrücklich auf Caesar und sagte immer wieder, er würde ihn aufsuchen; Milo dagegen schickte den Schuldnern schriftliche Bekanntmachungen, er handle auf Weisung und im Namen des Pompeius! Weil er damit nur wenig Erfolg hatte, versuchte er, die zu lebenslanger Haft verurteilten Gefangenen von Compsa und Irpinia zu befreien, wurde aber durch einen von der Mauer geschleuderten Stein getötet. Unter Berufung auf Caesar versuchte wiederum Caelius, die Bewohner von Thurii aufzuwiegeln, indem er gallischen Reitern, die die Garnison der Stadt bildeten, Geld anbot. Doch sie töteten ihn.[8] Mit einer Beiläufigkeit, die in scharfem Kontrast zu der Ausführlichkeit steht, mit der er Caelius' Umtriebe behandelt hat, kommentiert Caesar: „So fanden die Anfänge großer Unternehmungen, die die Behörden zeitweise in Atem hielten und Italien beunruhigten, rasch und leicht ihr Ende".[9]

2. Der zweite Aufstand fand wenige Monate später statt, kurz vor der Schlacht von Pharsalos. Der neue Antrag auf Schuldenerlaß wurde diesmal von dem Volkstribun Dolabella eingebracht, die Erhebung aber von Antonius niedergeschlagen, der in Abwesenheit des Diktators das Amt des *magister equitum* innehatte. Caesar selbst führte den schwierigen Krieg in Alexandria und danach in Asien.[10]

Plutarch gibt eine farbige Schilderung der Vorgänge. Antonius erscheint darin zunächst als mit Dolabella „befreundet", dann als sein Widersacher aus rein persönlichen Gründen. Die politische Lage, der sich Antonius Anfang 47 gegenübersah, hatte sich aufgrund der Uneinigkeit der Volkstribunen zugespitzt, die im übrigen allesamt Caesarianer waren. Gegen Dolabella und seine Forderungen griffen Trebellius und Asinius Pollio[11] in die Unruhen ein.

Dolabella besetzte mit seinen Anhängern das Forum, um seinen Gesetzesantrag mit Gewalt durchzubringen. Da griff der Senat zu der bereits in anderen Fällen erprobten Maßnahme des *senatus consultum ultimum*, erklärte den Notstand für das Vaterland und übertrug Antonius – der in Abwesenheit des Diktators als *magister equitum* die höchste Autorität war – die Aufgabe, den Aufstand niederzuschlagen. Es kam zu brutalen bewaffneten Kämpfen, denen rund tausend Aufständische zum Opfer fielen.[12] Cassius Dio zufolge[13] kamen die Tumulte erst zur Ruhe, als Caesar nach Rom zurückkehrte, und zwar im August 47. Diesmal nahm Caesar den Aufständischen gegenüber eine nachgiebigere Haltung ein: Er „begnadigte" Dolabella, ja förderte dessen politische Karriere, und distanzierte sich von Antonius, dessen Stellung als *magister equitum* er auslaufen ließ und für das Jahr 46 Lepidus übertrug.[14] In der leidigen Schuldenfrage machte Caesar zwar keine Zugeständnisse, zeigte aber „Verständnis" für die Aufständischen, indem er Antonius opferte, der die Erhebung mit extremer Brutalität niedergeschlagen hatte. Sein Urteil über den kurzen Atem und die unzureichenden politischen Perspektiven des unablässig aufbegehrenden römischen Stadtvolks hatte sich jedoch nicht verändert. Allerdings blieb ihm bewußt, daß er die Stimmung dieser für die Herrschenden so „gefährlichen" Schicht (eine Gefahr, die sich insbesondere aus der räumlichen Nähe zu den *Zentren* der Macht ergab) nicht in den

Wind schlagen durfte. Caesar kannte den Einfluß und die politische
Bedeutung dieser Schicht. Er würde nicht den Fehler begehen, sie
zu vernachlässigen. Aber er konnte und wollte nicht *ihr* Diktator
sein.

XXIII
Alexandria

*Caesar, als der Verräter von Ägypten ihm
das Geschenk des edlen Hauptes machte,
vergoß, als ob er den Erfolg verachte, viel
Tränen, sagt die Schrift, ob des Verübten*

Petrarca, *Canzoniere*, 102

1. Als Caesar am 2. Oktober des Jahres 48 in Alexandria eintraf, ahnte er nicht, daß man ihm den einbalsamierten Kopf des Pompeius bringen würde; noch viel weniger ahnte er, daß er in einen lokalen Konflikt geraten würde, der ihn fast das Leben kostete. Dieser Konflikt dauerte neun Monate, bis zum 28. Juni 47, als Caesar von Alexandria aus mit dem Schiff nach Syrien aufbrach. Sueton schreibt richtig, daß sich dieser Krieg für Caesar „äußerst schwierig gestaltete, da er ihn weder an günstigem Ort noch zu günstiger Zeit führte, vielmehr im Winter und innerhalb der Stadt eines vortrefflich ausgerüsteten und sehr energischen Feindes, während er selbst an allen Dingen Mangel litt und völlig unvorbereitet war".[1] Ein paradoxer Krieg, eine gigantische Falle: der Sieger denkwürdiger Kriege und Schlachten belagert von einem strategisch gut beratenen Klientelkönig, selber ohne jede Möglichkeit, in kurzer Zeit Verstärkung herbeizuschaffen. Das älteste Reich des Mittelmeerraums nimmt Rache an dem letzten der römischen Generäle, die es gewohnt waren, sich in Alexandria als die Herren aufzuspielen. Die klugen „Berater" des Ptolemaios betrachteten den Konflikt gewiß aus „ägyptischer" Perspektive; aus römischer Sicht dagegen war dieser langwierige und unbegreifliche Konflikt nur eine Episode innerhalb des Bürgerkriegs. Bedenkt man aber das wachsende Ansehen und den politischen Einfluß, den die von Caesar auf den Thron Ägyptens gehobene Kleopatra noch zu Caesars Lebzeiten am Ende des Alexandrinischen Kriegs und später dank ihres Bündnisses mit Antonius ausübte, erscheint eine ägyptische Perspektive nicht nur gerechtfertigt, sondern auch hilfreich zum Verständnis dieses Abschnitts der Geschichte des hel-

lenistischen Ägyptens – ein letztes Aufleuchten der Größe der makedonischen Dynastie, die sich nach dem Tod Alexanders am dauer-
haftesten hatte behaupten können.

2. Die unmittelbare Vorgeschichte zu den Thronstreitigkeiten Ägyptens, in die Caesar mitten im Bürgerkrieg hineinschlitterte, bildete
eine von Pompeius durchgeführte, aber auch von Caesar befürwortete Operation, durch die im Jahr 55 (unter dem „Schutz" des Aulus
Gabinius) Ptolemaios XII. Neos Dionysos, volkstümlich Auletes, Flötenspieler, genannt, auf den Thron kam. Aber die Krise lag in noch
fernerer Vergangenheit. Als Ptolemaios „Auletes" im Jahr 80 v. Chr.
den Thron bestieg, lastet auf ihm eine Hypothek, die ihn später für
die mächtigen und skrupellosen römischen Promagistrate Syriens, der
an Ägypten angrenzenden römischen Provinz, erpreßbar machte.
Diese Hypothek bestand in dem Testament seines Vorgängers Ptolemaios XI., der sich pompös als einen „Zweiten Alexander" bezeichnete. Ptolemaios XI. hatte dem römischen Staat Zypern und Ägypten
als Provinz vererbt. Der Herrscher Zyperns war Auletes' Bruder.
Doch im Jahr 58 verfügte der römische Senat die Auflösung des
selbständigen zyprischen „Ptolemäerreiches", und Auletes' Bruder
zog es vor, lieber zu sterben, als den Rest seiner Tage im Dienste der
Römer zu verbringen.[2] Im selben Jahr wurde Auletes von seinen
alexandrinischen Untertanen vom Thron vertrieben, die seine Will-
fährigkeit den Römern gegenüber satt hatten. Erst nach zwei Jahr-
zehnten schmachvoller Demütigungen erkannten die Römer seinen
Status als Herrscher an. Um die lohnende Mission, Auletes wieder
zu inthronisieren, gab es in Rom während der ersten Jahre des Triumvirats politische Händel und Querelen. Die Aufgabe fiel schließlich Aulus Gabinius zu, im Jahr 55 Statthalter von Syrien. Gabinius
war ein Mann des Pompeius, aber auch Caesar unterstützte dieses
Unternehmen. Seither war Ägypten römisches Protektorat: Neben
dem Herrscher wurde ein *dioiketes* (Finanzminister) eingesetzt oder
besser oktroyiert, womit die Finanzen dieses mit Reichtümern geseg-
neten Landes nunmehr in römischer Hand lagen. Römische Legionen
betraten das sagenhafte Land der Pharaonen und der Ptolemäer und
richteten sich dort dauerhaft ein. Jene *milites Gabiniani* waren bereits
Teil der ägyptischen Armee, als Caesar in der faszinierenden großen
Stadt Alexandria eintraf. Darüber hinaus war Ägypten voll von gie-
rigen Gläubigern des Auletes, der drei Jahre lang in Rom gelebt und
dort Schulden über Schulden angehäuft hatte. Bezeichnend, daß aus-

gerechnet der größte dieser Gläubiger, Gaius Rabirius Postumus,[3] dem Auletes als *dioiketes* dekretiert wurde. Dank Ciceros unumwundener Rede zur Verteidigung des Rabirius ist uns dessen weiteres Geschick gut bekannt. Rabirius stand im übrigen auch in enger Verbindung mit Caesar, insbesondere in finanziellen Angelegenheiten (Rabirius log, als er im Prozeß behauptete, er sei finanziell ruiniert). Ptolemaios Auletes wiederum hätte seine wenn auch nur formelle Unabhängigkeit wahrscheinlich nicht aufrechterhalten können, wäre der Kampf zwischen den Machthabern in Rom nicht mit zunehmender Härte geführt und auf andere Ziele gerichtet worden. Nach seinem Tod (51 v. Chr.) folgte ihm die achtzehnjährige Kleopatra zusammen mit ihrem neun Jahre jüngeren Gemahl und Bruder Ptolemaios XIII. auf dem Thron. Kleopatra VII. Philopator hatte wohl die Absicht, die Politik ihres Vaters weiterzuführen, doch ihre Aktivitäten wurden von dem kleinen „Beratergremium" ihres Brudergemahls und Mitregenten vereitelt. Diesem Rat gehörten neben dem Eunuchen Potheinos, einem geschickten und wagemutigen Taktiker, auch der Oberbefehlshaber der königlichen Truppen Achillas an sowie Theodotos, ein aus Samos stammender Rhetor, dem die Erziehung des Königs anvertraut war. Daß Kleopatra den Bruder entmachten wollte, kann man den königlichen Siegeln jener Zeit entnehmen, auf denen, entgegen ptolemäischer Tradition, der Name „Kleopatra" allein für das königliche Geschwisterpaar steht.

Kleopatra, die die Interessen und Intrigen der römischen Politik immer im Auge behielt, machte sich bei ihren von den Schikanen der römischen „Protektoren" geplagten alexandrinischen Untertanen zunehmend unbeliebter. So wollte sie zum Beispiel die Mörder der beiden Söhne des Bibulus im Jahr 51 v. Chr. an ein römisches Gericht ausliefern.[4] Als sie von Pompeius' ältestem Sohn zu Beginn des Bürgerkriegs aufgesucht und um Hilfe angegangen wurde, entschied sie sich für die Unterstützung des Pompeius – im Osten glaubte man allgemein, Pompeius würde siegen – und schickte dem großen Vater dieses unternehmungsfreudigen Sohnes (der Plutarch zufolge ihr Geliebter war)[5] 60 mit Getreide beladene Schiffe und 500 *milites Gabiniani*:[6] ein schwerer Fehler, denn mindestens drei Jahre lang war die Getreideernte aufgrund der geringen Nilüberschwemmung schlecht ausgefallen, und das eigene Volk hungerte. Kleopatra mußte aus Alexandria fliehen und fand Schutz bei sympathisierenden Bevölkerungsgruppen in Syrien, wo sie für eine Rückkehr in die Hauptstadt Truppen sammelte. Im Sommer 48, nach der Niederlage des Pompeius, kam

es zum Kampf zwischen dem Heer Kleopatras und dem Heer des
Ptolemaios unter dem Oberbefehl von Achillas und Potheinos. Die
Truppen des Ptolemaios standen gerade in Pelusion, als das Schiff
des flüchtenden Pompeius im Hafen dieser Stadt einlief.

3. Plutarch schildert die Ereignisse, insbesondere das Schicksal der
Besiegten, mit allem gebotenen Pathos. Pompeius ging in der Bucht
des Hafens von Pelusion vor Anker. Ptolemaios stand mit seinem
Gefolge in Pelusion, daher schickte Pompeius einen Gesandten voraus, um den König um Aufnahme zu bitten. Potheinos berief daraufhin die einflußreichsten Männer zur Beratung zusammen. Theodotos, „der für Geld als Lehrer der Rhetorik angestellt war", wie
Plutarch abschätzig schreibt, machte den Vorschlag, der sich schließlich durchsetzte. Am besten sei es, Pompeius weder aufzunehmen
noch abzuweisen, sondern umzubringen. Mit großer Beredsamkeit
und nicht ohne politische Klugheit erläuterte er, warum er die Aufnahme wie die Zurückweisung des Pompeius ablehne, und fügte
dann noch hinzu: „Ein Toter beißt nicht".[7]

Der Hinterhalt, in den Pompeius geriet, war denkbar einfach. An
der Ausführung des Plans war auch ein Offizier namens Septimius[8]
beteiligt, der einst unter Pompeius Dienst getan hatte. Plutarch betont, daß Pompeius der Katastrophe hatte ausweichen wollen. Er
hatte nach Parthien oder direkt zu Iuba nach Numidien fliehen wollen (wohin sich Cato nach der Niederlage von Pharsalos begeben
hatte), doch Theophanes, Pompeius' Geschichtsschreiber, drängte die
Flüchtlinge, nach Ägypten zu fahren. Erst als sich aus Pelusion kein
Schiff von angemessener Größe, sondern nur ein Fischerkahn mit
kleiner Besatzung näherte, was ihnen doch nicht ganz geheuer war,
riet man Pompeius, die Anker zu lichten, solange er noch außer
Reichweite der feindlichen Geschosse sei. Doch inzwischen hatte sich
das Boot der Ägypter genähert, und Septimius begrüßte Pompeius in
lateinischer Sprache als *imperator* – eine beruhigend schmeichelnde
Geste in diesem Augenblick der Verzweiflung. Achillas begrüßte
Pompeius auf griechisch und forderte ihn auf, ins Boot zu steigen,
denn das Wasser sei an dieser Stelle seicht und wegen der Sandbänke
für eine Triëre unbefahrbar. Zur gleichen Zeit sah man, wie das Ufer
mit Truppen besetzt wurde und Schiffe Mannschaften an Bord nahmen – ein unheilvolles Zeichen. Pompeius aber besann sich nicht
lange und bestieg das Boot zusammen mit zwei Zenturionen, einem
Freigelassenen und einem Sklaven. Er nahm Abschied von seiner

Frau, die von bösen Vorahnungen gequält wurde, und wandte sich
an sie mit einem Vers des Sophokles: „Wenn einer geht in des Tyrannen Haus, ist er sein Sklave, kommt er auch als Freier".[9] Auf der
Bootsfahrt wurden die wenigen Worten, die Pompeius an seine ägyptischen Begleiter richtete, mit eisigem Schweigen quittiert. Schließlich
verzichtete Pompeius auf jeden weiteren Gesprächsversuch und über-
las nochmals die Ansprache, mit der er Ptolemaios begrüßen wollte
und die er in griechischer Sprache auf einer kleinen Rolle aufgezeichnet hatte. Als er sich erhob, um auszusteigen, stieß ihm zuerst Septimius, dann Achillas das Schwert in den Körper. Von ihren Schiffen
aus wurden die aus Pharsalos Geflohenen Zeugen, und nur mit knapper Not gelang es ihnen, der Verfolgung durch ägyptische Geschwa-
der zu entkommen.

4. Caesar betont ausdrücklich, er habe „in Alexandria[10] vom Tod
des Pompeius" erfahren, als er „gleich beim Verlassen des Schiffes"[11]
das empörte Geschrei der Soldateska vernommen habe, die Ptolemaios zum Schutz der Stadt zurückgelassen hatte. Die Alexandriner seien
zusammengelaufen, weil Caesar die Rutenbündel,[12] das Herrschafts-
zeichen der römischen Konsuln, vorangetragen wurden. Diese Worte
sind – wie stets – wohlbedacht. Caesar zeigt angesichts des Todes
des Pompeius keine innere Regung und schildert kein Detail dieser
überraschenden Wendung des Bürgerkriegs. Das erscheint keineswegs plausibel. Es genügt nicht der Hinweis darauf, daß Caesar als
Schriftsteller einen „lapidaren" Stil pflegte. Wenn er will, gibt er sehr
genau Auskunft über das, was im Feindeslager vor sich geht, und
liefert ausführliche Informationen über die Aktivitäten seiner Gegner.
Caesars extremer Zurückhaltung steht jedoch eine breite Überlieferung gegenüber, die dessen Gefühle beschreibt, als ihm Theodotos[13]
oder ein anderer den Kopf des Pompeius überbrachte.[14] Besonders
ausdrücklich und aufschlußreich, den Tatsachen zugleich am nächsten kommt die Schilderung des Lukan,[15] der besonders einen Punkt
hervorkehrt: Der „Trabant", wie Lukan sagt, des Königs Ptolemaios,
der Caesar den abgeschlagenen Kopf des Pompeius als grausige Gabe
überbringt, hält eine weitausholende Rede und stellt die Ermordung
des Pompeius als letzten und entscheidenden Akt des Bürgerkriegs
dar.[16] Ptolemaios erscheint in einem positiven Licht als derjenige, der
Caesar „in seiner Abwesenheit" den großen Dienst erwiesen hat, den
Bürgerkrieg für ihn zu beenden. Mit diesem „Unterpfand" (*pignus*)
sei ein mit dem Blut des Pompeius besiegelter Vertrag zwischen Pto-

lemaios und Caesar erkauft worden.[17] Caesar soll Ptolemaios als seinen Klienten anerkennen: „Nimm Ägyptens Reich geschenkt, statt es erst mit Blut zu holen [...] und glaube, *deiner Fahne wert sei ein Vasall* (*dignumque clientem*), dem das Geschick so große Vollmacht über deinen Eidam gönnte".[18] Der Vorschlag einer solchen Klientelbeziehung (Caesar erhält Ägypten geschenkt, aber der Herrscher Ägyptens bleibt auf dem Thron) wird sodann begründet und in seiner Bedeutung gewürdigt. Caesar ist aufgefordert zu bedenken, wieviel Ptolemaios dieser Mord gekostet hat: Denn „Pompeius war seit alten Zeiten unser Gastfreund, hatte er doch dem vertriebenen Vater unseres Königs [Auletes] sein Zepter zurückgegeben". Der redegewandte „Trabant des Königs" beschließt daher seine geschickt aufgebaute Rede mit der Aufforderung, den Mord nicht als billiges Verdienst anzusehen.[19] Lukan, mit Sicherheit keine caesarfreundliche Quelle, ist allerdings durchaus ernst zu nehmen, steht er doch für eine „republikanisch" geprägte Tradition der Geschichtsschreibung, die im Werk Senecas des Älteren über die Bürgerkriege ihren Ursprung haben könnte. Hier wie auch an anderer Stelle ist Lukans *Pharsalia* ein historiographisches Werk in Versform, nicht bloß dichterische Erfindung. Es beschreibt präzise Caesars (nur gespielt emotionale) Reaktion, als man ihm – politisch geschickt vorbereitet – den Kopf des Pompeius zeigt: Bevor Caesar seinen Tränen freien Lauf läßt, betrachtet er sehr genau das schauerliche Geschenk; erst als er sicher ist, daß es sich tatsächlich um Pompeius handelt, vergießt er Tränen, die nicht von Herzen kommen.[20] Diese Tränen, so Lukan in schonungsloser Offenheit, sind für Caesar *die einzige Möglichkeit, seine Freude zu verbergen*, die dieses makabre Schauspiel in ihm ausgelöst hat. Darüber hinaus, so Lukan weiter, entledigt sich Caesar auf diese Weise (oder glaubt es zumindest) aller Verpflichtungen gegenüber dem, der sich ihm als Klient anbietet: Mit solchen Tränen machte er „des Despoten gräßliches Verdienst zuschanden, zog es vor, seines Eidams abgeschnittenes Haupt zu betrauern, statt sich dafür als Schuldner zu fühlen!"[21]

Lukans Schilderung wird durch eine bedeutende historiographische Quelle bestätigt, die auf Livius zurückgeht – die *Römische Geschichte* von Cassius Dio.[22] Cassius Dios Darstellung ist irritierender, gibt er doch zu verstehen (auf welcher Basis, wissen wir nicht), daß Ptolemaios oder besser gesagt seine Minister in Absprache mit Caesar handelten. Caesar kam in Alexandria an, bevor Ptolemaios und sein Gefolge aus Pelusion zurückgekehrt waren (wo Pompeius ermordet wurde), aber da er „die Einwohner in großer Aufregung über den Tod des Pompeius" fand, ging er nicht sogleich an Land, „sondern ließ ankern und wartete, bis er Haupt und Ring des Pompeius zu Gesicht bekam, die ihm Ptolemaios übersandte".[23] Wenn man die knappen und keineswegs eindeutigen Bemerkungen Caesars über seine Ankunft in Alexandria nachliest (in denen sich die *Nachricht* vom Tod des Pompeius mit den Tumulten der Alexandriner wegen der Liktoren des römischen Konsuls[24] auf merkwürdige Weise vermischt) stellt man fest, daß sich manches in Cassius Dios Schilderung mit dem deckt, was Caesar in diesen wenigen zurückhaltenden Bemerkungen zum Ausdruck bringt. Für Cassius Dio war es eindeutig eine verabredete Aktion: Wie sonst ist zu erklären, daß Caesar darauf *wartete*, daß ihm der Kopf gezeigt würde, und erst an Land ging, nachdem dies geschehen war?[25] Aber Cassius Dio geht in der Demaskierung Caesars als „Heuchler" beim Anblick dieser makabren Trophäe noch einen Schritt weiter: Als man ihm den Kopf brachte, brach Caesar in Tränen aus, nannte Pompeius „Schwiegersohn" und zählte alle Dienste auf, die sie sich gegenseitig erwiesen hatten. „Den Mördern aber", bemerkt Cassius Dio sarkastisch, „erklärte er keine Belohnung zu schulden, im Gegenteil, er erhob sogar Vorwürfe gegen sie. Dann befahl er, das Haupt zu schmücken, gebührend in Ordnung zu bringen und der Erde zu übergeben".[26] An dieser Stelle holt Cassius Dio zu einem regelrechten Plädoyer aus, um Caesar der Heuchelei zu überführen: Wie hätte man Caesar diese Zurschaustellung von Schmerz und Bedauern abnehmen können, da er doch alles getan hatte, um diesen Gegner zu vernichten? Nicht einmal vor dem Bürgerkrieg war er zurückgeschreckt und „aus keinem anderen Grunde nach Ägypten geeilt, als um ihm, *sofern er noch lebte*, den völligen Garaus zu machen".[27] Wenn Cassius Dio sagt, „sofern er noch lebte", gibt er erneut zu verstehen, daß seiner Meinung nach Caesar wußte, daß Pompeius in dem Augenblick sterben würde, in dem er sich in Ptolemaios' Hände begab.

Moderne Historiker haben sich gefragt, ob sich in Caesars engster Umgebung Ptolemaios' Spione aufhielten oder umgekehrt Caesar Spione bei Ptolemaios eingeschleust hatte.[28] Daß Theodotos genau zum richtigen Zeitpunkt von Pelusion nach Alexandria zurückkehrt, um Caesar mit seiner makabren Beute gegenüberzutreten und ihm den anrüchigen Pakt anzubieten, ist nur dann plausibel, wenn man eine (womöglich wechselseitige) Infiltration der beiden Lager annimmt. Tatsache bleibt, daß allein der durchaus emphatische Velleius über Caesars Reaktion schweigt, obwohl er die heimtückische Ermordung des Pompeius wortreich verurteilt.[29] Dieses Schweigen ist äußerst merkwürdig. Es erscheint aber unwahrscheinlich (und widerspricht Caesars sonst üblicher Taktik, sich stets verschiedene Optionen offenzuhalten), daß sich Caesar tatsächlich in die Abhängigkeit des Ptolemaios begab, um diesen verbrecherischen Akt zu ermöglichen, und sich dann entschied, jede verpflichtende Bindung abzulehnen.[30] Hinter Plutarchs[31] rührender, keineswegs boshafter Schilderung von Caesars Reaktion beim Anblick von Pompeius' abgeschlagenem Kopf steckt gewiß die Absicht, dem Leser die Szene möglichst eindringlich, mit großem Pathos vor Augen zu führen; aber vielleicht läßt er sich auch zu phantasievollen Ergänzungen hinreißen, etwa wenn er die spätere Hinrichtung von Achillas und Potheinos sowie die Niederschlagung des Ptolemaios durch Caesar als gerechte Bestrafung für das an Pompeius begangene Verbrechen hinstellt.[32]

5. Wie aber ist Caesar in den Alexandrinischen Krieg hineingeschlittert, obwohl er über so wenige Truppen verfügte?[33] Warum Caesar in das Netz oder in die Falle der Alexandriner geriet, war schon in der Antike Gegenstand von Diskussionen und Mutmaßungen (und auch für die klügsten Zeitgenossen blieb die Sache durchaus unklar).[34] Plutarch berichtet, nach Meinung einiger Geschichtsschreiber sei allein Caesars „Leidenschaft für Kleopatra" an diesem „unnötigen" Krieg schuld, der „unrühmlich und gefährlich" gewesen sei. Andere schoben die ganze Verantwortung auf den Hof des Ptolemaios, insbesondere auf Potheinos, der in einer Art Machtwahn glaubte, er könne Pompeius *und* Caesar aus dem Weg räumen.[35] Plutarch favorisiert letzteres und schreibt, der Grund dafür, daß Caesar zu jener Zeit anfing, „die Nächte durchzuzechen" (und in dieser ersten Phase seines Aufenthalts in Alexandria ist Kleopatra noch in weiter Ferne!), sei gewesen: „Er wollte vor Anschlägen auf sein Leben sichergehen".[36] Das sollte man nicht als eine unsinnige oder abwegige Erklärung abtun. In der Tat versuchte ja Caesar bei einem solchen nächtlichen Gelage (bei dem sich die Kontrahenten gegenseitig weiter ausspionierten), Potheinos und Achillas gefangennehmen und aus dem Weg räumen zu lassen. Aber Achillas entwischte ihm und verwickelte ihn in den Krieg.[37] Noch in jüngster Zeit sprachen Historiker, durch Kleopatra in ihrer Phantasie beflügelt, davon, daß „Caesars Verbindung mit der 'pikanten Levantinerin'" zum Alexandrinischen Krieg führte.[38] Napoleon übergeht (weit eleganter) Caesars

Affäre mit „der schönen Kleopatra" und beschränkt sich auf den späten Ratschlag, Caesar hätte sich mit der geheuchelten Unterwerfung des Ptolemaios zufriedengeben und „dessen Bestrafung um ein Jahr verschieben"[39] sollen.

Stärker realitätsbezogen bemerkt Theodor Mommsen, Caesar habe in Alexandria „seiner Gewohnheit getreu" gehandelt, „wo er einmal in dem weiten Reiche sich befand, die Verhältnisse sogleich und persönlich zu regeln".[40] Caesars Rechnung sei jedoch nicht aufgegangen, war er doch fest davon überzeugt, trotz seiner nur gut 3000 Mann weder auf den Widerstand der römischen Besatzung (der berühmten *milites Gabiniani*) noch auf den des Hofs zu stoßen. Caesar, so Mommsen, habe nicht bedacht, daß diese *milites Gabiniani* durch Heirat mit einheimischen Frauen in Alexandria inzwischen verwurzelt waren und sich den römischen Behörden nicht mehr verpflichtet fühlten. In ihren Reihen befand sich überdies eine Menge syrischer und kilikischer See- und Straßenräuber;[41] diese Armee war ein Pulverfaß, das jeden Augenblick explodieren konnte.

Caesars Entschuß, mit den Beratern und Beschützern des Ptolemaios zu verhandeln, hatte im übrigen in erster Linie finanzielle Hintergründe. Ägyptens Herrscher hatten sich im Bürgerkrieg mit Pompeius zusammengetan (und Kleopatra hatte sich dieses Paktierens in noch weit größerem Maße „schuldig" gemacht als der ihr verhaßte Bruder). Daß Potheinos und seine Kumpane Pompeius ermordet und Caesar gegenüber diesen Mord als etwas „Verdienstvolles" dargestellt hatten, war wohl der Versuch, die Sieger von Pharsalos das Peinliche dieser früheren Parteinahme vergessen zu machen. Caesar hatte das Recht, dem Land Ägypten als Wiedergutmachung für die Unterstützung des Pompeius Kriegskontributionen aufzuerlegen; doch er wählte einen anderen Weg. Er erinnerte seine Gastgeber daran, daß das seinerzeit von dem wiedereingesetzten Auletes versprochene Geld nur zur Hälfte bezahlt worden sei (nicht zuletzt deshalb, weil das Land finanziell erschöpft war). Caesar erklärte sich bereit, einen Großteil der noch ausstehenden Geldsumme zu erlassen, forderte aber eine letzte Rate von zehn Millionen Denaren. Außerdem sollten die beiden Geschwister ihre Feindseligkeiten beilegen. Als amtierender Konsul konnte Caesar verlangen, daß seinen Anweisungen und Forderungen Folge geleistet wurde. Vom ersten Augenblick seiner Landung in Alexandria an hatte er sich die Rutenbündel mit den Beilen vorantragen lassen, um seine Autorität geltend zu machen, die von einem Klientelkönig wie Ptolemaios inzwischen auch formell akzeptiert worden war. Caesar trug sich mit der Absicht, die verworrenen politischen Verhältnisse in Ägypten zu ordnen, gleichzeitig aber entsprechende Geldsummen für eine mögliche (und wahrscheinliche) Fortsetzung des Bürgerkriegs zu erpressen.

6. In Caesars *commentarii* und in deren Fortsetzung, dem Buch über den Alexandrinischen Krieg, kommt Kleopatra so gut wie gar nicht vor. Ihr Name taucht erstmals auf, als die Vorgeschichte der Thronfolgestreitigkeiten erzählt wird[42], dann erneut, als Caesar seine Verfügungen diktiert: „König Ptolemaios und seine Schwester Kleopatra sollten ihre Heere entlassen und über ihren Streit lieber vor ihm auf dem Rechtsweg als untereinander durch das Schwert entscheiden".[43] Im *Alexandrinischen Krieg* schließlich wird der Name Kleopatra nur am Schluß genannt,[44] wo der Leser von Caesars Entscheidung erfährt, Kleopatra die Herrschaft zu übertragen, nachdem ihr Rivale Ptolemaios XIII. tot war. Der Verfasser der Fortsetzung der *commentarii* stellt hier jedoch fest, daß Kleopatra während des Konflikts loyal „auf Caesars Seite" stand. Damit wurde Kleopatra in der offiziellen, caesarianisch geprägten Überlieferung zu einer blassen, verschwommenen Figur. Caesar wollte diese für die Geschichte Ägyptens wie auch für die Geschichte Roms so bedeutende Gestalt gegenüber seiner eigenen Person im Hintergrund halten: Von ihr hatte er einen Sohn; Kleopatra war in Rom gewesen und hatte sich von 46 bis zu Caesars Tod im März 44, als sie in ihre Heimat flüchtete, in Caesars Villa jenseits des Tiber aufgehalten. Dennoch trat sie im öffentlichen Leben Caesars so gut wie nicht in Erscheinung.[45]

Andere Berichte widersprechen dieser Darstellung ganz entschieden. Kleopatra kommt in dem Augenblick wieder ins Spiel, als Caesar die Geschwister und Thronrivalen offiziell zu sich bestellt, damit sie vor ihm, der höchsten Autorität der römischen Republik, ihre Thronstreitigkeiten beilegen. Plutarch zufolge ließ Caesar „Kleopatra heimlich vom Lande hereinholen".[46] Freilich entging ihm dabei nicht, daß – wie die Dinge lagen – Ptolemaios und seine Berater, die sich in einer stärkeren Machtposition als Kleopatra befanden, einer zwangsweisen Aussöhnung nicht so leicht zugestimmt hätten. Er machte sich keine Illusionen darüber, daß eine Rückkehr Kleopatras in die Hauptstadt nicht gerade einfach und komplikationslos war. Er mußte also die lokalen Mächte gegeneinander ausspielen. Auch Kleopatra war sich der Gefahren einer Rückkehr an den Hof sehr wohl bewußt. Die Männer, die nicht gezögert hatten, Pompeius zu ermorden, würden auch in ihrem Fall keine Skrupel kennen. Daher nahm sie Caesars Einladung an, traf aber ihre eigenen Vorkehrungen. Bei Einbruch der Nacht näherte sich ein Nachen unbemerkt dem Königspalast, der zum Meer hin lag. Ein Mann, der aussah wie ein Teppichhändler, bat, zu Caesar vorgelassen zu werden. Sein Name sei Apollodoros, sagte er, er komme aus Sizilien. Im Palast rollte er dann vor den Augen des amüsierten römischen Generals sein Bündel auf – und zum Vorschein kam die nicht besonders groß gewachsene Kleopatra, zur Tarnung in einen Leinensack gehüllt wie jene, die zum Transport von Teppichen benutzt wurden. Plutarch zufolge gewann „Kleopatras mutwilliges Wesen"[47] Caesars Herz, und er erlag „ihrer Anmut und dem Reiz ihres Umgangs". Ihr und ihren Machenschaften widmet Plutarch breiten Raum, auch weil sie in seiner *Antonius*-Vita erneut auftaucht: „Ein Vergnügen war es auch, dem Klang ihrer Stimme zu lauschen. Sie wußte ihre Zunge wie ein vielstimmiges Instrument mit Leichtigkeit in jede ihr beliebende Sprache zu fügen und bediente sich nur im Verkehr mit ganz wenigen Barbaren eines Dolmetschers".[48] Selbstverständlich rechnete die einundzwanzigjährige Kleopatra auf die Wirkung, die sie auf einen Mann in vorgerücktem Alter ausüben konnte (Caesar war über fünfzig).[49] Ihr oberstes Ziel, wie man sich leicht vorstellen kann, bestand darin, den Sieger vergessen zu machen, daß sie Monate zuvor Pompeius Beistand geleistet hatte. Als kluge Herrscherin, die bereits politische Erfahrungen gesammelt hatte, stürzte sich Kleopatra nicht in ein solches Abenteuer, ohne vorher Erkundigungen eingeholt zu haben. Einer Caesar gewiß nicht freundlich gesinnten, aber bestens informierten Quelle wie Cassius Dio zufolge informierte sich Kleopatra durch Mittelsmänner vor allem über den Charakter des römischen Generals: „Sobald sie Caesars Wesensart erkannte – er war nämlich dem Liebesgenuß sehr ergeben (ἐρωτικώτατος) und verkehrte mit gar vielen Frauen, sozusagen mit allen, denen er gerade begegnete –, ließ sie ihm die Botschaft zukommen, sie werde von ihren Freunden hintergangen, und bat um die Erlaubnis, persönlich ihre Sache vertreten zu dürfen"[50] – eine elegante Art, dem römischen Diktator zu verstehen zu geben, daß sie sich einzig und allein ihm anvertraue. Und erst nach Einübung aller Facetten ihrer Rolle (ein gutes Beispiel für die Machenschaften hinter den Kulissen des sichtbaren Geschehens) organisierte Kleopatra, eingerollt in einen Teppich, den „Coup" ihrer nächtlichen Ankunft im Königspalast.

7. In diesen unruhigen Tagen unmittelbar vor Ausbruch des Krieges hatte sich Caesar mit seinen 3000 Mann (und fast ohne Schiffe) im Königspalast von Alexandria einquartiert. Um ein anschauliches Bild zu gewinnen, muß man wissen, daß der Königspalast von Alexandria ein ganzes Stadtviertel umfaßte: das Viertel Brucheion, das zum Haupthafen hin lag und im Südwesten an die Schiffswerften angrenzte. Die beiden Reisenden Diodoros von Sizilien, ein Zeitgenosse Caesars, und Strabon, der zur Zeit des Augustus lebte, haben uns eindrucksvolle und wertvolle Beschreibungen dieses *unicum* überliefert.[51] Von ihnen erfahren wir, daß der Königspalast sich im Laufe der Jahre immer weiter vergrößert hat, da jeder Herrscher neue Bauwerke hinzufügte. Zur Zeit Strabons umfaßte das Königsviertel „den vierten oder sogar dritten Teil des ganzen Umfangs"[52] der Stadt. Innerhalb dieses riesigen Areals lag der sogenannte „innere Königspalast"[53] mit einer Vielzahl von Gebäuden, Gärten und einem Theater. Dies ist die *pars oppidi*, der Stadtteil, wo sich Caesar verschanzte, als die Lage brenzlig wurde.[54] Caesar drückt sich sehr präzis aus, wenn er mit *pars oppidi* den inneren Königspalast (*oppidum*) bezeichnet. Eine strategisch günstige Position, da dieser Palasttrakt steil zum Meer hin abfiel, mithin von See her so gut wie unangreifbar war; gleichzeitig aber war der Zugang zur Stadt gut zu verteidigen, da – wie Caesar nicht versäumt zu betonen – aufgrund des Gewirrs von Gäßchen nur wenige Mann zur Verteidigung genügten.[55] Auch gab es ein System von Geheimgängen und unterirdischen Kanälen sowie ein raffiniertes System von Wasserleitungen, das die Belagerer außer Funktion zu setzen suchten.

Lukan vermittelt ein sehr genaues Bild der Situation, wenn er schreibt, „Caesar seinerseits mißtraute dem Mauerring der Stadt, schloß den Palast und verschanzte sich hinter dessen Toren".[56] Der Dichter und Historiker fügt hinzu, Caesar habe „entwürdigenden Unterschlupf auf sich genommen". Bei Lukan ist in der Tat die Tendenz stark ausgeprägt, das „Entwürdigende" hervorzuheben, das der Alexandrinische Krieg für Caesar bedeutete. Ein Aspekt dieser *systematischen Herabwürdigung* war der Umstand, daß sich Caesar ausgerechnet an diesem in jeder Hinsicht zwielichtigen[57] Ort verbarrikadieren mußte, belagert von „minderwertigem Pack", wie es aus Sicht des römischen Rassismus die Ägypter und die Orientalen allgemein waren. In Wirklichkeit sind erneut Caesars extreme Flexibilität und sein strategischer Erfindungsreichtum bemerkenswert, findet er sich doch in einer vollkommen neuartigen Situation sofort zurecht. In der ersten Phase der Operation verfolgte er zwei scheinbar widersprüchliche, doch in Wirklichkeit durchaus gleichgerichtete Ziele: dem Gegner immer mehr Terrain abzugewinnen, indem seine Truppen ein Gebäude nach dem anderen in ihre Gewalt brachten;[58] gleichzeitig die von Caesars Truppen kontrollierte *pars oppidi* vom Rest der Stadt dauerhaft abzuriegeln, indem sie die Befestigungen immer weiter vorschoben.[59]

8. In eine bewaffnete Auseinandersetzung und eine so unvorhergesehene strategische Situation geriet Caesar deshalb, weil die Schlichtung der Thronstreitigkeiten, die er in Gegenwart der Geschwister und Rivalen im Palast anstrebte, von Anfang an zum Scheitern verurteilt war. Eine dauerhafte Einigung konnte es gar nicht geben, weil Ptolemaios (und seine Berater) keine Bereitschaft zeigten, die Macht mit Kleopatra zu teilen, die, wie sie zu Recht annahmen, unter den Alexandrinern keine Anhänger mehr hatte. Doch Caesars Proklamation der Rückgabe Zyperns an Ägypten und seine Bestimmung Arsinoës und des anderen Bruders (des späteren Ptolemaios XIV.) zu Herrschern über die Insel war ein geschickter Schachzug, um die Gemüter zu beruhigen. Indem Caesar die römische Annexion Zyperns rückgängig machte, die die Alexandriner seinerzeit so sehr empört und zur Vertreibung des Auletes geführt hatte, gelang es ihm, zumindest zeitweilig die von Achillas geschürte Unruhe in der Bevölkerung zu beschwichtigen.

Abgesehen von den persönlichen Gründen, die stets in den Vordergrund gestellt werden,[60] um Caesars Parteinahme zugunsten Kleopatras zu erklären, liegt dieser Wahl doch auch ein Kalkül zugrunde. Caesar wollte vermeiden, daß der engere Kreis um Ptolemaios die schwierige Situation Roms mitten im Bürgerkrieg ausnutzte und das alte Reich einer antirömischen, nationalistisch geprägten Führung in die Hände fiel. Daher war sein Beharren auf einer Doppelherrschaft des Ptolemaios und der wenig beliebten Kleopatra, die den Römern zu Diensten war, ein guter Einfall; besser noch war es, Ptolemaios und seinen engsten Kreis aus dem Weg zu räumen – für Caesar gewiß das Hauptziel des alles andere als unwahrscheinlichen bewaffneten Konflikts. In diesem nicht enden wollenden Bürgerkrieg, der die Hegemonialmacht lähmte, war es für Caesar am klügsten, eine so schwankende Macht wie Ägypten um jeden Preis zu unterwerfen. Das aber konnte nur gelingen, wenn Kleopatra auf dem Thron saß. Wie heftig das Volk reagierte, wie verändert die *milites Gabiniani* waren, die doch eigentlich die Aufgabe hatten, Ägypten unter Kontrolle zu halten – all das blieben unwägbare Faktoren, die Caesar bald in eine prekäre Lage brachten.

Mit einer antirevolutionär-konservativistischen Spitze schreibt Mommsen, die Bevölkerung von Alexandria hielt „ihre Straßenkrawalle so regelmäßig und so herzhaft ab wie heutzutage die Pariser".[61] Er räumt jedoch ein, daß die Plünderung privater und sakraler Schätze, die durch Caesars Zahlungsaufforderung zur Begleichung der letzten Rate des immensen Schuldenbergs unumgänglich geworden war, die Ägypter erbost haben muß – eine Empörung, die Achillas und seine „nationalistischen" Anhänger geschickt für sich auszunutzen verstanden. Der Aufstand war die Folge einer unausweichlichen Verkettung von Ereignissen. Angesichts der von Caesar aufgezwungenen Versöhnung sammelte Achillas heimlich das Heer des Ptolemaios, das sich noch in Pelusion befand, während der König selbst bereits im Palast weilte. Als Caesar das erfuhr, verlangte er von seiner „Geisel", er solle zwei Boten (Dioskorides und Serapion, alte Freunde Roms) zu Achillas schicken, damit dieser seinen Befehl widerrief. Achillas ließ die Boten kurzerhand ermorden.[62] Mit seinen Truppen besetzte Achillas anschließend die gesamte Stadt bis auf das *oppidum*, wo sich Caesar mit Ptolemaios als Geisel verschanzt hatte.

Achillas strebte einen Blitzsieg an. Gleichzeitig eröffnete er den Angriff auf den inneren Palast und versuchte sich der Flotte zu bemächtigen, die im Haupthafen vor Anker lag: eben jene 50 Schiffe, die seinerzeit dem Pompeius zur Verstärkung geschickt worden waren, und die 22 Schiffe, die als Hafenwache zurückgeblieben waren.[63] Den Ansturm zu Land konnte Caesar abwehren; gefährlicher war das Eindringen der Gegner in den Hafen, was Caesar von jeder Hilfe vom Meer abgeschnitten hätte. Waren Achillas und seine Truppen erst einmal im Besitz jener 72 Schiffe und der Zugänge zum Hafen, versperrten sie einer Caesar zu Hilfe eilenden Flotte den Weg. Da entschloß sich Caesar zu einem ebenso kühnen wie erfolgreichen Schritt: Er ließ vom Palast aus brennende Geschosse, „in Pech getauchte Fackeln",[64] hinunterschleudern, steckte damit die gesamte ägyptische Flotte in Brand und beraubte so die Angreifer ihrer einzigen wirklich gefährlichen Waffe.[65] Die Vernichtung ihrer im Hafen vor Anker liegenden Flotte hatte einen weiteren unvorhergesehenen Effekt. Das Feuer breitete sich im Hafenviertel weiträumig aus, was den Druck der Belagerer weiter abschwächte. Der Wind, schreibt Lukan, dem wir die beste Beschreibung des Geschehens verdanken,

„beschleunigte die Katastrophe, und die vom Wirbelsturm erfaßten Flammen liefen über die Dächer hin, wie ein Meteor am Himmel seine feurige Bahn zieht". Jetzt waren die Belagerer des Königspalastes gezwungen, die Stadt zu verteidigen. Das Hafengebiet war am schwersten betroffen. Cassius Dio zufolge wurden unter anderem Getreidesilos und Bücherlager zerstört.[66] Dabei handelte es sich nicht um die Bücher der wertvollen und berühmten Bibliothek, die sich im Innern des Palastes befand. Das Mißverständnis, die „Große Bibliothek von Alexandria" sei vernichtet worden, führte nicht nur Plutarch[67] in die Irre. Noch George Bernard Shaw, der sich einen Scherz macht, wenn er Caesar sagen läßt, „Ich bin selbst ein Autor [...] laßt es brennen",[68] zeigte sich also schlecht beraten.

9. Nach dem gescheiterten Angriff und der Ermordung des Achillas auf Befehl Arsinoës, Kleopatras sehr aktiver jüngerer Schwester, sann Ganymedes, inzwischen Befehlshaber der ägyptischen Truppen, auf einen neuen Hinterhalt. Er unterbrach die Wasserversorgung für den Palast, um Caesar und seine Männer zur Kapitulation zu zwingen. Ein genialer technischer Einfall: In die Wasserleitungen der höher gelegenen Stadtteile ließ er gewaltige Mengen Meerwasser pumpen, so daß binnen kürzester Zeit das Wasser im gesamte Brucheion-Viertel ungenießbar war.[69] Unter Caesars Legionären brach Panik aus; sie waren sogar bereit zur Rebellion. Sie wollten zu den Schiffen, die in der Reede vor dem Palast lagen, und diesen irrsinnigen Ort so schnell wie möglich verlassen. Caesar lehnte die Einschiffung jedoch kategorisch ab. Er versicherte (was bald bestätigt wurde), daß im gesamten Küstenbereich reichlich Süßwasser vorhanden sei. Nachdem die Soldaten während der ganzen Nacht Brunnen gegraben hatten, stießen sie auf Quellwasser bzw. wasserführende Schichten.[70] Durch zuverlässige Boten hatte Caesar unterdessen an alle umliegenden Gebiete dringende Hilferufe gerichtet.[71] Er wandte sich auch an seine Klienten im Osten und schickte Mithridates von Pergamon, den zuverlässigsten von ihnen, der ihm wahrscheinlich schon seit Beginn des Bürgerkriegs zur Seite stand, nach Syrien und Palästina – ein für den weiteren Verlauf des Konflikts entscheidender Schritt. Unterdessen war in der Bucht vor Alexandria die Flotte des Domitius Calvinus mitsamt der siebenunddreißigsten Legion eingetroffen; sie bestand aus Soldaten des Pompeius, die sich nach der verlorenen Schlacht von Pharsalos ergeben hatten.[72] Ungünstige Winde verhinderten jedoch ihre Einfahrt in den Hafen. Caesar selbst kam mit ein paar

Schiffen der Flotte des Domitius entgegen, um sie mit Wasservorräten zu versorgen. Auf dem Rückweg wehrte er einen Angriff von Ganymedes und Arsinoë erfolgreich ab und zerstreute deren restliche Schiffe.[73]

Dies war der Augenblick, da die Alexandriner, ein Volk von Händlern und Seefahrern, wie der Verfasser des *Bellum Alexandrinum*[74] schreibt, noch einmal sämtliche Kräfte mobilisierten. Binnen weniger Tage wurden 22 Vierruderer und fünf Fünfruderer ausgerüstet, außerdem eine große Anzahl kleinerer Schiffe ohne Deck, die alle mit erfahrenen Mannschaften bestückt wurden. Dank dieser neuen Flotte waren die Ägypter in der Lage, Caesars Legionäre zum Kampf herauszufordern, wann immer sie wollten. Caesars Anstrengungen richteten sich vorerst allein auf die Besetzung der Leuchtturminsel Pharos, die durch das Heptastadion, einen künstlichen Damm, mit dem Festland verbunden war. Nur so konnte er die Kontrolle über den Hafen zurückgewinnen und auf Verstärkung hoffen. Notgedrungen entschloß er sich jetzt, es auf eine Seeschlacht mit der gestärkten ägyptischen Streitmacht ankommen zu lassen. Ein hartes Gefecht, bei dem er sich nur durch einen Sprung ins Wasser retten konnte.[75] Pharos wurde schließlich eingenommen, ebenso der Damm, doch nur unter schweren Verlusten (400 seiner Soldaten ertranken).[76]

Die Ägypter wiederum versuchten, Ptolemaios mit einer List aus Caesars Gefangenschaft zu befreien. Sie baten um Ptolemaios' Freilassung als Vorbedingung für ihre Unterwerfung. Caesar ging darauf ein,[77] rechnete er doch damit, die Freigabe des Ptolemaios würde zu Zwistigkeiten und weiteren Spaltungen im gegnerischen Lager führen, was auch tatsächlich geschah. Nicht ohne heimliches Vergnügen ließ sich Caesar herbei, diese Komödie mitzuspielen. Er heuchelte eine herzzerreißende Abschiedsszene: Caesar ermahnte den kindlichen König, sich um sein väterliches Reich zu kümmern; er vertraue dem jungen Herrscher so sehr, „daß er ihn zu seinen in Waffen stehenden Feinden sende". Der gewitzte Knabe wiederum, „wohlunterrichtet in den Künsten des Betrugs",[78] tat so, als wolle er nicht von Caesars Seite weichen, und flehte ihn an, ihn nicht zu entlassen. Doch sobald Ptolemaios seinen goldenen Käfig verlassen hatte, hütete er sich zu tun, was er versprochen hatte, ja er schürte den Konflikt weiter. Nur naive Gemüter, kommentiert der Verfasser des *Bellum Alexandrinum*, glaubten, Caesar habe sich von den Täuschungsmanövern des Knaben zum Narren halten lassen.[79] Zu diesem Zeitpunkt traf außerdem die Nachricht von der bevorstehenden Verstärkung durch ein Entsatzheer ein, das Mithridates von Pergamon gesammelt hatte und das bereits unweit von Pelusion stand.

10. Die Hoffnungen der Ägypter wurden durch das jüdische Truppenkontingent zunichte gemacht. Es unterstand dem Befehl des Antipater, der wiederum befreundete oder ihm in Treue verbundene Fürsten bewogen hatte, dem Unternehmen ihren Beistand zu gewähren. Mithridates von Pergamon konnte den Durchmarsch über Pelusion mit seinen Truppen nicht erzwingen und blieb deshalb bei Askalon stehen, sechs Tagesmärsche vor Pelusion, weil ihm die ansässigen Stämme den Durchzug verwehrten. Von entscheidender Bedeutung war daher die Teilnahme des Oberhauptes von Idumäa, Antipater, des *curator* von Judäa.[80] Indem er für Caesar Partei ergriff und die jüdische Herrschaftsschicht eng mit der Familie des Diktators verknüpfte, verschaffte er seiner Familie eine strahlende Zukunft.

Antipater führte 1500 Hopliten mit sich;[81] auch hatte er die Hilfe der arabischen Stammesführer gewinnen können. Dank seiner Bemühungen verstärkten die Mannschaften sämtlicher Fürsten Syriens zusätzlich das Expeditionskorps, das Caesar zu Hilfe kam. Mithridates konnte nunmehr zum Angriff übergehen und Pelusion stürmen. Sein Sieg war das Verdienst des geschickten Idumäers Antipater. Dieser hatte sich vor allem darum bemüht, die jüdischen Gemeinschaften des Deltas für Caesar zu gewinnen, was ihm mit Hilfe der Autorität des Hohenpriesters Hyrkanos auch gelang. Antipater erhielt immer mehr Verstärkung: Als sich auch Memphis auf seine Seite schlug, konnten Mithridates und Antipater bei dem sogenannten „Judenlager" dem ägyptischen Heer in offenem Kampf gegenübertreten und es besiegen.[82]

Es folgt der letzte Akt dieses merkwürdigen und gefährlichen „Kolonialkriegs".[83] Der Marsch von Mithridates und Antipater nach Alexandria raubte den Ägyptern die letzte Möglichkeit, in ihrer Stadt (wie bisher) die Initiative zu behalten. Ptolemaios und seine Anhänger faßten den verzweifelten Entschluß, sich dem Entsatzheer entgegenzuwerfen. Aber Caesar war schneller, und am 27. März 47 trat er mit Antipater und Mithridates dem ägyptischen Heer unweit des Nil entgegen. Die Soldaten der verbündeten Truppen und die Legionäre griffen vernichtend das Lager der Ägypter an. Behindert durch eine schwere Goldrüstung, stürzte Ptolemaios ins Wasser und ertrank – ein glücklicher Tod für einen ägyptischen Herrscher, denn wer im Nil ertrank, durfte auf die Gunst des Osiris rechnen und würde wieder-

auferstehen. Caesar, wie gewöhnlich den *idola tribus* (den Trugbil-
dern des Stammes), um mit dem großen Bacon zu sprechen, mit
Respekt begegnend, ließ den Leichnam aus dem Fluß bergen und in
Alexandria öffentlich aufbahren. Er erwies ihm damit jene Ehre, die
die Bevölkerung der Hauptstadt erwartete. Dies war das geeignetste
Mittel, seinen Verfügungen über die Zukunft des aufständischen und
unzuverlässigen Reiches mehr Zuspruch zu verschaffen.

Am 27. März ergab sich Alexandria. Arsinoë wurde umgehend
nach Rom gebracht – eine gefangene Königin, die sich dem geschlagenen Vercingetorix zugesellte. Der jüngste Sohn des Auletes, ein
Kind, das den Namen Ptolemaios XIV. erhielt, wurde zum Gemahl
der Kleopatra und zum Mitregenten über Ägypten erklärt. Kleopatra
aber erwartete von Caesar einen Sohn, der nach seiner Geburt von
den Alexandrinern „Kaisarion" genannt wurde (Καισαρίων, die Ver-
kleinerungsform von Καῖσαρ).

Ägypten war neugeordnet, ganz im Einklang mit dem Testament
des Auletes.[84] Caesar beging nicht den Fehler, das Reich zu einer
Provinz zu machen, hätte sie doch ihren Statthalter nur zu Dumm-
heiten verleitet.[85] In gewisser Weise blieb die Aufrechterhaltung des
Status eines Klientelkönigreichs unter strenger römischer Kontrolle
die einfachste Lösung. Sueton sagt ausdrücklich, Caesar habe Ägypten deshalb nicht zu einer Provinz machen wollen, „damit es nicht
irgendwann einmal einem ungezügelten (*violentiorem*) Statthalter
Gelegenheit zu Umsturzversuchen gebe".[86] Daher kam ihm eine (in
ihrem Land) politisch schwache Gestalt wie Kleopatra zustatten.
Kleopatra verknüpfte die Zukunft ihrer Dynastie dauerhaft mit der
des (mutmaßlichen) Siegers im Bürgerkrieg. Die durch Kaisarion ge-
schaffenen Blutsbande waren, so glaubte die wagemutige Königin,
eine Waffe in ihren Händen.

Die *ratio* der dem Land auferlegten Ordnung wird vom Verfasser
des *Bellum Alexandrinum*[87] plausibel erläutert. Caesar ließ einen
Großteil seiner Truppen als Besatzungsarmee in Ägypten zurück.
Nach Syrien führte er lediglich die sechste Legion, eine Veteranen-
truppe. Als Begründung für eine derart massive Präsenz von Okku-
pationstruppen wird angegeben, daß durch sie „die Herrschaft der
Könige auf sicheren Füßen stehe; sie konnten nämlich weder bei
ihren Untertanen auf Liebe rechnen – waren sie doch Caesar in
freundschaftlicher Treue verbunden geblieben (*in amicitia Caesaris*)
– noch hatten sie, erst vor wenigen Tagen als Könige eingesetzt, die
Überlegenheit einer langen Regierungszeit für sich. Zugleich glaubte

Caesar, die Ehre unserer Herrschaft und der öffentliche Nutzen forderten, die Könige, wenn sie treu blieben,[88] durch eine Schutzmannschaft zu sichern; sollten sie undankbar sein, so könnten sie durch
dieselbe Schutzmannschaft im Zaum gehalten werden". Es heißt stets
reges im Plural, gemeint ist aber wohl nur Kleopatra, da der Knabe,
der ihr als Gemahl zur Seite gegeben wurde, bedeutungslos war.
Diese Begründung gilt den klaren politischen Bezugsrahmen für Caesars Verhältnis zur Herrscherin wider – über seine persönliche Zuneigung hinaus.

11. Zum Schluß kommen wir nicht umhin, kurz jener Figur unsere
Aufmerksamkeit zu schenken, die nach Caesars Tod das politische
Geschehen beherrschte, ja die (vorwiegend von der gegnerischen Propaganda erklärte) Rolle einer Feindin Roms[89] spielte, die versuchte,
den Osten ein letztes Mal über den Westen triumphieren zu lassen.

Aber hatte nicht schon Caesar in den letzten Monaten seines Lebens das Modell der von Kleopatra verkörperten hellenistischen
Monarchie ins Auge gefaßt – eine Staatsform, die die offenen Ver-
fassungsfragen nach seinem Sieg hätte beseitigen können? Caesar
starb zu früh, als daß man fundierte Aussagen darüber machen könnte, welche Form er seiner Macht geben wollte. Daß ihm aber, wenn
auch vage, eine Herrschaftsform vorschwebte, die am hellenistischen
Vorbild orientiert war, ist sehr wahrscheinlich. Jahre später stellte
Octavian den Krieg gegen Antonius (den gegnerischen Parteiführer
in einem neuen Bürgerkrieg) als „außenpolitischen" Konflikt mit
Kleopatra hin (Antonius war bloße *pars adiecta* oder höchstens un-
bedachter Komplize). Seinen Sieg in Actium wollte Octavian als Sieg
des Westens und vor allem Italiens über den Osten verstanden wissen. Damit blieb sein problematischer Bruch mit der Politik Caesars
im Hintergrund. In Actium wurde ja mit dem Triumvirn Antonius
ein Erbe Caesars besiegt, der nach dem Tod des Diktators nicht nur
dessen militärisches Charisma übernommen hatte.

Das lasterhafte und verbrecherische Bild Kleopatras, das uns aus
den bis heute erhaltenen Quellen entgegentritt, ist wohl weitgehend
wahrheitsgetreu. Es ist kein Geheimnis, daß das Durchschnittsniveau
der persönlichen Moral der Mächtigen und der Vertreter der Oberschicht ganz allgemein erschreckend war. Wenn die Hüter der antiken
Tradition Roms gegen die mit der Eroberung des Ostens einge-
schleppten „korrupten" Sitten zu Felde ziehen, meinen sie genau das:
daß sich die Moral der herrschenden Schichten infolge der Vermi-

schung mit einer älteren Kultur in beängstigender Weise gewandelt hat. Hierbei sollte man auch die Porträts römischer Kaiser nicht vergessen, die Sueton gezeichnet hat. In Sachen persönlicher Moral kommt keiner von ihnen besonders gut weg, was ihnen aber nichts von ihrer politischen Größe nimmt. Dasselbe gilt für Kleopatra, die kluge und letzte Erbin eines hellenistischen Monarchiemodells, das sich Jahrhunderte später auch gegen den kämpferischen Okzidentalismus des augusteischen Modells durchgesetzt hat – aber das war in Actium noch nicht vorhersehbar.

XXIV
Caesars Rettung durch die Juden

1. Caesar verdankt seine Rettung den Juden, und das hat er ihnen nie vergessen. Unmittelbar auf die entscheidende Schlacht von Pelusion, die den Belagerungszustand Caesars in Alexandria beendete, folgte die Schlacht beim sogenannten „Judenlager", wo Antipater den Kampf gegen die Ägypter, die den von Mithridates befehligten anderen Flügel bereits besiegt hatten, zu Caesars Gunsten entschied. Flavius Josephus zufolge zwang Antipater Pelusion zur Kapitulation und drang als erster in die Stadt ein.[1] Mit Hilfe von Briefen des Hyrkanos erwirkte er auch die Beteiligung der Juden im Gebiet von Memphis.[2] Mit der Schlacht beim „Judenlager" (am Delta) setzte Antipater dem Krieg ein Ende. Von dem Flügel des Antipater waren nur 50, von dem des Mithridates 800 Mann gefallen.[3] In einem Brief an Caesar würdigt Mithridrates Antipaters maßgebliche Rolle in der Schlacht sowie im gesamten Feldzug. Josephus zitiert hier ganz klar ein Dokument: einen *Brief an Caesar*, von dem er unmittelbar Kenntnis besaß.[4]

Daß die Schlacht am Delta den entscheidenden Wendepunkt brachte, bestätigt auch, wenngleich mit den für ihn typischen Auslassungen, der Verfasser des *Alexandrinischen Krieges*.[5] Seiner Darstellung zufolge schickte Ptolemaios gegen Mithridates starke Streitkräfte ins Delta, in der Hoffnung, Mithridates durch sie besiegen zu können. Aber, so fährt er fort, „er *hielt es doch schon für einen Erfolg (satis habebat)*, seine Vereinigung mit Caesar zu verhindern (*interclusum a Caesare retineri*)".[6] Die weitere Schlacht entwickelte sich zu Caesars Gunsten. Caesar ließ auf alle Seiten Ausfälle machen, um sich mit den Truppen des Mithridates zu verbinden und Ptolemaios abzufangen, der seine Truppen aus Alexandria heranführte. Am Nil kam es zum Kampf. Nach einem Überraschungsangriff auf das gegnerische Lager siegte Caesar.[7] Auch im *Alexandrinischen Krieg* wird die Bedeutung der Schlacht am Nildelta hervorgehoben. Ptolemaios' entscheidender Fehler war es, einen Großteil seiner Truppen aus der Stadt abzuziehen. Auf diese Weise ermöglichte er Caesar den Überraschungsangriff. Flavius Josephus' Beschreibung konzen-

triert sich freilich auf die Schlacht *aus der Perspektive des Truppenkontingents des Mithridates* und damit auf die Schlacht am Nildelta
und nicht auf Caesars Kampf gegen die ägyptischen Truppen, der ja
eine Folge davon war.

2. Die nichtjüdische Geschichtsschreibung dagegen gab darüber nur
vage Auskunft. Asinius' Darstellung[8] ist eher verwirrend, denn bei
ihm schließt sich *Hyrkanos* (und nicht Antipater) den Truppen des
Mithridates an. Strabon berichtet ausführlicher[9] und führt Einzelheiten an, die sich durchweg auch bei Flavius Josephus finden: daß
Antipater *als einziger* aufbrach (ἐξελθεῖν μόνον);[10] daß Antipater von
Mithridates nach Askalon gerufen wurde; daß er 3000 Soldaten mit
sich führte; daß er *weitere Fürsten bewog, ihn zu unterstützen*; daß
Hyrkanos seine Hilfe gewährte.[11]

In seiner Schilderung vom Vorrücken des pergamenischen Aristokraten Mithridates nach Pelusion und darüber hinaus schreibt der
Verfasser des *Alexandrinischen Krieges* Mithridates[12] Verdienste zu,
die Flavius Josephus zufolge[13] Antipater gebühren: die Gewinnung
der lokalen Fürsten und der Nabatäer („Araberfürsten" kann sich
nur auf Malchos, den König der Nabatäer, beziehen) sowie der in
Memphis am Nildelta lebenden Juden, nachdem die „Klippe" des
Widerstands in Pelusion überwunden war. Von dem Hilfsgesuch an
Malchos wird gleich zu Beginn des *Alexandrinischen Krieges*[14] berichtet – und mit großer Wahrscheinlichkeit stammt diese Auskunft
von Caesar selbst. Damit rundet sich das Bild: *Caesar bat Malchos
um Beistand, der aber erst dann einwilligt, als ihn Antipater dazu
auffordert.* Die Bemühungen des Idumäers Antipater hebt (ungenau)
Asinius Pollio hervor, wenn er schreibt, daß „Mithridates nebst dem
jüdischen Hohenpriester Hyrkanos nach Ägypten gezogen war" (ein
Zitat bei Strabon, wiederum zitiert von Flavius Josephus).[15] Asinius
„korrigiert" auch in diesem Punkt den Bericht des *Corpus Caesarianum.*

3. Daß Caesar die unbestreitbaren und im Falle des Antipater auch
entscheidenden Verdienste zu schätzen wußte, die sich die Juden ihm
gegenüber erworben hatten, zeigen die Dekrete, denen Flavius Josephus mehr als hundertfünfzig Jahre später in Rom „auf dem Kapitol"
nachging.[16] Für Flavius Josephus hatten sie apologetische Bedeutung,
da sie die weit in die Vergangenheit zurückreichenden Beziehungen
zwischen Rom und den Juden dokumentierten. Selbstverständlich

ergreift er dabei immer wieder Partei. In positivem Licht sieht er das jüdische Establishment, während er die (messianische?) Rebellion eines Ezechias ablehnt und verurteilt[17] (wenngleich er deren brutale Niederschlagung durch Herodes gleichfalls nicht billigt). Sein Verdienst ist es, in Rom jene Spurensuche betrieben zu haben, die ihm in Jerusalem verwehrt war, seit er zu Beginn des Aufstandes im Jahr 69 n. Chr. mit seiner Parteinahme für die Römer und die Flavier „Verrat" begangen hatte. Denkbar ist jedoch, daß er schon vor seiner Ankunft in Rom von der Existenz dieser Dokumente wußte, die die alte Freundschaft mit Rom unter Iulius Caesar bezeugten, und daß diese Dokumente in „Abschriften" auch in Jerusalem vorhanden waren.[18]

Caesars säkulare Grundeinstellung paßt gut zu dieser vorbehaltlosen Aufgeschlossenheit gegenüber den Juden, die beim „Durchschnittsrömer" in schlechtem Ansehen standen.[19] Caesar, ein Skeptiker und Laizist von Grund auf, der Sympathien für die Epikureer hegte und aus intellektueller *Neugier* für alle Glaubensrichtungen aufgeschlossen war, sich gleichwohl aber der politischen Funktion der Religion in Rom sehr bewußt war (immerhin war er von 63 bis zu seinem Tod *pontifex maximus* und in den letzten Lebensjahren auch Augur!), war in seinem Umgang mit den Juden frei von Vorurteilen. Er, der in den Provinzen über eine weit kleinere Klientel verfügte als Pompeius, wußte, daß seine Beziehung zur jüdischen Gemeinschaft als antipompeianische „Klientel" auch ein politisches Potential besaß. Die jüdische Gemeinschaft, die seit 63 v. Chr. auf der Tiberinsel in Rom lebte, bestand aus Kriegsgefangenen des Pompeius; Pompeius war am Sabbat in das Allerheiligste des Tempels eingedrungen und hatte mit diesem Akt dem jüdischen Volk eine schwere Kränkung zugefügt. Gegenüber Pompeius' gewalttätigem Auftreten im Osten war das nutzbringende, auf wechselseitigen Beistand gegründete Bündnis mit den Juden ein Schritt, bei dem Caesar keine Skrupel zu haben brauchte. Ein wertvolles Bündnis! War es doch das von Antipater befehligte jüdische Truppenkontingent, das Caesar aus der Bedrängnis in Alexandria befreite – dank der Tapferkeit von Antipaters Soldaten bei der Belagerung von Pelusion und in der Schlacht am Nildelta, aber auch dank Antipaters Geschick, den Beistand lokaler Bevölkerungsgruppen zu gewinnen, an die sich Caesar im Augenblick höchster Not vergebens gewandt hatte.

Daher die Anerkennung, die in offiziellen Dokumenten Caesars immer wieder zum Ausdruck kommt. Caesar ließ diese Dekrete auch vom römischen Senat billigen, nicht ohne die mutmaßliche Freude, dem Antisemitismus der gebildeten wie der ungebildeten Römer ein Schnippchen geschlagen zu haben. In einigen dieser Dokumente wendet sich Caesar in seiner Eigenschaft als Diktator und als *pontifex maximus* der Römer an den jüdischen Hohenpriester Hyrkanos.

Nachdem das gefährliche Abenteuer in Alexandria überstanden und Caesar im Osten endlich Herr der Lage geworden war, verfügte er als erstes den Wiederaufbau der Mauern von Jerusalem, die Pompeius seinerzeit zerstört hatte,[20] und erteilte den Konsuln den Befehl, das entsprechende Dekret in eine Tafel einmeißeln zu lassen und im Kapitol aufzuhängen. Der Senat gab seine Zustimmung.[21]

Als Caesar im Jahr 47 zum zweiten Mal Diktator war, forderte er den Senat und das Volk von Sidon auf, folgendes in Bronze gehauenes und in griechischer und lateinischer Sprache geschriebenes Dekret zu veröffentlichen:

Iulius Caesar, zum zweitenmal imperator und pontifex maximus, verordnet nach Anhörung seines Rates wie folgt. Weil der Jude Hyrkanos, Sohn des Alexander, sowohl jetzt als auch früher, im Frieden wie im Kriege, Treue und Ergebenheit (fides) *gegen uns bewiesen hat, was ihm auch schon viele unserer Machthaber bezeugten, weil er ferner jüngst im Alexandrinischen Kriege uns mit tausendfünfhundert Mann zu Hilfe gekommen ist und bei einer Sendung an Mithridates sich vor allen übrigen ausgezeichnet hat, in Erwägung dessen ernenne ich Hyrkanos, den Sohn Alexanders, und dessen Söhne zu Ethnarchen der Juden, gestatte ihnen, das jüdische Hohepriestertum ihrem Gebrauche gemäß für immer beizubehalten, und befehle, daß er selbst und seine Söhne zu unsern Bundesgenossen und besonderen Freunden gerechnet werden. Alles, was nach ihren Gesetzen den Hohepriestern zusteht oder ihnen durch die Güte anderer Wohltäter verliehen worden ist, soll ihm und seinen Söhnen verbleiben. Wenn über jüdische Einrichtungen unter den Juden ein Streit ausbricht, so soll er die Macht haben, darüber zu entscheiden. Daß in Judäa überwintert werde oder daß man Geld von den Juden eintreibe, will ich hiermit verbieten.*[22]

Vermutlich im Jahr 46 wurde der von Caesar gebilligte Senatsbeschluß über die Aufnahme von Verhandlungen verkündet, in denen der Status Judäas[23] als „Bundesgenossen und besonderen Freundes"[24] Roms festgelegt wurde. Dieser in Tafeln gehauene und in griechischer und lateinischer Sprache verfaßte Senatsbeschluß wurde auf dem Kapitol, in

Tyros, Sidon und Askalon öffentlich angeschlagen. Neben weiteren Verfügungen ist noch ein (für die idumäische Dynastie des Hyrkanos äußerst vorteilhaftes) Ehrendekret zu nennen, das in Kraft trat, als Caesar bereits zum viertenmal *imperator* und außerdem „Diktator auf Lebenszeit"[25] war. Es verpflichtete den Senat und das Volk, Hyrkanos und seinen Söhnen „für ihre Ergebenheit *und ihre Dienstleistungen*" den gebührenden Dank zuteil werden zu lassen.

Die Vielzahl von Dokumenten, die Flavius Josephus zusammentrug, belegt objektiv die große Aufmerksamkeit, die Caesar dieser bedeutenden Klientel im Osten zukommen ließ. Aufgrund ihrer Position an einem so strategisch günstigen Ort wie Syrien spielte diese Klientel für die weiteren militärischen Pläne des Diktators eine große Rolle. Im Mittelpunkt der Dokumentation des Flavius Josephus steht die Dankbarkeit für das, was Hyrkanos und die Seinen für Caesar getan haben. Hyrkanos repräsentiert gleichsam in seiner Person die Beziehung zu dem mächtigen Verbündeten, auch wenn Flavius Josephus das militärische Verdienst Antipater und seinen Soldaten zuschreibt – eine wohl richtige Sicht: Antipater trat im Namen des Hohenpriesters Hyrkanos und unter Berufung auf dessen Schreiben in den Kampf ein. Der Verweis auf ihn und seine Autorität (auch wenn vor Ort Sextus Caesar, der neue Statthalter von Syrien, mit Antipater und dessen Sohn Herodes paktierte, dem noch eine große Zukunft bevorstand) blieb für die Juden Jerusalems und Palästinas wie auch für die jüdische Gemeinschaft in Rom nicht ohne positive Auswirkungen. Als Caesar am 15. März 44 ermordet wurde und sein Leichnam nach tagelangen Tumulten unter großen Trauerbekundungen öffentlich verbrannt wurde, „klagte auch eine Menge außeritalischer Völker, jedes auf seine Weise in eigenen Trauergemeinden, besonders die Juden, die sogar mehrere Nächte lang seinen niedergebrannten Scheiterhaufen besuchten".[26]

4. Hinter der exakten und wortwörtlichen Wiedergabe von Berichten „heidnischer" Geschichtsschreiber (was bei Flavius Josephus eher selten vorkommt) steckt eine polemische Absicht. Es geht ihm darum, die weitverbreitete Tradition der Geschichtsschreibung[27] zu widerlegen, die den jüdischen Beitrag ausblendet. Bei Flavius Josephus heißt es:

Als Caesar einige Zeit darauf den Krieg beendigte und nach Syrien hinübersegelte, bewies er seinen Dank dadurch, daß er den Hyrkanos

*in der Hohepriesterwürde bestätigte, dem Antipater aber das römi-
sche Bürgerrecht verlieh und ihn von allen Abgaben befreite. Vielfach
wird nun behauptet, auch Hyrkanos habe an diesem Feldzug teilgenommen* und sei mit nach Ägypten gezogen. *Das geht zum Beispiel
aus Strabon hervor, der nach Asinius berichtet: „Als Mithridates
nebst dem jüdischen Hohenpriester Hyrkanos nach Ägypten gezogen
war usw."* Eben derselbe Strabon sagt an einer anderen Stelle unter
Zitierung des Schriftstellers Hypsikrates,[28] Mithridates sei allein aus-
gerückt, der jüdische Statthalter Antipater aber, den er nach Askalon
entboten habe, sei ihm mit dreitausend Mann zu Hilfe gekommen
und habe die übrigen Fürsten beredet, ein gleiches zu tun. Diesem
Feldzug habe auch der Hohepriester Hyrkanos beigewohnt.[29] So weit
Strabon.[30]*

Im Zusammenhang mit Antipaters großem Verdienst in Pelusion und
in der Schlacht beim Judenlager erwähnt Josephus einen Brief des
Mithridates an Caesar, bedauerlicherweise ohne ihn wörtlich zu zitieren.[31]

Am Beginn jener Tradition aber, die den jüdischen Beitrag ausblendet, steht der Verfasser des *Alexandrinischen Kriegs*: Er schreibt alle
Verdienste – Mobilisierung der lokalen *civitates* (Bürgerschaften),
Truppenaushebung, Einnahme Pelusions, diplomatische Erfolge nach
dem Fall Pelusions, die siegreiche Schlacht gegen die ägyptischen
Truppen am Nildelta – einzig und allein Mithridates zu. Unter Angabe genauer Details liefert Flavius Josephus in allen diesen Punkten
gewissermaßen eine Gegendarstellung:[32] bezüglich der Schlacht beim
Judenlager zum Beispiel, wo Antipater Mithridates rettet, dessen
Truppen schon den Rückzug antreten.[33] Flavius Josephus beruft sich
dabei auf jenen Brief des Mithridates an Caesar, der die Verdienste
des jüdischen Heerführers und seiner Truppen kannte. Leider gibt er
den Wortlaut nicht wieder (was er bei Caesars Dekreten und den
Textstellen Strabons nicht versäumt). Offensichtlich lag ihm zu dem
Zeitpunkt, da er diesen Vorgang beschrieb, dieser Brief nicht mehr
vor.

War Antipater und seinen Nachkommen dieser Brief bekannt?
War er Bestandteil der „Ruhmesgeschichte" des Geschlechts Hero-
des' des Großen? Gab es Hinweise darauf auch bei anderen Verfas-
sern (etwa bei Hypsikrates)? Das läßt sich nicht mit Sicherheit sagen.
Wir können nur feststellen, daß der Verfasser des *Alexandrinischen
Kriegs* peinlich genau darauf bedacht war, die Wahrheit über die

Verdienste der Juden an Caesars Sieg zu verschleiern. Der Verfasser
ist nicht Caesar selbst. Allem Anschein nach beginnt der Beitrag des
unbekannten Verfassers genau mit Kapitel 26 und wurde mit der
Absicht geschrieben, den pergamenischen Adeligen Mithridates und
seine Leistungen zu glorifizieren. Es handelt sich um einen eng mit
Mithridates verbundenen Offizier, der wahrscheinlich auch den wohl
in Caesars Stab kursierenden Brief des Mithridates an Caesar kannte.
Aber er verfälscht ganz bewußt die Fakten und drückt damit auch
einem Großteil der späteren Überlieferung seinen Stempel auf. Weiterhin läßt sich erschließen, daß er unmittelbar nach den Ereignissen
zu schreiben begann. Sein Schweigen über den wenig später erfolgten
Tod des Mithridates und des Sextus Caesar läßt darauf schließen,
daß er vor 46 schrieb.[34]

Von dieser Tradition setzte sich wiederum Asinius Pollio ab, der
die mangelnde Wahrheitstreue des *Corpus Caesarianum* schonungs-
los benannte und auch Caesar selbst dafür verantwortlich machte.[35]
In diesem Fall beschränkte sich Asinius (der nach dem Sieg bei Pharsalos mit Antonius nach Rom zurückgekehrt war und daher am
Alexandrinischen Krieg gar nicht teilnahm)[36] – in deutlichem Widerspruch zu dem, was der Verfasser des *Alexandrinischen Kriegs* berichtet – auf den Hinweis, daß „Mithridates nebst dem jüdischen
Hohenpriester Hyrkanos nach Ägypten gezogen war".[37] Wenn Strabon, der seine *Historischen Kommentare* zwischen 27 und 25 v. Chr.
zum Abschluß brachte, gestützt auf Hypsikrates alle anderen Einzelheiten berichten kann, so bewahrt er damit eine Tradition, die vom
römischen Antisemitismus unversehrt geblieben ist und die ihn
(durch Asinius wegen der mangelnden Zuverlässigkeit der *commentarii* vorgewarnt) auch aus Quellen schöpfen ließ, die ein anderes
Bild der Ereignisse zeichneten. Wenn er bei der Schilderung des Alexandrinischen Krieges in dieser Weise verfuhr, so heißt das, daß er
genau wußte, welche Bedeutung diese Ereignisse für Iulius Caesar
hatten. Weil Caesar in Alexandria alles, auch sein Leben, aufs Spiel
gesetzt hatte, war es für den Historiographen wichtig zu sagen, *wie*
er dieser tödlichen Falle entkam. Daher berichtet Strabon auch verschiedene Versionen dieses alles entscheidenden Augenblicks. In der
Tat hat der kappadokische Historiker, der ins augusteische Rom
kam, *verschiedenen* Stimmen Gehör verschafft: Flavius Josephus entnahm ihm die Zitate von Asinius und Hypsikrates, die ihm für seine
Beweisführung am geeignetsten schienen. Vergessen wir nicht, daß
Asinius Timagenes in seinem Haus als Gast aufgenommen hatte und

daß Timagenes, auf den Livius und Augustus aufgrund seines mangelnden „römischen Patriotismus" schlecht zu sprechen waren, die
Geschichte seiner Heimat Alexandria gut kannte.

5. Exakte Auskünfte über die Leistung des Mithridates im Alexandrinischen Krieg liefern uns also zwei aus Pontus stammende Historiker: Hypsikrates von Amisos und Strabon von Amaseia. Strabons
Familie mütterlicherseits war mit Mithridates V. verwandt (dem Vater Mithridates' VI. Eupator, der im Jahr 66 vom Pompeius besiegt
wurde und dann Selbstmord beging). Mithridates von Pergamon ist
das „Mündel" von Mithridates VI. Eupator und erhielt im Jahr 47
nach Caesars Sieg über Pharnakes das Bosporanische Reich.[38] Es ist
nicht ausgeschlossen, daß Hypsikrates die Informationen über den
Alexandriafeldzug direkt von Mithridates von Pergamon bezogen
und Strabon sie wiederum von Hypsikrates hat, auch aufgrund seiner
Wertschätzung für den „pontischen" Geschichtsschreiber, der über
Persönlichkeiten gut Bescheid wußte, die den römischen Historikern
weniger gut bekannt waren. Hypsikrates, der älter ist als Strabon,
muß ein Zeitgenosse dieser Männer und ein Zeitzeuge dieser Geschehnisse gewesen sein. Gegen seine grammatischen Schriften pole-
misierte Varro (116–27 v. Chr.).[39]

Flavius Josephus bediente sich ausgiebig bei Strabon, der ihm gegenüber der lateinischen und „augusteischen" Geschichtsschreibung
zuverlässiger erschien. Fast alle Fragmente der *Historischen Kommentare* Strabons[40] kennen wir durch Flavius Josephus. Livius dagegen hielt sich größtenteils an das *Corpus Caesarianum*, was auch
durch die Übereinstimmungen zwischen Cassius Dio und den *Periochae* auf der einen und den *commentarii* Caesars auf der anderen
Seite deutlich wird.

XXV
Von Syrien nach Zela

1. Betrachtet man den Alexandrinischen Krieg lediglich als „Zeitverschwendung", als „Ablenkung" Caesars von seinem Hauptziel, den Bürgerkrieg zu beenden, so bleibt ein bedeutsames Faktum außer acht: Mit diesem brisanten Krieg fügte Caesar seiner Klientel ein wichtiges neues Mosaiksteinchen hinzu – Ägypten. Ägypten war lange Zeit ein Vasall des Pompeius und seiner Parteigänger gewesen.[1] Caesars Bestrebungen richteten sich jetzt darauf, die seit dem Tod des Pompeius durcheinandergeratenen Klientelbindungen im Osten von Syrien bis Pontus neu zu ordnen. Dies war sein vorrangiges Ziel, obwohl seine Anwesenheit in Rom dringend geboten war[2] und obwohl er wußte, daß Cato die Reste der pompeianischen Streitmacht in Africa neu sammelte. Ein Beleg dafür ist die Tatsache, daß sich Caesar nach der Eroberung Alexandrias nicht gegen Iuba wandte, sondern nach Syrien marschierte.

Die Reaktion Syriens auf Pompeius' Niederlage in Pharsalos erfolgte so prompt und wohlorganisiert (die Bewohner von Antiochia griffen zu den Waffen und verwehrten allen Gefolgsleuten des Pompeius den Zutritt),[3] daß der Verdacht naheliegt, hier hätten Caesars Anhänger die Finger im Spiel gehabt. Caesar war außerdem über alle Details dieser Zutrittsverweigerung bestens informiert. Auch dies legt nahe, daß Caesars Anhänger am Werk waren. Als Caesar dann in Alexandria in Bedrängnis war, hatte er sich schließlich vor allem auf syrische Streitkräfte verlassen können.[4] Festzustellen ist, daß (wenigstens zu diesem Zeitpunkt) die beiden Kontrahenten bezüglich der Provinz Syrien völlig unterschiedlich agierten: Pompeius beabsichtigte, in die seinerzeit von ihm geschaffene Provinz zu reisen (oder glaubte, es zu können), um mit Unterstützung eines parthischen Expeditionskorps zurückzukehren. Caesar dagegen festigte die alten und neuen Klientelbeziehungen in Syrien und Palästina und ordnete die ganze Region im Hinblick auf einen Feldzug *gegen* die Parther.[5] Wenn Pompeius nicht mit parthischer Verstärkung zurückkehrte (was Caesar in beträchtliche Schwierigkeiten gebracht hätte, während sich gleichzeitig im Westen andere pompeianische Kräfte reor-

ganisierten), so ist dies wesentlich der Tatsache zuzuschreiben, daß
ihm „seine" Provinz den Zutritt verwehrte. Daher verzichtete er auf
seinen kühnen Plan und nahm Kurs auf Ägypten, wo er in jenen
Hinterhalt geriet, der ihn das Leben kostete. Caesar präsentierte sich
unterdessen als „Retter" des Schatzes des Artemistempels in Ephe-
sos;[6] und in Syrien, in Antiochia, in Ptolemais und an anderen Orten
Asiens wurden im Zusammenhang mit der erwarteten Ankunft Caesars „Wunder" vermeldet. Akribisch genau berichtet Caesar von diesen „übernatürlichen" Phänomenen.[7] Schon Ende 48 hatte er Hyrkanos als Hohepriester in Jerusalem offiziell anerkannt.[8] Nach Kriegs-
ende, als Caesar nach Syrien kam und die Region neu ordnete, indem
er seine alten und neuen Klientelbeziehungen festigte, wurde diese
Anerkennung Hyrkanos' als Ethnarch und Hoherpriester erneut bestätigt.[9]

Unterdessen waren Caesars Truppen in Syrien eingetroffen. Eine
Legion war schon vorausmarschiert, während Caesar noch in Alexandria kämpfte.[10] Im Juni (julianisch April) des Jahres 47[11] verließ
Caesar den Kriegsschauplatz in Alexandria und machte mit den Veteranen der sechsten Legion in Syrien Station.

2. Der Aufenthalt Caesars in Syrien dauerte nur wenige Tage,[12] in
denen er vor allem sein Bündnis mit den Städten festigte, die ihn
tatkräftig unterstützt hatten, und den Status der Herrscher in dieser
Provinz festlegte, die sich mosaikartig aus zahlreichen Fürstentümern
zusammensetzte. Da ein Vorgehen gegen Pharnakes, den König von
Bosporus, dringend geboten war, der kurz zuvor Domitius Calvinus
in Nikopolis geschlagen hatte und seinen Einfluß bedrohlich auswei-
tete, mußte sich Caesar darauf beschränken, die hastige Unterwerfung jener Fürsten entgegenzunehmen, die sich bei ihm einfanden,
um ihm zu huldigen. Sie wurden von ihm *recepti in fidem*,[13] das
heißt, er nahm sie in seine Klientel auf. Er sicherte ihnen seine *amicitia* zu (die Formel, mit der eine Klientelbindung geschaffen wurde),
während sie sich im Gegenzug verpflichteten, die römische Verwaltung in den Grenzgebieten zu unterstützen.[14]

Die am meisten begünstigten „Dynasten" waren sicherlich Antipater und Hyrkanos. Obwohl auch sie in der Vergangenheit Anhänger des Pompeius gewesen waren, hatten sie rechtzeitig das Lager
gewechselt und durch ihre Beteiligung am Alexandrinischen Krieg ihr
gutes Einvernehmen mit dem Sieger gefestigt. Dieser mußte sich jetzt
seinerseits mühsam von einem Rivalen des Hyrkanos und Antipater

befreien, der ebenfalls eine Klientelbeziehung zu Caesar anstrebte: Der Makkabäer Antigonos war der Sohn jenes Aristobulos, der im Jahr 63 v. Chr. von Pompeius als Gefangener nach Rom geführt und dann von den Pompeianern getötet worden war – „um Caesars willen", wie sein Sohn behauptete.[15] Von den Städten, denen *publice et viritim* Belohnungen zuerteilt wurden (den Gemeinden insgesamt, aber auch einzelnen Gemeinden, die sich in besonderer Weise um Caesar verdient gemacht hatten), wurde als erste Antiochia[16] ausgezeichnet, das sich rechtzeitig auf die Seite Caesars geschlagen hatte: *post eventum*, nach der gescheiterten Flucht des Pompeius nach Osten. Caesar hatte also Grund zu besonderer Dankbarkeit gegenüber dieser Stadt. Und Antiochia revanchierte sich bei seinem Wohltäter, indem es nach der Schlacht bei Pharsalos eine neue Zeitrechnung beginnen ließ.[17]

3. Die wichtigste Maßnahme Caesars war die Ernennung von Sextus Iulius Caesar, einem Verwandten und engen Vertrauten, der von Anfang an im Bürgerkrieg an seiner Seite gestanden hatte, zum Statthalter Syriens. Der Verfasser des *Alexandrinischen Krieges* mißt dieser Ernennung große Bedeutung zu und nennt Sextus nicht nur einen „Verwandten", sondern einen „Freund" Caesars.[18] Sextus wurde Syrien und der Oberbefehl über die Legionen übertragen[19] – allerdings nicht über die sechste, die Caesar in die Schlacht gegen Pharnakes folgte.[20] Sextus hatte den Rang eines Proquästors *pro praetore*, weshalb seine Geburt um das Jahr 80 (jedenfalls nicht vor 78) datiert werden muß.

Sextus Iulius Caesar stammte in direkter Linie (als Sohn oder Enkel)[21] von Sextus Iulius Caesar ab, Konsul im Jahr 91 und Bruder von Caesars Vater. Caesars Vater, der im Jahr 85 starb, hatte es nicht bis zum Konsul, sondern nur bis zum Prätor gebracht. Sextus' Großvater (oder Vater) dagegen hatte die höchste Stufe des *cursus honorum*, der römischen Ämterlaufbahn, erreicht. Sextus' Familie war also in der jüngeren Familiengeschichte der illustrere Zweig. Das könnte die Wertschätzung Caesars für seinen jüngeren Verwandten erklären, die an den Aufgaben deutlich wird, die Sextus zu unterschiedlichen Zeitpunkten im Bürgerkrieg übernahm und die auch aus den feierlichen und bedachtsamen Worten Ciceros in seiner Rede zur Verteidigung des König Deiotarus[22] spricht – wenn sich denn (was wahrscheinlich ist) der Satz „der Mann, den du aus allen deinen Leuten als den getreuesten und bewährtesten ausersehen hattest"[23] auf Sextus Caesar bezieht. Caesar hatte ihn (bereits 57 v. Chr.) in seiner Eigenschaft als *pontifex maximus* zum *flamen Quirinalis* ernannt. Im Jahr 49 war Sextus Militärtribun unter Caesar in Spanien, und Caesar schickte ihn als seinen Vertrauensmann nach der Niederlage der pompeianischen Legionen zu Varro, um dessen Legionen zu übernehmen.[24] Da Sextus sowohl im Feldzug gegen Afranius und Petreius wie auch bei der Neuordnung Syriens im Umkreis Caesars bedeutende Aufgaben innehatte, lautet (angesichts der zahlreichen, lückenlos aufeinanderfolgenden Kriegszüge Caesars von der Überquerung der Adria bis zur Unterwerfung Alexandrias) die einzig vernünftige Schlußfolgerung, daß Sextus dem Diktator in all diesen kritischen und gefährlichen Unternehmungen gefolgt ist. Entweder wir sehen ihn zusammen mit Caesar in Alexandria, oder wir nehmen an, daß er mit der siebenunddreißigsten Legion unter dem Kommando des Domitius Calvinus dort eingetroffen ist,[25] sofern er nicht bei der in Syrien zurückgelassenen Legion blieb, während Domitius nach Alexandria weitersegelte. Die beste Auskunft über Sextus' Herrschaft in Syrien gibt Flavius Josephus im vierzehnten Buch seiner *Jüdischen Altertümer*.[26] Demnach stand Sextus von Anfang an mit der Familie des Antipater – besonders mit dem skrupellosen Herodes, der noch eine große Zukunft vor sich hatte – auf vertrautem Fuß. Das heißt, daß Sextus bei seinem Amtsantritt in der Provinz, deren Verwaltung ihm übertragen wurde, bereits über gute Kontakte verfügte. Vielleicht unterhielt seine Familie mit der Familie des Antipater bereits zu jener Zeit enge Bindungen, als Mithridates von Pergamon in Syrien Verbündete und Unterstützung für Caesar suchte. Fest steht, daß Sextus von nun an die Idumäer schützte und auch die kriminellen Handlungen des Herodes deckte[27] und daß Antipater und seine Söhne mit Sextus Hand in Hand arbeiteten. Nach seiner Ermordung durch meuternde Truppen etwa wollten sie ihn rächen, „um des getöteten [Sextus] wie auch um des noch lebenden Caesar [des Diktators] willen", wie Flavius Josephus schreibt.[28] Doch davon später. Eine der Aufgaben, die dem neuen Statthalter dieser schwierigen Grenzprovinz anvertraut waren, könnte darin bestanden haben, das Terrain für den von Caesar geplanten Feldzug gegen die Parther vorzubereiten[29] – keine leichte Aufgabe.

4. Um im Osten, der nunmehr seines großen (und von einem seiner eigenen Klienten getöteten) Beschützers Pompeius beraubt war, die Neuordnung weiter voranzubringen, segelte Caesar auf kürzestem

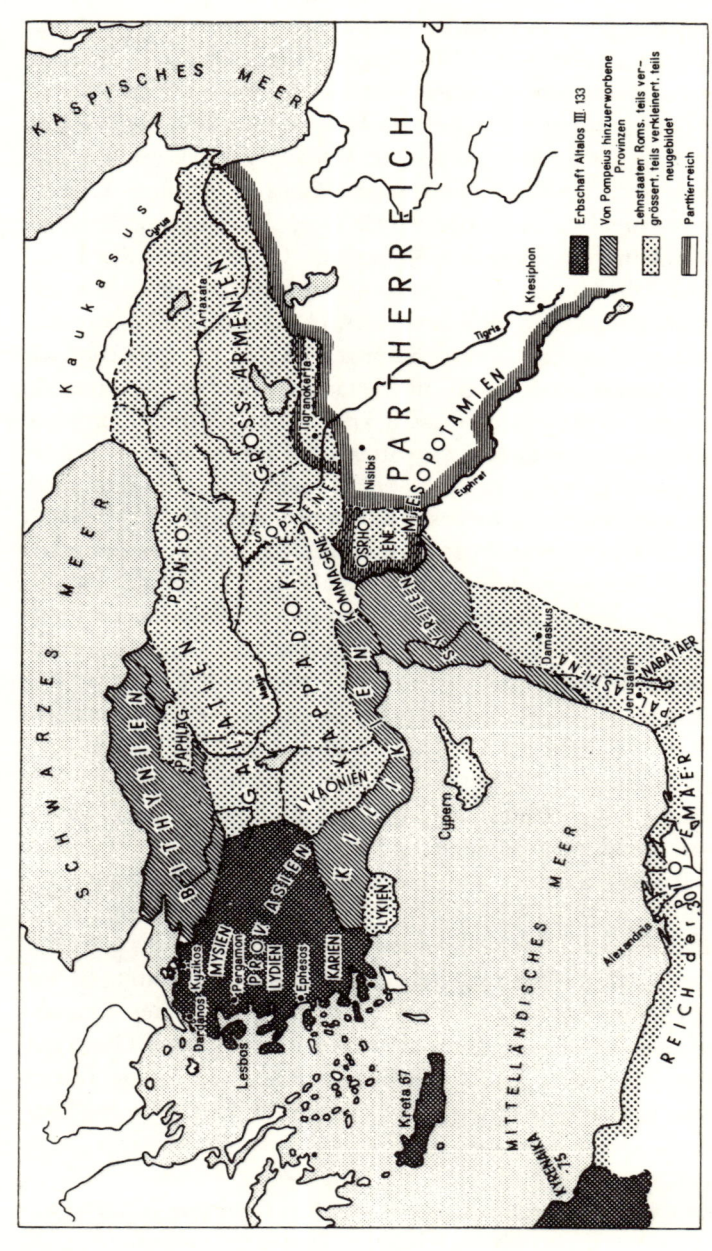

Die Neuordnung des Ostens durch Pompeius

Aus: Saeculum Weltgeschichte, Bd. II, Herbert Franke (Hrsg.), © Verlag Herder, Freiburg 1966.

Weg nach Tarsos in Kilikien.[30] Dort stieß Gaius Cassius[31] zu ihm, der – was Hinweisen Ciceros zu entnehmen ist[32] – wiederholt zu Caesar nach Alexandria hatte reisen wollen. „Zu Caesar gehen", was im übrigen auch Quintus Cicero mit seinem Sohn Quintus tat, bedeutete üblicherweise, um „Gnade" zu bitten. Später, im August 47, wird Cicero in einem Brief an Cassius betonen, daß immerhin er, Cicero, es war, der angeregt hatte, sich „der unvermeidlichen Hartnäckigkeit des Krieges" zu entziehen[33] und mit Caesar zu einer Verständigung zu kommen. Als jedoch im März alle Zeichen auf Caesars Niederlage in Alexandria standen, sah die Sache gewiß anders aus. Was tatsächlich in Kilikien geschah, als Cassius vor Caesar trat und dessen Legat wurde,[34] ist nicht ganz geklärt. Drei Jahre später, als Caesar auf Betreiben und durch die Hand des Cassius ermordet worden war, wird Cicero behaupten, Cassius sei nach Kilikien gereist, um Caesar nach dem Leben zu trachten, und das Attentat sei nur durch Zufall fehlgeschlagen: Caesar habe nämlich an einer bestimmten Uferseite des Flusses Kydnos an Land gehen sollen, entschied sich aber dann überraschend für die entgegengesetzte.[35] Nicht haltbar erscheint mir die in jüngerer Zeit vorgetragene These,[36] Cicero habe diesen Vorfall mit einer Begegnung Caesars mit den Kriegsschiffen des *Lucius* Cassius im Jahr 48[37] in der Meerenge des Hellespont nach der Schlacht bei Pharsalos verwechselt. Eine Verwechslung dieser beiden in jeder Hinsicht unterschiedlichen Geschehnisse ist unmöglich. Schließlich war Cicero mit Cassius gut bekannt und hatte von diesem selbst von der Geschichte erfahren! Tatsache ist: 1) Caesar entkam mit knapper Not einem Attentat (für gewöhnlich erhielt er einen „warnenden Hinweis"); 2) dieses Attentat war von Cassius organisiert; 3) Caesar nahm Cassius nicht als Legat mit sich (auch wenn er ihn dazu ernannt hatte) – und zwar weder im afrikanischen noch im spanischen Feldzug. Und das war gewiß kein Zufall.

In Tarsos sicherte Caesar seine neue hegemoniale Stellung dadurch ab, daß er die Notabeln der Provinzstädte und der Städte der nahegelegenen Provinz Asia zu sich rief.[38] Durch eine solche Generalversammlung vermied er lange Wege, da er ja dringend mit Pharnakes abzurechnen gedachte. Er zog es vor, in Tarsos alles zügig zu ordnen, um dann zum Feldzug nach Pontus aufzubrechen. Er durchquerte Kappadokien, kam nach Mazaca, wo er sogar die Zeit fand, Lykomedes von Bithynien den Tempel von Bellona zuzusprechen und ihm die Priesterwürde zu übertragen, was ihn nach dem Herrscher zum zweitwichtigsten Mann Kappadokiens machte.[39]

An der Grenze zu Galatien wartete bereits der Tetrarch Deiotarus in demutsvoller Geste. Deiotarus war den ständigen Angriffen des Pharnakes ausgesetzt und bereit, Caesar seine Dienste anzubieten. Um sich Caesar gewogen zu machen, hatte er schon dessen Gesandten (unter ihnen vielleicht Sextus) in einer schwierigen Phase des Alexandriafeldzugs Geld gegeben.[40] Er beanspruchte für sich das Reich, wußte aber um seine Zwangslage, da er bis zur Niederlage bei Pharsalos die Streitmacht des Pompeius unterstützt hatte. Die Unterredung zwischen Deiotarus und Caesar faßt der Autor des *Alexandrinischen Krieges* prägnant zusammen.[41] Es ist ein aufschlußreiches Gespräch, weil es die Position des Deiotarus verdeutlicht: Was sonst hätte er tun können, da er sich „nun einmal in dem Teil der Welt befunden habe, der des Schutzes durch Caesar entbehrte"?[42] Bedrängt durch die Anordnungen des Feindes sei ihm nichts anderes übriggeblieben, als auf der Seite des Pompeius zu kämpfen: „Es sei ihm nämlich nicht zugekommen, sich zum Richter aufzuspielen über die Zerwürfnisse des römischen Volkes, sondern er habe *den gegenwärtigen Gewalten gehorchen müssen".*[43] Eine hochinteressante Formulierung: Ein Klient des verstorbenen Pompeius erläutert dem vermutlich neuen *patronus*, mit dessen Schutz er rechnet, wie an den Grenzen des Reiches der Klientelmechanismus funktioniert. Deiotarus will sich keineswegs unvorsichtig verhalten oder gegen denjenigen eine Polemik entfachen, dessen Gunst er sich erwerben will. Ein Klient kann nicht rechten, er muß sich der sichtbaren und aktuellen Autorität anpassen. Caesars Erwiderung zieht diese Grunddisposition keineswegs in Zweifel, ja gewiß teilt er sie. Er weist jedoch auf die Gefälligkeiten hin, die er ihm seinerzeit erwiesen hat.[44] Und vor allem legt er dar, daß sich schon vor Pharsalos die rechtliche und verfassungsmäßige Position Caesars umgekehrt hatte – Caesar war der legale Machthaber, seine Gegner handelten unrechtmäßig: Wer war denn nach der Amtszeit von Lentulus und Marcellus Konsul gewesen? Und wo war der Senat (dessen große Mehrheit in Rom geblieben war), in Griechenland etwa oder in Thessalien?[45] Caesars Antwort enthält eine wertvolle Information, die die Berichte über den Bürgerkrieg ergänzt. Es wurde bereits gesagt, daß sich mit Beginn des Jahres 48 die rechtliche Stellung der beiden politischen Lager umkehrte. Jetzt wird der von Pompeius begangene Fehler, „sich mitsamt dem Staat" auf die Balkanhalbinsel zu begeben, in seiner ganzen Ungeheuerlichkeit deutlich. Aus dieser wichtigen und knappen Unterredung zwischen Caesar und Deiotarus erfahren wir, daß sich Caesar seinen Vorteil auch propagandistisch zunutze machte – so wie er danach strebte, seine Position immer weiter zu konsolidieren, und zwar von dem Augenblick an, als er (ganz regulär) zum erstenmal die Diktatur übernahm. Deiotarus wurde begnadigt und aufgefordert, für den Kriegszug gegen Pharnakes unverzüglich Truppen zur Verfügung zu stellen.[46]

5. Pharnakes II. war der Sohn von Mithridates VI. dem Großen, einem gefährlichen Erzfeind von Rom. Als Mithridates im Jahr 63 v. Chr. von Pompeius besiegt worden war, erhob sich Pharnakes gegen seinen Vater und erhielt ein kleines Reich – den Kimmerischen Bosporus, die heutige Krim –, Pontus dagegen wurde römische Provinz. Doch zur Zeit des Bürgerkriegs und noch vor der Schlacht bei Pharsalos hatte Pharnakes Sinope, eine Küstenstadt im alten Reich seines Vaters, besetzt und war in Kolchis, Armenia Minor und Kappadokien eingefallen. Als auf Drängen der von Pharnakes vertriebenen Fürsten Domitius, Caesars Vertreter in Kleinasien, den ehrgeizigen König aufzuhalten suchte, erlitt er im Dezember 48 in Nikopolis, im Grenzgebiet zwischen Pontus und Armenia Minor, eine schwere Niederlage. Kein guter Start für Caesars neue Ordnung in dieser Region. Pharnakes eroberte Pontus und drang weiter nach Kappadokien vor. Daher Caesars Eile, ihn aufzuhalten und nach der Niederlage des Domitius sein Ansehen bei den zahlreichen verunsicherten Klienten des Pompeius wiederherzustellen.

Pharnakes versuchte sofort zu verhandeln. Er machte geltend, daß er – was unbestreitbar war – niemals Hilfstruppen an Pompeius geschickt hatte, und erinnerte an Deiotarus, „der dies getan und dennoch seine Verzeihung erlangt habe".[47] Caesar wies diese Argumentation zurück. Er betonte, daß er Bittsteller stets freundlich behandle und daß sein Sieg bei Pharsalos gewiß nicht durch die Neutralität von Leuten wie Pharnakes zustandegekommen sei. Gleichzeitig zeigte er seine Bereitschaft, Pharnakes' versöhnliche Haltung ernstzunehmen. Das schwere Unrecht an römischen Bürgern, die in Pontus getötet wurden oder fliehen mußten, wolle er ihm nicht anrechnen. Caesar nannte ihm sodann die Bedingungen für eine friedliche Beilegung des Konflikts: sofortiger Abzug aus Pontus, Rückgabe der gefangenen Römer und Verbündeten, Übergabe von „Spenden und Geschenken, wie sie nach erfolgreichen Taten Feldherren von ihren Freunden zu empfangen pflegten", als Zeichen der Huldigung.[48] Pharnakes hatte besonders schlau sein wollen und nur deshalb Nachgiebigkeit gezeigt, weil er meinte, Caesar werde umgehend nach Rom zurückkehren, wo ihn dringende Aufgaben erwarteten.[49] Doch er hatte sich verrechnet. Vielleicht wollte Caesar mit geschickten Worten Pharnakes ganz bewußt zu diesem Irrtum verleiten, der ihm zum Verhängnis wurde: Pharnakes besetzte Zela, den Schauplatz des Sieges von Mithridates über Triarius.[50] Caesar stellte in der Nacht seine Truppen auf und war bereit zum Kampf.[51] Zwischen beiden Heeren lag ein enges Tal, und Caesar begann innerhalb seiner Befestigungen Wälle anzulegen. Am 2. August (jul. 12. Juni) stürmte Pharnakes mit Sichelwagen Caesars Stellungen, konnte aber den Vorteil dieses Überraschungsangriffs nicht halten. In Caesars Reihen brach zunächst Panik aus. Doch im Kampf Mann gegen Mann siegte erneut die sechste Legion. Die Soldaten des Pharnakes wurden den Hang hinuntergetrieben und zurückgeschlagen. Es war ein rasch entschiedener Kampf.[52] Pharnakes ergriff mit einigen Reitern die Flucht und entzog sich der Gefangenschaft (er fehlte daher neben den anderen besiegten Herrschern im Triumphzug), wurde aber nach seiner Rückkehr nach Bosporus von seinem inzwischen abgefallenen Getreuen Asandros getötet. Zum König des Bosporanischen Reiches machte Caesar Mithridates von Pergamon.[53]

Caesars Genugtuung über die Schnelligkeit dieses Sieges fand Ausdruck in einer im Triumphzug mitgeführten Tafel, auf der die Worte standen: VENI VIDI VICI.[54] Sueton sagt, Caesar habe auch später wiederholt davon gesprochen, daß jene Schlacht gegen Pharnakes den militärischen Ruhm des Pompeius geschmälert habe, „der den Ruhm seiner Kriegskunst hauptsächlich Siegen über derart unkriegerische Feinde verdanke".[55] Eine mit Bedacht gewählte Bemerkung: Auch sie bot eine Möglichkeit, die Erinnerung an Pompeius und dessen Mythos dort zu schmälern, wo er am lebendigsten geblieben war.

Die Neuordnung der Provinz Asia beschäftigte Caesar bis in den Spätsommer. Am 26. September ging er in Tarent[56] an Land und traf wenige Tage später in Rom ein, von wo er im Dezember 49 aufgebrochen war.

XXVI
Der lange Bürgerkrieg

Il a été six mois maître du monde

Napoleon

Man könnte behaupten, der Bürgerkrieg sei deshalb nicht mit der Schlacht bei Pharsalos zu Ende gewesen, weil Pompeius so überraschend ums Leben kam. Die Besonderheit dieses Bürgerkriegs im Unterschied zu allen anderen Bürgerkriegen zwischen dem 1. Jahrhundert v. Chr. und dem 3. Jahrhundert n. Chr. war tatsächlich, daß er kein Ende fand. Die widerstreitenden Kräfte hielten sich die Waage, und selbst militärisch konnte sich keine Seite endgültig durchsetzen. Caesars Bestreben war es, jede einzelne Schlacht für sich zu entscheiden, doch unmittelbar danach oder auch schon während des Kampfes suchte er nach einer politischen Lösung, die das stabile Kräftegleichgewicht wiederherstellte. Daher auch seine Politik der *clementia*. Caesars Lösung heißt: „Caesarismus" (Diktatur) plus Einigung mit der Aristokratie.

Napoleons auf den ersten Blick paradoxe Bemerkung trifft ins Schwarze. Jene „sechs Monate"[1] der Weltherrschaft sind der Zeitraum zwischen Caesars Rückkehr nach Rom (im Anschluß an den schwierigen und lange Feldzug von Munda gegen die Pompeiussöhne Ende August 45) und dem tödlichen Attentat vom 15. März 44. Napoleon erfaßt das Wesen dieses Konflikts als eines ununterbrochenen, endlos dauernden Bürgerkriegs – Ende Dezember 50 begonnen und (optimistisch gesprochen) mit dem Spanienfeldzug im Spätsommer 45 beendet. Dazwischen gab es kurzzeitige Unterbrechungen. Anfang Oktober 47 kehrte Caesar nach der Schlachtensequenz Pharsalos, Alexandria, Zela aus dem Osten nach Rom zurück. Doch schon Anfang Dezember setzte er von Lilybaeum nach Africa über, um sich den „republikanischen" Kräften entgegenzustellen, die sich in Tunesien unter dem Schutz des Numiderkönigs Iuba neu gesammelt hatten. Am 25. Juli 46 kam Caesar aus Africa nach Rom zurück, machte

sich aber Anfang November schon wieder nach Spanien auf, wo er
bis August des darauffolgenden Jahres blieb.[2] Ein deutliches Zeichen
für den *provisorischen Charakter* dieser langen Herrschaftszeit, die
im November 49 mit Caesars Ernennung zum Diktator begann und
in eine ununterbrochene Serie von Feldzügen an allen vier Enden des
Reiches mündete, war die späte Feier der vier Triumphe (über Gallien, Ägypten, Pontus und Numidien) erst nach Caesars Rückkehr
aus Africa im August 46.[3]

Dennoch kann man, je nach Blickwinkel, den „langen Bürgerkrieg" zeitlich unterschiedlich strukturieren. Da ist zum einen der
„pompeianische" Krieg, der mit Pompeius' Tod endete und etwa
drei Jahre später von seinen Söhnen neu entfacht wurde. Auf der
anderen Seite Catos „republikanischer" Krieg. Die berechtigte Eigenständigkeit beider Perspektiven – auch wenn hier wie dort Caesar der Gegner ist – wird noch sinnfälliger, wenn man bedenkt, daß
sich später zwischen Sextus Pompeius und den „Befreiern", wie sich
die Mörder Caesars nennen ließen, keine gemeinsame Handlungs-
front mehr herausbildete. Und von 43 an führten die Caesarianer
die beiden Kriege getrennt, ja in mancher Hinsicht war der Kampf
gegen Sextus Pompeius ein Krieg *Octavians*: eine Fortsetzung des
„pompeianischen" Krieges, in dem sich bereits die Väter gegenüber-
gestanden hatten.

Eine genauere Vorstellung von der Vielgestaltigkeit des *langen
Bürgerkriegs* vermittelt uns Ciceros Brief an Cassius vom August 47.[4]
Cassius und Brutus hatten sich etwa ein Jahr zuvor (im August 48)
in Caesars Dienst gestellt, und Cicero saß in Brindisi (Brundisium)
fest und wartete auf Caesars Rückkehr von seinen Feldzügen in Alexandria und gegen Pharnakes. Unterdessen hatte Cato die „Pompeianer" in Africa neu organisiert. Aber Cassius und Cicero äußern ihr
Mißfallen über diese unvorhergesehene Verlängerung des Bürgerkriegs, hatten sie doch geglaubt, er sei mit einer einzigen Schlacht zu
Ende. Aus der Sicht Catos, Iubas, der Pompeiussöhne usw. dagegen
waren Cassius und Cicero Verräter, die die Sache zu früh verloren-
gegeben hatten. Für sie war in der Partie gegen Caesar noch alles
offen.

Insbesondere Cato betrachtete Pompeius' Krieg letztlich nicht als
seinen Krieg. Dies war ein Krieg zwischen zwei Prätendenten auf die
Macht im Staat gewesen.[5] Jetzt in Africa dagegen, nach dem überraschenden Tod des Pompeius, führte Cato den wahren Krieg der
Republik gegen den Usurpator. Cicero und die anderen waren die

Gegner![6] In den Augen Catos handelte es sich um einen neuen und keineswegs um einen einzigen langen Krieg.

Zu dem langen Bürgerkrieg gehört auch die enorme Größe des Schauplatzes, auf dem er ausgetragen wurde. Spanien, Marseille (Massilia), Illyrien, Makedonien, Alexandria, Pontus, Numidien, Spanien, hinzu kam ein Krisenherd in Syrien, in Apameia. Vom äußersten Westen bis zum äußersten Osten und umgekehrt (dazu noch das mißglückte Finale in Syrien). Es war der spektakulärste und längste Bürgerkrieg der römischen Geschichte, die Kämpfe am Ende der iulisch-claudischen Dynastie und am Ende der Regierungszeit des Commodus miteinbezogen. Ich frage mich, inwieweit die Entscheidung für einen *großen* Partherfeldzug (dessen Planungsbeginn nicht genau bestimt werden kann) nicht auch darauf abzielte, den gefährlichen Brandherd der „pompeianischen" Meuterei in Syrien endgültig zu ersticken.

Caesars Marsch war kein Triumphzug. Es ging ihm darum, die ständig neue Kräftekonzentration einer nicht nur in der Provinzklientel tief verwurzelten *pars* zu verhindern. Diese Provinzklientel war von großer Bedeutung, anders läßt sich Caesars Entscheidung zunächst für Africa, dann für Spanien als Schauplatz der Revanche nicht erklären.

Die Vitalität jener Partei, die wir summarisch als pompeianischen Block bezeichnen wollen, war beeindruckend. Sie formierte sich nach Pharsalos, nach Pompeius' Tod, der vernichtenden Niederlage und der massenweisen Desertion immer wieder neu zum Kampf. Die entscheidende Schlacht fand in Thapsos statt. Und was Caesar rettete, war seine strategische Überlegenheit, mithin kein eigentlich politischer Sieg.

1. Bei seiner Rückkehr nach Rom im Oktober 47 sah sich Caesar mit drängenden innenpolitischen Problemen konfrontiert. Nach der Schlacht bei Pharsalos war Antonius nach Italien zurückgekehrt und hatte als *magister equitum* des Diktators faktisch die Herrschaft innegehabt – unter beträchtlichen, keineswegs nur politischen Schwierigkeiten. Auf institutioneller Ebene mußte er einen schweren Schritt tun, indem er Caesar als Diktator für das Jahr 47 und sich selbst in seinem Amt als *magister equitum* erneut bestätigte (die Auguren hatten protestiert, weil das Ausnahmeamt nicht wie sonst üblich auf sechs Monate begrenzt war).[7] Auf der Ebene der öffentlichen Ordnung sah sich Antonius mit den Aktivitäten des „Aufrührers" Publius

Cornelius Dolabella (Ciceros Schwiegersohn) konfrontiert. Der hatte sich mit Haut und Haar Caesars Sache verschrieben, die er in den alten Kategorien der popularen Agitation deutete. Gestützt auf sein Amt als Volkstribun für das Jahr 47 beantragte er Schuldentilgung. Zunächst traten ihm seine Tribunatskollegen Pollio und Trebellius entgegen, schließlich griff Antonius als höchste Autorität in Rom mit eiserner Hand durch und schlug den Aufstand nieder. Dolabellas Aktionen stießen durchaus auf Resonanz in der Bevölkerung, verschlechterte sich doch die wirtschaftliche Lage vor allem für die schwächeren sozialen Gruppen zusehends, denn von Africa, das sich fest in der Hand der Pompeianer befand, ging eine Bedrohung für jene Provinzen aus, die Italien mit Getreide belieferten. Militärisch und sozial brisant war weiterhin die Unzufriedenheit der Legionen, insbesondere der in Kampanien stationierten Truppen. Sie beklagten die Verzögerung der Triumphfeierlichkeiten, die jedem Legionär handfeste Vergünstigungen brachten, und verlangten ihre Entlassung. Als Caesar in Italien eintraf, gab es bereits erste Anzeichen einer Meuterei der Legionen. Gaius Sallustius Crispus,[8] der nach Kampanien geschickt wurde, um die Gemüter zu beruhigen, wurde mit Steinen beworfen und kam knapp mit dem Leben davon. Die Truppen marschierten Richtung Rom und lagerten auf dem Marsfeld. Caesar mußte sein ganzes Charisma und seine ganze Härte aufbieten. Er sprach die Mannschaften als „Bürger" und nicht als „Soldaten" an:[9] nebenbei gesagt ein alarmierendes Zeichen dafür, wie sehr der für die Republik so typische Begriff in Mißkredit geraten war. Caesar zeigte den Soldaten offen seine Mißachtung und schürte damit ihre Empörung; und er gab ihnen zu verstehen, daß sie nunmehr nicht am Triumph teilnehmen würden. Ausgerechnet seine zehnte Legion, die einzige, die sich während der Unruhen zur Zeit des Feldzugs gegen Ariovist als treu erwiesen hatte, stand jetzt an der Spitze der Meuterei. Um am Triumph teilnehmen zu dürfen, mußten sich die Legionen in den schweren Kämpfen in Africa und Spanien bewähren. Alle an der Meuterei beteiligten Truppenteile wurden zum Feldzug nach Africa zusammengezogen, das fest in der Hand der Pompeianer war. Auch Antonius und Dolabella bekamen ihre Quittung: Dolabella wegen seines gewissenlosen Verhaltens, Antonius wegen der brutalen Härte, mit der er die Erhebung niedergeschlagen hatte. Die unterschwellige (aber begrenzte) Verärgerung des Antonius, der wenig später in seinem Amt als *magister equitum* nicht wieder bestätigt wurde, hatte hier seinen Grund; unter anderem mußte er die Geldsumme bezahlen, die er für die konfiszierten Besitzungen des Pompeius geboten hatte.[10] Antonius hatte das Haus des Pompeius sogar niederreißen lassen, um es noch prachtvoller wiederaufzubauen.[11] Das hatte das Volk aufgebracht. Der Eindruck war, die Nutznießer des Regimes seien bereits zur Stelle, bevor das Regime selbst sich etabliert hatte.

2. In Lilybaeum an der Westspitze Siziliens, einem natürlichen Hafen für die Überfahrt nach Afrika, zog Caesar im Dezember 47 eine Streitmacht von insgesamt sechs Legionen und 2600 Reitern zusammen.[12] Allen Bedenken seiner Feldherren zum Trotz schiffte er sich ausgerechnet in der schlechtesten Jahreszeit ein: am 25. Dezember.[13] Der Sinn des Plans – trotz der Risiken, die er mit sich brachte – lag auf der Hand, verfügte doch der Gegner über keine Flotte, mit der er Caesars Seestreitmacht hätte aufhalten können. Vor allem rechnete niemand mit einer so schnellen Aktion.

Die pompeianischen Streitkräfte hatten sich in dem langen Zeitraum seit der Niederlage von Pharsalos neu geordnet. Die Provinz Africa, eine Hochburg des Pompeius, war ihre zentrale Basis. Bereits zu Beginn des Bürgerkriegs hatte Curio, von dem in Spanien kämpfenden Caesar entsandt, dort sein Leben gelassen.[14] Nach Curios Niederlage konnte Attius Varus, Pompeius' Statthalter, Africa auch weiter halten; er verfügte über drei Legionen, zwei an Ort und Stelle ausgehoben. Nach der Schlacht bei Pharsalos erreichte zuerst Pompeius' Schwiegervater Quintus Metellus Scipio Africa, der seine Befehlsgewalt über die verbliebene Streitmacht nicht zuletzt der Verwandtschaft mit Pompeius verdankte. Dann traf Cato ein. Nach der Niederlage bei Pharsalos hatte er schon in Korfu einen Kriegsrat einberufen, der sich aufgelöst hatte, als bedeutende Senatoren (allen voran Cicero) ihn im Stich ließen, überzeugt, die Sache sei verloren.[15] Vom Adriatischen Meer aus segelte Cato zunächst in die Kyrenaika[16] und erreichte nach einem dreißigtägigen Marsch durch die Wüste schließlich die Provinz Africa – mit fünfzehn Kohorten und 1600 Reitern sowie einem Trupp Veteranen, die dank Labienus und Afranius die Schlacht bei Pharsalos überlebt hatten.[17] Als verbohrter Formalist lehnte Cato das Oberkommando ab. Im Rahmen des *cursus honorum* war er (durch den geeinten Widerstand der seinerzeitigen Bündnispartner Caesar und Pompeius) über die Prätur nicht hinausgekommen, den Konsulat hatte er nie erlangt. Im Rang eines Proprätors aber war es für ihn undenkbar, Prokonsuln zu befehligen.

Daher übergab er das Kommando Scipio, dessen Name als Befehls-
haber in einem Africafeldzug einen guten Klang hatte. Pompeius'
Schwiegervater zeichnete sich zwar nicht gerade durch strategisches
Genie aus, wurde aber von so tüchtigen Generälen wie Labienus,
Afranius, Petreius, Varus, Gnaeus Pompeius dem Sohn sowie von
Cato selbst tatkräftig unterstützt. Während sich Caesar also in Alexandria mit dem kindlichen König herumschlug, wurde Africa milita-
risiert, zu einem befestigten Lager mit zehn Legionen und 14 000
Reitern hochgerüstet. Hinzu kamen vier Legionen des Numiderkönigs Iuba, der über sechzig Elefanten und eine große und gut gedrillte
leichtbewaffnete Infanterie verfügte. Dank der beschlagnahmten Le-
bensmittel verfügte dieses starke Heer über nahezu grenzenlose Vorräte. Die Militärführer schwelgten im selben siegessicheren Hochge-
fühl wie vor der Schlacht bei Pharsalos. Doch ihre Truppen bestanden keineswegs alle aus Elitesoldaten. Insbesondere die Kampfkraft
der Legionen ließ zu wünschen übrig, waren sie doch aus Eingebo-
renen[18] und freigelassenen Sklaven rekrutiert.

Für Caesar begann die Kampagne alles andere als ruhmreich. Da
der Großteil der „republikanischen" Streitmacht in Utica (an der
tunesischen Küste) stand, strebte Caesar mehr nach Süden, nach Hadrumetum. Doch auf der Höhe von Kap Bon wurde seine Flotte von
einem Sturm überrascht, der einen Großteil der Schiffe zerstreute. In
Hadrumetum kamen nur 3000 Soldaten und 150 Reiter an. Dieses
anfängliche Mißgeschick prägte den gesamten Kriegsverlauf. Caesar
blieb in der Defensive, suchte sichere Positionen und wartete auf
Verstärkung, um erst dann den Gegner herauszufordern. Er verschanzte sich in Ruspina und besetzte das nahegelegene Leptis, ohne
auf Widerstand zu stoßen. Hier legten mehrere seiner Schiffe (mit
rund 5000 Soldaten an Bord) an, die der Sturm von Kap Bon vom
Kurs abgebracht hatte.[19] Beim Appell fehlten immer noch rund 13 000
Mann, deren Schicksal an einem seidenen Faden hing. Denn aus
Sicherheitsgründen hatte Caesar nur seinen Kommandanten mitgeteilt, daß er nicht in Utica (dem von Lilybaeum aus nächstgelegenen
Hafen), sondern in Hadrumetum an Land gehen werde. Es bestand
folglich die Gefahr, daß diese „Schiffbrüchigen" den Gegnern in die
Arme liefen. Doch am Morgen des 3. Januar 46 tauchten ihre Schiffe,
deren Schicksal man besiegelt glaubte, vor der Halbinsel Monastir
auf. Caesars angeschlagene Streitmacht war jetzt in der Lage, sich zu
verteidigen und das befestigte Lager zu halten. Doch schon am darauffolgenden Tag wurde die extreme Gefährlichkeit der Situation

deutlich, als Labienus mit 10 000 Reitern ein von Caesar befehligtes
Kohorten- und Reiterkontingent, das unterwegs war, um Getreide zu
requirieren, umzingelte und zu vernichten drohte. Es kam zu einem
erbitterten Kampf, und nur dank ausdauernder Zähigkeit konnte der
Angriff abgewehrt werden. Caesar behielt die Kontrolle über seine
Truppe, durchbrach die Umzingelung und kehrte in voller Marsch-
ordnung ins Lager von Ruspina zurück.[20] Der Verfasser des *Afrikanischen Krieges* berichtet auch von einzelnen Scharmützeln, wobei er
die Aufmerksamkeit besonders auf einen Irrtum des Labienus lenkt:
Der war (wie seinerzeit in Thessalien) überzeugt, es nicht mit den
Veteranen des Gallischen Krieges, sondern mit neu ausgehobenen
Rekruten zu tun zu haben. Daher der breite Raum, der dem Wortwechsel zwischen Labienus und einem Soldaten der zehnten Legion
gewidmet wird. Die beiden kannten sich durch die gemeinsame Mi-
litärzeit in Gallien,[21] und mitten im Kampf kam es zum Wortwechsel.
Labienus hielt den Legionär zunächst für einen Rekruten. Der machte sich die Verwechslung des Labienus zunutze und feuerte die
schreckerfüllten Rekruten an, „die mit ihren Blicken Caesar suchten
und nichts anderes mehr taten, als den Geschossen der Feinde auszuweichen".[22] Labienus, Caesar im Visier, machte seinem Haß als
Überläufer nämlich Luft, indem er in Caesars Hörweite den Soldaten
zurief: „Na, du kleiner Rekrut, so wild? Da hat er euch aber in eine
üble Lage gebracht!" Diese bittere Erfahrung gleich zu Beginn der
Kämpfe war äußerst lehrreich, machte sie doch Caesar klar, daß er
eine Aufreibungstaktik verfolgen mußte. Vorerst blieb ihm nichts
anderes übrig, als sich auf sichere Positionen zurückzuziehen und auf
die Verstärkung zu warten.

3. Jetzt, im Januar 46, da die Verstärkung weiterhin ausblieb, begann
Caesar seine Soldaten psychologisch zu motivieren;[23] gleichzeitig erfuhr er aus Verhören der Überläufer von den feindlichen Plänen.[24]
Ein Umstand, mit dem niemand hatte rechnen können, war die Fah-
nenflucht von Numidern und Gaetulern. Eingedenk aller Vergünstigungen, die sechzig Jahre zuvor Gaius Marius diesen Stämmen während seiner Feldzüge gegen Iugurtha gewährt hatte, liefen die Einheimischen scharenweise zu Caesar über, nachdem sie von dessen
Verwandtschaft mit dem großen Marius gehört hatten![25] Ein bedeutsames Faktum, das die zeitliche Distanz zwischen den Protagonisten
des „sullanischen Jahrhunderts" verkürzt – auch im Bewußtsein der
Betrachter und der Opfer. Inzwischen waren „Tag und Nacht Caesars

Augen und sein ganzes Sinnen und Trachten auf das Meer gerichtet",
von wo er die angeforderte Hilfe erwartete.[26]

Am 22. Januar schließlich traf von Sallust besorgter Nachschub
gleichzeitig mit der dreizehnten und vierzehnten Legion, mit 800
Reitern und 1000 Bogenschützen ein und gab Caesar die Initiative
des Handelns zurück. Er marschierte bis nach Uzita, hielt sich aber
nicht mit der Eroberung der Stadt auf. Sein Ziel war, Scipios Truppen aufzureiben, die durch die ständigen Desertionen in eine ernste
Lage geraten waren.[27] Er erteilte den Aufbruchsbefehl, rückte von
Uzita aus nach Aggar vor und forderte Scipio wiederholt zum
Kampf heraus. In der Nacht von 3. auf den 4. April marschierte er
nach Thapsos. Jetzt konnte sich Scipio dem Kampf nicht mehr entziehen, der für ihn in einer Katastrophe endete. Die psychologische
Kriegsvorbereitung seiner Soldaten war Caesar so gut geglückt, daß
die neunte und zehnte Legion nicht einmal das Zeichen zum Angriff
abwarteten. Sie stürzten sich auf den Feind, ohne auf ernsthaften
Widerstand zu stoßen, und Scipio mußte Hals über Kopf fliehen.
Beeindruckend die Zahl der Toten unter den führenden Republikanern: Cato, der den gesamten Feldzug über in Utica geblieben war,
mußte die Stadtbewohner im Zaum halten, die starke Sympathien
für Caesar hegten. Als er von der Niederlage erfuhr, entschloß er
sich zum Selbstmord. Iuba und Petreius töteten sich gegenseitig im
Zweikampf, nachdem sie die Aussichtslosigkeit ihrer Lage erkannt
hatten.[28] Der im Hafen von Hippo überraschte Scipio stürzte sich
ins Meer und ertrank. Afranius und Faustus Sulla wurden gefangengenommen und hingerichtet. In den folgenden Wochen ordnete
Caesar die Provinz neu. Aus dem östlichen Teil von Iubas Reich
wurde eine neue Provinz Africa nova konstituiert, der Rest zwischen
Bocchus II. von Mauretanien und dem Abenteurer und einstigen
Catilinarier Sittius aufgeteilt, der Caesar in diesem schwierigen Feldzug treu zur Seite gestanden hatte.

4. Am 25. Juli 46 kehrte Caesar nach Rom zurück. Trotz der bevorstehenden Feier von vier Triumphen (eine willkommene Abwechs-
lung) und seiner Vorfreude auf das Eintreffen Kleopatras und des
neugeborenen „Kaisarion"[29], die er in der prunkvollen Villa jenseits
des Tiber unterbringen ließ, betrachtete er das Kapitel des Bürgerkriegs keineswegs als abgeschlossen. Ende 47 hatte Gnaeus Pompeius
der Sohn Africa verlassen und war nach Spanien aufgebrochen, wo
zwei Legionen gegen den caesarischen Statthalter Quintus Cassius

rebelliert hatten. Zu dessen Nachfolger war Gaius Trebonius ernannt
worden, ohne daß sich damit die Lage gebessert hätte. Da der junge
Pompeius auf den Baleareninseln erkrankt war, erreichte er erst zu
dem Zeitpunkt das spanische Festland (Anfang April 46), als Scipio
in Thapsos geschlagen wurde. In Spanien breitete sich der Aufstand
unterdessen immer weiter aus. Gnaeus Pompeius, dem bald sein Bruder Sextus, dann auch Labienus und Attius Varus zu Hilfe kamen,
wurde in Hispania ulterior, einer von Steuerforderungen der caesarischen Statthalter bedrängten Provinz, begeistert empfangen. Und
binnen kurzer Zeit hatte der junge Pompeius die ganze Provinz unter
seiner Kontrolle.

Auch vom anderen Ende des Reiches wurden keine positiven
Nachrichten gemeldet. Mitten im wechselvollen afrikanischen Feldzug war Sextus Caesar in Syrien in Bedrängnis geraten. Die Legionen[30] hatten gemeutert, Sextus wurde von den eigenen Legionären
getötet. Betrachtet man die Gleichzeitigkeit dieser Ereignisse, könnte
man sagen, Caesars Ordnungsgefüge war ausgerechnet an den beiden
kritschen Punkten in Gefahr auseinanderzubrechen. Hinzu kam die
Ermordung des pergamenischen Königs Mithridates durch Asandros
– jenen Rebellen, der schon Pharnakes getötet hatte. Mit Mithridates
verlor Caesar eine wichtige Stütze seiner Politik im Osten, einen
loyalen Klienten, der über wertvolle Verbindungen verfügt hatte.[31]
Unter Vorwegnahme der weiteren Entwicklung läßt sich anmerken:
Weder brachte Caesars um einen hohen Preis erkaufter Sieg über
Gnaeus Pompeius in Munda Spanien wirklich Frieden (der zweite
Pompeiussohn verwickelte die caesarischen Statthalter in einen nicht
enden wollenden Kleinkrieg), noch konnte durch einen großangeleg-
ten Gegenangriff die Meuterei der syrischen Legion niedergeschlagen
werden. Die Krise an den beiden Enden des Reiches schwelte auch
nach Caesars Tod weiter, ja sie sollte sich noch verschlimmern. Zu
keinem Zeitpunkt seiner nicht gerade kurzen Vorherrschaft war es
Caesar gelungen, den vollkommenen Frieden herzustellen.

5. Die Krise in Syrien hing eng mit dem Verlauf des afrikanischen
Feldzugs zusammen. Den Aufstand hatte ein pompeianischer Ritter
angezettelt, der schon unter Pompeius gekämpft hatte: Quintus Caecilius Bassus, dessen Operationsbasis die freie Stadt Tyros war.[32] Das
gab ihm größere Handlungsfreiheit. Um ihn hatten sich pompeianische Veteranen geschart, und da er unter den Truppen des Sextus
eine raffinierte Propagandaarbeit betreiben ließ, desertierten immer

mehr Legionäre nach Tyros und stellten sich unter den Schutz der Stadt.[33] Am plausibelsten scheint noch die Erklärung, Sextus habe eine aus Pompeianern rekrutierte Legion befehligt, die sich nach der Schlacht bei Pharsalos ergeben hatte. Das erklärte auch Caecilius' nicht nachlassendes Bemühen, *ausgerechnet unter diesen Truppen* eine Meuterei anzuzetteln. Offenbar war er über sie bestens informiert und wußte, sie könnten die Fahne wechseln. Caecilius' Einfluß auf die Stimmung der Truppen wuchs, als aus Africa irrige Nachrichten über Caesars Niederlage eintrafen.[34] Zur Rede gestellt, erklärte Caecilius, er rekrutiere Truppen für Mithridates von Pergamon (was tatsächlich stimmte). Später fingierte er Briefe Scipios, in denen Caesar für tot erklärt und ihm, Caecilius, Syrien zugeteilt wurde. Mit Hilfe dieser gefälschten Schreiben sammelte er Truppen um sich, wurde aber von den Legionären des Sextus besiegt.[35] Was ihm am meisten half, war freilich die (falsche) Nachricht vom Sieg der pompeianischen Truppen. Schließlich schmiedete er ein Komplott gegen Sextus, der daraufhin von Soldaten seiner eigenen Legion ermordet wurde.[36] Ein Teil der unter Sextus' Befehl stehenden Truppen floh nach Kilikien. Die Meuterer dagegen unterstellten sich dem Befehl des Caecilius Bassus, der von lokalen Fürsten und sogar von den Parthern Unterstützung erhielt,[37] während sich die treuesten von Caesars Klienten, allen voran Antipater und seine jüdische Herrscherdynastie, gegen Bassus stellten.[38]

Der entscheidende Aspekt dieses Geschehens, das sich vom Frühjahr 46 bis zu Cassius' Eintreffen in Syrien Anfang März 43 hinzog,[39] war die Unnachgiebigkeit der meuternden syrischen Legion, die zu keinerlei Zugeständnissen bereit war. In Caesars Truppen hatte es so etwas noch nie gegeben. In Gallien und in Kampanien waren derartige Versuche ganz anders verlaufen – nicht zuletzt durch Caesars persönlichen Einsatz. Das Unerhörte und Unfaßliche in diesem Fall bestand darin, daß die aufständischen Truppen nicht nur keine „Verzeihung Caesars" erbaten (schließlich war er nicht nur ein mehr oder weniger in Schwierigkeiten geratener Parteiführer, sondern faktisch der Herr des Reiches); die meuternden Truppen sagten Caesar ohne Aufschub sogar den Kampf an![40]

Dieser Entschluß, bis zum Äußersten zu gehen, entsprang wohl der Gewißheit, mit Sextus einen Mann ermordet zu haben, der Caesar viel zu viel bedeutet hatte, um noch mit akzeptablen Zugeständnissen rechnen zu können. Die Meuterei und ihr extremer Verlauf rückt zugleich die besondere Rolle des Sextus im Bewußtsein und in den praktischen Überlegungen des Diktators in den Vordergrund. Schwer vorstellbar, daß Caesar ausgerechnet in Syrien, „als er bereits eine Unternehmung gegen die Parther plante",[41] eine dermaßen unzuverlässige Legion zurückließ.[42] Schließlich hatten von Anfang an Syrien und die dort stationierten Truppen die Aufgabe der „Bewachung" Ägyptens: ein Grund mehr, sehr zuverlässige Truppen dorthinzuschicken. Der Grund für die Meuterei liegt demnach weniger in der Agitation des Caecilius Bassus als in den Maßnahmen des bei den Truppen verhaßten Sextus Caesar selber.[43] Mit dem Mord an einem dem Diktator so nahestehenden Verwandten war allerdings ein auswegloser Konflikt heraufbeschworen.

Caecilius' Strategie weist Parallelen zum Verhalten des Sextus Pompeius[44] auf – beispielsweise was den Rückgriff auf die Unterstützung durch einheimische Kräfte[45] und die Aushebung von Sklaven betrifft, mit denen die Lücken geschlossen werden sollten, die sich in der meuternden Legion aufgetan hatten; aber auch bezüglich des Wohlwollens, mit dem Deiotarus ihm begegnet sein muß (auch wenn Cicero dies in Abrede stellt).[46]

Von der schweren Krise in Syrien erfuhr Caesar im Spätsommer des Jahres 46 vor seinem Aufbruch nach Spanien, zu dem ihn seine Statthalter drängten (unter anderem sein Neffe oder Großneffe Quintus Pedius), die durch das vehemente Vorrücken der Pompeiussöhne beunruhigt waren.[47] Caesar erteilte Quintus Cornificius, Statthalter im nahegelegenen Kilikien, den Befehl, die Meuterei niederzuschlagen. Mitte September schrieb Cicero an Cornificius: „Aus Syrien sind uns allerhand ziemlich beunruhigende Nachrichten zugegangen".[48] Im Dezember erhielt Cicero einen Brief von Cornificius, der ihm mitteilte, in „Syrien sei Krieg" und Caesar habe ihn „zum Statthalter von Syrien ernannt".[49] Berechnet man die Postwege, so muß Caesar diese Aufgabe Cornificius im Oktober übertragen haben,[50] also zu dem Zeitpunkt, da er sich entschlossen hatte, den Aufstand in Spanien selbst niederzuschlagen. Caesar sah sich mit dem drohenden „Verlust" zweier Provinzen konfrontiert, die beide den Pompeianern in die Hände gefallen waren:[51] Syrien und Hispania ulterior. Er entschied sich aus mehreren Gründen für Spanien, unter anderem wegen der enormen Sympathien, die die Pompeiussöhne dort genossen. Gleichzeitig schickte er Cornificius Legionen als Verstärkung für das *bellum Syriacum*.[52] Diese Legionen brachen aber erst mit Gaius Antistius Vetus auf, dem für das Jahr 45 bestellten Statthalter von Syrien, der durch den Araberfürsten Alchaudonios und den parthischen

König Pakoros (die den in Apameia verschanzten Meuterern zu Hilfe kamen) eine verheerende Niederlage erlitt.[53]

6. Sextus Caesars unerwarteter Tod brachte Caesars Ordnungsgefüge auch noch unter einem weiteren Aspekt ins Wanken. Wir können nur Vermutungen anstellen, allerdings gestützt auf stichhaltige Indizien. Wir kennen mit Sicherheit zwei Testamente Caesars: eines zugunsten des Pompeius, das „von seinem ersten Konsulat [im Jahr 59 v. Chr.] an bis zum Beginn des Bürgerkriegs"[54] gültig blieb; und eines, das Sueton als Caesars (zeitlich) „letztes Testament" bezeichnet und das der Diktator in seiner Villa in der Via Labicana nach der Rückkehr aus Spanien am 13. September 45 aufgesetzt und der obersten Vestalin übergeben hatte. Dieses „letzte" Testament wurde nach Caesars Ermordung eröffnet. Darin waren drei Erben eingesetzt: Octavius zu drei Vierteln, Lucius Pinarius und Quintus Pedius mit dem restlichen Viertel. Das erste Testament hatte Caesar selbst – nachdem er es für ungültig erklärt hatte – vor seinen versammelten Truppen[55] eröffnet, um zu zeigen, wie sehr er (und das stimmte!) auf ein festes Bündnis mit Pompeius gesetzt hatte. Man bedenke, daß Anfang des Jahres 49, als Caesar dieses Testament veröffentlichte, Iulia schon seit Jahren nicht mehr am Leben war und Pompeius wieder geheiratet hatte – und daß Caesar dessen Ernennung zu seinem Erben trotzdem aufrechterhielt: eben aufgrund der damit verbundenen politischen Allianz.

Ein römisches Testament konnte nur dann für ungültig erklärt werden, _wenn ein neues gültiges Testament aufgesetzt wurde._[56] Selbst die Vernichtung der Testamentsurkunde reichte nicht aus, um die mit ihr gesetzte Rechtshandlung außer Kraft zu setzen, „da diese nicht mit der Urkunde identisch war, sondern mit der _nuncupatio_, der mündlichen Erklärung, die sie enthielt". In dem Augenblick also, in dem Caesar ankündigte, das Testament zugunsten des Pompeius sei nicht mehr in Kraft, gab es bereits ein neues Testament, mit dem das vorhergehende seine Gültigkeit verlor.[57]

Der _ratio_ dieser beiden uns bekannten Testamente zufolge (des ersten zugunsten seines Schwiegersohns, des letzten zugunsten seiner drei [Groß-]Neffen) müßte das dazwischenliegende Testament, über das wir keine unmittelbaren Informationen besitzen, konsequenterweise den nächsten männlichen (in Frage kommenden) Erwachsenen seiner Familie als Erben vorgesehen haben. Man denkt zwangsläufig an den Cousin Sextus Iulius Caesar, Sohn (oder Enkel) des einzigen

Konsuls, den das iulische Haus in der jüngeren Zeit vorzuweisen hatte. Die Art und Weise, in der der Verfasser des *Alexandrinischen Krieges* und meines Erachtens auch Cicero in seiner *Rede für den König Deiotarus*[58] von Sextus Caesar sprechen, legt die Identität des designierten Erben mit diesem *amicus et necessarius* (Freund und Verwandter) nahe, der Caesar von Spanien nach Syrien folgte und von diesem nach und nach Gunsterweisungen und verantwortungsvolle Aufgaben erhielt. Der ausweglose Krieg, den die meuternde Legion nach Sextus' Ermordung gegen Caesar führte, scheint diese These weiter zu untermauern. Die Revolte in Syrien versetzte Caesar also einen schweren Schlag – auf politischer nicht weniger als auf persönlicher Ebene: Hatte er doch in Sextus seinen „Erben" gefunden. Für einen Machthaber, der die Diktatur in Händen hielt und diese persönliche Macht auf neuartige und für die römische Gesellschaft akzeptable Weise abzusichern trachtete, war dies von zukunftsweisender Bedeutung. Nach Sextus' Tod gelang es Octavius, trotz seiner eher weitläufigen Verwandtschaft mit Caesar, dessen Erbe zu werden, und zwar auf genau dem gleichen Weg: indem er so schnell wie möglich nach Spanien ging, um dort an dem schweren Krieg teilzunehmen.

7. Der spanische Feldzug war Caesars gefährlichstes militärisches Unternehmen – das einzige, bei dem er (im kritischsten Augenblick der Schlacht bei Munda) ernsthaft an Selbstmord dachte. Napoleon war fasziniert von einer solchen extremen Erwägung seines Heroen und Vorbilds. Und er bringt Einwände vor: Den Freitod kann oder muß man dann in Erwägung ziehen, „wenn es keine Hoffnung mehr gibt. Aber wie und wann kann man auf dieser wechselhaften Bühne tatsächlich alle Hoffnung sinken lassen, wo doch der Tod eines einzelnen das Schicksal so vieler mit einem Schlag verändern kann?"[59] Der in der Verbannung lebende Kaiser sprach hier in eigener Sache, und in seinem traurigen Exil auf der Insel Helena, wo er von den Engländern langsam vergiftet wurde, sinnierte er womöglich, warum er sich nach seiner Niederlage selber hatte überleben müssen. Als guter römischer Aristokrat war Caesars Verhältnis zum Selbstmord freilich ein völlig anderes. Und in Munda, so Florus, scheint es fast, als habe „er dem Tod durch eigene Hand zuvorkommen wollen".[60] Zu Unrecht hat Mommsen in seinem großartigen und wohl unübertroffenen Werk zur Geschichte des republikanischen Rom den Spanienfeldzug außer acht gelassen. Für ihn endet die Republik mit Ca-

tos Tod in Utica und dem Untergang der republikanischen Führer. Alles weitere betrifft den Alleinherrscher Caesar und ist Teil einer anderen Geschichte, die Mommsen erzählen wollte, aber nicht erzählt hat.[61] Auf diese Weise aber gerät die Geschlossenheit des Bürgerkriegs aus dem Blick, der auch nach der Schlacht von Munda nicht vorbei war und dessen letzter Akt (was Livius wußte)[62] mit der Verschwörung begann und mit Caesars Ermordung endete.

8. Mit der Ankunft von Labienus, dem großen Organisator und zähen Taktiker, verschlechterte sich für Caesars Legaten Quintus Pedius und Quintus Fabius die Lage in Spanien schlagartig. Gnaeus Pompeius hatte inzwischen den Titel *imperator*[63] angenommen. Ende 46 standen dreizehn Legionen unter seinem Oberbefehl, von denen zwei die Garnison der Provinzhauptstadt Córdoba (Corduba) bildeten. Die Überlegenheit der Pompeianer war überwältigend, aber für Caesar gab es – auch in Anbetracht der dringenden Appelle seiner Legaten – keine andere Möglichkeit, als nach dem schweren afrikanischen Feldzug Labienus noch einmal in einer Entscheidungsschlacht gegenüberzutreten.

Anfang November brach Caesar von Rom auf und gelangte in 27 Tagen nach Obulco,[64] nach unserem heutigen Kalender Anfang Dezember. Caesars Kampf begann mit der Befreiung der Stadt Ulia (die als einzige dem Diktator treu geblieben war) von der Belagerung durch Gnaeus Pompeius. Es gelang Caesar, den Belagerungsring um Ulia zu lockern, indem er Córdoba bedrohte und Gnaeus Pompeius zwang, seinem Bruder Sextus bei der Verteidigung dieser Stadt zu Hilfe zu kommen.[65] Caesar wollte die Führer des pompeianischen Heers zwingen, sich ihm in einer offenen Schlacht entgegenzustellen. Zu diesem Zweck bedrohte er weitere Städte, die die Gegenseite verteidigen mußte. Er rückte gegen Ategua vor, um dessen Verteidigung sich jedoch Gnaeus Pompeius so wenig kümmerte, daß Caesar schließlich auch diese Stadt einnahm.[66] Derartige Mißerfolge, dazu die extreme Härte, mit der der junge Pompeius jeden behandelte, der Caesar gegenüber Sympathien zeigte, führten zur Desertion seiner Soldaten. Ein Rückzug erschien jetzt nicht mehr als die angemessene Taktik. Gnaeus Pompeius verschanzte sich daher in einer befestigten Stellung zwischen Urso und Munda, auf einem Hügel, geschützt durch einen Fluß. Hier versicherte der junge *imperator* seinen Anhängern, daß Caesar diesmal auf einen Kampf verzichten würde. Er sollte sich irren. Am 17. März 45 sahen Gnaeus Pompeius und seine

Truppenführer Caesars Legionen näherrücken und in einer strategisch äußerst ungünstigen Position zum Angriff übergehen: Hatten
sie erst den Fluß überwunden, mußten sie die Anhöhe bezwingen,
wo der Feind verschanzt lag. Nicht zum erstenmal griff Caesar zu
dieser kühnen Taktik, um aus einem Nachteil (dem ungünstigen Terrain) Vorteil zu schlagen (in dem Fall durch das Unerwartete seines
Angriffs). Die Rechnung ging auf. Diesmal aber forderte das Wagnis
einen hohen Preis, auch an Menschenleben. Der Soldat, der (wenn
auch ziemlich unbeholfen) den Verlauf dieses Kampfes im *Spanischen
Krieg* (*Bellum Hispaniense*) beschreibt, meint, jener 17. März sei
„durch die Heiterkeit des Tages und des Sonnenscheins wunderbar,
als wünschenswert beinahe zur Schlacht bestimmt" gewesen.[67] Er
muß aber auch eingestehen, daß die Position auf einem Hügel dem
Gegner enorme Verteidigungsmöglichkeiten bot.[68] Auch in dieser erbitterten Schlacht kämpfte die zehnte Legion großartig, die sich
schon in Africa (sozusagen um Abbitte zu leisten für die gefährliche,
von Caesar nach seiner Rückkehr aus Zela beigelegte Meuterei) so
große Verdienste erworben hatte. Indem die zehnte Legion den feindlichen Umzingelungsversuchen widerstand, konnte Caesar seine Reiterei samt Boguds afrikanischen Soldaten ins Kampfgetümmel schik-
ken. Labienus merkte, welche Gefahr drohte, und verlegte seine
Truppen auf den gegenüberliegenden Flügel, doch diese Truppenver-
legung löste ein Mißverständnis aus: Der kämpfende Rest meinte, es
sei das Zeichen zum Rückzug, und begann, fluchtartig die Stellungen
zu räumen. Es fielen etwa 30 000 Mann, desgleichen mindestens 1 000
Mann aus Caesars Reihen: eine extrem hohe Zahl an Opfern, selbst
wenn man bedenkt, daß in den antiken Schlachten die meisten Soldaten im Augenblick der Niederlage starben, fast ausschließlich auf
der Verliererseite. Labienus, der in seinem Herzen die Erbitterung des
Überläufers wachgehalten hatte und in dieser Schlacht ein letztes Mal
seinem Anführer aus den Tagen des Gallischen Kriegs entgegentrat,
fiel im Kampf. Caesar, versiert im symbolischen Umgang mit großen
Toten, richtete ihm eine pompöse Begräbnisfeier aus.

XXVII
Der Palmschößling:
Erstes Auftreten des jungen Octavius

1. Octavius, der spätere Augustus, war der Sohn des Octavius (aus dem Ritterstand und aus Velitrae/Velletri stammend) und der Atia, Tochter des Marcus Atius Balbus aus Aricia, der Caesars Schwester Iulia geheiratet und es nicht zuletzt deshalb in der Ämterlaufbahn bis zum Prätor gebracht hatte. Octavius war mit Caesar also nur weitläufig verwandt. Quellen wie Cassius Dio, die Octavius (später Octavian) als den Sohn einer *Schwester* Caesars (XLIII 41,3) bezeichnen, simplifizieren oder lügen, um Octavian näher an Caesar heranzurücken. Die Schaffung einer solchen Nähe ist die erklärte Absicht eines Geschichtsfälschers wie Nikolaus von Damaskus, der schreibt: „Octavian war Caesars *nächster Verwandter*".[1]

Bekanntermaßen stand Sextus Caesar dem Diktator verwandtschaftlich sehr viel näher. Er war ein Sproß des iulischen Hauses, Octavius nicht. Octavius wurde von der iulischen Familie lediglich *adoptiert* und erwarb auf diese Weise den Namen Gaius Iulius Caesar Octavianus.

Aber Sextus Caesar, den der Verfasser des *Alexandrinischen Kriegs* als „Freund und Verwandten" Caesars bezeichnet, war mit seinem Tod unerwartet von der politischen Bühne abgetreten.[2] Das geschah im Sommer 46, als Caesar von seinen Männern gedrängt wurde, in Hispania ulterior einzugreifen, wo sich die von den Pompeiussöhnen geschürte Rebellion von Tag zu Tag weiter ausbreitete. In jenem Sommer 46 sah sich Caesar erneut vor schnelle und weitreichende Entscheidungen gestellt. Er mußte sich zwischen dem Aufstand in Spanien und der Meuterei in Syrien entscheiden: von dramatischer Brisanz der eine – barg er doch die Gefahr eines Sieges von Pompeius' direkten Erben; beunruhigend die andere, denn sie ließ eine bedrohliche Lücke im östlichen Grenzverlauf entstehen und beraubte Caesar darüber hinaus überraschend eines „Verwandten und Freundes", der eine vielversprechende Zukunft vor sich gehabt hatte.

Sei es aus purem Zufall, sei es, weil er das Gespür für den richtigen Zeitpunkt besaß oder weitsichtig genug war: Mit Sextus Caesars Tod jedenfalls tritt der junge Octavius aktiv in Erscheinung. Er eilt nach Spanien (nicht ohne Hindernisse), um vor Ort und in Caesars Nähe zu sein. Es ist bezeichnend und soll hier eigens betont werden, daß keine der überlieferten Quellen, und sei sie noch so sehr von Octavian (dem späteren Augustus) beeinflußt, so weit geht zu behaupten, Caesar habe ihn nach Spanien *gerufen*. Nikolaus von Damaskus, der skrupelloseste unter diesen Geschichtsschreibern, läßt Octavius schon Monate vorher den Wunsch äußern, an der Seite Caesars am afrikanischen Feldzug teilzunehmen. Caesar jedoch habe ihm in väterlicher Sorge um seine Gesundheit und angesichts der Bedenken seiner Mutter davon abgeraten. Sehr viel später erhebt Antonius[3] den schweren Vorwurf, der junge Mann habe sich die Adoption durch Unzucht mit seinem großen Verwandten erschlichen[4] und darauf seine Zukunft aufgebaut. Da dieser Vorwurf ein Topos ist, andererseits Caesar bezüglich sexueller Gewohnheiten gewiß weder untadelig noch sittsam war, können wir nicht entscheiden, ob Antonius übertrieben oder tatsächlich den Nagel auf den Kopf getroffen hat. Der Plan, Octavius zu adoptieren, muß jedenfalls zu diesem Zeitpunkt entstanden sein – freilich nicht aufgrund kriegerischer Verdienste, die sich der junge Mann erworben hätte. In seiner *Autobiographie* kann Augustus lediglich eine Episode erfinden, die zwar nicht beweist, aber immerhin suggeriert, daß Caesars Wertschätzung für seine Person in Spanien gewachsen ist. Augustus versichert, Caesar habe ihn von Spanien aus nach Apollonia entsandt – „im Hinblick" auf Feldzüge in Dakien, Makedonien oder im Partherreich bzw. auf alle drei (hier machen die Quellen widersprüchliche Angaben). Ausschlaggebend waren also nicht seine Taten in Spanien, sondern *Erwartungen* für die Zukunft.

Als aus Octavius Augustus geworden war, überließ er es bekanntlich lieber anderen, die bahnbrechenden Etappen seiner Karriere zu verherrlichen. Das Beispiel hat Schule gemacht. Auch der „Duce" des italienischen Faschismus sprach über seine eigenen Anfänge eher nüchtern (ja nur ungern!). Es waren seine offiziellen und offiziösen Biographen, die sich gegenseitig überboten.

Der Vergleich ist einleuchtend, wenn man das Kapitel liest, in dem Sueton das „Geburtshaus des Augustus" beschreibt, jenes bescheidene kleinstädtische Haus, in dem Augustus groß wurde. „Es ist ein sehr bescheidener Raum, einer Vorratskammer ähnlich, und in der Nachbarschaft herrscht die Meinung, daß er dort auch geboren wurde", schreibt Sueton.[5] Und weiter: „Diesen Raum außer im Notfall und in frommer Absicht zu betreten, verbietet die religiöse Scheu, zumal sich schon vor langer Zeit die Ansicht herausgebildet hat, denjenigen, die ihn aus Mutwillen betreten, begegneten Furcht und Entsetzen einflößende Dinge". Es ist der Urtyp jener ärmlichen proletarischen Behausung, aus der der Sohn des „Eisenschmieds von Predappio" hervorging.

Die Leistungen des jungen Octavius, seine im dunkeln liegenden Anfänge in Spanien aufzubauschen – diese Aufgabe fiel anderen zu. So überrascht es nicht, daß bei Cassius Dio (womöglich in livianischer Tradition) die gewagteste Schilderung der spanischen *initia* des späteren *princeps* zu finden ist, eine Art „historia sacra". Cassius Dio beschwört nicht nur die *militärischen* Leistungen des Octavius allgemein und versichert, dieser habe mit Caesar und an dessen Seite „gekämpft" (συνεστρατεύετο). Er gibt auch an, daß in Spanien, in der Morgenröte einer großen Zukunft, jenes *Wunder* geschah, das (in der für Wunder typischen Symbolik) die ganze spätere Entwicklung vorwegnahm. Als der Lärm der siegreichen Schlacht verklungen war, so Cassius Dio, brach auf dem Kampfplatz von Munda ein Palmschößling hervor, ein Zeichen künftiger Siege – nicht jedoch, so betont Cassius Dio, der Siege Caesars, der (ohne es zu ahnen) seinem unvermuteten und tragischen Ende bereits nahe war, sondern der Siege des Octavius, der sich im spanischen Munda Ruhm erworben hatte. Bei Cassius Dio, Geschichtsschreiber unter Septimius Severus,[6] heißt es:

Zweifellos hätte es auch Caesar vorgezogen, in jenem Lande vielleicht unter den Händen derer, die ihm noch immer Widerstand leisteten, und inmitten seines Kriegsruhms zu fallen, als im Vaterlande und im Senat, was ihm nicht lange danach widerfuhr, von seinen engsten Freunden ermordet zu werden. Denn das war der letzte Krieg, den er erfolgreich zu Ende führte, und dies der letzte Sieg, den er errang, obschon es sonst kein noch so großes Unternehmen zu geben schien, das er nicht auszuführen hoffte. Dabei konnte er sich unter anderem vor allem auf die Tatsache stützen, daß unmittelbar nach der Schlacht ein Schößling aus einer Palme auf dem Schlachtfeld plötzlich emporwuchs. Nun möchte ich nicht sagen, daß dieses Ereignis nicht in irgendeiner Beziehung von Bedeutung war, jedenfalls aber nicht mehr für Caesar, sondern für den Nachfahren seiner Schwester, den Octavius. Denn der begleitete ihn auf dem Feldzug und sollte durch seines Onkels Mühen und Gefahren zu großem

Ruhme gelangen. Caesar wußte freilich von all dem nichts. Indem er mit noch vielen großen Taten für sich rechnete, kannte er kein Maßhalten, sondern war, so als ob er nicht sterben könne, von Hochmut erfüllt.[7]

Daß Octavian erst mit einer gewissen „Verspätung" an Caesars Seite in Erscheinung tritt, versuchen die devoteren der Quellen nicht nur zu deuten und zu rechtfertigen. Sie kehren diesen Nachteil gegenüber anderen „Rivalen" einfach um und schreiben Octavian nachgerade eine Vorzugsstellung im Herzen des Diktators zu.

2. In Suetons Schilderung[8] hat das „Wunder" einen völlig anderen Stellenwert: *Vor der Schlacht von Munda*, also noch ehe der junge Octavius in Spanien eintraf, habe Caesar ein Wäldchen unweit von Munda abholzen lassen, um dort sein Lager aufzuschlagen. Unter den Bäumen fand man eine Palme. Caesar befahl, sie nicht zu fällen, sondern als gutes Vorzeichen für den Sieg stehenzulassen.[9] Aus dieser Palme sei ein Schößling binnen weniger Tage derart in die Höhe geschossen, daß er bald die Mutterpflanze überragte; auf dieser Palme bauten Tauben ihre Nester (ein höchst ungewöhnlicher Vorgang). Sodann gibt Sueton an, was dieses „wundersame" Ereignis mit Octavian zu tun hat – nicht mit dessen Leistungen in Spanien, sondern mit seiner *Adoption*: „Vor allem durch dieses Zeichen soll Caesar veranlaßt worden sein, niemand anders als den Enkel seiner Schwester zum ‚Nachfolger' zu erwählen".[10]

Cassius Dio mythisiert das Geschehen,[11] indem er es transformiert. Ein Palmschößling sprießt „auf dem Schlachtfeld" von Munda (und nicht im Lager der Römer), und zwar „unmittelbar nach der Schlacht"; Caesar hoffte, dieses Wunder sei *für ihn selbst* ein Zeichen „für große Unternehmungen, die er auszuführen hoffte", doch in Wahrheit verwies es auf Octavian, „der ihn auf dem Feldzug begleitete" (aus einer so unverdächtigen Quelle wie Nikolaus von Damaskus jedoch wissen wir, daß Octavian erst nach dem Ende der Kampagne in Spanien eintraf.) und „durch seines Onkels Mühen und Gefahren zu großem Ruhm gelangen sollte". Letztere Formulierung suggeriert eine Kontinuität des militärischen Ruhms, der von Caesar unmittelbar auf Octavian überging. Hier wird ein „Wunder" umgedeutet, das ursprünglich den Zweck hatte, Octavius' Adoption durch Caesar in einen zeichenhaften und „übernatürlichen" zeitlichen Rahmen zu stellen und (in offensichtlichem Widerspruch zu anderen Ver-

sionen) darzulegen, daß Caesar nicht in Ermangelung anderer potentieller Erben, sondern *im Einklang mit göttlichen Zeichen* Octavius
adoptierte und zu seinem Erben bestimmte.[12] Suetons Fassung dieses
botanisch-militärischen Märchens vom Palmschößling ist also älter
als die Fassung von Cassius Dio.

3. Geschickt beschreibt Velleius Octavians Aufenthalt:

C. Octavius[13] *stammte zwar aus keinem Patriziergeschlecht, wohl
aber aus einer angesehenen Ritterfamilie. Er war ein charakterfester,
unbescholtener Mann, rechtschaffen und wohlhabend [...] Als er aus
der Provinz [Makedonien] zurückreiste, um sich um den Konsulat
zu bewerben, starb er und hinterließ einen noch unmündigen Sohn.
Iulius Caesar, sein Großonkel, liebte den Knaben, der bei seinem
Stiefvater Philippus erzogen wurde, wie sein eigenes Kind. Den Acht-
zehnjährigen, der ihm in den spanischen Krieg gefolgt war, behielt
er von da an ständig bei sich* (Hispaniensis militiae adsecutum se
postea comitem habuit). *Octavius lebte unter seinem Dach und fuhr
in seinem Wagen, und Caesar ehrte ihn noch als Knaben mit der
priesterlichen Würde eines Pontifex.*[14]

Hispaniensis militiae adsecutum se postea comitem habuit: Was genau heißt das? Übertragen wir einmal diesen Satz und achten wir
dabei auf die Stellung und Bedeutung von *postea*. Man kann den
Satz auf zweierlei Weise verstehen:

   1. Er war sein *comes* in der *militia Hispaniensis*, aber, so wird
eingeräumt, Octavius war erst zu einem späteren Zeitpunkt hinzu-
gekommen.[15] Damit sind wir bei Cassius Dios συστρατευόμενος
αὐτῷ (XLIII 41,3) und weit entfernt von Nikolaus von Damaskus,
demzufolge Octavian „eintraf, als Caesar im Verlauf eines sieben-
monatigen Feldzugs den Krieg bereits gewonnen hatte".

   2. Er wurde *später* sein *comes militiae Hispaniensis*: Der junge
Mann war ihm bis hierher gefolgt.

   Es ist völlig ausgeschlossen, daß Nikolaus irgendein Verdienst des
Augustus unerwähnt gelassen hat. Daher steht außer Zweifel, daß
Octavius „nach Caesars *sieben*monatigem Feldzug in Spanien eintraf
(als der Krieg bereits zu Ende war)" – also nach der Schlacht von
Munda[16] am 17. März, das heißt dem *vierten* Monat dieses langen
Feldzugs. Demnach war Octavius erst im Juni oder August in Spa-
nien, wo er Caesar in dessen Wagen begleitete und sich ihn erober-

te.[17] Und am 13. September 45, nach seiner Rückkehr nach Rom, adoptierte ihn Caesar.

Bei Nikolaus heißt es schlicht, Octavius habe in Spanien an Caesars „Befriedungsoperationen" teilgenommen. Die anderen Berichte legen auf Octavians Spanienaufenthalt weit größeren Nachdruck und neigen dazu, daraus eine *Teilnahme am spanischen Feldzug* zu machen (was ja seine Anwesenheit in Munda voraussetzt!):[18] Velleius[19] ebenso wie Cassius Dio,[20] der auch in diesem Fall auf Livius zurückgegriffen haben könnte.

Velleius fährt fort: „Nach der Beendigung der Bürgerkriege hatte Caesar den jungen Mann zum Studium nach Apollonia geschickt, um ihn, bei seiner einzigartigen Begabung, in den Künsten und Wissenschaften auszubilden"[21] und: „Er wollte ihn bald darauf in seinem Stabe in den getischen und dann in den parthischen Krieg (*belli Getici ac deinde Parthici*) mitnehmen". Auch hier haben wir es mit einer „weitergehenden" und „teleologischen" Umarbeitung der Apollonia-Episode zu tun.

4. Cassius Dio setzt Spanien als den entscheidenden Schwerpunkt im Leben Octavians, denn dort habe sich die *alba gloriosa* einer militärischen Karriere offenbart: „Denn er begleitete[22] ihn auf dem Feldzug und sollte durch seines Onkels Mühen und Gefahren zu großem Ruhme gelangen"[23] – ein Satz, der die Wahrheit völlig entstellt: Denn zum einen wird hier eine lange und stetige militärische Zusammenarbeit zwischen Caesar und dem jungen Octavian in Spanien behauptet, die es nie gab. Zum anderen werden mit raffiniertem Geschick die mangelnden eigenständigen militärischen Verdienste des Augustus positiv umgedeutet, und zwar zu einer Kontinuität des militärischen Ruhms, der von Caesar *auf beide* abstrahlt – eben dank der aus der Luft gegriffenen langen und gewohnheitsmäßigen Zusammenarbeit. Mit der Wendung „er kämpfte an seiner [Caesars] Seite" übertrifft Cassius Dio sogar noch die ebenso freie, aber keineswegs unrealistische Darstellung des Nikolaus von Damaskus.[24]

Der „gewagteste" Aspekt dieser ganzen Manipulation bleibt das *Wunder*. Vielleicht darf man die Vermutung wagen, der Textteil, in dem Cassius Dio die Schicksale Caesars und Octavius' miteinander verknüpft und durch ein die Kontinuität sanktionierendes Wunder untrennbar aufeinander bezieht, gehe auf Livius zurück.[25]

Livius verfaßte diesen Teil (Buch 115) sehr viel später als Nikolaus; und er läßt Octavius im Augenblick der Testamentseröffnung (Buch

116) auftreten. Aus *Periochaa* 117 ergibt sich, daß Livius hier auf die „Vorgeschichte" und das den jungen Octavius betreffende Geschehen zurückkam und daran erinnerte, daß Caesar Octavius nach Apollonia in Epirus geschickt hatte, *bellum in Macedonia gesturus* („weil er in Makedonien Krieg führen wollte"). Livius gewährt also in Buch 116 und 117 den *initia* des Octavius breiten Raum.

Nikolaus, der seinen Bericht um das Jahr 20 v. Chr. veröffentlicht, setzt bereits die *Memoiren* des Augustus als bekannt voraus. Livius schreibt sehr viel später (womöglich gibt es keinen Grund, das traditionelle Todesjahr des Livius [17 n. Chr.] anzuzweifeln). Ab Buch 121 jedenfalls veröffentlicht er *post excessum Augusti*, nach dem Tod des Augustus. Er schreibt also lange nach der Veröffentlichung der polemischen *Memoiren* (und der hagiographischen *Vita* des Nikolaus) und kann daher mit dieser „einengenden" Vorlage sehr viel freier umgehen.[26] Er schreibt zu einem Zeitpunkt, als die „Wahrheit" über Augustus schon weniger in diesen *Memoiren* gesehen wird als vielmehr in den *Res gestae*, die im Jahr 44 mit der „Befreiung" der Republik von der Herrschaft der *factio* der Caesarmörder beginnen. Livius, in seiner Sicht der Dinge freier, da die Polemiken um die Frage, wer Sextus Caesar und Caecilius tatsächlich waren, nicht mehr interessierten, konnte also ungehindert eine Verbindung zwischen Octavian und Caesar herstellen, indem er die Ereignisse in Spanien mythisch verklärte.

5. Das demonstrative Gewicht des für Augustus so entscheidenden spanischen Feldzugs bezeugt womöglich auch eine Gemme, die seinerzeit Ludwig Curtius untersuchte. Darauf ist der junge Agrippa mit den Legionszeichen der *legio VI Ferrata* zu sehen, die in Spanien gekämpft hatte.[27] Zweifel an der Gleichsetzung der auf der Gemme abgebildeten Person mit Agrippa erscheinen unbegründet. Schwach ist insbesondere Roddaz' Einwand, es gebe „keinen Grund, an Agrippa in diesem Zusammenhang zu erinnern". Im Gegenteil, es gab einen zwingenden Grund – die Absicht, auch Octavian mittels seines engsten und treuesten „Waffengefährten" an einem Unternehmen teilhaben zu lassen, mit dem er in Wahrheit nichts zu tun hatte.

6. Entgegen den Behauptungen, die Augustus über seinen Aufenthalt in Spanien im Jahr 45 in Umlauf brachte, taucht sein Name im *Spanischen Krieg* an keiner Stelle auf. Unter anderem eben deshalb, weil er eintrifft, als der Krieg bereits vorbei ist. Octavius reiste auf eigene

Initiative nach Spanien, wo er laut Nikolaus von Damaskus eintraf, als „Caesar den Krieg nach sieben Monaten bereits siegreich abgeschlossen hatte". An einer militärischen Unternehmung war er nicht beteiligt und konnte es auch nicht sein. Es war unmöglich, ihn in so „offiziellen" Berichten wie den *Bella* auftauchen zu lassen. Deren Wert als „offizielle" Texte ergibt sich ja gerade aus ihrer Anonymität und der Tatsache, daß sie gleichzeitig *mit Caesars Schriften* in Umlauf kamen. Diesen Aspekt des *Corpus Caesarianum* gilt es zu beachten, unabhängig vom Wert der einzelnen Texte.

Demgegenüber ist es geradezu die Pflicht eines „regierungsamtlichen" Historiographen – der serviler und auch freier ist, die Zügel schießen zu lassen –, übertriebene, ja wundersame Details in Umlauf zu bringen. Das gilt beispielsweise für die von Cassius Dio (XLIII 41,3) verwendete Quelle, die Verdienste des jungen Mannes und zeichenhafte Wunder erfindet, die auf dessen große Zukunft vorausweisen.

Etwas anderes sind die *Memoiren* des Augustus. Darin teilt er private Details über diesen Zeitraum mit: beispielsweise, daß Caesar Vertrauen zu ihm faßte und ihn im Hinblick auf den Partherkrieg nach Apollonia „vorausschickte", was besagen soll, daß der Diktator ihn bei diesem großen militärischen Unternehmen in Dienst nehmen wollte.[28] Solche eher persönlich grundierten Einzelheiten, wohlverstanden ohne jede Bedeutung für den Verlauf des spanischen Feldzugs, hatten den Charakter von „Andeutungen": Caesar sei im Verlauf dieses Krieges auf den jungen Octavius, auf dessen Verdienste und sein Verhalten im militärischen Alltag aufmerksam geworden und habe ihn *deshalb* nach Apollonia vorausgeschickt. Der Phantasie serviler Historiographen boten solche Hinweise genügend Spielraum. Wenn sich Octavius so sehr ausgezeichnet hatte, daß er für das folgende Militärunternehmen vorgesehen war, hatte er beachtliche militärische Leistungen vollbringen müssen. Cassius Dio sagt: „Er begleitete ihn auf dem Feldzug und sollte durch seines Onkels Mühen und Gefahren zu großem Ruhme gelangen". Eine Zutat, die man durchgehen lassen kann, ornamentiert sie doch lediglich kunstvoll die vom *princeps* in seinem berühmten Erinnerungsbuch geschickt gesetzten Vorgaben. Die Tatsache, daß Cassius Dio für jene Jahre auf Livius als maßgebliche Quelle zurückgriff, bringt diesen arg bemühten, trotz mancher Naivitäten „augusteischen" Historiker aus Padua noch einmal ins Spiel: Verdanken wir etwa ihm die Legende vom Palmschößling, der im Lager von Munda emporsproß, als ein Symbol für die im dortigen Kriegslager aufkeimende strahlende Zukunft Octavians? Wie wir im vorigen Abschnitt gesehen haben, spricht vieles dafür. Der Umgang mit den Mächtigen spielt vor allem den Arglosen üble Streiche.

Die historiographische Überlieferung, die Octavian zum Gegenstand hat, vollzieht sich in mehreren Stufen. Der Weg führt von der „offiziellen", dokumentarischen *Wert* beanspruchenden Sammlung – wie zum Beispiel das *Corpus Caesarianum*, das die „Wahrheit" über den Vater des *princeps* verbürgt – über die persönlichen Erinnerungen des *princeps*, die ihm beachtliche Freiheiten erlaubten (allerdings mußte er sich vor allzu groben Unwahrscheinlichkeiten hüten, besonders dort, wo seine Darstellung überprüfbar war), bis zur „regierungsamtlichen" Geschichtsschreibung, die sich nur in Extremfällen en bloc als solche manifestiert, dann aber in die einseitig parteinehmende Publizistik verfällt, von Fall zu Fall jedoch zu einzelnen Episoden Position bezieht.[29]

Dieses Phänomen zeigt sich auch in anderen Epochen, in denen die Machthaber auf die Arbeit der Historiker massiv Einfluß nehmen, da sie ihr eine besondere politische Wirkung beimessen.

7. Augustus war ausgesprochen geschickt, den Eindruck zu erwekken, Caesar habe ihn sehr früh „erwählt" (noch vor der Adoption am 13. September 45). Diesem Ziel dient die formelhafte Erwähnung selbst kleinster Anerkennungen, die seine Adoption vorbereiteten.

Die beiden Biographen, denen wir die Überlieferung von Augustus' autobiographischen Schilderungen verdanken, sind Nikolaus von Damaskus und Sueton (ergänzt durch Velleius, Appian und Cassius Dio). Am ausführlichsten berichten Nikolaus und Sueton über die „ersten Schritte" des zukünftigen *princeps*, wobei Nikolaus' ausführliche Darstellung besonders hervorgehoben werden muß. Wie unvollständig auch immer, entfaltet sie doch ein alles überspannendes Panorama von Caesars spanischem Feldzug.

Die einzelnen Phasen dieser Beschreibung seines „Aufstiegs" entsprechen offenkundig der Wirklichkeit. Tatsache ist, daß am Ende des Zweijahreszeitraums 47–45 Octavius adoptiert, „zu drei Vierteln" zum Erben des Diktators ernannt wird und als solcher nach den Iden des März als Ersterwählter Caesars in die große Politik eintritt. Diese „Phasen" des Aufstiegs werden jetzt als *praeparatio* auf eine große Zukunft gedeutet. Dies ist die „Manipulation", die Octavian selbst vornimmt und unterstützt; die äußerst devoten Quellen knüpfen daran an. So ist beispielsweise die Übertragung der Stadtpräfektur für den kurzen Zeitraum, da die Konsuln und die Prätoren zur Feier der *Feriae Latinae* abwesend sind, nur ein symbolisches Privileg: Die im Senat sitzenden Väter übertrugen dieses Amt ihren minderjährigen Söhnen, die noch nicht Senatsmitglieder sein konnten.[30] Octavian wurde diese Ehre für Oktober und November 47 zuteil; doch dies ist als „Zeichen" für die Zukunft bedeutungslos. Von diesem frühen Amt des fünfzehnjährigen Octavius berichtet lediglich Nikolaus.[31] Sueton, der Octavius' ersten Schritten gleichfalls große Beachtung schenkt, benennt ein bedeutenderes Faktum: Ein Jahr später wurde Octavius „bei Caesars afrikanischem Triumph mit militärischen Ehrengeschenken (*dona*) bedacht, obwohl er seiner Jugend wegen am Krieg gar nicht teilgenommen hatte".[32] Anschließend berichtet Sueton von Octavius' Aufbruch nach Spanien im Frühjahr 45, um Caesar auf dem Fuß zu folgen, der gegen die Pompeiussöhne Krieg führte. Diese *dona* sind folgerichtig als eine Art „Entschädigung" für den jungen Mann anzusehen, der an der Schlacht nicht hatte teilnehmen dürfen, was er nach übereinstimmendem Zeugnis der Quellen angestrebt hatte. Es ist ein Zeichen „familiärer" Aufmerksamkeit. In Wirklichkeit vollzieht Octavius mit seinem Entschluß, nach Spanien nachzukommen, den entscheidenden Schritt: Er gewinnt die Aufmerksamkeit des Diktators, der ihn adoptiert, mit dem am 13. September 45 abgefaßten Testament zu seinem Erben macht und im Jahr 44 zum *magister equitum destinatus* ernennt.[33]

Die gewagteste Rückdatierung dieser „ersten Schritte" macht also Nikolaus, der mit der sogenannten *praefectura* während der *Feriae Latinae* bis Ende 47 zurückgeht. Das ist jedoch nicht einfach dem „Personenkult" zuzuschreiben. Nikolaus will vielmehr zeigen, daß Octavius schon im Jahr 47, als Sextus Iulius Caesar noch am Leben war, einen Platz „im Herzen" des Diktators hatte. Hinweise auf eine solche „Rivalität" mit jenem anderen Verwandten und Schützling Caesars, der im Jahr 46 auf tragische Weise ums Leben kam, finden sich ausschließlich bei Nikolaus. Hierzu gehört die Rückdatierung der ersten „Gunstbezeugungen" Caesars für Octavius auf das Jahr 47; des weiteren Octavius' Proklamierung zu Caesars „nächstem" jüngerem Verwandten, was allen Tatsachen wiederspricht; außerdem eine „Verwaltungstätigkeit" (Beilegung von lokalen Streitigkeiten), die Octavius an der Seite Caesars im Sommer 45 in Spanien ausgeübt hat, analog zu Sextus Iulius Caesars Tätigkeit in Syrien an der Seite Caesars zwei Jahre zuvor, im Sommer 47. Ist es nicht folgerichtig anzunehmen, daß das finstere Charakterbild Sextus Caesars als „korrupter junger Mann", das Appian zeichnet,[34] seinen Ursprung in den *Memoiren* des Augustus hat? Gleichsam als „Replik" auf die Geschichte vom *stuprum* (Unzucht), die Antonius in Umlauf setzte? Augustus pflegte keine Rechnung offen zu lassen. Daß er erkannte, wie wichtig es war, sich gegenüber anderen Verwandten in eine zentrale und vorrangige Position zu Caesar zu bringen – quasi als Voraussetzung und Hintergrund für den entscheidenden Umstand der Adoption durch den Diktator –, zeigt sich an den Fälschungen des Nikolaus von Damaskus: An den Manipulationen dieses geschichtsschreibenden Höflings ersehen wir, daß der mißliche Umstand zu Beginn von Octavius' Laufbahn (die Tatsache nämlich, daß ein anderer vor ihm die Gunst des Diktators genießt) in den *Memoiren*[35] des Augustus die gebührende Aufmerksamkeit gefunden hatte.

XXVIII
„Anticato"

Nach Catos Selbstmord in Utica wurden für den republikanischen Märtyrer und exemplarischen Stoiker *laudationes* (Lobreden) gehalten. Den Anfang dieser postumen Verherrlichungen, deren „oppositionelle" politische Bedeutung auf der Hand lag, machte Cicero mit der ihm eigenen Unbedachtheit. Auf Aufforderung von Marcus Iunius Brutus – zwar Caesars Schützling, aber Neffe und Bewunderer Catos[1] – beginnt Cicero bereits im April 46 mit der Niederschrift einer *Laus Catonis* (Lob Catos), also bald, nachdem Catos Selbstmord in Afrika bekannt wurde. Daß der Anstoß dazu von Brutus kam, betont Cicero in dem wenig später entstandenen *Orator*: Er hätte den *Cato*, schreibt er da, „niemals angerührt aus Scheu vor den Zeiten, die der Tugend nicht günstig sind, wenn ich es nicht für unrecht gehalten hätte, dir nicht zu willfahren, da du mich aufmuntertest und die mir so teuren Erinnerungen an ihn erwecktest".[2] Und weiter:

Doch ich bezeuge (testificor), daß ich erst auf deine Bitte hin und nur mit Widerstreben es gewagt habe, das zu schreiben. Ich möchte nämlich, daß die Schuld dich gemeinsam mit mir trifft, so daß, vermag ich einer so großen Aufgabe nicht standzuhalten,[3] es deine Schuld ist, mir eine unmäßige Last aufgebürdet, meine aber, sie angenommen zu haben. Freilich wird ja den Irrtum in meinem Urteil das Verdienst meiner Gabe an dich aufwiegen.

Allzu insistierende Sätze, die bereits unerfreuliche Konsequenzen andeuten – und mit *testificor* wird sogar offen auf einen Prozeß angespielt! Aufhorchen läßt weiterhin die Formulierung „Zeiten, die der Tugend (*virtus*) nicht günstig sind". Virtus – das ist die politische *virtus* des zu feiernden Helden, der „sich um der Freiheit willen den Tod gegeben hat". Ein auf den ersten Blick irritierender Satz, der, als scharfes Urteil über Caesars Herrschaft verstanden, geradezu tollkühn anmutet.[4] Vielleicht ist mit den „Zeiten, die der Tugend nicht günstig sind", aber auch der Zeitpunkt gemeint, zu dem Brutus

Cicero die *laudatio* des verstorbenen Cato anträgt: mitten im Krieg nämlich.[5] Was Cicero ausdrücken will (und woran er selbst nicht glaubt), ist, daß sich das politische Klima verändert hat: Jetzt herrscht Krieg (noch dazu ein Krieg, den Caesar gegen den Mann geführt hat, dessen *virtus* Gegenstand des umstrittenen Werks ist). Cicero unterscheidet – nicht ganz zu Unrecht – zwischen dem aktuellen politischen Klima mit den durch den Bürgerkrieg bedingten Feldzügen und den „normalen" Zeiten. Für einen Zeitgenossen durchaus legitim, für uns Heutige aber weniger leicht nachvollziehbar. Es ist ein Wunsch und zugleich eine unterschwellig einschmeichelnde *captatio benevolentiae*.

Cicero möchte sich mit diesen Sätzen absichern. Ende Dezember 46 schrieb ihm sein alter Klient Aulus Caecina, der seinerzeit auf seiten des Pompeius gekämpft hatte: „In deinem *Orator* versteckst Du Dich hinter Brutus und suchst Dir zu Deiner Entschuldigung einen Komplizen".[6] Caecina und Cicero kannten sich so gut, daß sie sich offen miteinander austauschen konnten. Jene Sätze im *Orator* waren nicht sehr angenehm. Schließlich war Caesars unbeirrbare Sympathie für Brutus allgemein bekannt, und sich hinter ihm zu verstecken war ein politisch kluger (sprich: opportunistischer) Schachzug.

Caesar kehrte am 25. Juli 46 aus Africa zurück: Die Abschrift von Ciceros *laudatio* erfolgte im Juni.[7] Wie im Verlagswesen der Antike üblich, kamen Teile des Textes bereits in Umlauf, während andere noch abgeschrieben wurden; daher hatte es Cicero eilig, schon im *Orator* diese plumpe „Entschuldigung" zu formulieren, aber vielleicht wurde das Werk ja auch erst ein paar Monate später veröffentlicht. Von Sueton wissen wir jedenfalls, daß Caesar seine Replik „ungefähr zur Zeit der Schlacht bei Munda"[8] abfaßte (die am 17. März 45 stattfand). Da Caesar im Oktober 46 aus Rom nach Spanien aufbrach, darf man annehmen, daß er Ciceros Schrift, auf die er zu antworten gedachte, schon bei sich hatte.[9] Er kannte sie also bereits, als er zum Krieg aufbrach, wollte aber erst diese schwierige Herausforderung bestehen, bevor er sich ins „literarische" Schlachtengetümmel stürzte.

2. Unterdessen aber hatte er seinen Getreuen Hirtius damit beauftragt, seinerseits eine Erwiderung auf Ciceros Lobrede zu schreiben. Hirtius war damit schon am 9. Mai 45 fertig, und Cicero hielt die Schrift in Händen, während Caesar noch in Spanien kämpfte (er

kehrte erst im September zurück). Die Reaktion von caesarianischer
Seite auf seine Schrift beunruhigte Cicero, der an Atticus schrieb:
„Wie Caesars Schmähschrift sich neben meiner Lobschrift ausneh-
men wird, davon kann ich mir ein Bild machen nach der Schrift, die
Hirtius mir zugestellt hat".[10] Doch es ging ihm darum, aus der Sache
glimpflich herauszukommen. Cicero merkte an, daß Hirtius' Schrift
Cato zwar nicht schone, aber voll des Lobes für ihn sei. Das erschien
ihm ausreichend, ja ein guter Grund, sich für die Verbreitung von
Hirtius' Schrift einzusetzen: „Denn es ist mein Wunsch, daß sie bekannt wird; gib also Deinen Leuten Anweisung, damit es recht
schnell geht".

Zwei Tage später, am 11. Mai, hält Cicero einen Brief von Hirtius
in Händen, der (wie Cicero sagt) das behandelt, was Caesar selbst
zu schreiben gedenkt: „Hirtius' Schrift erscheint mir gleichsam als
Modell für Caesars Schmähschrift auf Cato; wenn du sie gelesen
hast, laß mich, falls Du Zeit hast, wissen, was Du dazu meinst",
schreibt Cicero an Atticus.[11]

Unterdessen hat Brutus ebenfalls eine Lobschrift für *Cato* verfaßt.
Auch sie wird von Caesar gelesen und glossiert, während er sich auf
dem Rückweg aus Spanien noch in Gallia Narbonensis aufhält. Ja,
Caesar läßt Cicero sein Urteil über beide Schriften (die von Cicero
und die von Brutus) zukommen. Darüber berichtet Cicero Atticus
am 12. August 45. Wie gewöhnlich ist Balbus der Mittelsmann. Caesar führt Unterschiede rein stilistischer Art an, wenn er schreibt, die
Lektüre von Ciceros *Cato* habe seinen Wortschatz bereichert,[12] bei
der Lektüre von Brutus' *Cato* dagegen sei er sich geradezu beredt
vorgekommen. Natürlich ist das nur ein Scherz. Ohne die Texte
selbst zu würdigen, macht sich Caesar über beide Lobredner lustig
und überschüttet wie gewöhnlich Cicero mit Lob (wenngleich auf
einer Ebene, die den Redner keineswegs beruhigt, zumal er weiß, daß
der Inhalt seiner Rede für Caesar alles andere als angenehm ist).[13]
Während das Drama sich dem Ende nähert und die Vorbereitungen
dazu wahrscheinlich schon in vollem Gange sind, mutet diese Art
von Wortgefecht äußerst merkwürdig an.

Ein Wortgefecht, in dem es keineswegs nur zwei Lager gibt (Befürworter und Gegner des freiwillig aus dem Leben geschiedenen
Helden). Wir wissen nicht genau, weshalb Brutus sich entschloß,
selbst eine *laudatio* zu schreiben. Vielleicht weil er mit Ciceros *laudatio* unzufrieden war? Oder weil er glaubte, endlich seine Unabhängigkeit von Caesar demonstrieren zu müssen? Schwer zu sagen.

Dank Ciceros Briefwechsel mit Atticus aber wissen wir, daß Cicero von Brutus' Lobrede überhaupt nicht angetan war. Er veranlaßte Atticus, Brutus schriftlich eine Reihe von Kritikpunkten darzulegen, um ihn zu Änderungen zu bewegen. Eine Abschrift von Brutus' Antwortbrief schickt Atticus an Cicero. Cicero zeigt sich unzufrieden,[14] und zwar nicht nur aus Eitelkeit. Brutus hatte in seiner *laudatio* Cato als den Hauptakteur bei der Niederschlagung der Catilinarier dargestellt.[15] Was Cicero kränkte, war erneut die Verkennung seiner Verdienste durch jene, für deren Sache er sich, wenn auch ängstlich und lavierend, so doch nicht ohne Unannehmlichkeiten für seine Person, eingesetzt hatte. Die *factiosi* kamen auch ohne ihn aus! Während die unangenehme Replik des Diktators drohte und die *factio* im Namen Catos ihr Haupt erhob, brachen alte Spaltungen auf. Das erleichterte es Cicero, Caesars Replik gebührend zur Kenntnis zu nehmen und ihm, erneut mittels Atticus, eine versöhnliche Nachricht zukommen zu lassen. Der vielschichtige und lang andauernde Disput über Cato (Äußerungen für und wider Catos Selbstmord beherrschten monatelang die Diskussion)[16] war bereits die „Generalprobe" für das bevorstehende Trauma. Man könnte ihn auch als eine Art Versuchsballon verstehen, gestartet, um Caesars Reaktion auf propagandistischer Ebene zu testen: Das wäre eine Erklärung für die Bemühungen von Brutus, aber auch von Fadius und Munatius Rufus, die alle in die gleiche Richtung gingen.

Aus der Zwickmühle dieser Polemik mit Caesar, die sich an der Person Catos entzündet hatte, versuchte sich Cicero zu befreien, indem er wie so oft auf Balbus als Mittelsmann zurückgriff. Durch ihn ließ er Caesar wissen, daß er von dessen *Anticato* eine hohe Meinung habe.[17] Dahinter aber steckte Atticus, der Cicero aufgefordert hatte, Caesar ein „etwas umfänglicheres Schreiben" zu schicken! Eine hübsche Formulierung, um ihm zu verstehen zu geben, daß Caesar nach dieser pamphletistischen Konfrontation beschwichtigt werden mußte. Cicero berichtet davon ausführlich und legt die Geschichte von Anfang an dar. Er erinnert daran, daß Balbus zusammen mit Oppius jenen „milde stimmenden" Brief gebilligt habe, den Cicero über Dolabella an Caesar schickte.

XXIX
Vorboten der Verschwörung

1. In seiner *Rede für Marcellus* (vom Spätsommer 46) forderte Cicero
seine Zuhörer, die Senatoren, auf, Caesar vor Verschwörungen zu
schützen. Er verbreitete sich über die „Wahnsinnstat" derer, die ein
Attentat auf Caesar planten oder vorbereiteten, womöglich (und damit wandte er sich direkt an Caesar) „jemand, der zu dir gehört",
oder „jemand aus den Reihen derer, die auf deiner Seite gestanden
haben". Merkwürdig, daß er das Bedürfnis verspürte, im Senat und
insbesondere in Anwesenheit Caesars vor dieser Gefahr zu warnen.
„Die menschliche Seele hat solche Nachtseiten", sagte er, „und solche
Abgründe",[1] daß „wir deinen Argwohn sogar verstärken; damit verstärken wir nämlich zugleich deine Vorsicht". Das war nicht in den
Wind gesprochen. Eine solche Warnung konnte nicht ohne Hintergrund sein. Das zeigt sich auch an dem Hinweis, das Attentat könne
de tuis beziehungsweise *ex eo numero qui una tecum fuerunt* oder
auch *ex inimicis* seinen Ausgang nehmen.

Fast ließe sich sagen, Cicero habe mit der nachdrücklichen Bemerkung, es gebe keine Feinde mehr, sagen wollen, daß ein so unsinniger
Plan nur in den Reihen der Caesarianer selbst entstehen konnte. Daß
er etwas Konkretes gemeint haben muß, läßt sich daraus schließen,
daß seine brillante Darlegung, es könne gar keine potentiellen Attentäter geben (es sei denn, sie hätten komplett den Verstand verloren),
in die Warnung mündet, man müsse auf der Hut sein, da die menschliche Seele solche Nachtseiten und solche Abgründe habe. Bedenkt
man, daß Cicero seine Reden immer nur ad hoc formulierte (auch
die Dankesrede an Caesar für die Begnadigung des Marcellus war
improvisiert) und die schriftlichen Fassungen, die wir kennen, erst
im nachhinein entstanden, muß man zu dem Schluß kommen, daß
der Text, den wir heute lesen, nicht im Spätsommer 46 entstand,
sondern späteren Datums ist (freilich wissen wir nicht, wieviel später
er entstanden ist). Bekanntlich wußte Cicero,[2] daß Trebonius, ein
Caesarianer der ersten Stunde, eine Verschwörung gegen Caesar geplant hatte, als dieser noch in Spanien kämpfte (im Frühjahr 45), und
daß er Antonius angeboten hatte mitzumachen. Antonius hatte zwar

seine Teilnahme abgelehnt, aber nichts verraten. Ciceros Worte, womöglich zu einem Zeitpunkt niedergeschrieben, als ihm alles bekannt war, sollten daher besser wortwörtlich gelesen und nicht als virtuos stilisierte Übertreibungen eines besonders devoten bzw. phantasievollen Lobredners abgetan werden.

2. Cicero fährt fort: „Denn wer wäre so gänzlich unerfahren, so wenig mit der Politik vertraut und so gleichgültig gegenüber seinem eigenen und dem allgemeinen Wohl, daß er nicht sähe, wie sehr sein Wohl durch das deine bedingt und wie das Leben aller allein von dem deinen abhängig ist".[3] Er spricht weiterhin davon, daß Caesar unbedingt *am Leben bleiben* müsse, sowie von der vor allem politischen Torheit derer, die nicht einsähen, daß einzig und allein Caesars Sicherheit die Sicherheit aller garantiere. Dann weist er erneut auf ein mögliches Attentat hin: „Ich jedenfalls denke, wie es meine Pflicht ist, Tag und Nacht an dich: da fürchte ich mich allerdings vor den Tücken des menschlichen Daseins und den gesundheitlichen Risiken und der uns alle bedrohenden Hinfälligkeit, und es schmerzt mich, daß der Staat, der doch unsterblich sein muß, von dem Leben eines einzigen Sterblichen abhängt. Wenn nun aber zu den Tücken des menschlichen Daseins und den gesundheitlichen Risiken noch verbrecherische Komplotte und Anschläge hinzukommen: welcher Gott wäre dann wohl, selbst wenn er wollte, imstande, unserem Staate zu helfen?"[4] Hier spricht er sogar offen von Verschwörung (*insidiarum consensio*). Schwer vorstellbar, daß dies nur so dahingesagt war. Cicero führt Caesar und dem Senat eine Verschwörung und Caesars gewaltsamen Tod durch ein Attentat als konkrete Gefahr vor Augen.

Am Schluß der Rede wird dieses Thema auf nicht weniger eindringliche Art und Weise wieder aufgegriffen. Wehe dem, der „im Geist die Waffen behält";[5] da sei selbst der noch der Bessere, der mit aller Kraft kämpfe und auf dem Schlachtfeld sein Leben hingebe (und sei es für eine verlorene Sache). Es geht Cicero um die geistige Demobilisierung. Jeder Streit, jeder Zwiespalt ist jetzt durch die Waffen gebrochen oder durch den Gerechtigkeitssinn des Siegers ausgelöscht. Alle, die einen gesunden Menschenverstand haben, müssen dasselbe wollen: „Wenn du [Caesar] nicht erhalten bleibst, dann können auch wir nicht erhalten bleiben. Daher richten wir alle, die wir das Bestehende erhalten wissen wollen, an dich die beschwörende Bitte: denk an dein Leben, an deine Erhaltung".[6] Ein Versprechen also, das den Schwur der Senatoren vorwegnimmt, über die körperliche Unver-

sehrtheit Caesars zu wachen – einen Schwur, den Antonius wenig
später auch die Caesarmörder leisten läßt, die allesamt Senatsmitglieder waren: „Und wir alle (um auch im Namen anderer zu sagen,
was für mich selbst feststeht) versprechen dir, da du ja glaubst, daß
einiger Grund zur Vorsicht bestehe,[7] nicht nur Wachen und Schutz
(*excubias et custodias*), sondern auch den Einsatz von Leib und Leben". Vielleicht ist das der eigentliche Sinn von Ciceros *Rede für
Marcellus* (in ihrer schriftlichen Fassung wohlgemerkt, nicht in der
mündlichen und improvisierten Form des Vortrags vor dem Senat):
eine nachdrückliche Warnung nicht nur an das auserwählte und
schließlich ermordete Opfer, sondern (womöglich in erster Linie) an
die anonymen, Cicero keineswegs unbekannten Ränkeschmiede, ungezähmten Feinde und unversöhnlichen Anstifter eines neuen Bürgerkriegs.

3. Im Sommer 45 versuchte Trebonius in Gallia Narbonensis auch
Antonius in eine Verschwörung hineinzuziehen, die Caesars Ermordung zum Ziel hatte. Antonius' Verhältnis zu Caesar war zu diesem
Zeitpunkt abgekühlt, weil dessen Entscheidung auf Lepidus als *magister equitum* gefallen war. Cicero stellt ihm diesbezüglich ein klares
Zeugnis aus (das Antonius zu einer polemischen Replik auf Cicero
als den eigentlichen Anstifter der Verschwörung herausfordert): „Es
ist ja allbekannt, daß du [Antonius] schon in Narbo mit C. Trebonius
so etwas geplant hast, und wir haben beobachtet, daß dieses gemeinsame Vorhaben Trebonius veranlaßt hat, dich, als Caesar getötet
wurde, beiseite zu rufen".[8] Die Verschwörung von Trebonius und
Antonius kommt mitten aus dem caesarischen Lager. Später wird
eben dieser Trebonius auch von den Verschwörern Cassius und Brutus als ein „Caesarianer, auf den man rechnen kann", in den Kreis
einbezogen.

Ciceros Zeugnis, das immer wieder in Zweifel gezogen wurde, gibt
wertvolle Hinweise vor allem auf *Zeit und Ort*. Während sich Caesar
nach dem knappen Sieg bei Munda, wo er alles aufs Spiel gesetzt
und sogar an Selbstmord gedacht hatte, noch mit Nachhutgefechten
in Spanien herumschlug, schmiedete man eine Intrige gegen ihn: Auf
militärischem Weg gescheitert, beschritt man jetzt den Weg des Terrors. Er hatte seinen Ursprung in der Heeresetappe in Gallia Narbonensis, bei den Kommandanten, die von dort aus das Geschehen
beobachteten und ihre Freunde in Rom über die Entwicklung auf
dem laufenden hielten.

Aus Narbonne schrieb Hirtius an Cicero nach Rom und teilte ihm den Ausgang der Schlacht von Munda mit.[9] Trebonius hielt sich in Gallia Narbonensis auf, ebenso Antonius, den Caesar weder am afrikanischen noch am spanischen Feldzug hatte teilnehmen lassen und der aufgrund dieser dauernden Zurücksetzung einen gewissen Groll gegen den Diktator hegte. Hier in Narbonne wurde im Spätsommer 45 ein Plan zur Beseitigung Caesars entwickelt, der wider Erwarten selbst aus der Schlacht bei Munda mit dem Leben davongekommen war. Die Verschwörer beschlossen, auch Antonius einzuweihen – wegen seiner Haltung und aufgrund dessen, was andere von ihm zu wissen glaubten. Wie hatte Cicero von all dem erfahren? Wohl von Leuten wie Hirtius; oder von Trebonius selbst nach dem März 44. Es ist schwierig, diese Information als unglaubwürdig abzutun.

4. Plutarchs Bericht[10] ist sehr viel ausführlicher als Ciceros *Zweite philippische Rede* und geht unmittelbar auf Trebonius zurück. Plutarch berichtet von einem anderen Ort des Geschehens. Trebonius, schreibt er, hätte „zur Zeit, als sie dem aus Spanien zurückkehrenden Caesar entgegenreisten,[11] mit Antonius das Quartier geteilt und sei sein Reisegefährte gewesen, und dabei habe er in aller Stille und mit Vorsicht seine Meinung zu erforschen gesucht; Antonius habe ihn wohl verstanden, sei aber auf die Probe nicht eingegangen";[12] doch getreulich (πιστῶς) habe er Caesar nichts verraten. Später, als sie über die (geglückte) Verschwörung berieten, überlegten sie, ob sie nicht auch Antonius umbringen sollten.

Während Caesars nicht enden wollendem Spanienfeldzug war also in seinem engeren Umkreis eine Verschwörung gegen ihn im Gange. Ciceros Informationen darüber sind relativ detailliert, und es ist hochnotpeinlich, welche Namen er nennt (Trebonius an erster Stelle, Antonius zumindest als Mitwisser, der durch sein Schweigen zum Komplizen wurde). Es ist schwierig, die verschlungenen Wege des Denkens jener Parteigänger nachzuvollziehen, die ein Verehrung, Bewunderung, Neid und Ressentiment hervorrufender Führer um seine Person versammelt hatte. Unter anderem sind dabei auch die folgenden Faktoren von Bedeutung: Caesars autoritäre politische Wende, der schier endlose Bürgerkrieg, die Einbeziehung noch aktiver Machtgruppen sowie die Rivalität im Umkreis des Diktators, der Karrieren von Mitgliedern dieser Elite befördern oder verhindern konnte – einer Elite im Umkreis des Siegers, die bald übergroße Dimensionen annahm. Dieser Sieger, der sich gegenüber angesehenen

Männern mit einem hohen sozialen und familiären Prestige wie Marcus Iunius Brutus[13] in irritierender Weise aufgeschlossen zeigte, war sich nicht einmal der Empörung und Verärgerung seiner treuesten Anhänger der ersten Stunde bewußt, zu denen mit Sicherheit auch Antonius zählte.

Daß in dieser verwirrenden Situation – und vor den Augen der älteren Männer, die sich politische Verdienste erworben hatten und seit längerem insgeheim um die (wann auch immer anstehende)[14] Nachfolge des Diktators rivalisierten – ein so ehrgeiziger und nur äußerlich zerbrechlich wirkender junger Mann wie Octavius mitten im Spanienfeldzug unerwartet in Caesars Hauptquartier auftauchte, erschien zunächst wohl nur als ein kleiner Stein des Anstoßes. Denn natürlich gab Octavius Anlaß für Spott und schlüpfrige Bemerkungen, wie etwa Antonius' Unterstellung, Octavius habe Caesar seine Unschuld geopfert. Im Spätsommer und im Herbst 45, während es auch in den Reihen Caesars allen Grund zur Beunruhigung gab, war das Auftauchen dieses *puer* wohl tatsächlich nicht mehr als ein Anlaß zu Sticheleien der Soldaten. Die ernsten politischen Probleme waren anderer Art. Antonius war zwar Mitwisser von Trebonius' Verschwörungsplan (an dem wohl auch andere beteiligt waren, denn in jenen Monaten hielt sich beispielsweise auch Hirtius in Narbonne auf), doch er verriet seinen Parteigenossen nicht. Und er versöhnte sich mit dem Diktator. Für das Jahr 44 war er zusammen mit Caesar Konsul, offenbar mit dessen Placet: ein Zeichen für die wiedergefundene Harmonie. Diese Harmonie wurde jedoch durch die spektakuläre Szene beim Luperkalienfest[15] und durch die unverantwortliche (bzw. hinterhältige) Inszenierung belastet, als Antonius öffentlich dem Diktator die geächtete Königswürde antrug – was jenen weitere Sympathien kostete. Die Männer, die sich im Sommer 45 in Narbonne aufhielten, während Caesar noch in Spanien weilte, waren allesamt vom Diktator „ausgezeichnet" worden: Trebonius, im Jahr 45 *consul suffectus*,[16] war für das Jahr 43 zum Prokonsul der Provinz Asia designiert, Antonius zusammen mit Caesar für das Konsulat des Jahres 44 vorgesehen, Hirtius als Konsul für das Jahr 43.

Hilfreich zum Verständnis der Verhaltensweisen und Grundentscheidungen dieser Männer bleibt das Beispiel des Trebonius, eines überzeugten „Republikaners", für den die lange Bekanntschaft mit Cicero prägend war. Seinerzeit – vielleicht im Jahr 60, als Quästor – hatte er sich Clodius' *transitio ad plebem* (dessen Wechsel vom Stand der Patrizier zur Plebs) entgegengestellt, die für Cicero so gefährlich wurde. Im Jahr 55 jedoch war er es gewesen, der als Volkstribun die Verlängerung von Caesars Kommando in Gallien um weitere fünf Jahre sowie Crassus' Statthalterschaft in Syrien und Pompeius' in Spanien beantragt hatte. Zwischen 54 und 49 hatte er dann mit Caesar als dessen Legat in Gallien gekämpft, war ihm in den Bürgerkrieg gefolgt und hatte sich bei der schwierigen Belagerung von Marseille militärisch ausgezeichnet (der Bericht in Caesars *commentarii* schuldet ihm besonders viel).[17] Das Überschreiten des Rubikon – und mithin der Beginn des Bürgerkriegs – hatte diesem Republikaner nicht viel Kopfzerbrechen bereitet, ein Zeichen dafür, daß Caesars Propaganda vor allem in den eigenen Reihen Wirkung tat. Die Krönung von Trebonius' Karriere war die Prätur im Jahr 48, und die Statthalterschaft in Spanien im Jahr 47 bedeutete für ihn eine große Anerkennung. Doch dort war die Sache nicht gut gelaufen: Gnaeus Pompeius hatte ihn aus Hispania ulterior vertrieben, und auf Drängen des Trebonius war Caesar im November 46 persönlich nach Spanien gekommen, um sich nach Alexandria noch einmal auf ein hochgefährliches Unternehmen einzulassen. Wie hatte die Erfahrung dieses Kampfes Trebonius dazu gebracht, mit Caesar zu brechen und Mordpläne zu schmieden, in die er den unzufriedenen Antonius mit hineinzuziehen gedachte (der als *magister equitum* durch Lepidus ersetzt worden war)? Eine schwierige Frage angesichts der uns überlieferten Dokumente, aber auch eine wichtige. Hier liegen die Anzeichen für einen unheilvollen Riß innerhalb des neuen Machtgefüges, das Caesar aufzubauen suchte, als er die ersten unwägbaren Schritte unternahm, sich aus der alten „republikanischen" Legalität zu lösen (besonders auf dem „vorläufigen" Weg der Diktatur). Jetzt zog sich ein Teil von Caesars Anhängern zurück, ja sie schmiedeten sogar Pläne zu seiner Vernichtung.

XXX
„Iure Caesus"

1. Nach der schwierigen Schlacht bei Munda war Caesar noch monatelang mit der Unterwerfung von Hispania ulterior beschäftigt. Caesar, der selbst sagte, diesmal habe er nicht um den Sieg, sondern um sein Leben gefochten,[1] sah sich erbittertem Widerstand gegenüber, der eine wirkliche Befriedung in weite Ferne rückte. Die Überlebenden des besiegten Heeres hatten sich in Córdoba und in der Stadt Munda verschanzt: Eine „Säuberung" dieser Städte von den zu allem entschlossenen Kämpfern bedeutete enorme Verluste an Menschenleben[2] und monatelange militärische und politische Operationen.[3] Diesmal verzichtete Caesar auf seine Politik der *clementia*, und der Groll der Sieger und ihrer Verbündeten machte sich in mehreren Städten Luft. Man brauchte Land und man brauchte Geld. Selbst der Herkulestempel in Gades wurde nicht geschont.[4] Bis August, also weitere fünf Monate nach dem Sieg bei Munda, hatte Caesar in Spanien zu tun. Ende September schließlich stand er vor den Toren der Stadt Rom, die er aber nicht betrat. Er bereitete den Triumph vor, der zur allgemeinen Mißstimmung Anfang Oktober gefeiert wurde.[5]

Der Triumph über römische Bürger war etwas Unerhörtes.[6] „Daß er sich den Triumph auch nach diesem Feldzug nicht versagte", schreibt Plutarch, „empfanden die Römer als bitterste Kränkung. Er hatte ja nicht fremdländische Heerführer oder Barbarenkönige bezwungen, sondern Söhne und Geschlecht desjenigen Römers ausgerottet, welcher der beste seines Volkes gewesen war und die Tücke des Schicksals erfahren hatte".[7] Aus Caesars Sicht erschien der Triumph gerechtfertigt, hatte er doch gegen lokale Rebellen gekämpft, die von römischen Verrätern unterstützt worden waren. So lautete die dem *Spanischen Krieg* zugrundeliegende propagandistische Vorgabe, die durch die weitere Entwicklung bestätigt wurde: Denn schon bald trat das spanische Brigantentum erneut hervor, mit dem sich der noch lebende Pompeiussohn Sextus Pompeius verbündete – und zwar mit großem Erfolg. Denn die harten Bedingungen, die Spanien auferlegt worden waren, erwiesen sich als durchaus kontraproduktiv.

Die Auswirkungen dieses wiederaufgeflammten Krieges in der wider-
spenstigen Provinz bekamen freilich die Beamten zu spüren, die mit
deren Verwaltung beauftragt waren: zunächst Gaius Carrinas, dann
Asinius Pollio, der Anfang 44 in die Provinz aufbrach und dort eine
Niederlage erlitt,[8] die Velleius in doppelsinniger Weise als *clarissimum bellum*[9] bezeichnet.

2. Der Triumph über Spanien und damit über die Söhne des Pompeius war das erste Signal für den veränderten Stil, der Caesars
letzte Lebens- und Herrschaftsmonate prägte. Die Herbst- und Wintermonate 45/44 zwischen dem im Oktober gefeierten Triumph und
den Iden des März unterschieden sich vom menschlichen wie vom
politischen Standpunkt tiefgreifend von den Monaten zwischen
August und Oktober 46, die Caesar nach seiner Rückkehr aus Africa
in Rom verbracht hatte. Es ist kein Zufall, daß im Sommer 46
Marcellus und Ligarius Caesars *clementia* zuteil wird, während
Ende 45 der Prozeß gegen Deiotarus ohne Gerichtsurteil zu Ende
geht. Vielmehr wollte Caesar über das Verhalten des Tetrarchen von
Galatien Klarheit schaffen. Denn Deiotarus stand im Verdacht, die
Meuterei in Syrien (die noch im Gange war) zu unterstützen oder
unterstützt zu haben.

Im Sommer 46 wurde mit der Realisierung großer Bauvorhaben
begonnen (Forum Caesaris, Tempel der Venus Genetrix), mit der
Trockenlegung der Pontinischen Sümpfe, der Eröffnung einer neuen
Straße durch die Apenninen bis zum Adriatischen Meer, dem Bau
einer großen griechischen und lateinischen Bibliothek, mit deren
Leitung der einstige Pompeianer und Universalgelehrte Marcus
Terentius Varro betraut wurde. Es kam zur Kalenderreform, zur
Ergänzung der Gesetze zum Schutz der Provinzbewohner (der Maßnahmen *de repetundis*, die mit geringfügigen Veränderungen zwei-
hundert Jahre lang die Beziehung Roms zu seinem Imperium regeln
sollten), zu den Gesetzen, mit denen die Romanisierung Transpadaniens abgeschlossen wurde, den Schulden- und Mietgesetzen, die die
Auswirkungen des Bürgerkriegs auf das Leben der Bürger erträg-
licher machen sollten – eines Krieges, der das Leben der Menschen
grundlegend verändert und tiefe Spuren hinterlassen hatte.[10]

Die Herbst- und Wintermonate zwischen dem Spanientriumph
und den Iden des März waren einerseits gekennzeichnet durch
Caesars entschlossenes Bemühen, seine persönliche Macht in den
Rahmen einer formalen Herrschaft zu stellen, andererseits durch

wachsende Reaktionen gegen diese Entwicklung, die auf eine Alleinherrschaft Caesars hinauslief. Napoleon meint, Caesar habe in den
letzten Monaten seines Lebens nicht nur nach diktatorischer Macht-
fülle gegriffen, sondern sich auch stärker den Oberschichten zu-
gewandt und sich zugleich immer mehr von den anmaßenden popularen Ansprüchen distanziert.[11] Diese Einschätzung des Kaisers der
Franzosen (der auch in diesem Fall sein eigenes politisches Geschick
im Spiegel des römischen Diktators betrachtet), wird durch Sueton
gestützt, bei dem es heißt: „In der letzten Zeit (*tempore extremo*)
schließlich erlaubte er auch allen, welchen er noch nicht verziehen
hatte, nach Italien zurückzukehren und sogar zivile Ämter und militärische Kommandostellen anzunehmen. Auch stellte er die von der
Menge zertrümmerten Standbilder des Lucius Sulla und des Pompeius wieder auf".[12] Die Bedeutung derartiger Symbole haben wir bereits kennengelernt, als Caesar die Trophäen und Statuen des Marius
wieder hatte aufstellen lassen. Ironisch, so scheint es, bemerkte
Cicero dazu, Caesar habe, indem er Pompeius' Statuen habe wiederaufstellen lassen, seine eigenen befestigt.[13]

Ein weiterer Beleg für dieses neuartige politische Klima war Sueton
zufolge, daß Caesar „gegen aufgedeckte Verschwörungen und nächtliche Zusammenkünfte nicht weiter vorging, als daß er durch ein
Edikt anzeigte, daß sie ihm bekannt waren".[14]

Zu Caesars Öffnung gegenüber alten Führungsschichten äußert
Napoleon eine eigene Ansicht: Als nach der Schlacht bei Munda die
pompeianische Partei zerstört war, „bekräftigten die populare Partei
und die Veteranen ihre Ansprüche und erhoben ihre Stimme, was
Caesar beunruhigte und auf die wichtigsten Geschlechter zurückgreifen ließ, um jene in Schach zu halten".[15] Wie man diese Diagnose
auch immer bewertet (allerdings sucht man in den Quellen nach einer
Bestätigung für diesen zunehmenden „popularen" Radikalismus
nach der Schlacht bei Munda) – Napoleon ergreift hier die Gelegenheit, gleichsam eine Theorie der Rekonstituierung einer „Aristokratie" zu formulieren, einer Aristokratie, die sich unter allen möglichen
Umständen neu formieren kann: sogar im Kontext einer Revolution,
die die Nobilität als Klasse zerschlagen hat; auch bei Verhinderung
der Konstituierung einer Aristokratie im „Dritten Stand"; und nicht
zuletzt auch in einer von der Arbeiterschaft dominierten politischen
Situation („elle surnage et se réfugie dans les chefs d'ateliers et du
peuple").[16] Ein Herrscher, so Napoleons Schlußfolgerung, hat aus
einem solchen „Abgleiten" der Aristokratie keinen Nutzen, weshalb

er besser daran tut, die alte Aristokratie zu erhalten und sich zunutze zu machen, „indem man unter den neuen Herrschern die alten Geschlechter wiederaufrichtet".[17] Dies war Napoleon zufolge die politische Wende Caesars in den letzten Lebensmonaten. Eine durchaus legitime Sicht des Caesarismus, die allerdings die wachsende Empörung außer acht läßt, welche sich durch die Verfestigung der persönlichen Macht gerade in der Aristokratie breitmachte, die Caesar doch an sich zu ziehen glaubte. Nachdem Sueton diese neue Öffnung beschrieben hat, fährt er fort: „Dennoch überwiegen seine andersgearteten Handlungen und Äußerungen, so daß man sich auf den Standpunkt stellen kann, er habe seine Macht mißbraucht (*abusus dominatione*) und sei zu Recht ermordet worden (*iure caesus*)".[18] Eine verstörende Formulierung des Amtsinhabers *ab epistulis* unter Kaiser Hadrian,[19] die jedoch die traumatische Wirkung zum Ausdruck bringt, die Caesars politische Strategie seiner letzten Lebensmonate auf die republikanische Aristokratie ausübte.

3. Von jenen Maßnahmen und Verhaltensweisen Caesars, die (um mit Sueton zu sprechen) das Attentat in gewisser Weise rechtfertigen, gibt es in der historischen Überlieferung ein im wesentlichen festes „Verzeichnis". An oberster Stelle sind all jene Verfassungsänderungen (alle im Sinne der monokratischen Herrschaft) zu nennen, die Caesar nach der Schlacht bei Munda durchsetzte, einige davon noch Anfang 44.

Diese Neuerungen faßt Sueton wie folgt zusammen: „Er hat ja nicht nur übermäßige Ehrungen angenommen, so ein ununterbrochenes Konsulat, die Diktatur und das Amt des obersten Sittenrichters auf Lebenszeit, darüber hinaus den Titel ‚Imperator' als Vornamen (*praenomen*) und ‚Vater des Vaterlandes' (*pater patriae*) als Beinamen (*cognomen*)".[20] Hinzu kamen weitere außerordentliche Ehrungen, so zum Beispiel ein Standbild, das den Bildern der Könige zugesellt wurde, und ein erhöhter Ehrensitz im Theater. Sueton präsentiert ein ganzes Register von „Verstößen" gegen die verfassungsmäßige Praxis wie beispielsweise die Ernennung von acht *praefecti urbi* und die systematische Entwertung des Konsulats – ein Amt, das er nur „formal" innehatte (*titulo tenus*) und an seiner Stelle mit anderen besetzte, wenn diese auch nur für wenige Monate im Amt blieben. „Als am 31. Dezember [45] einer der beiden Konsuln plötzlich starb [Quintus Fabius Maximus, Konsul seit 1. Oktober], gab er einem Bewerber [Gaius Caninius Rebilus] das freiwerdende Amt für die wenigen ver-

bleibenden Stunden".[21] „Aber den größten und für sich selbst ver-
derblichsten Haß", heißt es bei Sueton weiter, „erregte er besonders
durch folgendes: Als der gesamte Senat mit zahlreichen und für ihn
sehr ehrenvollen Beschlüssen zu ihm kam, empfing er ihn vor dem
Tempel der Venus Genetrix, und zwar im Sitzen. Einige sind der
Meinung, er sei von Cornelius Balbus zurückgehalten worden, als er
aufstehen wollte".[22]

Weiterhin gab es bemerkenswerte Zwischenfälle, die aber lediglich
Caesars Reaktionsvermögen und schwarzen Humor dokumentieren,
allen voran das Zerwürfnis mit dem Volkstribun Pontius Aquila, der
sich als einziger nicht erhob, als Caesar bei einem Triumph an den
Sitzen der Volkstribunen vorbeizog.[23] Es kann sich nur um den umstrittenen Spanientriumph handeln, da Pontius Aquila, der ebenfalls
an der Verschwörung teilnahm, im Jahr 45 Volkstribun war. Verärgert versprach Caesar danach tagelang niemandem etwas, ohne hinzuzufügen: „Vorausgesetzt, daß es Pontius Aquila genehm ist!"[24] Ein
anderer Zwischenfall war die Festnahme eines Mannes, der Caesars
Standbild einen mit einer Binde umwundenen Lorbeerkranz aufgesetzt hatte. Der Menge, die ihn mit *rex* begrüßte, antwortete er mit
Unbehagen: „Mein Name ist Caesar!"[25]

4. Als Caesar Vollmachten erhielt, die in der römischen Verfassung
gar nicht vorgesehen waren, spielte sich im Senat eine höchst zwie-
lichtige Szene ab. Plutarch beschreibt sie so: Sich in das Schicksal
fügend und mit dem Gefühl, die Herrschaft eines einzigen Mannes
sei wie ein Aufatmen nach dem Unheil der Bürgerkriege, hätten „die
Römer" (so der griechische Biograph) „ihn zum Diktator auf Lebenszeit ernannt". Doch dies habe „die unverhüllte Tyrannis bedeutet, denn zur unbeschränkten Macht der Monarchie gesellte dieser
Beschluß deren unbeschränkte Dauer".[26] Da „Tyrannis" kein
Schimpfwort ist, findet Plutarch für Caesars Herrschaftsform den
entsprechenden griechischen Ausdruck. Er wußte um den popular-
autoritären Charakter der „Tyrannis" im frühen Griechenland. Ein
berühmtes Beispiel ist Peisistratos, der Aristoteles zufolge in beinahe
logischer Abfolge „vom Demagogen zum Tyrannen"[27] wurde. Eine
im wesentlichen korrekte Gleichsetzung, trotz der pejorativen Be-
deutungsverschiebung des Begriffs *tyrannos* in der athenischen Demokratie des 5. und 4. Jahrhunderts v. Chr. Dies wußte bekanntlich
auch Cicero, demzufolge der Diktator jene schrecklichen Verse der
Phönikerinnen so gern im Munde führte, von denen schon wieder-

holt die Rede war.[28] Auch die Diktatur war (wie ursprünglich bestimmte Formen der griechischen Tyrannenherrschaft) eine Herrschaft auf Zeit, die dem Zweck diente, Krisen zu bewältigen, die
auf normalem Wege nicht zu bewältigen waren. Erst mit Sulla hatte
sich diese Herrschaftsform zu einem Instrument der grundlegenden
Reformierung des Staates gewandelt, die allein den Optimaten nützte. Mit Caesar kehrte sie zu ihrer ursprünglichen Aufgabe als
zweckgebundenes Instrument der Konfliktlösung zurück.[29] Es war
kein unbedachtes Vorpreschen, als Cicero in seinem Werk *Der
Staat*, also schon vor Ausbruch des Bürgerkriegs, dieses in der Verfassung vorgesehene Mittel durch einen Trick wieder ins Gespräch
zu bringen versuchte: den Traum des Scipio Aemilianus, in dem
diesem die Diktatur verliehen wird, um Verfassungsreformen durchzuführen.[30] Die Idee, die Diktatur in Gestalt eines Traums ins Spiel
zu bringen, war im übrigen eine Vorsichtsmaßnahme gegenüber seinem Publikum und dessen Vorbehalten gegenüber diesem Begriff.
Um für eine ausgeprägtere persönliche Herrschaftsform „Meinung
zu machen", verfaßte Caesars treuer Agent Oppius eine Biographie
des Scipio Africanus maior.[31]

In der Senatssitzung, die Caesars Diktatur auf den Weg brachte,
war der (Plutarch bekannten) Darstellung zufolge Cicero der erste,
der „im Senat besondere Ehrungen beantragte. Doch wahrte er, so
weit er ging, immerhin das menschlich gebotene Maß, während andere hierin alle Schranken durchbrachen und sich gegenseitig über-
trumpften, mit dem einzigen Erfolg, daß sie durch ihre überspannten,
unsinnigen Vorschläge Caesars Ansehen auch bei den gutmütigsten
Leuten untergruben".[32] Gefährlicher noch als Caesars Schmeichler
waren seine Gegner: „Es wird vermutet", fährt Plutarch fort, „daß
Caesars Gegner nicht minder als seine Schmeichler zu solchen Übertreibungen die Hand boten, waren sie doch darauf aus, möglichst
viele Vorwürfe gegen ihn zusammenzubringen, um einen Angriff de-
reinst mit schwerwiegenden Anklagen rechtfertigen zu können".[33]
Diese Einschätzung der (als Provokation gedachten) Mitwirkung der
späteren Attentäter an der „autoritären Wende" Ende 45/Anfang 44
muß aus einer guten Quelle stammen. Auch Florus kennt diese Tücke
der späteren Verschwörer, von der Cicero bereits zur Zeit der schriftlichen Fassung seiner *Rede für Marcellus* gewußt haben muß. Sie
überschütteten ihn mit Ehren, schreibt dieser entfernte Nachkömm-
ling der Annaei, so wie man einem Opfertier vor der Schlachtung
den Kopfschmuck anlegt.

5. *Iure caesus* (zu Recht ermordet) ist eine harte Formulierung. Ich glaube nicht, daß man in Hadrians engerem Umkreis Caesars Ermordung für gewöhnlich in dieser Weise beurteilte oder daß diese Einschätzung dem Empfinden von Männern entsprach, die wie Plinius der Jüngere (der sich für eine Art wiederauferstandenen Cicero hielt) eine klassische Erziehung genossen hatten. Es bleibt wohl eher die Einschätzung eines Zeitgenossen, für den es nicht nur vorhersehbar, sondern einleuchtend war, daß der Mißbrauch der *dominatio* (Gewaltherrschaft) ein so gewaltsames Ende finden mußte: eines Zeitgenossen, der die Verstöße und das Fehlverhalten Caesars in den letzten Monaten seines Lebens peinlich genau katalogisierte und jene Liste erstellte, die wir (wie anderes auch) in beinahe identischer Form bei Sueton, Plutarch und Appian finden.[34] Das Einzigartige dieser Autoren besteht allerdings darin, daß sie in ein und demselben Bericht Caesars „Verstöße" ungeschönt auflisten und gleichzeitig den Mord an Caesar als Verbrechen und die Mörder als Verbrecher verurteilen, denen am Ende die gerechte Strafe zuteil wird. So schließt beispielsweise Sueton seine Caesar-Biographie mit dem Aspekt der „Wiedervergeltung", die den Mördern zuteil geworden sei: „Sie töteten sich gar mit demselben Dolch, mit dem sie die Gewalttat an Caesar begangen hatten".[35] Appian vollzieht vom zweiten Buch (in dem Caesars Exzesse bei den „Republikanern" zunehmend auf Befremden stoßen) zum dritten Buch (wo Caesar der Mann ist, der sich „höchste Verdienste" erworben hat und dessen Mörder für ihre Untat büßen müssen) geradezu eine Kehrtwende, was nicht mit einer neuen Quelle erklärt werden kann.[36] Bei Cassius Dio, der mit bissigen Bemerkungen über Caesars Taten nicht knausert, steht das Urteil über die Caesarmörder fest: „So straften Gerechtigkeit und göttlicher Wille jene selbst mit dem Tode, die Mörder ihres Wohltäters geworden waren, eines Mannes, der zu solcher Höhe von Tugend wie Glück emporgestiegen war".[37]

Noch entschiedener beziehen jene Quellen Position, die aus Sicht der Julier schreiben: Velleius, vielleicht aber auch Nikolaus von Damaskus. Velleius ergreift nicht nur Position gegen die Caesarmörder (eine vielen unterschiedlichen Quellen durchaus gemeinsame Haltung), sondern auch gegen die Definition von Caesars Herrschaft als *Tyrannis*. Während Plutarch im Zusammenhang mit den letzten Maßnahmen Caesars zur Ausweitung seiner Macht zu dem Schluß kommt, es handle sich um eine absolute Herrschaft, weist Velleius dies entschieden zurück. Wo er den Dissens innerhalb der Verschwörerclique darstellt – Cassius wollte auch Antonius aus dem Weg räumen, Brutus dagegen meinte, „die Bürger dürften nur das Blut des Tyrannen vergießen"[38] –, fügt er polemisch hinzu: „Caesar als Tyrann zu bezeichnen stellte seine Tat in ein besseres Licht". Damit bestreitet Velleius entschieden die Richtigkeit der Grundvorgaben der Verschwörung. Velleius hat offensichtlich den politischen Sprachgebrauch im Sinn, der in Rom üblich war, wo der Begriff „Tyrann" eine negative Konnotation hatte. Die Begriffe „Tyrann" und „Tyrannis" tauchen in den Gesprächen des Cassius (bzw. seiner Freunde) mit Brutus in den Tagen vor Brutus' Beteiligung an der Verschwörung immer wieder auf.[39]

Bleibt die Frage, ob dieses überraschende *iure caesus* Suetons sich nicht exakt der Quelle verdankt, die wir schon aufgrund anderer Indizien als Grundlage für Suetons, Plutarchs und Appians Berichte ausgemacht haben: Asinius Pollio. Sein Geschichtswerk ist zwar nicht erhalten, aber wir kennen einen wichtigen Brief an Cicero, den Asinius Pollio ein Jahr nach Caesars Tod schrieb.[40] In diesem Brief steht in eigentümlichem Einklang Asinius' Begründung für seine Parteinahme zugunsten Caesars beim Ausbruch des Bürgerkriegs neben der schroffen Distanzierung von Caesars Hinwendung zur *dominatio*, die für Asinius das genaue Gegenteil der *libertas* (Freiheit) ist. Und Suetons verblüffendes *abusus dominatione iure caesus* (wegen Machtmißbrauchs zu Recht getötet) ist genau das Bindeglied dazu:[41]

Charakter und Neigung [schreibt Asinius] lassen mich Frieden und Freiheit wünschen (pax et libertas). *Deshalb habe ich auch den Ausbruch des Bürgerkrieges stets tief bedauert,*[42] *aber da ich nicht neutral bleiben konnte, habe ich mich, weil ich auf beiden Seiten erbitterte Feinde hatte, der Partei entzogen, bei der ich, wie ich wußte, den Nachstellungen eines meiner Feinde einfach schutzlos preisgegeben sein würde. So sah ich mich in eine mir durchaus nicht erwünschte Lage gedrängt, und um nicht zu den Letzten zu gehören, habe ich mich ganz bewußt in Gefahren gestürzt. Caesar aber behandelte mich auf der Höhe seines Glücks, wiewohl er mich eben erst kennengelernt hatte, mit* pietas *und* fides. *Darum habe ich an ihm persönlich mit aller Liebe und Treue gehangen. Wo ich nach eigener Überzeugung verfahren durfte, habe ich so gehandelt, daß jeder anständige Mensch völlig damit einverstanden sein konnte; was mir befohlen wurde, habe ich dann und so ausgeführt, daß man sah, wie ungern ich es tat. Die ganz unverdiente Mißgunst, der mein Tun begegnete, mußte mir eine Lehre sein, wie schön die Freiheit* (libertas) *und wie elend das Leben unter einer Gewaltherrschaft* (dominatio) *ist. Wenn es also darauf hinausläuft, daß wieder alles in die Hand eines einzigen kommt, mag er sein, wer er will, dann bekenne ich mich als seinen Gegner, und es gibt keine Gefahr, der ich mich für die Freiheit* (pro libertate) *entziehen oder versagen werde.*[43]

Pollio war ein Anhänger Caesars – wie viele andere, die den für einen römischen Politiker entscheidenden Aspekt im Auge behielten: die Zahl der *amici* (Freunde) und *inimici* (Feinde) in den jeweiligen politischen Lagern. Asinius Pollio erwies dem politischen Führer die Treue, ohne dessen Grenzen und Fehler zu verkennen. Die *dominatio*, die Caesar am Ende ausübte, brachte auch ihm, Pollio, handfeste persönliche Nachteile. Daher ist er nach Caesars Ermordung auch bereit, *pro libertate* zu kämpfen, damit nicht ein zweiter Caesar an die Macht komme.[44] Asinius Pollio legt also dem einflußreichen Empfänger des Briefes eine exemplarische politische Laufbahn dar, der wir bald erneut begegnen werden, wenn wir die Verschwörung genauer betrachten. Wir dürfen davon ausgehen, daß sich diese Sicht der Dinge auch in der historischen Beschreibung wiederfindet, die Pollio Jahre später von den Caesarmördern gibt. Das belegen die von ihm abhängigen Quellen.

6. Aber mit welcher Zielvorstellung ließ sich Caesar die Diktatur auf Lebenszeit übertragen? Konnte er ernstlich glauben, aus dem Amt, das per definitionem und im allgemeinen Bewußtsein befristet war, ein Amt auf Lebenszeit machen zu können? Vielleicht standen im Hintergrund die gewaltigen, aber vagen Pläne für Militäraktionen im Osten: alles in allem hochfliegende, nebulöse Pläne.[45] Vielleicht war die Diktatur auf Lebenszeit aber auch nur eine (vorläufige) Prämisse, um in aller Ruhe eine neue staatliche Grundordnung zu schaffen.[46] Nach Thapsos war Caesar Diktator für zehn Jahre geworden, ein Amt, das um weitere zehn Jahre verlängert werden konnte. Was sprach also für eine Diktatur auf Lebenszeit gegenüber einer Jahresdiktatur auf zehn Jahre, wenn nicht das Bestreben, die Formalitäten zur jährlichen Erneuerung dieses Amtes zu vermeiden?[47] Da es Caesar nicht gelang, seine charismatische Herrschaft zu institutionalisieren, gelang es ihm auch nicht, Verfassungsänderungen durchzusetzen. Schon gar nicht gegen eine dünne Oberschicht, die ihren politischen Lebensraum zäh

und beharrlich verteidigte. Dieses Schema kannte er nur allzu gut, hatte er es doch selbst für seine Zwecke genutzt. Wie problematisch Caesars Weg war, bestätigt in gewisser Weise auch die Tatsache, daß Octavian nach weiteren zehn Jahren bitterer Erfahrungen, ausgeklügelter Strategien (ein verlängerbares Triumvirat zur Wiederherstellung der staatlichen Ordnung) und neuer Konflikte den Weg zurück in die Vergangenheit und zur „Restauration" der *res publica* beschritt.

Über die mehr oder weniger phantastischen Pläne Caesars besitzen wir so vage wie umfassende Informationen. Das unwahrscheinliche Szenario, das insbesondere Plutarch entwirft, sollte wohl mit Alexanders Angriff auf die „Grenzen der Welt"[48] konkurrieren (hier begegnen wir vielleicht dem Topos der Gleichsetzung von Alexander und Caesar, der sich in der historisch-rhetorischen Überlieferung konsolidierte).[49] Hören wir hierzu einen Zeitgenossen: Ciceros schlichte Bemerkung in einem Brief an Atticus, den er knapp zwei Monate nach Caesars Tod verfaßte. Es ist der berühmte Brief, in dem Cicero über die in seinen Augen katastrophalen Folgen der Iden des März und über die „Befreier" schreibt: „Gewiß, Mannesmut haben wir bewiesen, aber, glaub's nur, Kinderverstand".[50] Dann folgt eine ganz andere, flüchtig hingeworfene rückblickende Bemerkung über die „Vergeblichkeit" der Iden des März: „Caesar wäre doch nie zurückgekehrt".[51] Ciceros Meinung nach (und es war die Meinung eines Mannes, der ihn gut kannte) wäre Caesar womöglich immer tiefer in ein weit entferntes und gefährliches Unternehmen hineingeraten (den Partherfeldzug?), so daß sein Abenteuer wahrscheinlich auf dem Schlachtfeld ein Ende gefunden hätte. Die alles beherrschende Wirklichkeit des Krieges ließ sich jetzt nicht mehr instrumentalisieren, um die Herrschaft in Rom zu konsolidieren (was anfangs das Ziel des Gallienfeldzugs gewesen war). Jetzt, da Caesar als Sieger im Bürgerkrieg erfahren hatte, daß die Macht nicht in Besitz zu nehmen war, erschien ihm der Krieg immer mehr als eine verlockende und lohnende Alternative zur Politik im eigenen Land. Wir wissen nicht, ob Ciceros Beurteilung einer Intuition oder nur einer momentanen Enttäuschung entsprang. Monate später, als sich Cicero erneut in den politischen Kampf stürzte, wird er gegenüber dem Senat die Notwendigkeit und die Größe der Tat der „Befreier" hervorheben und damit die in jenem Brief geäußerten Überlegungen gleichsam widerrufen. Bleibt die Frage, ob uns Cicero mit dieser flüchtigen Andeutung an den Freund nicht ein Fünkchen jener Wahrheit schenkte, das uns die verzweifelte Psyche seines geliebten und gehaßten lebenslangen Gegners besser verstehen hilft.[52]

XXXI
Die Szene am Luperkalienfest

1. Den eindrücklichsten Zwischenfall provozierte Antonius, und zwar ausgerechnet in dem Augenblick, als Gerüchte über Caesars bevorstehenden offenen Übergang zur Monarchie von verschiedenen Seiten genährt wurden. Erneut kam der Verdacht auf, bei diesen monarchischen Bestrebungen spiele Kleopatra die Rolle der Drahtzieherin im Hintergrund, insbesondere, seit sie Mutter von Caesars Sohn geworden war. Daher kamen Gerüchte in Umlauf, der Diktator plane, das Zentrum der Macht definitiv nach Alexandria zu verlegen.[1] Solche Mutmaßungen über Caesars angebliche Pläne im Osten wurden als falsch entlarvt, als nach seinem Tod sein Testament eröffnet wurde, in dem nicht nur der junge Octavian zum Haupterben eingesetzt, sondern Kleopatras Sohn in keiner Weise als Erbe bedacht worden war.[2] Auch die angebliche Weissagung der Sibyllinischen Bücher wurde ins Spiel gebracht, derzufolge nur ein König die Parther bezwingen könne. Und bald kursierte auch schon der Name eines Quindecemvir, der, wie es hieß, in der nächsten Senatssitzung den Antrag stellen werde, Caesar zum König auszurufen.[3]

Antonius stand bei Caesar nicht mehr offen in Ungnade, er bekleidete vielmehr mit ihm zusammen den Konsulat für das Jahr 44. Aber er war nicht erneut zum *magister equitum* bestimmt worden und hatte die Ernennung Dolabellas zum *consul suffectus* (Ersatzkonsul) hinnehmen müssen.[4] Während des Luperkalienfestes am 15. Februar 44 wurde er zum Hauptakteur einer spektakulären Aktion: des Versuchs nämlich, Caesar zum König zu krönen. Nikolaus von Damaskus, der devote Biograph von Caesars „Sohn", beschreibt in seinem *Leben des Augustus* den Hergang folgendermaßen:

Ein weiterer Vorfall von nicht geringer Bedeutung machte böses Blut und empörte jene, die sich gegen Caesar verschworen hatten. Ihm zu Ehren war eine goldene Statue auf den Rostren [der Rednertribüne] aufgestellt worden, die man mit einem Diadem bekränzt hatte. Den Römern war dieses Diadem in höchstem Maße suspekt, betrachteten sie es doch als Symbol der Sklaverei. Als die Volkstribunen Lucius

und Gaius hinzukamen, gaben sie einem Diener den Befehl, hinauf-
zusteigen, das Diadem herunterzuholen und wegzuwerfen. Sobald
Caesar von dem Vorfall erfuhr, berief er im Tempel der Concordia
eine Senatssitzung ein und beschuldigte die Tribunen, sie seien es
gewesen, die die Statue heimlich mit dem Diadem bekränzt hätten,
um ihn öffentlich zu beleidigen und (unter Mißachtung seiner Person
und des Senats) den Eindruck zu erwecken, sie handelten als mutige
Männer, während es ihm [Caesar] an Ehrgefühl mangele. Er fügte
hinzu, daß ihre Geste einen größeren Plan und einen ernsteren Hin-
terhalt offenbare, falls es ihnen jemals gelänge, ihn beim Volk als
den Prätendenten einer illegalen Herrschaft zu diskreditieren, eine
Revolution auszulösen und ihn zu töten. Nach dieser Rede schickte
er mit Billigung des Senats die Tribunen in die Verbannung. Diese
traten ab, und andere wurden an ihrer Stelle ernannt.

Das Volk forderte laut, er solle König werden, und es werde nicht
mehr länger warten, ihn zu krönen, da ihn das Schicksal selbst bereits
gekrönt habe. Doch Caesar erwiderte, er habe sich zwar stets darum
bemüht, das Volk um der ihm erwiesenen Wohltaten willen zu be-
günstigen, würde einem solchen Akt aber niemals zustimmen, und
bat um Verzeihung, daß er mit Rücksicht auf die republikanischen
Traditionen ablehne. Er wolle die höchste Magistratur lieber auf
legalem als auf illegalem Wege erlangen.

Solche Reden wurden damals gehalten. Im Winter wurde in Rom
ein Fest gefeiert, Lupercalia genannt, bei dem Alte und Junge nackt,
gesalbt und gegürtet an einem Umzug teilnahmen und alle ihnen
Entgegenkommenden verhöhnten und mit Riemen aus Ziegenfell
schlugen. Da nun dieses Fest wiederkehrte, bestimmte man Antonius
dazu, die Prozession anzuführen. Gefolgt von einer großen Men-
schenmenge, zog er durch das Forum, wie es Sitte war. Caesar saß
auf den sogenannten Rostren auf einem goldenen Thron, in einen
Purpurmantel gehüllt. Zuerst näherte sich ihm Licinius mit einem
Lorbeerkranz, durch den ein Diadem hindurchschimmerte. Da
Caesar von einem erhöhten Platz aus sprach, legte Licinius, von
Kollegen hochgehoben, Caesar das Diadem zu Füßen.

Das Volk schrie, man solle es ihm aufs Haupt setzen, und forderte
Lepidus, den magister equitum, *dazu auf; der aber zögerte. Da kam*
ihm Cassius Longinus zuvor, einer der Verschwörer, der sich den
Anschein des Wohlwollens Caesar gegenüber gab und seine wahren
Absichten verschleiern wollte. Er nahm das Diadem und legte es ihm
in den Schoß. Bei ihm war auch Publius Casca. Als nun Caesar eine

abwehrende Geste machte und das Volk schrie, lief Antonius herbei, nackt und gesalbt, wie es bei der Prozession üblich war, und setzte ihm das Diadem aufs Haupt. Aber Caesar nahm es von seinem Kopf und warf es in die Menge. Die weiter entfernt Stehenden applaudierten zu dieser Geste, die Näherstehenden aber riefen, er solle es annehmen und dem Volk seine Gunst nicht verweigern.

Über diesen Vorfall gingen die Meinungen auseinander. Die einen empörten sich, weil hier eine Macht zur Schau gestellt worden sei, die die von der Volksherrschaft geforderten Grenzen überschreite. Andere befürworteten die Geste, weil sie glaubten, ihm damit etwas Gutes zu tun. Wieder andere streuten das Gerücht, Antonius habe nicht ohne Caesars Zustimmung gehandelt. Viele wollten, daß er ohne lange Diskussionen König werde. Im Volk waren alle möglichen Gerüchte in Umlauf. Als ihm Antonius das Diadem zum zweitenmal aufs Haupt setzte, schrie das Volk in seiner Sprache: „Salve, rex!" Auch das nahm er nicht hin und befahl, das Diadem in den Tempel des Kapitolinischen Jupiter zu bringen, dem es, wie er sagte, eher zukam. Erneut klatschten jene Beifall, die auch vorher schon geklatscht hatten.

Es gibt noch eine andere Version, derzufolge Antonius dies getan habe, um sich bei Caesar beliebt zu machen, ja mit der heimlichen Hoffnung, von ihm adoptiert zu werden.

Am Ende umarmte er Caesar und reichte die Krone einigen der Umstehenden, um damit die Statue Caesars zu bekränzen, die in der Nähe stand. So geschah es. In dem herrschenden politischen Klima trug auch dieser Vorfall neben anderen dazu bei, die Verschwörer zu rascherem Handeln zu bewegen, hatte doch Caesar einen konkreteren Beweis geliefert, als sie geargwöhnt hatten.[5]

Plutarch fügt ein wichtiges Detail hinzu: Caesar, verärgert über diese Inszenierung und deren katastrophale Folgen, erhob sich, entblößte seinen Hals und rief, „er wolle jedem, der es verlange, die Kehle hinhalten".[6] Dieser bittere und hochdramatische Satz kann nur bedeuten, daß Caesar in aller Öffentlichkeit kundtun wollte, wie gefährlich derartige Aktionen seien, und er denjenigen, der ihn zu einer offen monarchischen Herrschaft drängen wollten, vorwarf, seinen Tod zu wollen.

2. Die Geste des Antonius beim Luperkalienfest ist prima facie zwiespältig, verwirrend und unklug. Alle diese Männer mit ihrem wider-

sprüchlichen Verhalten (Cicero nicht weniger als Antonius) waren bestrebt, ihr Verhalten im nachhinein als folgerichtig und geradlinig hinzustellen. So erklären sich auch die Sticheleien zwischen Cicero und Antonius. Cicero warf Antonius vor, mit seinem Auftreten bei den Luperkalien habe er Caesars Ermordung vorbereitet.[7] Dies ist keineswegs nur eine polemische Retourkutsche gegen Antonius' schweren Vorwurf, Cicero sei der eigentliche Urheber der Verschwörung. Man bedenke hierbei Plutarchs Hinweis, Caesar sei genau zu jenem Zeitpunkt über gegen ihn gerichtete Machenschaften des Antonius und des Dolabella informiert worden.[8] Vielleicht spielte Cicero darauf an. Es ist stets schwierig, die Verhaltensweise von politischen Haupt- und Nebenakteuren in einer Diktatur nachzuvollziehen. Auch muß man bedenken, daß Parteigänger und Gefolgsleute, die ihren Anführer „nicht mehr verstehen",[9] oft eigenmächtig handeln und ihre eigenen Fäden spinnen. Antonius und Dolabella waren mit Sicherheit beunruhigt. Antonius lag mit Dolabella im Widerstreit und quälte sich mit dem Gedanken, Caesar könne Dolabella ihm gegenüber bevorzugen. Einige drängten zu „extremen" Schritten, um eine Reaktion des Volkes zu provozieren.[10] Vielleicht gehörte auch Antonius zu denen, die nicht verstanden, was Caesar nach der Verleihung der Diktatur auf Lebenszeit (eine ungeheuerliche Machtakkumulation, hatte er doch auch noch den Konsulat inne, der um zehn Jahre verlängert werden konnte) noch plante. Durchaus möglich, daß die *Komödie des Luperkalienfestes hierin ihren Ursprung* hat. Es ist der falsche Weg, das Verhalten dieser Leute *vor* den Iden des März im Licht ihres Verhalten *danach* verstehen zu wollen.[11] Vergessen wir auch nicht, daß Trebonius bereits im Sommer 45 mit Antonius Kontakt aufgenommen hatte.[12]

Cicero behauptete also, daß Antonius mit seinem Auftritt am Luperkalienfest am 15. Februar 44 Caesars Schicksal besiegelte. Das heißt aber mit Sicherheit auch, daß durch diese Geste die Verschwörer zu rascherem Handeln gedrängt wurden, was vielleicht Antonius' Absicht war. Wie dem auch sei, in Ciceros Äußerung steckt eine weitere Information (deren Wahrheitsgehalt wir allerdings nicht kennen): daß nämlich die Verschwörung *mit dem 15. Februar* in ihre operative Phase eintrat. Ciceros Worte legen also nahe, daß er mit den Arkana der Verschwörung vertraut war.[13]

Seine Bemerkung (wenn sie denn ihren Ursprung nicht nur in der Polemik gegen die Vorwürfe des Antonius hat) suggeriert aber zusätzlich, daß ohne diese Szene am Luperkalienfest Caesar am Leben geblieben wäre. Wenn hinter dieser Äußerung tatsächlich mehr steckt als nur eine polemische Absicht, lautet die Folgerung, daß sich die Verschwörer bis dahin in ihrem Vorhaben keineswegs einig waren. Bis dahin, so Nikolaus von Damaskus,

kamen sie niemals offen zu ihren Besprechungen zusammen, sondern immer nur im geheimen und in kleinen Gruppen, mal im Haus des einen, mal im Haus des anderen. Bei diesen Treffen wurden tausend Vorschläge gemacht und diskutiert. Die einen schlugen vor, ihn anzugreifen, während er die Via Sacra entlangging (was er oft tat). Andere erachteten die Wahlkomitien, bei denen er auf dem Feld außerhalb der Stadt den Vorsitz führte, als die bessere Gelegenheit. Um dorthin zu gelangen, mußte er eine Brücke überqueren. In diesem Augenblick, so der Vorschlag, sollten einige, die das Los bestimmte, ihn von der Brücke hinabstoßen, während andere sich auf ihn stürzen sollten, um ihn zu töten. Wieder andere schlugen vor, ihn bei der bevorstehenden Feier der Gladiatorenspiele anzugreifen, weil dann die für das Attentat mitgeführten Waffen weiter keinen Verdacht erregten. Die Mehrheit sprach sich für ein Attentat während einer Senatssitzung aus.[14]

Um sich eng zusammenzuschließen, bedurfte es folglich einer Provokation – und die lieferte ihnen das Luperkalienfest. War es Zufall, daß in dem Augenblick, als Antonius in Aktion trat, neben ihm Gaius Cassius stand,[15] um aktiv ins Geschehen einzugreifen?

In dieser Deutung der Ereignisse war Caesars Schicksal bis zuletzt völlig offen. Offen bleibt aber auch die Frage, ob Antonius' Auftritt ein *wohlkalkulierter Fauxpas*, eine Geste der Unterwürfigkeit entgegen aller Vernunft, *eine mit Caesar abgesprochene Inszenierung* oder eben reine Provokation war.

An einer Stelle seiner *Philippischen Reden* sagt Cicero, Caesars Diktatur habe Antonius „erschreckt".[16] Das könnte ein weiterer wichtiger Hinweis sein, die Szene bei den Luperkalien zu verstehen. Obwohl Sinn und Bedeutung dieser obskuren Episode äußerst uneindeutig sind, scheint sie doch eher die Provokation eines vom *metus dictatoris* (Furcht vor der Diktatur) erfüllten Mannes auszudrücken, als einen Parteigänger zu charakterisieren, der in einem Akt monarchischer Verklärung das ersehnte Ziel seines Parteiführers vorwegnehmen wollte. Schließlich hatte, wie Cicero sagt, die Diktatur längst „das Ausmaß königlicher Machtvollkommenheit" angenommen.[17]

XXXII
Die Diktatur

> *„Schiedsrichterliche" Lösung einer*
> *geschichtlich-politischen Situation*
> *bei einem Kräftegleichgewicht*
> *katastrophenhafter Perspektive*
>
> Gramsci

Das, was in die Krise führte, war die „Erweiterung" der Diktatur. Caesars Entscheidung, seine effektive (und in ihrer Fülle neuartige) Macht mit der traditionellen, in der Verfassung vorgesehenen Diktatur gleichzusetzen, entsprang in Wahrheit keinem Entweder – Oder. Die Diktatur blieb das einzige Instrument, das ihm auch gegenüber seinen Anhängern Handlungsfreiheit verschaffte und erhielt. Rekapitulieren wir die einzelnen Phasen, in denen schon zu Beginn des Bürgerkriegs die Diktatur „wiederbelebt" wurde.

1. In einer Nebenbemerkung im zweiten Buch der *commentarii* zum Bürgerkrieg teilt Caesar in erstaunlich bescheidenem und unpersönlichem Ton seine Ernennung zum Diktator mit. Auf dem Rückweg aus Spanien (im August/September 49) gelangte er nach Tarragona, Narbonne und schließlich nach Marseille (Massilia). „Hier erfuhr er, daß ein Gesetz zur Einrichtung der Diktatur eingebracht und er vom Prätor M. Lepidus zum Diktator ernannt worden war".[1] Neben der angenehmen „Überraschung", als Caesar erfährt, daß *ausgerechnet er*[2] dazu ausersehen wurde, die Diktatur zu übernehmen, werden auch die verfassungsmäßigen „Bedenken" dargelegt. Nach geltendem Recht mußte der Diktator von einem Konsul ernannt werden. Doch im Jahr 49 waren beide Konsuln (Gaius Claudius Marcellus und Lucius Cornelius Lentulus Crus) mit Pompeius aus Italien geflohen. Daher die Notwendigkeit eines neuen Gesetzes, das es dem nach den Konsuln höchstrangigen Beamten, also dem Prätor, erlaubte, einen *dictator* zu bestimmen. Lepidus, im Jahr zuvor regulär zum Prätor gewählt, beendete also mit der Ernennung Caesars eine kritische

Situation und verlieh dessen Herrschaft den (freilich höchst umstrittenen) Anstrich der Legitimität.

Freilich ist über dieses Verfahren viel zu sagen. Hatte ein Prätor *in Abwesenheit* der anderen (ihm übergeordneten) Machthaber im Staat überhaupt das Recht, eine so heikle Bestimmung wie die Ernennung eines *dictator* gesetzlich zu modifizieren?

Bereits Ende März äußerte Cicero in Briefen an Atticus seine Bestürzung über ein mögliches derartiges Vorgehen:[3] Der Verdacht, daß Caesar diesen Weg einschlagen könnte, lag ja durchaus nahe. Schließlich sandte Caesar auch weiterhin Signale aus, die leicht als „Avancen" gegenüber hochrangigen und nicht allzu „linientreuen" Persönlichkeiten (zu denen auch Cicero gehörte) zu deuten waren – als Aufforderung, an einer rechtlichen Absicherung seiner Position mitzuwirken (Cicero verstand Caesar genau so). Denn augenblicklich, da der Bruch endgültig war, galt Caesar formell (von der Verfassung her) als „bewaffneter Bandit", der ohne rechtliche Legitimation in Italien einfiel. Und aus dieser ebenso mißlichen wie anfechtbaren Situation wollte Caesar so schnell wie möglich herauskommen. Daher schrieb er (unter anderem) Briefe an Cicero, in denen er ihn betont ehrerbietig *imperator* nennt,[4] nicht nur um seine Großmut zu demonstrieren, sondern um ihn um Rat und politischen Beistand zu bitten. „Ich glaube bestimmt, daß ich bald nach der Hauptstadt komme, und bitte Dich vor allem, Dich dann dort sehen zu lassen, damit ich mich Deines Rates, Deines Einflusses, Deiner Stellung und Deines Beistandes in allem bedienen kann" (5. März); „Dich möchte ich bitten, Dich vor der Hauptstadt zur Verfügung zu halten; wie immer möchte ich mich in allem Deiner Ratschläge und Beihilfe bedienen" (wenige Tage später). Von beiden Briefen schickte Cicero eine Abschrift an Atticus.[5] Diese dringlichen Hilfsgesuche bereiteten dem ängstlichen und unschlüssigen Cicero neues Kopfzerbrechen. Kurz nach Erhalt von Caesars erstem Brief teilt er Atticus seine Befürchtung mit, Caesar werde ihn demnächst darum bitten mitzuwirken, mithilfe der *auctoritas* eines Prätors (Lepidus!) die Fortdauer der Fragwürdigkeit und „Unrechtmäßigkeit" seiner Position zu beenden. Er beklagt sich darüber, daß Caesar ihn unter dem Deckmäntelchen der Ehrerbietung um einen solchen Rat und solche Unterstützung angehe. Er weiß genau: Caesar geht es um die Verleihung der Diktatur, darum, seine Herrschaft, die er bisher nur de facto ausübt, auf eine verfassungsmäßige Grundlage zu stellen. Doch, so fügt Cicero, Homer zitierend, hinzu, wenn ihm das zugemutet werde, „dann mag mich die Erde verschlingen". Cicero legt seine Position klar und deutlich dar: „In unsern Büchern lesen wir, daß es nicht nur nicht rechtens sei, daß die Konsuln von einem Prätor gewählt würden, nicht einmal die Wahl der Prätoren dürfe er vornehmen".[6] Wenige Tage später schreibt Cicero Atticus einen noch ausführlicheren, von noch größerer Ratlosigkeit gekennzeichneten Brief: „Ich nehme an, er will einen Senatsbeschluß herbeiführen, ein Gutachten der Auguren – und man wird mich mit Gewalt dazu heranholen oder es mich entgelten lassen, wenn ich fernbleibe –, daß ein Prätor die Konsulatswahl vollziehen oder einen Diktator ernennen darf. Beides widerspricht dem geltenden Recht. Aber wenn Sulla die Ernennung eines Diktators und *magister equitum* durch einen Interrex durchgesetzt hat, warum sollte er es nicht auch können?"[7]

2. Unpräzise schreibt Plutarch, Caesar sei vom Senat zum Diktator ernannt worden (*Caesar* 37,2). In Wirklichkeit hatte Caesar Anfang April 49 den Senat außerhalb der Stadt Rom einberufen (weil „ein Prokonsul den Senat nicht einberufen konnte und nicht an den Sitzungen in der Stadt teilnehmen konnte, wenn er nicht das *imperium* niederlegte").[8] Aber auch nach drei Sitzungstagen war man keinen Schritt weitergekommen. Wohl auf Initiative Caesars löste Lepidus schließlich das Problem mit dem Vorstoß, auf den Caesar in den *commentarii* verweist. Eine im allgemeinen so gutinformierte Quelle wie Cassius Dio meint, Lepidus „riet dem Volk, Caesar zum Diktator zu erwählen",[9] während Appian einfach angibt, das Volk habe ihn zum Diktator gewählt.[10] Es wurde darauf hingewiesen, daß der von Cassius Dio verwendete Terminus („riet" dem Volk) eher auf eine *contio*[11] (eine formlose Versammlung des Volkes) als auf eine Volksversammlung hindeute. Damit würde sich auch der von Appian verwendete Begriff erklären, und die Aporie hinsichtlich der rechtlichen Form, mit der Lepidus Caesars Ernennung zum Diktator vornahm, könnte beseitigt werden. Von entscheidender Bedeutung war die Unterstützung des Gesetzes, das den Prätor zur außerordentlichen Ernennung des Diktators ermächtigte, von popularer Seite. Eine „Ausnahmeregelung", die auch Cicero, eingedenk des Präzedenzfalls Sulla, nicht gänzlich ablehnte. Jedenfalls widersprechen sich die Quellen hier im wesentlichen nicht. Es ist durchaus plausibel, daß Lepidus für eine so schwerwiegende und für die Zukunft bedeutungsvolle Entscheidung (an deren Ende Caesars lebenslange Diktatur stand) die populare Unterstützung (oder wenigstens den Anschein

einer solchen) suchte. Cassius Dio (sprich: seine Quelle) macht allerdings deutlich, daß Lepidus hier „entgegen den bestehenden Gesetzen" (παρὰ τὰ πάτρια) gehandelt habe. Das bedeutet, daß die Überlieferung, auf die sich Cassius Dio in diesen Büchern beruft (vermutlich Livius), sich von Caesars „Diktatur" distanzierte – von der sich auch die verfassungsgemäße politische Linie des Augustus radikal und demonstrativ abkehrte.[12]

Die Diktatur *rei gerendae causa* (ein zeitlich befristetes Spezialamt, das in der römischen Verfassung seit jeher vorgesehen war) führte Caesar mit gewohnter Unbekümmertheit (er ernannte nicht einmal den *magister equitum*) und mit dem Vorsatz, seiner Herrschaft einen solideren „verfassungsmäßigen" Anstrich zu verleihen. Sobald er die Diktatur innehatte, hielt er die Wahlversammlungen ab und ließ sich für das darauffolgende Jahr (48 v. Chr.) zum Konsul wählen. Sein Amtskollege war Publius Servilius Isauricus, Prätor des Jahres 54, ein früherer Anhänger Catos, der am Vorabend des Bürgerkriegs zu Caesar übergewechselt war und zu dessen (und später Octavians) treuesten Anhängern zählte. Zu Beginn des neuen Jahres bekleidete Caesar also zwei Ämter: die Diktatur und den Konsulat. Er zögerte nicht, die geltende Gesetzgebung zu so brisanten Fragen wie der Bestimmung der Zuständigkeiten der Prätoren (durch ihn und nicht durch das Los) sowie der Aufteilung der Provinzen zu sprengen. Trotz dieser Rechtsbeugung, die auch Signal für Caesars Handlungsfreiheit sein wollte, die er im Kriegsfall und vielleicht auch danach auszuüben gedachte, war dies keine *dictatura rei publicae constituendae* (eine Diktatur zur Wiederherstellung des Staates),[13] sondern eben eine *dictatura rei gerendae causa*. Sie diente ihm aber nicht nur als quasilegales Mittel, um seine Position zu konsolidieren und *vom Rebell zum amtierenden Konsul* aufzusteigen, sondern auch dazu, *ein Regierungsprogramm zu realisieren*.

3. Seine ersten Maßnahmen als Diktator nach seiner Rückkehr nach Rom waren eindeutig von den traditionellen Forderungen der *populares* bestimmt. In seinem Schuldentilgungsgesetz achtete er aber sehr genau darauf, die Besitzenden nicht vor den Kopf zu stoßen. Zwar wurden die Schulden nicht erlassen (Schuldentilgung war eine der Hauptforderungen und ein in den Augen der Besitzenden typisch „catilinarischer" Anspruch), aber auf ein Maß (*existimatio aequa*) festgesetzt, das Schuldnern und Gläubigern gleicherweise gerecht zu werden suchte: Die Schuldner hatten ihren Verpflichtungen nachzu-

kommen (und sei es durch Abtretung ihres Besitzes an die Gläubiger), doch wurde der Vorkriegswert von Grundstücken und beweglicher Habe zugrundegelegt. Zu diesem Zweck wurden „Schiedsmänner" eingesetzt, die die Schätzungen durchzuführen und die korrekte Erstattung zu garantieren hatten. Bezeichnend ist der Umstand, daß Caesar zu Beginn des zweiten *commentarius* über dieses sein Gesetz ausführlich berichtet.[14] Die *commentarii* sind, wie wir wissen, Caesars Propagandainstrument auf allen Ebenen, nicht nur in der Frage der Verantwortung für den Bürgerkrieg. Auch wenn es um die Legitimität seiner Macht geht, um seine Regierungsmaßnahmen, das Verhalten seiner Freunde und Gegner im Krieg, seine Großmut im Umgang mit ihnen usw., bedient er sich dieser Propaganda. Caesar will hier deutlich machen, daß er die Erwartungen radikaler Umwälzungen, wie sie in Zeiten des Bürgerkriegs üblich sind, keinesfalls zu erfüllen gedenkt. Er habe, so schreibt er, diese Gesetze erlassen, „um die Furcht vor einer Schuldenaufhebung (*tabulae novae*) zu beseitigen". *Tabulae novae* war die klassische Formel für die Forderungen der Popularen nach Schuldentilgung. Vor nicht allzu langer Zeit und unter Caesar nur allzu vertrauten Umständen war dies der nachdrücklichste und wirkungsvollste Slogan Catilinas gewesen.[15] Als die schlimmsten Befürchtungen über Caesars wahre Absichten laut wurden, fragte sich auch Cicero, ob Caesar gegen die Wohlhabenden gerichtete *tabulae novae* einzuführen gedenke.[16] Um zu zeigen, daß er mit seinem Gesetz zum drängenden Schuldenproblem allen sozialen Klassen gerecht werden wollte, hält sich Caesar ungewöhnlich lange bei einer politischen Maßnahme auf, die den Wohlanständigen entgegenkam: Solche Forderungen, so heißt es, „folgen gewöhnlich auf Kriege und innere Unruhen". Mit der von ihm getroffenen Regelung dagegen schwinde die Angst vor dem Umsturz, gleichzeitig aber sei eine *existimatio aequa* garantiert, *eine gerechte Taxierung, um den guten Ruf der Schuldner zu stärken*.[17] Und um die Ausgewogenheit, das heißt den nichtrevolutionären Charakter seiner Maßnahme zu belegen, berichtet er wenige Kapitel später über den von dem Prätor Marcus Caelius Rufus (der „sich der Sache der Schuldner annahm")[18] verursachten Tumult.

Da Caesar mit den *commentarii* zum Bürgerkrieg ja nicht die Absicht hat, die zeitgenössische Geschichte Roms zu erzählen, verfolgt sein innenpolitischer Exkurs im Rahmen eines militärischen Berichts ein ganz bestimmtes Ziel: Er soll zeigen, daß die neue Staatsmacht nicht nur zu regieren versteht, sondern gegebenenfalls gegen Umstürzler und Störer des sozialen Friedens mit harter Hand durchgreift. Die Beschreibung der von Caelius Rufus heraufbeschworenen Unruhe ist ein propagandistisch geschickter Schachzug. Im Zentrum steht Caelius' beständige Drohung, sich an Caesar zu wenden, um sich von ihm für sein radikales Programm Unterstützung zu holen – und ausgerechnet von Caesars Leuten wird er später getötet. Caelius' Extremismus wird somit von Caesar „entlarvt": Caelius *behauptet* nur, „er wolle zu Caesar gehen", in Wirklichkeit aber nimmt er Kontakt mit Clodius' Mörder Milo auf, der sich im Jahr 52, nach seiner Verurteilung (die Cicero nicht hatte verhindern können), nach Marseille zurückgezogen hatte.[19] Jetzt tritt Milo an die Öffentlichkeit und macht sich – ausgerechnet er, der Mörder des Clodius! – ungeniert zum Sprecher der unzufriedenen Schuldner, gibt sich aber als „Abgesandter des Pompeius" aus![20] Ein treffenderes Beispiel für die „Prinzipienlosigkeit" der blinden Agitation läßt sich wohl kaum finden: Milo zögert nicht, dasselbe „extreme" Programm zu befürworten, das Caelius vertritt, der sich auf Caesar beruft; nur daß Milo sich eben auf Pompeius beruft! Er stützt sich in seiner Propaganda auf Sklaven, deren Zwinger (*ergastula*) auf dem Ager Hirpinus er öffnet.[21] Die echten Caesarianer Quintus Pedius und Gaius Trebonius[22] tun ihre Pflicht und gehen gegen die Unruhestifter vor, die beide getötet werden. Caelius versucht noch bis zum Äußersten zu gehen und in Thurii stationierte gallische und spanische Hilfstruppen Caesars mit Geld zu bestechen, wird aber von diesen ermordet. „So fanden die Anfänge großer Unternehmungen", beschließt Caesar seinen lehrhaften Exkurs, „die die Behörden zeitweise in Atem hielten und Italien beunruhigten, rasch und leicht ihr Ende".[23]

Eine weitere Maßnahme, die Caesar zu Beginn seines dritten Kommentariums hervorhebt, betrifft die Wiedereinsetzung derjenigen in ihre Rechte, die „man nach dem Gesetz des Pompeius wegen Wahlbestechung verurteilt hatte". Bekanntlich war Bestechung im Wahlkampf der „freien Republik" gang und gäbe. Seit das Triumvirat die Wahlergebnisse für die wichtigsten Ämter vorab festsetzte, konnte keiner, nicht einmal der unbescholtene Cato, mehr behaupten, er habe mit dem Kauf von Wählerstimmen nichts zu schaffen. Die Prozesse wegen „Wahlmanipulation" waren daher nur eine Fortsetzung des Parteienkampfes mit anderen Mitteln, keine Maßnahme zur Stärkung der Moral. Das war allgemein bekannt, und die Prozesse endeten je nach Kräftekonstellation unterschiedlich. In diesen Verhältnissen hat jenes Gesetz seinen Ursprung, das Caesar in den *commen-*

tarii mit ungebrochenem Parteigeist erörtert: in den von der gegnerischen Seite geführten Prozessen. Sie verlangten nach drastischen
Korrekturen und der politischen Reintegration derer, die Opfer dieser
Prozesse geworden waren. Auch hier wägt Caesar seine Worte sehr
genau ab. Vor allem schreibt er die Initiative für diese Maßnahme
den Prätoren und Volkstribunen zu, was formell richtig ist. Dann
folgen recht vage Präzisierungen, etwa, daß einige (*nonnullos*, das
heißt nicht viele) von dieser Maßnahme profitierten. Aus dem Zusammenhang aber ergibt sich, daß es wohl in Wirklichkeit keineswegs so war, da von jenen ungerechten Prozessen eben nicht wenige
betroffen waren: „In der Zeit, als Pompeius die Stadt durch seine
Legionen besetzt hielt (*praesidia legionum*), hatte man einige Männer
nach dem Gesetz des Pompeius verurteilt. Die Prozesse hatten *jeweils
nur an einem Tag* stattgefunden, wobei eine Richtergruppe die Be-
weisaufnahme durchführte, andere aber das Urteil sprachen".[24] Weiter heißt es: Bei Ausbruch des Bürgerkriegs hätten ihm einige dieser
„Betroffenen" ihre Dienste angeboten; er aber sei zu dem Schluß
gekommen, daß sie nicht durch seine persönliche Gnade, sondern
iudicio populi (durch das Urteil des Volkes) rehabilitiert werden
müßten. Er wollte weder beim Vergelten von Diensten undankbar
erscheinen noch anmaßend, wenn er dem Volk die Gelegenheit zu
einem „Gnadenerweis" entzöge.[25] Zu guter Letzt wollte er mit einer
politisch-symbolischen Maßnahme eine Schande tilgen, die noch eine
Erblast Sullas war, und die Söhne der Proskribierten in ihre vollen
Rechte wiedereinsetzen.[26]

4. Diese Maßnahme war ein klares propagandistisches „Signal" der
Wiedergutmachung, die er der popularen Partei quasi „schuldete".
In dieser ersten, zeitlich sehr kurzen Diktatur (die Caesar mit Beginn
der *Feriae Latinae* des Jahres 48, gleich nach Erlaß seiner Gesetzes-
bestimmungen, wieder niederlegte, um sich nach Brindisi aufzu-
machen und Pompeius entgegenzutreten)[27] sind Mäßigung und politische Entschiedenheit geschickt gemischt. In einer Situation, in der
Caesar sich genau wie Sulla der Diktatur als eines Mittels bediente
(und sie wie Sulla ungeniert ausübte), war ein antisullanisches Zeichen nötiger denn je, zumal sein Programm von Anfang an deutlich
antisullanische Akzente hatte. Sein „Manifest", der offene Brief an
Oppius und Balbus (von Ende Februar 49), der in einer Abschrift
auch Cicero zugestellt wurde, gipfelte ja in dem programmatischen
Satz: „Sulla möchte ich nicht nachahmen".[28] Und in den Ansprachen,

mit denen er seine Soldaten „anfeuerte", nachdem sie den Rubikon überschritten und er ihnen die aus Rom verjagten Volkstribunen als Opfer der den Senat beherrschenden *factio* vorgeführt hatte, war sein Hauptargument der Vorwurf gewesen, seine Gegner zerstörten jene Freiheitsgarantien der Tribunen, die sogar ein Sulla unangetastet gelassen hatte.

Bekanntlich aber war Caesars programmatisches „Manifest" auch in einem anderen Punkt unmißverständlich – er wollte sich nicht als der Mann *einer bestimmten Partei* präsentieren: „So wollen wir versuchen", hatte er in dem „offenen Brief" an Oppius und Balbus im kritischsten Augenblick des Konflikts geschrieben, als er den staatlichen Autoritäten als bloßer Rebell galt, „auf diese Weise, wenn möglich, *allgemeine Zuneigung (omnium voluntates)* zu gewinnen und den Sieg zu einem dauerhaften zu machen [er spricht von Sieg, wo er nur über wenige Legionen verfügt und der Kampf noch bevorsteht!]. Alle andern haben ja infolge ihrer Grausamkeit dem Haß nicht zu entgehen vermocht und ihren Sieg nicht allzu lange aufrecht erhalten können, abgesehen von dem einen Sulla, und den möchte ich nicht nachahmen".

Aus diesen Worten liest man gewöhnlich (und zu Recht) Caesars Abrücken von Sulla. Doch wer zwischen den Zeilen zu lesen vermag, erkennt darin auch eine Distanzierung von Marius, dem Mann, der für das römische Stadtvolk noch immer ein „Mythos" war und dessen Statuen Caesar während seiner Karriere als *popularis* wiederaufstellen hatte lassen.[29] Auf wen konnte sich der Vorwurf gegen jene beziehen, die sich der Illusion hingeben, die Macht sei mit *crudelitas* (Grausamkeit) zu stärken (wo man sie doch verliert, wenn man *odium* – Haß – erregt hat), wenn nicht auf Marius und Cinna, die er so gut kannte? Ihretwegen und wegen seiner Treue zu dieser Faktion war er schließlich als junger Mann den Verfolgungen Sullas ausgesetzt gewesen. Ihre Irrtümer und Fehler, ihre Schwächen und Engstirnigkeiten kannte er ebenfalls genau. Er jedenfalls würde später auch die Statuen des Pompeius und des Sulla wiederaufstellen lassen, die die Menge im Taumel der Begeisterung über Caesars Sieg zertrümmert hatte.[30]

Man kann mit Gewißheit sagen, daß die an Oppius und Balbus gerichteten Sätze der reinen Propaganda dienten. Jedenfalls verfahrenstechnisch. Ein derartiger Brief, lediglich an die Adresse dieser beiden gerichtet, die seine engsten „Waffengefährten" waren, ergäbe keinen Sinn. Die eigentlichen Adressaten waren andere. Oppius und

Balbus waren deshalb die Empfänger, weil sie den Brief in Umlauf brachten. Und er ist uns ja schließlich deshalb erhalten, weil Balbus ihn umgehend an Cicero weiterleitete (einen Mann, den Caesar unbedingt auf seiner Seite haben oder zumindest in einer neutralen Position sehen wollte). Der wiederum schickte eine Abschrift davon an Atticus, der ihn aufbewahrte und später mit den anderen an ihn gerichteten Briefen Ciceros veröffentlichte. Propaganda ist aber nicht mit Lüge gleichzusetzen, wie man es gemeinhin tut. Eine gute Politik zeichnet sich dadurch aus, daß das praktische politische Handeln die Richtigkeit der Propaganda bestätigt. Hierin liegt ein wesentlicher Vorteil Caesars gegenüber seinen Gegnern: *omnium voluntates recuperare*. Mit diesen Worten will Caesar nicht Senatoren auf seine Seite ziehen, die angesichts des Bürgerkriegs unsicher und unentschlossen sind. Hier geht es um ein Programm, das unmittelbar in die Tat umgesetzt wird, und zwar von dem Augenblick an, als Caesar nach der Übergabe von Marseille und vor seinem Aufbruch nach Pharsalos erstmals das Mittel der Diktatur einsetzt.

XXXIII
Epikureer in der Revolte?

1. Arnaldo Momigliano[1] hat behauptet, an der Verschwörung gegen Caesar seien hauptsächlich Männer mit epikureischen Anschauungen beteiligt gewesen, und diese Anschauungen, die im fünften Buch des Lukrez originär dargelegt sind, seien die Grundlage für die anti-monarchische Rebellion dieser „Epikureer in der Revolte" gewesen. Momiglianos kämpferischer und eindringlicher Aufsatz ist jedoch in seinen Hauptthesen weitgehend unhaltbar: daß nämlich die Verschwörer und späteren republikanischen Kämpfer mehrheitlich „unconventional" (der Politik verfallene) Epikureer gewesen seien, mit Lukrez als geistigem Mentor. Mit seiner Verklärung des „Heroischen" als Bindeglied zwischen dem Epikureismus in der Philosophie und dem militanten und libertären Republikanismus in der Politik ist und bleibt es eine ästhetisch gelungene Schrift. Für Momigliano muß es geradezu ein Befreiungsschlag gewesen sein, diesen im übrigen gewagten Aufsatz zu schreiben – nach all den Jahren des vorsichtigen Taktierens, immer mit Blick auf die Kompatibilitäten und die „kontrollierte Toleranz" des Faschismus und des Umkreis der *Enciclopedia*.[2] Um seiner These willen weitete er den Kreis der Epikureer aus;[3] und wenn einer von ihnen der Verschwörung ablehnend gegenüberstand bzw. gar nicht eingeweiht war, wurde er kurzerhand mitvereinnahmt. So Statilius, Beispiel eines „Epikureers", über den Plutarch unmißverständlich berichtet, er habe es abgelehnt, an der Verschwörung teilzunehmen und sogar Marcus Iunius Brutus persönlich eine Absage erteilt! Er kann unmöglich mit jenem Statilius identisch sein, der mit Cato in Africa gewesen war und später in Philippi starb, dafür gibt es jedenfalls keine sicheren Anhaltspunkte. Aber selbst wenn es sich dabei um ein und dieselbe Person handeln würde, wäre darauf hinzuweisen, daß er trotz großartiger „republikanischer" Karriere jede Beteiligung an einer Verschwörung strikt ablehnte. Sein Beispiel verdeutlicht also höchstens den *Widerstand* der Epikureer gegen diese Art des Kampfes, mitnichten aber ihre Bereitschaft, an einer solchen Verschwörung mitzuwirken. Ebensowenig überzeugend sind die Schlußfolgerungen, die Momigliano aus

Philodemos' Abhandlung *Über das homerische Fürstenideal* zieht.
Für Momigliano war dieses Werk, das überdies auch noch im Haus
von Caesars Schwiegervater entstand, „ein Aufruf zur Mäßigung",
verfaßt „in den Jahren von Caesars Diktatur".[4] Wie man all das aus
dem Titel der Schrift und aus der Tatsache schließen kann, daß Piso,
Caesars Schwiegervater und Philodemos' Gastgeber, ein „Gemäßig-
ter" war, weiß Gott allein. Man mag behaupten, was man will, nur
nicht, daß Caesar nach seinem Sieg Appelle „zur Mäßigung" nötig
hatte, da ihm ja ausgerechnet seine *clementia* (Milde) zum Verhängnis wurde. Das wußten alle, die bei seinem Leichenbegängnis eifrig
den Vers des Pacuvius aus *Armorum iudicium* beklatschten, der da
lautete: „Habe ich sie gerettet, damit sie mich töten können?"[5] Wenn
man sich in Spekulationen ergehen will, könnte man ebensogut das
genaue Gegenteil behaupten – daß nämlich Philodemos' Traktat über
die Monarchie (einmal angenommen, es enthielte tatsächlich einen
aktuellen politischen Bezug) *für* die Monarchie Stellung bezieht, die
in Caesars letzten Lebensmonaten gleichsam in der Luft lag.

Die republikanische Begeisterung macht also blind. Falsch ist allein schon der Zeitpunkt von Cassius' „Konversion" zum Epikureismus. Für Momigliano ist es das Jahr 46, und er beruft sich dabei
auf Ciceros Brief an Cassius (*An seine Freunde* XV 16),[6] in dem sich
Cicero über die Wiedergabe des epikureischen εἴδωλον durch das
unzutreffende *spectrum* mokiert. Dieser Brief aber, der ohne triftigen
Grund auf das Jahr 45 datiert wird, zeigt, daß die „Konversion"
schon früher stattgefunden haben muß: „auch wenn es bereits zwei
oder drei Jahre her ist", schreibt denn auch Cicero, „daß Du, ge-
schmeichelt von den Verlockungen der Lust (*voluptas*) [also: du dich
von der stoischen Philosophie abgewandt hast], der Tugend [also:
der epikureischen Lehre] den Scheidebrief geschickt hast".[7] Die Rede
ist also von einer Konversion, die früher stattgefunden hat: Wenn
biennium aut triennium (zwei oder drei Jahre) einen Sinn haben soll,
so muß Cassius sich in einem spektakulären Schritt nach der Niederlage bei Pharsalos und nach seinem Wechsel in Caesars Lager als
Epikureer bekannt und dementsprechend verhalten haben. Dieser
Übertritt zu der Philosophie, zu deren Anhängern man nicht zu Unrecht auch Caesar rechnet, war eher eine Geste der Fügsamkeit und
des Konformismus als das Gegenteil, eine Entscheidung für den
Kampf gegen den Tyrannen und gegen Caesar.[8]

Am Ende von Momiglianos Argumentation bleibt von den angeblich vielen glühenden epikureischen Republikanern einzig und allein

Cassius übrig. Im Falle von Messalla wäre es ein Hirngespinst, sagt doch Horaz von ihm, er sei „von Socrates' Reden getränkt".[9] Und schließlich muß selbst Momigliano kapitulieren: „Nichts vermag den Übertritt [des Cassius] vom orthodoxen zum heroischen Epikureismus zu erklären".[10] In der Tat haben neuere Untersuchungen gezeigt, wie wirr und wenig authentisch jener Epikureismus war, den Cassius ab einem bestimmten Zeitpunkt zur Schau zu stellen begann.[11] Das wahrheitsgetreueste Bild von Cassius zeichnet wahrscheinlich Appian; er stellt ihn als einen Mann von großer körperlicher und geistiger Energie dar, der sich geradezu monomanisch auf den Krieg konzentrierte – darin den Gladiatoren in der Arena ähnlich, die sich mit ganzer Kraft auf den Gegner stürzten.[12] Mit diesem Bild hat das von der „Philosophie des Gartens" inspirierte öffentliche Auftreten nichts gemein.

2. Vielleicht ist Cassius' „Konversion" zum Epikureismus keine reine Privatangelegenheit. Wie ja auch Caesars heftige Polemik im *Anticato* gegen der heroischen Stoiker, der immer noch so viele und vornehmlich junge Menschen verführte, keine rein philosophische Stellungnahme ist. Über Cassius' „Konversion" gibt uns bekanntlich Cicero Auskunft. Sein Briefwechsel mit Cassius, von dem ein kleiner Teil im fünfzehnten Buch der Sammlung *An seine Freunde* erhalten ist,[13] bleibt hier die wichtigste Quelle: nicht nur, weil Cicero zeitliche Angaben macht („auch wenn es bereits zwei oder drei Jahre her ist"), sondern weil er mit einem gewissen Witz suggeriert, ein äußerer und sehr mißlicher Umstand hätte zur Konversion geführt. Entscheidend ist die Stelle, wo Cicero schreibt, Cassius habe sich von seiner ursprünglich stoischen Überzeugung *vi hominibus armatis*[14] (mit Gewalt von bewaffneten Männern) entfremdet, also nach Caesars Sieg bei Pharsalos und Cassius' Kapitulation, als Cassius ipso facto Statthalter des Siegers geworden war. Eine zwar scherzhaft eingekleidete, aber klare zeitliche Einordnung: Mit dem Wechsel in Caesars Dienste nach der Schlacht bei Pharsalos im August 48 hat Cassius auch seine stoischen Überzeugungen aufgegeben und die philosophischen Anschauungen seines neuen Führers übernommen: den Epikureismus. Cicero macht nur eine Andeutung; indirekt gibt er zu verstehen, daß Cassius förmlich zu diesem Gesinnungswandel gezwungen war. Daher sagt er im Scherz, er wolle beim Prätor das Gesuch einreichen, Cassius seiner alten Sekte (der stoischen Philosophie) wieder zuzuführen.[15]

Cassius' Verhalten während der gesamten Zeit des Bürgerkriegs war höchst widersprüchlich, zumindest wenn man zugrundelegt, was Cicero, wenn auch nur andeutungsweise, mitteilt. Den wichtigsten und aufschlußreichsten Brief hierzu schrieb Cicero im August 47 aus Brindisi (Brundisium) an Cassius.[16] Cicero erinnert an seinen langen vertraulichen Austausch (*sermo familiaris meus tecum*) mit Cassius vor Ausbruch des Bürgerkriegs und in der ersten Zeit nach dessen Beginn. Beide scheinen äußerst bestürzt gewesen zu sein („aus Hoffnung auf Frieden und Abscheu vor dem vergossenen Bürgerblut") und faßten daher den Entschluß, sich der „unvermeidlichen Hartnäckigkeit des Krieges zu entziehen" und alle Hoffnung in den Ausgang einer einzigen, ihrer Meinung nach unmittelbar bevorstehenden Schlacht zu setzen. Diese Hoffnung wurde infolge der unerwartet langen kriegerischen Auseinandersetzungen und des unglaublich zeitraubenden Alexandrinischen Kriegs enttäuscht. Dieser Krieg war schuld, daß Cicero immer noch in Brindisi festsaß und – in Sorge wegen der Wiederbewaffnung der Pompeianer in Africa – vergeblich auf Caesars Rückkehr wartete. Am Ende dieses bedeutenden Briefes macht Cicero eine interessante und verblüffende Mitteilung. Von Lucera aus (also im Frühjahr 49, bevor Pompeius und der republikanische „Generalstab" Italien verlassen hatten) habe ihm Cassius geschrieben und ihn aufgefordert, sich *nicht* Pompeius anzuschließen, sondern in Italien zu bleiben.[17] Ein klarer Beleg für Cassius' Zweifel an der Armee, der er sich angeschlossen hatte.

Nach der Schlacht bei Pharsalos also hatte sich Cassius nicht nur zur Kapitulation, sondern auch zum Wechsel auf Caesars Seite entschlossen. Neidvoll erinnert ihn Cicero daran: „Du hast die Rolle gewählt, die es Dir ermöglichte, den Beratungen [mit Caesar] beizuwohnen und so in der Lage zu sein, Dir ein Bild von der Zukunft zu machen"[18] – eine geradezu bilderbuchhafte Beschreibung der Aufgaben und Vorteile eines „Spions", der die Nähe dessen sucht, dessen nächsten Schritt er ausspionieren will. Cicero weiß auch, daß Cassius bereits im Jahr 47, als Caesar von Syrien aufgebrochen und nach Kilikien gekommen war, ein Attentat gegen den Diktator organisiert hatte, das jedoch gescheitert war.[19] Ein rascher Wechsel auf die Seite des Siegers und gleich darauf der Versuch, ihn aus dem Weg zu räumen: Dies ist womöglich das früheste uns bekannte Zeugnis eines Attentatsversuchs gegen Caesar. Gleichzeitig verdeutlicht es uns Cassius' ambivalente Haltung. Er schließt sich widerwillig Pompeius an, wechselt nach der Niederlage bei Pharsalos sofort auf Caesars Seite,

gewinnt sein Vertrauen, wird sein Berater und übernimmt sogar Caesars philosophische Anschauungen. Gleichzeitig jedoch versucht er,
ihn zu töten, noch bevor andere überhaupt an Verschwörung denken.[20] Erneut erweist sich hier das Geschick, die Kaltblütigkeit und
Entschlossenheit des „Spitzels".

Der restliche (wenig umfangreiche) Briefwechsel zwischen Cicero
und Cassius vor den Iden des März 44 ist mehrdeutig und hinter-
gründig. So ist zum Beispiel unklar, inwieweit die Debatte über die
spectra Catiana und die tölpelhaften römischen Epikureer als das zu
lesen ist, was sie auf den ersten Blick scheint: als eine müßige, rein
philologische Darlegung (denn es werden Fakten ausgebreitet, die
dem Absender wie dem Empfänger längst bekannt sind). Vielleicht
muß man in diesem vordergründigen Disput eher ein hintergründiges
Wortspiel vermuten. Dabei kommt einem in den Sinn, was Cicero
und Atticus über die Vorteile einer verschlüsselten Sprache schreiben.[21] Im Blick behalten sollte man ebenfalls die prononcierte Feindseligkeit gegen Gnaeus Pompeius den Sohn, die Cassius XV 19 zum
Ausdruck bringt, sowie seine vielsagende Äußerung, er möchte „lieber den alten, milden Herrn behalten [Caesar offenbar], als es mit
dem neuen, grausamen (Pompeius dem Sohn) zu versuchen". Kommt
hier erneut die Feindschaft gegenüber Pompeius zum Ausdruck, die
Cassius seinerzeit zu jenem Brief aus Lucera gedrängt hatte, dessen
Rat nicht befolgt zu haben Cicero bedauert? Oder muß man hierin
ein Zeichen für den irreparablen Bruch zwischen den entschlossenen
Pompeianern auf der einen Seite und „den Jüngeren" auf der anderen
Seite sehen, die sich nach der Niederlage bei Pharsalos in das Unver-
meidliche ergaben? Vielleicht steckt genau diese Befürchtung dahinter: Die ersten Opfer nach dem Sieg von Gnaeus Pompeius könnten
seine einstigen Kampfgenossen sein, die sich nach der ersten Niederlage mit dem Debakel abfanden.

3. Cassius' Verhalten ist, so scheint es uns, höchst zweischneidig.
Selbst seine „Konversion" hat weder damals noch heute überzeugt.
Wenn beispielsweise Seneca (*Briefe an Lucilius* 83,12) bemerkt,
Cassius habe „sein Leben lang nichts als Wasser getrunken", meinte
er damit nicht zuletzt eine Art und Weise der Lebensführung, die von
der entspannten Lebensfreude der Epikureer weit entfernt ist und
weit mehr an die asketische Härte eines strikten Stoizismus erinnert.
Aber es sind insbesondere die ausführlichen Darlegungen des Cassius
selbst (in Plutarchs Lebensbeschreibung des Brutus),[22] die mißtrau-

isch machen. Die dort gegenüber Brutus dargelegte Theorie, die den Wahrnehmungen jeden Wert abspricht, ja sie als „etwas Wandelbares und Trügerisches" bezeichnet, steht ganz in platonisch-aristotelischer Tradition und folglich im Gegensatz zur Lehre Epikurs. Cassius' These, Visionen (der böse Geist, den Brutus vor Philippi sah) entbehrten jeder realen Grundlage und seien nur Ausgeburten der Phantasie, widerspricht andererseits Epikur, demzufolge Visionen durchaus in einem realen Anlaß gründen, ja ein Beweis für die Existenz der Götter seien.[23] Plutarch schreibt, Cassius habe vor Ausführung des Attentats gegen Caesar im Senat „mit einem Blick auf die Statue im stillen den Pompeius um Beistand angerufen", und weiter, eine solche Geste des Cassius sei merkwürdig, da er „sonst der Lehre Epikurs anhing".[24] Plutarch drückt sich vorsichtig aus. Er sagt nicht, Cassius bekenne sich zum Epikureismus als Philosophie (oder „als Glaube"), er sagt, „er war der Lehre Epikurs nicht abgeneigt (ἀλλότριος)".

Im übrigen ist es äußerst merkwürdig, daß einer wie Brutus, bekanntermaßen ein guter Kenner der griechischen Philosophie, derart banale und inkonsistente Erklärungen von Cassius nötig gehabt haben soll. Merkwürdig auch, daß Cassius – als „Epikureeer" – ausgerechnet bei einem Thema wie der Theorie der *imagines*/εἴδωλα Erhellendes hätte beisteuern können. Aber genau darüber unterhält er sich, laut Plutarch,[25] mit Brutus. Diese Theorie ist auch für Cicero[26] der Anlaß zu scherzhaften Sticheleien. Cicero geht von der schlechten Übersetzung eines in den Texten Epikurs vorkommenden Terminus durch Catius (*spectra*) aus. Als wüßte er nicht sehr viel mehr.

Auch Plutarchs Bericht hat seinen Wert. Und vielleicht verschafft gerade Messalla dem philosophischen Denken seines Helden Kohärenz, wenn er indirekt dem Verdacht widerspricht, Cassius' „Konversion" sei zweckgebunden und stehe in Zusammenhang mit seiner Kapitulation gegenüber Caesar, läßt er ihn doch auch *in articulo mortis*, am Vorabend von Philippi, als Epikureer sprechen. Der Briefwechsel mit Cicero dagegen bleibt ein Dokument aus erster Hand, in dem der Held unmittelbar zu Wort kommt. Dennoch ist es ein zwiespältiges Dokument. Nicht allein wegen des ironischen, ja widersprüchlichen Tons, sondern vor allem aufgrund jener merkwürdigen „Komplizenschaft" der beiden Briefpartner, die sich eigentlich bekämpfen müßten, so radikal unterschiedlich sind ihre philosophischen Positionen.[27]

Doch vor allem bleibt der Eindruck, daß Cassius und Cicero unter dem Deckmäntelchen des philosophischen Streitgesprächs von etwas ganz anderem sprechen. Der Verdacht erhärtet sich, wenn man den Brief näher betrachtet, mit dem Cassius auf Ciceros „Provokation" antwortet. Jenseits aller scherzhaften Bemerkungen über die problematische Übersetzung von *spectrum* für εἴδωλον hatte ihm Cicero mit dreijähriger Verspätung[28] vorgeworfen, er habe „der Tugend den Scheidebrief geschickt". In seiner Antwort erläutert Cassius zunächst wieder Zusammenhänge, die Cicero selbst bekannt sind, ja worüber er selbst andere belehrt hat (beispielsweise, wenn er Torquatus in *De finibus* sprechen läßt): daß nämlich Epikur keineswegs ein Gegner der Tugend ist. Epikur selbst, so Cassius, sagt ja: „Man kann nicht angenehm leben, ohne gut und gerecht zu leben".[29] Dann führt er Beispiele aus der aktuellen Politik an und nennt einzelne Persönlichkeiten. „Somit bewahrt Pansa, der sich der *Lust*[30] verschrieben hat, doch die Tugend, und alle, die Ihr als *Freunde der Lust*[31] bezeichnet, sind *Freunde des Guten* und *Freunde der Gerechtigkeit* und pflegen und bewahren alle Tugenden (*virtutes et colunt et retinent*)".[32]

Hier teilt Cassius unter dem Schutz der Philosophie Cicero vorsichtig *eine neue Information* mit: daß nämlich Pansa und andere (die er nicht namentlich nennt, die aber unter Hinweis auf ihre epikureische Gesinnung kenntlich sind) sich der Tugend gemäß verhalten. Bekanntlich ist das Briefgeheimnis im allgemeinen und unter den Bedingungen des antiken Briefverkehrs im besonderen gefährdet. Im Juli 59, unter Caesars erstem Konsulat, schreibt Cicero an Atticus: „Finde ich einen unbedingt zuverlässigen Überbringer, so schreibe ich Dir demnächst alles mit klaren Worten; wenn nicht, so wirst Du es trotzdem verstehen, auch wenn ich mich dunkel ausdrücke. Alsdann nenne ich mich Laelius, Dich Furius; alles andere wird getarnt".[33] Die Botschaft von Cassius' Zeilen lautet wohl, daß sich mehrere, beiden Briefpartnern bekannte Personen *der Tugend gemäß* verhalten – gewiß ist gemeint: im politischen Sinn, aber in welchem?

Cassius' weitere Andeutungen sind noch unklarer, wenn man seine Aussagen wörtlich nimmt: „Deshalb fragte Sulla, mit dessen Urteil wir uns schlechterdings abfinden müssen (*cuius iudicium probare debemus*), als er sah, daß die Philosophen sich nicht einig seien, nicht lange, was gut sei, und kaufte alle Güter auf" (eine Anspielung auf den Zusammenkauf von Gütern der Proskribierten). Das ist weniger nonchalant formuliert, als es den Anschein hat. Hier geht einer auf spöttische Distanz zu allen philosophischen Disputen über die Frage, „was gut sei": Über diese Dispute macht sich Cassius dadurch lustig, daß er von *bonum* (im philosophischen Sinn) zu den *bona* (im materiellen Sinn) übergeht. Ein Wortspiel, das eine Verachtung zum Ausdruck bringt, die einem Verfechter der „epikureischen Idee des Guten" gegenüber anderen philosophischen Richtungen (und als solcher will Cassius im ersten Teil des Briefes ja erscheinen) nicht wohl ansteht. Das geistreiche Wortspiel wird erst durch den unvermittelten Verweis auf Sulla möglich.[34] Rätselhaft ist auch die Erklärung, mit Sullas Urteil „müssen wir uns schlechterdings abfinden". Tyrrell und Purser behelfen sich damit, daß sie sagen, die Bemerkung sei ironisch gemeint. Das ergäbe aber nur dann einen Sinn, wenn Sullas Erwähnung in diesem Zusammenhang überhaupt sinnvoll wäre; denn der Brief begann ja als Verteidigung der epikureischen ἡδονή gegenüber ihren Verleumdern! Diese dialektische Kapriole, bei der vom Wortpaar Lust/Tugend zu dem billigen Wortspiel *bonum/bona* (das Gute/die Güter) übergegangen wird, scheint im wesentlichen auf den Satz zuzulaufen: „Wir müssen uns schlechterdings mit Sulla abfinden". Aber wozu eine solche Erklärung? Sie hätte in der römischen Politik einen merkwürdigen Klang, insbesondere in einem Gespräch zwischen Personen, die (wie Cicero zu jener Zeit) immer nur betonten, wie sehr sie das sullanische Modell verabscheuten. Bedenken wir aber, daß es Sulla war, der den noch jungen Caesar hatte töten lassen wollen und allen, die sich für dessen Rettung einsetzten, unmißverständlich sagte, sie sollten „Caesar behalten, wenn sie sich nur darüber im klaren wären, daß derjenige, den sie mit soviel Mühe zu retten suchten, einst der Adelspartei (*optimatium partibus*) den Untergang bereiten" werde.[35] War das vielleicht mit dem „Urteil Sullas" gemeint, mit dem „wir uns abfinden müssen"? Die geschickte Verknüpfung mit dem Problem des „Guten" im philosophischen Sinn und die überraschende Nennung Sullas, um auszudrücken, daß es Cassius nicht um die Philosophie geht, sondern um ein *iudicium* Sullas, das man nicht ablehnen kann? Damit wären Cassius' Worte ein klares *memento* an die Notwendigkeit, wenigstens *jetzt* das zu tun, was Sulla nicht zu tun gegeben war.

Noch rätselhafter ist der folgende Satz: „Sein Tod hat mich weiß Gott nicht erschüttert". Weshalb sollte Cassius, damals noch ein Kind, von Sullas Tod (im Jahr 78 v. Chr.) erschüttert gewesen sein? Doch auch hier handelt es sich um eine Anspielung, denn gleich darauf werden Sulla und Caesar miteinander in Verbindung gebracht: „Freilich wird Caesar nicht allzu lange dulden, daß wir ihn vermissen".[36] Diese bemerkenswerte Formulierung könnte bedeuten, daß Caesars Ermordung unmittelbar bevorstand und deshalb Sulla nicht „vermißt" zu werden brauchte: das heißt, man brauche den nicht zu beschwören, der Caesar endgültig hatte aus dem Weg räumen wollen.

Nach diesem Abschnitt, der nur dann einen Sinn hat, wenn man in ihm eine geheime Botschaft sieht,[37] betont Cassius ausdrücklich, daß er *jetzt, an dieser Stelle des Briefes*, wieder auf die Politik zu sprechen kommen möchte. „Jetzt – *um auf die Politik zu kommen* – schreib mir, was in Spanien vorgeht".[38] Zu diesem Zeitpunkt, Ende Januar 45, steht Caesar am schwierigsten Punkt des langen Bürgerkriegs: dem Kampf gegen die Söhne des Pompeius in Hispania Ulterior. Cassius schreibt weiter, ein Sieg Caesars wäre ihm lieber als ein Sieg des Pompeius, den er als unerbittlich und gefährlich bezeichnet und dabei auf Ciceros Einverständnis hofft: *„Du weißt, wie einfältig Gnaeus ist, weißt, wie er Grausamkeit für Tugend*[39] *hält, weißt, wie er sich immer von uns verspottet glaubt"* (nach der Niederlage bei Pharsalos wäre Cicero der Gewalttätigkeit dieses Mannes beinahe selbst zum Opfer gefallen). Hinter diesen Sätzen stecken gewiß Haß und Unduldsamkeit; vor allem aber zeigt sich, welch unterschiedliche Wege Cicero und Cassius (sowie Brutus) auf der einen und die Pompeiussöhne und Cato auf der anderen Seite eingeschlagen haben: Denn es war zu einem weiteren Krieg gekommen, dem afrikanischen, der in Thapsos verloren wurde und zwischen den einstigen „Pompeianern" eine tiefe Kluft hatte entstehen lassen. Daher kann Cassius hier im Klartext sagen, er möchte lieber „den alten, milden Herrn behalten als es mit dem neuen, grausamen versuchen",[40] auch wenn der militärische Ausgang ungewiß ist.

Diesen Brief, ein Jahr vor jenem Attentat auf Caesar abgefaßt, dessen Hauptdrahtzieher Cassius war, können wir nur teilweise enträtseln. Er steht am Ende von Buch fünfzehn der Briefe *An seine Freunde* als Teil jener Schreiben, die Ciceros enge Beziehungen zu zwei Männern bezeugen – zu Cassius und Trebonius, die beide in der Verschwörung gegen Caesar eine Hauptrolle spielten. Dieser Brief darf nicht isoliert betrachtet werden, dokumentiert er doch Ciceros Vertrauensverhältnis zu den kompromißlosen Initiatoren der Ermordung des Diktators.

XXXIV
Die „Hetairie" des Cassius und Brutus' Einbeziehung

1. Es gibt eine Überlieferung, die Cassius und seiner Rolle bei der Ermordung Caesars besondere Aufmerksamkeit schenkt. Sie taucht in den Quellen immer wieder auf und kann uns wahrscheinlich wertvolle Informationen liefern. Der klarste Text ist zugleich der interessanteste: Plutarchs Schilderung des Attentats in seiner Lebensbeschreibung des *Brutus*; Plutarch stützt sich dabei auf Quellen, die den Ereignissen wie auch den Protagonisten nahestehen – auf den *Brutus* des Emphylos, eines Rhetors aus Rhodos, der bis zuletzt Freund und Vertrauter des Brutus gewesen war, sowie eine Brutus-Biographie, die dessen Stiefsohn Lucius Calpurnius Bibulus verfaßte, Sohn der Porcia (Brutus' Ehefrau und Tochter Catos) aus ihrer ersten Ehe mit Bibulus, der im Jahr 59 zusammen mit Caesar Konsul gewesen war.[1] Hierbei handelt es sich durchweg um Lebensbeschreibungen aus allernächster Nähe. Plutarchs Schilderung liegt ein brutusfreundlicher Ton zugrunde, der nicht nur in den Quellen, sondern auch in Plutarchs intellektuellen Sympathien begründet liegt.

Wenn Plutarch von den Anfängen der Verschwörung berichtet, erzählt er, wie Brutus durch Cassius immer mehr mit dem Gedanken vertraut gemacht wird, den „Tyrannen" durch ein Attentat zu beseitigen – trotz der enormen Gunst, die er bei Caesar genießt. Hier greift Plutarch zu einer aufschlußreichen Formulierung: „Auch sonst hatte Brutus an Caesars Macht soviel Anteil, als er nur wollte; wenn er wollte, konnte er der erste seiner Freunde sein und den größten Einfluß üben. Aber die *Geheimverbindung* (‚Hetairie')[2] mit Cassius zog ihn doch an und wandte ihn von Caesar ab".[3] Im weiteren Verlauf schildert Plutarch die Bemühungen dieser „Hetairie des Cassius" um die Person des Brutus. Da Brutus immer noch nicht gut auf Cassius zu sprechen war (weil der ihm im Jahr 44 die Ernennung zum Praetor urbanus streitig gemacht hatte),[4] wandte sich Cassius nicht direkt an ihn, sondern schickte „seine Freunde" vor (eben die Hetairie, um Plutarchs glückliche Formulierung zu verwenden). Diese Freunde des Cassius ließen nicht locker, bearbeiteten Brutus mit dem Argument, Caesar wolle ihn „weich machen und betören", und mahnten ihn, sich gegen die „tyrannischen Freundlichkeiten und Gunstbezeugungen" zur Wehr zu setzen.[5]

Der Sachverhalt verdient, nebenbei bemerkt, auch deshalb Aufmerksamkeit, weil er die Weitsicht und Hartnäckigkeit von Cassius' Handeln bezeugt. Cassius wußte, wie er Brutus am besten packen konnte, und er setzte auf ihn trotz des einstigen Streits um die Stadtprätur. Denn eine Beteiligung von Catos Neffen steigerte das Renommee des Unternehmens; und nicht zuletzt war Brutus auch ein lebendiges Beispiel für Caesars Politik der Aussöhnung. Cassius wählte gezielt jene Argumente, mit denen er einen Mann ködern konnte, der, wie es sein väterlicher Beschützer Caesar einmal formulierte, nicht wußte, was er wollte, das aber mit Nachdruck wollte.[6] Cassius startete eine regelrechte Kampagne, um das „Herzstück" der Verschwörung zu gewinnen.

Der Ausdruck „Hetairie des Cassius" findet eine Entsprechung in einer bedeutsamen Schilderung Appians in den *Bürgerkriegen*. Im zweiten Buch taucht im Zusammenhang mit dem Attentat wiederholt der Ausdruck „Anhang", „Begleiter", „Freunde" des Cassius auf.[7] Das deutet darauf hin, daß die Gruppe um Cassius auch dann noch zusammenhielt, als sich die Verschwörung um neue Teilnehmer (allen voran Brutus) erweitert hatte und in ihre operative Phase trat. Die wichtigsten (das heißt, den Ereignissen und ihren Protagonisten nahestehenden)[8] Quellen besitzen also Kenntnis von der Existenz einer solchen politisch aktiven, fest strukturierten Gruppe, die man als „Hetairie" bezeichnen könnte. An ihrer Spitze stand Cassius, der das spektakuläre Unternehmen entschlossen und von langer Hand vorbereitete.

2. Für Plutarch gilt als gesichert, daß Cassius der eigentliche Anstifter der Verschwörung war. Er und seine „Hetairie" drängten Brutus, an der Verschwörung teilzunehmen.[9] Cassius war es auch, der nach der Vorarbeit durch seine „Freunde" Brutus aufsuchte, um dessen letzte Vorbehalte zu zerstreuen.[10] Und da ist noch ein überraschendes Detail: Cassius zeigt, daß er *weiß*, wer überall in der Stadt Zettel verstreut, um Brutus aufzuhetzen. Plutarch zufolge richtet Cassius an Brutus die drängende Frage: „Glaubst du, daß es die Weber und die Krämer sind, die deinen Richterstuhl mit Zetteln bestreuen, nicht daß *die ersten und angesehensten Männer* Roms das tun, die wohl von den anderen Prätoren Schenkungen, Theatervorstellungen und Gladiatorenspiele, von dir aber als eine von den Vorfahren ererbte

Verpflichtung den Sturz der Gewaltherrschaft erwarten?"[11] Im übrigen teilt Plutarch selbst kurz vorher mit, daß jene „Plakatkampagne"
Brutus entscheidend beeinflußte: „Den Brutus hingegen mußten erst
vieles Zureden von seiten seiner Freunde und viele mündliche und
schriftliche Mahnungen der Bürger zur Tat aufrufen und an-
treiben".[12] „Und der Richterstuhl des Brutus selbst, der ja Prätor
war, fand sich eines Morgens mit Zetteln bedeckt, auf denen stand:
‚Brutus, du schläfst!' und ‚Du bist kein echter Brutus!'".[13] Brutus ist
im Jahr 44 Prätor, und in den Wochen, die dem Attentat vorausgehen,
wird er massiv unter Druck gesetzt.

3. Warum ausgerechnet Brutus? Seine Teilnahme an der Verschwörung war unabdingbar. Ein kurzer Blick auf seine Karriere macht
dies deutlich. Daß sich Brutus zu Beginn des Bürgerkriegs auf Pompeius' Seite gestellt hatte, obwohl dieser seinerzeit seinen Vater
meuchlings hatte ermorden lassen, verblüffte viele. (Sicherlich hatte
ihn Cato zu dieser Entscheidung gedrängt, die niemand für möglich
gehalten hatte.) Aber Brutus war ein Liebling Caesars, der seinen
Offizieren eigens den Befehl erteilt hatte, Brutus in Pharsalos zu schonen.[14] Ihm und nicht Cassius überträgt Caesar die Prätur.

Brutus kann freilich nicht als Caesarianer bezeichnet werden, vielmehr steht er bis zum Vorabend des Attentats außerhalb aller politischen Lager. Die (wohlverstanden von Cassius angetriebenen) Verschwörer schreiten zur Umsetzung ihres Plans *nur unter der
Bedingung, daß Brutus die Führung übernimmt.*[15] Erst durch ihn
verschmelzen die beiden „Seelen" der Verschwörung zu einer Hand-
lungseinheit – die alte „pompeianische" und die caesarianische
Partei, die dem Diktator zunehmend feindselig gegenübersteht
(Decimus Brutus, Trebonius usw.) – und können sich trotz ihrer
unterschiedlichen Ausrichtung verbünden. Brutus wird dafür von
beiden Seiten als Garant betrachtet. Seine Teilnahme beruhigt aber
vor allem diejenigen, die im Begriff stehen, Caesar zu „verraten". In
diesem Zusammenhang muß Plutarchs Bemerkung gesehen werden:
„Tatsächlich scheint es, daß er mit Sicherheit der erste Mann in der
Stadt geworden wäre, wenn er es noch eine kurze Zeit ertragen hätte,
der zweite hinter Caesar zu sein".[16] Brutus wiederum nennt in
öffentlichen Äußerungen unmittelbar nach dem Attentat (ja noch im
Senat) Ciceros Namen, weil er sich auf jene Partei berufen will, die
sich mit Caesar ausgesöhnt hatte (und dies auch in öffentlichen Stel-
lungnahmen zum Ausdruck gebracht hatte, wie beispielsweise Cicero

in seiner *Rede für Marcellus*). Der Hinweis auf Cicero klingt wie eine Beschwörung dieses gewiß nicht übermäßig pompeiusfreundlichen Lagers. Und auch der Caesarianer und Verschwörer Decimus Brutus beruft sich nicht zufällig auf Cicero – sonst bliebe es unverständlich, weshalb der hochdramatische und streng vertrauliche Brief, den Decimus Brutus am 16. März, als ihm die Sache die schlimmstmögliche Wendung zu nehmen schien, an Brutus und Cassius richtete, in einer Abschrift auch zu Cicero gelangte (in dessen Sammlung er zusammen mit Ciceros nachfolgendem Briefwechsel mit Decimus Brutus erhalten ist).[17] Auch Decimus Iunius Brutus Albinus, für das Jahr 42 designierter Konsul, nahm deshalb an der Verschwörung teil, weil man ihm sagte, Brutus habe die Führung übernommen.[18] Decimus Brutus, so Plutarch, „genoß das Vertrauen Caesars",[19] erklärte aber sein Einverständnis, als er von Brutus' Teilnahme erfuhr.

Daß Brutus eine Integrationsfigur war, imstande, Leute so unterschiedlicher, ja gegensätzlicher politischer Ausrichtung zusammenzubringen, wird durch die Episode bestätigt, in der Ligarius für die Teilnahme an der Verschwörung gewonnen wurde. Ligarius betrachtete sich selbst als „Pompeianer"; aufgrund seiner Treue zu dem verstorbenen Pompeius war er angeklagt worden, und nicht zuletzt dank Ciceros Einsatz hatte ihm Caesar Verzeihung gewährt. Plutarch beschreibt die Episode mit rhetorisch gekonntem Pathos. Als Brutus den erkrankten Ligarius mit herzlichen Worten begrüßt („Ligarius, in was für einem Augenblick bist du krank!"), versteht dieser sofort den verborgenen Sinn des Gesagten, stützt sich auf, ergreift Brutus' rechte Hand und sagt: „Wenn du, Brutus, etwas im Sinne hast, was *deiner würdig* ist [das Leitmotiv der in jenen Monaten kursierenden anonymen Schriften], bin ich gesund".[20]

Das Bild, das Plutarch im ersten Teil seiner *Brutus*-Vita (deren Kapitel 8–17 von der Verschwörung und deren Vorbereitung handeln) klar und deutlich zeichnet, läßt Cassius als Kopf einer kampfbereiten Gruppe hervortreten, die man von ihrer politischen Ausrichtung her als „pompeianisch" bezeichnen könnte, aber gerade deshalb nicht genügend Anhänger findet: Erst als Brutus hinzutritt, nimmt die Verschwörung konkrete Form an und wächst mit der beinahe festgefahrenen „caesarianischen Verschwörung" zusammen.

4. Im letzten Augenblick wurde die Forderung erhoben, auch Antonius in die Verschwörung einzubeziehen. Trebonius wandte sich dagegen und erinnerte daran, Antonius hätte schon in Spanien nicht

mitgemacht, auch wenn er *loyal* geblieben war und nichts verraten hatte. Andere zogen gerade aus Antonius' Verhalten in Spanien den Schluß, er müsse ebenfalls beseitigt werden (und aus Plutarchs *Brutus* wissen wir, daß auch Cassius dies befürwortete); doch dagegen wiederum sprach sich Brutus aus.

Fügt man all diese Bausteine zusammen, versteht man besser, wie sich die beiden „Seelen" der Verschwörung zueinander verhielten. Aus den Reihen der caesarianischen Verschwörer kam der Vorschlag, Antonius miteinzubeziehen – vielleicht gerade unter Berufung auf seine *Loyalität*, die ihn über Trebonius' Verschwörungsplan im Sommer des Jahres zuvor Stillschweigen hatte wahren lassen. Antonius, das erkannte man jetzt, war nicht gegenüber Caesar, sondern gegenüber den Verschwörern (oder besser gegenüber den Caesarianern, die nicht länger gewillt waren, die Diktatur mitzutragen) loyal gewesen. Aber die „Hetairie" des Cassius hielt dagegen, gerade weil er den vorausgehenden Verschwörungsplan nicht mitgetragen hätte, sei Antonius gefährlich und müsse ebenfalls beseitigt werden. Der Vorschlag, auch Antonius zu ermorden, wurde nicht angenommen; Brutus war dagegen und spielte damit erneut eine Schlüsselrolle. Man kam überein, Antonius nicht zu ermorden (in jedem Fall ein Erfolg der caesarianischen Verschwörer, vielleicht sogar des Trebonius, der Antonius' Loyalität viel verdankte). Und ausgerechnet Trebonius wurde dazu bestimmt, Antonius in dem Augenblick von der Kurie fernzuhalten, als die Verschwörer zur Tat schritten.

XXXV
Der Realismus eines Verschwörers:
Cassius tritt ins zweite Glied zurück

1. In seiner *Brutus*-Vita beschreibt Plutarch die Aussöhnung zwischen Brutus und Cassius, zu der Cassius durch ein politisches Argument gedrängt wird: Wen immer er auffordert, an einer Verschwörung zur Ermordung Caesars teilzunehmen, stets bekommt er die gleiche Antwort – Brutus müsse die Führung übernehmen. Brutus' Absage käme also einem Scheitern des Verschwörungsplans gleich![1] Daher beschließt Cassius, die Verbindung zu Brutus wiederaufzunehmen, die durch den Streit um die Stadtprätur abgerissen war.[2] Bei seinem ersten Treffen nach der Entzweiung stellte er Brutus als erstes die Frage, ob er an der Senatsversammmlung am 1. März teilnähme, bei der, wie es hieß, Caesars Freunde beantragen würden, diesen zum König auszurufen. Brutus erwiderte, er werde nicht teilnehmen. Und auf Cassius' Frage: „Wie nun, wenn sie uns rufen?" erwiderte Brutus: „Dann ist es meine Pflicht, nicht länger zu schweigen, sondern für die Freiheit zu kämpfen und für sie zu sterben". Jetzt sieht Cassius den Augenblick für gekommen, das in seinen Augen ausschlaggebende Argument vorzutragen und auf die „anonyme" Propaganda hinzuweisen, die Brutus zum Handeln drängt. Was folgt, kennen wir: Brutus erklärt sich bereit mitzumachen; er sucht jetzt seinerseits Anhänger für die Verschwörung und erzielt dabei bis auf einige wenige Absagen einen persönlichen Erfolg.

Diese Abfolge der Ereignisse folgt Quellen wie Bibulus und Emphylos, die Brutus und seiner Familie nahestehen, bzw. Messalla Corvinus aus dem Umfeld des Cassius. Ist diese Chronologie richtig, so widerlegt sie nicht nur die These, daß das Zerwürfnis zwischen Brutus und Cassius lediglich inszeniert war; sie liefert auch einen zeitlichen Fixpunkt: Das Gespräch zwischen Brutus und Cassius fand vor der Senatssitzung am 1. März statt; bleibt die Frage, ob vor oder nach dem gescheiterten Versuch des Antonius, Caesar beim Luperkalienfest am 15. Februar die Krone aufs Haupt zu setzen. Vielleicht hatte diese „Krönung" noch gar nicht stattgefunden und man befürchtete deshalb eine Senatssitzung zur „Krönung" Caesars.

Weniger wahrscheinlich ist dagegen die Hypothese, daß nach dem mißlungenen Coup beim Luperkalienfest noch einmal (und zwar im Senat) ein solcher „monarchischer" Vorstoß gemacht werden sollte – auch deshalb, weil nach einer solchen öffentlichen Niederlage (was auch immer der Grund für Antonius' Handeln war) eine Wiederholung nur wenige Tage später nicht gewagt werden konnte; und schon gar nicht an einem für einen solchen verfassungswidrigen Akt denkbar unpassenden Ort. Wir wissen nicht, ob die für den 1. März vorgesehene Senatssitzung tatsächlich stattfand. Wenn ja, so kam es ganz gewiß nicht zu dem, was Cassius befürchtete: Keine einzige Quelle spricht von einer Senatssitzung, in der Caesars Proklamation zum König beantragt wurde.

2. Am wahrscheinlichsten bleibt also jene Rekonstruktion der Ereignisse, die sich auf Plutarchs *Brutus* stützen kann. Vor dem Luperkalienfest, aber schon im Februar, beschließt Cassius, Brutus persönlich anzusprechen. Er hatte feststellen müssen, daß er ohne Brutus' Beteiligung außer seiner „Hetairie" kaum Anhänger für seine Verschwörung gewinnen würde.[3] Seit Caesar seinem Rivalen bei der Besetzung der Stadtprätur den Vorzug gegeben hatte, war sein Kontakt zu Brutus abgebrochen. Daraus läßt sich schließen, daß Cassius eine Zeitlang geglaubt hatte, allein und nur mit den *Seinen* handeln zu können. Als ihm klar wurde, daß er ohne eine Schlüsselfigur wie Brutus, der eine große Anhängerschaft an sich ziehen konnte, nicht weiterkam, entschloß er sich, auf ihn zuzugehen. Um Brutus' Zustimmung zu erhalten, benutzte er zwei Argumente: 1) in der bevorstehenden Senatssitzung am 1. März, mit der jede Hoffnung auf Befreiung zunichte gemacht würde, sollte Caesar tatsächlich vom wichtigsten Verfassungsorgan der Republik „gekrönt" werden; 2) die anonymen Schreiben, die Brutus tagtäglich zum Tyrannenmord aufforderten. Hinter diesen Schreiben standen Cassius zufolge hochangesehene Bürger, die es wert waren, daß Brutus ihnen Gehör schenkte.

Brutus war unentbehrlich für ein Gelingen der Verschwörung. Er mußte daher einbezogen werden, was allerdings erst in der *Endphase* der Vorbereitung geschah, mit der Cassius schon sehr viel früher begonnen hatte. Sein Plan war steckengeblieben, weil Cassius bei den potentiellen Mitverschwörern auf Vorbehalte stieß.

Cassius war klug genug, im richtigen Augenblick gegenüber einem *Führer*[4] in den Hintergrund zu treten, der größere Anerkennung als er selbst genoß. Trotzdem gab es weiterhin einen „harten Kern" von Getreuen, der beispielsweise bei Appian, als die Verschwörung ihr Ziel erreicht hatte und die Ereignisse sich überstürzten, als „Cassius' Anhang" bezeichnet wurde. Cicero, gleichfalls nicht in die *operative* Phase einbezogen, wahrscheinlich aber von den Dingen in Kenntnis gesetzt und deshalb am 15. März dem Senat ferngeblieben, stand vor und nach dem Attentat Cassius näher als Brutus.[5] In den entscheidenden Punkten aber (Ermordung auch des Antonius, die Cicero befürwortete; Antonius' Forderung nach einem feierlichen Begräbnis für Caesar) konnte sich Cassius nicht durchsetzen. Jedesmal traf Brutus die Entscheidung zugunsten des Antonius, die sich im Rückblick als verheerend herausstellte. Dies legt zumindest die Überlieferung nahe, die wir kennen.

XXXVI
Unerwartete Absagen

1. An seine Schilderung der Versöhnung zwischen Brutus und Cassius schließt Plutarch die Bemerkung an, sie hätten sich getrennt, um zu ihren jeweiligen Freunden zu gehen. Aber im weiteren berichtet Plutarch lediglich von Brutus' weiterem Vorgehen.[1] Was nicht weiter verwundert, denn er schreibt ja eine Brutus-Biographie. Im übrigen hat er bereits über Cassius gesagt, er sei schon lange vorher aktiv gewesen.

Plutarch zufolge erhielt Brutus nur zwei Absagen, und zwar von Männern, die mit Cato eng verbunden gewesen waren und später in Philippi in den Reihen der Republikaner ums Leben kamen: Statilius[2] und Favonius. Plutarch nennt Favonius einen „Bewunderer Catos"[3] und präzisiert an anderer Stelle, daß er „weniger mit dem Verstand als in blindem Drang und leidenschaftlicher Hitze philosophierte".[4]

Offenbar hatte also Cassius mit diesen beiden bisher noch keinen Kontakt aufgenommen. Das überließ er Brutus, Catos Neffen. Nach den Quellen, die Plutarch hier zugrundelegt, lenkte Brutus im Rahmen einer philosophischen Diskussion, an der auch der Jurist Labeo teilnahm, das Gespräch „ferne und auf Umwegen"[5] auf sein Anliegen. Es ging um die Frage nach der besten Staatsform, vielleicht auch um die Frage nach der Legitimität oder auch nur Tolerierbarkeit der Monarchie und um die (legalen und illegalen) Mittel, sie zu bekämpfen. Das läßt sich aus der Antwort schließen, die Brutus erhielt. Der fanatische Catonianer Favonius sagte nämlich, „schlimmer noch als eine unrechtmäßige Monarchie sei ein Bürgerkrieg". Und Statilius meinte geringschätzig, „der weise und vernünftige Mann habe nicht die Pflicht, um schlechter und unvernünftiger Menschen willen sich in Gefahren und Beunruhigungen zu stürzen". Labeo war es, der den beiden widersprach, nicht Brutus, der nach dieser Diskussion Labeo zur Teilnahme an der Verschwörung gewinnen konnte.

2. Vielleicht war die Ablehnung der beiden Catonianer nur auf die (ungeschickte?) Art und Weise zurückzuführen, mit der Brutus die Diskussion relativ unverstellt auf den entscheidenden Punkt gelenkt

hatte. Schließlich stand unter den Bedingungen einer Diktatur zu befürchten, daß man einer Provokation zum Opfer fiel, wenn man sich darauf einließ. Dennoch, die unmißverständliche Ablehnung von Brutus' Vorstoß durch die Catonianer überrascht durchaus. Favonius' kompromißlose politische Ergebenheit gegenüber Cato vom Beginn seiner Laufbahn an bis zum bitteren Ende ist zu bekannt, als daß seine Bemerkung („schlimmer noch als eine unrechtmäßige Monarchie sei ein Bürgerkrieg") keine Fragen aufwirft. Ronald Syme hat diese schwerwiegende Bemerkung als Beweis für den *gebrochenen Kampfgeist* selbst jener Minderheit der alten regierenden Klasse gedeutet, die sich der für die römische Republik charakteristischen (oligarchischen) *libertas* erfreut hatte. Syme beschreibt Charakter und Funktion der augusteischen Regierung und meint: „Für einen patriotischen Römer von republikanischer Gesinnung war selbst die Unterwerfung unter eine absolute Herrschaft ein geringeres Übel als der Bürgerkrieg", und zum Beleg zitiert er die Antwort, die Favonius Brutus gegeben hatte.[6] Doch diese Argumentation ist chronologisch nicht stimmig. Syme erläutert, wie und warum sich schließlich sogar die hartnäckigsten Verteidiger der *libertas* innerhalb der Führungsschicht geschlagen gaben und Augustus akzeptierten. Favonius' realistische und unbefangene Bemerkung dagegen stammt vom März 44, kurz vor der Ermordung Caesars, auf die eine weitere lange Zeit des Bürgerkriegs folgte. Wenn Favonius dies gesagt hat, um Brutus' Suche nach Teilnehmern einer Verschwörung zu stoppen, dann vielleicht, weil Caesars Diktatur zu diesem Zeitpunkt bereits als ein notwendiges Übel betrachtet wurde, mit dem sich auch ein „Bewunderer Catos" (Plutarch) wie Favonius abzufinden hatte; einer, der später nicht zögerte, nach Philippi aufzubrechen und dort sein Leben zu opfern. Trotz all dem, was post eventum geschrieben wurde (die berühmte Liste von Caesars Verfehlungen, die die Empörung gegen ihn wachsen ließen), zog zu diesem Zeitpunkt nur ein sehr kleiner Kreis die Möglichkeit in Betracht, Caesar aus dem Weg zu räumen. Den Anstoß zum Handeln gab wahrscheinlich die Aufregung, die unter diesen Gegnern Caesars im Verlauf des dramatischen Spanienkriegs entstanden war, vielleicht auch Gerüchte über Anschlagpläne im caesarianischen Lager selbst.

3. Vielleicht aber spielte auch Favonius' stoische Grundüberzeugung eine Rolle (Statilius dagegen wird von Plutarch als „Epikureer" bezeichnet).[7] An einer Stelle seines *De beneficiis* kommt Seneca auch

auf Brutus zu sprechen. Sein Urteil fällt klar und deutlich aus: „Mir scheint er nämlich, obwohl er in anderen Dingen ein bedeutender Mann gewesen ist, in diesem Punkt heftig geirrt und nicht nach der Lehre der Stoa gehandelt zu haben".[8] Dann folgt eine knappe Argumentation gegen die Ermordung Caesars:

Er hat entweder die Bezeichnung König gefürchtet, obwohl die beste Verfassung eines Staates (civitatis status; *die beste Garantie für Stabilität*) *unter einem gerechten König besteht, oder gehofft, dort werde es Freiheit* (libertas) *geben, wo so groß der Lohn sowohl des Herrschens als auch des Dienens war, oder geglaubt, in den früheren Zustand könne der Staat wieder versetzt werden, obwohl das alte Wertesystem verlorengegangen war, und dort werde es Gleichheit der Bürger vor dem Gesetz geben sowie auf dem ihnen zustehenden Platz geltende Gesetze, wo er so viele Tausende von Menschen dafür hatte kämpfen sehen, nicht ob sie Sklaven werden sollten, sondern wessen.*

Letzteres bezieht sich offenkundig auf Pharsalos und nicht auf Thapsos, denn das käme (für Seneca undenkbar) einer Verurteilung der Person und der politischen Überzeugungen Catos gleich. Außerdem hatte Brutus in Pharsalos gekämpft, nicht in Thapsos oder anderswo. Wer Pharsalos miterlebt hatte, so Seneca, konnte nicht mehr auf eine Wiedergeburt der *libertas* hoffen. Denn Freiheit, so meint er, gibt es nur da, wo eine genügend große Zahl von Bürgern sie zu schätzen weiß, sie herbeisehnt und sie verteidigen kann. Das genaue Gegenteil war in Pharsalos der Fall. Seneca erörtert hier die Vergeblichkeit der Ermordung Caesars auf der Grundlage des Prinzips, demzufolge die ausgewogenste Staatsform die Herrschaft eines „gerechten Königs" ist. Favonius hatte sich in seiner Erwiderung auf Brutus noch deutlicher, aber dennoch in Einklang mit Seneca, ausgedrückt, als er sagte, selbst ein ungesetzmäßiger König sei besser als der Bürgerkrieg. Wohlverstanden: Nach der Ermordung Caesars kämpfte Favonius (und auch Statilius) im neuentfachten Bürgerkrieg auf der Seite der „Befreier", die in seinen Augen die gute Sache (oder die „Tugend", wie Horaz sagte) vertraten. Das von Brutus angedeutete Vorgehen, den Königsmord, hielt Favonius dagegen für nicht akzeptabel. Und auch für Seneca war dies ein Handeln „nicht nach der Lehre der Stoa".

XXXVII
Cicero als Anstifter der Verschwörung?

In seiner Rede vor dem Senat am 19. September 44 machte Antonius Cicero in dessen Abwesenheit einen schweren Vorwurf: „Als Caesar tot war, hob Brutus sofort den blutigen Dolch in die Höhe; er rief Cicero beim Namen und beglückwünschte ihn zur Wiederherstellung der Freiheit".[1] Aus dieser Geste des Brutus (die Cicero nicht leugnet) zog Antonius vielleicht zu Recht den Schluß, daß Cicero Mitwisser der Verschwörung war. In seiner *Zweiten philippischen Rede*, einer glühend im Geist des Demosthenes gehaltenen Replik, die niemals mündlich vorgetragen wurde, zitiert Cicero zunächst ausführlich Antonius' Worte und holt sodann zum Gegenschlag aus: Er verweist auf den schwärzesten Fleck in der „caesarianischen" Laufbahn des Antonius: auf seine Mitwisserschaft am Verschwörungsplan gegen Caesar kurz nach der Schlacht bei Munda ein Jahr zuvor. Diese Anschuldigung ist zugleich ein Geschenk für Octavian, denn zu dem Zeitpunkt, als Cicero seine vernichtende Schmähschrift veröffentlichte, stand Cicero mit Octavian bereits in Verbindung.[2]

In seiner Replik stellt Cicero (nicht zu Unrecht) einen Zusammenhang her zwischen Antonius' Mitwisserschaft am Verschwörungsplan im Sommer des Vorjahres und einem spektakulären Detail des Attentats: Ausgerechnet Trebonius, der ein Jahr zuvor Antonius in den Verschwörungsplan eingeweiht hatte, hielt ihn jetzt außerhalb der Kurie des Pompeius auf, während die anderen Caesar erdolchten. Ciceros Formulierung läßt vordergründig an seine persönliche Zeugenschaft denken: „*Wir haben beobachtet*, daß Trebonius dich, als Caesar getötet wurde, beiseite gerufen hat". Doch dieses „wir haben beobachtet" kann sich nur auf das beziehen, was *außerhalb* der Kurie des Pompeius geschah. Daraus könnte man wiederum schlußfolgern, daß Cicero draußen, nicht drinnen war. Doch *vidimus* muß wohl in einem allgemeineren Sinn verstanden werden, nämlich: „*Es war zu sehen, daß* Trebonius dich, als Caesar getötet wurde, beiseite gerufen hat" – der Verweis auf ein nicht unwesentliches Detail, das inzwischen allgemein bekannt war; einige hatten es mit eigenen Augen *gesehen*, aber jetzt wußten es alle.

Auch aus Ciceros Brief an Atticus einen Monat später (am 27. April 44), in dem von der „Genugtuung" die Rede ist, „den Tyrannen sein verdientes Ende finden zu sehen",[3] ergibt sich nicht zwingend, daß Cicero das Attentat selbst miterlebt hat. Die Worte ergeben auch dann einen Sinn, wenn Cicero (was wahrscheinlicher ist), wie viele andere auch, erst später hinzukam – irgendwann im Zeitraum zwischen dem Attentat und der dramatischen Trauerfeier des verstorbenen Diktators.

Es geht hier nicht um die Klärung eines Details um seiner selbst willen. Die Antwort auf die Frage, ob Cicero im Augenblick des Attentats anwesend war oder nicht, sowie auf die *vexata quaestio* seiner Verantwortung als „Anstifter" des Attentats kann die dramatische Abfolge des Geschehens, die Absichten und Ziele der Verschwörer klären helfen. Ciceros Brief an Basilus (*An seine Freunde* VI 15) wird im allgemeinen auf eben jenen blutigen 15. März 44 datiert. Immer wieder wird die Vermutung geäußert, dieser Brief mit seinem Jubel über etwas nicht näher Benanntes, an dem Basilus beteiligt ist, sei zu „brutal" und „bösartig", als daß man annehmen könnte, Cicero habe über die sich wie ein Lauffeuer verbreitende Nachricht von der Ermordung Caesars frohlockt.[4] In neuerer Zeit glaubte ein so ausgezeichneter Cicero-Interpret wie Shackleton Bailey, er müsse den schlechten Eindruck dieses Briefes durch die Behauptung wettmachen, Cicero habe das Attentat selbst miterlebt und es daher nicht nötig gehabt, sich von Basilus Einzelheiten berichten zu lassen. Hinter dem Bemühen, „Schönheitsfehler" zu retuschieren und die zweifellos brutale Härte der politischen Auseinandersetzung und den wilden Haß in der römischen Republik zu übergehen, steckt allzusehr der Wunsch, den Anstand zu bewahren. Es gibt aber keine private Angelegenheit Ciceros, die einen solch hemmungslosen Ausbruch der Freude erklären könnte. Im übrigen spricht die Blutrünstigkeit, mit der Cicero gegenüber Cassius (der am Vorabend der Iden des März bei ihm zu Gast ist) die Ermordung auch des Antonius befürwortet, eine eigene Sprache, ebenso der kaltblütige Sarkasmus, mit dem er in der *Zweiten philippischen Rede* den Satz „Und wenn sich jener Griffel in meiner Hand befunden hätte, dann glaube mir: ich hätte nicht nur einen Akt, sondern das ganze Stück vollendet"[5] dem Antonius am liebsten ins Gesicht schleudern möchte.

In seiner Rede vom 19. September hatte Antonius geschickt die (nicht nur) moralische Verantwortung Ciceros für das Attentat betont. Er hatte die Szene geschildert, deren Richtigkeit Cicero nicht abstritt, daß nämlich Brutus nach der Ermordung Caesars mit dem blutigen Dolch in der Hand Ciceros Namen ausrief und ihn „zur Wiederherstellung der Freiheit"[6] beglückwünschte.

Es ist kaum vorstellbar, daß diese entlarvende Erklärung der moralischen Urheberschaft des Attentats im *Beisein* Ciceros stattfand. Man muß sich auch fragen, was Brutus' Geste denn eigentlich zu bedeuten hat, vorausgesetzt, er hatte tatsächlich auf Cicero Bezug genommen. Antonius war kein Augenzeuge, also berichtet auch er nur von etwas, was er gehört hat. Cicero wiederum kommt diese Anekdote in seiner *Zweiten philippischen Rede* sehr gelegen (ja sie schmeichelt ihm sogar!), und er macht sich über die Richtigkeit dessen, was sein Gegner da behauptet, nicht allzu viele Gedanken. Ja er wagt sogar eine etwas mekwürdige Deutung: Brutus habe die wiedergewonnene Freiheit deshalb in seinem Namen bejubelt, weil er wußte: „Er hatte eine Tat vollbracht, die den von mir selbst vollbrachten Taten ebenbürtig war, und so wollte er sich zuallererst von mir bezeugen lassen, daß sein Verdienst dem meinigen (*mearum laudum*) gleichkäme". Offenbar sieht er die Beseitigung Caesars in einer Linie mit der Beseitigung Catilinas und der Anführer der seinerzeitigen Verschwörung. Diese Deutung von Brutus' Beschwörung seiner Person ist ganz gewiß falsch und sophistisch, wissen wir doch ausgerechnet durch Cicero, daß Brutus in seiner Lobrede Catos (die exakt ein Jahr vor den Iden des März veröffentlicht wurde) Ciceros Bedeutung für die Niederschlagung der Catilinarier radikal zurückgestuft und Cato das Hauptverdienst daran zugesprochen hatte. Cicero hatte sich seinerzeit in einem Brief an Atticus vom 17. März 45 (*Atticus-Briefe* XII 21,1) voller Empörung darüber geäußert.

Brutus brachte also für Ciceros Verdienste als Konsul nicht dieselbe Wertschätzung auf wie dieser selbst. Auch wohlmeinende Freunde wußten, daß Cicero seine Verdienste bei der Niederschlagung der Catilinarier immer wieder übertrieb (und daß er seinerzeit den gleichfalls unter Beschuß geratenen Caesar geschont hatte). Gewiß, Brutus hatte *Cicero* gebeten, in Erinnerung an Cato eine *laudatio* zu schreiben,[7] mit der sich Cicero eine wütende Replik des Diktators eingehandelt hatte. Die Behauptung, Brutus habe ausgerechnet Cicero als Symbolfigur der republikanischen Restauration betrachtet, erscheint zumindest problematisch, so sehr sich Cicero selbst in dieser Rolle gefallen hat.

Aber das reicht nicht aus, ihn zu einem Komplizen bei der *Organisation* der Verschwörung zu machen. Wichtiger als seine Erklärungen hierzu bleibt das, was Cicero in einem Brief privaten Charakters an Cassius schreibt: „Denn der Anstifter (*princeps*) zu Eurer herrlichen Tat, erklärt der Tollkopf [Antonius], sei ich gewesen. Ach, wäre es so! Dann fiele uns der Kerl jetzt nicht zur Last".[8] Carcopino fand für dieses komplizierte Problem eine geschicktere und interessantere Lösung als Antonius mit seiner schematischen Anklage. Der Historiker, der mit dem Vichy-Regime eine schwierige Epoche der französischen Geschichte miterlebt hatte und wußte, welch verschlungene Wege man gegenüber einem Machthaber einzuschlagen hatte, vermutet, daß Cicero einen subtilen moralischen Druck, eine subtile „Erpressung im Namen der Vorfahren" auf Brutus ausgeübt hat, um ihn zur Mitwirkung an einem solchen terroristischen Akt zu bewegen. Es ist schwer, so tief in die Psyche historischer Persönlichkeiten einzudringen (die uns im übrigen als Menschen vor allem durch Ciceros Briefwechsel bekannt sind). Brutus war gewiß nicht unempfänglich für die Botschaften des anonymen Propagandafeldzugs, für die Anschläge an Mauern und Denkmälern in den Straßen Roms kurz vor dem Attentat (Sueton und Plutarch berichten ausführlich darüber). Manche Äußerungen Ciceros[9] legen den Gedanken nahe, daß er sich stillschweigend auf diese Kampagne bezieht, ohne sie ausdrücklich zu nennen. Sicher ist auch, daß ein unter den politischen Verhältnissen und Caesars Diktatur leidender Intellektueller wie Cicero die Unerbittlichkeit und Gewalttätigkeit seiner Sätze nicht „wirklich" meint und gelähmt ist, wenn es gilt, vom Wort zur Tat zu schreiten. Intellektuelle sind nur in ihrer Imagination Extremisten und Drastiker. Nicht immer sind sie sich der beträchtlichen Implikationen und praktischen Folgen ihrer Worte bewußt. Und nicht immer bedenken sie, daß andere sie wörtlich nehmen und das, was sie aussprechen, in die Tat umsetzen könnten. Wenn Cicero an den Brutus der Vergangenheit erinnert, der den Tyrannen „Tarquinius stürzte", so ist nicht gesagt, daß er sich vorstellt, Brutus werde, überwältigt von diesem großen Vorbild, tatsächlich den Dolch in die Hand nehmen. Auch als er statt der *Laudes Catonis* die *Rede für Marcellus* hielt, führte er gegen den Diktator nur einen Kampf mit Worten.

Zu dem ungefähr gleichaltrigen Caesar, mit dem zusammen er in seiner Jugend griechische Studien betrieben hatte, der etwas später Karriere gemacht hatte als er selbst (in dem Jahr, da Cicero bereits als Konsul glänzte, war Caesar designierter Prätor), stellte sich Cicero ganz anders als etwa zu Sulla (um das naheliegendste Beispiel zu nehmen). Sulla war für Cicero ein großer Politiker aus der Generation vor ihm. Er war bereits an der Macht, als Cicero noch ganz am Anfang seine Laufbahn stand. Trotz der grausamen Proskriptionen war Sullas Diktatur eine schmerzliche Notwendigkeit gewesen. Das war Ciceros Standpunkt, wie sehr auch immer im Laufe der Zeit und je nach Umständen sein Urteil schwankte. Caesar dagegen erscheint ihm in einem anderen Licht. Er war ein Gleichaltriger, der hätte gebremst, ja sogar gestoppt werden können, wenn nur die Dinge so gelaufen wären, wie sie hätten laufen sollen, und Cicero nicht einmal von dem und einmal von jenem verraten worden wäre. Wenn ihn insbesondere nicht Pompeius enttäuscht hätte, der zynisch am „Triumvirats"-Abkommen festhielt. Cicero sah Caesar aus weit geringerer Distanz und war viel weniger bereit, die Schicksalhaftigkeit oder Unvermeidlichkeit des Geschehens hinzunehmen. Dieser Vertrautheit mit Caear, dieser unmittelbaren Anteilnahme entsprang auch der Gedanke, von dem Cicero in den Jahren zwischen 47 und 44 fest überzeugt war: daß nämlich nichts, was geschehen war, endgültig sein mußte. Trotz seiner bemühten Bekundungen in den „Caesarreden" und trotz der Versuchung, sich diesem neuen Alexander als Aristoteles an die Seite zu stellen,[10] war Caesar in den Augen Ciceros nur ein *vorläufiger* Sieger, der noch fallen konnte. Er hätte sich nicht kopfüber in den letztlich selbstmörderischen Kampf gegen Antonius gestürzt, wäre er nicht zutiefst überzeugt gewesen, eine Rückkehr zur republikanischen Normalität *sei möglich* – trotz der spektakulären Serie unverhoffter Erfolge seines Altersgenossen, der ein Snob und ein Abenteurer war. Cicero merkte nicht, wie sich die Zeiten geändert hatten; vielleicht war er auch nicht bereit zu akzeptieren, daß Caesar Protagonist und Nutznießer einer neuen Epoche war. Daher erschien ihm der Mordplan der „Befreier" nicht töricht, sondern berechtigt und vor allem politisch plausibel. Er war dafür „bereit".

XXXVIII
Der verhängnisvolle Fehler, auf die Eskorte zu verzichten

1. Sueton, der eine Vielzahl von Überlieferungen kennt, die sich auf Warnungen vor Caesars Ermordung beziehen,[1] stellt sich eine Frage, mit der sich, wie er sagt, schon andere auseinandergesetzt haben: ob Caesar nicht letztlich aufgrund von Erschöpfung und schlechter Gesundheit hatte sterben *wollen*. Daher habe er sich über warnende Vorzeichen und „die Berichte seiner Freunde hinweggesetzt".[2] Sueton gibt auch die Ansicht wieder, Caesar habe sich nach dem Schwur der Senatoren, über sein Leben zu wachen,[3] sicherer gefühlt und deshalb den Fehler begangen, seine Leibwache zu entlassen, wodurch seine gewaltsame Beseitigung überhaupt erst möglich wurde. Eine dritte Ansicht, die Sueton gleichfalls vorträgt, spricht ebenfalls von Caesars Lebensüberdruß – er habe es vorgezogen, sich diesen Anschlägen lieber einmal zu stellen, als in ständiger Angst vor ihnen zu leben. Wahrscheinlich steckt *in jeder dieser Vermutungen* ein Körnchen Wahrheit. Und das hilft uns, Caesars verhängnisvolle Entscheidung, auf seine bewaffneten Wachsoldaten zu verzichten, besser zu verstehen.

Von besonderer Bedeutung ist vor allem das Zeugnis Caesars selbst, das Sueton im selben Kapitel *verbatim* referiert. Caesar habe wiederholt erklärt, „es läge mehr im Interesse des Staates als in seinem eigenen, daß er unversehrt bleibe. Er habe schon längst reichlich genug an Macht und Ruhm erlangt, und der Staat werde, wenn ihm etwas geschehe, keine Ruhe finden, sondern vielmehr in wesentlich ungünstigerer Lage Bürgerkriegen entgegengehen".[4]

2. In seiner konzentrierten Lebensbeschreibung des Caesarmörders Marcus Iunius Brutus[5] stellt Matthias Gelzer dieses, wie er sagt, „tiefere", von Caesar überlieferte Urteil Ciceros wiederholt geäußerter Bemerkung über die ernüchternden politischen Folgen der Ermordung Caesars gegenüber. Über die Caesarmörder befand Cicero, sie hätten „zwar Mannesmut, aber Kinderverstand"[6] – was nichts anderes heißt, als daß Antonius an den Iden des März ebenfalls hätte

sterben müssen. Jetzt sei Antonius gefährlich, denn als der Erbe von
Caesars Politik könne er das von den „Befreiern" vollbrachte Werk
zunichte machen. Ciceros Meinung nach hätte das Ziel genauer bedacht werden müssen. Wäre auch Antonius aus dem Weg geräumt
worden, wäre das Spiel gewonnen und die alte Ordnung wieder in
Kraft getreten. Caesar aber befürchtete, sein gewaltsamer Tod wäre
der Neubeginn eines noch größeren und noch schlimmeren Bürgerkriegs. Mit seiner Diagnose legt Cicero die Verantwortung für den
Bürgerkrieg, der in den letzten hundert Jahren der Republik zur Normalität geworden war, in die Hände einzelner ehrgeiziger Männer,
durch deren Tod die Ordnung automatisch zurückkehre. Caesar dagegen erkennt ganz klar, daß *es weit mehr Kräfte* gibt, die ein Interesse am Bürgerkrieg haben (der, wie er glaubt, mit seinem Sieg beendet ist); diese Kräfte würden auch dann nicht ruhig bleiben, wenn
ihr Führer ermordet sei. Nebenbei gesagt, ist dieser Befund Caesars
(um mit Gelzers Worten zu sprechen) tiefgründiger als die starrsin-
nigen nebensächlichen Begründungen, die er in den *commentarii* für
seinen Entschluß zur Wiedereröffnung des Bürgerkriegs gibt.[7] In jenen Kapiteln spricht der Parteiführer; es handelt sich um reine Propaganda, wenn er erklärt, es sei ihm um die Wiederherstellung der
mißachteten Rechte der Volkstribunen gegangen. Caesars Äußerungen nach dem Ende des Bürgerkriegs, die Sueton widergibt, sind
substantiell, nicht propagandistisch. Hier zeigt Caesar, daß er nicht
nur das Wesen des Bürgerkriegs kennt, aus dem er soeben als Sieger
hervorgegangen ist, sondern auch, wie deutlich ihm vor Augen steht,
daß durch seinen (gefürchteten oder herbeigesehnten) gewaltsamen
Tod der Bürgerkrieg wiederaufflammen würde.

3. Freilich findet sich in Caesars Überlegungen, die Sueton referiert,
kein Zugeständnis an den historischen Determinismus. Er sagt nicht,
eine Verschwörung sei „sinnlos" (auch wenn sie ihr Ziel erreicht)
angesichts des „verhängnisvollen Gangs" der Geschichte. Im Gegenteil: Caesar zeichnet ein neues und furchterregendes Szenario, das
nach seinem gewaltsamen Tod Wirklichkeit werden würde (und auch
tatsächlich wurde).

Gewiß, die Verschwörung war auf ihre Weise *erfolgreich*. Und es
ist auch nicht richtig, daß derartige Aktionen an sich „politisch sinnlos" sind. Wenn sie gelingen, sind sie niemals politisch sinnlos; nur
bleiben die Folgen für die Verschwörer nicht absehbar. Auch der Sieg
der Caesarianer bei Philippi war im übrigen alles andere als selbst-

verständlich und einfach. Anstelle des Konflikts zwischen den Triumvirn hätte es zu einer neuen Konfrontation zwischen Caesarianern und „Befreiern" (bzw. letzlich zu einem Konflikt innerhalb der breiten Front der „Befreier") kommen können. Die an der Auseinandersetzung beteiligten Kräfte, gesellschaftlich relevante Gruppierungen, würden sich nicht einfach in Luft auflösen, sobald der „Tyrann" tot war. Caesar hatte Jahre gebraucht (49–45 v. Chr.), um ein Lager wie das „pompeianische" zu schwächen und zu zersplittern. Mit dem Attentat kamen alle diese Kräfte wieder zum Zug. Und aufgrund seiner tiefen Verwurzelung konnte ein neues und noch größeres „pompeianisches" Lager entstehen, das die Caesarianer mindestens bis Oktober 42 in Schach hielt; ganz zu schweigen von dem Wiedererstarken des Sextus Pompeius, der bis 35 das Meer beherrschte und dank der bestehenden Kräfteverhältnisse mit den Triumvirn von gleich zu gleich verhandeln konnte. Caesars Bemerkung, eine Verschwörung gegen ihn sei zumindest nicht ratsam, ist nicht deterministisch, sondern weitsichtig.

XXXIX
Hergang eines „Tyrannenmords"

... daß du sogleich zur Kenntnis nehmest
die wichtige Aufzeichnung des Artemidoros

Konstantinos Kavafis

1. Am Abend vor dem Attentat kam im Haus des Marcus Lepidus, *magister equitum* des Diktators, wo auch Caesar zu Gast war, während des Essens das Gespräch auf die Frage, welcher Tod der beste sei. Als Caesar im Rahmen dieser ungewöhnlich ausführlichen Diskussion (war dies womöglich eine versteckte Warnung?) mit seiner Antwort an der Reihe war, sagte er, er wünsche sich einen plötzlichen und unerwarteten Tod.[1] Bei anderer Gelegenheit und bei einer gleichfalls philosophischen Unterhaltung (bei der Lektüre einer Stelle aus Xenophons *Erziehung des Kyros*, wo es um den Tod des Kyros ging) hatte er dasselbe geäußert (*subitam et celerem*).[2] Man denkt unwillkürlich an Ciceros *Cato maior*, kurz vor Caesars Ermordung geschrieben, wo diese Textstelle ins Lateinische übertragen und kommentiert ist. Es ist durchaus denkbar, daß der Diktator im Rahmen einer Lektüre des *Cato maior* den Gedanken geäußert hat, ein „plötzlicher und unerwarteter" Tod sei ihm am liebsten. Dies ist freilich reine Spekulation. Das Gespräch am Abend vor seiner Ermordung dagegen gibt zu denken. Daß man anspielungsreiche Fragen stellte oder das Gespräch auf einen Gegenstand lenkte, um seinem Gegenüber gezielt etwas zu verstehen zu geben, war in einer solchen Situation durchaus nichts Ungewöhnliches. Man denke beispielsweise an Brutus' Vorgehen, als er Anhänger für die Verschwörung warb: an die Diskussion bei Favonius und Statilius, bei der Brutus versuchte, so Plutarch, „sie von ferne und auf Umwegen" zu ködern [das heißt zu hören, ob sie nicht mitmachen möchten].[3] Sie lehnten jedoch ab. Ähnlich im Haus des Lepidus am Vorabend des Attentats auf Caesar, wo jemand das Gespräch auf die Frage lenkte, welcher Tod der beste sei.

Episoden wie diese legen in der Tat ein Bild eines von zwei Seiten bedrängten Caesar nahe – verfolgt von denen, die ihm nach dem

Leben trachten, und gleichzeitig „bedrängt" von denen, die ihm durch mehr oder weniger versteckte Warnungen das Leben retten wollen. Am Morgen nach diesem etwas düsteren Essen bei Lepidus, also am Tag des Attentats, taucht Decimus Brutus, einer der Verschwörer, die ihn kurze Zeit später erdolchen werden, in Caesars Haus (!) auf und ermahnt den Diktator, nur ja im Senat zu erscheinen (dies zeigt, welch großem „Druck" Caesar ausgesetzt war). Caesar ist sich unschlüssig, ob er nicht doch lieber daheim bleiben „und das, was er vor dem Senat zu verhandeln gedachte, aufschieben"[4] soll. Caesar wird von den Verschwörern unter Kontrolle gehalten, und vielleicht hat derjenige, der am Abend zuvor dieses merkwürdige Thema angeschnitten hat, keine andere Möglichkeit gesehen, um sich Gehör zu verschaffen und das Opfer zu warnen.

2. Die Nacht vor den Iden des März war eine Nacht der Alpträume. Caesars Frau Calpurnia träumte, das Dach des Hauses sei eingestürzt und ihr Gatte in ihrem Schoß ermordet worden. Sie sah die Tür des Zimmers plötzlich von selbst aufgehen.[5] Woanders heißt es, nicht das Dach, sondern der Giebel sei eingestürzt, der auf Beschluß des Senats an Caesars Haus „als Zierde und zum Zeichen der Würde"[6] angebracht worden sei. Auch Caesar hatte eine nächtliche Vision: Er träumte, er schwebe in himmlischen Sphären, fliege über den Wolken und reiche Jupiter die Hand.[7] Ein größenwahnsinniger, aber auf seine Weise sehr aufschlußreicher Traum.

Das ganze Brimborium des Aberglaubens, der das öffentliche Leben Roms auf so tiefgreifende Weise bestimmte, hatte Caesar nie besonders ernst genommen. Seine säkulare *forma mentis* ließ ihn diese für das alltägliche Leben überaus bestimmende Tradition aus nüchterner Distanz betrachten. Er wußte freilich genau, welche Bedeutung die Öffentlichkeit Orakelsprüchen und Vorzeichen beimaß, und dem trug er durchaus Rechnung. Aber das veranlaßte ihn nicht, beispielsweise seinen Aufbruch nach Africa zu verschieben, wo er Scipio, Iuba und Cato im Kampf entgegentreten wollte. Er ließ sich gewiß nicht von dem Umstand beeindrucken, daß beim Opfer eines der Opfertiere davonlief.[8] Als er dann beim Verlassen des Schiffs stürzte, kehrte er das böse Vorzeichen sogar mit den Worten um: „Ich halte dich, Africa!", als habe er selbst sich zu Boden geworfen. Ein bekannter Orakelspruch hatte bestimmt, daß den Scipionen in Africa immer der Sieg beschieden sei. Deshalb und weil das gegnerische Lager einen Cornelius Scipio in seinen Reihen hatte, hielt er,

einzig zur Beruhigung seiner Truppen, auch in seinem Lager einen
Mann namens Scipio (einen kaum bekannten und übel beleumunde-
ten Vertreter der *gens Cornelia*).

Doch die außerordentliche Unruhe Calpurnias versetzte jetzt auch
Caesar in Sorge. Die Wahrsager hatten ihm überdies berichtet, daß
sie nur ungünstige Zeichen erkennen konnten.[9] In der Situation dachte er daran, nicht hinzugehen und Antonius zu schicken, die Senatsversammlung abzusagen.

Doch dann trat ein Mann ins Geschehen ein, der bei dem Diktator ein so grenzenloses Vertrauen genoß, daß er ihn sogar in seinem
Testament als einen der „zweiten Erben" benannt hatte: Decimus
Iunius Brutus Albinus. Caesar war mit Decimus so eng befreundet,
daß es ihn nicht überraschte, als der ihn in aller Frühe zu Hause
aufsuchte. Decimus nun hatte von den Verschwörern einen prekären
Auftrag bekommen: Er sollte Caesar überwachen und sicherstellen,
daß er es sich nicht anders überlegte, sondern tatsächlich im Senat
erschien. Decimus Brutus verlegte sich auf den aufgeklärten Scherz,
er spottete über die Wahrsager[10] und drängte Caesar, indem er sagte, eine Verschiebung der Sitzung würde der Senat als Beleidigung
auffassen; Caesar selbst habe ja diese Sitzung einberufen, und zahlreiche Senatoren hätten sich bereits in der Kurie des Pompeius ein-
gefunden.[11] Plutarch berichtet in aller Ausführlichkeit von den be-
schwörenden Vorhaltungen des eifrigen Verschwörers: ob man allen
Ernstes jemanden mit dem Bescheid schicken solle, die bereits versammelten und wartenden Senatoren sollten nach Hause gehen und
ein andermal wiederkommen, wenn Calpurnia besser geträumt hätte? Würde das nicht zu Mißmut führen? Würden die Neider dann
nicht tuscheln? Und was sollten Caesars Freunde erwidern, wenn
man ein solches Verhalten als Tyrannei bezeichnete? Wenn Caesar
die Sitzung unbedingt verschieben wolle, wäre es immer noch besser, er begäbe sich persönlich in den Senat und teilte die Vertagung
mit. Dann faßte Brutus ihn bei der Hand und zog ihn fort, ja trieb
ihn aus dem Haus.[12] Es war die fünfte Stunde, als sich Caesar, von
Decimus Brutus gedrängt, auf den Weg machte. Plötzlich geschah
etwas Unvorhergesehenes: Ein fremder Sklave, der vergeblich versucht hatte, mit Caesar zu sprechen, entkam dem Gedränge und
begab sich in Caesars Haus. Er wandte sich an Calpurnia und bat,
ihn bis zu Caesars Rückkehr in Gewahrsam zu halten. Er war der
erste von mehreren Boten, die an jenem Morgen vergeblich versuchten, Caesar etwas mitzuteilen.

3. Auch die Verschwörer hatten sich unterdessen in den Senat aufgemacht. Brutus nahm seinen Dolch und ging allein aus dem Haus.
Seine Frau Porcia war eingeweiht, nachdem sie ihm in typischer
Cato-Manier – sie verletzte sich selbst – demonstriert hatte, daß sie
körperlichem Schmerz Widerstand leisten konnte. Dadurch hatte sie
sein rückhaltloses Vertrauen in allen politischen Belangen. Die anderen waren im Haus des Cassius versammelt und brachen von dort
gemeinsam auf; sie nahmen auch Cassius' Sohn mit, der an jenem
Tag die *toga virilis* bekam[13], das Symbol des Eintritts ins Erwachse-
nenalter. Sie machten zunächst auf dem Forum halt, dann begaben
sie sich in kleinen Gruppen zur Säulenhalle des Pompeius, wo die
Sitzung stattfinden sollte.

Einige der Verschwörer, darunter auch Brutus, waren Prätoren.
Daher oblag ihnen die Pflicht, streitende Parteien anzuhören und
Konflikte zu schlichten. Plötzlich kam es zu einem unvorhergesehenen Zwischenfall: Einer, der den Urteilsspruch nicht annehmen wollte, erhob ein lautes Geschrei und berief sich auf Caesar. Daraufhin
sagte Brutus in aller Ruhe und beinahe herausfordernd: „Mich hin-
dert Caesar weder, nach den Gesetzen zu verfahren, noch wird er
mich daran hindern".[14]

Unterdessen hatte Brutus' Haus noch jemand unbemerkt verlassen,
und zwar der Grieche Artemidoros von Knidos, Lehrer der griechischen Literatur, Sohn jenes Theopompos von Knidos, dem zu Ehren
Caesar nach der Schlacht von Pharsalos der Stadt die Freiheit geschenkt hatte. In Rom hatte sich Artemidoros dem engeren Kreis um
Brutus angeschlossen; er ahnte oder wußte, was bevorstand, und lief
in letzter Sekunde zu Caesar, um ihn zu warnen. Appian zufolge
erreichte er die Kurie, als es bereits zu spät war.[15] Plutarch zufolge
aber hatte Artemidoros seine Entdeckungen über das Attentat aufgeschrieben. Es gelang ihm noch, in Caesars Nähe vorzudringen und
ihm zu sagen, er solle den Text augenblicklich lesen (und nicht wie
alles Sonstige ungelesen an seine Sekretäre weiterreichen). Und obwohl Caesar mehrmals den Versuch machte, das Schriftstück zu
überfliegen – er kam nicht dazu, weil sich die Bittsteller um ihn
drängten und ihn bestürmten.[16]

Als er endlich den Senat betrat, hielt er das Schriftstück noch in
der Hand. Auch der Eingeweideschauer Spurinna, der ihn schon vor
einiger Zeit vor einer Gefahr gewarnt hatte, die „nicht über die Iden
des März hinaus auf sich warten lasse", erschien in der Menge, während Caesar langsam dem Versammlungsort zustrebte. Caesar ver-

spottete Spurinna und sagte, „die Iden des März seien ohne jeden Schaden für ihn gekommen", worauf Spurinna ihm entgegnete, „gekommen seien sie zwar, aber noch nicht vorbei".[17]

Die Ungerührtheit und Kaltblütigkeit der Verschwörer wurde unterdessen auf eine überraschende Probe gestellt. Jemand trat an Casca heran, griff nach seiner rechten Hand und sagte: „Du hast mir das Geheimnis verschwiegen, Casca, aber Brutus hat mir alles verraten". Doch im nächsten Augenblick wurde klar (oder der Unbekannte wollte es deutlich machen), daß er etwas ganz anderes meinte.[18] Wenig später trat der Senator Popilius Laenas zu Brutus und Cassius und flüsterte ihnen zu: „Ich wünsche euch von Herzen, daß ihr das durchführt, was ihr im Sinne habt, und ich rate euch, nicht zu zögern; denn die Sache ist kein Geheimnis mehr".[19] Die beiden waren bestürzt, denn ganz offensichtlich spielte er auf die Verschwörung an: Jemand mußte also geplaudert haben.

4. In diesem Augenblick, noch wie gelähmt vom unvorhersehbaren Zwischenfall mit Popilius, überbrachte ein Sklave Brutus die Nachricht, seine Frau liege im Sterben. Tatsächlich hatte sich zu Hause Porcia furchtbar aufgeregt. „Sie war in der Erwartung des Kommenden völlig außer sich, konnte den Druck der Sorge nicht mehr ertragen, konnte sich kaum noch im Hause halten, fuhr bei jedem Geräusch und Geschrei in die Höhe wie die von bacchantischer Raserei Besessenen, fragte jeden, der vom Markte hereinkam, was Brutus mache, und schickte immerfort einen Boten nach dem andern ab", heißt es bei Plutarch.[20] Schließlich brach sie zusammen und wurde ohnmächtig. Umringt von ihren Dienerinnen, versagte ihr die Stimme, verfärbte sich ihr Gesicht und verlor sie das Bewußtsein. Deshalb glaubte man, sie sei tot. Das Jammern der Dienerinnen alarmierte die Nachbarn. Das war die Nachricht, die man Brutus in dem prekären Augenblick überbrachte, als er von den wohl provokativ gemeinten Worten des Popilius Laenas noch wie erstarrt war.

Brutus blieb, wo er war, konnte er doch die Mitverschwörer in einem solchen Augenblick nicht im Stich lassen; trotz seines großen Schmerzes eilte er nicht nach Hause.[21]

Dann endlich traf Caesar ein. Er näherte sich in der Sänfte und war wegen der ungünstigen Vorzeichen ziemlich niedergeschlagen, entschlossen, wichtige Angelegenheiten auf einen anderen Sitzungstag zu verschieben.[22] Als er aus der Sänfte stieg, stürzte Popilius auf ihn zu – der Senator, der kurz zuvor Brutus ermahnt hatte, „nicht

zu zögern". Die Verschwörer gaben sich verloren, mußten sie doch
das Schlimmste befürchten. Sie verständigten sich mit Blicken,[23] nicht
zu warten, bis sie verhaftet würden, sondern sich lieber auf der Stelle
den Tod zu geben. Cassius hatte schon die Hand an seinem Dolch,
und auch die anderen waren im Begriff, die Dolche zu zücken, als
Brutus an Popilius' Verhalten sah, daß er Caesar nichts anderes als
eine Bitte vortrug. Brutus gab keine Entwarnung (und er konnte auch
nicht, weil viele Leute in der Nähe waren, die in die Verschwörung
nicht eingeweiht waren); aber seine Miene hellte sich auf, und so
wußten Cassius und die anderen, daß nichts zu befürchten war.
Wenig später küßte Popilius Caesar die Hand und trat zur Seite: Er
hatte seine persönlichen Anliegen vorgetragen, sonst nichts.[24]

5. Jetzt betraten auch die Senatoren den Sitzungssaal, und die Verschwörer drängten sich um Caesars Sessel. Alle außer Trebonius,
denn er sollte ja Antonius außerhalb der Kurie in ein Gespräch verwickeln.[25] Antonius' Fügsamkeit in dieser Situation, an einem solch
spannungsgeladenen Tag mit all den bedeutungsvollen Zeichen, kann
nicht genug verwundern. Als Cassius in den Saal trat, wandte er
seinen Blick auf das Standbild des Pompeius und flehte ihn um Beistand an.[26] Tillius Cimber machte den ersten Schritt, indem er sich
mit der Bitte um Gnade für seinen verbannten Bruder Caesar zu
Füßen warf. Die Verschwörer unterstützten sein Gesuch und küßten
dem Diktator die Hände und die Brust.[27] In Plutarchs *Brutus* wie
auch in Suetons *Caesar* hat Caesar also bereits Platz genommen, als
Tillius und die anderen Verschwörer näher herantreten. In seiner
Caesar-Biographie dagegen unterteilt Plutarch die Szene in zwei
Akte. Erster Akt: Caesar betritt den Sitzungssaal, und die Gruppe
der Verschwörer teilt sich; die einen stellen sich um den Sessel, auf
dem Caesar Platz nehmen wird, die anderen gehen ihm entgegen und
geleiten Caesar mit ihren Bitten an seinen Platz, während Tillius
Cimber sich ihm zu Füßen wirft. Zweiter Akt: Caesar nimmt Platz,
Tillius greift mit beiden Händen nach Caesars Toga und reißt sie ihm
vom Hals (das war das verabredete Zeichen). Casca und sein Bruder,
die den ersten Schlag führen sollen, stürzen sich auf Caesar und
verwunden ihn. Caesar ruft: „Das ist ja Gewalt!" (nach Sueton)
beziehungsweise „Verfluchter Casca, was tust du da?" (nach Plutarch). Bei Sueton und in Plutarchs *Brutus* erfolgt der Angriff, während Caesar aufzustehen versucht, aber die Reihenfolge ist dieselbe.
Sueton fügt ein Detail hinzu: Vom ersten Dolchstoß getroffen, packt

Caesar Cascas Arm und durchbohrt ihn mit dem Schreibgriffel,[28] wird aber von allen Seiten angegriffen.

In seinem *Caesar* beschreibt Plutarch die letzten Augenblicke im Leben Caesars mit einer gewissen Neigung zum Pathos: „Die Verschworenen aber entblößten alle die Schwerter und umringten den Überfallenen. Wohin sich Caesar wendete, überall zuckten Hiebe, fuhren ihm Klingen vor Gesicht und Augen hin und her, er wurde durchbohrt wie ein wildes Tier, sich windend unter den Händen seiner Mörder. Denn es war ausgemacht, daß jeder das Opfer treffen und von seinem Blute kosten müsse. So führte auch Brutus einen Streich und verwundete ihn am Unterleib".[29] Caesar habe sich gegen die Angreifer gewehrt „und sich schreiend hin- und hergeworfen, um den Stößen zu entgehen. Aber als er Brutus mit gezogenem Schwert unter den Gegnern erblickte, zog er die Toga übers Haupt und leistete keinen Widerstand mehr. Er brach am Sockel, auf welchem die Pompeiusstatue stand, zusammen – aus Zufall oder weil die Mörder ihn dorthin gedrängt hatten". Anders Sueton. Ihm zufolge versucht Caesar aufzuspringen (bei Sueton erfolgt der Angriff, als Caesar bereits auf seinem Sessel in der Mitte des Sitzungssaals Platz genommen hat). „Sobald er aber bemerkte, daß er von allen Seiten mit gezückten Dolchen angegriffen wurde, bedeckte er sein Haupt mit der Toga, wobei er gleichzeitig, um mit Anstand zu fallen, den Faltenbausch derselben mit der linken Hand auf die Füße herabließ und dadurch auch den unteren Teil des Körpers verhüllte";[30] er stieß einen Seufzer aus, sagte aber kein Wort. „Manche", so Sueton weiter, „überlieferten, er habe dem auf ihn eindringenden Marcus Brutus zugerufen: ‚Auch du, Kind?'".[31] Ein hochdramatisches Detail. Der Begriff „Kind" ist hier im wörtlichen Sinn gemeint und spielt auf die weitverbreitete Meinung an, Brutus sei Caesars Sohn aus seiner Beziehung zu Servilia, Brutus' Mutter, die für Caesar eine langandauernde und unerschütterliche Zuneigung hegte – trotz der gegenteiligen politischen Linie der Männer in ihrer Familie (angefangen mit ihrem Bruder Cato). Diese Anekdote, die Sueton der puren Vollständigkeit halber wiedergibt, widerspricht seiner eigenen Aussage, Caesar habe kein Wort gesagt, sondern nur einen einzigen Seufzer ausgestoßen. Auch in Plutarchs *Caesar* gibt er erst auf, als er Brutus unter den Angreifern sieht, dies wird aber gleichfalls als die Ansicht „einiger" ausgewiesen. Dagegen gibt Plutarch in seinem *Brutus* dieses Detail als Tatsache aus – aus dem einfachen Grund, weil Brutus in diesem Text der Protagonist ist und die Anekdote seine Hauptrolle eigens betont.

Der Arzt Antistius, ein Chirurg, der auch in der römischen medizinischen Tradition einen Namen hat,[32] untersuchte den Leichnam und kam zu dem Schluß, daß von den dreiundzwanzig Stichen keiner tödlich war außer dem zweiten, der Caesar in die Brust traf.[33]

Auch das Detail, daß Caesar ausgerechnet zu Füßen des Standbildes des Pompeius zusammenbricht, dient dem erbaulichen Zweck, den Plutarch mit seiner *Caesar*-Biographie verfolgt (in seiner *Brutus*-Vita fehlt dieses Detail dagegen). Plutarch beginnt ja die Schilderung des Attentats in seinem *Caesar* mit der Bemerkung, es könne kein Zufall gewesen sein, daß das blutige Schauspiel ausgerechnet in einem Gebäude stattfand, das von Pompeius errichtet war. Und er schließt mit dem Hinweis, Caesars Blut spritzte über das Standbild und „es sah aus, als leite Pompeius selbst die Rache an seinem Feinde".[34]

Die Verschwörer hatten nicht einmal den Mut, die Leiche des Ermordeten in den Tiber zu werfen, wie es ursprünglich ihre Absicht war.[35] Sie ergingen sich in wirkungslosen öffentlichen Darlegungen der politischen Gründe für ihre Tat, während der Rest der Senatoren in panischer Bestürzung auseinanderlief. Der Leichnam blieb eine Zeitlang im verlassenen Sitzungssaal liegen, bevor ihn drei Sklaven auf einer Bahre und mit herabhängenden Armen nach Hause trugen.

XL
„Where's Antony?"

Where's Antony?
– Fled to his house amazed
Shakespeare, *Julius Caesar*

Dieser Dialog zwischen Cassius und Trebonius in der ersten Szene des dritten Aufzugs von Shakespeares Drama *Julius Caesar* findet unmittelbar nach den tödlichen Dolchstößen statt. Shakespeare, ein aufmerksamer Leser der antiken Quellen, griff damit einen heiklen und entscheidenden Punkt auf, den er auch für die Dramaturgie des Stücks nutzbar machte: die Panik des Antonius, der von Trebonius außerhalb der Kurie des Pompeius aufgehalten wurde, während drinnen das Attentat stattfand; und wenig später sein Manövrieren, seine Suche nach einer Verständigung mit den Caesarmördern und sein besonderes Gespür für Brutus, den gemäßigteren der beiden Anführer der Verschwörung, der die „roten Waffen" schwenkt und nicht „Freedom and Liberty", sondern „Peace, Freedom and Liberty" (III. Aufzug, 1. Szene) ruft. Wie wir von Cicero wissen, hatte Monate vorher, während Caesar in Spanien Krieg führte, Trebonius mit Antonius Kontakt aufgenommen, um ihn zur Teilnahme an einer Verschwörung zu bewegen. Aus diesem Grund hatte man Trebonius die Aufgabe übertragen, Antonius vom Ort des Geschehens fernzuhalten. Es ist sinnlos, sich weiter auf dem unsicheren Terrain der Spekulationen zu bewegen. Aber natürlich bleibt es schwer vorstellbar, daß ein so erfahrener und argwöhnischer Politiker und Mann der Tat wie Antonius von dem, was vorfiel, überhaupt keine Ahnung gehabt haben soll. Schließlich war es keineswegs normal, ausgerechnet an einem solchen Tag der allgemeinen Anspannung, wo selbst Caesar, alles andere als abergläubisch, nur widerstrebend in den Senat gegangen war, vor der Kurie aufgehalten zu werden.

Kurz nach dem Anschlag (die Attentäter befinden sich noch in der Kurie) schickt Antonius einen Boten und bietet Versöhnung und politische Übereinkunft an: „So soll dem Mark Anton der tote Caesar so teuer nicht als Brutus lebend sein; er will vielmehr dem Los und der Partei des edlen Brutus unter den Gefahren der wankenden Verfassung treulich folgen (*with all true faith*)" (III. Aufzug, 1. Szene). Shakespeare spielt geschickt mit den Bedeutungsvarianten des Wortes, das er Antonius in den Mund legt. Antonius ist auf der einen Seite tatsächlich „bestürzt" (*amazed*), wie Trebonius sagt, der ihn hatte fliehen sehen, als sich der Erfolg der Verschwörung abzuzeichnen begann, und bereit, sich mit den neuen Siegern zu einigen. Auf der anderen Seite plant er mit seiner Strategie der Übereinkunft mit Brutus und den anderen bereits den Umsturz. In gewisser Weise enthüllen die Worte, die er am Ende dieser langen Szene zum Diener des jungen Octavius spricht, die Ambivalenz seiner Position am besten: „Nein, warte noch! Du sollst nicht fort, bevor ich diese Leiche getragen auf den Markt, und meine Rede das Volk geprüft, wie dieser blut'gen Männer unmenschliches Beginnen ihm erscheint".

Doch sind es versöhnliche Worte, mit denen er sich den Mördern genehm machen und erreichen will, daß der Verstorbene eine öffentliche Gedenkfeier erhält („ich bin euch allen Freund und lieb' euch alle"; III. Aufzug, 1. Szene). Mit denselben Worten drückt Cicero Basilus gegenüber seine Freude über das gelungene Attentat aus (*An seine Freunde* VI 15): „Ich habe Dich lieb und kümmere mich um Deine Angelegenheiten". Shakespeares Antonius täuscht seine Bereitschaft zur Kooperation keineswegs vor: Er will tatsächlich mit den Verschwörern zusammenarbeiten, falls die Reaktion des Volkes auf das Attentat positiv ist.

Die Szene in Shakespeares Drama, als Antonius vor Caesars am Boden liegendem Leichnam mit den Mördern spricht, ist frei erfunden. Shakespeare, der sich vor allem auf Appian als Quelle stützt,[1] weiß, daß sich die Attentäter nach vollbrachter Tat auf dem Kapitol verschanzten und daß Antonius erst nach einiger Zeit mit ihnen übereinkam (Appian, *Bürgerkriege* II 124,520), um des öffentlichen Friedens willen auf die Bestrafung des Verbrechens zu verzichten. Für die Dramaturgie des Stücks jedoch ist diese Szene von außerordentlicher Bedeutung. Sie bildet die Voraussetzung für Antonius' Rede an das Volk, die diese Situation der äußersten Ungewißheit entscheiden und die Niederlage der Befreier vorbereiten wird. Eine Schlüsselszene, die nicht den historischen Tatsachen entspricht, sondern frei erfunden ist, wobei sich Shakespeare der Quellen ungezwungen bedient. Doch der Dramatiker trifft damit ins Schwarze, denn er legt das Hauptaugenmerk auf die Ambivalenz von Antonius' Position und bemüht sich, dessen Taten und Worte in den Stunden unmittelbar nach dem Attentat nachzuempfinden. „Was Euch betrifft, für Euch sind unsre Schwerter stumpf" (III. Aufzug, 1. Szene), sagt Brutus freundschaftlich zu ihm. Und Naivität zählte nicht zu seinen Schwächen.

Shakespeare charakterisiert Antonius unmittelbar nach den Iden des März als jemanden, der für die Verschwörer fast so etwas wie Sympathie aufbringt (sei sie nun aufrichtig oder nicht). Und Shakespeare beweist damit jenes Gespür für die historische Entwicklung, das auch Antonius besaß.

In den Quellen finden sich ebenfalls Hinweise auf Antonius' vorsichtiges Taktieren. Womöglich befürchtete Antonius nach den Iden des März bzw. in den Stunden unmittelbar nach dem Attentat, die Verschwörer hätten die Lage im Griff, und gab ihnen deshalb zu verstehen, er stünde auf ihrer Seite und sei dankbar, daß man ihn verschont hatte. Doch in jenen Stunden nach dem Attentat erkannte er gleichzeitig, daß noch alles offen war, ja daß sich die Lage für die „Befreier" eher ungünstig darstellte.[2] Daher entschloß er sich, als Führer der Caesarianer aufzutreten.

XLI
Caesars Leiche. Wie man einen Erfolg in eine Niederlage verwandelt

1. In dem Augenblick, da die Verschwörer die Leiche des Diktators achtlos liegenließen und darauf verzichteten, sie in den Tiber zu werfen und damit aus der Welt zu schaffen, war ihr Spiel verloren. Die Rückgewinnung des Terrains durch die Caesarianer begann, als sie aus dem Leichnam (dessen sperrige Präsenz von da an bis zum siegreichen Schluß die städtische Politik belastete) politisches und emotionales Kapital schlugen. Shakespeare erkannte das „Potential" dieser Leiche, als er die (zum Teil frei erfundene) Rede des Antonius vor Caesars blutüberströmtem Körper zum Fanal für den Stimmungsumschwung des römischen Stadtvolks machte.

Unmittelbar nach dem Attentat unternahmen Brutus und die anderen alle möglichen Anstrengungen, die Lage in den Griff zu bekommen die meisten scheiterten. Daß es wenigstens kurzzeitig so aussah, als wären sie Herr der Lage, zeigt die panische Reaktion des Antonius, der „die Kleidung eines schlichten Bürgers"[1] anlegte und floh. Brutus versuchte, zu den Senatoren zu sprechen, die aber stürzten Hals über Kopf davon und verließen den Ort des grausamen Anschlags, dessen Zeugen sie geworden waren. Die Verschwörer versäumten es, den Toten wegzuschaffen und Caesars Verfügungen mit einem Streich zu annullieren. Ihnen fiel nichts Besseres ein, als auf das Kapitol zu ziehen und dolcheschwingend imaginären Bürgern Freiheitsparolen zuzurufen. Doch die Straßen waren leer, die Läden geschlossen. Auf dem Kapitol warteten sie ein Weilchen ab. Schließlich kam eine Gruppe Senatoren und endlich auch einiges Volk, um die Verschwörer aufzufordern, den Kapitolshügel wieder zu verlassen.[2] Die Gruppe zog also neuen Muts zum Forum, wo Brutus zur Rednertribüne geleitet wurde. Dann begann er zu sprechen. Die versammelte Menge hörte ihn schweigend an. Anschließend trat Cinna auf und sprach anklagende Worte gegen Caesar. Da flammte der Zorn der Menge auf, und die Verschwörer mußten sich eiligst wieder auf das Kapitol zurückziehen.[3] Brutus befürchtete, das Volk werde den Hügel stürmen und alles sei verloren.

So verspielten die Verschwörer binnen weniger Stunden ihren Vorteil, den sie durch ihre Überrumpelungs- und Verwirrungstaktik gewonnen hatten, und vergeudeten die Zeit mit an das Volk gerichteten Ansprachen im Namen einer abstrakten „Freiheit".

2. Antonius erkannte augenblicklich, daß die Attentäter für die Zeit unmittelbar nach dem Anschlag keinen Aktionsplan hatten und (Brutus jedenfalls) einzig auf die rettende Wirkung des „Tyrannenmords" und des Begriffs der „Freiheit" vertrauten. Er entledigte sich schon bald seiner Verkleidung und landete zwei gelungene Coups. Er schickte seine eigenen Söhne als „Geiseln" zu den Befreiern (wodurch er diese dazu bewegen konnte, vom Kapitol herunterzukommen) und verbreitete in der ganzen Stadt, daß Cassius im Haus des Antonius und Brutus im Haus des Lepidus zum Abendessen geladen sei.[4] So wurde er am Tag darauf im Senat als derjenige gefeiert, der die Stadt vor einem neuen Bürgerkrieg bewahrt habe.[5] Und gegen Cassius' (vergeblichen) Widerstand setzte es Antonius (mit Zustimmung des Brutus) durch, daß Caesars Testament öffentlich verlesen wurde und der Leichnam des verstorbenen Diktators nicht in aller Heimlichkeit und ohne öffentliche Ehrung beigesetzt wurde.[6] Plutarchs Schilderung der Verschwörung im *Brutus* folgt ja bekanntlich zwei Quellen, die beide der Symbolfigur des Caesarmords nahestehen. Daher ist sein Urteil über Brutus' Vorgehen in jenen ersten Stunden von großer Bedeutung: „Daß er es geschehen ließ, daß die Bestattung in der von Antonius vorgeschlagenen Weise veranstaltet wurde", heißt es bei Plutarch, „das erschien als *entscheidender Fehlgriff*".[7] Dies war die Beurteilung, die in der Umgebung des Brutus gereift war. Dies belegt auch Ciceros kaum verhüllte Kritik an Brutus, die in seinen Briefen, besonders in jenem berühmten Brief an Cassius,[8] zum Ausdruck kommt, wo er bedauert, daß er bei der Vorbereitung des Attentats nicht habe mitreden können und folglich außerstande blieb, auf Antonius als weiteres Ziel des Anschlags hinzuweisen (für die Ermordung auch des Antonius hatten sich ja Cassius und seine „Hetairie" vergeblich stark gemacht). In den Monaten nach den Iden des März, während in Rom die Caesarianer wieder das Heft in die Hand nahmen,[9] herrschte eine Art Komplizenschaft zwischen Cicero und Cassius, die sich, nach dem noch erhaltenen Teil des Briefwechsels zu urteilen, bereits in den Monaten vor dem Attentat manifestiert hatte. Zwischen Cicero und Brutus gab es eine solche Vertraulichkeit nicht. Außerdem hielt sich

Brutus' Begeisterung für Cicero eher in Grenzen, obwohl dieser ihm
ehrerbietig ein Buch nach dem anderen widmete, und er hoffte vielleicht im stillen, mit Antonius zu einer Einigung zu kommen, zu
einem Kompromiß zwischen echten *nobiles*.

3. Antonius kannte unterdessen den Inhalt von Caesars Testament,
das der Diktator am 15. September 45 abgefaßt und den Vestalinnen
übergeben hatte. Es war auf Ersuchen von Caesars Schwiegervater
Lucius Calpurnius Piso im Haus des Antonius eröffnet worden.[10]
Daher war ihm auch bekannt, daß Caesar unter anderen Decimus
Brutus, seinen einstigen Vertrauten (der Caesar an den Iden des März
seinen Mördern beinahe gewaltsam zugeführt hatte) zum Erben, genauer zum „Beierben",[11] gemacht hatte. Und mehrere der Verschwörer waren von Caesar zum Vormund seines (Adoptiv-)Sohnes Octavius, nunmehr Gaius Iulius Caesar Octavian, bestimmt, falls ein Vormund erforderlich sei. Es gab also Anlässe im Überfluß, um die
„Befreier" bei der öffentlichen Verlesung dieser Verfügungen in ein
schlechtes Licht zu rücken (ganz zu schweigen von Caesars Ver-
mächtnissen und Schenkungen an das Volk).[12]

   Am 20. März wurde die Leiche auf das Forum gebracht. Die Auf-
bahrung des Leichnams war effektvoll inszeniert, insbesondere der
Ort gut gewählt: das Marsfeld, neben dem Grab der Iulia, Caesars
über alles geliebter Tochter, die zu Lebzeiten auch die Garantin einer
einvernehmlichen Beziehung ihres Vaters Caesar mit ihrem Gemahl
Pompeius gewesen war.[13] Als Gestell wurde vor den Rostren ein vergoldetes Modell aufgestellt, das in seiner Form an den Tempel der
Venus Genetrix erinnerte, der Stammutter Caesars und einer bei den
Römern weithin verehrten Gottheit. Das Leichenbett war ganz aus
Elfenbein, mit Purpur und Gold (den Farben der Macht) bedeckt,
darauf gut sichtbar das Gewand, in dem Caesar ermordet worden
war.[14] Dieses von mehr als zwanzig Dolchstößen durchbohrte Gewand verstärkte den Mitleidseffekt der Inszenierung. Als Antonius
seine Rede begann und die wachsende innere Bewegung unter den
Anwesenden spürte, griff er – als guter Schauspieler – nach dem
Gewand des Toten und hielt es hoch, damit alle die Stellen sehen
konnten, an denen die Dolche es zerrissen hatten.[15] Er schürte ganz
bewußt die Empörung, die sich in der Apotheose des Leichnams
entlud, der von einer aufgewühlten, von mystischer Ehrfurcht und
Rachedurst erfüllten Menge verbrannt wurde.
   Plutarch schildert die Szene folgendermaßen:[16]

Die einen schrien, man solle die Mörder erschlagen, die anderen
rissen – wie es vordem nach der Ermordung des Demagogen Clodius
geschehen war – aus den Werkstätten die Bänke und Tische heraus,
trugen sie an eine Stelle zusammen und schichteten einen riesigen
Scheiterhaufen auf, legten den Leichnam darauf und verbrannten ihn
inmitten vieler Tempel und vieler Freistätten und heiligen Orte.[17] *Als*
das Feuer aufloderte, kamen von da und von dort Leute gelaufen,
zerrten halbverbrannte Holzstücke heraus und rannten damit zu den
Häusern der Mörder, um sie anzustecken.[18]

4. Ein knapp gehaltener Bericht, der einiges im dunkeln läßt, was
wir bei Sueton genauer erfahren. Der Tempel, in dem unter anderem
das von Dolchstößen zerrissene Gewand ausgestellt war, blieb noch
mehrere Tage auf dem Marsfeld für alle, die Geschenke bringen wollten. Leichenspiele wurden aufgeführt, und Musiker wie Schauspieler
waren mit Gegenständen aus Caesars Triumphzügen geschmückt.
Man rezitierte anspielungsreiche Verse, etwa aus Pacuvius' *Urteil*
über die Waffen, wo es heißt: „Habe ich sie gerettet, damit sie mich
töten können?"[19] Da war das Volk nicht mehr länger zu halten:[20]
Die Zeremonie war klug choreographiert. Antonius hatte zuvor den
Herold genau den Senatsbeschluß verlesen lassen, in dem sich alle
Senatsmitglieder verpflichtet hatten, Caesars Leben zu verteidigen.[21]
Als die Bahre mit dem Leichnam des Diktators von Männern
getragen wurde, die Ehrenämter ausübten oder ausgeübt hatten,
war die Erregung der Menge auf dem Höhepunkt, die durch ein
theatralisches Intermezzo noch zusätzlich fanatisiert wurde. Appian
berichtet davon: Um die Stimmung anzuheizen, mußte der durchbohrte Leichnam der Menge gezeigt werden, was aber nicht möglich
war. Da hob „jemand über der Totenbahre ein aus Wachs geferti-
tes Abbild von Caesar selbst empor; flach auf der Bahre liegend,
konnte ja die Leiche nicht gesehen werden. Nun konnte man aber
mit Hilfe einer Vorrichtung das Abbild nach allen Seiten hin drehen,
und es zeigte am ganzen Körper sowie im Gesicht dreiundzwanzig
grausam beigebrachte Wunden. Diesen jammervollen Anblick, wie
er sich allen darbot, konnten die Menschen nicht mehr ertragen".[22]
Jetzt kam es zur Entladung der Gefühle, das Feuer mußte entzündet
werden. In dieser Situation der Apotheose und des Rachedurstes
kam es zu Meinungsverschiedenheiten darüber, wo der Leichnam
verbrannt werden sollte. Während noch erregt debattiert wurde (die
einen wollten den Toten im Innenraum des Jupitertempels auf dem

Kapitol einäschern, die anderen – als Fortsetzung gleichsam des symbolischen Spiels – in der Kurie des Pompeius), traten zwei mit Schwertern und Wurfspießen bis an die Zähne bewaffnete Männer heran und steckten das Leichenbett an.[23] Dann wurde alsbald jener gewaltige Scheiterhaufen aufgetürmt, wie Plutarch sagt, auf den sogar die Kleider geworfen wurden, die sich die Schauspieler und Musiker vom Leib rissen. Unklar ist sowohl, wer hinter der Szene mit dem Wachsbild Caesars, als auch, wer hinter den bewaffneten Männern steckte, die die Entscheidung über den Ort der Verbrennung herbeiführten.[24]

An dieser Stelle rückt Plutarch in allen drei Lebensbeschreibungen, in denen von Caesars Begräbnis die Rede ist,[25] die Caesarmörder in den Mittelpunkt der Aufmerksamkeit. Er berichtet vom Angriff auf ihre Häuser und von einem tragischen Nachspiel: dem blutrünstigen Mord an Gaius Helvius Cinna, der von der aufgebrachten Menge mit dem Prätor Lucius Cornelius Cinna verwechselt wird (der erst am Tag zuvor Caesar in einer scharfen Rede geschmäht hatte, als Brutus vom Kapitol heruntergekommen war und versucht hatte, öffentlich eine Rede zu halten).

Sueton verfolgt demgegenüber eine andere Erzählstrategie. Er konzentriert sich vor allem auf die eindrucksvollen Ehrungen des toten Caesar durch fremde Völker. „Bei dieser außerordentlichen Staatstrauer klagte auch eine Menge außeritalischer Völker, jedes auf seine Weise in eigenen Trauergemeinden, besonders die Juden, die sogar mehrere Nächte lang seinen niedergebrannten Scheiterhaufen besuchten".[26] Eine wichtige Information, die Sueton hilft, Caesar in die richtigen Dimensionen zu rücken. Er wurde Opfer der traditionellen politischen Kasten Roms, und er war der Held ferner Völker, die im multiethnischen Mosaik der Reichshauptstadt durchaus vertreten waren.

Freilich vernachlässigt auch Sueton nicht die Kehrseite: den Rachedurst der Menge; den Angriff auf die Häuser der „Befreier", die irrtümliche Ermordung des Gaius Helvius Cinna – eine finstere und in ihrer überraschenden Brutalität bedeutsame Szene, die erst in Suetons Bericht eindringlich geschildert wird: Sie töteten ihn, weil sie ihn für den hielten, „der am Tage zuvor Caesar in einer scharfen Rede angeklagt hatte. Seinen Kopf steckten sie auf eine Lanze und trugen ihn mit sich herum".[27] Die Ermordung Cinnas (ein Schicksal, das auch den Verschwörern beschieden gewesen wäre, wenn es der Menge gelungen wäre, die schützenden militärischen Absperrungen

zu durchbrechen) war die instinktive Reaktion auf die Gewalt, die
die Verschwörer Caesar angetan hatten.

5. Was beeindruckt, ist insbesondere die Spontaneität dieses Auf-
ruhrs während Caesars Leichenbegängnis. Unter seiner Regie und mit
seiner Rede hatte Antonius Kräfte geweckt, von denen er selbst nicht
wußte, inwieweit er sie an die Oberfläche treten lassen durfte. Die
Tage der Leichenfeier hatten das Gleichgewicht zugunsten der Caesarianer und vor allem des amtierenden Konsuls Antonius verschoben, der nach kurzzeitiger Panik als geschickter Regisseur auf die
Bühne des Geschehens zurückgekehrt war. Caesars geschundener
Körper hatte ihm enorme Dienste bei dem Bemühen geleistet, die
Situation umzukehren.

Daß manche spontane Aktionen andauerten und sich ausweiteten,
muß ihn beunruhigt haben. Am beunruhigendsten war der sogenannte „falsche Marius". Dieser gab sich als Sohn von Marius dem Jüngeren (und Enkel des großen Marius) aus und stand infolgedessen
auch in verwandtschaftlicher Beziehung zu Caesar, dessen Tante Iulia
ja mit Gaius Marius verheiratet gewesen war. War er tatsächlich der
Sohn von Marius dem Jüngeren, so war Amatius (so hieß der „falsche Marius") Caesars Großcousin und stand im selben Verwandt-
schaftsgrad zu ihm wie jener Sextus Caesar (ebenfalls der Sohn eines
Vetters Caesars), dem der Diktator im Jahr 47 die Provinz Syrien
übertragen hatte. Amatius, ein Augenarzt[28] und wahrscheinlich ein
ehemaliger Sklave, agierte geschickt und entschlossen. Während Caesars langer Abwesenheit in Spanien im Jahr 45 v. Chr. hatten ihn
zahlreiche Veteranensiedlungen, Städte und wichtige *collegia* als *patronus* angenommen und ihm seine verwandtschaftlichen Ansprüche
im wesentlichen geglaubt.[29] Auch mehrere Frauen der Familie hatten
ihn anerkannt, bis auf Atia, Octavians Mutter, die ihren Sohn vor
potentiellen Rivalen schützen wollte. Doch Amatius gewann auch
das Vertrauen des jungen Octavius, der das letzte Urteil Caesar als
dem „Oberhaupt der ganzen Familie" überließ und ihn ehrerbietig
behandelte.[30] Aus Spanien zurückgekehrt, ließ Caesar ihn aus Italien
wegbringen.[31] Nach Caesars Tod trat Amatius (der seinerzeit auch
mit Cicero Verbindung aufgenommen hatte)[32] erneut auf den Plan
und machte die Stelle, wo Caesars Scheiterhaufen gestanden hatte,
zur Plattform seiner Agitationen.

Er ließ einen Altar errichten und initiierte den Kult der Verehrung
Caesars als Gottheit. Mit breiter Zustimmung der städtischen Plebs

wurde er so zum eigentlichen Begründer des Kults des *Divus Iulius*.
„Er sammelte auch eine Bande gewalttätiger Menschen um sich und
bildete eine dauerhafte Bedrohung der Mörder".[33] Antonius ließ ihn
daraufhin unerwartet und unter dem Vorwand, er bedrohe Brutus
und Cassius, verhaften und ohne Gerichtsverfahren hinrichten. Der
Senat tat so, als entrüste er sich über dieses unrechtmäßige Vorgehen,
schreibt Appian, war aber im Grunde genommen froh, weil sich auf
diese Weise Brutus und Crassus endlich sicher fühlen konnten.[34]
Amatius' Hinrichtung führte zum Aufstand seiner Gefolgsleute, die
im römischen Stadtvolk viele Anhänger fanden und Antonius inzwischen offen feindselig gesonnen waren. Sie forderten von den Behörden, Amatius' Caesar-Altar, an der Stelle von Caesars Scheiterhaufen
errichtet, zu weihen und Caesar regelmäßig Opfer darbringen zu
lassen, wurden aber durch Einsatz der bewaffneten Macht vertrieben.
Symptomatisch für die Veränderungen, die im Gange waren, blieb
die Tatsache, daß einige Standbilder Caesars von ihrem Sockel entfernt, in Werkstätten geschafft und dort zertrümmert worden waren.
Die Anhänger des Amatius versuchten diese Werkstätten in Brand zu
stecken. Aber die Truppen des Antonius griffen brutal durch. Einige
der Brandstifter wurden getötet, andere gefangengenommen und,
„soweit sie Sklaven waren, gekreuzigt",[35] der Rest aber vom Tarpei-
schen Felsen herabgestoßen. „Doch die maßlose Zuneigung des Volkes zu Antonius", kommentiert der Geschichtsschreiber aus Alexandria, „hatte sich in ebensolchen Haß gewandelt. Der Senat freilich
freute sich, als könne er nur auf diese Weise Brutus und seinen Anhang in Sicherheit wähnen".[36]

XLII
Der Wind

Ein Fragment von Livius, das mit Sicherheit aus Buch 116 stammt
(ein Charakterbild Caesars im Anschluß an die Schilderung seines
gewaltsamen Todes)[1] zog Caesars gesamtes Werk in Zweifel. Diese
Stelle zitierend, bringt Seneca einen einzigartigen Aspekt voll poeti-
scher Tiefgründigkeit ein, den Vergleich mit dem Wind: „Was man
also vom älteren (Iulius) Caesar allgemein sagte und was auch bei
Titus Livius steht, es sei ungewiß, ob es für die Republik besser
gewesen wäre, daß er geboren oder nicht geboren wurde, dies läßt
sich auch von den Winden sagen". Falsch wäre es, darin ein negatives
Urteil über Caesar zu sehen. Es zeugt vielmehr von einer tiefen Ratlosigkeit. Denn kann man den Wind wirklich „verurteilen", obwohl
er in der Lage ist, so großen Schaden anzurichten? Und Seneca fährt
denn auch tatsächlich fort: „Doch sind die Winde deshalb immer
noch natürliche Güter, wenn sie auch durch Schuld der Mißbrau-
chenden Schaden bringen. Vorsehung nämlich und Weltenschöpfer
gaben den Winden die Aufgabe, die Luft in Bewegung zu halten, und
ließen sie von allen Seiten wehen, damit nichts durch träges Daliegen
verderbe, nicht aber dazu, daß wir Flotten, die das halbe Meer be-
decken, mit Soldaten in Waffen bemannen und den Feind im Meer
oder hinter dem Meer aufsuchen sollten".

Ein in seiner Tiefgründigkeit auch lähmender Vergleich. Denn Seneca zögert, den begonnenen Gedankengang zu Ende zu führen. Die
Windmetapher läßt ihn Caesar als Wirbelwind betrachten. Was er
vom Wind sagt, läßt sich fast uneingeschränkt auf die politische und
vor allem militärische Laufbahn des Diktators beziehen. Etwa wenn
er vom „Mißbrauch" des Windes spricht, der darin liege, die Feinde
im Meer oder hinter dem Meer aufzusuchen: Das kann nur eine
Anspielung auf den Britannienfeldzug sein, der vielen als völlig
grundlos erschien, als ein klassisches „sinnloses Gemetzel", hinter
dem nach Meinung der Gegner von Caesars Militäraktionen vor
allem die Gier nach Perlen stand.[2] Oder wenn Seneca nur vordergründig naturkundlich auf die Nützlichkeit der Winde gegen die
durch Windstille begünstigte Fäulnis Bezug nimmt. Das erinnert an

die seinerzeit berühmte „Rede aus der Kriegszeit" des großen deutschen Philologen Wilamowitz aus dem Jahr 1914,[3] der die Windstille und die geistige Fäulnis nach der *pax Augusta* als die Wurzel für den Niedergang des Römischen Reiches betrachtete.

Trotz der Unsicherheiten bei der Überlieferung der Handschriften versteht es sich von selbst, daß Seneca mit Verweis auf Livius diesen suggestiven Vergleich auf Caesar und nicht auf Gaius Marius bezog.[4] Man muß auch betonen, daß uns dieser Vergleich Caesars mit dem Wind ins Zentrum jenes geistig-moralischen Spannungsfeldes führt, aus der die *Naturwissenschaftlichen Untersuchungen* hervorgingen: ein morphologischer Entwurf, der zwischen der historisch-politischen Welt und der Welt der Natur einen Vergleich zieht: unvernünftig und oft unverständlich die eine, tröstlich und demutsvoller Erkenntnis würdig die andere.

Titus Livius beschloß sein Caesarporträt also mit diesem denkwürdigen, von tiefer Ratlosigkeit geprägten Urteil. Wenn Augustus Livius einen *Pompeianus* nannte,[5] so bestätigte ihn wohl das wichtigste und durchdachteste der acht Bücher des Livius über den caesarischen Bürgerkrieg in diesem Urteil. Nach all den Jahren, die seit jenen Ereignissen vergangen waren, mißfiel dem *princeps* Livius' Beurteilung gewiß nicht, auch wenn es im Hinblick auf die historische Bedeutung seines Adoptivvaters eher von Ratlosigkeit bestimmt war. Und auch „Pompeianer" war für Augustus wohl keine Beleidigung, da seine Herrschaftsform der Aufgabe als *princeps* und Beschützer, wie sie Pompeius vorgeschwebt hatte, eher entsprach als der Diktatur, die sein Adoptivvater errichtet und die diesen schließlich vernichtet hatte. Octavian, anfangs ein ergebener und mit gutem Recht rachsüchtiger Sohn, hatte als Parteiführer sein politisches Geschick auf die Größe und auf das Erbe des Gaius Iulius Caesar gegründet. Er beschloß seinen langen Weg als Staatsmann aber mit der Restauration der Republik, wurde auf verfassungsmäßiger Grundlage *princeps* und restaurierte die alte Tradition. Der Historiker Livius konnte also sehr wohl ein solch ambivalentes Urteil über den Mann fällen, der die Republik in einen fünf Jahre lang dauernden, beinahe ununterbrochenen Bürgerkrieg gestürzt und kein wirklich brauchbares Modell zur Neuordnung des Staates hinterlassen hatte. Augustus konnte dieses Urteil wenn schon nicht teilen, so doch billigen. Zumindest sich selbst gegenüber wird er eingestanden haben, daß er ohne Caesar der Sohn des Ritters Gaius Octavius aus Velletri (Velitrae) geblieben wäre. Und wenn Livius über Caesar ein so strenges

Urteil fällte, so lag das nicht nur an dem kritisch-distanzierten Blick, mit dem der Provinziale aus Padua die Männer des Bürgerkriegs pauschal betrachtete (man denke nur an das harte Urteil über Cicero als potentiellen Proskriptor!);[6] es lag auch an seiner Engstirnigkeit: Solange er sich nicht persönlich vom Gegenteil überzeugen konnte,[7] war Livius tatsächlich der Ansicht, Augustus habe die Republik restauriert. Und aus dieser Perspektive konnte ihm Caesars Werk auch als eine lang andauernde Krise erscheinen, die einen hohen Preis gefordert und letztlich in den Untergang geführt hatte.

Aber durch Seneca erfahren wir noch etwas, was wahrscheinlich auf Livius zurückgeht, nämlich daß diese Beurteilung Caesars, die Seneca durch seinen Vergleich mit dem Wind in einen größeren ethischen und historiographischen Zusammenhang stellte, bereits vor Livius ein gängiges Urteil war (*vulgo dictatum*). Trotz der geschickt gesteuerten großen und anhaltenden Popularität machte Caesar die Nachwelt ratlos. Wie schon jene Bürger ratlos waren, die Plutarch zufolge beim Anblick der Reden haltenden „Befreier und Mörder" dem Brutus ihre Achtung erwiesen, obwohl ihnen auch Caesars Schicksal zu Herzen ging. Das Volk, das in Shakespeares spöttischer und kritischer Darstellung zunächst für Brutus' blutigen Dolchstoß Bewunderung zeigt und gleich darauf, von der Rhetorik des Antonius mitgerissen, mit Caesar Mitleid empfindet.

Worin hat diese Unentschiedenheit ihre Wurzeln? Gewiß nicht in der Sehnsucht nach den Werten, die Brutus, der Wucherer, Stoiker, Fundamentalist und Republikaner, in langweiligen Reden hochhielt. „Die vielen", die Caesar mit Slogans, Geschenkverteilungen und konkreten Vorteilen nach seinen Eroberungen demagogisch geschickt beeinflußte, fragten sich (falls eine solche Frage überhaupt sinnvoll ist), ob es nicht besser gewesen wäre, Caesar wäre nie geboren. Diese Frage hat wohl tiefere, humane Beweggründe: Es ist die Frage nach der Vielzahl von Menschenleben, die acht Jahre Krieg und fünf Jahre Bürgerkrieg gefordert hatten.

Schwer wog jenes „Schwarzbuch" in Form von Plinius' und Plutarchs Hochrechnungen der Millionen und Abermillionen von Toten. Es wog schwer auch für jene, die Caesar positiv und wohlwollend beurteilten. Doch alle diese Opfer vermochten die Größe seiner Taten und der von ihm bewirkten Umwälzungen nicht auszulöschen. Nach dem Sturm, den Caesar heraufbeschworen hatte, konnte die Republik nicht mehr das sein, was sie einmal gewesen war – trotz der „republikanischen Alchemie" seines Adoptivsohnes. In Caesars

harter, aber realistischer Abwägung war der Preis, den diese Umwälzungen forderten, vielleicht gerechtfertigt. Die Widerstandskraft der
alten Ordnung, die den Helden und Wucherern so teuer war, hatte
ihn zu jenen brutalen Maßnahmen gezwungen, die nur wenige Jahre
vorher bereits Sulla angewandt hatte, um die Vorherrschaft der *nobilitas* im alten Stadtstaat zu sichern.

Ein freisinniger französischer Essayist des 17. Jahrhunderts schrieb
einmal, Caesars Schwäche liege in der Vagheit seiner Pläne. Dieser
Freigeist, der noch vor Montesquieu ausführlich über die römische
Geschichte nachgedacht hatte, hieß Charles de Saint-Denis, M. de
Saint-Évremond, kurz Saint-Évremond genannt. Er versteckte seine
Kritik an den langfristigen Folgen von Caesars Unternehmungen in
einer an die Académie française gerichteten Erörterung des Begriffs
„vaste". Er verweist auf Caesars „Hirngespinst", „gegen die Parther
Krieg führen zu wollen, wo er doch besser daran getan hätte, sich
des Beistands der Römer zu versichern". Und in scheinbarem Widerspruch führt er das gesamte Handeln dieses „Mannes der Tat" auf
die *Unsicherheit* zurück. „In diesem Zustand der Unsicherheit",
schreibt Saint-Évremond, „in dem die Römer weder Bürger noch
Untertanen waren, in dem Caesar weder hoher Beamter noch Tyrann
war und alle Gesetze der Republik verletzte, ohne seine eigenen
durchsetzen zu können, verwirrt, verloren, versunken in hochfliegenden Plänen einer *grandeur*, unfähig, seine Gedanken wie seine Angelegenheiten zu ordnen, kränkte er den Senat und verließ sich auf
die Senatoren: auf unzuverlässige und undankbare Leute, die die
Freiheit seinen Tugenden vorzogen und lieber einen Freund und
Wohltäter ermordeten als einen Patron vor der Nase zu haben. Lobt
nur, ihre Herren, den vielseitigen („vaste") Geist: er hat Caesar das
Reich und das Leben gekostet".[8]

Am Ende seiner *Zweiten philippischen Rede*, einer seiner schärf-
sten Reden überhaupt, zeichnet Cicero von Caesar folgendes Bild:

*Er besaß Genie, Scharfsinn, Erinnerungsvermögen, Bildung, Für-
sorglichkeit, Gedankenzucht und Umsicht; er hatte kriegerische Leistungen vollbracht, die zwar verderblich für den Staat und doch
bedeutend waren, hatte viele Jahre von der Absicht, Alleinherrscher
zu sein, durchdrungen, nach großer Mühe und großen Gefahren sein
Ziel erreicht, hatte durch Spiele, Bauten, Geschenkverteilungen und
öffentliche Festschmäuse die unwissende Menge kirre gemacht und
seine Freunde durch Belohnungen, seine Feinde durch den Schein der*

*Milde an sich gefesselt – kurz und gut, er hatte unserem freien Volk
die Knechtschaft teils durch Furcht, teils durch Abstumpfung bereits
zur Gewohnheit gemacht.*[9]

Unbekümmert darum, daß seit mehr als einem Jahr die *Rede für
Marcellus* in Umlauf war, beschließt Cicero seine *Zweite philippische
Rede* mit einer Gegenüberstellung von Caesar und Antonius, freilich
ganz zugunsten des ersteren, jedoch mit der klaren Absicht, das Bild
des kurz zuvor ermordeten Diktators zurechtzurücken. Seine Charakterisierung Caesars kann sich mit den vielen anderen scharfsich-
tigen Darstellungen der römischen Geschichtsschreibung messen. Es
will kein einseitiges vernichtendes Urteil sein (und ist es auch nicht).
Es will ausgewogen sein und verweigert sich dem gängigen Klischee
der Lobhudelei (von der auch Ciceros *Rede für Marcellus* geprägt
ist). Selbst die allgemein anerkannte *clementia Caesaris* wird hier zur
*clementiae specie*s, zur bloßen Maske. Caesars militärische Eroberungen sind zwar „bedeutend", aber „verderblich für den Staat",
seine persönlichen Begabungen unbestreitbar, aber die wahre Leidenschaft dieses so früh zerbrochenen Lebens war das *regnum* (das heißt,
das verwerfliche Gegenteil des aristokratischen Ideals der *libera res
publica*). Das Volk hat er durch materielle Anreize verführt; selbst
seine Gegner (oder zumindest ein Teil von ihnen) hatten seinen Ver-
führungskünsten nicht widerstehen können. Was bei diesem Bild
jedoch fehlt, ist eine Anklage gegen den Toten, eine Anklage, die
gewöhnlich an den jungen Caesar gerichtet wird: der Vorwurf, das
traditionelle „revolutionäre" Programm gegen die Vermögenden
durchgesetzt oder zumindest versucht zu haben, es durchzusetzen –
das Programm, dem sich Caesar zu Beginn seiner politischen Karriere
verschrieben hatte. Cicero will diesen Aspekt gewiß nicht vertuschen.
Hinter seinem Schweigen steckt vielmehr die Anerkennung des
Neuartigen, Unerhörten von Caesars Diktatur. Jenes Neuartigen, das
Plutarch (oder seine Quelle) veranlaßt hat, sich die folgende Szene
des schmerzvollen Bekenntnisses Caesars vor dem Senat zur Zeit
seines ersten turbulenten Konsulats auszumalen: „Er beteuerte mit
lauter Stimme, daß man ihn wider seinen Willen zum Volk hintreibe,
daß des Senates Übermut und Härte ihn zwängen, dort einen Rückhalt zu suchen".[10] Seine Mörder merkten nicht, daß sie mit Caesar
den weitsichtigsten und klügsten Vertreter ihrer Schicht verloren.

Anhang

1. Caesar als Schriftsteller

Suetons Darstellung

Das schönste Kapitel Literaturgeschichte über Caesar schrieb Sueton, der etwa in der Mitte seiner *Caesar*-Biographie ausführlich auf dessen schriftstellerisches und literarisches Schaffen eingeht:[1]

55. In der Beredsamkeit sowie in der Kriegskunst erreichte er den Ruhm der Allergrößten oder übertraf ihn sogar.

Nach der Anklage gegen Dolabella[2] galt er eindeutig als einer der führenden Rechtsanwälte.

Jedenfalls erklärte Cicero in seinem *Brutus* bei der Aufzählung der Redner, er vermöge nicht zu sehen, wem Caesar die Palme lassen müsse, und fügte hinzu, er bediene sich einer eleganten und glänzenden, ja sogar prunkvollen und gewissermaßen edlen Redeweise. Über denselben schreibt er an Cornelius Nepos folgendes: „Doch weiter! Welchen Redner von denen, die nichts weiter als Redner waren, willst Du diesem vorziehen? Wer ist scharfsinniger und reicher an Gedanken, wer in seiner Wortwahl anschaulicher und geschmackvoller?"[3]

Hinsichtlich des Stils scheint er, wenigstens in seiner Jugend, dem des Caesar Strabo gefolgt zu sein, aus dessen Rede *Für die Sardinier* er manches wortwörtlich in seine *Divinatio*[4] übernommen hat.

Es heißt, er habe mit hoher Stimme, leidenschaftlichen Bewegungen und Gebärden und nicht ohne Anmut gesprochen.

Er hinterließ mehrere Reden,[5] darunter einige ihm fälschlich zugesprochene.

Die Rede für Quintus Metellus ist, so glaubt Augustus nicht ohne Grund, eher von Stenographen aufgenommen, die den Worten des Sprechers kaum zu folgen vermochten, als von ihm selbst herausgegeben worden. In einigen Abschriften nämlich finde ich sie nicht einmal mit *Für Metellus* überschrieben, sondern mit *Die er für Metellus schrieb*, obwohl sie eine in der Person Caesars ausgeführte Rede ist, in der er Metellus und sich selbst gegen die Anschuldigungen ihrer gemeinsamen Gegner verteidigt.[6]

Auch die Rede *An die Soldaten in Spanien* ist nach Ansicht ebenfalls des Augustus schwerlich ein Werk Caesars, doch ist sie in zwei Varianten überliefert, wobei die eine vor der ersten Schlacht, die andere vor der zweiten gehalten worden sein soll, bei der er, wie Asinius Pollio sagt, wegen des plötzlichen Angriffs der Feinde nicht einmal mehr Zeit hatte, vor seinen Soldaten zu sprechen.[7]

56. Er hinterließ auch *commentarii* über seine Aktivität im Gallischen Krieg und im Bürgerkrieg gegen Pompeius.

Denn der Autor des *Alexandrinischen*, *Afrikanischen* und des *Spanischen Krieges* ist unsicher. Die einen denken an Oppius, andere an Hirtius, der auch das letzte, unvollendete Buch des *Gallischen Krieges* zu Ende geführt haben könnte.[8]

Über Caesars *commentarii* berichtet Cicero in dem bereits erwähnten *Brutus*:
„*Commentarii* schrieb er, die man nur loben kann. Sie sind schlicht, direkt und
anmutig. Dabei ist jeder Redeschmuck wie ein überflüssiges Gewand abgelegt.
Aber wenn es seine Absicht war, anderen, die Geschichte schreiben wollen,
Material zu bieten, aus dem sie auswählen könnten, so mag er vielleicht den
Toren einen Gefallen getan haben, die an diesem Material ihre Frisierkünste zu
zeigen wünschen, alle vernünftigen Menschen aber hat er vom Schreiben abge-
schreckt."[9]

Dieselben *commentarii* preist Hirtius: „Sie werden nach dem Urteil aller derart
hochgeschätzt, daß den Schriftstellern die Möglichkeit, darüber zu schreiben,
nicht geboten, sondern vielmehr entrissen zu sein scheint. Dennoch ist unsere
Bewunderung dafür größer als die der übrigen Leser. Diese nämlich wissen nur,
wie gut und makellos er sie geschrieben hat, wir aber außerdem, wie leicht und
wie schnell."[10]

Asinius Pollio meint, sie seien wenig sorgfältig und nicht sehr wahrheitsgetreu
verfaßt, weil Caesar einerseits sehr oft das, was andere vollbracht hatten, leichtfertig geglaubt, andererseits das, was er selbst geleistet hatte, absichtlich oder aus
irrtümlicher Erinnerung heraus falsch dargestellt habe. Auch ist er der Ansicht,
Caesar habe sie umschreiben und korrigieren wollen.

Caesar hinterließ auch zwei Bücher *Über Analogie*, ferner zwei Bücher *Anticato* und ein Poem unter dem Titel *Die Reise*.

Davon schrieb er die beiden ersten beim Übergang über die Alpen, als er nach
Abhaltung der Gerichtstage aus dem diesseitigen Gallien zu seinem Heer zurückkehrte, die folgenden ungefähr zur Zeit der Schlacht bei Munda, das letzte
schließlich auf der Reise von Rom ins jenseitige Spanien, wo er am 24. Tag
eintraf.

Auch sind Briefe von ihm an den Senat erhalten, die er offenbar als erster auf
Seiten in Form eines Notizbuches niederschrieb, während zuvor Konsuln und
militärische Oberbefehlshaber immer nur quer über das ganze Blatt geschriebene
zu schicken pflegten.

Erhalten sind auch seine Briefe an Cicero, ebenso an seine engeren Freunde
über private Angelegenheiten, in denen er, was etwa geheim zu überbringen war,
in verschlüsselter Form schrieb, nämlich in einer solchen Anordnung der Buchstaben, daß kein einziges Wort herauskam. Falls hier jemand nachforschen und
der Sache nachgehen will, möge er den vierten Buchstaben des Alphabets, das
heißt D für A und so fort, an die Stelle des wirklich geschriebenen setzen.

Bekannt sind auch einige Schriften, die er als Knabe beziehungsweise als junger Mann verfaßt hat, so das *Lob des Herkules*,[11] die Tragödie *Ödipus*, ebenso
eine *Spruchsammlung*.

Alle diese Schriften verbot Augustus zu veröffentlichen, und zwar in einem
sehr kurzen und deutlichen Brief an Pompeius Macer, dem er die Verwaltung der
Bibliotheken übertragen hatte.[12]

Die Fälscherwerkstatt

Augustus bestritt die Echtheit der *Apud milites in Hispania* betitelten Reden
Caesars. Sueton, dem wir diese Auskunft verdanken, sagt nicht, auf welcher

Grundlage Augustus zu diesem negativen Urteil gelangte. Er führt aber ein Detail an, das ihm nicht zu Unrecht der Beachtung wert schien: daß nämlich von den beiden Reden, die unter diesem Titel erschienen, „die eine vor der ersten Schlacht, die andere vor der zweiten gehalten worden sein soll". Auch Sueton verleiht seiner Skepsis über die Echtheit dieser Reden Ausdruck („[...] gehalten worden *sein soll*") und führt lediglich die Begründung an, mit der ein Augenzeuge dieses Krieges, Asinius Pollio, die Echtheit der *zweiten Rede* anzweifelte: „Caesar hatte, wie Asinius Pollio sagt, wegen des plötzlichen Angriffs der Feinde nicht einmal mehr Zeit, vor seinen Soldaten zu sprechen".

Unklar ist, welches Interesse Augustus haben konnte, die beiden Reden *Apud milites in Hispania* als Fälschungen zu deklarieren, sowie andererseits, wer ein Interesse daran hatte, solche Reden zu erfinden. Hier passiert etwas höchst Ungewöhnliches: Ausgerechnet Asinius pflichtet Octavian bei und trägt seinerseits ein Argument gegen die Echtheit dieser *Reden an die Soldaten* vor – zumindest, was die zweite betrifft: Caesar habe „wegen des plötzlichen Angriffs der Feinde nicht einmal mehr Zeit gehabt, vor seinen Soldaten zu sprechen". Aber wenn es sich tatsächlich um eine Fälschung handelt,[13] dann muß der Fälscher einen Zweck verfolgt haben. Seine Fälschung, so können wir vermuten, paßte weder Augustus noch Asinius.

Doch welcher ausdauernde Fälscher machte sich daran, für die erste und für die zweite, nur wenige Tage später stattfindende Schlacht eine Rede Caesars zu erfinden?

Das drastisch negative Urteil des *princeps* macht stutzig. Vielleicht war er unzufrieden, weil seine eigene Teilnahme an diesem historischen Ereignis verschwiegen wird. Vielleicht aber wollte Octavian nur demonstrieren, daß er selbst an dieser Schlacht teilgenommen hatte und daher wußte, was „tatsächlich" geschehen war. Womöglich hatte auch Asinius Grund, mit der Darstellung unzufrieden zu sein. Auch er stand vor der Schwierigkeit nachzuweisen, daß er im entscheidenden Augenblick der Schlacht im spanischen Munda dabei war. Die „Tilgung" seiner Präsenz bereits durch den Verfasser des *Spanischen Kriegs* wurde womöglich durch diese gefälschte Rede bekräftigt, die (Asinius' Urteil zufolge) niemals gehalten worden war.

Die Fälscher im Umkreis Caesars machten sich rasch und emsig ans Werk und entfalteten nach seinem Tod eine geradezu hektische Aktivität – man denke nur an die endlose Kontroverse über die *acta Caesaris*. Gewiß gibt der Begriff der „Fälschung" das Phänomen bis zu einem bestimmten Punkt treffend wieder. Man darf nicht vergessen, daß der Diktator in Friedens- und noch mehr in Kriegszeiten einen ganzen Stab von Stenographen bei sich hatte (was durch Suetons Hinweis auf Caesars Fähigkeit, mehreren Schreibern gleichzeitig zu diktieren, ja bestätigt wird).[14] Im Archiv des Diktators lagerten also Unmengen von Aufzeichnungen, Dokumenten, stenographischen Berichten über seine Reden, Direktiven, Botschaften, freilich aber auch Berichte anderer über ihn, unbedeutendere Aufzeichnungen, deren Herkunft zu ergründen gar nicht mehr einfach war. Über die Antonius, dem Amtskollegen Caesars im Jahr 44 und Überlebenden des Attentats, anvertrauten politischen Entscheidungen des Diktators entbrannte eine nie zur Ruhe gekommene Diskussion, und Antonius wurde – zu Recht oder Unrecht – verdächtigt, *ad libitum* jene *acta Caesaris* durch neue Verfügungen ergänzt zu haben.[15] Durch Sueton (*Augustus* 68) erfahren wir, daß Marcus Antonius und sein Bruder Lucius sich insbesondere auf jene lächerlichen spanischen „Anfänge" Octavians kaprizierten. Man könnte sich fragen, ob dieses „caesarianische" Material über den spanischen Krieg nicht wenigstens zum Teil aus den *scrinia* (dem Archiv) des Antonius stammt.

Der Charakter der *commentarii* und die Genese der „Ergänzungen"

Caesars Absicht war es, die *commentarii* als ein geschlossenes Ganzes abzufassen. Daß man ihm die Verfasserschaft des achten Kommentariums des *Gallischen Kriegs* wieder zugestanden hat (bis auf die Schlußkapitel, die mit „scio Caesarem" beginnen),[16] ist ein weiterer Hinweis darauf, daß Caesar ein lückenloses „Erinnerungswerk" vorlegen wollte. Daß Buch I des *Bürgerkriegs* abrupt mit „Litteris C. Caesaris consulibus redditis" beginnt und nach Jahren eingeteilt ist, bedeutet, daß Caesar die Lücke zwischen Buch VIII des *Gallischen Kriegs* und Buch I des *Bürgerkriegs* hatte schließen wollen, *aber nicht die Zeit dafür hatte*: Dies wird durch die Tatsache bestätigt, daß er die *commentarii* zum *Bürgerkrieg* in unvollständiger Form hinterlassen hat (möglicherweise mit Materialien und Berichten anderer vermischt,[17] wie wahrscheinlich die Kapitel über Curio am Ende von Buch II). Caesar wollte den Verlauf des Bürgerkriegs aufschreiben, und zwar Jahr für Jahr. In Anbetracht der Detailfülle in den Anfangskapiteln des *Bürgerkriegs* darf man annehmen, daß er den immer bedrohlicheren Konflikt mit dem Senat anders darzustellen beabsichtigte, als es jener anonyme Verfasser in seinen summarisch-schematischen Kapiteln tat, die er an das achte Kommentarium anhängte. Unter anderem war es für ihn wohl schwierig zu entscheiden, *wie er diese Geschichte weiterführen sollte*, die weder zum *Gallischen Krieg* noch zum *Bürgerkrieg* paßte. Er erkannte durchaus die Notwendigkeit, sich angemessen und nachdrücklich zu einem Problem zu äußern, das ihn zutiefst erschüttert hatte – in einer Auseinandersetzung, deren Ausgang für die Zukunft von enormer Bedeutung war. Der Verfasser der an das Ende des achten Kommentariums angehängten Kapitel hielt sich lieber an das Grundlegende. Caesar hätte jedes auch zweitrangige Detail bewertet, wenn es seiner Propaganda genützt hätte. Er hatte nicht die Zeit, darüber nachzudenken und seine Entscheidung umzusetzen.

Die auf jenem einfältigen Pastiche des sogenannten *Briefes an Balbus* basierende gängige Überzeugung, das gesamte Buch VIII des *Gallischen Kriegs* stamme von Hirtius, der sich in diesem Brief sogar zum Verfasser eines Großteils des Corpus Caesarianum erkläre, ist unsinnig. Nicht zuletzt, weil man damit einen Fortsetzer Caesars annehmen muß, *der sich zum Verfasser von Kommentarien erklärte*, die gleichzeitig mit denen des Diktators in Umlauf waren – eine Anmaßung, die im engeren militärischen Umkreis Caesars kaum vorstellbar ist. Es würde auch ganz klar dem widersprechen, was die Verfasser der Ergänzungen zum Corpus (der sogenannten drei *Bella*) getan haben: in Caesars Umkreis, in dem die komplette Ausgabe erstellt wurde, die Anonymität zu wahren. Und von Sueton, der zu erstklassigen Quellen Zugang hatte, erfahren wir ja auch, daß diese „Ergänzungen" *von Anfang an* anonym waren und in der Anonymität entstanden. Niemand hätte jemals den schlechten Geschmack besessen, sich als Caesars Stellvertreter aufzuspielen, am allerwenigsten Hirtius. Es ist beinahe unfaßlich, daß der verstiegene *Brief an Balbus* so lange Zeit derart verheerende Auswirkungen auf ein korrektes Verständnis des *Corpus Caesarianum* (auf seinen Aufbau und die Art und Weise der von Caesar intendierten Komposition) haben konnte.

Aufschlußreich ist Suetons völlige Ungewißheit über die Verfasserschaft der „Ergänzungen" zum *Corpus Caesarianu*m. Wie wir aus jenem grundlegenden Kapitel wissen, arbeitet Sueton in dem exzellent ausgestatteten Archiv des *princeps* (und in dessen Bibliothek), wo Caesars gesamter Nachlaß samt den entsprechenden Dokumenten gesammelt ist, beispielsweise auch der Brief des Augustus an Pompeius Macer über die Zensur von Caesars Jugendschriften. In dieser beneidenswerten Situation schreibt Sueton (der über komplette Briefwechsel der Zeit verfügte, die uns heute und vielleicht auch schon den Forschern unmittelbar nach ihm nicht mehr zugänglich waren): „Der Autor des *Alexandrinischen, Afrikanischen* und *Spanischen Krieges* ist unsicher (*incertus auctor*). Die einen denken an Oppius, andere an Hirtius, der auch das letzte, unvollendete Buch des Gallischen Kriegs zu Ende geführt haben *könnte*."

Eine Äußerung, die jede sichere Angabe über die Verfasserschaft ausschließt, ja sogar die Verfasserschaft des *supplementum* zum achten Buch des *Gallischen Krieges* in Frage stellt. Daß Hirtius der Autor war, wird nur als eine Vermutung angeführt. Daß man *suppleverit* im Sinne von „Vervollständigung" des letzten Kommentariums zum *Gallischen Krieg* zu verstehen hat, legt auch der Sinn der Anfangssätze nahe: ‘Nur seine Verfasserschaft des *Gallischen Kriegs* und des *Bürgerkriegs* gegen Pompeius ist sicher, der Rest ist unsicher’.

Aufmerksamkeit verdient auch der Ton, in dem Sueton diese Auskünfte über das restliche *Corpus Caesarianum* gibt, fast so, als wäre darüber eine Diskussion im Gang: „Caesar hinterließ uns den *Galischen Krieg* und den *Bürgerkrieg, nam Alexandrini* [...] *incertus auctor est"*. Man lese: ‘Die Bemühungen, ihm außer dem *Gallischen Krieg* und dem *Bürgerkrieg* auch den ganzen Rest zuschreiben zu wollen, sind fruchtlos; das einzige, was man sagen kann, ist, daß *incertus auctor est* [der Autor unsicher ist]’.

Das „Tagebuch des Generalstabs"

Das *Corpus Caesarianum* geht aus einem *Tagebuch des Generalstabs* hervor, an dem verschiedene Verfasser mitarbeiteten. Das ergibt sich klar aus dem unvollständig gebliebenen *Bürgerkrieg*. Dieses „Tagebuch" muß während der Ereignisse in einigen Teilen von Caesar selbst diktiert, in anderen Teilen von den jeweils beteiligten Kommandanten abgefaßt worden sein. Das zeigt die willkürliche Einteilung der *Bella*. Im *Alexandrinischen Krieg* spielt ein großer Teil des Geschehens (Kapitel 34–64) an Schauplätzen außerhalb Alexandrias (Pontus, Illyrien, Spanien), was den Titel des Buches irreführend erscheinen läßt.

Im *Bürgerkrieg* lassen sich diese Fremdbeiträge genau benennen:

a) Die Beschreibung der Belagerung Marseilles (Massilia) in Buch II (die Leistung eines Offiziers der technischen Truppe in Caesars Heer);

b) II 24–33 geht auf Curio zurück; II 34–43 auf andere Verfasser (II 31: Curios Rede in *oratio recta*. Das ist der Gipfel, denn Caesar spricht stets in *oratio obliqua*!).

Der Verfasser des *Afrikanischen Krieges* verwendet – was ungewöhnlich ist – die direkte Rede (Kap. 22: die fiktive Rede Catos an den Sohn des Pompeius). Da dies Caesars Gepflogenheit widerspricht, ist diese direkte Rede Curios (*Bürgerkrieg* II 31) eine nachdrückliche Bestätigung dafür, daß Caesar nicht der Verfasser des Berichts über Curios Schlacht sein kann. Daraus ergibt sich nicht notwendigerweise, daß Curio diesen Bericht in der Form *niedergeschrieben* hat, in der wir ihn heute lesen; er ist möglicherweise das Werk eines Dritten.[18]

Die Erzählung in der dritten Person war für Hinzufügungen und Einschübe fremder Herkunft *vorgesehen*. Caesar wollte in das Corpus der *commentarii* Ergänzungen seiner Mitarbeiter aufnehmen.

Die Genese des „*Corpus*" Caesarianum

Die Aufteilung in *Bella* ist im Falle des sogenannten *Alexandrinischen Krieges* unangebracht. Während die anderen beiden (*Afrikanischer Krieg* und *Spanischer Krieg*) an einem einzigen Schauplatz spielen, der auch im Titel genannt ist, entspricht der *Alexandrinische Krieg*, was die Vielzahl der Schauplätze betrifft, eher den Büchern des *Bürgerkriegs*. Der *Alexandrinische Krieg* umfaßt auch den Feldzug gegen Pharnakes, der ganz woanders stattfand und dem ein eigener Triumph gewidmet wurde. Der Titel des Buches ist also irreführend;[19] es ist die nahtlose Fortsetzung des dritten Buchs des *Bürgerkriegs*. Im übrigen geht wahrscheinlich die Beschreibung der Ereignisse in Alexandria (Kapitel 1–33) wenigstens teilweise auf Caesar zurück, wenn man ihm auch Kapitel 103–112 des dritten Kommentariums zum *Bürgerkrieg* zuschreibt, die in Ägypten „spielen" und mitten in den Alexandrinischen Krieg hineinführen (bis zur Ermordung des Potheinos).

Man darf sich zu Recht fragen, ob die Schlußkapitel (65–79) nicht wenigstens teilweise auf Caesar zurückgehen, *zumindest was die Begründung für seine Ordnung des Ostens betrifft*. Das Buch endet mit Caesars Rückkehr nach Italien.[20] Also gibt es keine Lücke zwischen dem Anfang des ersten Kapitels des *Bürgerkriegs* und dem Ende des sogenannten *Alexandrinischen Kriegs*. Der *Afrikanische Krieg* dagegen beginnt mit *Caesars neuerlichem Aufbruch* aus Lilybaeum nach Africa (am 25. Dezember 47 = 9. Oktober 47). Der in Rom verbrachte Zeitraum bleibt ausgespart – ganz im Gegensatz zu den Büchern des *Bürgerkriegs*, wo Caesar auch von dem berichtet, was er in Rom macht (I 32 f.) oder was in seiner Abwesenheit in Rom vorfällt (III 20–22). Der *Afrikanische Krieg* wiederum endet mit Caesars Rückkehr nach Rom (Ende Mai 46/Ende Juli 46); und der *Spanische Krieg* setzt ein mit dem erneuten Aufbruch Caesars aus Rom. Caesars Herrschaft in Rom (bis Oktober/November 46) wird nicht erwähnt.

Die erzählerische Grundkonzeption ändert sich also mit dem *Afrikanischen Krieg* und dem *Spanischen Krieg*, nicht aber mit dem *Alexandrinischen Krieg*, der noch integraler Bestandteil der *commentarii* zum Bürgerkrieg ist.[21] Dies gilt auch noch für seine propagandistische Funktion, denn die hier gelieferte Version der Verwicklung Caesars in einen Krieg in Alexandria ist entschieden einseitig und zielt darauf ab zu beweisen, daß es keine Alternative gab, um der Falle in Alexandria zu entkommen: 1. Caesar hatte keine andere Wahl, als Pompeius nach Ägypten zu verfolgen. Es war im Gegenteil sogar scharfsichtig, darauf zu schließen, daß Pompeius nach Ägypten geht, um von dort aus den Kampf neu zu organisieren.[22] 2. Er konnte nicht vorhersehen, daß Pompeius ermordet werden würde. 3. Er nahm die Verfolgung mit nur einer Legion, mit nur wenigen Schiffen und 900 Reitern auf, um Pompeius noch auf der Flucht abzufangen, bevor er ein neues Heer aufstellen konnte. 4. In Alexandria wurde er durch die Etesien (nördliche Windströmung) am Auslaufen gehindert (107,1). 5. Als amtierender Konsul *mußte* er sich höchstpersönlich um die Beilegung der Thronstreitigkeiten in Ägypten kümmern (107,2) 6. Aber er erkannte sofort die Gefahr und rief umgehend drei weitere seiner Legionen *ex Asia* herbei (107,1). 7. Als der Krieg gegen Achillas und seine Truppen unumgänglich geworden war (109–112), ließ er „seine gesamte Flotte aus Kilikien und Syrien" kommen (*Alexandrinischer Krieg* 1,1).

Der Redakteur des Corpus trennte den letzten Teil des *Bürgerkriegs* (Kapitel 1–33 des *Alexandrinischen Krieges*) ab und machte daraus wenig geschickt ein eigenständiges *Bellum* analog zu den beiden anderen *Bella* (*Africanum* und *Hispaniense*), die ja tatsächlich als *supplementa* zu den *commentarii* entstanden sind.[23] Der Schnitt wurde an der Stelle gemacht, wo Caesar *bello conflato* (nachdem der Krieg entfacht war) geschrieben hatte. Am Ende von *Bürgerkrieg* III wurde der Satz eingefügt *Haec initia belli Alexandrini fuere* sowie *Alexandrino* zu *bello* am Beginn des folgenden Berichts. Bemerkenswert ist auch, daß ein Teil der Überlieferung den an das Ende von *Bürgerkrieg* III 112 angefügten Satz weiterhin wegließ.

Der *Afrikanische Krieg* sowie der *Spanische Krieg* enden damit, daß „Caesar nach Italien zurückkehrt". Demnach wurde am Schluß des *Bürgerkriegs* ein Teil (*Alexandrinischer Krieg* 78,5: *in Italiam venit*) „abgetrennt", um einen *Alexandrinischen Krieg* daraus zu machen, der allerdings größtenteils von anderen Schlachten handelt.

Derjenige, der den *Alexandrinischen Krieg* vom *Bürgerkrieg* abgetrennt hat, wollte den *Bürgerkrieg* auf den Krieg gegen Pompeius beschränken und die anderen als „außenpolitische" Kriege verstanden wissen. Diese Darstellung aus Caesars Umfeld (die auch mit den Triumphen in Einklang steht, die Caesar nach der Schlacht bei Thapsos feierte) möchte den Eindruck eines endlos langen Bürgerkriegs abschwächen, der erst mit dem Tod Caesars (der eine dauerhafte Friedenslösung nicht erreicht hat) zu Ende geht. Eine Absicht, die der des *Briefes an Balbus* diametral entgegensteht, dessen Verfasser behauptet, er habe die *commentarii* „nicht bis zum Ende der *civilis dissensio*, deren Ausgang wir noch nicht absehen, sondern bis zum Tode Caesars" weitergeführt. Dieser Autor hat genau wie Sueton und *Livius*[24] die Vorstellung eines ununterbrochenen caesarianischen Bürgerkriegs, der auch nach Caesars Tod weitergeht. Im Gegensatz zu denen, die das *Bellum civile* möglichst knapp halten und dafür die „außenpolitischen" Kriege (die *Bella*, die von den *commentarii de bello civili* getrennt dargestellt werden) möglichst „aufblähen" wollen.

Der „augusteische" Ursprung der Endfassung des „*Corpus*" *Caesarianum* und die Folgen

Man darf fragen, ob die Endfassung des *Corpus Caesarianum*[25] möglicherweise im Umkreis des Octavian ihren Ursprung hat.[26] Sueton informiert uns ausführlich über die besondere Sorgfalt, die Augustus bei der „Selektion" von Caesars Nachlaß walten ließ, und zwar mit Blick darauf, was er als Caesars Werk und was er als unecht ausgeben wollte (*Caesar* 55 f.). Die Tatsache, daß Augustus über diesen so bedeutenden Nachlaß mit solcher Sorgfalt wachte, erlaubt einige Schlußfolgerungen: Die „Ergänzungen" für anonym zu erklären war für den „Erben" das einzig Akzeptable (es durfte nie und nirgends andere „Erben" geben!). Daher ist es völlig undenkbar, daß Octavian in diesem *Corpus Caesarianum*, geschweige denn im *Bellum Gallicum*, einen Teil von Hirtius stehenließ (den er in den Wirren des Mutinensischen Kriegs womöglich selbst getötet[27] und der für den Senat gekämpft und Decimus Brutus unterstützt hatte!).

Wenn es, was anzunehmen ist, einen „ordnenden Geist" gab, der für Aufbau und Geschlossenheit des *Corpus* sorgte und dessen Bewahrung garantierte, dann wurde keine wie auch immer geartete „Vorrede" (gedacht zur Orientierung des Lesers) stehengelassen, die (wie der *Brief an Balbus*) von einer völlig anderen, dem Werk, in dem diese Vorrede ja stehen soll, widersprechenden Grundkonzeption ausging.

Caesars Propaganda im „Bürgerkrieg"

Aus seinen schriftlichen Zeugnissen tritt uns Caesar stets als ein tüchtiger republikanischer Parteiführer entgegen, der eifrig darum bemüht ist, die Verantwortlichkeit für die Gesetzesbrüche anderer zuzuschreiben und die eigene Verfassungskonformität unter Beweis zu stellen. Von daher stehen die *politischen* Kapitel des *Bürgerkriegs* in vollem Einklang mit den Briefen Caesars an Cicero sowie an Oppius und Balbus, von denen uns Abschriften in Ciceros Briefwechsel mit Atticus erhalten sind. Gewiß, eine solche Behauptung des eigenen „rechtmäßigen Handelns" ist durchaus doppeldeutig: Sie kann auch heißen, daß diese Legalität *unwiederbringlich* verloren ist, nachdem sie deren größte Verfechter mit Füßen getreten haben.

Aber warum verspürte Caesar nach seinem Sieg das Bedürfnis, rückblickend sein Handeln als rechtmäßig hinzustellen? An wen richtete sich diese Apologie? Offensichtlich an eine noch fest im Sattel sitzende Herrscherelite.

2. Die andere Wahrheit: Asinius Pollio

1. Asinius verfaßte sein Geschichtswerk kurz nach der Schlacht bei Actium,[1] also rund zwanzig Jahre nach Ausbruch des caesarischen Bürgerkriegs. Er setzte sich ganz bewußt von Caesars gleichsam mit „heißem Griffel" geschriebenem Bericht ab.

Man darf annehmen, daß sich auch Asinius während und unmittelbar nach den Ereignissen Notizen machte, die er erst Jahre später verwendete. Als selbstbewußte Persönlichkeit war ja Asinius an vorderster Front Augenzeuge bedeutender Ereignisse, insbesondere zur Zeit des Bürgerkriegs.[2] Neben tagebuchartigen Aufzeichnungen werden solche Persönlichkeiten wie er auch Briefe an Familienangehörige und Freunde geschrieben haben, in denen sie Ereignisse erzählten, von denen sie kundtun wollten, daß sie dabei gewesen waren. Ein Beispiel ist der Brief Sulpicius Galbas an Cicero mit einer Beschreibung der Schlacht von Forum Gallorum Mitte April 43[3] – gewiß kein Einzelbeispiel für das Verhalten dieser Politiker. Dieser Brief Galbas ist uns deswegen erhalten, weil er in die Briefesammlung Ciceros eingegangen ist (die aus politischen Gründen veröffentlicht wurde, was keineswegs der Normalfall war).[4] Asinius kennen wir *unmittelbar* dank dreier Briefe, die er zwischen März und Mai 43 an Cicero schickte (*An seine Freunde* X 31–33). Im ersten dieser Briefe (vom 16. März 43) schildert er Cicero die Gründe für seine politische Entscheidung sechs Jahre zuvor.

Die Historien des Asinius Pollio waren ein gefährlicher Anschlag auf die caesarische „Vulgata", die von den *commentarii* in Umlauf gebrachte Wahrheit. Es erscheint klar, daß eines der Mittel für Asinius' Korrektur die exakte Wiedergabe dessen war, was Caesar in bestimmten, besonders bedeutsamen Situationen gesagt hatte: Worte Caesars, die die wahren Hintergründe seines Handelns eher *enthüllten* als Caesars ausführliche Berichte. In zwei Fällen verweisen die Quellen explizit auf Asinius Pollio als denjenigen, der diese „Aussprüche Caesars" überliefert: einmal beim Überschreiten des Rubikon und dann beim Anblick der Gefallenen von Pharsalos.[5] Daß auch die anderen Caesar-Worte aus seinen *Historien* stammen, läßt sich daraus folgern, daß sie alle in der Zeit des Bürgerkriegs gesprochen wurden: das ironische Wortspiel „Heer ohne Feldherr" und „Feldherren ohne Heer" (über die Legionen des Afranius und Petreius in Spanien bzw. Pompeius' Truppen in Griechenland);[6] „er verstünde nicht zu siegen" (über Pompeius, der die Erfolge im Adriatischen Meer nicht auszunutzen verstand).[7] Und auch im Kapitel vorher findet sich ein (allerdings nicht wörtlich zitierter) Satz Caesars über Pompeius, bei dem es erneut um dessen Fähigkeit als General geht (er verdanke „den Ruhm seiner Kriegskunst hauptsächlich Siegen über derart unkriegerische Feinde"). Diese drei Aussprüche bilden in ihrer Kohärenz gleichsam ein „Breviarium" von Caesars Beurteilung des militärischen Geschicks seiner Gegner.

2. Wenn Asinius dieselben Ereignisse beschreibt wie Caesar, fällt sein Urteil über die *commentarii* kritisch aus. Seine Zweifel am Wahrheitsgehalt der *commentarii*, verbunden mit der Hypothese, Caesar habe sie umschreiben und „korrigieren" wollen, wird insbesondere dort bestätigt, wo Asinius ganz eindeutig (oder zum erstenmal) Caesars Darstellung *widerspricht*: beispielsweise bei der Rekonstruktion von Caesars problematischer Entscheidung, den Bürgerkrieg in Kauf zu nehmen.

Caesar stellt sein Handeln Anfang 49 als eine selbstverständliche und zutiefst rechtmäßige Verteidigung dar, und im Rahmen seiner Schilderung ist der Übergang von der Provinz nach Rimini ein eher unbedeutendes und unproblematisches Faktum, auf dessen Erwähnung sehr geschickt das Gespräch mit Lentulus Spinther[8] folgt – ein weiteres propagandistisches Manifest Caesars.

Asinius dagegen beschreibt die Überschreitung des Rubikon unter Angabe zahlreicher Details und der wörtlichen Wiedergabe von *verba Caesaris*. Er legt den Akzent darauf, *daß sich Caesar des enormen Wagnisses bewußt war*, und hebt die wahren Hintergründe für Caesars Entschluß und sein Zögern in letzter Sekunde hervor.

Asinius begann zu schreiben, als auch Antonius bereits tot war. Er reflektiert über sämtliche Bürgerkriege, die er miterlebt hat oder deren Zeuge er wurde. Und er „periodisiert", indem er den ersten Triumvirat und Caesars Konsulat als den eigentlichen Beginn des Bürgerkriegs bezeichnet. Darin steckt eine historische Beurteilung der Verantwortlichkeiten: *Die Ursachen für den Bürgerkrieg liegen für Asinius in den damals vollzogenen Rechtsbrüchen* (die sich durch Caesars Konsulat weiter potenzierten). Dem entspricht die exakte Beschreibung der Überschreitung des Rubikon[9] sowie allgemeiner die Demontage von Caesars *commentarii* als Quelle. Die *commentarii* sind ein wesentlicher Teil von Caesars Manipulationen.[10]

3. Noch ein Beispiel: Asinius Pollio hebt die Bedeutung Hyrkanos' und der Juden für Caesars Sieg in Alexandria hervor. Damit ergänzt (und korrigiert) er auch in diesem Punkt die Darstellung der *commentarii* (in diesem Fall der Kommentarien zum Alexandrinischen Krieg). Strabon benutzte und zitierte in seinen nur fragmentarisch erhaltenen *Historien* die *Historien* des Asinius Pollio, um diesen Umstand zu attestieren – ein bedeutsames Detail, das in den Fragmentsammlungen des Asinius leider unberücksichtigt ist. Beachtenswert ist der „moderne" Ansatz Strabons, der seine historiographischen Quellen zitiert. Flavius Josephus[11] zitiert (noch moderner) *verbatim* die anderen Historiker sowie auch die Dokumente.[12]

Die *commentarii* (und deren mittelmäßige Fortsetzung, die *Bella*) sind deshalb erhalten geblieben, weil Caesars Name in der Geschichte der Überlieferung eine solche Zugkraft besaß. Asinius' Werk dagegen scheint bald verlorengegangen zu sein.

4. Asinius kehrte bekanntlich die sehr persönlichen Motive Caesars als Ursache für den Ausbruch des Bürgerkriegs ungeschönt hervor, ja er gab Caesar die Schuld daran. Er habe, so versichert er, mit eigenen Ohren die Worte gehört, die Caesar beim Anblick der „in der Schlacht bei Pharsalos gefallenen und niedergemetzelten Gegner"[13] gesprochen habe: „Das wollten sie ja haben! Nach allen

meinen großen Leistungen wäre ich, Gaius Caesar, verurteilt worden, hätte ich mir nicht von meinem Heer Hilfe geholt".[14] Plutarch berichtet von derselben Schlacht und erklärt, er habe von Pollio: τοῦτ' ἐβουλήθησαν, εἰς τοῦτό μ' ἀνάγκης ὑπηγάγοντο, ἵνα Γάϊος Καῖσαρ ὁ μεγίστους πολέμους κατορθώσας, εἰ προηκάμην τὰ στρατεύματα κἂν κατεδικάσθην.[15] Das Griechische stimmt nicht mit dem Lateinischen überein, und doch muß Sueton wie in anderen Fällen auch hier seine Quelle wiedergegeben haben. Plutarchs Satz ist wohl so zu verstehen: „Sie haben mich in die Zwangslage gebracht, in der (ἵνα) ich, Caesar, der ich schon so viele Siege errungen habe, auch dann von einem Gericht verurteilt worden wäre, wenn ich meine Truppen entlassen hätte."

Plutarch teilt noch etwas mit, das aber bedauerlicherweise unklar wiedergegeben ist, vielleicht im Zuge der Handschriftenüberlieferung.[16] Daß nämlich Caesar diese bedeutungsschweren Worte *in griechischer Sprache* gesprochen, Asinius sie aber ins Lateinische übersetzt habe.[17] Für Asinius war das kein Satz von philologischem Interesse. Indem Caesar griechisch sprach, wollte er, daß nur eine Elite in seinem engsten Umkreis ihn verstand (zu der Asinius nach eigenem Bekunden gehörte). Der Grund dafür, daß Caesar diese „elitäre" Ausdrucksweise wählte, liegt auf der Hand:[18] Hier spricht er von den persönlichen Gründen, weshalb er den ganzen Staat, ja die gesamte römische Welt, in den Abgrund des Bürgerkrieges getrieben hat, nämlich *um zu verhindern, daß er von seinen Gegnern vor Gericht gestellt wird*! Im übrigen hatte sich ja (gewissermaßen in kleinerem Rahmen) auch Asinius Pollio aus persönlichen Gründen auf Caesars Seite geschlagen. Das legte er Cicero im Jahr 43 dar, als Caesar bereits tot war, andere Machthaber in den Vordergrund traten und er seine Entscheidung für Caesar im Rückblick überdenkt (*An seine Freunde* X 31). Auch hier korrigiert Asinius mit seiner „Enthüllung" die Worte und den Ton Caesars, der in den *commentarii* zwei Gründe für seinen Bruch anführt: die Verteidigung der Rechte der Volkstribunen und seine *dignitas* (*ait se haec omnia facere dignitatis causa*, so paraphrasiert Cicero einen Brief Caesars). Aber im Klartext konnte *dignitas* auch bedeuten, Vorkehrungen zu treffen, um nicht vor Gericht gestellt und von einer schamlos parteiischen Justiz vernichtet zu werden.

5. Das Urteil des Asinius Pollio über die *commentarii* bezog sich auch auf die Kommentarien zum Bürgerkrieg. Sueton[19] stiftet Verwirrung, wenn er Cicero (der sich in seinem *Brutus* nur auf die *commentarii de bello Gallico*[20] bezieht) und Asinius (der das gesamte Corpus meint) auf eine Ebene stellt, da ja jene Worte aus den zwischen 30 und 25 geschriebenen *Historien* stammen müssen, als bereits das gesamte Corpus veröffentlicht war.

In Asinius' Augen waren die *commentarii* in zweierlei Hinsicht fehlerhaft: a) *parum diligenter*; b) *parum integra veritate compositos*; das heißt a) *pleraque et quae per alios erant gesta temere credidit* [= *parum diligenter*]; b) weil Caesar über seine Unternehmungen absichtlich oder *lapsus memoria* falsch berichtet (*edidit*).

Daher, so seine (nicht ohne wohlfeile Großmut gezogene) Schlußfolgerung, hätte Caesar diese, wäre er noch am Leben, „umgeschrieben [sc. das, was andere vollbracht hatten] und korrigiert [das, was er selbst geleistet hatte]". Auch dies ein Statement, das er womöglich einer Bemerkung Caesars zu verdanken hatte.

Rescripturum fuisse müßte sich auf das beziehen, was Caesar von anderen gehört und geglaubt hatte, daher bezieht es sich auch auf die „Berichte anderer", also auf die anonymen Hinzufügungen zum Corpus, die im übrigen wohl größtenteils unter Caesars Namen veröffentlicht wurden (was man den erhaltenen *subscriptiones* entnehmen kann); oder auf die von Anfang an als anonym deklarierten Teile (was man Sueton entnehmen kann).[21]

Asinius korrigierte also Angaben, die keineswegs nebensächlich sind: Angaben über den Beginn des Bürgerkriegs; über die näheren Umstände des Übergangs über den Rubikon; über den von Caesar inszenierten Auftritt der aus Rom geflohenen Tribunen vor seinen Truppen. Er betont das *Abenteuerliche* dieses Schritts, was mit dem übereinstimmt, was er an Cicero über seine Entscheidung für Caesars Seite im Januar 49 schrieb. Auch die Episode von Caesars nächtlichem Umherirren im Wald vor Überschreiten des Rubikon verstärkt den Eindruck des Abenteuerlichen, das sich bald in allen seinen verheerenden Folgen offenbaren sollte. Asinius demontierte die Theorien, mit denen Caesar zu Beginn seines *Bürgerkriegs* hatte „alles erklären" wollen. Daher überrascht es nicht, daß Asinius auch über die unverhoffte Rettung des Diktators in Alexandria *andere* Details berichtet. Und es ist keineswegs ausgemacht, daß Asinius mit dem Hinweis auf die Juden als Teil jenes Truppenkontingents, das Caesar aus höchster Gefahr errettete, nicht ein gegen die Juden gerichtetes (wenn nicht schlimmeres) Ziel verfolgte. Denn womöglich war auch er – wie sein Freund Horaz – auf dieses Volk, das sich so hartnäckig der Romanisierung widersetzte, gar nicht gut zu sprechen. (Der Offizier in Caesars Generalstab, der den *Alexandrinischen Krieg* ab Kapitel 26 verfaßte, wollte mit Sicherheit den Beitrag der Juden an der Rettung des „Diktators" vertuschen, um Caesar besser zur Geltung zu bringen.)

„Pollio war womöglich verärgert darüber, daß sein Name im Afrikanischen Krieg, an dem er sehr wohl teilgenommen hatte, nirgendwo auftaucht".[22] Das konnte aber durchaus der Grund für einen Groll gegen den Verfasser des *Afrikanischen Kriegs* sein! Pierre Fabre, der auf dieses Schweigen hinweist, hält auch eine „literarische Konkurrenz" des Asinius gegenüber Caesar als Ursache für sein negatives Urteil, seine Kritik an den Mängeln von Caesars *commentarii*, für denkbar.[23] Asinius befand sich bereits beim Überschreiten des Rubikon in Caesars Lager, wo er bis zum Ende der Schlacht bei Pharsalos blieb – und dennoch erwähnt ihn Caesar an keiner Stelle seines *Bürgerkriegs*. Gewiß hat sich Asinius nicht durch besonders denkwürdige Aktionen hervorgetan, und er hat wohl auch keine formellen Aufgaben übernommen. Doch das war anscheinend auch während des afrikanischen Feldzugs 47/46 nicht der Fall.[24] Unbestreitbar bleibt die Tatsache, daß Pollio im gesamten *Corpus Caesarianum* völlig ignoriert wird. Aber gleichzeitig erscheint Asinius stets, wenn er in den von ihm abhängigen Quellen auftaucht, ausgerechnet als einer, der im Verlauf des Bürgerkriegs und besonders in dessen entscheidenden Augenblicken seine persönliche Anwesenheit[25] hervorhebt.[26] Daher stellt Asinius sich in seinem Geschichtswerk Caesars Bericht entgegen, den er streng beurteilt und auch deshalb korrigiert, *um sich selbst die, wie er glaubt, ihm zukommende Bedeutung zurückzugeben*. Eine Bedeutung, die ihm in Caesars Darstellung und in der Darstellung der Mitarbeiter des Diktators – die die Sammlung der Kriegserinnerungen vervollständigten – zu Unrecht aberkannt wird.

6. Asinius stellte auch die Angabe richtig, derzufolge Caesar vor der zweiten Schlacht in der Kampagne bei Munda vor seinen Soldaten eine Ansprache hielt.[27] Auch in diesem Fall *berichtigt* er etwas, was er in Caesars Nachlaß gefunden hatte: die Reden im spanischen Krieg. In diesem Fall (und mehr noch als in der Schlacht bei Thapsos)[28] konnte sich Asinius Pollio rühmen, unter diesen schrecklichen Umständen, als es um alles oder nichts ging, nicht nur Caesar sehr nahe gewesen, sondern anschließend sogar mit der Verleihung dieser Provinz (Hispania Ulterior) belohnt worden zu sein. Er war sozusagen Caesars Mann, dem nach dieser erbitterten Schlacht Spanien anvertraut wurde, und damit waren die Darstellungen derjenigen, die von dieser Schlacht berichteten, ohne seinen Namen zu erwähnen, unentschuldbare Verfälschungen der Wahrheit. Diese Hartnäckigkeit des Asinius muß einen tieferen Grund haben. Und es kann auch kein Zufall sein, daß der *Afrikanische* wie auch der *Spanische Krieg* (die spätesten Hinzufügungen zum *Corpus Caesarianum*) beharrlich schweigen, wenn es um Asinius geht – trotz der hohen Verantwortung, die er in beiden Kriegen trug. *Man wollte also bewußt etwas verschleiern, und das hatte vielleicht damit zu tun, daß sich Asinius in den Jahren des Triumvirats auf die Seite des Antonius gestellt hatte.* Der *Afrikanische* wie auch der *Spanische Krieg* verschweigen Asinius Pollio – genau wie in stalinistischer Zeit retouchierte Fotos, auf denen auch immer wieder Personen verschwinden. Das Corpus wurde also unter dem Einfluß Octavians zusammengestellt, der sich, wie wir bei Sueton lesen,[29] an Caesars literarischem Nachlaß in gravierender Weise zu schaffen machte.

7. Nicht reine Eitelkeit ist der Grund dafür, daß Asinius seine Präsenz in Caesars Nähe während des gesamten Bürgerkriegs immer wieder betont.

Wie eine Bestätigung für die Richtigkeit dessen, was Asinius von sich selbst erzählt, mutet die Verleihung der Provinz Hispania ulterior durch Caesar nach den Niederlagen des Gaius Carinates Ende des Jahres 45 an.[30] Auf diese Weise übernahm Asinius auf Caesars Wunsch eine militärische und politische Aufgabe, die mit der des Sextus Caesar in Syrien oder noch besser mit der der Promagistrate (Antistius usw.) vergleichbar ist, die nach Syrien geschickt wurden, um den Aufstand des Caecilius Bassus niederzuschlagen. Es war dies ein großer Vertrauensbeweis, nicht zuletzt deshalb, weil Caesar wußte, wie hartnäckig der Konflikt in Spanien war (weit über den Sieg bei Munda hinaus, zu dem auch Asinius beigetragen hatte). Caesar wußte auch, daß das potentielle Charisma des Sextus Pompeius gefährlicher war als das eines Caecilius Bassus, den bis 46 keiner kannte![31]

Damit klären sich die Zusammenhänge: Dieser bedeutsamen Aufgabe, die Asinius dank seiner Leistungen in den caesarischen Kriegen übertragen worden war, steht das absolute Schweigen des *Afrikanischen* wie des *Spanischen Kriegs* gegenüber. Auf der anderen Seite sehen wir, mit welchem Nachdruck Cassius Dio[32] (das heißt wahrscheinlich Livius) Asinius' schändliche und demütigende Niederlage in Hispania ulterior gegen Sextus Pompeius beschreibt. Daß hinter diesem Bestreben, Asinius lächerlich zu machen (der, wie es heißt, „seinen Feldherrnmantel von sich geworfen hat, um so auf der Flucht nicht so leicht erkannt zu werden"),[33] etwas stecken muß, verdeutlicht die andersgeartete Darstellung dieser Ereignisse durch Velleius Paterculus, der den Konflikt zwischen Asinius und Sextus Pompeius als *clarissimum bellum* bezeichnet.[34] Cicero spricht von „bedeutenden Städten", die Sextus Pompeius kurz vor Caesars Ermordung erobert habe.[35] Aber das reicht nicht aus, um (wie es Cassius Dio und seine Quelle tun) aus dem glänzenden Sieg des Asinius Pollio, von dem Velleius spricht, eine schmähliche Niederlage zu machen. Bedenken wir daher noch einmal die These, die von Octavian beeinflußte Überlieferung habe Asinius aus der Geschichtsschreibung eliminieren wollen: Das trifft auf die *Bella* zu, die dem *Corpus Caesarianum* hinzugefügt wurden, aber auch auf Livius (der mit größter Wahrscheinlichkeit die Quelle für Cassius Dio war).[36] Damit wird Asinius' Geschichtsprojekt, das Horaz mit Bewunderung und Sorge zugleich betrachtete, in einen größeren Zusammenhang gestellt. Jenes Werk des Asinius enthielt (wie wir aus den bei Plutarch und Sueton wiedergegebenen Fragmenten wissen) auch eine *persönliche Rechtfertigung* (wie es im übrigen in der römischen senatorischen Geschichtsschreibung von Sallust bis Tacitus häufig der Fall war). Velleius, der zur Zeit des Tiberius schrieb, hatte keinen Grund und kein Interesse daran, Asinius negativ darzustellen.

8. Die Bedeutung der Tatsache, daß wir Asinius Informationen zu den entscheidenden Momenten in Caesars Karriere verdanken, darf nicht deshalb herabgesetzt werden, weil der berühmte „Würfel" in die triviale Legendenbildung über Caesar eingegangen ist. Asinius ist gleichsam der Schatten, der Caesars Bericht begleitet – mit dem Vorsatz größerer „Wahrhaftigkeit" (neben der durchaus legitimen apologetischen Absicht des Autors). Und das war ja Asinius' ausdrücklich erwähntes Ziel, als er die in Caesars Bericht angeführten Motive in Frage stellte.

Ich glaube, daß Asinius mit „Caesars Bericht" das gesamte, inzwischen veröffentlichte *Corpus Caesarianum* meint, einschließlich der streng *anonymen* „Ergänzungen", die er Caesars Verantwortlichkeit zurechnet (in dessen Generalstab und später in dessen Archiv diese von anderen „entstellten" Berichte entstanden sind).

Schließlich wird auch voll und ganz verständlich, warum Horaz zu Asinius Pollio sagt, als er dessen in der Veröffentlichung schon weit fortgeschrittenes Geschichtswerk „willkommen heißt": *periculosae plenum opus aleae* und noch schärfer: *incedis per ignis suppositos cineri doloso.*[37] Denn a) behandelte Asinius ein sehr heikles Thema (*principum amicitias*, den Triumvirat, Caesars Konsulat usw.) und datierte den *motus civicus* auf den Triumvirat (*ex Metello consule*): ein hartes Urteil über dieses außerhalb der Legalität geschlossene Bündnis, dessen Hauptinitiator Caesar gewesen war; b) stellte er die *commentarii* Caesars richtig (wie wir von Sueton wissen)[38] und reagierte damit auf die Eliminierung seiner Person und seines Beitrags zu Caesars Schlachten bei Thapsos und Munda (eine Eliminierung, die man fast gezwungenermaßen auf die postume Manipulation des *Corpus Caesarianum* durch Octavian und seinen treuen Kreis zurückführen muß).

9. Nunmehr wird auch klar, warum Sueton der Darstellung und Bewertung der *commentarii* als historiographische Quelle so viel Bedeutung beimißt. Sueton schließt seine kritische Betrachtung mit Asinius ab, um die grundsätzliche Unzuverlässigkeit dessen zu belegen, was Caesar an Schriftlichem hinterlassen hat. Damit macht er deutlich, warum er sich in seiner *Caesar*-Biographie nicht oder

fast nicht daran gehalten hat und sich so offen auf Asinius beruft (und manchmal auch direkt auf Dokumente). Vergessen wir nicht, daß zu der Zeit, als Sueton schrieb, das Geschichtswerk des Asinius bereits veröffentlicht war. Daher konnte sich jeder Leser selbst ein Bild davon machen, welcher Quelle Sueton gegenüber den *commentarii* den Vorzug gibt (Cassius Dio wird Livius und die *commentarii* miteinander kombinieren, oder vielleicht hatte sich schon Livius auf die *commentarii* gestützt und sich auch darin von Asinius unterschieden).

Von Caesar kennen wir die offizielle Wahrheit der *commentarii* sowie Bruchstücke an Information (die von Asinius angeführt und in Sueton eingegangen sind, weiterhin Fragmente von Briefen Caesars, die uns durch Dritte erhalten sind). Zumindest in einem Fall können wir einen Unterschied im Ton bei der Anerkennung der Verdienste und der technischen Leistungen des Gegners erkennen. Der von Sueton referierte Satz *ire se ad exercitum sine duce, et inde reversurum ad ducem sine exercitu*[39] ist eine großartige Anerkennung des Pompeius. Im *Bürgerkrieg* findet sich davon nichts.[40]

3. Der „Brutus" und der „Anticato"

1. „Caesar selber sprach später [im August 45] in seiner Erwiderung auf Ciceros 'Cato' den Wunsch aus, man möge nicht *das Wort eines Soldaten* kritisch vergleichen mit der hinreißenden Sprache eines begabten Redners, der über viel Zeit zur Schulung seines Talentes verfüge".[1] Obgleich dies damit erklärbar ist, daß der *Anticato* mitten in einem militärischen Feldzug geschrieben wurde, nimmt sich Caesar hier[2] allzusehr zurück. Um diesen Passus voll zu verstehen, muß man ihn mit dem emphatischen und schmeichlerischen Urteil über Caesars Redekunst in Beziehung setzen, das Cicero nicht ohne Gewundenheit in seinen *Brutus* betitelten Dialog einfügte.[3]

Die Entstehungszeit des *Brutus* liegt spätestens im Frühjahr 46, da an einer Stelle des Dialogs von Brutus' bevorstehendem Aufbruch nach Gallia Cisalpina[4] die Rede ist. Brutus war für das Jahr 46 proprätorischer Legat in Gallia Cisalpina (er begab sich wohl im März dieses Jahres in die Provinz und blieb dort bis Ende März 45). Wenn der Zeitpunkt, zu dem der Dialog spielt (der Zeitpunkt der dramatischen Handlung, wie er von den Protagonisten dieses Dialogs suggeriert wird) *gleichzeitig* die Entstehungszeit wäre (und nicht lediglich der Zeitpunkt, an dem Cicero diesen Dialog ansiedeln wollte),[5] dann setzten Caesars Worte im *Anticato*, in denen er seine eigenen Verdienste als Redner herabstufte, die übertrieben schmeichlerische (und gewundene) Eloge von Ciceros *Brutus* voraus. Und dann machte sich Caesar implizit auch über sie lustig. Aber so ist es nicht.

In Ciceros Dialog gibt es Merkwürdigkeiten, die zu der Frage Anlaß geben, ob der Zeitpunkt der dramatischen Handlung und der Zeitpunkt der Entstehung tatsächlich zusammenfallen. Beginnen wir mit der hervorstechendsten Eigentümlichkeit: Nach der Ankündigung, er werde im Dialog nicht von lebenden Rednern handeln,[6] spricht er nach einer kräftigen Bemerkung des Brutus praktisch ausschließlich von Caesar.[7] Cicero vermeidet es überdies, in der ersten Person zu sprechen und läßt Atticus (bekanntlich Ciceros Mann für alle Fälle)[8] Caesars Redekunst loben. Eine sich aus ersterem ergebende Besonderheit ist folgende: Nachdem er zu Beginn gesagt hat, daß die Rednerbühne seit dem Tod des Hortensius verwaist sei,[9] erfährt man auf einmal, daß es viele lebende und ausgezeichnete Redner gibt (aber Cicero will sich kein Urteil über sie „herauslocken" lassen[10]). Es sind insbesondere zwei, die sich vor allen anderen auszeichnen, und das sind Marcellus und Caesar. Es folgt eine zweideutige Formulierung, ein flüchtiger Verweis auf Cato Uticensis, der wohl zu diesem Zeitpunkt noch lebt.[11] Merkwürdig, daß er so distanziert und flüchtig behandelt wird, wo doch allgemein bekannt ist, daß er in Africa einen erbitterten Krieg gegen Caesar führt. Wenn Cato noch lebte, war die entscheidende Schlacht bei Thapsos also noch nicht geschlagen.[12] Dennoch sagt Brutus zu Beginn (in einer „Prophezeiung post eventum"), er wolle nicht von der aktuellen Politik sprechen, um keine schlechten Nachrichten mitteilen zu müssen.[13] Doch vor der Schlacht von Thapsos waren die Nachrichten für die „Republikaner und Pompeianer" alles andere als schlecht, hielten sie doch dank Labienus' Tüchtigkeit Caesar bei Hadrumetum in Schach. Diese beiläufige Prophezeiung post eventum ist es, die stutzig macht. Man könnte meinen, der Zeitpunkt der Handlung dieses Dialogs sei absichtlich so gewählt worden, *um nicht erneut von Cato sprechen zu müssen*, der nach der Schlacht bei Thapsos notgedrungen zu dem verstorbenen Rednern zählte und dann durchaus eine adäquate Betrachtung verdient hätte – das war ja auch die Prämisse, die sich der *Brutus* gesetzt hatte.

Es gibt außerdem handfeste Widersprüche, die unter anderem Barwick zu der Vermutung führten, es handle sich in Wahrheit um eine zweite Ausgabe des *Brutus*, die Cicero mit Hinzufügungen versehen herausbrachte, welche nicht erklärbar wären, wenn Handlungs- und Entstehungszeitpunkt identisch wären.[14] Dies gilt beispielsweise für die Tatsache, daß in *Brutus* 265 Lucius Manlius Torquatus als jemand behandelt wird, der bereits tot ist. Aber Torquatus fiel in der Schlacht bei Thapsos, was die gesamte *fictio* eines vor der Schlacht von Thapsos verfaßten Dialogs in Frage stellt. Welcher Hypothese man auch immer den Vorzug gibt (unterschiedliche Zeitpunkte von Handlung und Entstehung bzw. spätere Neufassung durch den Autor), so lautet doch die Schlußfolgerung, daß das zeitliche Verhältnis von *Brutus* und *Anticato* genau umgekehrt ist als bisher angenommen.

Wenn dem aber so ist, dann ist die Konzeption, nicht von lebenden Rednern zu sprechen (mit Ausnahme Caesars) sowie auf dringende Bitte des Brutus Atticus das Lob des Redners Caesar anstimmen zu lassen, eine Replik auf den *Anticato*[15], und zwar besonders auf jene „methodologische Prämisse" (die Plutarch so sehr beeindruckte) bezüglich der groben und „soldatischen" Redekunst des Diktators, die dieser augenzwinkernd der überragenden Finesse von Ciceros Redekunst gegenüberstellt.[16] Wenn die beiden Schriften in dieser zeitlichen Reihenfolge entstanden sind, dann wird Ciceros einzigartige Idee, in seinen *Brutus* ein so forsches Lob Caesars einzubauen, besser verständlich.

Die Hypothese wird weiterhin dadurch bestätigt, daß in Ciceros Umkreis eine äußerst lebhafte Debatte um Caesars Redekunst entbrannt war, gleichsam ein Kommentar zu dem, was im *Brutus* steht. Im *Brutus* hatte Cicero Atticus sagen lassen: „Ich sehe nicht, hinter wem er zurücksteht", er „besitzt eine glänzende, aber keineswegs raffinierte Art des Vortrags; Stimme, Gestik, seine ganze Erscheinung geben ihr eine gewisse vornehme Größe".[17] Cicero schrieb an Cornelius Nepos (und diesmal spricht tatsächlich Cicero selbst): „Welchen Redner von denen, die nichts weiter als Redner waren, willst Du diesem vorziehen? Wer ist scharfsinniger und reicher an Gedanken, wer in seiner Wortwahl anschaulicher und geschmackvoller?"[18] Erwähnenswert ist, daß Cicero und Nepos über Caesars Redekunst *brieflich* in denselben Worten sprechen wie im *Brutus*. Es gab also um diesen Einschub im *Brutus*, der im Gegensatz zur programmatischen zeitlichen Beschränkung dieses Dialogs steht, eine lebhafte Debatte. Deutlich ist Ciceros Absicht, den Diktator zu „besänftigen", indem auch Brutus in dieses euphorische Urteil einbezogen wird. Der Gipfel ist, daß sich Cicero diesen Einschub zunutze macht, um (diesmal mit eigener Stimme) auch ein Lob der *commentarii* einzuflechten, das mit der Geschichte der Rhetorik nicht das geringste zu tun hat.

2. Caesar demontierte bzw. attackierte die Argumente Ciceros in dessen *Laus Catonis* gleichsam auf dem Terrain und im Stil eines Rededuells – ganz so, als handelte es sich um eine „Gegenschrift wie vor Gericht".[19] Und er wollte seine andersgearteten und geringeren Verdienste zum Ausdruck bringen, indem er sich diesem „Gerichtswettstreit" unterwarf.

Daß aber Cicero entschieden zu weit gegangen war, ersehen wir aus den Worten, die Tacitus den Cremutius Cordus sagen läßt. Cremutius bezeichnet die *Laus Catonis* als „Buch, in dem er Cato in den Himmel hob" (*quo Catonem caelo aequavit*).[20] Wenn man bedenkt, daß Lukrez im ersten Proömium der *De rerum natura* schreibt, Epikur habe uns dank seiner Lehre befreit und „in den Himmel gehoben" (*nos exaequat caelo*),[21] so versteht man, daß dieses Lob Catos übertrieben war. Cicero wie Caesar[22] kannten Lukrez' Gedicht. Und sie wußten, daß „in den Himmel heben" (das heißt auf die Ebene des Glücks) ein erklärtes Ziel des Epikureismus war. Einmal ausgeschlossen, daß das Lukrez-Zitat von Tacitus oder von Cremutius stammt, ist es wahrscheinlich, daß Caesar in seiner Erwiderung in ironischer Absicht auf diese so anspielungsreiche Bemerkung zurückgriff. Cicero mit Lukrez' Worten „epikureisches" Verhalten zu unterstellen, ist beißende Ironie und verdeutlicht, zu welchen panegyrischen Exzessen sich Cicero offenbar hatte hinreißen lassen. In Anbetracht der Antipathien des verstorbenen Cato wie auch seines Lobredners[23] gegenüber dem Epikureismus (und insbesondere dem römischen Epukureismus) gewinnt die Bemerkung des epikureerfreundlichen Caesar noch mehr an Schärfe. Caesar demontierte also mit der Waffe der Ironie das Denkmal, das Cicero dem Cato so unvorsichtig errichtet hatte. Diese Ironie entfaltet sich auf mehreren Ebenen.[24]

3. Vorher jedoch kokettiert er mit der technischen Unterlegenheit als Rhetor, die er als Mann der Waffen eingestehen müsse. Ein altbekannter Topos: Die Spartaner entschuldigen sich für ihre ungeübte Redekunst, als sie eine geschickt aufgebaute Rede halten;[25] ähnlich auch, Sallust zufolge, Gaius Marius.[26] Ich glaube sogar, daß Caesar hier ganz bewußt Marius nacheiferte, seinem Vorfahren und im Bewußtsein der Zeitgenossen auch politischen „Vorläufer". Im übrigen reklamiert Caesar auch in den *commentarii* eine knappe und konkrete, gewollt militärisch prägnante und (dank des gewählten literarischen Genres) in der gedrängten Form der *oratio obliqua* verfaßte Redeweise für sich. Und seine Erwiderung hatte anscheinend den gewünschten Erfolg, denn Cicero machte sich fast Vorwürfe, die Person und den Tod von Caesars Erzfeind derart verklärt zu haben.[27]

Die gespreizte Überhöhung Caesars als vollendeter und unvergleichlicher, beispiellos eleganter Redner im *Brutus* ist also eine *captatio benevolentiae*, die auf Caesars Worte zu Beginn des *Anticato* anspielt, mit denen sich dieser ironisch als seinem Widersacher unterlegen erklärt hatte. Doch auch mit dem historiographischen, lobhudelnden *Brutus* gab sich Cicero nicht zufrieden. Wie gesagt, äußerte er sich in einem Brief an Cornelius Nepos (der, wenngleich nur ein Mitläufer, den Mächtigen dennoch nahestand) erneut überschwenglich über die unvergleichliche Eleganz von Caesars Redestil. „Welchen Redner *von denen, die nichts weiter als Redner waren*, willst Du diesem vorziehen (*eorum qui nihil aliud egerunt*)?"[28] schreibt er. Deutlich sehe ich hier einen Bezug auf die ironischen Sätze Caesars im *Anticato*, wo der Diktator um Verständnis für die „Worte eines Soldaten" bittet, die man nicht kritisch vergleichen dürfe „mit der hinreißenden

Sprache eines begabten Redners, der über viel Zeit zur Schulung seines Talentes verfüge". Der Zusammenhang zwischen diesen Texten könnte deutlicher nicht sein. Mit der für ihn typischen Maßlosigkeit fährt Cicero fort: „Wer ist scharfsinniger und reicher an Gedanken, wer in seiner Wortwahl anschaulicher und geschmackvoller?" (Auffällig auch, daß in diesem Brief die im *Brutus* verwendeten Worte wiederkehren.)

Caesar hatte für die Bewahrung eines Corpus seiner Reden keinerlei Vorkehrungen getroffen. Darin hatte er sich verhalten wie die athenischen Politiker der perikleischen und vordemosthenischen Zeit, die zwar redeten, aber nicht schrieben, um das aus Platons *Phaidros* bekannte Bild aufzugreifen. Das wußte Cicero sehr wohl, als er im *Brutus* die Geschichte der griechischen Redekunst und insbesondere die Epoche der großen „Redner behandelte, die nicht schrieben" (die sich also um die Bewahrung und Verbreitung ihrer Reden in schriftlicher Form nicht kümmerten). Sueton, der zum gesamten Nachlaß Caesars Zugang hatte, bemerkt denn auch (*Caesar* 55 f.): „Er hinterließ nur wenige Reden".[29] Und wir halten uns vor Augen, daß es sich dabei großteils um Jugendwerke handelt wie etwa die Leichenrede für Gaius Marius' Ehefrau Iulia oder die *divinatio* gegen Dolabella (vgl. oben, S. 343 mit Anmerkung 4). Sueton präzisiert jedoch, daß unter diesen erhaltenen Reden einige waren, „die ihm fälschlich zugesprochen" wurden. Und er erinnert an die Aufmerksamkeit, die Augustus Caesars Nachlaß (darunter nicht nur seinen Reden) zuteil werden ließ, und schreibt, Augustus habe geglaubt, diese Reden seien nicht von Caesar selbst herausgegeben, sondern von Stenographen aufgezeichnet worden. Caesar hat es mit Sicherheit vorgezogen, daß das, was er sagte, in Form der von ihm verfaßten und zusammengestellten unpersönlichen Berichte der *commentarii* in Erinnerung blieb – freilich neben dem, was er in offiziellen Dokumenten niedergelegt hatte, die an den politisch maßgeblichen Stellen und in den Archiven aufbewahrt oder in den Provinzen Empfängern zugestellt wurden, die in dieser trockenen und formellen Sprache Direktiven erhielten. Es war in der Tat Übereifer, daß der unglückselige Cicero, der größte zeitgenössische Theoretiker der Rhetorik (wenn auch durch den Mund des Atticus), Caesars Redekunst im historischen Vergleich an die oberste Stelle setzte.

Und zum Zeichen seiner tiefen Zerknirschung baute er in den *Brutus*, der ja eine Geschichte der Rhetorik sein sollte, auch noch eine Eloge von Caesars *commentarii* ein. Die Kommentarien sind gewiß kein vorrangig literarisches Werk, sondern haben politischen Charakter und beschreiben mit dem Anstrich von Objektivität höchst parteiisch jene Feldzüge, deren Legitimität Cato, Domitius Ahenobarbus und all die anderen erbitterten Gegner nachhaltig bestritten. Hier übertrifft Cicero in seiner Schmeichelei sogar sich selbst. Die *commentarii* seien „nur zu loben" (*valde quidem probandos*), er bedenkt sie mit Adjektiven, die ebenso kompromittierend sind wie jene, die er zuvor für Caesars Reden gebraucht hat („schlicht, direkt und anmutig. Dabei ist jeder Redeschmuck wie ein überflüssiges Gewand abgelegt").[30] Und vor allem wechselt er geschickt von der stilistischen auf die inhaltliche Ebene und verleiht diesen umstrittenen Schriften, die nach dem Urteil des Asinius Pollio zutiefst verlogen sind, den Anstrich von Wahrhaftigkeit. Doch das sagt er keineswegs offen, sondern auf raffiniert-versteckte Art und Weise. Als *commentarii* bzw. Erinnerungen eines Hauptakteurs des Geschehens sollten diese Schriften Caesars (wie im übrigen alle Werke dieses

Genres) nur „Material" für künftige Historiker sein. Indem Caesar dieses „bescheidene" literarische Genre wählte, wollte Caesar, so Cicero, lediglich Stoff bereitstellen, dessen sich bedienen könne, wer in Zukunft ein Geschichtswerk zu verfassen gedenke. Allerdings, so beeilt er sich hinzuzufügen, „mag er vielleicht den Toren einen Gefallen getan haben, die an diesem Material ihre Frisierkünste zu zeigen wünschen" (ein billiger Sarkasmus – denn warum es eine mühevolle Arbeit mit „Frisierkünsten" sein soll, über diese Ereignisse zu schreiben und sich der *commentarii* als eines bloßen Mediums zu bedienen, bleibt rätselhaft). „Alle vernünftigen Menschen aber hat er vom Schreiben abgeschreckt". Diese Bewertung bezieht sich auf die stilistische Perfektion; aber die Aufforderung, nicht noch einmal das zu beschreiben, was Caesar bereits erzählt hat,[31] besitzt einen klaren inhaltlichen Bezug: Caesars Berichte konnten die einzig gültige Wahrheit über diese Ereignisse bleiben! Was all das mit einer Geschichte der griechisch-römischen Rhetorik zu tun hat, ist schwer zu sagen – oder vielmehr, es erklärt sich im Lichte von Ciceros freimütigem Vorsatz, mit dem *Brutus* die Gelegenheit zu nutzen, die lästigen Polemiken beizulegen und die ungewollten „Spannungen" zu lösen, die er mit seiner *Laus Catonis* heraufbeschworen hat. Beachtlich ist auch, daß er ausgerechnet Brutus diesen schönen Dialog gewidmet hat, der so unvermutet von der zeitgenössischen Redekunst handelt.

4. Die Kulturpolitik

Caesar praktizierte eine ganz eigene Form der persönlichen Machtausübung, eine politische Diktatur, die aber von jeglicher Zensur des geistigen Schaffens frei war. Zensur übte allerdings sein „Erbe" aus, der auf politischer Ebene eine „republikanische" Restauration vortäuschte und auf der Ebene der Kultur eine „Interventionspolitik" betrieb, die zum Vorbild finsterer Machenschaften wurde. Wie lückenhaft auch unsere Dokumentation sein mag, so möchten wir doch einige typische Beispiele vorstellen. Die von herausragenden Vertretern der herrschenden Schicht begonnene Kampagne zur Ehrenrettung seines erbittertsten und hartnäckigsten Gegners war eine dialektische Herausforderung, die Caesar annahm, indem er einen *Anticato* schrieb. Tacitus läßt Cremutius Cordus, einen unter den Repressionen des Kaisers Tiberius leidenden Historiker, sagen, Caesar habe auf die unerhört überschwenglichen Elogen Ciceros für Cato Uticensis mit einer „Gegenschrift wie vor Gericht"[1] geantwortet – sich also insofern mit seinem Gegner auf eine Ebene begeben. Tacitus' Hinweis auf Caesars Toleranz hat eine doppelte Bedeutung als Urteil des Tacitus und als Einschätzung des Cremutius.[2]

Sprichwörtlich war auch die Moderatheit, mit der Caesar die gegen ihn und seine Männer (Mamurra, Vatinius usw.) gerichteten Angriffe Catulls hinnahm. Sueton weiß, daß sich Catull wegen seiner Angriffe auf Mamurra (der wohl mit Vitruvius gleichzusetzen ist, dem *praefectus fabrum*, Caesars Feldzeugmeister in Gallien)[3] bei Caesar entschuldigt hat.[4] Er weiß auch, daß ihn Caesar am selben Tag zum Abendessen einlud, obwohl er von diesen Angriffen gekränkt war. Und er ging auch weiterhin bei Catulls Vater aus und ein, der vermutlich zu den Notabeln in Gallia Cisalpina gehörte. Eine exakte Datierung dieser Episode ist nicht einfach.

Auch der Cremutius Cordus des Tacitus erinnert sich in derselben Rede, in der er Caesar für seinen *Anticato* lobt, an die Angriffe des Catull und des Furius Bibaculus gegen Caesar (und gegen Augustus). Er sagt, deren Gedichte enthielten „eine Fülle von Schmähungen der Caesaren (*referta contumeliis Caesarum leguntur*)". Die hier gemeinten „Caesaren" sind Caesar und Augustus, was aus Cremutius' folgenden Worten deutlich wird: „Aber selbst der göttliche Iulius, selbst der göttliche Augustus haben diese Angriffe hingenommen und unbeanstandet durchgehen lassen".[5] Man ist geneigt zu glauben, daß Caesar, inzwischen Diktator (und darin Octavian gleichgesetzt, zunächst Triumvir und dann Augustus), das langmütige und alles andere als rachsüchtige Opfer dieser scharfen Angriffe von Bibaculus und Catull war.[6] Es ist diese Parallelisierung mit Augustus, die zu dieser Schlußfolgerung zwingt. Auch Caesars Verhalten gegenüber Catull bestätigt also das janusköpfige Bild Caesars als politischer Diktator und kulturpolitischer „Liberaler". Diese aggressiven Epigramme erscheinen uns politisch weniger „gefährlich" als der Cato-„Kult", dem Caesar von gleich zu gleich die Stirn bieten wollte. Aber vielleicht ist diese Sicht falsch. Die Entstehung eines Cato-Kults unter den Besiegten der Schlacht bei Pharsalos, die noch nicht völlig resigniert hatten, war für Caesar ein Alarmzeichen. Aber die anonymen Slogans, die an die Statuen des „Tyrannenhassers" Brutus des Älteren gekritzelt wurden, und die Vielzahl der polemischen Epigramme[7] trugen ebenfalls ihren Teil dazu bei, daß sich zwischen Februar und März 44 die Ereignisse überstürzten.

Daß es eine Zensur im kulturellen Bereich nicht gab, wird durch eine enorm bedeutende Geste Caesars bestätigt: Dem Pompeianer Marcus Terentius Varro, der in Caesars kurzem, aber wichtigem Spanienfeldzug besiegt wurde, wurde vor der Schlacht bei Pharsalos die Aufgabe übertragen, in Rom erstmals eine große öffentliche Bibliothek des griechischen und lateinischen Schrifttums aufzubauen.[8] Unter seiner Leitung sollten möglichst viele Bücher zusammengetragen und der Öffentlichkeit zugänglich gemacht werden. Wenn man an die Akribie denkt, mit der Augustus seinem Bibliothekar Pompeius Macer genaueste Anweisungen gab, welche Bücher Caesars der Öffentlichkeit zugänglich gemacht werden sollten und welche nicht,[9] begreift man erst, wie unterschiedlich die Kulturpolitik dieser beiden Herrscher war. So viele Bücher wie möglich der Öffentlichkeit zur Verfügung zu stellen – damit wurde einem „Gegner" ein enormes Machtpotential in die Hände gelegt:[10] Gleich, wie sehr dieser sich mit dem neuen Machthaber abgefunden hatte, von seinem kulturellen Verständnis her war er der alte geblieben – im übrigen genau wie Cicero.

Diese Besonderheit macht Caesar zu einem Diktator, der sich von vielen seiner Nachahmer, die es im Laufe der Jahrhunderte gab, grundlegend unterscheidet. Seine Fähigkeit, die politische Kontrolle und die Organisation einer Diktatur auf Lebenszeit von der Freiheit des Kulturschaffens getrennt zu halten, darf im Licht des tödlichen Attentats vom März des Jahres 44 nicht als eine gescheiterte Leistung oder besser Hypothese betrachtet werden: Augustus, fest überzeugt von der „kulturellen Interventionspolitik" des *princeps* und dies zu einer seiner Hauptaufgaben machend, trug, wenn er in den Senat ging (zumindest in einer besonders kritischen Phase), zum Schutz unter seiner Kleidung einen Panzer.[11]

5. Die Restauration

Was immer er getan hat,
die Republik hat er nicht zerstört

Adcock

1. Kurz nach Caesars Ermordung unternahm Antonius Schritte, die zeigen, wie stark die anti-„monarchische" Unduldsamkeit auch auf das caesarianische Lager übergegriffen hatte. Antonius' wichtigste Maßnahme war die Eliminierung der Diktatur aus der römischen Verfassung. Cicero legt in seiner ersten und sogar noch in seiner zweiten *Philippischen Rede* Zeugnis davon ab, auch wenn er gegen das Vorgehen des Konsuls generell Einwände erhebt: „Ich übergehe vieles, auch Vorzügliches", sagte Cicero am 2. September 44 vor dem im Tempel der Concordia versammelten Senat. „Denn ich möchte möglichst rasch auf eine beispielhafte Tat des M. Antonius zu sprechen kommen. Er hat die Diktatur, *die bereits das Ausmaß königlicher Machtvollkommenheit angenommen hatte*, gänzlich aus der Verfassung entfernt".[1] Und in der nicht minder scharfen *Zweiten philippischen Rede* heißt es: „Erinnere dich doch des Tages, M. Antonius, an dem du die Diktatur beseitigt hast".[2] Und kurz vorher: „Das Beste aber war, daß du das Wort Diktatur für alle Zeit aus unserer Verfassung getilgt hast",[3] und kommentierend weiter: „Dich hatte, wie jedenfalls diese Tat vermuten ließ, ein solcher Abscheu vor der Königsherrschaft (*regnum*) gepackt, daß du jeden Hinweis darauf – wegen des Schreckens, den die jüngste Diktatur hervorgerufen hatte[4] – beseitigt wissen wolltest". In seiner *Ersten philippischen Rede* hatte Cicero daran erinnert, mit welcher Begeisterung die Verkündigung dieser Maßnahme und des Beschlusses aufgenommen worden war, mit dem sich der Senat bei Antonius bedankte.

Caesars tragisch gescheitertem Schritt hin zu einer „Diktatur auf Lebenszeit" als Lösung für die Krise der Republik[5] stellte die caesarianische „Partei" nach der Krise von 44/43 eine Verfassungsneuerung entgegen: den *Triumvirat zur Wiederherstellung der staatlichen Ordnung* als eine Einrichtung auf Dauer – also ein „Führungskollegium" anstelle der langandauernden persönlichen Herrschaft und des Persönlichkeitskultes, der blutig, ja unter Mißbilligung eines Teils des caesarianischen Lagers, geendet hatte. Auch diese Innovation, die zehn Jahre dauerte (und damit aufs Ganze gesehen nicht ganz negativ abschnitt), scheiterte mit den Auseinandersetzungen zwischen den Triumviratspartnern. Die große Neuerung Octavians war die *Wiederaufrichtung der Republik*, indem er seine persönliche Herrschaft geschickt in diese proklamierte „Restauration" einfügte.

2. Zwischen Griechen und Römern herrschte lange Zeit Uneinigkeit über die Frage der Herrschaftsform in Rom nicht nur während des „sullanischen Jahr-

hunderts",[6] sondern auch im Jahrhundert zwischen Actium und dem nach Neros Tod erneut ausbrechenden Bürgerkrieg. Für die Griechen war Rom längst eine Monarchie, für die Römer dagegen nach wie vor und trotz vieler Höhen und Tiefen und mit immer stärkeren Abstrichen bezüglich der *libertas* eine *res publica.* Timagenes behandelte in seinem Werk *Über die Könige* Alexander den Großen wie auch Caesar und Augustus. Für Plutarch war bereits die Herrschaft Cinnas[7] (der neben Gaius Marius ein Gegner Cornelius Sullas war) eine Monarchie. Plutarch verdanken wir auch eine Szene, deren Wahrheitsgehalt wir zwar nicht kennen,[8] die aber in einem dramatischen Moment das Aufeinanderprallen dieser beiden Auffassungen zeigt: als er die Flucht des Pompeius nach der Schlacht bei Pharsalos und die Begegnung zwischen Pompeius und Kratippos von Pergamon beschreibt, der nach Mytilene gekommen war, „um Pompeius zu sehen". Kratippos und Pompeius unterhalten sich „über die Vorsehung". Pompeius zweifelt an ihr (und hadert mit ihr angesichts seines Unglücks).[9] Kratippos widerspricht ihm nicht, sondern versucht ihm zu erklären, daß angesichts der Mißwirtschaft der römischen Politik die Verhältnisse zur Monarchie hindrängen. Wenn nicht Caesar, dann würde er selbst, Pompeius, die Monarchie errichten.[10]

In den römischen Quellen dagegen ist in der Geschichte des „Prinzipats" zumindest von Augustus bis Traian immer wieder von „Wiederaufrichtung" der Republik die Rede. Die Republik wird von Augustus wiederaufgerichtet, der dies mit den *Res gestae* dauerhaft in Stein hauen läßt.[11] Sie wird von Galba nach Neros Tod wiederaufgerichtet, wenngleich mittels des gemäßigten Korrektivs der Adoption.[12] Desgleichen von Nerva nach dem Tod Domitians. Und in seinem *Panegyricus* ist Plinius überzeugt, daß die *res publica* auch unter Traian ihren Kurs beibehält. Sein Freund Tacitus aber erkannte die Kluft zwischen Vergangenheit und Gegenwart, indem er wie bereits Cicero unter Caesars Diktatur (*Brutus* 6–8) den Wandel und den Verfall der politischen Rede zum Maßstab nimmt *(Dialog über die Redner).*

Aber wenn die Republik immer wieder restauriert werden mußte, so gab es doch etwas, wodurch sie beeinträchtigt wurde, nämlich die dominierende und unangefochtene *auctoritas* desjenigen Senators, der sehr viel reicher war als die anderen, der die Kontrolle über die wichtigsten Provinzen ausübte und doch nur der *primus inter pares* war, den wir *princeps* nennen. Er war in Wahrheit kein neues Phänomen, sondern in der republikanischen Tradition zumindest seit den Scipionen fest verankert: Nie genau definiert, trug zu seiner Charakterisierung ein mit Sicherheit „republikanischer" Politiker wie Cicero bei. Er beschrieb diesen *princeps* unter Zuhilfenahme einer mindestens bis zum „Staatsschiff" des Alkaios zurückgehenden Metapher als „einen Steuermann", der die Aufgabe hat, „den richtigen Kurs" zu suchen,[13] oder auch als einen „Arzt, der die Rettung des Kranken" will. Aber Cicero fügte auch hinzu (was in jenem Augenblick wichtig war), daß weder Pompeius noch Caesar dieses sein Ideal verkörperten und daß sie auch nicht jene Ziele verfolgten, die für ihn auch zum „Wesen" des *princeps* gehörten.

Jenseits solcher idealisierender Entwürfe war jedoch seit dem Auftreten von *principes* auch im Rahmen der von Augustus verwirklichten „Restauration" der Republik der Konflikt eine objektive Realität. Als er den Senat neu zusammensetzte und all jene entfernte, die vor allem nach Caesars Tod als Günstlinge Mitglied geworden waren, betrat Augustus den Senat mit dem Panzer unter der

Toga, und die Senatoren wurden einer Leibesvisitation unterzogen, bevor sie die Kurie betreten durften.[14]

Dieser Konflikt wird von einer (zumindest wenn wir uns an Tacitus halten) sinistren Gestalt bezeugt: von jenem Cossutianus Capito, der in der letzten Zeit von Neros „Herrschaft" der unerbittliche Ankläger des Thrasea Paetus war, Senator aus Padua (Patavium) und Verfechter republikanischer Werte. „Wie einst von C. Caesar", sagte Capito, „und M. Cato, so spricht jetzt von dir, Nero, und Thrasea die nach Zwietracht gierige Bürgerschaft".[15] Die für den caesarischen Bürgerkrieg typische Polarität (Caesar versus Cato) wiederholte sich jetzt – wenn auch in einem anderen Kräfteverhältnis – in Neros „Prinzipat". Die ganze komplizierte Argumentation Capitos ist im übrigen durchsetzt mit Bezügen, die beweisen, wie seines Erachtens eine einzige Linie von Cato über Leute wie Favonius und Tubero bis zu Thrasea führt – „Namen, die man schon in der alten Republik nicht gerne hörte". Wenn er aber von der „alten Republik" spricht, zeigt er, daß er sich auch über die Veränderungen im klaren ist. Was jedoch am meisten erstaunt, ist das wache Bewußtsein für die „Vorläufigkeit" dieses veränderlichen und stets instabilen Kräfteverhältnisses. Thrasea und seinesgleichen trugen in seinen Augen „die Freiheit zur Schau, um die Herrschaft des Kaisers zu stürzen". Als wollte er sagen: Sie wollen nur die *libertas*, interessieren sich aber nicht für die *pax*. Und tatsächlich fährt er fort: „Wenn sie jene [die Herrschaft des Kaisers] beseitigt haben, *gehen sie auch auf die Freiheit selbst los*". Und abschließend: „Umsonst hast du Cassius aus dem Weg geschafft, wenn du das Heranwachsen und die Machtergreifung von Leuten dulden willst, die den Bruti nacheifern". Diese Männer betrachteten auch noch die Gegenwart mit republikanischen Kategorien und Stereotypen. Eine Vergangenheit, die nie verging, bedrohte jahrhundertelang nachhaltig das Werden der Monarchie.

Bibliographie

Abkürzungen:

ASNP   Annali della Scuola Normale Superiore di Pisa
CIL   *Corpus Inscriptionum Latinarum*
FGrHist F. Jacoby, *Die Fragmente der griechischen Historiker*, Bd. I u. II, Berlin 1923–30, Bd. III, Leiden 1943–58
HRR   H. Peter, *Historicorum Romanorum Reliquiae*, Lipsiae, Bd. I 1914, Bd. II 1906 [Stutgardiae 1967 ed. stereotypa]
ILS   H. Dessau, *Inscriptiones Latinae Selectae*, Bd. I–IV, Berlin 1892–1916
JRS   The Journal of Roman Studies
MRR   T. R. S. Broughton, *The Magistrates of the Roman Republic*, Bd. I u. II, New York 1951f., Bd. III (Suppl.), New York 1986
ORF   E. Malcovati, *Oratorum Romanorum Fragmenta*, Augustae Taurinorum 1955
RE   A. Pauly, G. Wissowa, *Realencyclopädie der classischen Altertumswissenschaft*, Stuttgart 1893–1980
Syll.[3] W. Dittenberger, *Sylloge Inscriptionum Graecarum*, Bd. I–IV, Leipzig 1915–1924

Das Corpus Caesarianum

Die große Ausgabe von Caesars Werken in der „Collection Lemaire" (Bd. I–IV, Paris 1819–22) enthält u. a. die byzantinische Übersetzung der Bücher I–VII des *Gallischen Kriegs*; vgl. weiterhin den „klassischen" Kommentar zu den *commentarii* von F. Kraner, W. Dittenberger u. H. Meusel (Weidmann, Berlin, neueste Auflage mit dem Nachwort und den bibliographischen Nachträgen von H. Oppermann: 1960[18] zum Gallischen Krieg, 1959[16] zum Bürgerkrieg).

Nützlich ist die unter dem nicht ganz glücklichen Titel *Opera omnia* (es fehlen die Briefe aus der Sammlung von Ciceros *Atticus-Briefen* sowie die Fragmente) von A. Pennacini u. a. herausgegebene Sammlung der *commentarii* und der drei *Bella* (Einaudi, Gallimard 1993). Besonders hingewiesen sei auf den Kommentar von Albino Garzetti zum *Gallischen Krieg* und auf die italienische Übersetzung des *Bürgerkriegs* von Antonio La Penna.

Grundlegend zum *Bellum Gallicum* und zum *Bellum civile* sind folgende Ausgaben:

C. Julii Caesaris *Bellum Gallicum*, hg. von Otto Seel, Teubner, Leipzig 1961 (1977[3]), insbesondere wegen der Sammlung von Dokumenten zu Caesar und seinem Werk. Nüchterner und zuverlässiger, was den Text betrifft, ist der Apparat von W. Hering (Teubner, Leipzig 1987).

Eine notwendige Ergänzung zur Beschäftigung mit dem Gallischen Krieg ist

L.-A. Constans, *Guide illustrée des campagnes de César*, Les Belles Lettres, Paris 1929.

Wertvolle und einander ergänzende Ausgaben zum *Bürgerkrieg* sind: Alfred Klotz (C. Iulii Caesaris *Commentarii*, Bd. II, *Commentarii belli civilis*, Teubner, Leipzig 1957) sowie Pierre Fabre (César, *La guerre civile*, Bd. I–II, Les Belles Lettres, Paris 1936). Das restliche *Corpus Caesarianum* einschließlich der Fragmente der verlorenen Werke und der Briefe enthält Band III der von Alfred Klotz herausgegebenen Ausgabe (Teubner, Leipzig 1927).

Für jedes *Bellum* des *Corpus Caesarianum* ist jedoch der Rückgriff auf Spezialausgaben unerläßlich: César, *Guerre d'Alexandrie*, hg. von J. Andrieu, Les Belles Lettres, Paris 1954; Pseudo-César, *Guerre d'Afrique*, hg. von A. Bouvet, Neuausgabe hg. von J.-C. Richard, Les Belles Lettres, Paris 1997; [C. Iulii Caesaris] *Bellum Hispaniense*, hg. von Giovanni Pascucci, Le Monnier, Florenz 1965.

Die wichtigste Sammlung der wenigen erhaltenen Briefe sowie der Zeugnisse und Fragmente des verlorengegangenen Briefwechsels ist der zweite Band der *Epistolographi Latini minores*, hg. von Paolo Cugusi, Paravia, Turin 1976, S. 72–112 (Kommentar im zweiten Teil dieses Bandes). Die Sammlung enthält neben Informationen zu Briefen Caesars (die nicht in Sammlungen enthalten sind) auch Angaben zu den *Sammlungen* von Briefen Caesars, die als solche veröffentlicht wurden (Sueton zufolge wohl nicht sehr früh). Die wichtigsten Auskünfte hierzu liefert Sueton in seiner *Caesar*-Biographie 56,6. Eine Sammlung von „Autographen" der Briefe Caesars an Kleopatra übergab diese selbst kurz nach der Schlacht von Actium an Octavian (Cassius Dio LI 12,3). Bezeichnend ist, daß Sueton sie nicht als eine der Sammlungen von Briefen Caesars erwähnt, die es zu seiner Zeit gab. Es ist jedoch kaum vorstellbar, daß Octavian diese Briefe vernichtet hat.

Zu den Fragmenten Caesars vgl. insbesondere die Ausgabe der Fragmente des *Anticato*, hg. von Hans Jürgen Tschiedel, Wissenschaftliche Buchgesellschaft, Darmstadt 1981.

Antike Quellen

Die wichtigste zeitgenössische Quelle ist zweifellos Cicero: der Briefwechsel, die *Catilinarischen Reden*, die Caesarreden sowie die sogenannten *Philippischen Reden*. Ciceros Zeugnisse über Caesar sind vielfältig und nicht selten widersprüchlich. Beim Briefwechsel sind, unabhängig von der Sammlung, kommentierte und chronologisch einheitlich geordnete Ausgaben empfehlenswert: R. Y. Tyrell u. L. C. Purser (*Correspondance of M. T. Cicero*, Hodges-Figgis, Longmans-Green, Dublin, London, Bd. I 1904³; Bd. II 1906²; Bd. III 1914²; Bd. IV 1918²; Bd. V 1915²; Bd. VI 1933²; Bd. VII 1901 [Register]), sowie L.-A. Constans, J. Bayet u. J. Beaujeu (Collection Budé, Paris, I 1940 – XI 1996). D. R. Shackleton Baileys Versuch einer chronologischen Ordnung innerhalb jeder einzelnen Sammlung ist weniger ergiebig. Empfehlenswert ist jedoch insbesondere Shackleton Baileys Kommentar zu den *Atticus-Briefen* (7 Bände, University Press of Cambridge, Cambridge 1964–1970), mit einer bedeutsamen Einführung zur Textgeschichte (I, S. 59–76). Unter den Fragmenten der Briefe Ciceros (Bd. III der Edition Watts, Bibliotheca Oxoniensis, Oxford 1958, 1965²) finden sich bei den antiken Grammatikern Spuren der Sammlung von Caesars Briefen an Cicero und von Ciceros Briefen an Caesar (S. 153–156). In der Überlieferung kam es jedoch zu Verwechslungen zwischen Caesar und Octavian (die beide *Caesar* genannt wurden).

Maßgeblich für Asconius und seinen wertvollen Kommentar aus der Zeit Neros ist die Ausgabe von A. C. Clark (*Q. Asconii Pediani Orationum Ciceronis quinque enarratio*, Bibliotheca Oxoniensis, Oxford 1907); außerdem die von A. Kießling und R. Schöll herausgegebene Berliner Edition (Weidmann, Berlin 1875), aber auch Bruce A. Marshall, *A Historical Commentary on Asconius*, University of Missouri Press, Columbia 1995.

Über Caesars Leben und Werk berichten antike Quellen: Monographien (die Viten von Plutarch und Sueton) und Geschichtswerke.

Zu Plutarchs *Caesar*-Biographie vgl. die kommentierte Ausgabe von Albino Garzetti (in guter italienischer Übersetzung), La Nuova Italia, Florenz 1954; der Text folgt Konrat Ziegler (*Plutarchi Vitae* II. 2, Teubner, Leipzig 1968). Zu Sueton vgl. die Textausgabe von Maximilianus Ihm (*Suetonii De vita Caesarum libri VIII*, Teubner, Leipzig 1907); leider gibt es keinen modernen historischen Kommentar zu Suetons *Caesar*. Enttäuschend und weitschweifig ist H. Doergens (Leipzig 1864); durchaus brauchbar ist der etwas schulmäßige Kommentar von H. E. Butler und M. Cary (*Suetonii Tranquilli Divus Iulius*, Clarendon Press, Oxford 1927), der allerdings manche Fehler enthält (z. B. S. 70, wo wiederholt von Gaius Memmius als Konsul die Rede ist, obwohl sein Karriereknick allgemein bekannt ist). Nach wie vor brauchbar ist der Kommentar zu den zwölf Viten des Sueton von Isaac Casaubon (1595, dann Genf 1596[2]). Von den italienischen Übersetzungen vgl. Felice Dessì (BUR, Mailand 1989[3]) mit einer guten Einführung von Settimio Lanciotti.

Von den Geschichtswerken sind erhalten: Sallust, Velleius Paterculus, Annaeus Florus, Appian und Cassius Dio. Die Historien, die am ausführlichsten auf Caesar eingehen (Seneca d. Ä., der mit 133 v. Chr., und Asinius Pollio, der mit 60 v. Chr. beginnt), sind nicht bis ins Mittelalter hinein erhalten geblieben. Vielleicht stützt sich Lukan in seinen *Pharsalia* (*Bellum civile*) teilweise auf sie. Von Livius sind – für unseren Zeitraum – nur die Zusammenfassungen (*Periochae*) erhalten. Hier nicht erwähnt werden Kurz- und Kürzestwerke wie *De viris illustribus* von Aurelius Victor.

Sallust, ein Parteigänger Caesars, legt in seiner *Verschwörung des Catilina* den Nachdruck auf Caesars Rolle. Er bietet die einzige erhaltene und vielleicht zumindest teilweise glaubwürdige Zusammenfassung der Rede Caesars vom Dezember 63 v. Chr. im Senat. Die von Alfred Kurfeß herausgegebene und wiederholt neuaufgelegte Sallust-Ausgabe (Teubner, Leipzig 1957[3], letzte Auflage 1991) ist am zuverlässigsten, bewundernwert dagegen ist die meisterliche Übersetzung von Alfred Ernout (*Salluste*, Collection Budé, Paris 1941, 1960[3]). Lesenswert ist auch die italienische Übersetzung von Lidia Storoni (BUR, Mailand 1976). Die sogenannten Briefe des Sallust *ad Caesarem senem* sind eine späte Fälschung.

Die neueste kommentierte Textausgabe zu Velleius, einem Geschichtsschreiber aus der Zeit des Tiberius, von Maria Elefante (Olms, Weidmann, Hildesheim, Zürich, New York 1997) macht die Ausgabe von C. Stegmann von Pritzwald (Teubner, Leipzig 1933[2]) nicht entbehrlich. Die italienische Übersetzung von Leopoldo Agnes (UTET, Turin 1969) ist zuverlässiger als die von Rusconi.

Die maßgebliche Ausgabe des Annaeus Florus, der zur Zeit Kaiser Hadrians

(118–137 n. Chr.) schrieb, wurde von E. Malcovati betreut: L. Annei Flori *Quae exstant*, Poligrafico dello Stato, Rom 1972².

Zum zweiten (Caesar gewidmeten) Buch der *Bürgerkriege* von Appian (einem Historiker aus Alexandria zur Zeit von Fronto und Antoninus Pius) fehlt ein historischer Kommentar, den es hingegen für andere Bücher desselben Werks gibt. Die maßgebliche textkritische Ausgabe wurde ediert von Ludwig Mendelssohn und überarbeitet von Paul Viereck (Teubner, Leipzig 1905). Die gute englische Übersetzung der Loeb Library von Horace White hat den Nachteil, daß sie auf die Paragrapheneinteilung der Teubnerschen Ausgabe verzichtet.

Die von U. Ph. Boissevain herausgegebene griechischsprachige *Römische Geschichte* in 80 Bänden von Cassius Dio, Geschichtsschreiber unter den Severern, (Weidmann, Berlin 1905, Neudruck 1955, Bd. I–IV; V: *Index Graecitatis*, hg. von W. Nawijn) ist unübertroffen. Die Bücher XXXVII–XLIV 20 beziehen sich im wesentlichen auf Caesar. Cassius Dio stützt sich als Quelle auf Livius und vielleicht auch auf Caesars *commentarii*.

Für die Fragmente der verschollenen Bücher des Livius vgl. den von W. Weißenborn u. H. J. Müller herausgegebenen Band (X. Band der kommentierten Livius-Ausgabe), Weidmann, Berlin [1880] 1962³, S. 167–180.

Moderne Untersuchungen

Die zuverlässigste Darstellung der einzelnen Phasen von Caesars öffentlichem Leben befindet sich im zweiten Band der *Magistrates of the Roman Republic* [= MRR] von T. R. S. Broughton (American Philological Association, Cleveland 1952) und umfaßt die Jahre 81–44 v. Chr. Vgl. weiterhin die Korrekturen im dritten Band (*Supplement*, Scholars Press, Atlanta 1986), S. 105–108. Vgl. aber auch T. P. Wiseman, *New Men in the Roman Senate (139 B. C.–A. D. 14)*, University Press, Oxford 1971. Zum Leben Caesars bis zum Triumvirat vgl. H. Strasburger, *Caesars Eintritt in die Geschichte*, Neuer Filser, München 1938 (Nachdruck in: ders., Studien zur Alten Geschichte I, Olms, Hildesheim, New York 1982, S 181–327). Die trockene, aber tiefgreifende Darstellung von Broughton und von Strasburger (insbes. die Tabellen S. 7–23) ersetzen mit ihrer Chronologie und ihrem Quellenapparat zwei gleichfalls wichtige Beiträge Paul Groebes: den der *gens Iulia* gewidmeten Band von W. Drumanns Neubearbeitung der *Geschichte Roms* (Bornträger, Bd. III, Berlin 1906, S. 125–684, u. S. 696–827) sowie das 1918 entstandene, aber schematischere und kompaktere Stichwort *Iulius* (Nr. 131) in Pauly-Wissowa (= RE). Der Schlußteil (*Caesar als Schriftsteller*, Sp. 259–275) stammt von Alfred Klotz. Politische Interpretationen von Caesars Werk enthalten die folgenden grundlegenden Darstellungen (vgl. aber auch den *Précis des guerres de César* [1819] Napoleons I., veröffentlicht von Marchand 1836): die *Römische Geschichte* von Theodor Mommsen (1854–56); die *Histoire de Jules César* Napoleons III. (1865 f.), ergänzt durch Stoffel zur Epoche des Bürgerkriegs; Eduard Meyer, *Caesars Monarchie und das Principat des Pompejus*, Cotta, Stuttgart, Berlin 1922³ (Nachdruck Darmstadt 1978); *Caesar* von Matthias Gelzer (Deutsche Verlags-Anstalt Stuttgart, Berlin 1921, 1940², 1960⁶); *César* von Jérôme Carcopino (Presses Universitaires de France, Paris [¹1935], 1968). Grundlegend ist nach wie vor Ronald Syme, *The Roman Revolution*, Clarendon Press, Oxford 1939 (dt.

Die Römische Revolution, überarbeitete und erweiterte Neuausgabe, Piper, München 1992), sowie die Sammlung von Aufsätzen Symes zur römischen Geschichte (*Roman Papers*, hg. von E. Badian [Bd. VII von A. R. Birley], Bd. I–VII, Clarendon Press, Oxford 1979–91). Die „letzte Generation" der römischen Republik ist Gegenstand einer ausführlichen Untersuchung von E. S. Gruen, *The Last Generation of the Roman Republic*, University of California Press, Berkeley, Los Angeles, London 1974. Alle diese Werke sind angenehmer zu lesen als die etwas verwirrende Caesar-Biographie von Christian Meier (Severin und Siedler, Berlin 1982).

Für die immer wieder diskutierten rechtlich-verfassungsmäßigen Aspekte von Caesars politischem Werk bleibt grundlegend der dritte Band der *Storia della costituzione romana* von Francesco De Martino (Jovene, Neapel 1973).

Zur Verleihung der Bürgerrechte an die Transpadaner seien hier wenigstens die folgenden Publikationen erwähnt: E. Gabba, *Italia romana*, Ed. New Press, Como 1994, Kap XXI (bes. S. 242 f.); G. Bandelli, *Colonie e municipi delle regioni transpadane in età repubblicana*, in: *Le città nell'Italia settentrionale romana* (*Atti, Trieste 1987*), Ed. Ecole française de Rome, Rom 1990, S. 251–277 (bes. S. 260–263); und allgemein W. Eck u. H. Galsterer (Hg.), *Die Stadt in Oberitalien und in den nordwestlichen Provinzen des Römischen Reiches*, Philipp von Zabern, Mainz 1991 (bes. der Beitrag von F. Cassola).

Zum weiten Feld der Caesar-„Rezeption" vgl. die Beiträge zur Festschrift für M. Rambaud, *Présence de César* (Les Belles Lettres, Paris 1985), aber auch den äußerst zuverlässigen Artikel *Caesar im Mittelalter* in: *Lexikon des Mittelalters*, II, Artemis, München, Zürich 1983, Sp. 1351–1360, sowie das Stichwort *Caesar* im niederländischen Lexikon *Van Alexandros tot Zenobia* (SUN, Nijmegen 1987–89), das sich ausführlich mit der Caesar-„Rezeption" befaßt. Vgl. aber insbesondere Zvi Yavetz, *Caesar in der öffentlichen Meinung*, Droste Verlag, Düsseldorf 1979 (bes. Kap. I).

Zur Verlegenheit der Quellen aus augusteischer und tiberianischer Zeit, gegenüber dem „Heros" der republikanischen Zeit par excellence Stellung zu beziehen, vgl. Lily Ross Taylor, *Catonism and Caesarism*, in: *Party Politics in the Age of Caesar*, University of California Press, Berkeley, Los Angeles 1968², S. 162–182, sowie den neueren Aufsatz von Arturo De Vivo, *La morte negata. Catone Uticense nella „Storia" di Velleio*, in: *Costruire la memoria. Ricerche sugli storici latini*, Loffredo, Neapel 1998, S. 49–62.

Die prekäre Rolle des Marcus Antonius in Caesars letzten Lebensmonaten ist Thema von R. F. Rossi, *Antonio fra Cesare ed i congiurati*, in: *Marco Antonio nella lotta politica della tarda repubblica romana*, Triest 1959, S. 33–63.

Zu Caesars Ende vgl. den Aufsatz von J. P. V. D. Balsdon, *The Ides of March*, in: Historia, 7 (1958), S. 80–94, deutsch in R. Klein (Hg.), *Das Staatsdenken der Römer*, Wege der Forschung 46, Darmstadt 1966, 597–622 (sein Fazit lautet: „without the immense prestige of Brutus' personality [...] the conspiracy could never have taken place"), einige Kapitel von U. Gotter, *Der Diktator ist tot!*, Historia Einzelschriften 110, Steiner Verlag, Stuttgart 1996, sowie das erste Kapitel von Jochen Bleicken, *Augustus. Eine Biographie*, Alexander Fest Verlag, Berlin 1998. Zu den religiösen und politischen Aspekten von Caesars Leichenbegängnis vgl. A. Fraschetti, *Roma e il principe*, Laterza, Rom, Bari 1990, S. 46–59.

Zur Caesar-Bibliographie vgl. die Beiträge in Band I3 (1973) von *Aufstieg und Niedergang der römischen Welt*, de Gruyter, Berlin, New York, S. 457–487, sowie die von M. De Nonno, P. de Paolis, C. Di Giovine herausgegebene Bibliographie in: *Lo spazio letterario di Roma antica*, Bd. IV, Salerno, Rom 1991, S. 302–308.

Quellentexte antiker Autoren in deutscher Übersetzung

Die hier genannten Ausgaben liegen für gewöhnlich den Übersetzungen in Text und Anmerkungen zugrunde.

Appian von Alexandria, *Römische Geschichte, Zweiter Teil: Die Bürgerkriege*, übersetzt von Otto Veh, Stuttgart 1989
Caesar, Gaius Iulius, *Der Bürgerkrieg mit den Berichten über den Alexandrinischen, Afrikanischen und Spanischen Krieg*, übersetzt von Helmut Simon, Bremen 1964
Caesar, Gaius Iulius, *Der Bürgerkrieg*, hg. von Otto Schönberger, München, Zürich 1984
Caesar, Gaius Iulius, *Der Gallische Krieg*, hg. von Otto Schönberger, München, Zürich 1990
Cassius Dio, *Römische Geschichte*, Bd. I–V, übersetzt von Otto Veh, Zürich, München 1985–1987
Catull, *Carmina*, übersetzt von Werner Eisenhut, München, Zürich 1986[9]
Cicero, *An seine Freunde*, hg. und übersetzt von Helmut Kasten, München 1964
Cicero, *Atticus-Briefe*, hg. und übersetzt von Helmut Kasten, München 1959
Cicero, *Brutus*, hg. von Bernhard Kytzler, München 1970
Cicero, *Die politischen Reden*, Bd. I–III, hg., übersetzt und erläutert von Manfred Fuhrmann, München, Zürich 1993
Cicero, *Sämtliche Reden*, eingeleitet und übersetzt von Manfred Fuhrmann, 7 Bde., Zürich, Stuttgart 1970–1982
Gellius, Aulus: *Die Attischen Nächte*, übersetzt von Fritz Weiß, 2 Bde., Nachdruck Darmstadt 1965
Horaz, *Oden*, in: *Sämtliche Gedichte*, mit einem Nachwort herausgegeben von Bernhard Kytzler, Stuttgart 1992.
Josephus, Flavius, *Geschichte des Judäischen Krieges*, übersetzt von Heinrich Clementz, Durchsicht der Übersetzung, Einleitung und Anmerkungen von Heinz Kreissig, Leipzig 1970
Josephus, Flavius, *Jüdische Altertümer*, übersetzt und mit Einleitung und Anmerkungen versehen von Heinrich Clementz, Wiesbaden 1994[12]
Lucanus, *Bellum civile – Der Bürgerkrieg*, hg. und übersetzt von Wilhelm Ehlers, München 1973
Plinius der Ältere, *Naturkunde*, hg. und übesetzt von Roderich König in Zusammenarbeit mit Gerhard Winkler, Darmstadt 1975
Plutarch, *Große Griechen und Römer*, eingeleitet und übersetzt von Konrat Ziegler, Bd. 3: (u. a.) *Pompeius*, Zürich, Stuttgart 1955; Bd. 4: (u. a.) *Brutus*, Zürich, Stuttgart 1955; Bd. 5: (u. a.) *Caesar* (Übersetzung: Walter Wuhrmann), Zürich, München 1980[2]

Polybios, *Geschichte*, eingeleitet und übertragen von Hans Drexler, 2 Bde., Zürich 1961–1963

Sallust, *Die Verschwörung des Catilina*, übersetzt von Wilhelm Schöne und Werner Eisenhut, o. O., 5. korrigierte Auflage 1975

Sallust, *Werke*, übersetzt von Werner Eisenhut und Josef Lindauer, Darmstadt 1985

Seneca, *Der Zorn*, in: *Die kleinen Dialoge*, Bd. I, hg., übersetzt und mit einer Einführung versehen von Gerhard Fink, München 1992

Seneca, *Lucilius-Briefe*, 2 Bde., neu übersetzt und mit Erläuterungen sowie einem Essay hg. von Ernst Glaser-Gerhard, Reinbek bei Hamburg 1965

Seneca, *Naturwissenschaftliche Untersuchungen*, übersetzt und hg. von Otto und Eva Schönberger, Stuttgart 1998

Sueton, *Kaiserbiographien*, deutsch von Otto Wittstock, Berlin 1993

Tacitus, *Annalen*, hg. von Erich Heller, München, Zürich 1982

Tacitus, *Historien*, hg. von Joseph Borst unter Mitarbeit von Helmut Hross und Helmut Borst, München, 2. verbesserte Auflage 1969

Thukydides, *Geschichte des Peloponnesischen Krieges*, eingeleitet und übertragen von Georg Peter Landmann, Zürich, München, 2., überarbeitete Auflage 1976

Velleius Paterculus, *Historia Romana – Römische Geschichte*, übersetzt von Marion Giebel, Stuttgart 1989

Deutsche Ausgaben der im Haupttext der italienischen Ausgabe verwendeten Sekundärliteratur

Gibbon, Edward, *Verfall und Untergang des Römischen Reiches*, hg. von Dero A. Saunders, Frankfurt/Main 1992 (Reprint)

Maschkin, N. A., *Zwischen Republik und Kaiserreich. Ursprung und sozialer Charakter des augusteischen Prinzipats*, Leipzig 1954

Mommsen, Theodor, *Römische Geschichte*. Vollständige Ausgabe in 8 Bänden, München 1986[4]

Syme, Ronald, *Die römische Revolution*, München, Zürich 1992

Syme, Ronald, *Sallust*, Darmstadt 1975

Weitere Lektüreempfehlungen*

A. Alföldi, *Caesar in 44 v. Chr.*, I: Studien zu Caesars Monarchie und ihren Wurzeln, aus dem Nachlaß hg. v. H. Wolff/E. Alföldi-Rosenbaum/G. Stumpf, Antiquitas III 16, Bonn 1985

H. Botermann, *Denkmodelle am Vorabend des Bürgerkrieges (Cic. Att. 7,9). Handlungsspielraum oder unausweichliche Notwendigkeit?*, in: Historia 38, 1989, S. 410–430

* Die hier aufgeführten Titel wurden in Ergänzung jener Bibliographie aufgenommen, die der italienischen Originalausgabe zugrunde lag. Die mit einem Sternchen gekennzeichneten Titel sind auch für ein fachlich weniger vorgebildetes Publikum geeignet.

Dies., *Rechtsstaat oder Diktatur. Cicero und Caesar 46–44 v. Chr.*, in: Klio 74, 1992, S. 179–196

H. Bruhns, *Caesar und die römische Oberschicht in den Jahren 49–44 v. Chr. Untersuchungen zur Herrschaftsetablierung im Bürgerkrieg*, Hypomnemata 53, Göttingen 1978

* Ders., *Caesar, „der wahre Gebieter"*, in: W. Nippel (Hg.), Virtuosen der Macht. Herrschaft und Charisma von Perikles bis Mao, München 2000, S. 55–71; 292–295

* K. Christ, *Caesar. Annäherungen an einen Diktator*, München 1994

* W. Dahlheim, *Julius Cäsar. Die Ehre des Kriegers und der Untergang der Römischen Republik*, München 1987

* Ders., *Die Iden des März 44 v. Chr.*, in: A. Demandt (Hg.), Das Attentat in der Geschichte, Köln usw. 1996, S. 39–59

J. Deininger, *Zur Kontroverse über die Lebensfähigkeit der Republik in Rom*, in: Imperium Romanum. Studien zu Geschichte und Rezeption, Festschrift für K. Christ zum 75. Geburtstag, hg. v. P. Kneissl / V. Losemann, Stuttgart 1998, S. 123–136

M. H. Dettenhofer, *Perdita Iuventus. Zwischen den Generationen von Caesar und Augustus*, Vestigia 44, München 1992

G. Dobesch, *Caesars Apotheose zu Lebzeiten und sein Ringen um den Königstitel. Untersuchungen über Caesars Alleinherrschaft*, Wien 1966

Ders., *Der Weltreichsgedanke bei Caesar*, in: L'ecumenismo politico nella coscienza dell'occidente. Alle radice della casa comune europea, II, Roma 1998, S. 195–263

P. Donié, *Untersuchungen zum Caesarbild in der römischen Kaiserzeit*, Hamburg 1996

Ph.-S. G. Freber, *Der hellenistische Osten und das Illyricum unter Caesar*, Palingenesia 42, Stuttgart 1993

* H. Galsterer, *Gaius Iulius Caesar – der Aristokrat als Alleinherrscher*, in: K.-J. Hölkeskamp/E. Stein-Hölkeskamp (Hgg.), Von Romulus bis Augustus. Große Gestalten der römischen Republik, München 2000, S. 307–327

M. Gelzer, *War Caesar ein Staatsmann?*, in: ders., Kleine Schriften 2, Wiesbaden 1963, S. 286–306 [zuerst 1954]

Ders., *Cicero. Ein biographischer Versuch*, Wiesbaden 1969

Ders., *Pompeius. Lebensbild eines Römers*, Nachdruck der auf der 2. überarbeiteten Auflage von 1959 basierenden Paperback-Ausgabe von 1973, ergänzt um den Nachlaß von M. Gelzer, durchgesehen und mit einer Bibliographie ausgestattet von Elisabeth Herrmann-Otto, Stuttgart 1984

H. Gesche, *Caesar*, Erträge der Forschung 51, Darmstadt 1976

K. M. Girardet, *Politische Verantwortung im Ernstfall. Cicero, die Diktatur und der Diktator Caesar*, in: Lenaika. Festschrift für C. W. Müller zum 65. Geburtstag am 28. Januar 1996, hg. v. Chr. Mueller-Goldingen/K. Sier, Beiträge zur Altertumskunde 89, Stuttgart, Leipzig 1996, S. 217–251

L.-M. Günther, *Caesar und die Seeräuber – eine Quellenanalyse*, in: Chiron 29, 1999, S. 321–337

H. Heinen, *Rom und Ägypten von 51 bis 47 v. Chr. Untersuchungen zur Regierungszeit der 7. Kleopatra und des 13. Ptolemäers*, Diss. Tübingen 1966

M. Jehne, *Der Staat des Dictators Caesar*, Passauer historische Forschungen 3, Köln u. a. 1987

* Ders., *Caesar*, Beck Wissen in der Beck'schen Reihe 2044, München 1997

* Ders., *Die Ermordung des Dictators Caesar und das Ende der römischen Republik*, in: U. Schultz (Hg.), Große Verschwörungen. Staatsstreich und Tyrannensturz von der Antike bis zur Gegenwart, München 1998, S. 33–47; 256–261

H. Kloft, *Caesar und die Legitimität*. Überlegungen zum historischen Urteil, in: Archiv für Kulturgeschichte 64, 1982, S. 1–39

K. Kraft, *Der goldene Kranz Caesars und der Kampf um die Entlarvung des ,Tyrannen'*, erweiterte Neuaufl. Darmstadt 1969 [zuerst 1952/53]

L. de Libero, *Der Raub des Staatsschatzes durch Caesar*, Klio 80, 1998, S. 111–133

U. Maier, *Caesars Feldzüge in Gallien (58–51 v. Chr.) in ihrem Zusammenhang mit der stadtrömischen Politik*, Saarbrücker Beiträge zur Altertumskunde 29, Bonn 1978

J. Malitz, *Caesars Partherkrieg*, in: Historia 33, 1984, S. 21–59

Ders., *Die Kanzlei Caesars – Herrschaftsorganisation zwischen Republik und Prinzipat*, in: Historia 36, 1987, S. 51–72

* Chr. Meier, *Caesars Bürgerkrieg*, in: ders., Entstehung des Begriffs ,Demokratie'. Vier Prolegomena zu einer historischen Theorie, Frankfurt a. M. 1970, S. 70–150

Ders., *Das Kompromiss-Angebot an Caesar i. J. 59 v. Chr., ein Beispiel senatorischer ,Verfassungspolitik'*, in: Museum Helveticum 32, 1975, S. 197–208

* Ders., *Die Ohnmacht des allmächtigen Dictators Caesar*, in: ders., dass., Frankfurt a. M. 1980, S. 17–100

Ders., *Res publica amissa. Eine Studie zur Verfassung und Geschichte der späten römischen Republik*, 2. Aufl. Frankfurt a. M. 1980

H.-M. Ottmer, *Die Rubikon-Legende. Untersuchungen zu Caesars und Pompeius' Strategie vor und nach Ausbruch des Bürgerkrieges*, Wehrwissenschaftliche Forschungen, Abteilung Militärgeschichtliche Studien 26, Boppard a. Rhein 1979

K. Raaflaub, *Dignitatis contentio. Studien zur Motivation und politischen Taktik im Bürgerkrieg zwischen Caesar und Pompeius*, Vestigia 20, München 1974

R. T. Ridley, *The Dictator's Mistake: Caesar's Escape from Sulla*, in: Historia 49, 2000, S. 211–229

D. Schlinkert, *Den Sieger ehren. Der Dictator Caesar und der Senat nach Pharsalos*, in: Th. Hantos / G. A. Lehmann (Hgg.), Althistorisches Kolloquium aus Anlaß des 70. Geburtstags von J. Bleicken, 29.–30. 11. 1996 Göttingen, Stuttgart 1998, S. 153–186

I. Shatzman, *Caesar: an Economic Biography and its Political Significance*, in: Scripta Hierosolymitana 23, 1972, S. 28–51

H. Strasburger, *Caesar im Urteil seiner Zeitgenossen*, erweiterte Neuaufl. Darmstadt 1968 [zuerst 1953]

Ders., *Ciceros philosophisches Spätwerk als Aufruf gegen die Herrschaft Caesars*, hg. v. G. Strasburger, Spudasmata 45, Hildesheim 1990

G. Urso (Hg.), *L'ultimo Cesare. Scritti riforme progetti poteri congiure*, Atti del convegno internazionale, Cividale del Friuli, 16–18 settembre 1999, Roma 2000

F. Vittinghoff, *Römische Kolonisation und Bürgerrechtspolitik unter Caesar und Augustus*, Abhandlungen der Akademie der Wissenschaften und der Literatur

Mainz, Geistes- und sozialwissenschaftliche Klasse, Jg. 1951, Nr. 14, Wiesbaden 1952

K. Welch (Hg.), *Julius Caesar as Artful Reporter. The War Commentaries as Political Instruments*, London 1998

K.-W. Welwei, *Caesars Diktatur, der Prinzipat des Augustus und die Fiktion der historischen Notwendigkeit*, in: Gymnasium 103, 1996, S. 477–497

St. Weinstock, *Divus Julius*, Oxford 1971

* W. Will, *Julius Caesar*. Eine Bilanz, Stuttgart u. a. 1992

E. Wistrand, *Caesar and Contemporary Roman Society*, Acta regiae societatis scientiarum et litterarum Gothoburgensis, Humaniora 15, Göteborg 1979

G. Zecchini, *L'immagine di Cesare nella storiografia moderna*, in: Aevum Antiquum 4, 1991, S. 227–254

Anmerkungen

Vorwort

1 *Journal Dänemark 1938/39*, Berlin und Weimar, Frankfurt/Main 1994 (= *Journale 1, 1913–1941*, in: *Werke, Große kommentierte Berliner und Frankfurter Ausgabe*, Bd. 26), S. 312. Die Notiz vom 23. Juli 1938 belegt die frühe Konzeption des (unvollendeten) Romans *Die Geschäfte des Herrn Julius Cäsar.*

2 Bezeichnend ist die Art und Weise, wie Caesar im sechsten Buch der *Aeneis* (Vers 789) abgehandelt wird: mit einem knappen und spärlichen Hinweis, verglichen mit der breiten Darstellung des Augustus.

3 *Mémorial de Sainte-Hélène*, Paris 1961, Bd. II, S. 610.

4 *Mémoires*, Paris 1955, Bd. II, S. 294.

5 *Mémorial*, a. a. O., Bd. II, S. 107.

6 *Précis des guerres de César* par Napoléon, écrit par M. Marchand sous la dictée de l'Empereur (1819), Paris 1836, S. 212 f.

7 Übrigens wurde von Machiavelli über Justus Lipsius bis Friedrich II. von Preußen das sechste Buch des Polybios in der Absicht studiert, eine moderne „Kriegskunst" zu erarbeiten.

8 *Précis*, a. a. O., S. 211.

9 Vgl. die Stellen im *Précis*, wo Napoleon erklärt, warum Caesar mit allen Mitteln die alte Aristokratie wiedergewinnen mußte.

10 Rezension zu R. Syme, *Roman Revolution*, in: JRS 30 (1940), S. 78.

11 Der Begriff stammt von R. Syme, *Roman Revolution* [Oxford 1939], dt. *Die Römische Revolution*, München 1992, S. 12.

12 *Decline and Fall* [1776], hg. von D. Womersley, Bd. I, London 1994, S. 105 f., dt. *Verfall und Untergang des Römischen Reiches*, hg. von D. A. Saunders, Frankfurt/Main 1992, S. 76.

13 *Römische Geschichte* [1856], III, 468, München ⁴1986, Bd. 5, S. 134.

I Vor Sulla auf der Flucht:
Erste Erfahrungen eines jungen Aristokraten

1 Ein herausgehobener Priesterposten, auf den Caesar von Cinna und Marius berufen worden war.

2 Plutarch, *Caesar* 1,4: „[...] einen Knaben in solchem Alter zu töten".

3 Sueton, *Caesar* 1,3: Aurelius Cotta war zwar der Bruder von Caesars Mutter Aurelia, aber im Bürgerkrieg mit Marius als Anhänger Sullas nach Rom zurückgekehrt (Cicero, *Brutus* 311). Zu derartigen Interventionen, die im Asylrecht der Heiligtümer begründet lagen, vgl. Cicero, *Für Fonteius* 46; Sueton, *Tiberius* 2,4; Tacitus, *Annalen* XI 32.

4 Sueton, *Caesar* 1.

5 Sueton, *Caesar* 1,2 („inquisitores").

6 Plutarch, *Caesar* 1,6. Nicht immer allerdings führten so traumatische Erlebnisse zu derart konsequenten Entscheidungen. Marcus Iunius Brutus etwa, Caesars späterer Mörder, wurde im Jahr 49 Anhänger des Pompeius, der seinen Vater getötet hatte.

7 Dies ist jedenfalls Sueton, *Caesar* 2,1, zu entnehmen; vgl. Broughton, *MRR*, Bd. II, S. 76.

8 Ein Sieg, der im Jahr 46, nach der Rückkehr aus Africa, gefeiert wurde (Sueton, *Caesar* 37).

9 Sueton, *Caesar* 49.

10 Sueton, *Caesar* 2. An die Eroberung von Mytilene erinnert auch Livius, *Periochae* 89.

11 Sueton, *Caesar* 3.

12 Der umstürzlerische Konsul, wie es L. Labruna treffend ausdrückte (in seinem gleichnamigen Buch *Il console sovversivo*, Neapel 1975).

13 „Magnis condicionibus" sagt Sueton, *Caesar* 3.

14 „Ingenio eius diffisus".

15 „Cum ingenio eius diffisus tum occasione, quam minorem opinione offenderat".

16 Thukydides I 22,4.

17 Vater und Sohn Lepidus standen als „professionelle" Verräter in einem schlechten Ruf, und in seinem Privatbriefen an Brutus und Cassius äußert sich Cicero abschätzig über sie (*An seine Freunde* XII 8,1).

18 *Dialogus de oratoribus* 34,7.

19 Gellius IV 16,8.

20 Dieser Dolabella ist mit dem gleichnamigen Schwiegersohn Ciceros und Gefolgsmann Caesars im Bürgerkrieg *nicht* verwandt.

21 Das Zitat entstammt Valerius Maximus (VIII 9,3). Zusammen mit Hortensius war Gaius Aurelius Cotta der einfluß- und erfolgreiche Verteidiger Dolabellas.

22 Nur wenige Jahre später brachen unter dem Konsulat von Crassus und Pompeius (70 v. Chr.) die Eckpfeiler der von Sulla neugeordneten Verfassung zusammen.

23 Im Jahr 63 war er mit Cicero Konsul und wurde mit der militärischen Niederschlagung der Catilinarier beauftragt.

24 Asconius, S. 75 Kiessling-Schoell (= S. 84 Clark).

25 *Caesar* 4,1–3. Sueton läßt diesen Prozeß unerwähnt.

26 *Caesar* 4,1: „ad declinandam invidiam".

II In der Gefangenschaft der Seeräuber (75–74 v. Chr.)

1 Velleius II 42.

2 Plutarch, *Caesar* 2,1.

3 Sueton, *Caesar* 4,1.

4 Plutarch, *Caesar* 2,4.

5 II 42,2: „publica civitatium pecunia redemptus est". Polyainos (VIII 23,1) behauptet (sicher parteiisch), Milet hätte die geforderte Lösegeldsumme bezahlt.

6 Vgl. M. Gelzer, *Caesar. Der Politiker und Staatsmann*, Wiesbaden 1960⁶, S. 21.

7 Velleius II 42,3; Plutarch, *Caesar* 2,6.

8 II 42,2.

9 Plutarch, *Caesar* 2,7.

10 II 42,3.

11 Sueton, *Caesar* 74,1 (leicht abgewandelt).

12 Plutarch, *Caesar* 2,7.

13 Polyainos VIII 23,1.

14 Es handelt sich um Fragment 30 der Sammlung Peter, *HRR*, Bd. II, S. 87.

15 Gellius V 13,6.

16 Auch wenn Gellius in diesem Passus Caesar als *pontifex maximus* bezeichnet, heißt das nicht, daß dieser zum Zeitpunkt der Rede bereits diesen Titel trug. Vgl. dazu A. M. Ward, *Caesar and the Pirates*, in: American Journal of Ancient History 2 (1977), S. 26–36.

17 Gellius widmet den gesamten Abschnitt (V 13) dem Thema des angemessenen Verhaltens gegenüber den Klienten.

18 Vgl. dazu das vorige Kapitel.

19 Sueton, *Caesar* 4,2.

20 *Syll.*³ Nr. 748, Z. 23. Broughton, *MRR*, Bd. II, S. 113, neigt zu dieser Gleichsetzung und trägt hierfür im Supplement (S. 105) weitere Argumente vor. Dittenberger (a. a. O., Nr. 748, Anmerkung 12) verweist dagegen in seinem Kommentar auf Caesars ersten Aufenthalt im Osten (81–78 v. Chr.).

21 Velleius II 43,1: „absens pontifex factus erat in Cottae consularis locum".

III Aufstieg eines Parteiführers

1 II 43, 1 f.

2 Wenn sich die Inschrift *Syll.*³ Nr. 748 auf Caesar bezieht, kann er nur an den Wahlen im Jahr 72, nicht aber im Jahr 73 teilgenommen haben.

3 Plutarch, *Caesar* 5,1.

4 Sueton, *Caesar* 5. Cassius Dio XLIV 47,4. Vielleicht erklärte Caesar deshalb in seiner Rede, mit der er die *rogatio Plautia* unterstützte, er habe „gemäß unseres Verwandtschaftsbandes (*pro nostra necessitate*) keine Mühe, keine Anstrengung, keinen Eifer gespart" (Gellius, *Attische Nächte* XIII 3,5).

5 *Crassus* 7,5.

6 Vgl. unten, Kapitel VII, *Verschwörungen*.

7 Bei der zeitlichen Einordnung von Caesars Quästur folge ich der Argumentation Broughtons, *MRR*, Bd. II, S. 136, Anmerkung 7; Bd. III (Suppl.), S. 105 f.

8 Erst im Frühjahr 69 trat Caesar sein Amt als Quästor unter Antistius in Spanien an. Die politisch-demonstrativen Aktivitäten, von denen hier die Rede ist, fallen also in die ersten Monate seiner Quästur.

9 Sueton, *Caesar* 6,1.

10 Plutarch, *Caesar* 5,2.

11 Plutarch, *Caesar* 5,3.

12 Velleius II 43,4: „et restituta in aedilitate adversante quidem nobilitate monumenta C. Marii".

13 *Caesar* 6.

14 Plutarch, *Caesar* 5,4.

15 *Caesar* 5,5.

16 Und nichts war ein offiziellerer Anlaß als eine *laudatio funebris* (Leichenrede).

17 *Spanischer Krieg* (42,1), der letzte Teil des *Corpus Caesarianum*.

18 Sueton, *Caesar* 7,1.

19 II 43,4. Und er nutzt die Gelegenheit, dem Antistius Vetus seiner Zeit, einem Nachkommen jenes Prätors im Jahr 70, Ehre zuteil werden zu lassen.

20 Sueton, a. a. O.

21 Vgl. auch A. Garzetti (Hg.), *Plutarchi Vita Caesaris*, Florenz 1954, S. 17 f. D. R. Shackleton Bailey, *Two Studies in Roman Nomenclature*, University Park, Pa., 1976, S. 11–13, dagegen bestreitet, daß dieser Antistius Vetus der Jüngere überhaupt jemals gelebt hat. Broughton, *MRR*, Bd. III, S. 18, teilt diese Ansicht.

22 *Caesar* 7,1.

23 Ein bedeutsamer Traum, der eine Rückkehr in die Heimat als dringlich nahelegt (Artemidoros I 79; Cassius Dio XXXVII 52,2; einen ähnlichen Traum träumte angeblich einst der athenische Tyrann Hippias: Herodot VI 107).

24 *Caesar* 11,5 f.

25 *Caesar* 32,9.

26 *Caesar* 7,1. Dies sind auch bei Cassius Dio (XXXVII 52,2) die äußeren Umstände, die er aber in Caesars Amtszeit als Prätor datiert.

27 *Caesar* 11,6.

28 *Bürgerkriege* II 149,620.

29 Vgl. A. N. Sherwin White, *The Roman Citizenship*, Oxford 1973², S. 157–159; E. Badian, *Caesar*, in: *Oxford Classical Dictionary*, 1996, S. 780.

30 Sueton, *Caesar* 8.

31 Zunächst hatte Lucullus die Aufgabe, den schwierigen Krieg im Osten zu führen. Lucius Caecilius Metellus, Amtskollege von Marcius Rex, starb Anfang des Jahres. Auch der Suffektkonsul Servilius Vatia, der ihm nachfolgen sollte, starb, noch bevor er sein Amt antreten konnte. Daher war im Frühjahr 68 Marcius Rex bereits unterwegs nach Kilikien.

32 H. E. Butler u. M. Cary (Hgg.), *Suetoni Tranquilli Divus Iulius*, New York, Oxford 1927, S. 51.

33 Sueton, *Caesar* 9.

34 Plutarch, *Pompeius* 25,8.

35 Cassius Dio XXXVI 43,2–4.

36 Sueton, *Caesar* 10,1.

37 Ebd.

38 Dies geben Plinius (*Naturkunde*, XXXIII 53) und Cassius Dio (XXXVII 8,1) als den Zweck dieser Spiele an. Die biographischen Quellen stellen hauptsächlich die Pracht der Spiele in den Vordergrund. Als Quästor, wir erinnern uns, hatte er Iulia und seine Abstammung mütterlicherseits gefeiert.

39 Diese Angabe macht Plutarch, *Caesar* 5,9.

40 Die Quellen bei G. Rotondi, *Leges publicae populi Romani*, Mailand 1912, S. 379; vgl. aber auch M. H. Crawford (Hg.), *Roman Statutes*, Bd. II, London 1996, S. 761 f.

41 Das Volk, aber auch die Angehörigen der Oberschicht suchten starke Emotionen; sie wollten die Gladiatoren sterben, nicht siegen sehen.

42 Sueton, *Caesar* 26.
43 Sueton, *Caesar* 26. Es gab also Dokumente Caesars, die all dies belegten.
44 *Bürgerkriege* II 1,3.
45 Seine „Geschäfte", um mit Brecht zu sprechen, hatten in der Tat entscheidendes Gewicht.
46 Sueton, *Caesar* 11: „adversante optimatium factione". Ein Ausdruck, der auf eine Caesar und nicht seinen Gegnern nahestehende Quelle hindeutet, hätten sich doch diese selbst nicht so bezeichnet.
47 Sueton, *Caesar* 11,2.

IV Pontifex Maximus

1 Cassius Dio XXXVII, 37,1.
2 Vgl. C. Castner, *Prosopography of Roman Epicureans*, Frankfurt/Main 1988, S. 83–86.
3 *The Gods of Epicurus and the Roman State*, in: ders., *Head and Hand in Ancient Greece. Four Studies in the Social Relations of Thought*, London 1947, Nachdruck 1976, S. 88–115, hier S. 97.
4 Polybios VI 56,7. Für „abergläubische Götterfurcht" verwendet Polybios den prägnanteren und literarisch (beispielsweise durch Theophrast) bewährten griechischen Begriff τὴν δεισιδαιμονίαν, was soviel bedeutet wie „Furcht vor höheren Wesen".
5 *Caesar* 13,1.
6 Plutarch, *Caesar* 7,4 kennt die Variante: „Heute siehst du deinen Sohn als Oberpriester oder als Verbannten wieder".
7 Sueton, *Caesar* 13,1.
8 Sueton, *Caesar* 12: Caesar war als *duovir perduellionis* in einem Verfahren, bei dem eine archaische Praxis nachgeahmt wurde, maßgeblich an der Aburteilung des Angeklagten Rabirius beteiligt. Rabirius legte gegen dieses Urteil Berufung ein und wurde von Cicero verteidigt; vgl. Cassius Dio XXXVII, 26.
9 Sallust, *Verschwörung des Catilina* 49,2; Cicero, *Für Flaccus* 98.
10 Sueton, *Caesar* 46.
11 Er hielt Pompeius bis zuletzt die Treue und wurde später Caesars erbitterter Gegner.
12 Velleius II 40,4. Vgl. G. Rotondi, *Leges publicae populi Romani*, Mailand 1912, S. 380.

V Die „Geschäfte" des Herrn Julius Caesar und anderer

1 Sueton, *Caesar* 27,2.
2 Sueton, *Caesar* 30,4; Plutarch, *Caesar* 46,1. Zu dieser Diagnose des „wahren" Ursprungs des Bürgerkriegs vgl. unten, Kapitel XVI, *Der Weg in die Krise*.
3 Catull 12,1–6 („Pollioni fratri").
4 Sueton, *Caesar* 27,1.
5 *Die Geschäfte des Herrn Julius Caesar*, in: *Große kommentierte Berliner und Frankfurter Ausgabe, Prosa* 2, Berlin und Weimar, Frankfurt/Main 1989, S. 248 ff.

6 „Eam largitionem e re publica fieri" (Sueton, *Caesar* 19,1).

7 Plutarch, *Cato der Jüngere* 26,1; *Caesar* 8,6f.; vgl. *Moralia* 818d *(Regeln der Staatsführung)*.

8 Plutarch, *Caesar* 8.

9 Plutarch, *Cato der Jüngere* 44 und 49.

10 *Hannibal's Legacy: The Hannibalic War's Effects on Roman Life*, Bd. 2, London, New York, Toronto 1965, S. 630.

11 Der Jahreszins illegaler Anleihen betrug 48 Prozent! Ciceros Amtsführung war sehr streng gewesen (vgl. *Atticus-Briefe* V 21,5).

12 Cicero, *Atticus-Briefe* V 21,10–13 (geschrieben aus Laodikeia am 13. Februar 50).

13 Offenbar hatte Atticus vorher davon gesprochen.

14 Scaptius war Brutus' Interessenverwalter in Kappadokien.

15 Appius war schon im Jahr 54 Konsul gewesen.

16 Vgl. Broughton, *MRR*, Bd. II, S. 239, und das Porträt des Scaptius in R. Y. Tyrrell u. L. C. Purser, *Correspondance of M. T. Cicero*, Bd. III, Dublin, London 1914², S. 337–344. Die Rekonstruktion dieser Angelegenheit stützt sich insbesondere auf Th. Mommsen, *Der Zinswucher des M. Brutus*, in: Hermes 34 (1899), S. 145–150; Mommsen rollt die Sache von Anfang an auf, beginnend mit den Darlehen, die Brutus im Jahr 56 v. Chr. den Salaminiern zu Wucherzinsen anbot.

17 *Atticus-Briefe* V 21,10.

18 Cicero, *Atticus-Briefe* V 21,11f.

19 *Atticus-Briefe* V 21, 13: „nescio cur illum amemus"!

20 *Decline and Fall* [1776], dt. *Verfall und Untergang des Römischen Reiches*, hg. von D. A. Saunders, Frankfurt/Main 1992, S. 5.

21 Sueton, *Caesar* 47.

22 Sueton, *Caesar* 54: „wie einige *monumentis suis* [in ihren Aufzeichnungen?] bezeugen".

23 Sueton, *Caesar* 51: „aurum in Gallia effutuisti, hic sumpsisti mutuum".

24 Plinius, *Naturkunde* XXXIII 56, gibt die präzisesten Informationen. In dramatischem Ton erzählt Lukan (III, 156ff.) davon. Petronius schreibt in seinen *Satyrica* (Kap. 124, Vers 291), Caesar habe sich den Schatz durch „Einbruch" angeeignet.

25 Caesar, *Bürgerkrieg* I 14,1.

VI Der politische Markt

1 *Der Krieg gegen Jugurtha* 35,10.

2 *Atticus-Briefe* I 2.

3 *Atticus-Briefe* I 1.

4 *An Bruder Quintus* II 14,4.

5 *An seine Freunde* XIII 1.

6 Cicero, *Il Processo di Verre*, mit einer Einleitung von N. Marinone, Mailand 1992, S. 11.

7 Ebd.

8 G. Rotondi, *Leges publicae populi Romani*, Mailand 1912, S. 360.

9 Cicero, *Für Murena* 67.

10 Zum *Commentariolum* vgl. P. Fedeli (Hg.), *Manualetto di campagna elettorale*, Rom 1987.

11 *Mercato politico*, in: *La Stampa* (Turin), 3. Januar 1983.

VII Verschwörungen

1 Cassius Dio XXXVII 41,2.

2 Ebd. Sallust übertreibt, wenn er in der *Verschwörung des Catilina* (36,5) schreibt, kein einziger habe sich „durch die ausgesetzte Belohnung bewegen lassen (*praemio inductus*), die Verschwörung zu verraten"; wie auch immer, Vettius denunzierte Caesar nicht aufgrund des *praemium*.

3 *Caesar* 17.

4 Ebd.: „quaedam se de coniuratione *ultro* ad eum detulisse".

5 Ebd.

6 *Verschwörung des Catilina* 23: eine Art politisch gewendeter *miles gloriosus*.

7 Sallust, *Verschwörung des Catilina* 28,2.

8 Sueton, *Caesar* 17.

9 Plutarch, *Crassus* 13.

10 Cassius Dio XXXIX 10.

11 *Über die Pflichten*, II 84.

12 Vgl. *Atticus-Briefe* II 6,2: „᾿Ανέκδοτα, quae tibi uni legamus" (April 59). Es handelt sich aber nur um einen „Plan" („pangentur" heißt es). Nach Schwartz meint er damit *De consiliis suis*.

13 E. Schwartz, *Die Berichte über die catilinarische Verschwörung*, in: Hermes 32 (1897) S. 554–608 [= *Gesammelte Schriften*, Bd. II, Berlin 1956, S. 275–336].

14 Vgl. L. Canfora, *Sallustio e i triumviri*, in: *Studi di storia della storiografia romana*, Bari 1993, S. 121–126.

15 Sallust, *Verschwörung des Catilina* 51.

16 Man beachte die unverblümt apologetische Andeutung in Kapitel 49: ein regelrechtes Plädoyer Sallusts gegen jeden, der es wagt, Caesar mit der Verschwörung in Verbindung zu bringen.

17 Sueton, *Caesar* 72.

18 Was in gewisser Weise seinem Verhalten als Privatmann entspricht, etwa seiner berühmten Entscheidung, nicht gegen Clodius auszusagen, der in seinem Haus und durch den Ehebruch mit seiner Frau die Mysterien der Guten Göttin, der *Bona Dea*, entweiht hatte. Clodius war der Liebling der städtischen Plebs, und daher wäre es dumm gewesen, ihn sich zum Feind zu machen.

19 Plutarch, *Caesar* 14.

20 In seinem Kommentar zur italienischen Übersetzung gibt Garzetti in diesem Abschnitt auch keine Parallelstellen an.

21 Und zwar nicht so sehr im Wege der Agrargesetze, sondern durch die Ausweitung des Bürgerrechts.

22 Plutarch, *Caesar* 67,7.

23 N. A. Maschkin, *Prinzipat Avgusta* [Moskau, Leningrad 1949], dt. *Zwischen Republik und Kaiserreich. Ursprung und sozialer Charakter des augusteischen Prinzipats*, Leipzig 1954, S. 22.

24 *Caesar* 9.
25 Vgl. dazu das Stichwort *Tanusius* von F. Münzer, in: *RE*, Sp. 2231 f.
26 Fr. 5 Watt (*ex libro incerto*).
27 *Über die Pflichten* III 21,81 (Euripides, *Die Phönikerinnen*, 524 f.).
28 *Über die Pflichten* II 24,84.
29 Sueton, *Caesar* 9.
30 Sueton, *Caesar* 52,1.
31 Sallust, *Verschwörung des Catilina* 19,1.
32 Die Vertuschung der „revolutionären" Vergangenheit von Politikern, die später an die Macht kommen, ist ein altbekannter Vorgang.
33 Cicero, *Atticus-Briefe* XII 21.
34 *Verschwörung des Catilina* 52.
35 „Verbis luculentioribus et pluribus".
36 *Caesar* 14: „transductis ad se iam pluribus et in his Cicerone consulis fratre".
37 Ebd.: „nisi labantem ordinem confirmasset M. Catonis oratio".
38 *Verschwörung des Catilina* 53,1. Sallust stellt die Bedrohung Caesars durch römische Ritter ganz bewußt voran (*Verschwörung des Catilina* 49,3). Diese Verfälschung war für Sallust die einzige Möglichkeit, die hehre Aura der Rede Caesars zu bewahren.
39 Sueton, *Caesar* 14.
40 Plutarch, *Caesar* 8,3.
41 Plutarch merkt dazu an: „Ich verstehe allerdings nicht, warum Cicero in seinem Epos über sein Konsulat nichts davon erwähnt" (8,4). Vielleicht will er damit sagen, daß in anderen Schriften Ciceros zum selben Thema dieses Detail erwähnt ist; etwa in dem griechischen Kommentar (den Plutarch in seiner *Cicero*-Biographie, 10–23, benutzt) oder in *De consiliis suis* (mit hochbrisanten Enthüllungen, deren Veröffentlichung Cicero bis nach Caesars Tod verschiebt).
42 Nicht zufällig sagt Plutarch, Cato habe in seiner Rede „Caesar selber verdächtigt" (*Caesar* 8,2).
43 Man denke an so vergnügliche Dramen wie Voltaires *Rome sauvée*.
44 Zur traditionellen Sicht vgl. Th. Mommsen, *Römische Geschichte* [1856], Bd. III, S. 174, 183, 192; E. Meyer, *Caesars Monarchie und das Principat des Pompeius*, Stuttgart, Berlin 1918, S. 25; A. Rosenberg, *Geschichte der römischen Republik*, Leipzig 1921, S. 91 f. (Rosenberg schrieb dieses Buch allerdings bereits in den Jahren 1917/18, als er auch politisch noch seinem Lehrer Eduard Meyer nahestand); Maschkin, a. a. O., Bd. 1, S. 14. Als ein Bewunderer Catilinas als sozialer Agitator und glückloser Revolutionär zeigte sich in vielen seiner Schriften Concetto Marchesi (unter anderem in seinem Kommentar zu Sallusts Monographie und in dem Cicero gewidmeten Kapitel seiner *Storia della letteratura latina*). Das Urteil über den Revolutionär Catilina kann freilich ablehnend (wie etwa bei Mommsen und Meyer, für die die Begriffe „Anarchist" und „Kommunist" gleichbedeutend waren) oder bewundernd ausfallen (wie etwa bei Rosenberg und Marchesi). Die Bewertung Gelzers wird deutlich in dem gut dokumentierten Stichwort zu Catilina in der Realencyclopädie (*RE*, s. v. *Sergius*, Nr. 23 [1923], Sp. 1702 f. u. 1711).
45 „Staatsform der Zukunft" (gegenüber der schwachen Republik), Artikel a. a. O., Sp. 1702,65–67.

46 Bei Gelzer, ebd., Sp. 1702,68–1703,11.
47 Sallust, *Verschwörung des Catilina* 39,4.
48 Sallust, *Verschwörung des Catilina* 47,2.
49 Sallust, *Verschwörung des Catilina* 21,2.
50 Eine Schlacht, die den Pompeianern der ersten Stunde eine vernichtende Niederlage bescheren wird.
51 *Bürgerkrieg* III 83,1: „ad gravissimas verborum contumelias descenderunt".
52 *Bürgerkrieg* III 82,3.
53 *Bürgerkrieg* I 5,1.
54 *Bürgerkrieg* I 6,5.
55 Gelzer, Artikel a. a. O., Sp. 1711,35–51.

VIII Sallusts Neufassung von Caesars Rede im Senat

 1 Sallust, *Verschwörung des Catilina* 51.
 2 Sallust, *Verschwörung des Catilina* 52.
 3 Velleius II 35,3.
 4 Catos Schwester, Brutus' Mutter und Caesars Geliebte.
 5 Plutarch, *Brutus* 5.
 6 *Cato der Jüngere* 23,3.
 7 Sallust, *Verschwörung des Catilina* 51,43.
 8 *Cicero* 21,1.
 9 *Bürgerkriege* II 6,20.
10 Plutarch, *Cicero* 20 f.
11 Asconius, S. 37, 18–21 Clark.
12 Cicero, *Vierte catilinarische Rede* 7.
13 Sallust, *Verschwörung des Catilina* 34,3: „earum [*scil*. litterarum] exemplum infra scriptum est".
14 Sallust, *Verschwörung des Catilina* 31,6.
15 Cicero, *Atticus-Briefe* II 1,30.
16 XLV 25,3.
17 *Annalen* XV 63,7.
18 E. Norden, *Die antike Kunstprosa*, Leipzig 1915, S. 88.
19 Sallust, *Verschwörung des Catilina* 51,5.
20 Thukydides III 37–48.
21 Thukydides III 42,1.
22 I 7,16–33.
23 Auch in Caesars Rede selbst greift Sallust Elemente der *Hellenika* auf: In §§ 28–31 übernimmt er wortwörtlich Sätze aus der Einsetzung der Dreißig.
24 Dieses Rededuell des Ephoros findet sich in gewohnter Texttreue bei Diodor, *Historische Bibliothek* XIII 20–32; Willy Theiler hat auf die Übereinstimmungen zwischen Caesars und Nikolaos' Rede auf der einen und Catos und Gylippos' Rede auf der anderen Seite hingewiesen.
25 §§ 25–36.
26 Bes. 35 f. Vgl. R. Syme, *Sallust* [1964]; dt. *Sallust*, Darmstadt 1975, S. 117.

IX Das „dreiköpfige Ungeheuer"

1 *Der afrikanische Krieg* 22,2; Velleius II 29; Plutarch, *Pompeius* 6: Er kam Sulla mit drei selbst aufgestellten Legionen aus den Bauern, Klienten und Veteranen seines Vaters (der sich im Krieg gegen die Italiker durch besondere Brutalität und Hinterlist ausgezeichnet hatte) zu Hilfe.

2 Sallust, *Historien* II Fr. 98 (Pompeius' Drohbrief an den Senat).

3 R. Syme, *Roman Revolution* [Oxford 1939]; dt. *Die Römische Revolution*, München 1992, S. 34.

4 *ILS* 9459.

5 Syme, a. a. O., S. 34.

6 Cassius Dio XXXVII 49,4.

7 Plutarch, *Pompeius* 44; *Cato der Jüngere* 30.

8 Dies hat ihm Pompeius nie verziehen.

9 Zur Idee des *princeps* bei Cicero vgl. E. Lepore, *Il „princeps" ciceroniano e gli ideali politici della tarda repubblica*, Neapel 1954.

10 *Atticus-Briefe* II 3,3 f.

11 *De consulatu suo*, 8.

12 Cicero, *Atticus-Briefe* II 4.

13 Horaz, *Oden* II 1,1.

14 Plutarch, *Caesar* 14,1.

15 Velleius II 44,1: „potentiae societas".

16 Entsprechend der *Lex Sempronia* des C. Gracchus aus dem Jahr 123 v. Chr.

17 Sueton, *Caesar* 19,2.

18 Vgl. Sueton, *Caesar* 56,6, und als konkretes Beispiel für die Verwendung dieser Briefe 26,3.

19 *Caesar* 19,2.

20 Die Geheimhaltung betont Dio Cassius XXXVII 58,1.

21 H. Kissinger, *Memoiren*, 2 Bde., München 1979 u. 1982.

22 Livius, *Periochae* 103 Rossbach: „eoque consulatus candidato et captante rem publicam invadere conspiratio inter tres civitatis principes facta est".

23 *Caesar* 19,2.

24 II 44,1.

25 Florus II 13,11: „de invadenda re publica".

26 „Captante rem publicam invadere".

27 Appian, *Die Bürgerkriege* II 9,33.

28 Vgl. dazu A. La Penna, *Storiografia di senatori e storiografia di letterati* (1967), in: *Aspetti del pensiero storico latino*, Turin 1978, S. 43–104 (bes. S. 101–104, wo er sich mit den Eigenwilligkeiten Ronald Symes zu Recht kritisch auseinandersetzt).

29 Man beachte nur, wieviel Platz ihnen das sechste Buch der *Aeneis* einräumt (wo die iulische Sippe vorgestellt wird) oder wieviel Caesar die *Metamorphosen* Ovids, die den politisch-kulturellen Direktiven des Augustus zuwiderlaufen.

30 Plutarch, *Caesar* 11,1 f.: Unmittelbar nach der Prätur sollte Caesar die Verwaltung Spaniens übernehmen. Doch seine Gläubiger ließen sich nicht beschwichtigen, bis Crassus eine Bürgschaft für 830 Talente leistete.

31 Plutarch, *Caesar* 13,4.

32 Im Jahr 91 v. Chr. war Sextus Caesar, der Vetter seines Vaters, Konsul gewesen.

33 Plutarch, *Pompeius* 47,9.

34 „Pompeius fügte hinzu, wenn die andern mit dem Schwerte kämen, so werde er neben dem Schwert auch noch den Schild mitbringen" (Plutarch, *Caesar* 14,5; *Pompeius* 47,7).

35 Plutarch, *Pompeius* 47,9.

36 Von ihm wissen wir nur, daß er Caesar in seinem Kampf gegen Bibulus unterstützte (Sueton, *Caesar* 21,1).

37 Plutarch, *Pompeius* 47,10.

38 Ihm gehörte, soweit wir heute wissen, die „Papyrusvilla" in Herculaneum.

39 Plutarch übersetzt τὴν ἡγεμονίαν (*Caesar* 14,8), aber vielleicht meinte Cato den Konsulat.

40 Plutarch, *Caesar* 14,8.

41 Es handelt sich um Octavia die Jüngere, Octavians Schwester, die dieser später dem Antonius als Gemahlin anbietet.

42 Sueton, *Caesar* 27,1. Vgl. auch M. Hammond, s. v. *Octavius*, in: *RE*, Nr. 96. Diese Octavia war die Gattin des Claudius Marcellus.

43 Syme, a. a. O., S. 48.

X Die Folgen des Triumvirats: Asinius Pollios Urteil

1 Horaz, *Oden* II 1.

2 Horaz, *Oden* II 7,11.

3 Von dieser Grundstimmung ist das gesamte zweite Buch der *Oden* geprägt. Bezeichnend Horaz' Selbstbeschreibung in *Ode* II 6,7–8, er sei müde „maris et viarum *militiaeque*".

4 Eduard Fraenkel bemerkte treffend dazu: „Er begnügt sich nicht mit dem abstrakten Ausdruck *periculosae plenum opus aleae*, sondern fügt noch ein sprichwörtliches Bild hinzu, das er mit malerischem Detail ausschmückt, *et incedis per ignis suppositos cineri doloso*" (*Horace*, Oxford 1957, dt. Horaz, Darmstadt 1963, S. 278).

5 Der große Otto Seeck, dem die Vorstellung nicht behagte, Geschichtsschreibung sei für einen so einflußreichen Vertreter des Establishments wie Asinius Pollio ein Risiko gewesen, war der Meinung, die Stelle beziehe sich auf den Ausspruch Caesars beim Überschreiten des Rubikon, dessen Zeuge Asinius gewesen war: „Der Würfel soll geworfen sein!" (Wiener Studien 24 [1902], S. 499).

6 Auch ist es keineswegs unbedeutend, daß dieses Buch der *Oden* mit drängenden Ermahnungen an jenen (Pollio) beginnt, der an jenem Krieg nicht hatte teilnehmen wollen, dessen siegreicher Ausgang am Ende des ersten Buches gerühmt wird (I, 37: „Nunc est bibendum ...").

7 Pierre Bayle, für alles, was mit Zensur zu tun hatte, äußerst hellhörig, widmete diesem Aspekt der Zensur unter Augustus am Ende seines *Dictionnaire* einen langen Exkurs.

8 θηριοτροφεῖς.

9 *Der Zorn* III 23. Seneca seinerseits wußte es wohl von seinem Vater, der von den Beziehungen zwischen Octavian und Timagenes genaue Kenntnis besaß.

10 Plutarch, *Caesar* 13.

11 Dies gilt, wenn *Periochae* 103 dem Vorbild treu ist.

12 Das ist bekanntlich nicht ganz richtig, da die geheimste Phase des Bündnisses im dunkeln bleibt, die auf das Jahr zuvor zu datieren ist. Sueton (*Caesar* 19) datiert die Entstehung des Triumvirats sehr viel genauer. Vgl. dazu oben, Kapitel IX, *Das „dreiköpfige Ungeheuer"*, S. 75.

13 Velleius II 44, 1; vgl. oben, Kapitel IX, *Das „dreiköpfige Ungeheuer"*, S. 76.

14 *Epitome* II 13,8 f. Auch Lukan schließt sich in seinem Epos *Pharsalia* (I 84–86) dieser Sicht an.

15 Ronald Syme, *Roman Revolution* [Oxford 1939]; dt. *Die Römische Revolution*, München 1992, S. 491, Anmerkung 28.

16 Eine eigentümliche, aber keineswegs uninteressante Formulierung.

17 Velleius II 86,3.

XI Der erste Konsulat (59 v. Chr.)

1 Sueton, *Caesar* 20,1. Trotz der Formulierung dieses Sachverhalts bei Sueton ist man geneigt zu glauben, die Neuerung Caesars bestehe mehr in der Veröffentlichung als in der Abfassung dieser Berichte. *Acta diurna* gab es mit Sicherheit bereits vor 59.

2 Sueton, *Augustus* 36.

3 Es handelt sich dabei um das Gesetz, für das Caesar sich schon vor seinem Amtsantritt um Ciceros Unterstützung bemüht hatte; vgl. oben Kapitel IX, *Das „dreiköpfige Ungeheuer"* (§ 2).

4 Plutarch, *Caesar* 14,3 f.

5 ἱερομηνία.

6 *Caesar* 20,1: „obnuntiantem collegam armis Foro expulit".

7 Die Senatoren waren keine politisch homogene Gruppe, sondern eine schwankende Manövriermasse, die von geschickten Parteiführern und *pressure groups* gelenkt werden konnte.

8 Sueton, *Caesar* 20,1: „domo abditus" ist eine bewußt ironische Wendung. Bibulus' beleidigter Rückzug rief auch bei jenen Spott hervor, die nicht mit Caesar sympathisierten, beispielsweise bei Cicero.

9 Sueton, *Caesar* 20,2.

10 Es waren Spottverse in Umlauf, in denen es hieß: „Weiß ich doch nicht, ob Bibulus selbst was getan" (ebd.).

11 Cicero, *Atticus-Briefe* II 15,2.

12 Cicero, *Atticus-Briefe* II 19,2. Ennius, Fragment 370 Vahlen = 363 Skutsch.

13 Dies sollte sich kurze Zeit später zeigen, als ihn Clodius ins Exil trieb.

14 Bis dahin waren diese beiden Landstriche ausgenommen gewesen; vgl. F. De Martino, *Storia della costituzione romana*, Bd. III, Neapel ²1973, S. 169, Anmerkung 83.

15 Cicero, *Atticus-Briefe* II 19,3.

16 Cassius Dio XXXVIII 1,6.

17 Appian, *Bürgerkriege* II 12,42.

18 Cicero, *Atticus-Briefe* II 18,2.
19 Sueton, *Caesar* 49,1: „Der Königin von Bithynien [d. h. Caesar] lag früher ein König am Herzen, jetzt aber die Königsherrschaft."
20 Sueton, *Caesar* 20. Es werden weitere Beispiele für Caesars erbarmungslose Härte angeführt. Sueton widmet derartigen Episoden einen Großteil seines Berichts über Caesars Konsulat.
21 Cicero, *An seine Freunde* VIII 7,3; Abschnitt XLVIII 11 der *Digesten* handelt fast ausschließlich von diesem Gesetz.

XII Ein unbequemer Verbündeter: Clodius

1 Zu der Art und Weise, wie sich diese *transitio* vollziehen konnte, vgl. M. Salvadore, *L'adozione del Clodio*, in: Labeo 38 (1992), S. 285–313.
2 Plutarch, *Caesar* 10.
3 Sueton, *Caesar* 20,4.
4 Cassius Dio XXXVIII 10.
5 Während der Monate seines Konsulats tat Bibulus nichts anderes.
6 Velleius II 45,1.
7 II 45,2.
8 Plutarch, *Cicero* 33.
9 Appian, *Bürgerkriege* II 15,58.
10 Er hielt sich währenddessen in Thessaloniki und Dyrrhachium (Durazzo) auf.
11 *Rede für Milo* 28, 76.
12 Vgl. Cicero, *Rede für Sestius* 24, 53.
13 Cicero, *Atticus-Briefe* IV 3,2.

XIII Semiramis in Gallien

1 „Silvae callesque" als Provinz für die Konsuln des Jahres 59. Vgl. Kap. IX, *Das „dreiköpfige Ungeheuer"*, S. 75.
2 Plutarch, *Caesar* 14,10.
3 Sueton, *Caesar* 22,1. Vgl. auch Cassius Dio XXXVIII 8,5, sowie Orosius VI 7,1. Appian, *Bürgerkriege* II 13, begeht den gleichen Fehler wie Plutarch, der die beiden Entscheidungen zu einem einzigen Volksbeschluß zusammenfügt. In Wirklichkeit stellte die *Lex Vatinia* Caesar drei Legionen zur Verfügung, der Senat zusätzlich eine vierte.
4 Cicero, *Befragung des Zeugen Vatinius* 35 f. (die Rede gegen Vatinius stammt aus dem Jahr 56, die Veröffentlichung durch Cicero erfolgte mit Sicherheit später). „Aerarii dispensationem" hat einen klaren Bezug. Daß Vatinius mit seinem Gesetz Caesar den Zugriff auf Gelder aus der Staatskasse ermöglicht habe, um seine lange Zeit als Provinzstatthalter zu finanzieren, ist wohl falsch.
5 Sueton, *Caesar* 22,2: „ex eo insultaturum omnium capitibus".
6 H. E. Butler u. M. Cary (Hgg.): *Suetoni Tranquilli Divus Iulius*, New York, Oxford 1927, S. 69.
7 Dies betrifft insbesondere die Sätze bei Sueton, der am genauesten zitiert.

8 Sueton, *Caesar* 22,2.

9 Plutarch, *Caesar* 6,6f.

10 Bekanntlich bezeichnete Cicero sein Engagement (das seiner Einstellung gegen das Triumvirat in den Monaten vor dem Exil widerspricht) in Privatbriefen als „eine schmähliche Angelegenheit" (*subturpicula; Atticus-Briefe* IV 5,1).

11 Cicero, *Rede über die konsularischen Provinzen* 32. Bedeutsam ist jedoch der ganze Kontext.

12 Sueton, *Caesar* 8.

13 Sueton, *Caesar* 9,3.

14 Sallust, *Die Verschwörung des Catilina* 49,2.

15 Cassius Dio XLI 36,3: mit einer *Lex Roscia* oder einer *Lex Iulia de civitate Transpadanorum*.

16 Am Ende waren es neun Jahre.

17 Plutarch, *Caesar* 1–14.

18 Plutarch, *Caesar* 15–27. Ein dritter, umfangreicher Teil behandelt den Bürgerkrieg und Caesars tragisches Ende.

19 Plutarch, *Caesar* 15,1f.

20 In diesem Sinn ist die Schlüsselszene der Konsulatswahlen für das Jahr 55 von symbolhafter Bedeutung, als Caesar große Teile seines Heers zur Wahl nach Rom schickt: Soldaten, die vorübergehend wieder in „ihre Rechte als Bürger" eingesetzt werden (J. Carcopino, *Jules César*, Paris 1968[5], S. 277).

21 *Caesar* 16f.

22 Sueton, *Caesar* 65,1.

23 Das verhinderte aber nicht den Spott der Soldaten anläßlich des Triumphs über die Gallier: „Aurum in Gallia effutuisti …" (Sueton, *Caesar* 51).

24 Plutarch, *Caesar* 17,1.

25 Plutarch, *Caesar* 17,9.

26 Plutarch, *Caesar* 17,5; Sueton, *Caesar* 57.

27 Plutarch, *Caesar* 17,7: „wie Oppius sagt" (sein getreuer *agens in rebus*, der unter anderem eine Cassius-Biographie verfaßte; vgl. Carisius, in: H. Keil, *Grammatici latini*, Bd. I, S. 147).

28 Sueton, *Caesar* 58,1.

29 Ebd.

30 Sueton, *Caesar* 60,1.

31 Sueton, *Caesar* 62.

32 Sie erinnern an den Tolstoi von *Krieg und Frieden*.

33 *Précis des guerres de César* par Napoléon, écrit par M. Marchand sous la dictée de l'Empereur (1819), Paris 1836, S. 205.

34 Caesar, *Gallischer Krieg* II 25.

35 *Storia della letteratura latina* [1925–27], Mailand, Messina 1958[8], S. 345.

36 *Krieg und Frieden*, München 1988 (Übersetzung: Marianne Kegel), 13. Teil, I, S. 1340.

37 Sueton, *Caesar* 22: „ex omni provinciarum copia Gallias potissimum elegit".

38 Sueton, *Caesar* 23,2. Zu Einzelbeispielen vgl. 29,1 und 73 (zu Memmius vgl. oben, Kapitel VI, *Der politische Markt*).

XIV Die Eroberung Galliens (58–51 v. Chr.)

1 J. Carcopino, *Jules César* [1935], Paris 1968[5], S. 252.

2 Ebd.

3 Caesar, *Gallischer Krieg* II 35,4: „ob easque res ex litteris Caesaris dies quindecim supplicatio decreta est, quod ante id tempus accidit nulli".

4 Von Umfang und Vielzahl dieser Depeschen vermittelt eine von Cassius Dio (XXXIX 25) geschilderte Episode einen Eindruck: Pompeius habe einmal im Senat die Konsuln beredet, einen Brief Caesars, in dem von Schwierigkeiten die Rede war, nicht sofort zu verlesen, sondern damit zu warten, bis der folgende Bericht eintraf, der vom glücklichen Ausgang der Operation berichtete.

5 Ein Indiz dafür ist erneut die bei Cassius Dio wiedergegebene Episode (vgl. Anmerkung 4).

6 Weiter unten werden wir ihn als Agitator gegen Caesar kennenlernen (vgl. unten Kapitel XXII, *Wider den Umsturz)*.

7 Cicero, *An seine Freunde* VIII 1,4.

8 *Gallischer Krieg* I 3.

9 *Agricola* 12,1: „Einst gehorchten sie Königen, jetzt werden sie durch Parteiungen und Sonderinteressen zwischen den verschiedenen führenden Männern hin- und hergerissen."

10 Französische Historiker des 20. Jahrhunderts sprechen von einer „gallischen Revolution", die kurz vor Caesars Invasion stattgefunden hatte und in allem der Französischen Revolution Ende des 18.Jahrhunderts ähnlich war, auch in ihrer Ausbreitung jenseits des Rheins. Aber das sind äußerliche Gemeinsamkeiten.

11 *Gallischer Krieg* V 27,3: „Ut non minus haberet iuris in se multitudo quam ipse in multitudinem", sagt Ambiorix.

12 Dion Chrysostomos 49,8.

13 Vgl. hierzu A. Demandts hervorragende Zusammenfassung in seinem Buch *Die Kelten*, München 1998, S. 78 f.

14 *Gallischer Krieg* I 29,2 f. Diese Angaben basieren auf den in griechischen Buchstaben geschriebenen *tabulae*, die Caesars Männer im Lager der Helvetier fanden.

15 Rund 200 000 kamen ums Leben. Diesem ersten Völkermord folgten weitere Massaker der römischen Eroberer.

16 C. Jullian, *Histoire de la Gaule*, Bd. III, Paris 1920[5], S. 221.

17 Auf die Nachricht von Ariovists Niederlage änderten die rund 100 000 Germanen, die über den Rhein setzen wollten, ihre Route und zogen sich ins Landesinnere zurück (Caesar, *Gallischer Krieg* I 54,1).

18 *Gallischer Krieg* II 1,1.

19 *Gallischer Krieg* II 3–5; 10 f.

20 *Gallischer Krieg* II 18–27.

21 *Gallischer Krieg* III 20–27. Es überlebte nur ein Viertel der 50 000 Aquitanier und Kantabrer, die gegen Crassus gekämpft hatten.

22 *Gallischer Krieg* III 12,1.

23 *Gallischer Krieg* IV 4,2–7, mit dem Kommentar von C. Jullian, a. a. O., Bd. III, S. 325, Anmerkung 3.

24 *Gallischer Krieg* IV 15,3; Appian, *Das keltische Buch* 18; Plutarch, *Caesar* 22.
25 Unter anderem Piso Aquitanus und sein Bruder (Caesar, *Gallischer Krieg* IV 12,4–6).
26 *Gallischer Krieg* IV 14,5. Voller Genugtuung teilt Caesar mit, auf römischer Seite habe es nur wenige Verwundete gegeben.
27 Plutarch, *Caesar* 22; *Cato der Jüngere* 51; Caesar reagierte mit einem vehementen Brief, der im Senat verlesen werden sollte.
28 Caesar, *Gallischer Krieg* IV 38,5.
29 A. a. O., Bd. III, S. 326.
30 Bd. IX, *The Roman Republic*, hg. von S. A. Cook, F. E. Adcock, M. P. Charlesworth, S. 558 (das Kapitel über die Eroberung Galliens wurde von C. Hignett herausgegeben).
31 *Précis des guerres de César* par Napoléon, écrit par M. Marchand sous la dictée de l'Empereur (1819), Paris 1836, S. 57.
32 74 Reiter der gallischen Verbündeten.
33 *Römische Geschichte* [1854–56], München 1986⁴, Bd. 4, S. 259 f. (III, 267 f.).
34 F. Engels, *Zur Urgeschichte der Deutschen* [1881/82], in: *Marx – Engels – Werke*, Bd. XIX, Berlin 1962, S. 431.
35 A. a. O., S. 430.
36 G. Giannelli u. S. Mazzarino, *Trattato di storia romana*, Bd. I, Rom 1953, S. 428.
37 Sonderbar ist in der Tat diese Vorstellung von den „natürlichen Grenzen" des Reiches: Gallien ja, Britannien nein.
38 *Cambridge Ancient History*, a. a. O., Bd. VII, S. 559.
39 *Gallischer Krieg* IV 28 f.
40 *Gallischer Krieg* IV 30,1.
41 *Gallischer Krieg* IV 34 f.
42 *Gallischer Krieg* IV 36.
43 *Gallischer Krieg* V 8. Die zweite Britannien-Expedition wird in Kapitel 8–23 geschildert.
44 *Gallischer Krieg* V 18.
45 *Gallischer Krieg* V 19,1.
46 *Gallischer Krieg* V 22,5.
47 Ein Beispiel bietet das fünfte Kommentarium zum *Gallischen Krieg*.
48 Catull 11, 10–12; deutsch von Werner Eisenhut, München, Zürich ⁹1986.
49 *Cambridge Ancient History*, Bd. VII, S. 562.
50 Hignett übertreibt, wenn er schreibt: „Ein jeder römischer Abenteurer, dem es gelang, sich Caesar gewogen zu machen, ging nach Gallien, um sich zu sanieren" (ebd., S. 562).
51 Caesar, *Gallischer Krieg* V 25.
52 *Gallischer Krieg* V 26,2.
53 *Gallischer Krieg* V 39–52. In seinen *commentarii* gibt Caesar der Episode mit Quintus Cicero und dem Lob seiner Tapferkeit breiten Raum – freilich nicht ohne Berechnung.
54 *Gallischer Krieg* V 48.
55 *Gallischer Krieg* V 58,6: „cum unum omnes peterent, in ipso fluminis vado deprehensus Indutiomarus interficitur caputque eius refertur in castra".
56 *Gallischer Krieg* VI,1: „quod cum Pompeius et rei publicae et amicitiae tribuisset ...".

57 *Gallischer Krieg* VI 29,3.

58 *Gallischer Krieg* VI 43, 3–5.

59 Dessen Vater war seinerzeit von gallischen Notabeln getötet worden, weil er nach der Königsherrschaft gestrebt hatte (*Gallischer Krieg* VII 4,1).

60 *Gallischer Krieg* VII 6.

61 *Gallischer Krieg* VII 8.

62 *Gallischer Krieg* VII 24.

63 *Gallischer Krieg* VII 28,4: „nec fuit quisquam qui praedae studeret".

64 *Gallischer Krieg* VII 50 f.

65 *Gallischer Krieg* VII 63,5 f.

66 *Gallischer Krieg* VII 68.

67 *Gallischer Krieg* VII 71,1 f.

68 *Gallischer Krieg* VII 72.

69 *Gallischer Krieg* VII 75.

70 *Gallischer Krieg* VII 87,2.

71 *Gallischer Krieg* VII 89.

72 Plutarch, *Caesar* 27. Die von Florus überlieferten Worte des Vercingetorix („Du bester aller Männer, du hast gesiegt": I 45,26) entspringen wohl nachträglich verklärender Phantasie.

73 Sueton, *Caesar* 37,1; Livius, *Periochae* 115.

74 Cassius Dio XLIII 19,4.

75 Ebd.; Flavius Josephus (*Geschichte des Judäischen Krieges* VII 154) entnimmt man, daß auch er erdrosselt wurde; vgl. M. Gelzer, *RE*, s. v. *Vercingetorix*, Sp. 1007,12–14.

76 *Gallischer Krieg* VI 11–28, zusammen mit dem zweiten einer der kürzeren der acht *commentarii*.

77 Von ihm handelt ausführlich das achte Kommentarium.

78 Frontinus, *Strategemata* II 13,11.

79 *Gallischer Krieg* VIII 24,4.

80 Die, wie ich an anderer Stelle gezeigt habe, bis Kapitel 48,9 von Caesar stammen: vgl. *La lettera a Balbo e la formazione della raccolta cesariana*, in: ASNP, Ser. III, 23, 1 (1993), S. 79–103 (bes. S. 94 f.).

81 *Gallischer Krieg* VIII 48,8 f.

82 *Gallischer Krieg* VIII 24,4.

83 Plutarch, *Caesar* 12.

84 Cicero, *An seine Freunde* X 31,1.

85 *Cambridge Ancient History*, a. a. O., Bd. VII, S. 573.

XV Das „Schwarzbuch" des Gallischen Kriegs

1 R. Syme, *Roman Revolution* [Oxford 1939], dt. *Die Römische Revolution*, München 1992, S. 48, deutet an, daß Caesars „Maximalpogramm" eine Zeitlang darin bestanden haben muß, sich mit Pompeius die Führung der Republik dauerhaft zu teilen. Das läßt sich zwar nicht ausschließen, widerspricht aber Cicero, der Caesar als von Anfang an auf die Königsherrschaft ausgerichtete betrachtete – was unumgänglich zur Kollision mit dem anderen *princeps in re publica* (Ersten des Staates) führen mußte. Sicher ist, daß die Pläne

eines Politikers nie von Anfang an in allen Einzelheiten feststehen, ebensowenig wie die Spielzüge eines Schachspielers, die erst *in itinere* entstehen, und so wenig vorauszuberechnen sind wie mehr als drei, vier Züge auf dem Schachbrett.

2 So Tanusius Geminus, der Zeuge dieses Vorstoßes im Senat gewesen war; vgl. oben, Kapitel XIV, *Die Eroberung Galliens (58–51 v. Chr.)*, S. 115 f.

3 Cicero, *Zweite philippische Rede* 116. Vgl. hierzu unten, Kapitel XLII, *Der Wind*, S. 338 f.

4 *Zweite philippische Rede* 117: „Aus den zahlreichen Übeln, mit denen er unseren Staat gezeichnet hat, ist uns ein Gutes erwachsen: *quod didicit iam populus Romanus quantum cuique crederet quibus se committeret a quibus caveret!*"

5 Cicero, *Rede für Marcellus* 5.

6 *Gallischer Krieg* II,11.

7 *Storia della letteratura latina*, Bd. I, Mailand, Messina 1959[8], S. 345 f.

8 Plutarch, *Cato der Jüngere* 51,4.

9 Aufsatzsammlung, erschienen 1960 im Verlag Gallimard.

XVI Der Weg in die Krise

1 Allein schon Pompeius' Entschluß, nach dem Konsulat im Jahr 55 nicht in seine Provinz (Spanien) aufzubrechen, sondern sich mit prokonsularischem *imperium* in der Nähe Roms aufzuhalten, war alles andere als beruhigend.

2 Asconius, S. 35 Clark; vgl. Cassius Dio XL 49,5.

3 Der *interrex* war aufgrund der Unmöglichkeit ernannt worden, in einer Situation der Illegalität die Konsulatswahlen durchzuführen.

4 An den Iden des September: *CIL* I². 2, 933. Scipio ließ ein Gesetz verabschieden, das die Zensurreform des Clodius wieder rückgängig machte, die seinerzeit auch Caesar befürwortet hatte.

5 Die genaue Formulierung verdanken wir Sueton, *Caesar* 26,1. Weitere Einzelheiten bei Cassius Dio XL 50 f.

6 Sueton, *Caesar* 26,2.

7 Sueton, *Caesar* 26,3.

8 *Gallischer Krieg* VII 1,1.

9 Asconius, S. 34 Clark, schreibt: „daß Pompeius in ganz Italien Aushebungen durchführen solle".

10 Vgl. den entsprechenden Kommentar von F. Kraner, W. Dittenberger, H. Meusel, *Commentarii de bello gallico*, Bd. II, Berlin 1920[17], S. 237 (Anmerkung zu VII,1).

11 Eine *coniuratio Italiae* wird Octavian im Jahr 31 v. Chr. die Anerkennung als *dux* im Krieg gegen Kleopatra (und Antonius) verschaffen: auch dies ein klarer Verfassungsbruch, wenn man bedenkt, daß zur gleichen Zeit der zweite amtierende Konsul Antonius war, gegen den sich diese *coniuratio* de facto richtete.

12 Ein Vorgehen, das in der politischen Auseinandersetzung in Rom im allgemeinen dramatische Folgen hatte.

13 Sueton, *Caesar* 28.

14 Ebd.: „Quoniam bello confecto pax esset ac dimitti deberet victor exercitus".

15 Sueton, *Caesar* 28,3 („mox lege iam in aes incisa et in aerarium condita").

16 Sueton, *Caesar* 28,3.

17 Sueton, *Caesar* 29,1.

18 Plutarch, *Pompeius* 56,1 f.

19 Sueton, *Caesar* 29,2.

20 Sueton, *Caesar* 29,2; Plutarch, *Caesar* 29,3.

21 Velleius II 48,4; Valerius Maximus IX 1,6.

22 Sueton, *Caesar* 29,2: „ne sibi beneficium populi adimeretur".

23 Sueton, *Caesar* 29,4.

24 Cicero, *Atticus-Briefe* VII 7,3; 8,2; *An seine Freunde* XVI 11,2.

25 Vgl. dazu P. Fabre, Einleitung zu César, *La guerre civile*, Bd. I, Paris 1936, S. XXVII. Die Bemerkung im *Bürgerkrieg* I 8,8, „reliquae [*scil.* legiones] nondum convenerant", ist also wenig glaubwürdig.

26 *Bürgerkrieg* III 19.

27 Das äußert er selbst gegenüber Cicero (*An seine Freunde* X 31,2) im März 43. Vgl. aber auch Plutarch, *Caesar* 32,7 (über Asinius als Zeuge der Überschreitung des Rubikon).

28 Appian, *Bürgerkriege* II 82,346.

29 Appian, *Bürgerkriege* II 82,346.

30 Sueton, *Caesar* 30,4: „Haec eum *ad verbum* dixisse: Hoc voluerunt; tantis rebus gestis, Gaius Caesar condemnatus essem, nisi ab exercitu auxilium petissem".

31 „Caesarem [...] dilexi summa cum pietate et fide", wird er genau ein Jahr nach dem Tod des Diktators an Cicero schreiben (*An seine Freunde* X 31,3).

32 Sueton tut diese Caesar so wichtige Version als „praetextum" ab (*Caesar* 30,2).

33 Sueton, *Caesar* 30,3.

34 Der Prozeß Milos hatte mit einer vernichtenden Niederlage geendet.

XVII Die „Tyrannis" als angestrebtes Ziel?

1 Sueton, *Caesar* 30,2.

2 H. E. Butler und M. Cary (Hgg.), *Suetoni Tranquilli Divus Iulius*, New York, Oxford 1927, S. 84.

3 „Captum imperii consuetudine": eine zutreffende psychologische Bewertung.

4 „Pensitatis suis et inimicorum viribus": dies ist der Kern des Satzes.

5 „Usum occasione rapiendae dominationis": Der Begriff „dominatio" meint mehr als nur „Macht" und bezeichnet beinahe die Tyrannis im klassischen griechischen Sinn.

6 Cicero, *Über die Pflichten* III 20,82.

7 *Über die Pflichten* II 24,84. Vgl. zu diesem Passus E. Gabba, *Per una interpretazione politica del „de officiis" di Cicerone*, in: Rendiconti Accademia dei Lincei, Ser. VIII, 34 (1979), S. 126 u. 139.

8 Sueton, *Caesar* 30,5; Euripides, *Die Phönikerinnen* 524f. In neueren Apparaten (J. Diggle, *Euripidis Fabulae*, Oxford 1994, S. 111) wird dieser frühe Hinweis auf Euripides vollkommen ignoriert.

9 Von großer Bedeutung ist auch die nachfolgende Bemerkung Ciceros, in der

sich die gegen Euripides gerichtete antike Kritik (die mit den *Fröschen* des Aristophanes einsetzt) widerspiegelt; sie wirft Euripides vor, diese entsetzliche Regel in der Maske des Eteokles auf die Bühne gebracht zu haben.

10 „I santi doveri" heißt es in der Übersetzung von E. Narducci (Mailand 1987): im Griechischen heißt es εὐσέβεια, Cicero übersetzt *pietas*. Aber der Satz bezieht sich auf die Politik und ist kein allgemeines ethisches Urteil. Nicht anders dürfte es auch Caesar verstanden haben.

11 Sueton, *Caesar* 77: „Sullam nescisse litteras qui dictaturam deposuerit". Titus Ampius Balbus, Tribun im Jahr 63, Prätor im Jahr 58 und ein bedingungsloser Pompeianer, veröffentlichte nach Caesars Tod eine vernichtende Biographie des einstigen Diktators.

12 Vgl. oben, Kapitel I, *Vor Sulla auf der Flucht: Erste Erfahrungen eines jungen Aristokraten.*

13 Plutarch, *Caesar* 4,4–9.

14 Plutarch, *Caesar* 4,8.

15 R. Syme, *Roman Revolution* [Oxford 1939], dt. *Die Römische Revolution*, München 1992, S. 48. Diese von Mommsen vertretene Auffassung fand in Carcopino ihren glühendsten Verfechter (*Points de vue sur l'impérialisme romain*, Paris 1934, S. 89–155). Die vernünftigste, aus konkreten Erfahrungen gespeiste Erwiderung auf diese mythisierenden Theorien ist der *Précis* Napoleons I. (S. 214: „Les Romains étaient accoutumés à voir les rois dans les antichambres de leurs magistrats").

XVIII Angriff auf den Erdkreis mit fünf Kohorten

1 Er beglich dessen Schulden im Wert von insgesamt 60 Millionen Sesterzen.

2 [Caesar], *Gallischer Krieg* VIII 52,4. Ab 48,10 stammt das achte Kommentarium nicht von Caesar, sondern von einem anonymen Verfasser, in dem moderne Historiker ohne plausiblen Grund Hirtius sehen wollen. Vgl. dazu L. Canfora, *La lettera a Balbo e la formazione della raccolta cesariana*, in: ASNP, Ser. III, 23, 1 (1993), S. 79–103.

3 Plutarch, *Pompeius* 58,5; Appian, *Bürgerkriege* II 30,119; Plutarch zufolge waren es 22 Gegenstimmen.

4 Von Sulla bis Augustus wurde der Senat wiederholt gesäubert und zwangsweise verändert.

5 Clodius war wegen Entweihung des Festes der Bona Dea angeklagt worden.

6 Caesar, *Bürgerkrieg* I 1,2 f.

7 *Bürgerkrieg* I 1,4.

8 *Bürgerkrieg* I 2,1.

9 *Bürgerkrieg* I 2,8.

10 *Bürgerkrieg* I 5,1.

11 So heißt es etwa „de imperio Caesaris", ohne daß der Beschluß genannt wird.

12 *Bürgerkrieg* I 5,4.

13 *Bürgerkrieg* I 5,5.

14 *Caesar* 31,1: „Cum sublatam tribunorum intercessionem *ipsosque urbe* cessisse nuntiatum esset …". Die Chronologie der Ereignisse jener Stunden, die Sueton (*Caesar* 31–33) gekonnt zusammenfaßt, entstammt mit Sicherheit Asi-

nius Pollio, der dem engsten Kreis um den Prokonsul angehörte; vgl. Plutarch, *Caesar* 32,7.

15 Sueton, *Caesar* 31–33.

16 Und tatsächlich, kaum war der Rubikon überschritten, wechselte Labienus, Caesars tüchtiger Kommandant im Gallienfeldzug, auf die andere Seite.

17 Sueton: „Spectaculo publico interfuit".

18 Wir kennen seine fast obsessive Begeisterung für diesen *ludus*: Sueton, *Caesar* 26,3.

19 Sueton: „Ex consuetudine convivio se frequenti dedit". Gern wüßten wir mehr über den Inhalt der an jenem Abend dort geführten Tischgespräche.

20 „Post solis occasum".

21 Sueton, *Caesar* 61.

22 Sueton, *Caesar* 31: „Mulis e proximo pistrino ad vehiculum iunctis".

23 „Occultissimum iter modico comitatu ingressus est".

24 Sueton, *Caesar* 31,2: „Reputans quantum moliretur, conversus ad proximos: 'Etiam nunc', inquit, 'regredi possumus'".

25 Plutarch, *Caesar* 32,7. Bemerkenswert ist die wörtliche Übereinstimmung mit Sueton („reputans quantum moliretur, conversus ad proximos …"). Sueton, Plutarch und Appian geben teils identische Episoden ein und derselben Geschichte wieder.

26 Sueton, *Caesar* 32. Nach der Konjektur des Erasmus aufgrund des Vergleichs mit Parallelstellen bei Plutarch, *Caesar* 32 und *Pompeius* 60 müßte man lesen: „Iacta alea esto". Diese stehende griechische Wendung kennt auch Menander (Fr. 59,4 Koerte-Thierfelder): *est* anstelle von *esto* ist offenbar eine Vereinfachung.

27 *Caesar* 32,7; Plutarchs Schilderung in *Pompeius* 60,4 ist im wesentlichen identisch, nur mit dem Zusatz, daß diese Worte in griechischer Sprache gesprochen wurden: eine Präzisierung, die typisch ist für Asinius; vgl. etwa auch Caesars Ausspruch nach der Schlacht von Pharsalos (Plutarch, *Caesar* 46,1f.).

28 Bei seiner Rückkehr nach Athen, auf dem Weg zur „zweiten" Tyrannis, stellte er auf einen Wagen eine „große und schöne" Thrakerin, die er als Athene ausgab, welche ihn in die Stadt führt (Herodot I 60; Aristoteles, *Verfassung der Athener* 14,4). Man ist versucht zu glauben, daß Caesar die berühmte Geschichte dieses „demokratischen Tyrannen", wie ihn Aristoteles nennt, kannte. „A curious and very striking story", bemerken Butler und Cary zu Suetons Schilderung, „if true, it must have been prearranged by Caesar" (H. E. Butler u. M. Cary [Hgg.], *Suetoni Tranquilli Divus Iulius*, New York, Oxford 1927, S. 85).

29 In einem Privatbrief also.

30 Caesar, *Bürgerkrieg* I 5,4: „De amplissimis viris, tribunis plebis, gravissime acerbissimeque decernitur". Und wenig später geloben die Soldaten, die den Volkstribunen zugefügte Schmach zu rächen (I 7,8).

31 Sueton, *Caesar* 33,1: „Adhibitis tribunis plebis, qui *pulsi* supervenerant".

32 Cicero, *An seine Freunde* XVI 11,2: „Nulla vi expulsi". Im übrigen handelt es sich um einen friedfertigen Text, in dem Cicero Antonius als „Antonius noster" und Caesar als „amicus noster" bezeichnet.

33 *Bürgerkrieg* I 5,5.

34 *Bürgerkrieg* I 8,1.

35 *Bürgerkrieg* I 7,8. Einzelheiten über die Truppenverschiebungen werden nur mit größter Zurückhaltung mitgeteilt.

36 Plutarch, *Caesar* 31,3.

37 Sueton, *Caesar* 33,1.

38 Livius, Fr. 32 Weißenborn-Müller (= Orosius VI,15).

39 So formuliert es zutreffend Eduard Meyer, *Caesars Monarchie und das Principat des Pompeius*, Stuttgart, Berlin 1918, S. 291.

40 Er wird nicht einmal namentlich genannt, ist aber implizit in der knappen Bemerkung in *Bürgerkrieg* I 8,1 enthalten: „Als Caesar sah, daß die Stimmung der Soldaten für ihn war, marschierte er mit dieser Legion nach Ariminum".

41 Plutarch, *Caesar* 3,4.

42 Sueton, *Caesar* 33.

43 Sueton zufolge, der wohl auch hier von Asinius abhängig ist, sahen die Soldaten in den hinteren Reihen zwar Caesars Ring, hörten aber nicht seine Worte. Und viele glaubten, er habe ihnen einen Ring versprochen, also die Ritterwürde, verbunden mit dem entsprechenden Vermögen.

44 Cicero, *An seine Freunde* X 31,2.

45 Sueton, *Caesar* 56,4.

46 Cicero, *Brutus* 262.

47 Sueton, *Caesar* 33.

XIX Caesars „Programm": Die Suche nach dem Konsens

1 In Corfinium ergab sich am 21. Februar 49 die pompeianische Garnison, darunter auch Domitius Ahenobarbus, der die Stadt gegen Caesar zu verteidigen hatte. Caesar ließ sie alle frei. In diesem Brief erläutert er, weshalb.

2 Dabei denkt er insbesondere an Gaius Marius.

3 Unterdessen ging Postverkehr in beide Richtungen: In Rom traf die Nachricht von der Kapitulation Corfiniums ein, und aus Rom erreichte Caesar der Brief von Oppius und Cornelius Balbus, die seine Strategie der Dialogbereitschaft auch nach Beginn der Feindseligkeiten billigen.

4 Das geht aus Ciceros Antwortbrief hervor, in dem es heißt: „Du rätst mir, ich solle Caesar bitten, mir zu gestatten, mich zu Pompeius ebenso zu stellen wie zu ihm" (Cicero, *Atticus-Briefe* IX 7,3).

5 Ebd.: „Sana mente scriptas litteras quo modo in tanta insania".

6 Eine bei gewichtigen Erklärungen durchaus übliche Vorsichtsmaßnahme.

7 Cicero, *Atticus-Briefe* IX 7A,2 (Oppius und Balbus an Cicero).

8 Worin er auch von Atticus ermuntert wurde.

9 Am 17. März wird Pompeius aus Brindisi fliehen und Caesars Belagerung des Hafens überflüssig machen.

10 In der blutigen Schlacht vor den Toren Roms.

11 „Nonnulla in mentem veniunt".

12 Auf den entscheidenden Unterschied machte Napoleon aufmerksam, der wiederholt darauf verwies, Caesar habe „le peuple" auf seiner Seite gehabt.

13 Daher schreibt Sallust nach den Iden des März überaus anspielungsreich die dämonische Geschichte einer *coniuratio* als *Präzedenzfall* (*Verschwörung des Catilina* 4,3: „sceleris novitate"): Darin sind die Vorläufer der sogenannten

„Befreier" die Catilinarier, und Caesar tritt als derjenige auf, der zur *clementia* drängt.

14 Eine andere Möglichkeit (um ein Beispiel aus einer ganz anderen Epoche zu nehmen) ist der „postume Antifaschismus", der, von nachfolgenden Generationen praktiziert, schließlich doch nur eine literarische Attitüde ist.

15 „Novum illud exemplum!" läßt Sallust Caesar in seiner Rede gegen die Hinrichtung der Catilinarier im Senat sagen (*Verschwörung des Catilina* 51,27).

16 Caesar, *Bürgerkrieg* I 7.

17 Caesar, *Bürgerkrieg* I 4,2.

18 *Atticus-Briefe* IX 14,2 (vom 25. März 49): „Cn. Carbonis, M. Bruti se poenas persequi omniumque eorum in quos Sulla crudelis hoc [= Pompeius] socio fuisset". „Da erzählt hier jemand aus sicherer Quelle, ER rede davon, daß er die Bestrafung des Cn. Carbo, des M. Brutus [Vater des späteren Caesarmörders!] und aller derer räche, an denen Sulla unter des andern [= Pompeius'] Beihilfe seine Grausamkeit ausgelassen habe".

19 IX 15,2 (vom selben Tag). Die Ernennung eines *interrex*, der Sulla zum *dictator* ausrief, war notwendig geworden, weil beide Konsuln von Sullas Anhängern getötet worden waren.

20 VIII 9A (vom 25. Februar).

21 VIII 11,2: „Genus illud Sullani regni iam pridem appetitur multis qui una sunt cupientibus".

22 IX 11,3: „meras proscriptiones, meros Sullas" (Crassipes hatte das Lager des Pompeius am 6. März verlassen). Vgl. IX 10,2: „Wie oft hören wir dies: 'Sulla hat es fertiggebracht, und ich sollte es nicht können?'"

23 IX 10,6 (vom 18. März). „Il a son coeur depuis longtemps déjà prurit de syllanisme et de proscriptions" (Bayet). Das ungewöhnliche, in der Texttradition verderbte *sullaturit* ist aufgrund eines Hinweises bei Quintilian wiederhergestellt (*Ausbildung des Redners* VIII 3,32).

24 IX 7,3 (vom 13. März).

25 *Dreizehnte philippische Rede* 29.

26 Seneca, *Der Zorn* I 20,4: „Qualis illa [vox] dira et abominanda 'oderint dum metuant': Sullano scias saeculo scriptam"; II 34,3: „Inter Sullanae crudelitatis exempla est quod ab re publica liberos proscriptorum submovit"; Plinius, *Naturkunde* IX 123: „Sullana tempora".

27 Er war im Jahr 57 Konsul gewesen und hatte sich um Ciceros Rückkehr aus der Verbannung bemüht (vgl. F. Münzer, s. v. *Cornelius* in: *RE* IV 1, Nr. 238).

28 Caesar, *Bürgerkrieg* I 22.

29 Dies wird auch bei Caesar erwähnt: *Bürgerkrieg* I 24,4.

30 Caesar, *Bürgerkrieg* I 26,2: „Magnopere admirabatur Magium [...] non remitti".

31 Cicero, *Atticus-Briefe* IX 13A (Balbus an Cicero).

32 Auch Balbus beklagt das Vage des Briefes und meint, Caesar sei wohl sehr beschäftigt, „da er sich über eine so wichtige Angelegenheit *tam breviter* gefaßt hat".

33 Vgl. P. Fabre (Hg.), César, *La guerre civile*, Bd. I, Paris 1936, S. 22, Anmerkung 1.

34 Vgl. dazu F. Münzer, s. v. *Magius*, in: *RE* XIV 1, Nr. 9.

35 Cicero, *Atticus-Briefe* IX 14,1. Die Worte Caesars in der Wiedergabe Ciceros lauten: „Nihil est quod potius faciamus".

36 *Atticus-Briefe* IX 14,2.

37 Vgl. unten, Kapitel XXI, *Vom Rubikon nach Pharsalos*.

38 Wer Numerius wirklich war und warum Caesar ausgerechnet durch ihn Pompeius seinen Vorschlag übermitteln läßt, während er alle anderen freiläßt, können wir, fürchte ich, nie ermitteln. Wir wissen nur, daß er ihn kannte.

XX „Amicitia"

1 Das gilt in nicht geringem Maß auch für den modernen Parlamentarismus.

2 R. Syme, *Roman Revolution* [Oxford 1939]; dt. *Die Römische Revolution*, München 1992, S. 17.

3 Horaz, *Oden* II 1,1–3.

4 Daher sind sie auch erhalten geblieben.

5 Cicero, *An seine Freunde* XI 28,2 (Matius an Cicero).

6 Cicero, *An seine Freunde* X 31,2 (Asinius an Cicero). Gemeint ist wahrscheinlich Cato.

7 Cicero, *An seine Freunde* XI 27,2.

8 Cicero, *An seine Freunde* XI 27,4: „Sive pudor sive officium sive fortuna": eine komplizierte Formulierung, aus der nicht gerade Begeisterung für die getroffene Wahl spricht.

9 XI 28,2.

10 Der Vater des Marcus Brutus ist jener Marcus Brutus, dessen Bestrafung, wie Cicero gehört hatte (*Atticus-Briefe* IX 14,2), Caesar mit der Eröffnung der Feindseligkeiten gegen Pompeius rächen wollte.

11 Cicero, *An seine Freunde* XVI 11,2. Auch darf man nicht vergessen, daß Cicero, nachdem er sich einmal entschlossen hatte, einige seiner Briefe zu veröffentlichen, diejenigen auswählte, mit denen er „renommieren" konnte und von denen etwa siebzig in dem dreizehnten Buch der Sammlung *An seine Freunde* enthalten sind.

12 Caesar, *Bürgerkrieg* I 22,3 f.

13 Caesar, *Bürgerkrieg* I 22,5.

14 Als Cicero überlegt, wie es Caesar (im Frühjahr 49) gelingen könnte, sich zum Diktator designieren zu lassen, zieht er auch einen Vorstoß des Augurenkollegiums in Betracht.

15 Vgl. oben, Kapitel I, *Vor Sulla auf der Flucht: Erste Erfahrungen eines jungen Aristokraten*.

16 Velleius II 59,3: „Pontificatusque sacerdotio puerum honoravit"; Nikolaus von Damaskus, *Leben des Augustus* 1 und 4; Cicero, *Fünfte philippische Rede* 46 und 53.

17 Caesar, *Bürgerkrieg* III 83.

18 Syme, a. a. O., S. 19.

19 Ders., *The Allegiance of Labienus*, in: JRS 28 (1938), S. 113–125 (bes. S. 121).

20 Vermutlich häufte Labienus in Gallien auch seine enormen Reichtümer an: Cicero, *Atticus-Briefe* VII 7,6 (wo Labienus in dieser Hinsicht mit Mamurra verglichen wird!). Auch Caesar gibt einen unmißverständlichen Hinweis auf den Reichtum seines einstigen *alter ego* (*Bürgerkrieg* I 15,2).

21 Vgl. [Caesar], *Der Gallische Krieg* VIII 52,2: Hier hat Syme gegenüber Mommsen recht.

22 Caesar, *Bürgerkrieg* I 4,1: „veteres inimicitiae".

23 Wo im übrigen Caesar nicht sein einziger Widersacher war.

24 Caesar, *Bürgerkrieg* I 30,5.

25 Ebd.: „Ex provincia fugit". Sehr schön erläutert La Penna die Finesse dieser Textstelle in seinem Aufsatz *Tendenze e arte del Bellum civile*, in: Maia 5 (1952), sowie in *Aspetti del pensiero storico latino*, Turin 1978, S. 149.

26 Caesar, *Bürgerkrieg* I 32,3.

27 Caesar, *Bürgerkrieg* I 30,2: „Sardiniam obtinebat Cotta, Siciliam Cato".

28 Demgegenüber äußert sich der Verfasser des *Afrikanischen Kriegs* in einem alles andere als abschätzigen Ton über Cato. Man denke an die frei erfundene Rede an den Pompeiussohn, an den sich daran anschließenden Kommentar und die eindringliche Beschreibung von Catos Selbstmord in Utica. Dieser Respekt gegenüber Cato steht in Gegensatz zu Caesars polemischer Darstellung. Womöglich ein Hinweis auf den Verfasser?

XXI Vom Rubikon nach Pharsalos

1 Bis 45 folgt die Datierung dem vorjulianischen Kalender.

2 Plutarch, *Pompeius* 60,3 (und 57,7); *Caesar* 33,2; Appian, *Bürgerkriege* II 37.

3 Vgl. dazu auch F. Münzer, s. v. *Favonius*, in: *RE* VI 2, Sp. 2076,1 f.

4 *Précis des guerres de César* par Napoléon, écrit par M. Marchand sous la dictée de l'Empereur (1819), Paris 1836, S. 125.

5 Sueton, *Caesar* 34; Pompeius und die anderen, die in den Osten geflohen waren, bezeichnet er als „Feldherren ohne Heer".

6 „S'électriser" heißt es wörtlich.

7 Der oberste Grundsatz antiker Schlachten war bekanntlich die größere Truppenstärke (oder größere Anzahl von Schiffen) gegenüber dem Feind. Deshalb hob Caesar sofort und gänzlich unbekümmert Soldaten in seiner Provinz aus, als der Senat ihn „unter dem Vorwand eines drohenden Partherkrieges" zwang, zwei Legionen an Pompeius abzutreten.

8 Sprich: stellt er sich vor.

9 Auch J. Carcopino (*Jules César*, Paris 1968[5], S. 370 f.) versucht sich zunächst mit Napoleons *Précis* zu messen, beschränkt sich dann aber, Mommsen folgend, auf die Bemerkung, die Truppen, über die Pompeius in Italien verfügte, seien „weder homogen noch zuverlässig" gewesen.

10 Die Kollaborateure auf beiden Seiten spielen eine entscheidende Rolle, auch für die Geschichtsschreibung.

11 Caesar, *Bürgerkrieg* I 17,1. Er verfügte über detaillierte Kenntnis der Geheimpläne des gegnerischen Lagers.

12 Ebd.

13 *Bürgerkrieg* I 17,2. Um die Soldaten für sich zu gewinnen, stellte er jedem vier Morgen Land aus seinen Besitzungen in Aussicht. Derartige Angaben vermitteln eine Vorstellung davon, was Latifundienbesitz damals bedeutete.

14 *Bürgerkrieg* I 23,1 f.

15 *Bürgerkrieg* I 23,3.

16 *Bürgerkrieg* I 23,4.

17 Dies wird aber in der caesarfeindlichen Überlieferung – angefangen mit dem *Bellum civile* (*Pharsalia*) des Lukan – ausführlich dargelegt.

18 *Bürgerkrieg* I 14,1.

19 Plutarch, *Caesar* 33,3 f.

20 Th. Mommsen, *Römische Geschichte*, München 1986⁴, Buch V, Kapitel 10, S. 51 (= III, 385).

21 Pompeius war erleichtert, als Labienus die Seiten wechselte; vgl. Cicero, *Atticus-Briefe* VII 13 a,3.

22 Appian, *Bürgerkriege* II 37,147.

23 Cicero, *Atticus-Briefe* X 8,4 (vom 2. Mai 49 aus Cumae): „[eius] omne consilium Themistocleum est". Themistokles hatte Athen evakuieren lassen und die Stadt den Persern überlassen, die entscheidende Schlacht jedoch zur See herbeigeführt, in der die Perser besiegt und Athen zurückerobert wurde.

24 Doch Pompeius bereitete sich nicht auf einen Seekrieg vor.

25 Thukydides VII 77,7.

26 Erhalten im Textkorpus der *Atticus-Briefe* (IX 6A; IX 11A usw.). Nicht unwahrscheinlich ist, daß Cicero an der Senatssitzung an jenem 1. April teilnahm.

27 Caesar macht einen letzten Versuch, mit Pompeius zu einer Einigung zu gelangen. Der Vermittler ist Numerius Magius (vgl. Cicero, *Atticus-Briefe* IX 13A). Pompeius verschanzt sich hinter der Begründung, „in Abwesenheit der Konsuln könne über eine Einigung nicht verhandelt werden" (Caesar, *Bürgerkrieg* I 26,3–5). Zu dieser Episode vgl. oben, Kapitel XIX, *Caesars „Programm": Die Suche nach dem Konsens*, S. 162.

28 Cicero, *Atticus-Briefe* IX 4,2. Man beachte, daß er in X 8 (am 2. Mai 49) Bedenken äußert, die Briefe könnten abgefangen werden, allzu detaillierte Erörterungen zum Bürgerkrieg also gefährliche Folgen haben.

29 Caesars Brief (verfaßt unterwegs von Arpi nach Brindisi) liegt Ciceros *Atticus-Briefen* in einer Abschrift bei (IX 6A).

30 Ihre praktischen Alltagsgeschäfte aufzugeben war für diese Großgrundbesitzer keine leichte Entscheidung, schon gar nicht, wenn es darum ging, einem „Fanatiker" wie Cato nachzulaufen.

31 Cicero, *Atticus-Briefe* IX 13A.

32 Cicero, *Atticus-Briefe* IX 10.

33 Dies geschah in der Senatssitzung, in der auch Favonius seinen Spott über den „großen" Pompeius ausschüttete.

34 ἐν τοῖς ἐρωτικοῖς (Cicero, *Atticus-Briefe* IX 10,2).

35 Cicero, *Atticus-Briefe* IX 11A.

36 Cicero, *Atticus-Briefe* IX 11A,2.

37 Vgl. Cicero, *Atticus-Briefe* VIII 9,1.

38 *Atticus-Briefe* VIII 9 (29. oder 30. März 49).

39 *Atticus-Briefe* X 8B; unterwegs nach Marseille.

40 Cicero, *Atticus-Briefe* VIII 11,2: Und weiter: „Schon längst geht es auf ein Regiment in sullanischem Stil hinaus"!

41 Caesar, *Bürgerkrieg* I 34,3.

42 *Bürgerkrieg* I 35,1 f.

43 *Bürgerkrieg* I 35,5.

44 *Bürgerkrieg* I 36.

45 *Bürgerkrieg* II 22.

46 Vgl. dazu R. Syme, *The Allegiance of Labienus*, in: JRS 28 (1938), S. 113–125.

47 *Cambridge Ancient History*, Bd. IX, *The Roman Republic*, hg. von S. A. Cook, F. E. Adcock, M. P. Charlesworth, S. 647.

48 Damit waren jedoch Meutereien keineswegs ausgeschlossen: Die vier in Spanien siegreichen Legionen, die in Piacenza (Placentia) stationiert waren, drängten auf Plünderung der Häuser der Zivilbevölkerung. Caesar drohte mit der *decimatio* (die er jedoch nicht umsetzte; er beschränkte sich darauf, die zwölf Anführer zu bestrafen): Appian, *Bürgerkriege* II 191–196; Cassius Dio XLI 26; Sueton, *Caesar* 69, der feststellt, Meutereien gegen Caesar seien äußerst selten gewesen und hätten nur im Bürgerkrieg einige Male stattgefunden: „Niemals hat er den Aufrührern Zugeständnisse gemacht, vielmehr trat er ihnen stets entgegen". Im vorausgehenden Kapitel beschreibt Sueton einen typischen Vorfall: Zu Beginn der Kämpfe auf dem Balkan mißglückte Caesars Versuch, Pompeius in Dyrrhachium aufzuhalten; „in der einzigen ungünstig verlaufenden Schlacht, der bei Dyrrhachium, verlangten die Soldaten von sich aus ihre Bestrafung, so daß der Feldherr sie eher trösten als bestrafen zu müssen glaubte" (*Caesar* 68,3). Die Meuterei in Piacenza verschweigen die *commentarii*.

49 Dieses Phänomen ist grundlegend für die Stadt in der Antike, heute aber vor einem breiteren Hintergrund zu sehen und damit anderer Formen politischer Synthese bedürftig.

50 Caesar, *Bürgerkrieg* II 20 f. Varros Kampf an der Seite des Pompeius ist damit beendet. Nach dem Africa-Feldzug wird ihm Caesar die großartige Aufgabe anvertrauen, in Rom eine griechisch-lateinische öffentliche Bibliothek aufzubauen. Die besten Kräfte aus allen politischen Lagern zu sammeln war ein Grundpfeiler von Caesars Politik.

51 Curios mißglückter Feldzug wird (auf der Grundlage seiner Berichte) geschildert in Caesar, *Bürgerkrieg* II 23–44.

52 Zu den Einzelheiten vgl. unten, Kapitel XXXII, *Die Diktatur*, S. 280–282.

53 Er war entschlossen, seinen Tagen mit Gift ein Ende zu bereiten, doch der Arzt verabreichte ihm ein Schlafmittel. Als er erfuhr, daß Caesar seine Gegner nicht hinrichten ließ, „sprang er auf und eilte zu Caesar" (Plutarch, *Caesar* 34,6–8). Nachdem ihm Caesar aber die Freiheit geschenkt hatte, setzte er den Kampf gegen ihn fort.

54 Caesar, *Bürgerkrieg* II 22,2–4.

55 Caesar, *Bürgerkrieg* III 83.

56 Dem iulianischen Kalender zufolge war es der 29. Juni.

57 Dies sah Caesar gewiß positiv.

58 In dieser Zwangslage soll Caesar (Plutarch, *Caesar* 38, zufolge), in aller Heimlichkeit und als Sklave verkleidet, einen Nachen bestiegen haben, der den Fluß Aoos hinunterfuhr, um nach Brindisi zu gelangen. Bei hohem Wellengang übernahm Caesar selbst das Steuer, doch sie mußten umkehren. Beachtenswert ist das Ende dieser Anekdote: „Als er zum Heere zurückkam, liefen ihm die Soldaten scharenweise entgegen und *hielten ihm voller Unwillen vor*, daß er nicht daran geglaubt, mit ihnen allein den Sieg erringen zu können" (38,7). Ein wichtiger Hinweis auf Caesars exzellente Beziehung zu seinen Truppen: ein Bund von Verschworenen mit eigenen Gesetzen.

59 Nach dem iulianischen Kalender war es der 16. Februar.

60 Caesar, *Bürgerkrieg* III 25–30.

61 Sueton, *Caesar* 68,2.

62 Das heutige Škam.

63 *Précis*, a. a. O., S. 149.

64 Caesar, *Bürgerkrieg* III 71,4. Caesar widmet diesem Vorfall eine fulminante und politisch sehr zutreffende Beschreibung. Labienus ließ die Anhänger Caesars seinen Haß spüren, damit man dem „Überläufer, der er war, ein um so größeres Vertrauen" entgegenbringe. Er kennt die Psyche seines einstigen Mitstreiters sehr genau: Er ist unmäßig in seinen Handlungen und rachsüchtig aus Unsicherheit sowie getrieben von dem Wunsch nach Anerkennung.

65 Caesar, *Bürgerkrieg* III 87,1–4.

66 Caesar, *Bürgerkrieg* III 87,5–7.

67 Plutarch, *Pompeius* 76,2 f.: „Als er ferner hörte, daß die Flotte noch beisammen sei und daß Cato zahlreiche Soldaten zusammengebracht habe und dabei sei, sie nach Afrika überzusetzen, klagte er seinen Freunden gegenüber und machte sich Vorwürfe, daß er sich habe dazu drängen lassen, nur mit der Landarmee den Entscheidungskampf zu führen, und denjenigen Teil seiner Macht, mit dem er unbestritten der Überlegene war, zu nichts gebraucht, auch nicht die Flotte an einen Ort gebracht habe, wo er nach einer Niederlage zu Lande sogleich zur See eine so gewaltige, überlegene Streitmacht gegen den Feind zu seiner Verfügung gehabt hätte. Wirklich hat Pompeius keinen größeren Fehler begangen und Caesar keinen klügeren Schachzug getan, als daß er die Entscheidungsschlacht so weit von der maritimen Machtbasis des Gegners abzog".

68 Vgl. dazu Napoleons Bemerkungen im *Précis*, a. a. O., S. 146.

69 Caesar, *Bürgerkrieg* III 90.

70 Caesar, *Bürgerkrieg* III 91,2. Caesar hielt für ihn eine Leichenrede (Crastinus starb in Pharsalos, nachdem ihn ein Schwerthieb ins Gesicht getroffen hatte); in seinen *commentarii* vergaß er nicht, diesem Soldaten seine Dankbarkeit zu erweisen (*Bürgerkrieg* III 99).

71 Caesar, *Bürgerkrieg* III 92,1–3.

72 Caesar, *Bürgerkrieg* III 92,4: „Animi incitatio atque alacritas naturaliter innata omnibus".

73 Caesar, *Bürgerkrieg* III 89,4.

74 *Précis*, a. a. O., S. 152 f.

75 Caesar, *Bürgerkrieg* III 102,1.

76 *Précis*, a. a. O., S. 163.

77 Während Caesar in Alexandria Krieg führte, organisierten sie mit Hilfe des Numiderkönigs Iuba in Africa die republikanische Erhebung.

78 Mit nur zwei Legionen!

79 Dieser These widerspricht die nicht minder auf Mutmaßungen basierende Hypothese von Adcock, Caesar habe sich gefreut, daß Pompeius durch die Ratgeber des Ptolemaios getötet wurde: „Nach Pharsalos war eine Einigung unmöglich geworden. Pompeius stand zu hoch, als daß Caesar ihm hätte *clementia* erweisen können, und sein Tod, ob durch eigene oder fremde Hand, war unumgänglich. Jetzt hatte Caesars Glück den Rivalen ohne sein Zutun vernichtet" (*Cambridge Ancient History*, a. a. O., Bd. VII, S. 669). Dieser Hy-

pothese widersprechen meines Erachtens die *commentarii* zum Bürgerkrieg, deren durchgängiges Motiv der Druck ist, der von außen auf Pompeius ausgeübt wird, um eine Einigung mit Caesar in letzter Minute immer wieder zu verhindern, selbst noch bei der Belagerung von Dyrrhachium. Caesar schrieb die *commentarii* nicht aus abstrakt-theoretischen Gründen der Gelehrsamkeit; seine Motive sind praktisch-politischer Art. Er wollte schriftlich festhalten, daß mit ihm bis zuletzt eine Einigung möglich gewesen wäre und daß Pompeius nicht gleichzusetzen war mit der *factio*, wie beispielsweise Domitius Ahenobarbus.

XXII Wider den Umsturz

1 Die Sammlung *An seine Freunde* enthält den Briefwechsel zwischen Cicero und Caelius aus der Zeit zwischen 51 und 48; das zweite Buch dieser Sammlung enthält Briefe Ciceros an Caelius (II 8–16), das dritte siebzehn Briefe des Caelius an Cicero.
2 Caesar, *Bürgerkrieg* III 20–22,3 (vgl. auch Cassius Dio XLII 22,1–25 mit anderen Einzelheiten).
3 Vgl. Caesar, *Bürgerkrieg* III 1,1–3 (sowie unten, Kapitel XXXII, *Die Diktatur*, S. 283 f.
4 *Bürgerkrieg* III 20,3.
5 An dieser Stelle der *commentarii* setzt sich Caesar polemisch mit dem extremistischen Flügel auseinander, dessen Sprache und Täuschungsmanöver er durchschaut.
6 *Bürgerkrieg* III 20,5.
7 *Bürgerkrieg* III 21,4.
8 Dies geschah im März 48.
9 *Bürgerkrieg* III 22,4.
10 Plutarch, *Antonius* 9–10,2.
11 Gegen die Zweifel von J. André und B. Haller in ihren jeweiligen Asinius-Biographien vgl. Broughton, *MRR*, Bd. III, S. 26: Asinius war in jenem Jahr Volkstribun.
12 Livius, *Periochae* 113.
13 XLII 33.
14 Plutarch, *Antonius* 10,2.

XXIII Alexandria

1 Sueton, *Caesar* 35,1.
2 Was die römische Herrschaft für die Insel bedeutet hat, zeigen die Zinswuchergeschäfte des Marcus Iunius Brutus, von dem oben, in Kapitel V, *Die „Geschäfte" des Herrn Iulius Caesar und anderer*, die Rede war.
3 Cicero, *Rede für Rabirius* 22 und 28.
4 Valerius Maximus IV 1,15.
5 Plutarch, *Antonius* 25.
6 Appian, *Bürgerkriege* II 71,296.

7 Plutarch, *Pompeius* 77,7.

8 In seiner knappen Schilderung dieser Episode (*Bürgerkrieg* III 104) schreibt Caesar, Septimius sei im Seeräuberkrieg dem Befehl des Pompeius unterstellt gewesen, der ihn jetzt wiedererkannte.

9 Plutarch, *Pompeius* 78,7 (= 873 Radt; *fabulae incertae*)

10 Caesar, *Bürgerkrieg* III 106,4: „Alexandriae de Pompei morte cognoscit".

11 Ebd.: „e nave egrediens".

12 Ebd.: „quod fasces anteferrentur".

13 Nach *Plutarch*, Caesar 48,2.

14 Diese römische Sitte, dem Besiegten den Kopf abzuschneiden und ihn der „Obrigkeit" zu überbringen, wurde insbesondere zur Zeit der Proskriptionen des Triumvirats gepflegt.

15 IX 1010–1046.

16 IX 1018: „absenti bellum civile peractum est".

17 IX 1021: „hoc tecum percussum est sanguine foedus".

18 IX 1022–1026.

19 IX 1026f.: „nec vile putaris hoc meritum …".

20 IX 1037f.: „lacrimas non sponte cadentis effudit".

21 IX 1041–1043.

22 Cassius Dio XLII 7f.

23 Cassius Dio XLII 7,2.

24 Auch dieses Detail findet sich bei Cassius Dio XLII 7,3.

25 Aus Cassius Dio könnte man schlußfolgern, daß der Kopf des Pompeius *auf Caesars Schiff* gebracht wurde, das zu verlassen er zögerte. Dies ist auch die Lukan bekannte Abfolge des Geschehens (IX 1011). Im Gegensatz dazu schreibt Caesar unmißverständlich deutlich, er habe vom Tod des Pompeius *in Alexandria* erfahren.

26 Cassius Dio XLII 8,1.

27 Cassius Dio XLII 8,2f.

28 J. Brambach, *Kleopatra*, München 1991, S. 66.

29 Velleius II 53.

30 Weniger sinnvoll erscheint die Frage, die sich Brambach stellt: warum Caesar nicht Pelusion, sondern Alexandria ansteuerte. Dieser „Fehler" läßt vermuten, daß Caesar zu diesem Zeitpunkt weniger gut über die Ägypter unterrichtet war als diese über ihn. Nicht erstaunlich ist allerdings, weshalb Pompeius so zielstrebig nach Pelusion fuhr: Kleopatra hatte sich auf seine Seite geschlagen, und über die Lage in Ägypten war er mit Sicherheit bestens informiert.

31 *Caesar* 48,2; *Pompeius* 80,7.

32 *Pompeius* 80,8. Plutarch schreibt sogar, daß Theodotos (der im Alexandrinischen Krieg nicht ums Leben kam) „Caesars Rache entging".

33 Im *Bürgerkrieg* III 106,2 gibt Caesar an, er habe nur über 3200 Legionäre verfügt, also über weit weniger als die Truppenstärke von zwei Legionen. „Die übrigen hatten, durch Verwundungen in den Schlachten, durch die Strapazen und die gewaltige Länge des zurückgelegten Weges stark mitgenommen, nicht folgen können".

34 Cicero spricht von Caesar in Alexandria beinahe mit Verdruß, während er selbst in Brindisi auf „Begnadigung" wartet (*Atticus-Briefe* XI 15,1).

35 *Caesar* 48,5.

36 *Caesar* 48,6.

37 Plutarch, *Caesar* 49,4 f.

38 H. Bengtson, *Grundriß der römischen Geschichte mit Quellenkunde*, Bd. 1, München 1982³, S. 240.

39 *Précis des guerres de César* par Napoléon, écrit par M. Marchand sous la dictée de l'Empereur (1819), Paris 1836, S. 163.

40 Römische Geschichte [1854–56], Bd. 5, München ⁴1986, S. 103 (= 5. Buch, 10. Kapitel: III, 437).

41 Caesar, *Bürgerkrieg* III 110,2 f.

42 *Bürgerkrieg* III 103,2.

43 *Bürgerkrieg* III 107,2.

44 *Alexandrinischer Krieg* 33,2. Der Rest des Buches behandelt andere Feldzüge; der Titel ist also irreführend.

45 In Shakespeares Drama *Julius Caesar* etwa, das in den Tagen vor und nach dem Attentat spielt, taucht Kleopatra überhaupt nicht auf.

46 Plutarch, *Caesar* 48,9. Caesar reagierte damit auf die Anmaßung des Potheinos, der ihn aufgefordert hatte, aus Ägypten abzuziehen und sich seinen großen Plänen zu widmen.

47 Plutarch, *Caesar* 49,1–3.

48 Plutarch, *Antonius* 27: Kleopatra unterhielt sich ohne Dolmetscher mit Äthiopiern, Troglodyten, Juden, Arabern, Syrern usw., die lateinische Sprache beherrschte sie aber wohl nicht. Andere Quellen lassen ihrer Phantasie freien Lauf. Cassius Dio etwa behauptet, „sie verstand es, jedermann auf gewinnende Art zu begegnen" (XLII 34).

49 Brambach (a. a. O., S. 75) hebt dies mit höflicher Ironie hervor. Wir wollen uns nicht an der Diskussion beteiligen, die seit langem über die müßige Frage entbrannt ist, ob Kleopatra lediglich Faszinationskraft oder auch Schönheit besaß. Selbst Blaise Pascal äußerte sich ja mit einer nicht eben klugen, jedenfalls eigentümlichen Bemerkung über die politische und historische Bedeutung der Nasenform der ägyptischen Königin.

50 Cassius Dio XLII 34,3 f.

51 Diodoros, *Griechische Weltgeschichte* XVII 52; Strabon, *Erdbeschreibung* XVII 1,8.

52 Das Viertel Brucheion wurde Ende des 3. Jahrhunderts unter Kaiser Aurelian (270–275 n. Chr) verwüstet, der alte Königspalast aus der Zeit Alexanders des Großen zerstört.

53 Strabon (XVII 1,9) nennt ihn τὰ ἐνδοτέρω βασίλεια.

54 Caesar, *Bürgerkrieg* III 111,1: Achillas besetzte fast ganz Alexandria, „praeter eam oppidi partem quam Caesar cum militibus tenebat".

55 Caesar, *Bürgerkrieg* III 111,1.

56 X 439–443.

57 Man denke nur an Lukans Beschreibung des Festbanketts anläßlich der kurzzeitigen Befriedung und seine ausführliche Schilderung der aufreizenden Aufmachung Kleopatras (X 140 f.)

58 *Alexandrinischer Krieg* 1,2: „Per foramina in proxima aedificia arietes immittuntur".

59 *Alexandrinischer Krieg* 1,4.

60 Mit professoraler Naivität beruft sich Adcock auf Kleopatras und Caesars

„feuriges" Temperament (*Cambridge Ancient History*, Bd. IX, *The Roman Republic*, hg. von S. A. Cook, F. E. Adcock u. M. P. Charlesworth, S. 670); Brambach (a. a. O., S. 81 f.) macht sich (auf Lukans Spuren) sogar Gedanken über Kleopatras durchsichtige Bekleidung.

61 A. a. O., Bd. 5, S. 103 (= 5. Buch, 10. Kapitel: III, 437).

62 Caesar, *Bürgerkrieg* III 109,5.

63 Caesar, *Bürgerkrieg* III 111,1–3.

64 Ausgezeichnet geschildert bei Lukan X 485–503.

65 Caesar, Bürgerkrieg III 111,6. Caesars Schiffe lagen vor dem Palast sicher vor Anker.

66 Cassius Dio XLII 38,2. Es waren für den Export bestimmte Bücher, was einem wertvollen Fragment des Livius zu entnehmen ist, dessen Kenntnis wir Seneca (*Über die Seelenruhe* 9,5) verdanken. Vgl. dazu L. Canfora, *La biblioteca scomparsa*, Palermo 1986, S. 139–143.

67 Plutarch, *Caesar* 49,3.

68 *Cäsar und Cleopatra*, II. Akt.

69 *Alexandrinischer Krieg* 5 f.

70 *Alexandrinischer Krieg* 7.

71 Caesar, *Bürgerkrieg* III 112,6 (= *Alexandrinischer Krieg* 1,1).

72 *Alexandrinischer Krieg* 9.

73 *Alexandrinischer Krieg* 10 f.

74 *Alexandrinischer Krieg* 12.

75 Mit diesem kühnen Sprung ins Wasser ist die (möglicherweise legendenhafte) Geschichte von der Rettung wertvoller Aufzeichnungen verknüpft (Plutarch, *Caesar* 49,8; Sueton, *Caesar* 64; Cassius Dio XLII 40,8), in denen manche die Notizen zu seinen *commentarii* sehen.

76 Die Seeschlacht zur Eroberung von Pharos nimmt einen Großteil des *Alexandrinischen Kriegs* ein (Kapitel 14–22). In sachlich-nüchternem Ton wird auch von Caesars Sprung ins Wasser berichtet (21,1), es fehlt allerdings das Detail über die Notizen, die er glücklicherweise in Sicherheit bringen kann.

77 *Alexandrinischer Krieg* 23 f.

78 *Alexandrinischer Krieg* 24,3.

79 *Alexandrinischer Krieg* 24,6. Brambach (a. a. O., S. 90) meint dazu, mit der Freilassung des Ptolemaios habe Caesar die Voraussetzung dafür geschaffen, ihn bei einer Neuordnung Ägyptens nach dem Ende des Aufstands nicht berücksichtigen zu müssen. In diesem Ägypten würde nur die ganz von Caesar abhängige Kleopatra eine Rolle spielen.

80 Der Vater des späteren Herodes des Großen.

81 Die Darstellung folgt ab jetzt der einzigen ernstzunehmenden Quelle zu diesen Ereignissen: Flavius Josephus, *Jüdische Altertümer* XIV 128–136. Die Zahl von 1500 Hopliten entstammt dem in den *Jüdischen Altertümern* XIV 193 zitierten Dokument; Josephus selbst spricht dagegen von 3000 Hopliten.

82 *Der Alexandrinische Krieg* ist hierzu kaum ergiebig; vgl. unten, Kapitel XXIV, *Caesars Rettung durch die Juden*.

83 Ab hier ist *Der Alexandrinische Krieg* reich an Details (Kapitel 27–32).

84 *Alexandrinischer Krieg* 33,1.

85 Ägypten wurde erst nach Actium (31 v.Chr.) zur römischen Provinz, hatte jedoch eine besondere Stellung; immer wieder kam es zu Aufständen.

86 Sueton, *Caesar* 35,1. Das war in der Tat mehrmals der Fall, bevor und nachdem Sueton diese Worte niederschrieb. Es gibt keinen Grund anzunehmen, daß Caesar einen solchen Umsturz nicht befürchtete (vgl. auch Sueton, *Caesar* 76,3).

87 *Alexandrinischer Krieg* 33,3.

88 „Si permanerent in fide".

89 Die Gedichte des Horaz (*Oden* I 37) sind Ausdruck dieser Propaganda.

XXIV Caesars Rettung durch die Juden

1 Flavius Josephus, *Jüdische Altertümer* XIV 130.

2 *Jüdische Altertümer* XIV 131 f.

3 *Jüdische Altertümer* XIV 133–135.

4 Die Existenz dieses Briefes wird im *Alexandrinischen Krieg* 28,1 bestätigt: „Mittitur a Mithridate nuntius Caesari qui rem gestam perferret".

5 Der Verfasser des *Alexandrinischen Kriegs* schreibt, die Nabatäer seien um Beistand gebeten worden (Kapitel 1), verschweigt aber die Juden (in 26,3 schreibt er Mithridates ein Verdienst zu, das Antipater gebührt).

6 *Alexandrinischer Krieg* 27,4 f.; 28,1.

7 *Alexandrinischer Krieg* 28,2–32.

8 Bei Flavius Josephus, *Jüdische Altertümer* XIV 138.

9 Bei Flavius Josephus, *Jüdische Altertümer* XIV 139.

10 Dieser Ausdruck kann aber auch bedeuten, daß Mithridates *allein* aufbrach (vgl. *Alexandrinischer Krieg* 26,1).

11 Strabon und Flavius Josephus schreiben übereinstimmend, er habe „teilgenommen"; und tatsächlich wird in den caesarischen Dekreten zugunsten der Juden das ganze Verdienst Hyrkanos zugesprochen; aber vielleicht ist gemeint, daß Hyrkanos die Unterstützung aufgrund seiner großen Autorität zustandebrachte. Flavius Josephus zitiert mit Strabon und Asinius ausdrücklich zwei „heidnische" Autoren und überliefert uns damit wertvolle Fragmente. Strabon kannte die Situation der lokalen Fürsten sehr genau; man denke nur an die zahlreichen Detailinformationen über Caecilius Bassus.

12 *Alexandrinischer Krieg* 26: „Cum magnis copiis, quas celeriter [...] sua diligentia confecerat".

13 *Jüdische Altertümer* XIV 128 und 132 f.

14 *Alexandrinischer Krieg* 1: „equites ab rege Nabataeorum evocat".

15 *Jüdische Altertümer* XIV 138. Das Fragment fehlt bei Peter, *HRR*.

16 Davon erzählt er ausführlich und mit vielen Zitaten im XIV. Buch der *Jüdischen Altertümer* sowie auch in *Contra Apionem* (II 61).

17 So gibt er wertvolle Auskünfte über die jüdischen Unruhen zur Zeit von Caesars Herrschaft in Syrien.

18 Vgl. dazu *Jüdische Altertümer* XIV 191, wo Caesar den Juden schreibt: „Ich schicke euch anbei die Abschrift eines in den Archiven niedergelegten Dekretes".

19 Vgl. beispielsweise die antisemitischen Ausfälle des Horaz (*Satiren* I 4,143; 5,100; 9,70). Doch auch Cicero bezeichnete den jüdischen Monotheismus als „barbara superstitio"; höhnische Bemerkungen finden sich auch in Ciceros

Rede *Für Flaccus*. Flaccus war Prokonsul in Judäa, und Cicero verteidigte ihn gegen den Vorwurf der Unterschlagung. Tiberius schickte 4000 Juden nach Sardinien in die Verbannung, und Tacitus gibt die geläufige Sicht des Senats wieder, wenn er kommentiert: „Und falls sie durch das ungesunde Klima [die Malaria] zugrundegingen, seien sie ein geringer Verlust" (*Annalen* II 85,4).

20 *Jüdische Altertümer* XIV 144; Wortlaut XIV 200.
21 Vgl. *Jüdische Altertümer* XIV 189, 199 und 212.
22 *Jüdische Altertümer* XIV 191–195.
23 Eine beachtliche Anerkennung.
24 *Jüdische Altertümer* XIV 197.
25 *Jüdische Altertümer* XIV 211 f.
26 Sueton, *Caesar* 84.
27 Sie geht vom *Alexandrinischen Krieg* 26 aus und setzt sich mit Livius, *Periochae* 112, Cassius Dio XLII 40 f., Plutarch, *Caesar* 58 u. a. fort.
28 Ein Zeitgenosse Strabons.
29 Was im übrigen auch durch Caesars Erlaß bestätigt wird (*Jüdische Altertümer* XIV 193).
30 *Jüdische Altertümer* XIV 137–139.
31 *Jüdische Altertümer* XIV 136.
32 *Jüdische Altertümer* XIV 128–136.
33 Auch hier widerspricht Asinius den Lügen der *commentarii*.
34 Am plausibelsten ist die Vermutung, daß es mehrere Berichte gab, die *post mortem Caesaris* mit kurzen verbindenden Einschüben zu dem Textkorpus über diese Geschehnisse zusammengefügt wurden.
35 Sueton, *Caesar* 56.
36 Vgl. B. Haller, *Caius Asinius Pollio als Politiker und zeitkritischer Historiker*, Diss. Münster 1967, S. 30.
37 Vgl. *Jüdische Altertümer* XIV 138.
38 Die Beziehung zwischen Mithridates von Pergamon und Eupator wird bei Strabon, *Erdbeschreibung* XIII 625, sowie im *Alexandrinischen Krieg* 78,2 erwähnt.
39 In seinem 44 v. Chr. Cicero gewidmeten Werk *De lingua Latina*.
40 *FGrHist* 91: 11 von 19; richtiger müßte man sagen von 16, da 1–3 von Strabon selbst stammen.

XXV Von Syrien nach Zela

1 Nicht zufällig hatte sich Kleopatra zunächst für Pompeius entschieden.
2 *Alexandrinischer Krieg* 65,1.
3 Caesar, *Bürgerkrieg* III 102,6.
4 Dank Mithridates von Pergamon und der guten Beziehungen, über die Antipater verfügte.
5 Appian, *Bürgerkriege* III 77,312.
6 Caesar, *Bürgerkrieg* III 105,2.
7 Caesar, *Bürgerkrieg* III 105,4 f.
8 Flavius Josephus, *Jüdische Altertümer* XIV 199: Caesar genehmigte, „daß Hyrkanos, der Sohn Alexanders, und dessen Söhne Hohepriester und Priester

für Jerusalem und das ganze Volk sein sollen". Die Datierung ergibt sich aus den Anordnungen. Vgl. A. Momigliano, *Ricerche sull'organizzazione della Giudea sotto il dominio romano (63 a. C.–70 d. C.)*, in: ASNP (1934), S. 194. Auch andere Datierungen dieses Dekrets werden genannt.

9 Flavius Josephus, *Jüdische Altertümer* XIV 192 f.

10 *Alexandrinischer Krieg* 34,3: „quarum altera in bello Alexandrino non occurrit".

11 Das genaue Datum von Caesars Ankunft in Syrien läßt sich indirekt aus einem *terminus ante quem* errechnen. Das Dekret über die Autonomie Antiochias ist nach dem syrisch-makedonischen Mondkalender auf den 23. Artemisios datiert, das entspricht dem 16. April des iulianischen und dem 28. Juni des Kalenders der vorcaesarischen Zeit (W. Judeich, *Caesar im Orient*, Leipzig 1885, S. 106–109).

12 *Alexandrinischer Krieg* 66,1: „paucis diebus in ea provincia consumptis". Vor dem 16. Juli hatte Trebonius Caesar in Antiochia getroffen (Cicero, *Atticus-Briefe* XI 20,1).

13 *Alexandrinischer Krieg* 65,4: „reges, tyrannos, dynastas provinciae finitimos, qui omnes ad eum concurrerant receptos in fidem".

14 Ebd.: „condicionibus impositis provinciae tuendae ac defendendae, dimittit et *sibi* et *populo Romano* amicissimos".

15 Flavius Josephus, *Jüdische Altertümer* XIV 140.

16 Johannes Malalas, *Chronik*, S. 216 Bonn.

17 Johannes Malalas, *Chronik*, S. 217 Bonn: „Gaius Iulius Caesar zu Ehren zählte das große Antiochia mit ihm das Jahr eins". Vgl. dazu G. Downey, *A History of Antioch in Syria*, Princeton 1961, S. 157 f.

18 *Alexandrinischer Krieg* 66,1.

19 Es hat keinen Sinn, hier *legionibus* in *legioni* zu korrigieren. Wenn Cassius Dio und Appian von *einer* Legion berichten, die gegen Sextus meuterte, heißt das nicht, daß es im Juni 47 nicht zwei Legionen gab. Über die Truppenverschiebungen nach der Meuterei besteht keine völlige Klarheit.

20 *Alexandrinischer Krieg* 66,1.

21 Die Informationen zur Abstammung des Sextus entnehme ich dem Band *Storici della rivoluzione romana*, Bari 1974, S. 14 und Anmerkung 9.

22 Diese Rede wurde gehalten Ende 45 in Caesars Haus zur Verteidigung des Tetrarchen von Galatien, der geheimer Machenschaften gegen den Diktator angeklagt war.

23 Cicero, *Rede für den König Deiotarus* 14; es kann sich nicht um Domitius Calvinus handeln, der kurz danach namentlich genannt wird, und auch andere aus Caesars engerem Umfeld zur Zeit des Alexandrinischen Krieges kommen als Adressaten nicht in Frage.

24 Caesar *Bürgerkrieg* II 20,7. Varro hatte sich bereit erklärt, seine Legion demjenigen zu übergeben, den Caesar für diese Aufgabe benannte.

25 Als ehemaliger Konsul (im Jahr 53 war er Kollege von Valerius Messalla Rufus gewesen) hatte Domitius mehr Machtbefugnisse als Sextus (der 47 Quästor gewesen war).

26 Dieses enthält auch entlarvende Details (vgl. XIV 180, wo es heißt, daß sich Herodes ein wichtiges Amt „mit Geld erkauft" hatte).

27 Dies gilt beispielsweise für die Ermordung des Ezechias unter völliger Mißachtung des Synedrions.

28 *Geschichte des Jüdischen Krieges* I 217.

29 Das behauptet Appian, *Bürgerkriege* III 77,312 unter Berufung auf eine Quelle, die Aufmerksamkeit verdient, aber mit Vorsicht zu betrachten ist.

30 *Alexandrinischer Krieg* 66,1.

31 Sein späterer Mörder.

32 Cicero, *Atticus-Briefe* XI 13,1; XI 15,2.

33 *An seine Freunde* XV 15,1.

34 Cicero, *An seine Freunde* VI 6,10.

35 Cicero, *Zweite philippische Rede* 26.

36 Vgl. P. Wuilleumier (Hg.), Cicéron, *Discours*, Bd. XIX, Paris 1959, S. 103.

37 Eine dank Sueton, *Caesar* 63, bekannte Episode.

38 *Alexandrinischer Krieg* 66,2.

39 *Alexandrinischer Krieg* 66,3 f.

40 Cicero, *Rede für den König Deiotarus* 14.

41 *Alexandrinischer Krieg* 67.

42 *Alexandrinischer Krieg* 67,1.

43 *Alexandrinischer Krieg* 67,2.

44 Diese erfolgten zur Zeit von Caesars erstem Konsulat.

45 *Alexandrinischer Krieg* 68.

46 *Alexandrinischer Krieg* 68,2.

47 *Alexandrinischer Krieg* 69,3.

48 *Alexandrinischer Krieg* 70.

49 *Alexandrinischer Krieg* 71,1.

50 *Alexandrinischer Krieg* 72,2.

51 Er besetzte genau die Stelle, wo Mithridates gegen Triarios erfolgreich gekämpft hatte.

52 Der Verfasser des *Alexandrinischen Krieges* betont, daß ohne die Hilfe der Götter der Sieg schwierig gewesen wäre (75,3).

53 *Alexandrinischer Krieg* 78,1 f.

54 Sueton, *Caesar* 37,2. Plutarch, *Caesar* 50,3, zufolge ist dies die knapp gefaßte Botschaft, die Caesar dem Gaius Matius überbringen ließ. Allgemeiner schreibt Appian in den *Bürgerkriegen* (II 91,384), Caesar habe diese Worte „an Rom" gerichtet.

55 Sueton, *Caesar* 35,2.

56 „Schneller, als man allgemein erwartete", kam Caesar nach Italien – mit diesen Worten beschließt der Verfasser des *Alexandrinischen Krieges* seinen Bericht.

XXVI Der lange Bürgerkrieg

1 *Précis des guerres de César* par Napoléon, écrit par M. Marchand sous la dictée de l'Empereur (1819), Paris 1836, S. 207: „six mois maître du monde".

2 Mit dem 31. Januar 45 tritt die Kalenderreform in Kraft, was bei der Berechnung der Dauer des Spanienfeldzugs zu bedenken ist.

3 Livius, *Periochae* 115; Cassius Dio XLIII 19–23.

4 *An seine Freunde* XV 15.

5 Erinnern wir uns, daß Caesar im *Bürgerkrieg* I 30,5 Cato bei der Flucht aus Sizilien sagen läßt, daß Pompeius alle in einen unnötigen Krieg ohne jede Vorbereitung hineingezogen habe. Zu Cato, der kein Pompeianer und noch

viel weniger Caesarianer war, vgl. Seneca, *Briefe an Lucilius* 104,29–33 sowie 95,70; vgl. oben Kapitel XX, „*Amicitia*", S. 168.

6 Daher der Ton jenes Briefes von Cassius an Cicero (*An seine Freunde* XV 19), in dem er seinen ganzen Haß und seine ganze Verachtung für den Pompeiussohn Gnaeus zum Ausdruck bringt.

7 Ein Zeichen für das Chaos der Institutionen während Caesars langem Alexandria-"Abenteuer" waren die Ereignisse in jenem Jahr 47: Die Konsuln wurden erst am Ende des Jahres gewählt, als Caesar nach Rom zurückkehrte, und sie blieben nur ein paar Monate im Amt. Es waren sehr umstrittene Männer, darunter der unsägliche Vatinius.

8 Es handelt sich hier um den späteren Geschichtsschreiber.

9 So wurden sie üblicherweise genannt; vgl. Sueton, *Caesar* 67,2. Bezeichnend, daß Augustus die Verwendung des Begriffs verbot, der zu sehr an den Bürgerkrieg erinnerte (Sueton, *Augustus* 25,1). Zur Meuterei vgl. Plutarch, *Caesar* 51,2; Appian, *Bürgerkriege* II 92–94; Cassius Dio XLII 30; 52–55.

10 Wenn auch nur nominell; vgl. Cicero, *Zweite philippische Rede* 64.

11 Plutarch, *Caesar* 51,3.

12 *Afrikanischer Krieg* 1,1.

13 Der 31. Oktober nach dem julianischen Kalender.

14 *Bürgerkrieg* II 23–44.

15 Cassius Dio XLII 10,1f.; Plutarch, *Cicero* 39,1f.; *Cato der Jüngere* 55.

16 Cassius Dio XLII 13,3.

17 Plutarch, *Cato der Jüngere* 56. Zur Durchquerung der Wüste vgl. am besten Lukan IX 371–949.

18 *Afrikanischer Krieg* 20,4.

19 *Afrikanischer Krieg* 7,3.

20 Die ausführliche Beschreibung dieses Kampfes umfaßt Kapitel 12–18 des *Afrikanischen Kriegs*.

21 Der Legionär erkannte Labienus, weil er unter ihm gedient hatte, daher nahm er den Helm vom Kopf, um seinerseits erkannt zu werden.

22 *Afrikanischer Krieg* 16.

23 *Afrikanischer Krieg* 26.

24 *Afrikanischer Krieg* 19.

25 *Afrikanischer Krieg* 32,3.

26 *Afrikanischer Krieg* 26,4.

27 *Afrikanischer Krieg* 56f.; Cassius Dio XLIII 5.

28 Zu den Einzelheiten dieses ungewöhnlichen Zweikampfs vgl. *Afrikanischer Krieg* 94.

29 Cassius Dio XLIII 27,3; Cicero, *Atticus-Briefe* XIV 20,2: „De regina velim atque etiam de Caesare illo", d. h. den kleinen Caesar.

30 Womöglich nur eine, aber ohne auf Widerstand zu stoßen.

31 Auch Deiotarus war wieder wachsam und erwartete hoffnungsvolle Nachrichten aus Africa.

32 Zum Status von Tyros vgl. O. Eissfeldt, in: *RE*, s. v. *Tyros* (Nr. 3).

33 Cassius Dio XLVII 26,4. Cassius Dio gibt am ausführlichsten und zuverlässigsten Auskunft; das Zeugnis Appians (*Bürgerkriege* III 77 und IV 58) ist dagegen auf paradoxe Weise entstellend.

34 Cicero, *Rede für den König Deiotarus* 25: „graves de te rumores, qui etiam furiosum illum Caecilium excitaverunt".

35 Cassius Dio XLVII 26,6 f.

36 Livius, *Periochae* 114; Appian, *Bürgerkriege* III 77 (= IV 58); Cassius Dio XLVII 26,7. Vgl. H. Botermann, *Die Soldaten und die römische Politik in der Zeit von Caesars Tod bis zur Begründung des Zweiten Triumvirats*, München 1968, S. 207 f.

37 Cassius Dio XLVII 27,5: pompeianische Allianzen!

38 Flavius Josephus, *Geschichte des Jüdischen Krieges* I 217.

39 Cicero, *An seine Freunde* XII 11.

40 Dieses Verhalten macht die nur von Appian (*Bürgerkriege* III 77 = IV 58) vorgetragene Version um so fragwürdiger: Demnach war Caecilius Bassus ein tüchtiger Offizier Caesars, den das unschickliche Verhalten des Sextus empörte und an die Spitze der Meuterer brachte. Wenn das stimmte, bliebe der beharrliche Widerstand der Meuterer gegen Caesars Unterhändler unverständlich. An dem Appian bekannten Bericht (der auf die Demontage des Sextus Caesar abzielt) stimmt nur das realistische Charakterbild des Sextus, dessen Skrupellosigkeit auch Flavius Josephus andeutet.

41 Appian, *Bürgerkriege* III 77,312.

42 Wenn man die Verbindungen der Partherfürsten zu Pompeius in Betracht zieht, erscheint dies noch unwahrscheinlicher.

43 Es mag nützlich sein, auf Ciceros respektvolle, aber vage Beschreibung in der *Rede für den König Deiotarus* (§ 14) hinzuweisen, die sich wahrscheinlich auf den (mittlerweile verstorbenen) Sextus Caesar bezieht.

44 In den Tumulten unmittelbar nach den Iden des März erwog Decimus Brutus die Flucht der bedrängten „Befreier" entweder zu Sextus Pompeius oder zu Caecilius Bassus (Cicero, *An seine Freunde* XI 1,4).

45 Strabon, *Erdbeschreibung* XVI 753.

46 Cicero, *Rede für den König Deiotarus* 23.

47 Cassius Dio XLIII 31,1.

48 Cicero, *An seine Freunde* XII 17,1.

49 Cicero, *An seine Freunde* XII 19,1: „Bellum quod est in Syria Syriamque provinciam tibi tributam a Caesare ex tuis litteris cognovi".

50 Eine Reise von Kilikien nach Rom dauerte etwa einen Monat.

51 Cicero, *Rede für den König Deiotarus* 23, bringt, an Caesar gewandt, Caecilius mit der verlorenen „illa causa" in Verbindung.

52 Cicero, *An seine Freunde* XII 19,2: „legiones quas (sc. ad te) audio duci".

53 Cicero, *Atticus-Briefe* XIV 9,3 (der womöglich auf einen Brief des Antistius an Caesar anspielt, von dem Balbus eine Kopie besitzt; vgl. R. Syme, *Observations on the Roman Province of Syria*, in: *Anatolian Studies presented to W. H. Buckler*, hg. von W. M. Calder u. J. Keil, Oxford 1939, S. 320); Cassius Dio XLVII 27,4.

54 Sueton, *Caesar* 83,1. Die erstklassige Quelle, die Sueton hier benutzt, war der mit Caesar befreundete Jurist Quintus Aelius Tubero, der auch ein Geschichtswerk verfaßte (vgl. Gellius VII 3 und 4).

55 Ebd.: „pro contione".

56 Vgl. P. Voci, *Diritto ereditario romano*, Bd. II, Mailand 1963², S. 488 ff. Ich danke Mario Bretone für seine aufschlußreichen Hinweise.

57 Wann genau es entstand, wissen wir nicht. Pompeius starb im September 48. Nach diesem Zeitpunkt war jedenfalls ein anderes Testament in Kraft (und tatsächlich bezeichnete Tubero nach Sueton jenes zugunsten Octavians als *novissimum*, „letztes").

58 Dies gilt, falls Sextus der in der *Rede für den König Deiotarus* 14 genannte „fidelissimus et probatissimus ex tuis omnibus" ist.

59 *Précis*, a. a. O., S. 206.

60 *Epitome* II 13,83: „quasi occupare mortem manu vellet".

61 Die von Barbara und Alexander Demandt unter dem Titel *Römische Kaisergeschichte* (München 1992) herausgegebenen Vorlesungsmitschriften Mommsens beginnen mit Caesars letztem Lebensjahr.

62 Ein konsequent *geschlossenes* Bild vom Bürgerkrieg bietet die auf Livius zurückgehende Überlieferung. Den *Periochae* sowie der livianischen *Epitome* (II 13) des Florus zufolge wollte Livius seinen Lesern vermitteln, daß der Bürgerkrieg mit der Überschreitung des Rubikon begann und mit der Ermordung Caesars endete. In den *Periochae* lesen wir tatsächlich von den *inscriptiones* zu den Büchern 109–116 („qui est civilis belli primus [...] octavus"). Diese Bücher behandeln den Zeitraum von den „causae civilium armorum" bis zum Begräbnis Caesars und der Revolte des Amatius. Geht diese Bezeichnung der Bücher 109–116 als Buch I–VIII des Bürgerkriegs auf Livius zurück? Ist sie Teil des Entstehungsprozesses der *Periochae*? Wir können durchaus sagen, daß die Einschätzung der Verschwörung als Bestandteil des Konflikts bereits auf Livius zurückgeht. Das achte Buch *belli civilis* beginnt mit dem Triumph *ex Hispania*, d. h. mit Caesars Rückkehr nach Rom im September 45. Es enthält *keine* Kriegsereignisse, und trotzdem wird es als *belli civilis* bezeichnet – und zwar aufgrund dessen, wovon dieses Buch handelt: die Verschwörung (Beginn, Verlauf und unmittelbare Folgen bis zu Caesars Begräbnis und zur Hinrichtung des Amatius durch Antonius). Diese Anordnung des Stoffs ergab sich aus den Büchern selbst. Bemerkenswert ist, daß dagegen der Bürgerkrieg der Jahre 43–31 nicht in ähnlicher Weise klassifiziert wird (jedenfalls nach Ausweis der *Periochae*).

63 CIL I²,885. Vgl. *Spanischer Krieg* 42,6: „fasces imperiumque sibi arripuit".

64 Appian, *Bürgerkriege* II 103,429; Sueton, *Caesar* 56,5, spricht von 24 Tagen.

65 *Spanischer Krieg* 3 f.

66 *Spanischer Krieg* 6–19.

67 *Spanischer Krieg* 29,4: „mirificum, optandum tempus [...] ad proelium committendum".

68 *Spanischer Krieg* 31,1.

XXVII Der Palmschößling: Erstes Auftreten des jungen Octavius

1 *FGrHist* 90 F 127,17. Auf die Bedeutung dieser Fälschungen als Polemik verweist Jacoby in seinem Kommentar (S. 268, 14–18).

2 Vgl. oben, Kapitel XXVI, *Der lange Bürgerkrieg*, § 4 und 6.

3 Der sich gleichfalls dort aufhielt?

4 Sueton, *Augustus* 68: „adoptionem avunculi stupro meritum".

5 Sueton, *Augustus* 6.

6 Cassius Dio XLIII 41.

7 Damit spielt er auf den unklugen Triumph Caesars über die Söhne des Pompeius an.

8 Sueton, *Augustus* 94,11.

9 Ebd.: „conservari ut omen victoriae iussit".

10 Ebd.: „ne quem alium sibi succedere quam sororis nepotem vellet".

11 XLIII 41,2 f.

12 In Suetons Formulierung „sibi succedere" sind beide Möglichkeiten angelegt.

13 Octavians Vater. Das genaue Gegenteil des ἐκδιαιτώμενος Sextus: Die ganze Familie steht im Zeichen der *sanctitas*!

14 II 59,2 f.

15 „Adsecutum se".

16 Das „Wunder" des Palmschößlings ereignet sich vor der Ankunft des Octavius!

17 Darauf spielt Antonius an, wenn er Octavian vorwirft, er habe Caesar seine Unschuld geopfert.

18 Das geht aus der Verknüpfung zwischen dem „Palmwunder" im Lager von Munda und Octavian bei Cassius Dio hervor.

19 II 59,3.

20 XLIII 41.

21 Velleius II 59,4.

22 Man beachte das Präteritum, mit dem Normalität, eine ständige Gewohnheit zum Ausdruck gebracht werden soll. Daß hier die Ereignisse verfälscht werden, liegt auf der Hand.

23 XLIII 41,3.

24 Er schrieb um das Jahr 20 v. Chr., als fast alle Augenzeugen jener Ereignisse noch am Leben und daher der freien Erfindung Grenzen gesetzt waren.

25 Iulius Obsequens (§ 66) entnahm Livius ein weiteres Wunder im Zusammenhang mit dem spanischen Feldzug: Die zehn Adler mit Blitzen in den Fängen (*quae fulmina tenebant*) ließen diese *fulmina* fallen und flogen in die Höhe davon – Gnaeus Pompeius der Sohn wurde besiegt und getötet.

26 R. Syme, *Livy and Augustus*, in: Harvard Studies in Classical Philology 64 (1959), S. 27–87, macht Livius allzusehr von der *Wahrheit des princeps* abhängig.

27 Vgl. J.–M. Roddaz, *Marcus Agrippa*, Rom 1984, S. 34, Anmerkung 18.

28 Und dieser selbst überzeichnete den geplanten Partherkrieg in seiner Bedeutung (vgl. Sueton, *Caesar* 44,3).

29 Der *princeps* schaltete sich gern in Angelegenheiten ein, die ihm am Herzen lagen, wie etwa im Fall der „spolia opima" (der in der Schlacht erbeuteten Rüstung des gegnerischen Feldherrn) des Cornelius Cossus (vgl. Livius IV 20,5–11).

30 Th. Mommsen, *Römisches Staatsrecht*, Bd. I, Leipzig 1887[3], S. 673.

31 *Leben des Augustus* 5,13 (FGrHist 90 F 127).

32 Sueton, *Augustus* 8,1.

33 Vgl. außer Appian, *Bürgerkriege* III 9,30, und Cassius Dio XLIII 51,7 auch *Fasti Capitolini* (ed. Degrassi) zum Jahr 710 seit der Gründung Roms (= 44 v. Chr.).

34 *Bürgerkriege* III 77 (= IV 58).

35 Die sich wahrscheinlich Appian zu Anfang des dritten Buches zunutze macht, als Octavius die Szene betritt.

XXVIII „Anticato"

1 Die geistige Orientierungslosigkeit dieses Mannes war groß. Nicht zu Unrecht sagte Caesar mit wohlwollender Ironie über ihn: „Was dieser junge Mann will, weiß ich nicht; aber alles, was er will, das will er mit Nachdruck" (Plutarch, *Brutus* 6,7).

2 Cicero, *Orator* 35.

3 „Tantam quaestionem": Er bleibt im Bild des „Prozesses", der gegen dieses Werk angestrengt werden könnte.

4 Auszuschließen ist jedoch, daß es sich um später von dem Redner hinzugefügte Sätze handelt, da sie im Brief des Aulus Caecina (von dem bald die Rede sein wird) vom Dezember 46 als bekannt vorausgesetzt werden.

5 Gemeint ist der afrikanische Feldzug, der Ende Juli mit Caesars Rückkehr nach Italien zu Ende ging.

6 Cicero, *An seine Freunde* VI 7,4 (Caecina an Cicero). Der Klient möchte seinen alten *patronus* mit dieser Bemerkung keineswegs kritisieren, befand er sich doch selbst in einer schwierigen Situation: Er mußte einen Widerruf schreiben, nachdem er zuvor eine heftige Attacke gegen Caesar veröffentlicht hatte.

7 Zu dem Ergebnis gelangt man jedenfalls, wenn man Ciceros Brief an seinen Sekretär Tiro (*An seine Freunde* XVI 22,1) auf diesen Monat datiert. In diesem Brief äußert Cicero die Befürchtung, daß die Kopisten seine Handschrift in dem soeben abgeschlossenen Werk nicht entziffern könnten. Vgl. dazu H. J. Tschiedel, *Caesars Anticato*, Darmstadt 1981, S. 8.

8 *Sueton*, Caesar 56,5.

9 Tschiedel (a. a. O., S. 9) zufolge ist Ciceros Buch nach der Veröffentlichung im November 46 Ende des Jahres nach Spanien in die Hände Caesars und seines Stabs gelangt.

10 Cicero, *Atticus-Briefe* XII 40,1 (9. Mai).

11 Cicero, *Atticus-Briefe* XII 41,4 (11. Mai).

12 „Legendo se dicit copiosiorem factum".

13 Cicero, *Atticus-Briefe* XIII 46,2.

14 Cicero, *Atticus-Briefe* XII 21 (17. März 45). Die Schrift muß also schon seit März 45 in Vorbereitung gewesen sein.

15 Ähnlich stellt es Sallust in der *Verschwörung des Catilina* dar. Eine bemerkenswerte Koinzidenz.

16 Im August 45 erschien ein *Cato* des Epikureers Marcus Fadius Gallus (Cicero, *An seine Freunde* VII 24,1). Eine weitere *laudatio* verfaßte Munatius Rufus (Plutarch, *Cato der Jüngere* 37,1). Der Streit um Catos Andenken kam nicht zur Ruhe. Octavian setzte diese traditionelle Polemik bis ins hohe Alter fort. Noch als alter Mann las er, unterstützt von Tiberius, seine *Rescripta Bruto de Catone* vor (Sueton, *Augustus* 85,1).

17 Cicero, *Atticus-Briefe* XIII 50,1 (23. August 45).

XXIX Vorboten der Verschwörung

1 „Tantae latebrae tanti recessus [sc. in animis sunt]“; *Rede für Marcellus* 22.
2 *Zweite philippische Rede* 34.
3 Cicero rechnet ein Attentat zu jenen Gefahren, die Caesar bedrohen könnten!
  Allerdings ist uns nur ein Teil der Attentate bekannt, die gegen Caesar geplant
  waren, dann aber scheiterten, beispielsweise dasjenige seines Sekretärs Phile-
  mon, der „seinen Gegnern versprochen hatte, ihn zu vergiften“ (Sueton, *Caesar* 74,1).
4 Cicero, *Rede für Marcellus* 23: „si accedit […] sceleris etiam insidiarumque
  consensio“.
5 *Rede für Marcellus* 31.
6 *Rede für Marcellus* 32: „ut vitae, ut saluti tuae consulas“.
7 Ebd.: „subesse aliquid putas quod cavendum sit“.
8 Cicero, *Zweite philippische Rede* 34.
9 Am 18. April 45 schreibt er an Cicero; vgl. Cicero, *Atticus-Briefe* XII 37A.
10 *Antonius* 13,1–3.
11 Dies ist ungenau; vgl. F. Münzer in: *RE* s. v. *Trebonius* (Nr. 6).
12 Diese Detailinformationen können nur von Trebonius selbst stammen, der
  (wie wir von Cicero wissen) ebenfalls schriftstellerisch tätig war; vgl. Cicero,
  An seine Freunde XII 16,3: ein Gedicht über Antonius im Jahr 44; *An seine
  Freunde* XV 21,2 f.: eine Sammlung von Ciceros Witzen (vgl. H. Bardon, *La
  littérature latine inconnue*, Bd. I, Paris 1952, S. 272; S. 364, Anmerkung 1).
13 Er könnte durchaus Caesars Sohn sein, denn Caesar war lange Jahre der
  Liebhaber von Brutus' Mutter Servilia.
14 Doch eine Verschwörung verkürzte die Zeit.
15 Vgl. unten, Kapitel XXXI, *Die Szene am Luperkalienfest*.
16 Seit Anfang Oktober; vgl. Broughton, *MRR*, Bd. II, S. 304.
17 *Bürgerkrieg* II 1–16.

XXX „Iure Caesus“

1 Plutarch *Caesar* 56,4.
2 *Spanischer Krieg* 32–41.
3 Cassius Dio XLIII 39.
4 Cassius Dio XLIII 39,4 f.
5 Sueton, *Caesar* 37,1; Plutarch, *Caesar* 56,7; Cassius Dio XLIII 42.
6 Napoleon (*Précis des guerres de César* par Napoléon, écrit par M. Marchand
  sous la dictée de l'Empereur [1819], Paris 1836, S. 207) merkt an, daß diesen
  Schritt weder Marius noch Sulla gewagt hatten.
7 Plutarch, *Caesar* 56,8 f. Als lächerlich und besonders anstößig wurde es betrachtet, daß auch die beiden Legaten Fabius und Pedius (die [Groß-]Neffen
  des Diktators) als Triumphatoren auftraten: Cassius Dio XLIII 42,2.
8 Cassius Dio XLV 10.
9 Velleius II 73,2.
10 Das Gesetz zur Reduzierung der Zahl derer, die auf Staatskosten Getreide

erhielten (Sueton, *Caesar* 41,3; von Plutarch, *Caesar* 55,5, als Rückgang der Bevölkerungszahl mißverstanden), sollte Willkürakten entgegensteuern (wie sie beispielsweise mit den Gesetzen des Clodius im Jahr 58 an der Tagesordnung waren); es bezeugt darüber hinaus eine tiefgreifende Erschütterung des Sozialgefüges der Hauptstadt.

11 *Précis*, a. a. O., S. 208 f.

12 Sueton, *Caesar* 75,4. Diese waren zertrümmert worden, als die Nachricht von der Niederlage des Pompeius bei Pharsalos eintraf (Cassius Dio XLII 18,2).

13 Plutarch, *Caesar* 57,6.

14 Sueton, *Caesar* 75,5.

15 *Précis*, a. a. O., S. 209.

16 Dies erscheint fast als eine merkwürdige Vorwegnahme der „Arbeiteraristokratie".

17 Précis, a. a. O., S. 210.

18 Sueton, *Caesar* 76,1.

19 Zu Suetons politischen Vorstellungen vgl. die Ausführungen von E. Cizek, *Structures et idéologies dans les „Vies des Douze Césars" de Suétone*, Bukarest, Paris 1977, S. 179: von besonderer Bedeutung ist der Hinweis auf Plinius als „Vorbild".

20 Sueton, *Caesar* 76,1.

21 *CIL* I^2, S. 28 u. 158. Cicero (*An seine Freunde* VII 30,1) bemerkt dazu ironisch: „Ita Caninio consule scito neminem prandisse".

22 Sueton, *Caesar* 78; vgl. Livius, *Periochae* 116.

23 Sueton, *Caesar* 78,2.

24 Ebd. Zu Aquilas Teilnahme an der Verschwörung vgl. Appian, *Bürgerkriege* II 113; Cassius Dio XLVI 38,3.

25 Sueton, *Caesar* 79.

26 Plutarch, *Caesar* 57,1.

27 Aristoteles, *Verfassung der Athener* 22,3.

28 Cicero, *Über die Pflichten* III 82; Euripides, *Die Phönikerinnen* 524; Sueton, *Caesar* 30,5.

29 Nur nebenbei sei daran erinnert, daß im modernen politischen Sprachgebrauch mindestens bis ins späte 19. Jahrhundert hinein „Diktatur" ein Begriff der „Linken" war (von der Diktatur Garibaldis bis zur Diktatur des Proletariats). Vgl. hierzu C. Vetter, *Dittatore e dittatura nel Risorgimento*, in: Studi storici 39 (1998), S. 767–807, sowie die dort zitierte Literatur.

30 Cicero, *Der Staat* VI 12: „Dictator rem publicam constituas oportebit, si impias propinquorum manus effugeris".

31 Gellius VI 1,1; Carisius, in: H. Keil, *Grammatici Latini*, Bd. I, S. 147. Auch Hyginus, der Bibliothekar des Augustus, schrieb eine Biographie dieses „princeps in re publica".

32 Plutarch, *Caesar* 57,2.

33 Plutarch, *Caesar* 57,3. Vgl. Florus, *Epitome* II 13,94.

34 Sueton, *Caesar* 76–79; Plutarch, *Caesar* 60–66; Appian, *Bürgerkriege* II 107–110. Vgl. aber auch unvollständige Auflistungen bei Livius, *Periochae* 116, und Cassius Dio XLIV 1–12.

35 Sueton, *Caesar* 89. Mit diesem Worten endet das Buch.

36 Im dritten Buch, in dem Octavian auftritt, hat sich Appian wohl eng an die

Memoiren des Augustus angelehnt; im zweiten stützt er sich mehr auf die *Bürgerkriege* des Asinius Pollio. Für unseren Zusammenhang ist es unwichtig, ob all dies durch andere Quellen vermittelt ist.

37 Cassius Dio XLVIII 1.

38 Velleius II 58,2.

39 Plutarch, *Brutus* 7,7; 10,6.

40 Cicero, *An seine Freunde* X 31 (16. März 43).

41 Sueton, *Caesar* 76,1.

42 Zu Recht spricht er so, als sei dieser Bürgerkrieg in den Jahren 50/49 ausgebrochen und dauere noch an.

43 Cicero, *An seine Freunde* X 31,2 f. (Asinius an Cicero).

44 Doch sein Brief enthält auch eine vorsichtige Einschränkung, mit der er mögliche Entwicklungen andeutet: „omnes enim cives plane studeo esse salvos (X, 31,5).

45 Plutarch, *Caesar* 58,6 f.: Er plante einen Feldzug gegen die Parther, wollte dann durch das Pontusgebiet, Hyrkanien am Kaspischen Meer und den Kaukasus ziehen, in das Gebiet der Skythen einfallen, Germanien erobern und schließlich über Gallien nach Italien zurückkehren – ein Plan, der Jules Vernes Phantasie entsprungen sein könnte. Bei Sueton (*Augustus* 8) ist – bescheidener – lediglich von je einem Feldzug gegen die Parther und die Daker die Rede.

46 Es gibt gute Gründe und Dokumente, die auch auf eine Diktatur Caesars *rei publicae constituendae* hindeuten. Vgl. zu dieser Frage Broughton, *MRR*, Bd. III (Suppl.), S. 107 f.

47 Der Sprung zu einer zeitlich unbegrenzten Diktatur fand vor Ablauf der vierten Diktatur (im Januar 44) statt. Das belegt das von Flavius Josephus zitierte Dokument (*Jüdische Altertümer* XIV 211).

48 Der Begriff stammt von Seneca Rhetor, *Suasorien* I1.

49 Ein ausgezeichnetes Beispiel dafür sind Plutarchs Doppelbiographien, aber auch die Gegenüberstellung von Alexander und Caesar am Ende des zweiten Buchs von Appians *Bürgerkriegen*.

50 Cicero, *Atticus-Briefe* XV 4,2 (24. Mai 44).

51 Cicero, *Atticus-Briefe* XV 4,3: „ille enim numquam revertisset".

52 Die plausibelste Antwort auf die *vexata quaestio*, ob Caesar das Königtum erstrebt habe, stammt von Napoleon (*Précis*, a. a. O., S. 214). Der Begriff *rex*, so Napoleon, sei inakzeptabel gewesen, da die Römer die Könige gewöhnlich in den Vorzimmern ihrer Promagistrate sahen! Vgl. dazu F. Cassola u. G. Labruna, *Linee di una storia delle istituzioni repubblicane*, Neapel 1991³, S. 382 f. Auch über die Vergöttlichung, die Caesar zu Lebzeiten angestrebt habe, wurde viel geschrieben. Ein radikaler Befürworter dieser These ist G. Dobesch, *Wurde Caesar zu Lebzeiten in Rom als Staatsgott anerkannt?*, Suppl. XLIX der Jahreshefte. Österreichisches Archäologisches Institut, Wien, II. Bd., Wien 1971, S. 20–49. Daß Caesar über einen allgemeinen „Personenkult" hinaus weitere Ambitionen hatte, ist eher unwahrscheinlich.

XXXI Die Szene am Luperkalienfest

1 Nikolaus von Damaskus, *Leben des Augustus* 20,68; Sueton, *Caesar* 79. Aber es war immerhin Kleopatra gewesen, die sich nicht ohne Beschwerlichkeiten in Rom niedergelassen hatte.

2 Das meint wohl Nikolaus von Damaskus, *Leben des Augustus* 20,68.

3 Sueton, *Caesar* 79,4. Es handelte sich um Caesars Onkel mütterlicherseits, Lucius Aurelius Cotta, ein Mitglied des Rates der Fünfzehn, der mit der Obhut der Sibyllinischen Bücher betraut war.

4 Dabei handelte es sich um einen Ersatzkonsulat, der mit Caesars Aufbruch in den Osten wirksam werden sollte.

5 Nikolaus von Damaskus, *Leben des Augustus* 20 f. (§ 69–75).

6 Plutarch, *Antonius* 12,6.

7 Cicero, *Zweite philippische Rede* 84–87; *Dritte*, 12; *Dreizehnte* 17; 31; 42.

8 Plutarch, *Caesar* 62,10.

9 Was wird er tun, wenn er erst einmal die Diktatur auf Lebenszeit innehat? Welche Rolle spielen in einem solchen politischen System noch die anderen Magistrate?

10 Plutarch, *Caesar* 57,2 f.

11 Bald nach den Iden des März erwuchs Antonius in Octavian ein Rivale, der entschlossen war, die Rolle von Caesars „politischem Erben" auszufüllen.

12 Vgl. oben, Kapitel XXIX, *Vorboten der Verschwörung*. Plutarch hat andere Informationen über Machenschaften gegen Caesar: *Brutus* 8,2; *Antonius* 11,6; *Moralia* 206 f. Octavian kam es gelegen, daß die Erinnerung daran noch wach war, aus der nicht zuletzt auch Plutarch schöpfte.

13 Unsicher ist jedoch, inwieweit Cicero *conscius* (Mitwisser) war.

14 Nikolaus von Damaskus, *Leben des Augustus* 23,81.

15 Seine Anwesenheit dort, wo Caesar zusammen mit dem *magister equitum* dem Ritual beiwohnte, sowie sein Eingreifen ins Geschehen lassen sich mit seinem Amt als *praetor peregrinus*, das er zu der Zeit innehatte, keineswegs hinreichend erklären.

16 Cicero, *Zweite philippische Rede* 91: „ob metum proximi dictatoris".

17 *Erste philippische Rede* 3: „vim regiae potestatis obsederat".

XXXII Die Diktatur

1 *Bürgerkrieg* II 21,5.

2 „Seseque dictatorem dictum".

3 *Atticus-Briefe* IX 9,3; IX 15,3.

4 Dies war ein Titel, der Cicero nach seinen Militärerfolgen in Kilikien zukam, auf den er aber, besonders in dieser Situation, sicherlich keinen Wert legte.

5 *Atticus-Briefe* IX 6A; IX 16.

6 Cicero, *Atticus-Briefe* IX 9,3 (17. März 49).

7 Cicero, *Atticus-Briefe* IX 15,2 (25. März).

8 F. De Martino, *Storia della costituzione romana*, Bd. III, Neapel 1973[2], S. 228.

9 XLI 36,1.

10 *Bürgerkriege* II 48,196.

11 Zur Diskussion über die mit Caesars Übernahme der Diktatur verbundenen Verfassungsprobleme vgl. De Martino, a.a.O., S.228–231 (bes. Anmerkung 37).

12 Daß ein „augusteischer" Geschichtsschreiber wie Dionysios von Halikarnaß das schlimme Ende des von den Senatoren im Senat ermordeten Romulus als Folge seiner Hinwendung zur Tyrannis betrachtet, ist ein deutliches Zeichen dafür, daß er Caesars „Fehler" verurteilt.

13 Gegen diese These Mommsens wendet sich De Martino, a. a. O., S. 232.

14 *Bürgerkrieg* III 1. Zu Recht wird dieses sogenannte dritte Buch als „zweiter" *commentarius* bezeichnet. Vgl. dazu die von A. Klotz betreute Ausgabe des *Bellum civile* (Leipzig 1952², S. VI) sowie Band I der von P. Fabre betreuten Ausgabe (Collection Budé), Paris 1936, S. XVIf.

15 Vgl. Sallust, *Verschwörung des Catilina* 20,13 u. 21,2; Cicero, *Catilinarische Reden* 2,8 u. 18; allgemeiner Sueton, *Caesar* 42,3.

16 *Atticus-Briefe* V 21,13.

17 *Bürgerkrieg* III 1,2 f.

18 *Bürgerkrieg* III 20,1. Zu Caelius vgl. oben Kapitel XXII, *Wider den Umsturz*.

19 *Bürgerkrieg* III 21,4.

20 *Bürgerkrieg* III 22,1: „Er ließ in den Landstädten ringsum brieflich bekanntgeben, alles, was er tue, geschehe auf Weisung und Befehl des Pompeius."

21 *Bürgerkrieg* III 22,2.

22 Beiden wird ein bitteres Ende zuteil: Trebonius wirkt an der Verschwörung gegen Caesar mit und wird im Jahr 43 in Asien im Auftrag von Dolabella ermordet. Pedius wird nach dem Staatsstreich vom August 43 Mitkonsul Octavians, stirbt aber überraschend zu Beginn der Proskriptionen, deren Gegner er war.

23 *Bürgerkrieg* III 22,4. Vgl. dazu oben, Kapitel XXII, *Wider den Umsturz*.

24 *Bürgerkrieg* III 1,4.

25 *Bürgerkrieg* III 1,5.

26 Plutarch, *Caesar* 37,2. Cassius Dio (XLI 18,2) stellt diese Maßnahme sogar an den Anfang des Bürgerkriegs – nach Caesars Einfall in Italien und vor seinen Spanienfeldzug gegen Afranius und Petreius. Wahrscheinlicher ist aber, daß diese Maßnahme im Zusammenhang mit anderen steht, die Caesar nach der formellen Absicherung seiner Herrschaft ergriffen hat.

27 Caesar *Bürgerkrieg* III 2,1.

28 Cicero, *Atticus-Briefe* IX 7C: „... quem imitaturus non sum". Vgl. dazu auch oben, Kapitel XIX, *Caesars „Programm": Die Suche nach dem Konsens*.

29 Sueton, *Caesar* 11; Plutarch *Caesar* 6,1. Die Maßnahme wird unterschiedlich datiert, steht aber jedenfalls am Beginn seiner Karriere.

30 Sueton, *Caesar* 75,4.

XXXIII Epikureer in der Revolte?

1 In der Rezension zu B. Farrington, *Science and Politics in Ancient World* (1939), in: JRS 31 (1941), S. 149–157 (jetzt in: A. Momigliano, *Secondo contributo alla storia degli studi classici*, Rom 1960. Wir beziehen uns insbesondere auf den zweiten Teil der Rezension mit dem Titel *Epicureans in Revolt*.

2 Ein Beispiel ist das von ihm verfaßte Stichwort *Roma. Impero* in der *Enciclopedia Italiana* (XXIX, 1936), wo es heißt, Caesar habe „von sich eine Vorstellung entwickelt, die im tieferen Verlauf der gesamten antiken Geschichte Wirklichkeit wurde" (S. 628); von den Verschwörern heißt es, sie hätten ihre Freiheit „mit der Freiheit an sich" verwechselt (S. 629; eine durchaus richtige Bemerkung).

3 Dank C. Castner, *Prosopography of Roman Epicureans*, Frankfurt/M. 1988, können wir uns heute ein genaueres Bild machen. Auch Castner (S. 31) hält die von Momigliano in *Epicureans in Revolt* entwickelte These unhaltbar.

4 *Secondo contributo*, a. a. O., S. 380.

5 Sueton, *Caesar* 84.

6 *Secondo contributo*, a. a. O., S. 379.

7 Cicero, *An seine Freunde* XV 16,3.

8 Schon J. Carcopino, *Les secrets de la correspondance de Cicéron*, Paris 1947, Bd. II, S. 247, Anmerkung 6, trägt diesen Einwand gegen Momigliano vor.

9 Horaz, *Oden* III 21,9: „madet Socraticis sermonibus".

10 *Secondo contributo*, a. a. O., S. 387.

11 Vgl. Castner, a. a. O., S. 31.

12 Appian, *Bürgerkriege* IV 133,561.

13 Die Mehrzahl der Briefe findet sich am Anfang des zwölften Buches.

14 Cicero, *An seine Freunde* XV 16,3.

15 Vgl. hierzu den erhellenden Kommentar von R. Y. Tyrrell u. L. C. Purser, *Correspondance of M. T. Cicero*, Bd. IV, Dublin, London 1918[2], S. 523.

16 Cicero, *An seine Freunde* XV 15.

17 Cicero, *An seine Freunde* XV 15,4.

18 „Ut futura animo perspicere posses" (XV 15,3).

19 Cicero, *Zweite philippische Rede* 26. Eine Verwechslung mit jenem Lucius Cassius anzunehmen, von dem bei Sueton, *Caesar* 63, die Rede ist, erscheint wenig sinnvoll.

20 Auch die Caesarianer werden bald solche Verschwörungspläne hegen, wie wir aus Ciceros *Zweiter philippischer Rede* (34) wissen.

21 Cicero, *Atticus-Briefe* II 19 und 20.

22 Plutarch, *Brutus* 37.

23 Vgl. dazu Castner, a. a. O., S. 31, und vor allem F. E. Brenk, *In mist apparalled. Religious Themes in Plutarch's Moralia and Lives*, Mnemosyne Suppl. 48, Leiden 1977, S. 124, Anmerkung 14.

24 Plutarch, *Caesar* 66.

25 Dieser stützt sich offenbar auf das Buch von Messalla Corvinus.

26 Cicero, *An seine Freunde* XV 16 (Februar 45).

27 Cassius spricht von *omnes Catii et Amafinii mali verborum interpretes* (XV 19) ebenso verächtlich wie Cicero in den *Tusculanae*. Appian, *Bürgerkriege* II 112, kann die Vermutung äußern, die „Auseinandersetzung" um die Prätur zwischen Brutus und Cassius sei *inszeniert* gewesen, um einen Dissens vorzutäuschen und den Eindruck allzu großer Harmonie zu zerstreuen. Die Hypothese, die Appian (und seine Quelle) formuliert, *stützt* die Theorie einer kaltblütig-zweckgebundenen „Konversion" des Cassius zum Epikureismus.

28 „Iam biennium aut triennium est …".

29 Ein Gebot aus dem *Brief an Menoikeus* (= Diogenes Laertius X,132).

30 Er verwendet das griechische Wort, weil er sagen will: „ein Anhänger Epikurs".

31 Auch hier greift er auf den griechischen Begriff zurück, den Terminus technicus der philosophischen Polemik.

32 Cicero, *An seine Freunde* XV 19,2 f. (Cassius an Cicero).

33 Cicero, *Atticus-Briefe* II 19. Tyrrell und Purser verwechseln diesen „rätselhaf-
ten" Brief, der wohl gar nicht erhalten ist, mit *An seine Freunde* V 7, in dem
Cicero schreibt, er möchte gegenüber Pompeius gern die Rolle spielen, die
Laelius gegenüber Scipio gespielt hat. Es ist im Gegenteil Cicero selbst (*Atticus-Briefe* II 20), der sagt, eine völlige Tarnung sei unnötig.

34 Sulla allerdings war nicht selbst in den Kauf von Gütern der Proskribierten
verwickelt.

35 Vgl. dazu oben, Kapitel I, *Vor Sulla auf der Flucht: Erste Erfahrungen eines
jungen Aristokraten.*

36 Und weiter: „Er hat ja genug Verbrecher, die er uns statt seiner begnadigen
kann" – eine rätselhafte Bemerkung, zu der Tyrrell und Purser klug schweigen.

37 „Wenn ich Dir in Zukunft ausführlicher über Politik schreibe, werde ich
meine Ausführungen unter Decknamen tarnen", schrieb Cicero in einem anderen Brief aus dem Jahr 59 an Atticus (*Atticus-Briefe* II 20).

38 Cicero, *An seine Freunde* XV 19,4.

39 Hier taucht erneut dieser Ausdruck auf, der in diesem Brief so wichtig ist.

40 „Malo veterem et clementem dominum habere quam novum et crudelem
experiri". Hier wird ein „sullanisches" Bild des jungen Pompeius gezeichnet;
dies wird dank der vorausgehenden Sätze noch deutlicher, wo Sulla angeführt
wird, nicht im positiven Sinn, sondern um rätselhafter Anspielungen willen.

XXXIV Die „Hetairie" des Cassius und Brutus' Einbeziehung

1 Bibulus der Sohn kämpfte im Oktober 44 in Philippi unter dem Befehl des
Brutus. Er war im Jahr 44 also schon erwachsen. Offenbar sammelte er die
vertraulichen Mitteilungen des Brutus und vor allem seiner Mutter Porcia,
die kurz vor ihrem Gatten starb (vgl. Cicero, *Briefe an Brutus* I 9,2) und über
die Verschwörung Bescheid wußte (Plutarch, *Brutus* 13).

2 Das griechische ἑταιρεία ist ein Terminus technicus der politischen Sprache
Athens, deren ausgewiesener Kenner Plutarch ist.

3 Plutarch, *Brutus* 7,7.

4 Appian (*Bürgerkriege* II 112,466) zufolge läßt sich nicht ausschließen, daß der
Streit der beiden um die städtische Prätur inszeniert war, damit „man nicht
glauben solle, sie arbeiteten in allen Stücken einander in die Hand". Diese
These erscheint aber angesichts Plutarchs detaillierter Schilderung von Cassius' allmählicher Wiederannäherung an Brutus nach dem Ende des Streits
um die Prätur eher unwahrscheinlich. Appians Verdacht (bzw. der Verdacht
seiner Quelle) ist allerdings für sich genommen interessant. Er zeigt, daß eine
derartige Tarnung in einer solchen politischen Situation durchaus als möglich
betrachtet wurde. In der (Plutarch bekannten) Schilderung der Szene, als Brutus seiner Gattin Porcia den „ganzen Plan" der Verschwörung offenlegt, weist

Cassius Dio (XLIV 14) diesem sogar die Rolle des Anstifters zu und stellt ihn als denjenigen dar, der Cassius „gewann". Doch Plutarchs Schilderung des Streits um die Stadtprätur sowie die akkurate Beschreibung der Rolle, die Cassius' „Freunde" spielten, geben Anlaß zu der Vermutung, Cassius Dio habe der Einfachheit halber (vgl. 14,3) einiges aus der Ordnung gebracht.

5 Plutarch, *Brutus* 7,7.
6 Vgl. Plutarch, *Brutus* 6,7.
7 Appian, *Bürgerkriege* II 121,508; 122,511; 123,515; 142,593 usw.
8 Dazu gehört sicher auch Appians Quelle.
9 Plutarch, *Brutus* 7.
10 Plutarch, *Brutus* 10.
11 Plutarch, *Brutus* 10,5.
12 Plutarch, *Brutus* 9,5.
13 Plutarch, *Brutus* 9,6.
14 Plutarch, *Brutus* 5,1.
15 Plutarch, *Brutus* 10,1.
16 Plutarch, *Brutus* 8,2; und kurz vorher (7,6): „Wenn er wollte, konnte er der erste seiner [Caesars] Freunde sein und den größten Einfluß ausüben."
17 Cicero, *An seine Freunde* XI 1.
18 Plutarch, *Brutus* 12,5.
19 Unter anderem verfügte er über ein wichtiges militärisches Instrument: die Gladiatorenschule (ebd.).
20 Plutarch, *Brutus* 11.

XXXV Der Realismus eines Verschwörers: Cassius tritt ins zweite Glied zurück

1 Plutarch, *Brutus* 10.
2 Appian, *Bürgerkriege* II 112. Zu Appians Darstellung dieser Geschichte vgl. das vorhergehende Kapitel, Anmerkung 4.
3 Plutarch, *Brutus* 10,1.
4 Es wird schon einen Grund haben, daß Plutarch (der auf biographische Überlieferungen zu Cassius und Brutus zurückgreifen konnte) Brutus und nicht Cassius eine Lebensbeschreibung widmete. Was hätte ihn daran hindern sollen, eine Doppelbiographie zu schreiben, wie er es im Falle der Gracchen getan hatte? Eine Cassius-Vita schrieb dagegen Oppius, ein treuer Anhänger Caesars, der eine besondere Vorliebe für Biographien hatte (vgl. Carisius, in: H. Keil, *Grammatici Latini*, Bd. I, S. 147). Doch das war mit Sicherheit ein caesarianisches, polemisches Werk.
5 Vielleicht meinte deshalb die von Plutarch benutzte, Brutus nahestehende Überlieferung behaupten zu dürfen, die Sache sei vor Cicero „geheimgehalten" worden (*Brutus* 12,2). Zu Recht darf man sich fragen, ob Cicero zu Cassius' „Kontakten" zählte.

XXXVI Unerwartete Absagen

1 Plutarch, *Brutus* 10,7.
2 Es handelt sich um denselben Statilius, von dem Plutarch in seiner *Cato*-Vita spricht (vgl. F. Münzer, in: *RE* s. v. *Statilius*, Nr. 2 [1929]).
3 Plutarch, *Brutus* 12,3.
4 Plutarch, *Brutus* 34,4.
5 πόρρωθεν (*Brutus* 12,3).
6 *Roman Revolution* [Oxford 1939], dt. *Die Römische Revolution*, München 1992, S. 8 und die entsprechende Anmerkung.
7 Was ihn jedoch nicht hinderte, zusammen mit Cato Selbstmord begehen zu wollen (vorausgesetzt, es handelt sich um ein und dieselbe Person).
8 Seneca, *De beneficiis* II 20,2.

XXXVII Cicero als Anstifter der Verschwörung?

1 Bei Cicero, *Zweite philippische Rede* 28 und 30 (= *ORF* Nr. 159, VII Malcovati).
2 Cicero schreibt, Octavian sei bei ihm eingetroffen (*Atticus-Briefe* XIV 11,2 vom 21. April 44).
3 *Atticus-Briefe* XIV 14,4: „laetitiam quam oculis cepi iusto interitu tyranni".
4 E. T. Merrill (in: Classical Philology 8 [1913], S. 48–56) sieht den Brief im Zusammenhang mit Privatangelegenheiten, die auf das Jahr 47 zurückgehen; J. Carcopino, *Les secrets de la correspondance de Cicéron*, Paris 1957[9], Bd. II, S. 41, spricht von „unbändiger", „unmenschlicher Freude", „brutaler als ein Faustschlag".
5 *Zweite philippische Rede* 34.
6 *Zweite philippische Rede* 28.
7 Cicero, *Orator* 10,35.
8 *An seine Freunde* XII 3. Oder ein anderer Brief, der mit den Worten beginnt: „Ich wollte, Du hättest mich an den Iden des März zum Diner geladen" (*An seine Freunde* XII 4,1).
9 Vgl. *Atticus-Briefe* XIII 40,1.
10 *Atticus-Briefe* XII 40,2 (9. Mai 45): nicht zufällig zwei Monate nach Munda, als auch die letzte Chance vertan war.

XXXVIII Der verhängnisvolle Fehler, auf die Eskorte zu verzichten

1 Sueton, *Caesar* 81. Noch mehr Informationen hierzu kennt Plutarch (*Caesar* 63–65, und *Brutus* 14–16).
2 Sueton, *Caesar* 86,1: „et quae renuntiarent amici neglexisse".
3 Es war dies jener Eid, den Cicero in seiner *Rede für Marcellus* befürwortet.
4 Sueton, *Caesar* 86,2.

5 In: *RE* s. v. *Iunius*, Nr. 53 (1918), Sp. 991,1–13.

6 Cicero, *Atticus-Briefe* XIV 21,3. Vgl. XV 4,2 und an anderer Stelle (z. B. im Brief an Cassius: *An seine Freunde* XII 4,1; vgl. das vorhergehende Kapitel, Anmerkung 8).

7 Die Stelle findet sich zu Beginn des ersten Kommentariums zum *Bürgerkrieg*.

XXXIX Hergang eines „Tyrannenmords"

1 Sueton, *Caesar* 87,1.

2 Ebd.

3 Plutarch, *Brutus* 12.

4 Sueton, *Caesar* 81,4.

5 Sueton, *Caesar* 81,3; bei Plutarch, *Caesar* 63,8, springen auch die Fenster auf.

6 Plutarch, *Caesar* 63,9; er beruft sich auf Livius, der diese Episode in Buch 116 seiner *Römischen Geschichte* erzählt.

7 Sueton, *Caesar* 81,3.

8 Sueton, *Caesar* 59.

9 Plutarch, *Caesar* 63,11.

10 Plutarch, *Caesar* 64,2.

11 Sueton, *Caesar* 81,4.

12 Plutarch, *Caesar* 64,3–6.

13 Plutarch, *Brutus* 14,4.

14 Plutarch, *Brutus* 14,7.

15 Appian, *Bürgerkriege* II 116,486.

16 Plutarch, *Caesar* 65,2 f.

17 Sueton, *Caesar* 81,4.

18 Plutarch, *Brutus* 15,2.

19 Plutarch, *Brutus* 15,4; Appian, *Bürgerkriege* II 115: In diesem Punkt stimmt sein Bericht exakt mit Plutarchs Schilderung überein. Derselbe Popilius Laenas taucht in drei Briefen Ciceros an Atticus vom März 45 als derjenige auf, den Cicero mit prekären Aufgaben betraut. Er wird immer zusammen mit Statilius genannt, der identisch sein könnte mit jenem Statilius, den Brutus erfolglos an der Verschwörung zu beteiligen suchte (Plutarch, *Brutus* 12,3).

20 Plutarch, *Brutus* 15,5.

21 Plutarch, *Brutus* 15,9.

22 Plutarch, *Brutus* 16,1.

23 Für Plutarch, *Brutus* 16,3, ist dieses Detail gesichert; es wird von Appian, *Bürgerkriege* II 116,487, bestätigt.

24 Plutarch, *Brutus* 16,4 f.; Appian, *Bürgerkriege* II 116,487.

25 Plutarch, *Brutus* 17,1. In seiner *Caesar*-Vita schreibt Plutarch, Decimus Brutus sei es gewesen, der Antonius vor der Kurie festgehalten habe, aber Cicero (*Zweite philippische Rede* 34) bestätigt, daß es Trebonius war.

26 Plutarch (*Caesar* 66,2) bemerkt, daß diese Geste gar nicht zu Cassius paßte, der ja ein Anhänger Epikurs war, fährt aber dann fort, in einem solchen Augenblick der inneren Erregung träten die früheren Überzeugungen zurück.

27 Plutarch, *Brutus* 17,3.

28 Sueton, *Caesar* 82,2: „Cascae brachium arreptum graphio traiecit". *Graphi-*

um ist ein metallener, spitzer Stift, mit dem die Schrift in die Wachstafel eingeritzt wurde.

29 Plutarch, *Caesar* 66,9 f.
30 Sueton, *Caesar* 82,2.
31 καὶ σὺ τέκνον;
32 Scribonius Largus, S. 209 Helmreich.
33 Sueton, *Caesar* 82,3.
34 Plutarch, *Caesar* 66,13.
35 Sueton, *Caesar* 82,4.

XL „Where's Antony?“

1 In Plutarchs *Caesar* steht nichts darüber, was Antonius nach dem Attentat gesagt oder getan hat.
2 Vgl. dazu M. A. Levi, *Ottaviano capoparte*, Bd. I, Florenz 1933, S. 1–17.

XLI Caesars Leiche.
Wie man einen Erfolg in eine Niederlage verwandelt

1 Plutarch, *Brutus* 18,6. In Plutarchs *Antonius* (14,1) legt er „Sklavenkleidung“ an, wie ein Jahr zuvor, als ihn das Gerücht erreichte, Caesar sei in Munda ums Leben gekommen (*Antonius* 10,8).
2 Plutarch, *Brutus* 18,10 f.
3 Plutarch, *Brutus* 18,13.
4 Plutarch, *Brutus* 19,2 f.
5 Plutarch, *Antonius* 14,4: ἀνῃρηκέναι δοκῶν ἐμφύλιον πόλεμον.
6 Plutarch, *Brutus* 20,1.
7 Plutarch, *Brutus* 20,2: τοῦ παντὸ σφαλῆναι.
8 *An seine Freunde* XII 4,1 (vgl. oben, Kapitel XXXVII, *Cicero als Anstifter der Verschwörung?*, Anmerkung 8, und Kapitel XXXVIII, *Der verhängnisvolle Fehler...*, Anmerkung 6).
9 Dabei muß man von der Unwägbarkeit der ersten und beunruhigenden Aktivitäten des noch blutjungen Octavian absehen, der auf einmal „Caesars Sohn“ war.
10 Sueton, *Caesar* 83,1.
11 Sueton, *Caesar* 83,2.
12 Ebd.: „Dem Volke insgesamt vermachte er die Gärten am Tiber und jedem einzelnen 300 Sesterzen“.
13 Nicht zufällig hatte sich der feierlichen Totenfeier Iulias seinerzeit Lucius Domitius Ahenobarbus widersetzt, der damals (wie Cato und andere) Caesar und Pompeius erbittert bekämpfte.
14 Sueton, *Caesar* 84,1.
15 Plutarch, *Brutus* 20,4.
16 Plutarch, *Brutus* 20,5–7.
17 Gemeint ist, daß sie dadurch entweiht wurden.
18 Ähnlich, aber knapper ist die Darstellung in Plutarchs *Antonius*, 14,7 f.

19 Dies mag die Klage des Aiax vor seinem Selbstmord gewesen sein.

20 Appian, *Bürgerkriege* II 146,611.

21 Sueton, *Caesar* 84,2.

22 Appian, *Bürgerkriege* II 147,612 f.

23 Sueton, *Caesar* 84,3.

24 Appian schildert die Ereignisse in einer etwas anderen Reihenfolge: Der Versuch, die Häuser der Caesarmörder in Brand zu stecken, und der Mord an Cinna erfolgen sofort, nachdem die Wachsabbildung von Caesars Körper gezeigt worden ist. Und erst nachdem der Angriff auf die Mörder Caesars gescheitert ist, wird der Scheiterhaufen errichtet und entzündet; die Menge wird durch die „Priester" von ihrem Vorhaben abgebracht, Caesar „einen Platz unter den Göttern zu geben" und auf dem Kapitol beizusetzen (Appian, *Bürgerkriege* II 148,615). Wenn diese Darstellung der Ereignisse richtig ist, so zeigt sie, daß selbst Antonius in diesem Augenblick die Lage nicht mehr unter Kontrolle hatte.

25 *Caesar* 68,2 f.; *Brutus* 20,7–11; *Antonius* 14,8.

26 Sueton *Caesar* 84,5. Vgl. hierzu oben, Kapitel XXIV, *Caesars Rettung durch die Juden.*

27 Sueton, *Caesar* 85.

28 Valerius Maximus IX 15,1: „ocularius medicus".

29 Ebd.

30 Nikolaus von Damaskus, *Leben des Augustus* 32 f.

31 Nach Valerius Maximus IX 15,1.

32 Cicero, *Atticus-Briefe* XII 49,1.

33 Appian, *Bürgerkriege* III 2,3. Appian spricht äußerst respektvoll von Amatius.

34 Die anderen Caesarmörder waren auf die eine oder andere Weise aus Rom verschwunden.

35 Appian, *Bürgerkriege* III 3,9.

36 Appian, *Bürgerkriege* III 4,10.

XLII Der Wind

1 Es ist uns dank Seneca erhalten (*Naturwissenschaftliche Untersuchungen* V 18,4).

2 Sueton, *Caesar* 47 (dies war Gibbons Überzeugung).

3 U. von Wilamowitz-Möllendorff, *Weltreich des Augustus*, in: *Reden aus der Kriegszeit*, Berlin 1915.

4 In der Genfer Handschrift (Z) heißt es *de C. marior* und nicht *de Caesare maiori*. Es ist unwahrscheinlich, daß Seneca Marius als verantwortlich für die Epochenwende der römischen Geschichte ansah oder daß Marius' Stellung in der Geschichte ein fester Gegenstand aporetischer Betrachtung für die Nachwelt (*vulgo dictatum*) war. Die Gegenüberstellung mit *Periocha* 80 des Livius ist nicht stichhaltig.

5 Tacitus, *Annalen* IV 34.

6 Fr. 61 Weißenborn-Müller.

7 Vgl. L. Canfora, *Studi di storiografia romana*, Bari 1993, S. 183 f.

8 Saint-Évremond, *Dissertation sur le mot de vaste* (1665–70), neu hg. von D. Bensoussan, Paris 1998, S. 130.

9 *Zweite philippische Rede* 116. Vgl. oben Kapitel XV, *Das „Schwarzbuch" des Gallischen Kriegs*, S. 128 f.
10 Plutarch, *Caesar* 14,3.

Anhang

1. *Caesar als Schriftsteller*

1 Nach der Übersetzung von Otto Wittstock.
2 Vgl. oben, Kapitel III, *Aufstieg eines Parteiführers*.
3 Cicero, *Brutus* 261; Cicero, *Fragmenta Epistularum*, hg. von W. S. Watt, Oxford 1965², S. 152 f.
4 Die *Divinatio* gehört zur Gattung der Gerichtsrede, bei der „die Rechtssache *sine testibus et sine tabulis* behandelt wird; daher müssen sich die Richter ausschließlich an die *argumenta* halten, weshalb es ist, als würden sie weissagen" (so Pseudo-Asconius, S. 99 Orelli). Doch der antike Grammatiker gibt beispielsweise auch die folgende Erklärung: „quia non de facto quaeritur, sed de futuro, quae est divinatio, uter debeat accusare". Dieses Verfahren wird auch „de accusatore constituendo" genannt (vgl. Quintilian, *Institutio oratoria* VII 4,33; Gellius, *Attische Nächte* II 4). Aus dem Zusammenhang geht hervor, daß für Sueton Caesars *divinatio* die Rede gegen Dolabella war, die er zur Verteidigung der von Dolabella ausgebeuteten Provinzbewohner hielt: Caesar hatte für diese Rede aus Gaius Iulius Caesar Strabos in einem ähnlichen Fall gehaltener Rede *Für die Sardinier* geschöpft. Wir haben auch ein Beispiel für eine *divinatio* im Corpus der Reden Ciceros: die *Divinatio in Quintum Caecilium*.
5 In Ciceros *Brutus* (262) sagt Brutus, er hätte „mehrere" dieser Reden gelesen.
6 Die Reden der Politiker, während des Vortrags von versierten Stenographen mitgeschrieben, wurden ohne deren Zustimmung veröffentlicht. Ein berühmtes Beispiel dafür ist Catos Rede im Senat, in der er sich für die Hinrichtung der Catilinarier aussprach. Sie wurde veröffentlicht, weil Ciceros persönliche Stenographen sie während Catos Vortrag mitschrieben (Plutarch, *Cato der Jüngere* 23,3).
7 Vgl. unten, Abschnitt 2: *Die Fälscherwerkstatt*.
8 Vgl. hierzu *La lettera a Balbo e la formazione della raccolta cesariana*, in: ASNP, Ser. III 23, 1 (1993), S. 80 f.; vgl. auch oben, Kapitel XIV, *Die Eroberung Galliens*, Anmerkung 80, und Kapitel XVIII, *Angriff auf den Erdkreis mit fünf Kohorten*, Anmerkung 2. Suetons Bemerkung besagt auch, daß das achte Kommentarium bis auf den Schluß von Caesar stammt.
9 Cicero, *Brutus* 262.
10 Dieser Passus stammt wahrscheinlich aus einem Brief des Hirtius. Auf dessen Grundlage verfaßte ein Fälscher den zusammenhanglosen *Brief an Balbus*, der in Caesars Manuskripten dem achten Kommentarium zum Gallischen Krieg voransteht. In den schlechteren Manuskripten, die Sueton zur Verfügung hatte, wurde dieser Passus des Hirtius auf der Basis des gefälschten Briefes an Balbus „aufbereitet" (vgl. hierzu den in Anmerkung 8 angeführten Artikel, S. 89–92).

11 Rätselhaft, warum Bertolt Brecht überzeugt war, dieses Kurzepos sei eine Art ovidische *Ars amandi* (*Die Geschäfte des Herrn Julius Caesar*, in: *Große kommentierte Berliner und Frankfurter Ausgabe, Prosa 2*, Berlin und Weimar, Frankfurt/Main 1989, S. 230: „Diese schrecklichen Hexameter, die er vor 15 Jahren dichtete und die er immer den Damen vorliest, weil er kein Thema findet").

12 Der Aufbau von Kapitel 56 ist sehr klar: Sueton unterscheidet zwischen dem, was Caesar „reliquit" und dem, was „exstat". Zu letzteren zählen die unveröffentlichten Schriften: a) *Epp. ad Senatum*; b) *Epp. ad Ciceronem et ad familiares*. Damit enthielt die caesarische Sammlung „ad familiares" auch Briefe an Cicero. Wer immer das Material ordnete, er teilte es nach Briefpartnern ein; und Cicero nahm in dieser Sammlung einen bedeutenden Platz ein. Aus der Ausdrucksweise Suetons wird deutlich, daß es sich um Texte handelte, die nicht zur Veröffentlichung bestimmt und in manchen Fällen sogar noch verschlüsselt waren.

13 Sie müßte zwischen 44 und 30/25 v. Chr. entstanden sein, als Asinius seine *Historien* schrieb und sich zu diesen Reden äußerte.

14 Sueton, *Caesar* 55,3; vgl. aber auch Plutarch, *Caesar* 17,7, der sich auf das wertvolle Zeugnis des Oppius beruft.

15 Cicero macht ihm in der *Zweiten philippischen Rede* wiederholt diesen Vorwurf.

16 Von VIII 48,10 des *Gallischen Kriegs* bis zum Schluß (VIII 55). Es gibt keinen Grund, Caesar als Verfasser des achten Kommentariums in Zweifel zu ziehen, wie gesagt, bis auf die Schlußkapitel, die mit einer kurzen Vorrede des Verfassers eingeleitet sind. Im übrigen gibt der „Brief an Balbus" (wie Otto Hirschfeld richtig bemerkte) keine klaren Anhaltspunkte dafür, daß das achte Kapitel von dem Verfasser dieses Briefes geschrieben ist (Hermes 24 [1889], S. 102). Für eine solche Annahme spricht höchstens (und allein) die Tatsache, daß der Brief diesem Kommentarium voransteht.

17 Wozu die Verwendung von fremden Berichten führte, bezeugt Asinius Pollio (Sueton, *Caesar* 56,4).

18 Vgl. dazu H. Meusel in seinem Caesar-Kommentar, erschienen in der Weidmannschen Verlagsbuchhandlung (Kraner-Meusel 1906, S. IX): Der Großteil des zweiten Buches stammt nicht von Caesar; das sogenannte zweite Buch hat einen anderen Verfasser. Unmöglich kann man dagegen den gewagten Hypothesen von R. Menge (*De auctoribus commentariorum de bello civili*, Weimar 1873) folgen.

19 Er verdankt sich den beiden ersten Worten des Buches.

20 *Alexandrinischer Krieg* 78,5: „rebus felicissime celerrimeque confectis in Italiam celerius omnium opinione venit". In Kapitel 65 hatte es geheißen: „Obwohl er sah, daß das alles seine Anwesenheit in Rom forderte, hielt er es dennoch für wichtiger, die Provinzen und Länder, durch die er gekommen war, in geordnetem Zustand zu verlassen."

21 Vgl. *Alexandrinischer Krieg* 4,1: „ut *supra* demonstratum est", aber dies ist eine Anspielung auf *Bürgerkrieg* III 112,10.

22 *Bürgerkrieg* III 106.

23 Diese Schlußfolgerung wird auch durch die Tatsache nahegelegt, daß es mit Beginn des neuen Jahres (kurz vor Beginn von Kapitel 26) keine Zäsur gibt.

24 Vgl. die Zählung der Bücher 109–116 als *Belli civilis*.

25 Vgl. dazu mehr in Kapitel XXVII, *Der Palmschößling: Erstes Auftreten des jungen Octavius* (§·6).

26 Ein Zeichen dafür ist die vollständige Tilgung des Asinius Pollio.

27 Sueton, *Augustus* 11; Tacitus, *Annalen* I 10,2.

2. Die andere Wahrheit: Asinius Pollio

1 Entscheidend für die Datierung seines Geschichtswerks ist die Tatsache, daß Strabon sich auf ihn in seinen *Historien* stützte, die um 27/25 v. Chr. entstanden. Die Tatsache, daß Strabon bereits Asinius als Quelle benutzte (vgl. Flavius Josephus, *Jüdische Altertümer* XIV 137 f.) erlaubt es, die Veröffentlichung von Asinius' Geschichtswerk vor 27/25 v. Chr. anzusetzen, als Strabon sein Geschichtswerk publizierte. Josephus benutzt Strabon sowie auch andere Historiker und zitiert sie ausdrücklich bei der Wiedergabe verschiedener Details: beispielsweise Hypsikrates zur Ethnographie des Nahen Ostens und Afrikas. Auch die Chronologie der Ode II 1 des Horaz ist hilfreich, bezeugt sie doch, daß Asinius mit seinem Werk bereits weit fortgeschritten war.

2 Man denke an die Aufzeichnungen von Hirtius und Pansa, die Octavian am Ende des Mutinensischen Kriegs im April 43 beschlagnahmen ließ.

3 *An seine Freunde* X 30.

4 Caesars Briefe *ad familiares* wurden nicht veröffentlicht (Sueton, *Caesar* 56), Brutus' Briefe *ad familiares* dagegen schon, um die Erinnerung an ihn wachzuhalten.

5 Sueton, *Caesar* 32 (vgl. Plutarch, *Caesar* 32,7); Plutarch, *Caesar* 46,2.

6 Sueton, *Caesar* 34.

7 Sueton, *Caesar* 36.

8 *Bürgerkrieg* I 22.

9 Vgl. oben, Kapitel XVIII, *Angriff auf den Erdkreis mit fünf Kohorten*.

10 Nicht von ungefähr nimmt auch Syme die erste Strophe der Ode II 1 des Horaz (wo es um Asinius Pollio geht, der für den Ausbruch des Bürgerkriegs den ersten Triumvirat verantwortlich macht) zum Ausgangspunkt seiner *Römischen Revolution*, München 1992, S. 15.

11 *Jüdische Altertümer* XIV 137 ff.

12 Vielleicht bedient er sich des Asinius Pollio indirekt (mittels Strabon) deshalb, weil er mit griechischen Quellen besser zurechtkam.

13 Sueton, *Caesar* 30: „haec eum *ad verbum* dixisse referens".

14 „Hoc voluerunt; tantis rebus gestis, Gaius Caesar condemnatus essem nisi ab exercitu auxilium petissem".

15 *Caesar* 46,1.

16 Ich halte es für wahrscheinlich, daß *Caesar* 46,2 die beiden Adverbien ἑλληνιστί und ῥωμαϊστί vertauscht werden müssen, weil die Stelle sonst zu unwahrscheinlichen Spekulationen Anlaß gibt (wie etwa, daß Asinius in griechischer Sprache geschrieben habe, was sogar Isaac Casaubon glaubte). Daß *Caesar* 46,2 so zu verstehen ist, daß Caesar diesen Ausspruch *in griechischer Sprache* getan hat, bestätigt Plutarch, *Pompeius* 60,4, wo es heißt, Caesar habe den berühmten Satz beim Überschreiten des Rubikon, „Der Würfel soll

geworfen sein!" (ἀνερρίφθω κύβο), gleichfalls in griechischer Sprache gesprochen (und auch für diesen berühmten Satz war Asinius Pollio die Quelle; vgl. *Caesar* 32,7).

17 Man könnte annehmen, daß Asinius auch das Zitat „authentisch", also in griechischer Sprache, aufgeschrieben und Plutarch es wortwörtlich von ihm übernommen hat.

18 Auch Flacelière bemerkt in diesem Zusammenhang, daß die gebildeten Römer griechisch sprachen, wenn sie nicht von allen verstanden werden wollten (in: Plutarque, *Vies*, Bd. IX, Paris 1975, S. 138).

19 Sueton, *Caesar* 56.

20 Vielleicht wollte auch der im Jahr 43 verstorbene Hirtius, wenn er Sueton zufolge sagt, „*wir* wissen, wie leicht und schnell Caesar sie geschrieben hat", zu verstehen geben, daß er zu Caesars Stab gehörte, der bei der Ausarbeitung der *commentarii* während der Feldzüge „assistierte". Aber auch Asinius Pollio gehörte dazu; sein Urteil verdient daher besondere Beachtung.

21 *Caesar* 56,1: Dies zeigt, daß es sogar ihm, der gebildeter war als andere und Zugang zu Quellen und Dokumenten hatte, unmöglich war, diese Ergänzungen zum Corpus einem bestimmten Verfasser zuzuschreiben.

22 P. Fabre, Einleitung zu César, *La guerre civile*, Bd. I, Paris 1936, S. XXVI.

23 Ebd.

24 Vgl. B. Haller, *Caius Asinius Pollio als Politiker und zeitkritischer Historiker*, Diss. Münster 1967, S. 33.

25 Sueton, *Caesar* 30; Plutarch, *Caesar* 46,2.

26 Vgl. Plutarch, *Caesar* 32,7; 52,8; hier stellt er sich sogar neben Caesar als Sieger der Schlacht bei Thapsos dar.

27 Sueton, *Caesar* 55.

28 Plutarch, *Caesar* 46,2.

29 *Caesar* 55 f.

30 Vgl. Haller, a. a. O., S. 35.

31 Asinius war auch ein Freund des gebildeten Zirkels um Catull, Cinna und Calvus, den Caesar schätzte und frequentierte.

32 XL 10.

33 Cassius Dio XLV 10,5.

34 II 73,2.

35 *Atticus-Briefe* XVI 4,2.

36 Wahrscheinlich schrieb Livius von Asinius' Mißerfolgen in Spanien in Buch 120. Dessen erster Teil erzählte davon, wie Asinius und Lepidus sich mit den Truppen des Antonius zur Zeit des Mutinensischen Krieges zusammenschlossen. Hier liegt auch die Ursache für die Antipathie des Octavius gegenüber Asinius (die auf Gegenseitigkeit beruhte).

37 Vgl. E. Fraenkels Bemerkungen zu diesen Versen in *Horace* [1957], dt. *Horaz*, Darmstadt 1963, S. 278; vgl. auch oben, Kapitel X, *Die Folgen des Triumvirats*, Anmerkung 4.

38 *Caesar* 56.

39 *Caesar* 34.

40 Eine Anerkennung der Größe Kutusovs durch Napoleon findet sich in den unveröffentlichten Schriften (in den auf der Insel Helena verfaßten Aufzeichnungen), die im historischen Museum Moskaus aufgetaucht sind („die

Schlacht war verloren, noch bevor der Oktoberfrost einsetzte"!). Diese Dokumente wurden nach Napoleons Tod (1821) vom Grafen Grigorij Orlov aus Paris nach Moskau geschafft.

3. Der „Brutus" und der „Anticato"

1 Plutarch, *Caesar* 3,4. Schon in dem Brief, den er an Balbus geschrieben hatte, damit dieser ihn Cicero zeige, hatte Caesar seine Bewunderung für den *Stil* der Lobrede Ciceros auf Cato zum Ausdruck gebracht (Cicero, *Atticus-Briefe* XIII 46,2 vom 12. August 45).

2 Zu den vielfältigen Bedeutungsnuancen dieser Worte vgl. den Kommentar von H. J. Tschiedel, *Caesars Anticato*, Darmstadt 1981, S. 76–78.

3 *Brutus* 261 f. (doch die Frage der Beurteilung Caesars als Redner wird schon in *Brutus* 248 angegangen).

4 *Brutus* 171: „wenn du nach Gallien kommst". Auch der Hinweis in § 19, daß Cicero nach *De republica* keine Traktate mehr geschrieben habe, entspricht dem gewollten Zeitpunkt der dramatischen Handlung des *Brutus*.

5 Entsprechend dem ihm bekannten Vorbild Platons, bei dem der Zeitpunkt der Handlung nicht mit der Entstehungszeit des Textes identisch ist.

6 *Brutus* 231: „In hoc sermone nostro statui, neminem eorum qui viverent nominare".

7 *Brutus* 248, 252, 261 f.

8 Das ist die Kernaussage der Atticus-Biographie des Cornelius Nepos.

9 *Brutus* 6: „theatrum [...] spoliatum atque orbatum".

10 *Brutus* 231: „Nun habe ich mir aber für dieses unser Gespräch vorgenommen, keinen von den Lebenden zu nennen, damit ihr nicht allzu neugierig aus mir meine Meinung über einen jeden herauslockt".

11 Aber das *fuisse*, mit dem der Satz endet, läßt darauf schließen, daß von Verstorbenen die Rede ist.

12 Nach Thapsos nahm sich Cato das Leben.

13 *Brutus* 10: „‚Nein, nichts!', antwortete Brutus. ‚Jedenfalls nichts, was du hören möchtest oder was ich wagen könnte, als sicher zu berichten'".

14 K. Barwick in seiner *Brutus*-Ausgabe (Heidelberg 1949). Diese Hypothese bewertete A. E. Douglas (*M. Tulli Ciceronis Brutus*, Oxford 1966, S. X) als guten Ausweg aus dem Dilemma.

15 Die Finesse liegt darin, daß hinter dieser Beurteilung Cicero steht, wobei sich aus dem Dialog ergibt, daß er sich nicht selbst äußern mag, sondern dies lieber Atticus überläßt.

16 Schließlich war Cicero der Verfasser des erheiternden Verses „cedant arma togae", über den sich die procaesarischen Pamphletisten köstlich amüsierten (Pseudo-Sallust, *Invectiva in Ciceronem* 3,6).

17 *Brutus* 261.

18 Dieses Fragment des nicht erhaltenen Briefwechsels zwischen Cicero und Nepos überliefert Sueton (*Caesar* 55,1), der diesen Brief und den *Brutus* in einen Zusammenhang stellt.

19 So der „republikanische" Historiker Cremutius Cordus (der den *Cato* wie auch den *Anticato* mit Sicherheit kannte) in seiner Rede, mit der er sich im

Jahr 25 v. Chr. im Senat gegen den Vorwurf der Verletzung der *maiestas* des Kaisers Tiberius zur Wehr setzte (Tacitus, *Annalen* IV 34,4).

20 Ebd.

21 Lukrez I 79.

22 Vgl. hierzu B. Németh, *Death of Cotta and Date of Lucretius*, in: Acta Classica (Debrecen) 20 (1984), S. 39–41.

23 Das gleiche gilt für Brutus.

24 Caesar konnte den antiepikureischen Sarkasmus nicht vergessen, mit dem Cato ihm im Senat in der dramatischen Debatte über das Schicksal der Catilinarier entgegengetreten war (Sallust, *Verschwörung des Catilina* 52,13).

25 Thukydides IV 17,2 (vgl. IV 84).

26 Sallust, *Jugurthinischer Krieg* 85,31–33.

27 Cicero, *Atticus-Briefe* XIII 50,1: „Me legisse libros contra Catonem et vehementer probasse".

28 Wir kennen diesen wertvollen Text dank Sueton, *Caesar* 55,2.

29 Brutus sagt in Ciceros *Brutus* (262), er habe „viele" (*complures*) gelesen, die offensichtlich nicht alle veröffentlicht wurden.

30 Jene Worte über den in seinen sexuellen Vorlieben nicht ganz festgelegten Caesar hinterlassen eine eigenartige ironische Anmutung. Jeder Schriftsteller, der in Zeiten der politischen Repression und sprachlichen Zensur tätig ist, schreibt so, daß die Nachgeborenen sagen können: Das war ironisch gemeint!

31 Was indes Asinius beharrlich tat. Dieser Aspekt seines Werks beeindruckte diejenigen, die zu lesen verstanden.

4. Die Kulturpolitik

1 Tacitus, *Annalen* IV 34,5: „rescripta oratione, velut apud iudices".

2 Vielleicht hat jener diese Worte tatsächlich im Senat gesprochen.

3 Vgl. das Stichwort *Vitruvius* in: *RE* VIII A [1961], Sp. 441–446 (doch diese Gleichsetzung ist in der Forschung umstritten).

4 Sueton, *Caesar* 73: „Catullum satis facientem".

5 Tacitus, *Annalen* IV 34: „set ipse divus Iulius, ipse divus Augustus et tulere ista et reliquere". Der Ausdruck „divus Iulius" ist an dieser Stelle kein Zufall. Kurz zuvor hatte Cremutius nämlich gesagt, auf Ciceros *Laus Catonis* habe der „dictator Caesar" geantwortet.

6 Daher sollte die Interpretation von Catulls Gedicht 52 durch Gibbon, Lachmann, Haupt, Fedeli und andere neu bedacht werden, das sich dann wohl auf das Jahr 47 bezieht (vgl. R. Ellis, *A Commentary on Catullus*, Oxford 1889², S. LII). In diesem Gedicht ergießt Catull seinen Spott über Nonius, „kurulischer Magistrat", und Vatinius, der „bei seinem Konsulat falsch schwört". Und im Jahr 47 ist Vatinius nach Caesars Rückkehr aus dem Osten für einige Monate Konsul, und Nonius Asprenas ist Prätor (da er im Jahr 46 Proprätor in Africa war; vgl. *Afrikanischer Krieg* 80,4). Catulls Empörung wäre verständlicher, wenn sie sich gegen einen Vatinius richtete, der tatsächlich Konsul war (nämlich im Jahr 47) und nicht als solcher angekündigt war, ohne es dann wirklich zu werden. Das vermuteten Ellis (S. 178–180) und viele

andere nach ihm, nur damit die biographischen Daten des Catull in dem von Hieronymus überlieferten (und mit Vorsicht zu betrachtenden) Rahmen blieben.

7 „Brutus quia reges eiecit, consul factus est. / Hic [Caesar] quia consules eiecit rex postremo factus est" (Sueton, *Caesar* 80,3) hieß ein Epigramm, das vor dem Attentat auf die Statue Caesars geschrieben wurde.

8 Sueton, *Caesar* 44,2.

9 Sueton, *Caesar* 56,7.

10 Im Jahr 60/59 hatte Varro das Triumvirat heftig attackiert, Caesars politische Meisterleistung und Vehikel seines Aufstiegs.

11 Sueton, *Augustus* 35; Seneca, *Über die Milde* I 9 f.

5. Die Restauration

1 *Erste philippische Rede* 3.

2 *Zweite philippische Rede* 115.

3 *Zweite philippische Rede* 91.

4 Meines Erachtens meint „propter proximum dictaturae metum" (91) den *metus* des Antonius gegenüber dem inzwischen verstorbenen Diktator. Es bezieht sich auf Antonius, das grammatische Subjekt des Satzes. Meines Erachtens wird dies durch die Tatsache bestätigt, daß Cicero von *metus* spricht.

5 Dies war ein Schritt, der die ursprüngliche Bedeutung der römischen Diktatur pervertierte und über Sullas Neuerungen weit hinausging.

6 Seneca, *Der Zorn* I 20,4.

7 Plutarch, *Caesar* 1,1.

8 Die Quelle jedenfalls dürfte Theophanes von Mytilene gewesen sein (*Pompeius* 75).

9 Das liegt auf einer Linie mit dem Gesprächspartner in Senecas *Über die Vorsehung*; dieser will wissen, weshalb guten Menschen so oft Böses widerfährt, wenn doch die Vorsehung die Welt regiert.

10 Plutarch, *Pompeius* 75,4 f.

11 Velleius Paterculus wird sagen, daß dank Augustus „prisca illa et antiqua rei publicae forma" zurückgekehrt sei (II 89,4).

12 Tacitus, *Historien* I 15 f.

13 Cicero, *Atticus-Briefe* VIII 11, 1 f. (27. Februar 49).

14 Sueton, *Augustus* 35,2.

15 Tacitus, *Annalen* XVI 22,2 (66. n. Chr.).

Biographien*

Lucius Afranius

Homo novus aus Picenum im Dienst des Pompeius gegen Sertorius. Prätor im Jahr 72 oder 71, Legat des Pompeius gegen Mithridates VI. (66–61), im Jahr 60 Konsul zusammen mit Quintus Caecilius Metellus Celer. Er erhält Gallien (vielleicht Gallia Cisalpina) als konsularische Provinz, unsicher ist jedoch sein Aufenthalt dort. Ab 53 ist er erneut als Legat des Pompeius in Spanien und befehligt drei Legionen, 49 verteidigt er Ilerda. Nach Caesars Sieg erhält er die Begnadigung, kehrt aber ins Lager des Pompeius zurück. Nach der Schlacht bei Pharsalos flieht er, wird aber gefangengenommen und nach der Schlacht bei Thapsos getötet.

Gaius Amafinius

Verbreitet die epikureische Philosophie in lateinischer Sprache (Cicero, *An seine Freunde* XV 19,2; *Academica posteriora* I 5; *Tuskulanen* I 6; II 7; IV 7).

Titus Ampius Balbus

Ein überzeugter Pompeianer. Er ist im Jahr 63 v. Chr. Volkstribun, 59 Prätor, 58 Prokonsul in Asia (und später vielleicht in Kilikien). Im Jahr 49 sammelt er Truppen in Capua und ist anschließend proprätorischer Legat in Asia. Von Caesar in die Verbannung geschickt, wird er 47/46 auf Betreiben Ciceros zurückgerufen. Von seinen Gegnern „Trompete des Bürgerkriegs" genannt (Cicero, *An seine Freunde* VI 12,3), verfaßt er Sueton zufolge (*Caesar* 77) Biographien oder Erinnerungen.

Gaius Antonius Hybrida

Sohn des Rhetors Marcus Antonius, Bruder des Marcus Antonius Creticus und Onkel des Marcus Antonius, des späteren Trimvirn. Er ist vielleicht im Jahr 84 Präfekt in Asia unter Sulla, Quästor vor dem Jahr 70, als er wegen Korruption und Erpressung aus dem Senat ausgeschlossen wird. Im Jahr 68 ist er Volkstribun, 66 Prätor, 63 zusammen mit Cicero Konsul. Gegenüber den Catilinariern nimmt er eine ambivalente Haltung ein, wird jedoch im Jahr 62 nach dem Sieg über Catilina zum *imperator* ausgerufen. Zwischen 62 und 60 ist er Prokonsul in

---

* Erstellt von M. Stefania Montecalvo

Makedonien. Im Jahr 59 wird er trotz seiner Verteidigung durch Cicero wegen Teilnahme an der Verschwörung des Catilina und wegen Unterschlagung in Makedonien in die Verbannung geschickt. Zu seinen Anklägern zählen Gnaeus Lentulus Clodianus, Marcus Caelius Rufus, wahrscheinlich auch Caninius Gallus und Quintus Fabius Maximus. Erst 44 wird er von Caesar aus dem Exil zurückgeholt und erhält seinen Sitz im Senat zurück. Im Jahr 42 ist er Zensor zusammen mit Publius Sulpicius, dann verlieren sich seine Spuren. Zu seinem Beinamen Hybrida vgl. Plinius, *Naturkunde* VIII 213.

Gaius Aurelius Cotta

Neffe von Publius Rutilius Rufus und Bruder von Lucius und Marcus Aurelius Cotta. Zusammen mit Livius Drusus und Sulpicius Rufus gehört er zum engeren Kreis um Crassus. Von Varius in die Verbannung geschickt, kehrt er mit Sulla zurück. Konsul im Jahr 75, gewinnt er die alten Rechte der Volkstribunen teilweise zurück. Statthalter in Gallia Cisalpina; er stirbt, bevor er seinen Triumph zugesprochen erhält.

Marcus Calpurnius Bibulus

Amtskollege Caesars als kurulischer Ädil (65 v. Chr.), als Prätor (62) und als Konsul 59 v. Chr, wo er sich als Kandidat der Nobilität gegen Lucius Lucceius durchsetzt. Auseinandersetzungen mit Caesar während des gemeinsamen Konsulats zunächst wegen der Ackergesetze, dann wegen Caesars Gesetzgebung überhaupt. Aus Protest schließt er sich zu Hause ein und erläßt Edikte, die ein geregeltes politisches Leben unmöglich machen sollen. In der Folge ein glühender Anhänger der Optimaten, schlägt er 52 Pompeius zum *consul sine collega* vor. 51–49 ist er Statthalter in Syrien, aber trotz der Bemühungen seines Schwiegervaters Marcus Porcius Cato (er hat dessen Tochter Porcia geheiratet) erhält er keinen Triumph. Im Jahr 49 steht er an der Spitze einer riesigen Flotte, kann aber Caesars Ankunft in Epirus nicht verhindern. Er stirbt im Jahr 48. Von seinen drei Söhnen aus erster Ehe kommen zwei in Alexandria ums Leben. Sein Sohn aus der Ehe mit Porcia schreibt eine Biographie über Marcus Iunius Brutus, Porcias zweiten Gemahl.

Gaius Calpurnius Piso

Angeklagt wegen *ambitus*, dann aber freigesprochen, ist er im Jahr 72 oder 71 v. Chr. Praetor urbanus, im Jahr 67 als Konsul Widersacher der Anhänger des Pompeius: insbesondere der Volkstribunen Gaius Cornelius und Aulus Gabinius sowie des Marcus Lollius Palicanus, dessen Kandidatur zum Konsulat er zu verhindern weiß. Er bringt die *Lex Cornelia de ambitu* auf den Weg. Als prokonsularische Provinzen werden ihm die beiden Gallien zugesprochen, wo er sich bis 65 aufhält. Er besiegt die Allobroger und unterstützt Cicero (der ihn wegen der Niederschlagung der Unruhen in Transpadanien verteidigen wird) gegen die

Catilinarier. Im Jahr 61 gestattet ihm Marcus Pupius Piso, als erster im Senat zu sprechen. Nach 59 verlieren sich seine Spuren.

Quintus Cassius Longinus

Vetter des Caesarmörders Cassius, 52 Quästor in Hispania Ulterior im Dienste des Pompeius. Im Jahr 49 ist er Volkstribun und geht zu Caesar, der ihn zum Statthalter von Hispania ulterior ernennt. Ein Aufstand von Provinzialen und Soldaten überrascht ihn während der Vorbereitung eines Feldzugs gegen Iuba. Ihm zu Hilfe eilen Bogud und Marcus Aemilius Lepidus. Bei Ankunft seines Stellvertreters Gaius Trebonius im Jahr 47 flieht er mit der Staatskasse, erleidet jedoch Schiffbruch und stirbt.

Quintus Caecilius Metellus Celer

Enkel von Quintus Metellus Celer Balearicus, Tribun im Jahr 72 oder 68, Ädil im Jahr 67, Legat unter Pompeius im Jahr 66, Praetor urbanus im Jahr 63 und Augur; er beendet den Prozeß gegen Rabirius. Mit einem Kommando gegen die Catilinarier betraut, wird er nach Gallia Cisalpina geschickt. Unterstützt Nepos gegen Cicero (*An seine Freunde* V 1 f.). Im Jahr 60 Konsul. Gegner des Pompeius, der sich von seiner Schwester Mucia Tertia hat scheiden lassen. Im Jahr 59 Gegner von Caesars Programm. Er stirbt vor seiner Ankunft in der ihm verliehenen Provinz Gallia Transalpina. Verheiratet mit einer Schwester von Clodius.

Quintus Caecilius Metellus Pius Scipio Nasica

Sohn des Publius Cornelius Scipio Nasica, später von Quintus Metellus Pius adoptiert. Im Jahr 59 Tribun, 55 Prätor, 53 Interrex, Kandidat für den Konsulat des Jahres 52, als Pompeius *consul sine collega* ist. Er verbindet sich mit Pompeius und gibt ihm seine Tochter zur Frau. Von der Anklage wegen *ambitus* wird er dank Pompeius freigesprochen. Schließlich wird er dessen Kollege für den Rest des Jahres. Er greift im Jahr 49 Caesar im Senat an. Im Jahr 48 erhält er vom Senat Syrien. Mit zwei Legionen in Pharsalos befehligt er die mittleren Schlachtreihen. Er flieht nach Africa und fällt bei Thapsos.

Titus Catius

Er stammt aus Gallia Cisalpina und findet als überzeugter Epikureer Erwähnung bei Cicero (*An seine Freunde* XV 16), Quintilian (X 1,24) und Plinius (*Briefe* IV 28). Ihm werden vier Bücher *De rerum natura et de summo bono* zugeschrieben.

Appius Claudius Pulcher

Sohn von Appius Claudius Pulcher (Konsul im Jahr 143) und Vater von Publius Clodius. 89 oder 88 Prätor. Unter Berufung auf die *Lex Plautia Papiria* gewinnt er Verbündete unter den römischen Bürgern. Widersacher von Lucius Cornelius Cinna, verläßt er Rom im Jahr 87, wird für geächtet erklärt und aus dem Senat verbannt. Er kehrt mit Sulla zurück, wird 79 Konsul und erhält die Provinz Makedonien. 77 Interrex. Im Jahr 76 erringt er einige militärische Siege, wird aber schwer verwundet. Er stirbt noch im selben Jahr.

Appius Claudius Pulcher

Ältester Sohn von Appius Claudius Pulcher (Konsul 79). Unter Licinius Lucullus 72–70 im Osten. Im Jahr 57 Prätor, unterstützt er seinen Bruder Publius Clodius. 56–55 ist er Statthalter von Sardinien, 54 Konsul und mit Gaius Memmius und Gnaeus Domitius Calvinus (Kandidaten für das Jahr 53) in einen Wahlskandal verwickelt. 53–51 Statthalter von Kilikien, von Dolabella wegen *maiestas* in Kilikien und wegen *ambitus* bei seiner Kandidatur für die Zensur angeklagt, aber von Pompeius, Brutus und anderen unterstützt. Im Jahr 50 wird er zusammen mit Lucius Calpurnius Piso Zensor. 49 folgt er Pompeius und stirbt im Jahr 48 als Prokonsul in Griechenland. Er ist Verfasser eines Cicero gewidmeten Traktats über das Auguralrecht.

Cornelia

Tochter Cinnas, heiratet sechzehnjährig Caesar, mit dem sie eine Tochter, Iulia, hat. Sulla versucht, Caesar zur Scheidung von ihr zu bewegen. Sie stirbt im Jahr 68 während Caesars Quästur. Caesar hält ihr zu Ehren eine Leichenrede.

Lucius Cornelius Balbus

Stammt aus Cadiz (Spanien) und erhält dank Pompeius, den er gegen Sertorius unterstützt hat, das römische Bürgerrecht; wird im Jahr 72 v. Chr. Pompeius' Stellvertreter. Im Jahr 61 (oder 62) ist er *praefectus fabrum* (Feldzeugmeister) Caesars; im Jahr 60 unterstützt er das Bündnis zwischen Pompeius, Crassus und Caesar und neigt immer mehr zu Caesars Seite. Im Jahr 59 erneut *praefectus fabrum* Caesars, dessen Interessen in Rom er vertritt. Im Jahr 56 wegen unrechtmäßigen Erwerbs des Bürgerrechts vor Gericht gestellt, wird er von Cicero verteidigt (*Pro Balbo*). Er bemüht sich darum, Cicero und Lentulus Crus für Caesar zu gewinnen (zwischen 50 und 49 v. Chr.). Nach der Schlacht bei Pharsalos nimmt er zusammen mit Oppius Caesars *public relations* wahr. Nach Caesars Tod unterstützt er Octavian, bekleidet im Jahr 40 den Konsulat als *primus exterorum* (Plinius VII 43), als erster Provinziale. Im Jahr 32 noch am Leben. Seine literarischen Interessen bezeugt sein Briefwechsel mit Cicero.

Lucius Cornelius Cinna

Aus einem Patriziergeschlecht stammend, zeichnet er sich im Bundesgenossenkrieg aus und wird 87 v. Chr. gegen Sullas Widerstand Konsul. Führer der Popularen zusammen mit Publius Sulpicius Rufus (Volkstribun im Jahr 88) und Marius; nach dem Scheitern des großen Reformprogramms von Marcus Livius Drusus im Jahr 91 versucht er als Konsul die sullanische Gesetzgebung des Vorjahres (unter Sullas Konsulat) abzuschmettern. Er stößt auf den Widerstand seines Amtskollegen Gnaeus Octavius und wird abgesetzt; statt seiner wird Lucius Cornelius Merula Konsul. Mit Gnaeus Papirius Carbo, Quintus Sertorius und Marius marschiert er auf Rom und besetzt die Stadt (nach dem Tod von Gnaeus Pompeius Strabo und Quintus Caecilius Metellus Pius). Er nimmt Rache an seinen Gegnern. Im Jahr 86 wird er zusammen mit Marius erneut Konsul, nach dessen Tod mit Lucius Valerius Flaccus, der später gegen Mithridates VI. in den Krieg geschickt wird. Er setzt soziale Reformen durch, bewirkt aber keinen Aufschwung nach der wirtschaftlichen Krise infolge des Bundesgenossenkriegs und des Kriegs gegen Mithridates. Erneut Konsul 85 und 84, setzt er den Krieg gegen Mithridates fort und bemüht sich um Verhandlungen mit Sulla. Im Jahr 84 bricht er nach Liburnia auf (eine an das nördliche Dalmatien angrenzende Region), kommt aber bei einer Meuterei ums Leben.

Gnaeus Cornelius Dolabella

Nach einem Aufenthalt im Osten im Dienst Sullas wird er 81 v. Chr. Konsul. Er ist Statthalter in Makedonien und erhält im Jahr 78 einen Triumph. Caesar verklagt ihn wegen Ausbeutung der Provinz (*repetundae*), aber ohne Erfolg.

Publius Cornelius Dolabella

Geboren im Jahr 69 oder früher. In seiner Jugend führt er ein ausschweifendes Leben und wird zweimal von Cicero verteidigt. Im Jahr 50 Scheidung von seiner Frau und Heirat mit Ciceros Tochter Tullia. Im gleichen Jahr geht er erfolglos gegen Appius Claudius Pulcher vor. 46 Scheidung von Tullia. Bis 49 Zusammenarbeit mit Caesar, erfolgloses Flottenkommando in der Adria. Er kehrt krank nach Italien zurück und läßt sich von dem Plebeier Lentulus adoptieren, um im Jahr 47 Volkstribun werden zu können. Während seines Tribunats kommt es zu schweren Unruhen, als Dolabella einen Gesetzesvorschlag zur Schuldentilgung einbringt. Dennoch ist er mit Caesar in Africa (47–46 v. Chr.) und in Spanien (46–45), wo er schwer verwundet wird. Vor dem Partherfeldzug wird er gegen den Widerstand des Antonius zum Ersatzkonsul Caesars ernannt. Nach Caesars Tod verhandelt er mit dessen Mördern. Er erhält für fünf Jahre das Kommando in Syrien. Auf seinem Weg nach Asia ermordet er auf brutale Weise den Prokonsul Gaius Trebonius (Januar 43) und wird deshalb vom Senat zum Staatsfeind erklärt. Im selben Jahr geht er nach Syrien. Trotz Kleopatras Beistand wird er von Cassius in Laodikeia belagert und begeht im Juli im Angesicht der Niederlage Selbstmord.

Lucius Cornelius Lentulus Crus

Bruder von Publius Cornelius Lentulus Spinther. Im Jahr 58 Prätor, 49 Konsul, zählt er zu den Feinden Caesars. Er wird vom Senat nach Asia geschickt, trifft mit zwei Legionen in Dyrrhachium (Durazzo) ein, wo Lucius Cornelius Balbus vergebens versucht, ihn auf Caesars Seite zu ziehen. Nach der Schlacht bei Pharsalos geht er nach Ägypten und stirbt dort am Tag nach Pompeius' Ermordung. Er liebt das Luxusleben und ist daher hoch verschuldet.

Publius Cornelius Lentulus Spinther

Quästor im Jahr 74 v. Chr., 63 unter dem Konsul Cicero Ädil, Praetor urbanus im Jahr 60. Er wird als Prokonsul nach Spanien geschickt und auf Betreiben Caesars zum Pontifex ernannt. Als Konsul setzt er sich im Jahr 57 für die Rückkehr Ciceros aus der Verbannung ein und hilft ihm auch bei der Rückgewinnung der seinerzeit konfiszierten Güter. Im Jahr 56 Prokonsul in Kilikien, wird er mit der Mission betraut, Ptolemaios XII. Auletes auf den Thron zurückzuführen, letztlich aber erhält Aulus Gabinius den Auftrag. Im Jahr 51 erhält er einen Triumph. Er wird in Corfinium von Caesar gefangengenommen und schließt sich nach seiner Freilassung erneut Pompeius an. Er stirbt kurz nach der Schlacht bei Pharsalos, vielleicht durch Caesars Hand.

Faustus Cornelius Sulla

Sohn des Sulla und der Caecilia Metella. Er leistet im Jahr 63 Militärdienst unter Pompeius mit Schwerpunkt in Jerusalem. Nach seiner Rückkehr im Jahr 60 veranstaltet er zur Erinnerung an seinen Vater prachtvolle Spiele; er wird Augur. Im Jahr 54 ist er Quästor, unterstützt 52 Milo und widmet sich dann dem Wiederaufbau der Kurie, die während der Begräbnisfeier des Clodius abgebrannt war. Im Bürgerkrieg steht er auf der Seite des Pompeius, flieht nach der Niederlage bei Pharsalos nach Africa und wird nach der Schlacht bei Thapsos gefangengenommen und von Publius Sittius getötet.

Lucius Cornelius Sulla

Geboren im Jahr 138 als Sohn einer eher unbedeutenden patrizischen Familie. Eine Erbschaft erlaubt es ihm, eine politische Karriere einzuschlagen. Im Jahr 107 als Quästor und dann 104 und 103 beweist er im numidischen Krieg und im Krieg gegen die Germanen unter Marius seine militärischen Fähigkeiten. Erst im Jahr 97 Praetor urbanus und 96–92 Prokonsul in Kilikien, erhält er im Jahr 91 die Unterstützung des Senats gegen Marius. Er zeichnet sich im Bundesgenossenkrieg aus. Im Jahr 89 erhält er, unterstützt von den Metellern, den Konsulat für das Jahr 88. Der Tribun Publius Sulpicius Rufus entzieht ihm das Kommando im Krieg gegen Mithridates und überträgt es Marius. Daraufhin marschiert Sulla auf Rom und besetzt die Stadt gewaltsam, womit er auch seine Anhänger vor den Kopf stößt. Mit Waffengewalt setzt er eine Gesetzgebung zugunsten der *factio* der Optimaten durch. Zum Konsul für das Jahr 87 jedoch wird Cinna gewählt (siehe dort). Er verläßt Rom und segelt nach Griechenland. Obwohl ihn Cinna zum Staatsfeind erklärt, setzt er seinen Feldzug gegen Mithridates fort. Im Jahr 86 besetzt und plündert er Athen. Nach Cinnas Tod im Jahr 84 kehrt er nach Italien zurück, um es in seine Gewalt zu bringen. Nach einer siegreichen Schlacht am Collinischen Tor besetzt er erneut Rom und wird von dem Interrex Lucius Valerius Flaccus in einem nicht gerade rechtmäßigen Verfahren zum Diktator ernannt. Flaccus wird sein *magister equitum*. Seine Gegner verfolgt er erbarmungslos mit Proskriptionen. Während seiner Diktatur (82–79) setzt er Verfassungsreformen durch, um die Herrschaft der senatorischen Oligarchie wiederherzustellen: Er nimmt 300 neue Mitglieder aus dem Ritterstand in den Senat auf und regelt die Ämterkarriere neu; von nun an muß der Senat neue Gesetze billigen, die Befugnisse der Volkstribunen werden stark eingeschränkt, der Senat erhält die Strafgerichtsbarkeit zurück, die militärische Gewalt wird ausschließlich den Prokonsuln und Proprätoren in den Provinzen übertragen und den amtierenden Konsuln und Prätoren entzogen. Im Jahr 79 legt er, vielleicht von den eigenen Anhängern verdrängt, die Diktatur nieder und stirbt wenig später.

Cossutia

Caesars Verlobte, die er verstieß, bevor er *flamen Dialis* wurde (dafür mußte er mit einer Patrizierin verheiratet sein). Cossutia stammte aus einer Bildhauer- und Architektenfamilie, die kurz zuvor in den Ritterstand aufgestiegen war.

Gnaeus Domitius Ahenobarbus

Sohn des Lucius, an dessen Seite er im Jahr 49 in Corfinium kämpft und von Caesar ebenfalls begnadigt wird. Im Jahr 44 ist er mit Brutus in Makedonien, 43 wird er wegen Beteiligung an der Ermordung Caesars vor Gericht gestellt. Als Flottenkommandant in der Adria gegen die Triumvirn 44–42 tut er sich nach Abschluß des Vertrags von Brindisi (Brundisium) mit Antonius zusammen. Zwischen 40 und 35 (vielleicht auch länger) ist er Statthalter von Bithynien. 32 Konsul, widersetzt er sich der Beteiligung Kleopatras am Krieg des Antonius gegen Octavian. Er stirbt nach der Schlacht bei Actium 30 v. Chr.

Lucius Domitius Ahenobarbus

Cicero lobt ihn in den *Reden gegen Verres* als *princeps iuventutis* (ab 65 ist er ihm bei seinem Aufstieg zum Konsul behilflich [*Atticus-Briefe* I 1,4]). Im Jahr 58 ist er Prätor und strengt gegen Caesar wegen dessen Vergehen im Jahr 59 erfolglos einen Prozeß an. Im Jahr 56 stellt er den Antrag, Caesar aus Gallien zurückzurufen. Er kandidiert für den Konsulat des Jahres 55, zieht aber nach Lucca seine Kandidatur für ein Jahr zurück. Als Konsul im Jahr 54 wird er zusammen mit seinem Kollegen Appius Claudius Pulcher in einen Wahlskandal verwickelt. Im Jahr 50 wird er Pontifex. Für das Jahr 49 wird ihm Gallien zugesprochen (anstelle Caesars), aber nach Caesars Überschreiten des Rubikon sammelt er das Heer in Corfinium. Pompeius kommt seinem Hilfsgesuch nicht nach, daher muß Domitius vor Caesar kapitulieren, wird aber geschont und ohne Waffen freigelassen. Anschließend verteidigt er Marseille (Massilia) und flieht nach Caesars Eroberung der Stadt nach Griechenland. Er kämpft in der Schlacht bei Pharsalos und kommt auf der Flucht ums Leben. Seine Frau ist eine Porcia, sein Sohn Gnaeus Domitius Ahenobarbus.

Aulus Hirtius

Offizier im Dienst Caesars ab 54 v. Chr., im Dezember 50 von ihm zu Pompeius geschickt. Während des Bürgerkriegs ist er in Spanien und wird vielleicht im Jahr 48 Volkstribun. Im Frühjahr 47 ist er im syrischen Antiochia, 46 Prätor; im Jahr 45 befindet er sich in Gallia Transalpina. Noch vor Caesar zum Konsul des Jahres 43 designiert, drängt ihn Cicero im Jahr 43, sich gegen Marcus Antonius zu stellen. Mit Octavian ist er in Mutina (Modena), wo er ums Leben kommt. Zusammen mit Pansa erhält er ein feierliches Leichenbegängnis. Ihm wird das achte Buch des *Gallischen Kriegs* zugeschrieben, und er wird auch als potentieller Verfasser des *Bellum Alexandrinum* genannt. Er ist Briefpartner Ciceros und schreibt im Auftrag Caesars einen *Anticato*.

Quintus Hortensius Ortalus

Geboren 114 v. Chr., ist er einer der bedeutendsten Redner Roms. Nimmt am Bundesgenossenkrieg teil und zeichnet sich als Anwalt während Sullas Abwesenheit von Rom aus. Später zählt er zu dessen Anhängern, ist aktiv in den Gerichtshöfen der sechziger Jahre und berühmt wegen seiner „asianischen" Beredsamkeit. Im Prozeß gegen Verres wird er von Cicero überwunden, der später sein Freund wird. Im Jahr 69 ist er Konsul. Eng verbunden mit den Optimaten, stellt er sich gegen die Zuteilung außerordentlicher Kommandos an Pompeius und nimmt zusammen mit Cicero an zahlreichen Prozessen teil. Er zieht sich immer mehr aus der Politik zurück und widmet sich einem Leben in Luxus und Genuß: Zu seinen Hobbys zählt die Fischzucht. Er stirbt im Jahr 49. Cicero erinnert an ihn zu Beginn seines *Brutus* und widmet ihm den *Hortensius*.

Iugurtha

Adoptivsohn des Numiderkönigs Micipsa. Nach dem Tod seines Vaters 118 v. Chr. regiert er zusammen mit seinen Stiefbrüdern Adherbal und Hiempsal. Er läßt Hiempsal ermorden und zwingt Adherbal, den Teil des Reiches zu akzeptieren, der eigentlich ihm zugesprochen ist. Adherbal flieht nach Rom, wo er seine Sache vertritt. Die „numidische Frage" (116) stellt sich. Der Senat spricht Adherbal den östlichen und ertragreicheren Teil Numidiens zu. Iugurtha eröffnet die

Feindseligkeiten und greift den Bruder in Cirta an (112). Trotz Intervention des Senats erstürmt Iugurtha Cirta und tötet auch die italischen Bewohner. Daraufhin schickt Rom im Jahr 111 den Konsul Lucius Calpurnius Bestia nach Afrika, doch ohne Erfolg. Nach einem kurzzeitigen Aufenthalt Iugurthas in Rom kommt es ab 110 erneut zu Kämpfen und Niederlagen der Römer. Im Jahr 109 verbündet sich Iugurtha mit dem mauretanischen König Bocchus. Als Konsul hat im Jahr 107 Marius den militärischen Oberbefehl in diesem Krieg inne, aber erst 104 gelingt es Sulla, in Verhandlungen Bocchus zur Auslieferung Iugurthas zu bewegen, der am Triumphzug des Marius als Gefangener teilnimmt und anschließend hingerichtet wird.

Iulia

Aus patrizischer Familie stammend (sie ist die Tochter eines Caesar und einer Marcia) heiratet sie Gaius Marius nach dessen siegreichem Spanienfeldzug (114–113). So wird der *homo novus* in eine Patrizierfamilie aufgenommen, die sich auf göttlichen Ursprung zurückführt. Mutter des Gaius Marius, der im Jahr 82 Konsul ist. Sie stirbt im Jahr 69. Zu ihren Ehren hält ihr Neffe Caesar eine *laudatio* (Leichenrede), in der er das Geschlecht der Caesaren und Marius verherrlicht.

Publius Licinius Crassus

Sohn von Marcus Licinius Crassus. Im Jahr 58 mit Caesar als *praefectus equitum* in Gallien, 57 als Legat. Von entscheidender Bedeutung ist sein Feldzug gegen Ariovist. Im Jahr 57 kämpft er gegen die gallischen Stämme der Normandie und der Bretagne, 56 besiegt er die Aquitaner und kehrt nach Rom zurück, um die Kandidatur des Pompeius und seines Vaters Crassus zu unterstützen. Im Jahr 55 heiratet er Cornelia, Tochter des Quintus Metellus Pius Scipio (die spätere Ehefrau des Pompeius). Er befehligt im Jahr 53 zusammen mit seinem Vater ein Kavalleriekorps in Parthien, wo er den Tod findet.

Quintus Lutatius Catulus

Sohn des gelehrten Quintus Lutatius Catulus. Er flieht bei Cinnas Rückkehr im Jahr 87 aus Rom, kehrt dann zurück und wird Ädil. Er verbündet sich mit Sulla und arrangiert den Tod des Marcus Marius Gratidianus (der den Vater des Catulus zum Selbstmord gezwungen hat). Konsul im Jahr 78; Auseinandersetzungen mit seinem Amtskollegen Marcus Aemilius Lepidus. Er läßt ein Gesetz gegen Gewalttätigkeit verabschieden. Für Sulla organisiert er ein feierliches Begräbnis und schlägt den Aufstand des Lepidus nieder. Als anerkannter Führer der Optimaten setzt er sich für die Beibehaltung der sullanischen Verfassung ein und stimmt lediglich einer Modifizierung der vollständig aus Senatoren zusammengesetzten Geschworenengerichte zu (70 v. Chr.). Er bekämpft hartnäckig das Gesetz des Gabinius (67) und des Manilius (66) über die Erteilung von *imperia extra ordinem* an Pompeius. Im Jahr 65 widersetzt er sich als Zensor dem Antrag des Crassus, den Transpadanern das Bürgerrecht zu verleihen und Ägypten zu annektieren. Im Jahr 63 unterliegt er Caesar bei der Wahl zum *pontifex maximus*. Erfolglos bemüht er sich, Caesar als Catilinarier in Verruf zu bringen. Auch im Senat erfolglos, stirbt er im Jahr 61.

Gaius Marius

Geboren im Jahr 157 in Arpinum (einer Stadt, die 188 das römische Bürgerrecht erhält), wo seine Familie Ländereien besitzt. Er zeichnet sich vor Numantia unter Scipio und als Klient der Meteller aus, die seine politische Laufbahn fördern. 119 macht er sich als Volkstribun die Meteller zu Feinden. 115 wird er Prätor. 111 heiratet er Iulia, Caesars Tante. Versöhnt mit den Metellern, folgt er Quintus Metellus Macedonius nach Africa in den Krieg gegen Iugurtha (109). Im darauffolgenden Jahr überredet er Metellus, ihn zur Bewerbung um den Konsulat zurückkehren zu lassen. In Rom verleumdet er die Meteller und wird im Jahr 107 zum Konsul gewählt. Die Tributkomitien übertragen ihm das Kommando über das Heer in Africa. Er reformiert das Heer, indem er es auch für die *capite censi* (besitzlose Proletarier) zugänglich macht, die vom Staat ausgerüstet werden. Er siegt gegen Iugurtha; Triumph im Jahr 104. Konsul bis 101, besiegt er die Kimbern und Teutonen (102 und 101). Als Konsul verbündet er sich im Jahr 101 mit den Optimaten und läßt Saturninus fallen, der die Zuschreibung von Land für die Veteranen des Marius gefordert hat. Aber er ist auch gegen eine Rückkehr des verbannten Metellus und verscherzt sich so die Unterstützung der Optimaten wie der Popularen gleichermaßen. Nach einem Aufenthalt in Kleinasien kehrt er nach Rom zurück. Er zieht sich aus dem Bundesgenossenkrieg zurück, weil er den Oberbefehl nicht erhält. Er hofft auf den Konsulat für das Jahr 88 und verbündet sich mit Sulpicius Rufus, um in die Politik zurückzukehren. Obwohl Sulla Konsul ist, erwirkt Sulpicius für Marius das Kommando für den Krieg im Osten. Sulla besetzt daraufhin Rom (siehe *Cornelius Sulla*). Marius flieht nach Africa. Nach der Vertreibung Cinnas kehrt Marius nach Italien zurück, sammelt Truppen in Etrurien, verbündet sich mit Cinna und besetzt Rom. Im Jahr 86 zusammen mit Cinna Konsul, plant er einen Feldzug in den Osten, stirbt aber, bevor er das Kommando übernehmen kann.

Gaius Memmius

Ehemann von Fausta, Sullas Tochter. Gegner der Luculli während seines Tribunats im Jahr 66 und Gegner Caesars während seiner Amtszeit als Prätor 58. Im Jahr 57 ist er Statthalter in Bithynien. Das politische Bündnis mit der *pars Sullana* löst sich im Jahr 55 auf, als er sich von Fausta scheiden läßt. Mit Unterstützung Caesars kandidiert er für den Konsulat des Jahres 53, stürzt aber über einen Wahlskandal. Wegen *ambitus* verurteilt, geht er nach Athen ins Exil (wo er, Cicero zufolge, anstelle von Epikurs Haus ein neues Gebäude errichten will). Er stirbt vor 46. Er ist eng verbunden mit Intellektuellen wie Catull und Helvius Cinna, und ihm ist Lukrez' *De rerum natura* zugeeignet.

Gaius Oppius

Ritterlichen Standes. Als Anhänger Caesars ist er verantwortlich für die Beziehungen zu anderen Politikern. Er steht mit Cicero in Kontakt und unterstützt nach Caesars Tod Octavian. Verfasser zahlreicher Biographien (von Publius Cornelius Scipio Africanus, Caesar und Cassius) und einer Schmähschrift, mit der er nachzuweisen sucht, daß „Kaisarion" nicht Caesars Sohn ist. Ihm werden die drei *Bella* zugeschrieben (Sueton, *Caesar* 56).

Quintus Pedius

Wahrscheinlich aus Kampanien stammend, ist er der Sohn eines Ritters und von Caesars älterer Schwester Iulia (Sueton, *Caesar* 83, jedoch schreibt, er sei ihr Enkel). Er ist Caesars Legat in Gallien (58–55) und im Jahr 49 sein Anhänger. Als Prätor im Jahr 48 bekämpft er Milo. Im Jahr 46 hat er zusammen mit Quintus Fabius Maximus das Kommando über Caesars Heer in Spanien, 45 ist er in Munda. 44 vermacht ihm Caesar ein Achtel seines Erbes, das er aber dann Octavian überläßt. Er ist im Jahr 43 zusammen mit ihm Konsul (ab dem 19. August) und kämpft gegen die Caesarmörder. Er hat das Kommando in Rom, während in Bologna (Bononia) Verhandlungen zwischen Octavian, Lepidus und Marcus Antonius stattfinden. Er stirbt unter ungeklärten Umständen, als ihm die Aufgabe zugeteilt wird, Proskriptionen durchzuführen.

Marcus Petreius

Als er im Jahr 63 v. Chr. Legat des Gaius Antonius Hybrida ist und Catilina in Pistoia (Pistoria) besiegt, liegt bereits eine lange militärische Laufbahn hinter ihm. Im Jahr 59 bekämpft er Caesars Agrargesetz. Ab 55 ist er als Legat des Pompeius in Hispania ulterior, im Jahr 49 kämpft er mit seinen beiden Legionen zusammen mit Afranius gegen Caesar. Er organisiert den Widerstand in Ilerda. Unklar ist, ob er auch an der Schlacht bei Pharsalos teilnimmt. 48 schließt er seine Truppen mit Faustus Cornelius Sulla und Marcus Porcius Cato in Petra zusammen und macht sich mit dem Schiff nach Africa zu den anderen Pompeianern auf. Nach der Schlacht bei Thapsos tötet er Iuba und nimmt sich dann das Leben.

Gaius Scribonius Curio

Volkstribun im Jahr 90; unter Sulla im Osten, bereichert er sich bei den Proskriptionen. Im Jahr 76 Konsul und Gegner des Gnaeus Sicinius, kämpft er in Makedonien und erhält 73 einen Triumph zugesprochen. Verteidiger des Verres. Als Zensor im Jahr 61 verteidigt er Clodius, sehr zum Ärger Ciceros, der gegen ihn eine Schmähschrift verfaßt, ihn dann aber in der Verbannung um Hilfe bittet. Erbitterter Widersacher Caesars bis zu seinem Tod im Jahr 53.

Gaius Scribonius Curio

Sohn des Konsuls von 76, Freund des Clodius und nach dessen Tod Gemahl der Fulvia. Er steht in guter Beziehung zu Marcus Antonius und stammt aus den Reihen der Optimaten; er wird verwickelt in die Affäre des Lucius Vettius. Im Jahr 54 Quästor, im Jahr 50 Volkstribun auf seiten Caesars. Er bemüht sich, die Konfrontation zu vermeiden, indem er beide auffordert, ihr Heer abzugeben. Bei der Abstimmung im Senat sind 370 dafür und 22 dagegen, aber der Konsul Gaius Claudius Marcellus ignoriert den Senatsbeschluß. Im Jahr 49 steht er im Dienst Caesars, später ist er dessen Proprätor in Sizilien und dann in Africa. Nach anfänglichen Erfolgen wird er gefangengenommen und von Iuba getötet.

Servilia

Tochter des Quintus Servilius Caepio und der Livia (der Tochter des Marcus Livius Drusus und Mutter von Marcus Porcius Cato). Geboren im Jahr 100 v. Chr., heiratet sie Marcus Iunius Brutus und hat mit ihm einen Sohn, Marcus Iunius Brutus. Später heiratet sie Decimus Iunius Silanus, von dem sie drei Töchter hat, später verheiratet mit Publius Servilius Isauricus, Marcus Aemilius Lepidus und Gaius Cassius Longinus (dem Caesarmörder). Sie ist jahrelang Caesars Geliebte, und es gibt Gerüchte, Brutus sei Caesars Sohn. Sie steht in Kontakt zu den Tyrannenmördern. Nach der Schlacht von Philippi verlieren sich ihre Spuren.

Publius Servilius Isauricus

Sohn des Publius Servilius Vatia Isauricus; Prätor im Jahr 54; Anhänger von Marcus Porcius Cato. Er tritt auf die Seite Caesars über und ist im Jahr 48 mit ihm zusammen Konsul. Er stellt sich den von Marcus Caelius Rufus verursachten Unruhen entgegen. Im Jahr 46 erhält er die Statthalterschaft der Provinz Asia (aus dieser Zeit ist ein Briefwechsel mit Cicero erhalten). Nach Caesars Tod betrachtet ihn Cicero als potentiellen Verbündeten. Servilius hält sich dagegen an Octavian, dem er seine Tochter als Ehefrau verspricht (was Octavian später ablehnt), und versöhnt sich mit Antonius. Dieses Lavieren bringt ihm im Jahr 41 den zweiten Konsulat ein (es ist das Jahr des Perusinischen Kriegs, in dem er sich geschickt verhält).

Lucius Vettius

Aus Picenum stammender Angehöriger des *ordo equester*; Dienst unter Gnaeus Pompeius Strabo (dem Vater des Pompeius Magnus) und unter Sulla. Er steht in Kontakt zu Catilina, an dessen Verschwörung er beteiligt ist, hilft aber auch Cicero und denunziert Caesar. Im Jahr 59 deckt er eine Verschwörung gegen Pompeius auf; er denunziert unter anderem die beiden Curios und Lucullus. Er wird diskreditiert, verhaftet und stirbt unter mysteriösen Umständen.

Chronologie*

Vorbemerkung: Die Ereignisse im Leben Caesars bis zum Ende des Gallienfeldzugs lassen sich zumeist nur über Indizien erschließen. Für die Jahre des Bürgerkriegs dagegen liefern die Quellen, insbesondere die *commentarii*, häufig sehr genaue Angaben. In diesen Fällen folgt die Datierung (in dieser Reihenfolge) dem römischen Kalender der vorjulianischen Zeit und dem iulianischen Kalender (nach den Systemen von Le Verrier und Groebe).

Der römische vorjulianische Kalender basierte auf dem Mondjahr mit 355 Tagen. Alle zwei Jahre wurde ein Monat mit 22 (bzw. 23) Schalttagen eingefügt, so daß in einem Zyklus von vier Jahren ein Jahr eine Durchschnittsdauer von 366,25 Tagen hatte und die Angleichung an das Sonnenjahr gewährleistet war. Die Willkür dieser Schaltungen, die von den Oberpriestern durchgeführt wurden, führte jedoch zu einer immer größeren Diskrepanz zwischen dem bürgerlichen und dem astronomischen Kalender. Erst mit der im Jahr 46 durchgeführten Kalenderreform Caesars, die mit dem 1. Januar 45 in Kraft trat, wurden die Unstimmigkeiten der beiden Kalender endgültig aufgehoben (zu den Problemen des römischen Kalenders vgl. P. Brind'Amour, *Le Calendrier romain. Recherches chronologiques*, Ottawa 1983). Um die Daten des vorjulianischen und des iulianischen Kalenders verläßlich umzurechnen, wurden zwei unterschiedliche Systeme verwendet: das von U. Le Verrier (das von Napoleon III. übernommen wurde: *Histoire de Jules César*, Bd. II, Paris 1866, S. 456–486) und das von P. Groebe (vgl. W. Drumann u P. Groebe, *Geschichte Roms in seinem Übergange von der republikanischen zur monarchischen Verfassung*, Leipzig 1906[2], Bd. III, S. 753–827). Die Abkürzungen zu den Quellen werden am Ende der Chronologie aufgelöst.

1. Bis zum Ende des Gallischen Kriegs

12 oder 13. Juli 100 v. Chr. – Geburt Caesars.
 Vell. Pat. II 41,2; Plut. *Caes.* 69,1: Suet. *Caes.* 88; App. *Bürgerkr.* II 106,149; Cass. Dio XLVII 18,6; Macr. *Sat* I 12,34; *Fast. Amit.* S. 189; *Fast. Ant.* S. 208.
87 – Caesar wird *flamen Dialis*.
 Plut. *Caes.* 1,3; Suet. *Caes.* 1,1; Vell. Pat. II 43,1.
85 – Tod des Vaters Gaius Iulius Caesar.
 Plin. VII 181; Suet. *Caes.* 1,1
83 – Trennung von Cossutia und Heirat von Cinnas Tochter Cornelia.
 Plut. *Caes.* 1,1; Suet. *Caes.* 1,1.
82 – Caesar lehnt es ab, seine Frau zu verstoßen, und flieht vor Sulla aus Rom.
 Vell. Pat. II 41,2; Plut. *Caes.* 1,1; Suet. *Caes.* 1,1f.; 74,1; Cass. Dio XLIII 43,4.

* Erstellt von Pasquale Massimo Pinto

81 – Teilnahme an der Belagerung von Mytilene unter dem Befehl des Proprätors Thermus.
Suet. *Caes.* 2,1; [Aur. Vict.] *Über ber. Männer* 78,1.

80 – Caesar begibt sich als Legat des Thermus an den Hof Nikomedes' IV. von Bithynien.
Plut. *Caes.* 1,7; Suet. *Caes.* 2,1; 49,3; Gell. V 13,6; Cass. Dio XLIII 20,2; [Aur. Vict.] *Über ber. Männer* 78,1.

78 – Sullas Tod: Caesars Rückkehr nach Rom.
Plut. *Caes.* 4,1; Suet. *Caes.* 3.

77–76 – Caesar erhebt Anklage gegen Dolabella und Antonius Hybrida.
Vell. Pat. II 43,3; Asc. S. 26, 74; Plut. *Caes.* 4,1f.; Suet. *Caes.* 4,1; Gell. IV 16,8; [Aur. Vict.] *Über ber. Männer* 78,2.

75–74 – Auf seiner Reise nach Rhodos wird er von Piraten gefangengenommen und in Pharmakussa festgehalten. Er stellt ein kleines Heer auf und nimmt am dritten Krieg gegen Mithridates teil.
Vell. Pat. II 41,3; Val. Max. VI 9,15; Plut. *Caes.* 1,8–2; Suet. *Caes.* 4,1f.; [Aur. Vict.] *Über ber. Männer* 78,3.

73 – Nach Rom zurückgekehrt, wird er in das Kollegium der Pontifices gewählt.
Vell. Pat. II 43,1.

72 oder 71 – Militärtribun.
Plut. *Caes.* 5,1; Suet. *Caes.* 5.

70 – Erster Konsulat von Pompeius und Crassus.
Cic. *Verr.* II 3,123; Sall. *Cat.* 38,1; *Fast. cons.* S. 486f.

69 – Quästor in Hispania ulterior im Gefolge des Prätors Gaius Antistius Vetus. Caesar hält die Leichenrede für seine Tante Iulia und für seine Ehefrau Cornelia.
Span. Kr. 42,1; Vell. Pat. II 43,4; Plut. *Caes.* 5,2–4; 5,6; Suet. *Caes.* 6–8; Cass. Dio XXXVII 52,2; XLI 24,2.

68 – Heiratet Pompeia.
Plut. *Caes.* 5,7; Suet. *Caes.* 6,2.

67 – Unterstützt die *Lex Gabinia*.
Plut. *Pomp.* 25,8.

66 – Unterstützt mit Cicero die *Lex Manilia de imperio Pompeii*.
Cass. Dio XXXVI 43,2–4.

65 – Kurulischer Ädil.
Caes. *Bürgerkr.* III 16,3; Vell. Pat. II 43,4; Plut. *Caes.* 5,9–6,3; Suet. *Caes.* 10; Cass. Dio XXXVII 8,2.

63 – Zum *pontifex maximus* gewählt. Rede im Senat gegen die Todesstrafe für die Catilinarier.
Sall. *Cat.* 49,2–51; Cic. *Att.-Br.* XII 21,1; Vell. Pat. II 43,3; Plut. *Caes.* 7f.; Suet. *Caes.* 14; Gell. V 13,6; Cass. Dio XXXVII 36,1f.; 37,2; 44,1.

62 – Prätor.
Cic. *Att.-Br.* II 24,3; Vell. Pat. II 43,4; Cass. Dio XXXVII 44.

Nach dem Skandal des Clodius am Fest der Guten Göttin verstößt Caesar Pompeia.
Cic. *Att.-Br.* I 12,3; 13,3; Plut. *Caes.* 10; Suet. *Caes.* 6,2.

61 – Als Prokonsul nach Hispania ulterior geschickt. Operationen gegen die Lusitaner.
Cic. *Balb.* 43; Liv. *Per.* 103; Vell. Pat. II 43,4; Plut. *Caes.* 12; Suet. *Caes.* 18,1; App. *Iber.* 102; *Bürgerkr.* II 8; Cass. Dio XXXVII 52f.

60 – Triumvirat mit Pompeius und Crassus.
  Cic. *Att.-Br.* II 3,3: Liv. *Per.* 103; Vell. *Pat.* II 44,1–3; Plut. *Caes.* 14,1f.; Suet. *Caes.* 19,2; App. *Bürgerkr.* II 9; Cass. Dio XXXVII 55–57.

59 – Erstmals Konsul. Heiratet Calpurnia.
  Liv. *Per.* 103; Plut. *Caes.* 14,1–2,8; Suet. *Caes.* 19,2; 21; Cass. Dio XLIV 41,3 f.; *Fast. Capit.* S. 57.

März 58 – Caesars Aufbruch nach Gallien.
  Caes. *Gall. Kr.* I 7,1; Plut. *Caes.* 17,5.

April–Juni 58 – Feldzug gegen die Helvetier. Sieg über die Helvetier bei Bibracte.
  Caes. *Gall. Kr.* I 2–29; Liv. *Per.* 103; Strab. IV 3,3; Plut. *Caes.* 18; App. *Kelt.* fr. 1, 3, 15; Cass. Dio XXXVIII 31–33

Juli–September 58 – Feldzug gegen die Germanen. Besetzung von Vesontio (Besançon). Ariovists Niederlage.
  Caes. *Gall. Kr.* I 30–54; Liv. *Per.* 104; Plut. *Caes.* 19; App. *Kelt.* fr. 1, 3; Cass. Dio XXXVIII 34–50.

Herbst 58–Winter 58/57 – Winteraufenthalt Caesars in Gallia Cisalpina.
  Caes. *Gall. Kr.* I 54,2f.; Plut. *Caes.* 20,1–3.

Frühjahr–Sommer 57 – Feldzug gegen die Belger. Sieg über die Koalition der Belger an der Axona (Aisne). Publius Crassus unterwirft die Stämme der Aremoriker.
  Caes. *Gall. Kr.* II; Plut. *Caes.* 20,4–10; App. *Kelt.* fr. 1, 4; Cass. Dio XXXIX 1–5.

4. September 57 (16./17. August 57) – Cicero kehrt aus der Verbannung nach Rom zurück.
  Cic. *Att.-Br.* IV 1,4 f.; Liv. *Per.* 104; App. *Bürgerkr.* II 16; Cass. Dio XXXIX 9,1.

Ende September 57 (Anfang September 57) – Der Senat in Rom bewilligt eine fünfzehntägige *supplicatio* für Caesars militärische Unternehmungen.
  Caes. *Gall. Kr.* II 35,4; Cic. *Balb.* 61; *Kons. Prov.* 25–27; *An s. Fr.* I 9,14; Plut. *Caes.* 21,2; Suet. *Caes.* 24,3; Cass. Dio XXXIX 5,1.

Spätsommer 57 – Publius Crassus unternimmt eine erste Erkundung der britannischen Küste.
  Strab. III 5,11.

Herbst 57–Winter 57/56 – Winteraufenthalt Caesars in Gallia Cisalpina.
  Caes. *Gall. Kr.* II 35,4; Plut. *Caes.* 21,3–5; App. *Bürgerkr.* II 17; Cass. Dio XXXIX 5,1.

April 56 – Treffen von Lucca mit Pompeius und Crassus; Erneuerung des Dreierbundes.
  Plut. *Caes.* 21,6; *Pomp.* 51,4–8; App. *Bürgerkr.* II 17f.

Sommer–Herbst 56 – Militäraktionen gegen die Alpenstämme. Seekrieg gegen die Veneter (Schlacht von Quiburn). Expedition von Publius Crassus in Aquitanien; Militäraktionen gegen Moriner und Menapier.
  Caes. *Gall. Kr.* III; Liv. *Per.* 104; Cass. Dio XXXIX 40–46.

Herbst 56–Winter 56/55 – Winteraufenthalt Caesars in Gallia Cisalpina.
  Caes. *Gall. Kr.* III 29,3.

55 – Zweiter Konsulat von Pompeius und Crassus. Mit der *Lex Pompeia Licinia* wird Caesars Prokonsulat in Gallien um fünf Jahre verlängert.
  Caes. *Gall. Kr.* IV 1,1; Vell. Pat. II 46,1; Plut. *Pomp.* 52,1–4; App. *Bürgerkr.* II 17f.; Cass. Dio XXXIX 27–31; *Fast. cons.* S. 494f.

Frühjahr–Sommer 55 – Feldzug gegen die Usipeter und die Tenkterer. Erste Rheinüberquerung.

Caes. *Gall. Kr.* IV 1–19; Liv. *Per.* 105; Luc. II 570; Plut. *Caes.* 22–23,1; Suet. *Caes.* 25,2; App. *Kelt.* fr. 1, 5, 18; Cass. Dio XXXIX 47–49.

Ende September–Anfang November 55 (Anfang August–Ende September 55) – Erster Britannienfeldzug.

Caes. *Gall. Kr.* IV 20–36; Liv. *Per.* 105; Vell. Pat. II 46,1; Luc. II 571f.; Plut. *Caes.* 23,2–4; Suet. *Caes.* 25,2; App. *Kelt.* fr. 1, 5; Cass. Dio XXXIX 50–52.

Herbst 55–Winter 55/54 – Der Senat in Rom bewilligt eine zwanzigtägige *supplicatio*. Caesar begibt sich nach Gallia Cisalpina und besucht Illyrien.

Caes. *Gall. Kr.* IV 38,4–V,1; Plut. *Caes.* 24,1; Suet. *Caes.* 24,3; Cass. Dio XXXIX 53,2.

Sommer 54 – Zweiter Britannienfeldzug. Caesar besiegt Cassivellaunus.

Caes. *Gall. Kr.* V 5–23; Cic. *Att.-Br.* IV 15,10; IV 18,5; *Quint.* III 1,25; Cass. Dio XL 1–3.

September 54 – Tod der Tochter Iulia, der Gattin des Pompeius.

Liv. *Per.* 106; Vell. Pat. II 47,2; Plut. *Caes.* 23,5–7; Suet. *Caes.* 26,1; App. *Bürgerkr.* II 19.

Herbst 54 – Aufstand der Eburonen unter der Führung von Ambiorix.

Caes. *Gall. Kr.* V 26–52; Liv. *Per.* 106; Plut. *Caes.* 24; Cass. Dio XL 4–11.

Herbst 54–Winter 54/53 – Aufstand der Senonen und der Treverer. Winteraufenthalt Caesars in Gallien.

Caes. *Gall. Kr.* V 53–58; Cass. Dio XL 11,2.

Winter 53–Sommer 53 – Feldzüge gegen die Nervier, Karnuten, Senonen, Treverer und Menapier. Zweite Rheinüberquerung. Die Eburonen werden vernichtend geschlagen.

Caes. *Gall. Kr.* VI; Plut. *Caes.* 25,3–5; Cass. Dio XL 32.

12. Juni 53 (31. Mai 53; 9. Mai 53) – Tod des Crassus in Carrhae beim Partherfeldzug.

Caes. *Gall. Kr.* III 31,3; Liv. *Per.* 106; Vell. Pat. II 46,4; Plut. *Crass.* 31,1–6; App. *Bürgerkr.* II 18; Cass. Dio XL 27.

Herbst 53–Winter 53/52 – Winteraufenthalt Caesars in Gallia Cisalpina.

Caes. *Gall. Kr.* VI 44,3–VII 1,1; Cass. Dio XL 32,5.

18. Januar 52 (1. Januar 52; 8. Dezember 53) – Ermordung des Clodius in Bovillae.

Caes. *Gall. Kr.* VII 1,1; Cic. *Mil.* 27; 45; Liv. *Per.* 107; Vell. Pat. II 47,4; Asc. S. 31; Suet. *Caes.* 26,1; App. *Bürgerkr.* II 21; Cass. Dio XL 48,2f.

Februar 52 – Großer Aufstand in Gallien unter Führung des Vercingetorix.

Caes. *Gall. Kr.* VII 2–5; Liv. *Per.* 107; Plut. *Caes.* 26f.; Cass. Dio XL 33–41.

Ende des Schaltmonats 52 (Ende Februar 52; Anfang Februar 52) – Pompeius wird in Rom zum Konsul ohne Kollegen ernannt.

Cic. *Att. Br.* VII 1,4; VIII 3,3; Liv. *Per.* 107; Vell. Pat. II 47,3; Plut. *Caes.* 28,7; *Pomp.* 54,6–9; App. *Bürgerkr.* II 23; Cass. Dio XL 50,4; *Fast. cons.* S. 496f.

Frühjahr 52 – Einnahme von Vellaunodunum, Cenabum, Noviodunum und Avaricum.

Caes. *Gall. Kr.* VII 15–28; Liv. *Per.* 107; Flor. I 45,23; Cass. Dio XL 34.

Mai–Juni 52 – Niederlage Caesars in Gergovia.

Caes. *Gall. Kr.* VII 39–53; Liv. *Per.* 107; Suet. *Caes.* 25,2; Flor. I 45,24f.; Cass. Dio XL 35,4–36,5.

August–September 52 – Belagerung und Eroberung von Alesia.
>   Caes. *Gall. Kr.* VII 68–89; Liv. *Per.* 108; Vell. Pat. II 47,1; Plut. *Caes.* 27,1–8; Flor. I 45,23; Cass. Dio XL 40.

27. September 52 (25. September 52; 3. September 52) – Vercingetorix ergibt sich.
>   Caes. *Gall. Kr.* VII 89,3; Plut. *Caes.* 27,9 f.; Flor. I 45,26; Cass. Dio XL 41.

Herbst 52–Winter 52/51 – Winteraufenthalt Caesars in Bibracte. Der Senat in Rom bewilligt eine zwanzigtägige *supplicatio.*
>   Caes. *Gall. Kr.* VII 90,7 f.; Suet. *Caes.* 24,3; Cass. Dio XL 50,4.

Winter–Sommer 51 – Feldzug gegen die Biturigen und Karnuten. Krieg gegen die Bellovaker. Belagerung von Uxellodunum. Letzte Operationen in Gallien.
>   [Caes.] *Gall. Kr.* VIII 1–44; Liv. *Per.* 108; Cass. Dio XL 42 f.

1. Mai 51 (22. April 51; 31 März 51) – Cicero tritt sein Amt als Prokonsul in Kilikien an.
>   Cic. *An s. Fr.* II 8; III 2; Plut. *Cic.* 36,1.

Herbst 51–Winter 51/50 – Winteraufenthalt Caesars in Gallien.
>   [Caes.] *Gall. Kr.* VIII 46,6.

Frühjahr 50 – Nach einem kurzen Aufenthalt in der Gallia Cisalpina kehrt Caesar zu seinen Truppen nach Gallien zurück.
>   [Caes.] *Gall. Kr.* VIII 50–52,3.

April 50 (Februar–März 50) – Erster Antrag Curios im Senat.
>   [Caes.] Gall. Kr. VIII 52,4 f.; Liv. *Per.* 109; App. *Bürgerkr.* II 27; Cass. Dio XL 62.

1. Dezember 50 (7. November 50; 16. Oktober 50) – Curio setzt sich mit seinem erneut vorgelegten Antrag durch.
>   Liv. *Per.* 109; App. *Bürgerkr.* II 30.

Dezember 50 (November 50) – Caesar kehrt in die Gallia Cisalpina zurück.
>   [Caes.] *Gall. Kr.* VIII 54,5; Liv. *Per.* 109.

2. *Vom Rubikon bis zu den Iden des März*

1. Januar 49 (6. Dezember 50; 14. November 50) – Curio verliest Caesars Brief im Senat.
>   Caes. *Bürgerkr.* I 1,1; Plut. *Caes.* 30,3; *Ant.* 5,5; Suet. *Caes.* 29,2; App. *Bürgerkr.* II 32; Cass. Dio XLI 1.

4. Januar 49 (9. Dezember 50; 17. November 50) – Ciceros Rückkehr aus Kilikien.
>   Cic. *Att. Br.* VII 7,3; 8,2; *An s. Fr.* XVI 11,2; Plut. *Caes.* 31,1.

7. Januar 49 (12. Dezember 50; 20. November 50) – *Senatus consultum ultimum.* In der Nacht fliehen die Tribunen Antonius und Quintus Cassius nach Ravenna.
>   Caes. *Bürgerkr.* I 5,3–5; Cic. *An s. Fr.* XVI 11,2; Dion. Hal. *Urgesch.* VIII 87,7 f.; Liv. *Per.* 109; Plut. *Caes.* 31,2; *Ant.* 5,8–10; Vell. Pat. II 49,3; Suet. *Caes.* 31,1; 33,1; App. *Bürgerkr.* II 33; Cass. Dio XLV 27,2; XLVI 11,2–4.

Nacht vom 11. auf den 12. Januar 49 (Nacht vom 16. auf den 17. Dezember 50; Nacht vom 24. auf den 25. November 50) – Überschreiten des Rubikon.
>   Plut. *Caes.* 32,4–8; *Pomp.* 60,3 f.; Vell. Pat. II 49,4; Suet. *Caes.* 32; App. *Bürgerkr.* II 35; Cass. Dio XLI 4,1.

12.–15. Januar 49 (17.–20. Dezember 50; 25.–28. November 50) – Besetzung von Ariminum (Rimini), Pisaurum (Pesaro), Fanum, Ancona und Arretium (Arezzo).

Caes. *Bürgerkr.* I 8,1; 11,4; App. *Bürgerkr.* II 35; Cass. Dio XLI 4,1.

17. Januar 49 (22. Dezember 50; 30. November 50) – Senatssitzung mit Vorwürfen gegen Pompeius. Flucht des Pompeius.
Caes. *Bürgerkr.* I 14,1–3; Plut. *Caes.* 33,4–6; 56,5; *Cat. d. J.* 52,1–3; *Pomp.* 60,6–8; App. *Bürgerkr.* II 37; Cass. Dio XLI 6,1.

18. Januar 49 (23. Dezember 50; 1. Dezember 50) – Flucht der Konsuln und des Senats.
Caes. *Bürgerkr.* I 14,1–3; Plut. *Caes.* 34,1; App. *Bürgerkr.* II 37; Cass. Dio XLI 7.

22. Januar 49 (27. Dezember 50; 5. Dezember 50) – Labienus läuft zu Pompeius nach Teanum über.
Cic. *Att.-Br.* VII 11,1; 12,5; 13A,3; Plut. *Caes.* 34,5; *Pomp.* 64,5; Cass. Dio XLI 4,2–4.

23. Januar 49 (28. Dezember 50; 6. Dezember 50) – Pompeius verläßt Teanum.
Cic. *Att-Br.* VII 13 A,3; VIII 11B,2.

1.–4. Februar 49 (4.–7. Januar 49; 13.–16. Dezember 50) – Besetzung von Iguvium (Gubbio) und Auximum (Osimo).
Caes. *Bürgerkr.* I 12 f.; Luc. II 466–468.

5. Februar 49 (8. Januar 49; 17. Dezember 50) – Ankunft der zwölften Legion; Besetzung von Firmum Picenum (Fermo) und Ascolum (Ascoli); Flucht des Lentulus.
Caes. *Bürgerkr.* I 15,3; 16,1; Luc. II 468 f.

15.–21. Februar 49 (18.–24. Januar 49; 27. Dezember 50–2. Januar 49) – Ankunft der achten Legion. Belagerung und Eroberung von Corfinium. Caesar läßt Lucius Domitius Ahenobarbus frei.
Caes. *Bürgerkr.* I 18–23; Liv. *Per.* 109; Plut. *Caes.* 34,7 f.; Vell. Pat. II 50,1; Suet. *Caes.* 34,1; App. *Bürgerkr.* II 38; Cass. Dio XLI 10,2.

16. Februar 49 (19. Januar 49; 28. Dezember 50) – Antonius erobert Sulmo (Sulmona).
Caes. *Bürgerkr.* I 18,2.

19. Februar 49 (22. Januar 49; 31. Dezember 50) – Pompeius verläßt Lucera.
Caes. *Bürgerkr.* I 24,1; Cic. *Att.-Br.* VIII 9,4.

21. Februar 49 (24. Januar 49; 2. Januar 49) – Pompeius verläßt Canusium (Canosa).
Caes. *Bürgerkr.* I 24; Cic. *Att.-Br.* VIII 14,1; IX 1,1

25. Februar 49 (28. Januar 49; 6. Januar 49) – Pompeius' Ankunft in Brundisium (Brindisi).
Caes. *Gall. Kr.* I 24,1; Cic. *Att.-Br.* IX 10,8; Plut. *Caes.* 35,2.

1. März 49 (1. Februar 49; 10. Januar 49) – Caesars Ankunft in Arpi.
Caes. *Bürgerkr.* I 23,5; Cic. *Att.-Br.* IX 3,2.

4. März 49 (4. Februar 49; 13. Januar 49) – Die Konsuln und dreißig Kohorten brechen per Schiff nach Dyrrhachium (Durazzo) auf.
Caes. *Bürgerkr.* I 25,2; Plut. *Caes.* 35,2; *Pomp.* 62,3; App. *Bürgerkr.* II 39; Cass. Dio XLI 12,1.

9. März 49 (9. Februar 49; 18. Januar 49) – Caesars Ankunft in Brundisium mit sechs Legionen.
Caes. *Bürgerkr.* I 25,1; Cic. *Att.-Br.* IX 3,2; 13A,1; 18,2; Plut. *Caes.* 35,2.

11. März 49 (11. Februar 49; 20. Januar 49) – Die *Lex Roscia* über die Verleihung des Bürgerrechts an die Transpadaner.

Plut. *Caes.* 37,2; Cass. Dio XLI 36,3.

17. März 49 (17. Februar 49; 26. Januar 49) – Pompeius' Flucht von Brundisium nach Dyrrhachium.
Caes. *Bürgerkr.* I 28,3; Cic. *Att.-Br.* IX 15A; Plut. *Caes.* 35,2; *Pomp.* 62,5; App. *Bürgerkr.* II 40.

18. März 49 (18. Februar 49; 27. Januar 49) – Caesar besetzt Brundisium.
Caes. *Bürgerkr.* I 28,4; Plut. *Pomp.* 62,6; Cass. Dio XLI 12,3

31. März 49 (2. März 49; 9. Februar 49) – Caesars Rückkehr nach Rom.
Plut. *Caes.* 35,3; App. *Bürgerkr.* II 41; Cass. Dio XLI 15,1.

1. April 49 (3. März 49; 10. Februar 49) – *Conventus senatorum* außerhalb der Stadt.
Caes. *Bürgerkr.* I 32,2; Cic. *Att.-Br.* IX 17,1; X 1,2; *An s. Fr.* IV 1,1; Plut. *Caes.* 35,4; Cass. Dio XLI 15,2.

6. April 49 (8. März 49; 15. Februar 49) – Aufbruch nach Massilia (Marseille).
Caes. *Bürgerkr.* I 33,4.

19. April 49 (21. März 49; 28. Februar 49) – Caesar vor Marseille.
Caes. *Bürgerkr.* I 34,1.

22. April 49 (24. März 49; 2. März 49) – Curios Aufbruch nach Sizilien.
Caes. *Bürgerkr.* I 30,2.

23. April 49 (25. März 49; 3. März 49) – Cato flieht aus Sizilien.
Caes. *Bürgerkr.* I 30,5; Cic. *Att.-Br.* X 16,3.

4. Mai 49 (4. April 49; 13. März 49) – Beginn der Belagerung Marseilles.
Caes. *Bürgerkr.* I 36; Liv. *Per.* 110; Vitr. X 16,11 f.; Luc. III 375 ff.; Cass. Dio XLI 19,3 f.

5. Juni 49 (6. Mai 49; 14. April 49) – Caesars Aufbruch von Marseille nach Spanien.
Caes. *Bürgerkr.* I 36,5.

7. Juni 49 (8. Mai 49; 16. April 49) – Cicero bricht von Formiae zu Pompeius auf.
Cic. *An s. Fr.* XIV 7.

22. Juni 49 (23. Mai 49; 1. Mai 49) – Caesars Ankunft in Ilerda.
Caes. *Bürgerkr.* I 41,1.

26. Juni 49 (27. Mai 49; 5. Mai 49) – Schlacht bei Ilerda.
Caes. *Bürgerkr.* I 43–47.

27. Juni 49 (28. Mai 49; 6. Mai 49) – Erste Seeschlacht vor Marseille.
Caes. *Bürgerkr.* I 56–58; Luc. III 509–762.

25.–26. Juli 49 (24.–25. Juni 49; 2.–3. Juni 49) – Afranius und Petreius ziehen sich auf Otogesa zurück.
Caes. *Bürgerkr.* I 63,3.

28. Juli 49 (27. Juni 49; 5. Juni 49) – Caesar verhindert den Vormarsch der Pompeianer Richtung Ebro.
Caes. *Bürgerkr.* I 68–72.

29. Juli 49 (28. Juni 49; 6. Juni 49) – Die Pompeianer ziehen sich nach Ilerda zurück.
Caes. *Bürgerkr.* I 73.

31. Juli 49 (30. Juni 49; 8. Juni 49) – Zweite Seeschlacht bei Marseille.
Caes. *Bürgerkr.* II 4–7.

2. August 49 (2. Juli 49; 10. Juni 49) – Kapitulation von Afranius und Petronius in Ilerda.

Caes. *Bürgerkr.* I 84; Liv. *Per.* 110; Plut. *Caes.* 36,2; Luc. IV 337–340; *Fast. Amit.* S. 191; *Fast. Ant.* S. 208; *Fast. Maff.* S. 79; *Fast. Vall.* S. 149.

8. August 49 (8. Juli 49; 16. Juni 49) – Curios Aufbruch nach Africa.
Caes. *Bürgerkr.* II 23,1; Luc. IV 583 f.

11. August 49 (11. Juli 49; 19. Juni 49) – Curios Landung in Africa.
Caes. *Bürgerkr.* II 23,1; Luc. IV 584–586.

16. August 49 (16. Juli 49; 24. Juni 49) – Schlacht vor Utica.
Caes. *Bürgerkr.* II 33 f.

20. August 49 (20. Juli 49; 28. Juni 49) – Niederlage und Tod Curios in der Schlacht am Bagradas.
Caes. *Bürgerkr.* II 39–42; Liv. *Per.* 110; Vell. Pat. II 55,1; Luc. IV 734–798; App. *Bürgerkr.* II 45.

7. September 49 (5. August 49; 14. Juli 49) – Caesar in Córdoba.
Caes. *Bürgerkr.* II 21,1.

17. September 49 (15. August 49; 24. Juli 49) – Caesar in Cadiz.
Caes. *Bürgerkr.* II 21,3; Liv. *Per.* 110,2; Cass. Dio XLI 24,1 f.

25. September–1. Oktober 49 (23.–28. August 49; 1.–6. August 49) – Caesar in Tarragona.
Caes. *Bürgerkr.* II 21,5; Cass. Dio XLI 24,3.

Mitte Oktober 49 (erste Hälfte September 49; zweite Hälfte August 49) – Caesar wird zum Diktator ernannt.
Caes. *Bürgerkr.* II 21,5; Plut. *Caes.* 37,2; App. *Bürgerkr.* II 48; Cass. Dio XLI 36,1 f.

Ende Oktober 49 (Ende September 49; Ende August–Anfang September 49) – Caesar erneut in Marseille; Kapitulation der Stadt.
Caes. *Bürgerkr.* II 21,5–22; Liv. *Per.* 110; Cass. Dio XLI 25,3.

November 49 (Oktober 49; September 49) – Meuterei der neunten Legion in Placentia (Piacenza).
Luc. V 237–373; Suet. *Caes.* 69; App. *Bürgerkr.* II 47; Cass. Dio XLI 26–35.

2.–12. Dezember 49 (28. Oktober–7. November 49; 6.–16. Oktober 49) – Caesar in Rom: Übernahme der Diktatur und Wahl zum Konsul für das Jahr 48.
Caes. *Bürgerkr.* III 2,1; Plut. *Caes.* 37,1 f.; App. *Bürgerkr.* II 48.

13. Dezember 49 (8. November 49; 17. Oktober 49) – Aufbruch nach Brundisium.
Caes. *Bürgerkr.* III 2,1.

22. Dezember 49 (17. November 49; 26. Oktober 49) – Ankunft in Brundisium.
Caes. *Bürgerkr.* III 2,1–3.

4.–5. Januar 48 (28.–29. November 49; 6.–7. November 49) – Caesar bricht von Brundisium auf und landet in Palaiste (Paleste).
Caes. *Bürgerkr.* III 6,3; Plut. *Caes.* 37,4; Luc. V 460; App. *Bürgerkr.* II 54; Cass. Dio XLI 44,3.

6.–7. Januar 48 (30. November–1. Dezember 49; 8.–9. November 49) – Einnahme von Orikon und Apollonia.
Caes. *Bürgerkr.* III 11,3–12; Plut. *Caes.* 37,4.

11. Januar 48 (5. Dezember 49; 13. November 49) – Caesar schlägt am linken Ufer des Apsos sein Lager auf.
Caes. *Bürgerkr.* III 13,5; Plut. *Caes.* 38,1; App. *Bürgerkr.* II 56.

27. März 48 (16. Februar 48; 25. Januar 48) – Antonius geht in Nymphaion an Land.
Caes. *Bürgerkr.* III 26,4; Plut. *Caes.* 39,1; Luc. V 720; App. *Bürgerkr.* II 59.

3. April 48 (23. Februar 48; 1. Februar 48) – Caesars und Antonius' Truppen schließen sich zusammen.
Caes. *Bürgerkr.* III 30,6.

8. April 48 (28. Februar 48; 6. Februar 48) – Gnaeus Pompeius der Sohn greift Caesars Flotte bei Orikon an.
Caes. *Bürgerkr.* III 40.

9. April 48 (1. März 48; 7. Februar 48) – Pompeius schlägt in Asparagium sein Lager auf.
Caes. *Bürgerkr.* III 41,1; Plut. *Caes.* 39,1.

12. April 48 (4. März 48; 7. Februar 48) – Pompeius schlägt in Petra sein Lager auf. Caesar vor Dyrrhachium.
Caes. *Bürgerkr.* III 42,1.

ca. 15. April 48 (ca. 7. März 48; ca. 13. Februar 48) – Caesar versucht Pompeius einzukreisen.
Caes. *Bürgerkr.* III 43.

25. Juni 48 (16. Mai 48; 24. April 48) – Kämpfe bei Dyrrhachium. Erster Versuch des Pompeius, die Blockade zu durchbrechen.
Caes. *Bürgerkr.* III 51–53; Plut. *Caes.* 39,4; Suet. *Caes.* 68,3; Flor. II 13,40; Cass. Dio XLI 50,3 f.

6. Juli 48 (26. Mai 48; 4. Mai 48) – Pompeius durchbricht die Blockade.
Caes. *Bürgerkr.* III 62–71.

17. Juli 48 (6. Juni 48; 15. Mai 48) – Niederlage bei Dyrrhachium.
Caes. *Bürgerkr.* III 69; Plut. *Caes.* 39,4–8; *Cat. d. J.* 54,8–10; App. *Bürgerkr.* II 62.

18. Juli 48 (7. Juni 48; 16. Mai 48) – Caesar bricht von Dyrrhachium nach Thessalien auf.
Caes. *Bürgerkr.* III 75,1 f.; Plut. *Caes.* 39,10.

20. Juli 48 (9. Juni 48; 18. Mai 48) – Caesars Ankunft in Apollonia.
Caes. *Bürgerkr.* III 78.

29. Juli 48 (18. Juni 48; 27. Mai 48) – Zusammenschluß der Truppen von Caesar und Domitius Calvinus in Aiginion.
Caes. *Bürgerkr.* III 79,7.

31. Juli 48 (20. Juni 48; 29. Mai 48) – Eroberung von Gomphoi.
Caes. *Bürgerkr.* III 80,7; Plut. Caes. 41,7; App. Bürgerkr. II 64; Cass. Dio XLI 51,4.

2. August 48 (22. Juni 48; 31. Mai 48) – Pompeius' Ankunft in Larisa.
Caes. *Bürgerkr.* III 82,1.

3. August 48 (23. Juni 48; 1. Juni 48) – Caesar erreicht die Ebene von Pharsalos. Zusammenschluß der Truppen von Pompeius und Scipio.
Caes. *Bürgerkr.* III 81,3–82; Plut. *Caes.* 42,1.

9. August 48 (29. Juni 48; 7. Juni 48) – Schlacht bei Pharsalos.
Caes. *Bürgerkr.* III 88 f.; Liv. *Per.* 111; Plut. *Caes.* 44 f.; *Pomp.* 69–72; *Brut.* 4,6 f.; App. *Bürgerkr.* II 76–81; Cass. Dio XLI 58–60.

10. August 48 (30. Juni 48; 8. Juni 48) – Caesars Aufbruch von Pharsalos; Ankunft in Larisa.
Caes. *Bürgerkr.* III 98,3; Plut. *Caes.* 48,1.

11. August 48 (1. Juli 48; 9. Juni 48) – Caesars Aufbruch von Larisa.
Plut. *Caes.* 48,1.

13. August 48 (3. Juli 48; 11. Juni 48) – Pompeius sticht von Amphipolis in See; wenig später Ankunft Caesars.

Caes. *Bürgerkr.* III 102; Plut. *Caes.* 48,1.

16. August 48 (6. Juli 48; 14. Juni 48) – Pompeius' Ankunft in Mytilene.
Caes. *Bürgerkr.* III 102,4; Plut. *Pomp.* 74,1.

19. September 48 (7. August 48; 16. Juli 48) – Caesar in Asia.
Caes. *Bürgerkr.* III 105,1.

23. September 48 (11. August 48; 20. Juli 48) – Pompeius' Ankunft in Zypern.
Caes. *Bürgerkr.* III 102,5; Plut. *Pomp.* 77,1.

28. September 48 (16. August 48; 25. Juli 48) – Ermordung des Pompeius.
Caes. *Bürgerkr.* III 104,3; Liv. *Per.* 112; Plut. *Pomp.* 79; App. *Bürgerkr.* II 85; Cass. Dio XLII 4.

2. Oktober 48 (19. August 48; 28. Juli 48) – Caesars Landung in Alexandria.
Caes. *Bürgerkr.* III 106,1; Liv. *Per.* 112; Plut. *Caes.* 48,2; Suet. *Caes.* 35,1; Cass. Dio XLII 7,3.

7. Oktober 48 (24. August 48; 2. August 48) – Caesar ruft Ptolemaios XIII. und Kleopatra nach Alexandria.
Caes. *Bürgerkr.* III 107,2–109; Plut. *Caes.* 48,9; Cass. Dio XLII 9,1.

2. November 48 (19. September 48; 28. August 48) – Achillas läßt die Abgesandten des Ptolemaios töten.
Caes. *Bürgerkr.* III 109,5.

Anfang November 48 (2. Hälfte September 48; Ende August 48) – Marcellus belagert Cassius Longinus in Ulia.
Alex. Kr. 61.

6. November 48 (23. September 48; 1. September 48) – Caesar hält Ptolemaios bei sich in Gewahrsam.
Caes. *Bürgerkr.* III 109,6.

9. November 48 (26. September 48; 4. September 48) – Achillas belagert Caesar in Alexandria.
Caes. *Bürgerkr.* III 111; Plut. *Caes.* 39,5.

11. November 48 (28. September 48; 6. September 48) – Caesar läßt die im Hafen vor Anker liegenden Schiffe in Brand stecken und fordert Hilfe von den asiatischen Staaten.
Caes. *Bürgerkr.* III 112,6; *Alex. Kr.* 1; Plut. *Caes.* 49,6; Cass. Dio XLII 38,2.

17. November 48 (4. Oktober 48; 12. September 48) – Hinrichtung des Potheinos.
Caes. *Bürgerkr.* III 112,12; Plut. *Caes.* 49,5; *Pomp.* 80,7.

2. Dezember 48 (18. Oktober 48; 26. September 48) – Arsinoë läßt Achillas von Ganymedes ermorden. Ganymedes erhält das Oberkommando des Heeres.
Alex. Kr. 4; Cass. Dio XLII 40,2.

10. Dezember 48 (26. Oktober 48; 4. Oktober 48) – Die siebenunddreißigste Legion muß westlich von Alexandria an Land gehen.
Alex. Kr. 9,3.

11. Dezember 48 (27. Oktober 48; 5. Oktober 48) – Caesar gewinnt die siebenunddreißigste Legion zurück. Seeschlacht.
Alex. Kr. 10f.

19. Dezember 48 (4. November 48; 13. Oktober 48) – Domitius Calvinus marschiert mit vier Legionen von Komana in Pontus nach Nikopolis.
Alex. Kr. 35,3.

28. Dezember 48 (13. November 48; 22. Oktober 48) – Schlacht bei Nikopolis; Pharnakes besiegt Domitius Calvinus.

Alex. Kr. 39 f.; App. *Bürgerkr.* II 91; Cass. Dio XLII 46,2 f.

29. Dezember 48 (14. November 48; 23. Oktober 48) – Gabinius' Ankunft in Illyrien.
Alex. Kr. 43,1.

6. Januar 47 (20. November 48; 29. Oktober 48) – Caesar erobert die Insel Pharos.
Alex. Kr. 17; Plut. *Caes.* 49,7; Cass. Dio XLII 40,3.

7. Januar 47 (21. November 48; 30. Oktober 48) – Kampf am Heptastadion.
Alex. Kr. 19–21.

17. Januar 47 (1. Dezember 48; 9. November 48) – Caesar läßt Ptolemaios frei.
Alex. Kr. 24,3 f.; Cass. Dio XLII 42,3 f.

20. Januar 47 (4. Dezember 48; 12. November 48) – Niederlage des Gabinius in Illyrien.
Alex. Kr. 43.

6. Februar 47 (19. Dezember 48; 27. November 48) – Seeschlacht bei Kanopos.
Alex. Kr. 25,5 f.

23. Februar 47 (5. Januar 47; 14. Dezember 48) – Vatinius bricht mit seinen Schiffen nach Illyrien auf.
Alex. Kr. 44.

Ende Februar 47 (Mitte Januar 47; Dezember 48) – Tod des Cassius Longinus.
Alex. Kr. 64,3.

6. März 47 (16. Januar 47; 25. Dezember 48) – Schlacht von Pelusion; die Truppen des Antipater nehmen die Stadt ein.
Alex. Kr. 26,2; Flav. Jos. *Jüd. Alt.* XIV 131 f.; Cass. Dio XLI 41,1 f.

15. März 47 (25. Januar 47; 3. Januar 47) – Schlacht beim „Judenlager".
Alex. Kr. 27,4 f.; Flav. Jos. *Jüd. Kr.* I 191 f.; *Jüd. Alt.* XIV 131 f.

16. März 47 (26. Januar 47; 4. Januar 47) – Seeschlacht bei der Insel Tauris zwischen Vatinius und Marcus Octavius.
Alex. Kr. 46.

19. März 47 (29. Januar 47; 7. Januar 47) – Caesar zieht Mithridates entgegen; gleichzeitig setzt sich Ptolemaios in Marsch.
Alex. Kr. 28,1.

27. März 47 (6. Februar 47; 15. Januar 47) – Schlacht am Nil und Kapitulation Alexandrias.
Alex. Kr. 32; Plut. *Caes.* 49,9; Cass. Dio XLII 43; *Fast. Caeret.* S. 66; *Fast. Maff.* S. 74.

28. Juni 47 (9. Mai 47; 17. April 47) – Caesar sticht von Alexandria aus nach Syrien in See.
Alex. Kr. 33,5.

17. Juli 47 (27. Mai 47; 5. Mai 47) – Caesars Ankunft in Tarsos.
Alex. Kr. 66,2.

22. Juli 47 (1. Juni 47; 10. Mai 47) – Caesars Ankunft in Mazaca.
Alex. Kr. 66,3.

28. Juli 47 (7. Juni 47; 16. Mai 47) – Deiotarus' Demutsgeste gegenüber Caesar.
Alex. Kr. 67.

2. August 47 (12. Juni 47; 21. Mai 47) – Schlacht bei Zela, Niederlage des Pharnakes.
Alex. Kr. 74–76; Liv. *Per.* 113; Plut. *Caes.* 50,2; App. *Bürgerkr.* II 91; Cass. Dio XLII 47.

29. August 47 (9. Juli 47; 17. Juni 47) – Geburt „Kaisarions".

Plut. *Caes.* 49,10.

September 47 (Juli 47; Juni 47) – Meuterei der zehnten und elften Legion in Kampanien.
Plut. *Caes.* 51,2; App. *Bürgerkr.* 92–94; Cass. Dio XLII 30,1; 52f.

26. September 47 (2. August 47; 11. Juli 47) – Caesar landet in Tarent.
Plut. *Caes.* 51,1; *Cic.* 39,4.

4. Oktober 47 (11. August 47; 20. Juli 47) – Ankunft in Rom.
Plut. *Caes.* 51,1.
Anfang Dezember 47 (Anfang Oktober 47; Mitte September 47) – Caesar verläßt Rom und begibt sich nach Lilybaeum.
Plut. *Caes.* 52,2.

17. Dezember 47 (23. Oktober 47; 1. Oktober 47) – Ankunft in Lilybaeum.
Afr. Kr. 1,1; Plut. *Caes.* 52,2.

25. Dezember 47 (31. Oktober 47; 9. Oktober 47) – Aufbruch nach Africa.
Afr. Kr. 2,4; Plut. *Caes.* 52,2; App. *Bürgerkr.* II 95.

28. Dezember 47 (3. November 47; 12. Oktober 47) – Landung in Hadrumetum.
Afr. Kr. 2,5–3,1; Plut. *Caes.* 52,3.

29. Dezember 47 (4. November 47; 13. Oktober 47) – Lager in Ruspina.
Afr. Kr. 6,7.

1. Januar 46 (5. November 47; 14. Oktober 47) – Okkupation von Leptis.
Afr. Kr. 7,1.

3. Januar 46 (7. November 47; 16. Oktober 47) – Ankunft der zerstreuten Schiffe.
Afr. Kr. 11,1–3.

4. Januar 46 (8. November 47; 17. Oktober 47) – Schlacht bei Ruspina.
Afr. Kr. 12–19; Plut. *Caes.* 52,3 und 6.

6. Januar 46 (10. November 47; 19. Oktober 47) – Scipio verläßt Utica.
Afr. Kr. 24,1.

12. Januar 46 (16. November 47; 25. Oktober 47) – Scipios Truppen schließen sich mit Labienus und Petreius zusammen.
Afr. Kr. 20,2.

22. Januar 46 (26. November 47; 4. November 47) – Ankunft der dreizehnten und vierzehnten Legion.
Afr. Kr. 37,1; Plut. *Caes.* 52,6.

Nacht vom 25. auf den 26. Januar 46 (Nacht vom 29. auf den 30. November 47; Nacht vom 7. auf den 8. November 47) – Caesar verläßt das Lager und rückt bis zur Ebene von Uzita vor.
Afr. Kr. 37,1f.; Plut. *Caes.* 52,6.

27. Januar 46 (1. Dezember 47; 9. November 47) – Caesar fordert die Gegner vergeblich zum Kampf heraus.
Afr. Kr. 41f.

17. Februar 46 (20. Dezember 47; 29. November 47) – Iuba schließt sich mit Scipios Truppen zusammen.
Afr. Kr. 48,2.

28. Februar 46 (31. Dezember 47; 5. Dezember 47) – Ankunft der neunten und zehnten Legion.
Afr. Kr. 53; Plut. *Caes.* 52,6.

14. März 46 (14. Januar 46; 15. Januar 46) – Caesar marschiert von Uzita nach Aggar.

Afr. Kr. 67,1.

17. März 46 (17. Januar 46; 18. Januar 46) – Einnahme von Zeta.
Afr. Kr. 68,2.

22. März 46 (22. Januar 46; 23. Januar 46) – Versuche, den Gegner zum Kampf herauszufordern.
Afr. Kr. 75,1.

23. März 46 (23. Januar 46; 24. Januar 46) – Caesar rückt auf Sarsura vor.
Afr. Kr. 75,2.

24. März 46 (24. Januar 46; 25. Januar 46) – Ankunft in Tisdra.
Afr. Kr. 76,1.

26. März 46 (26. Januar 46; 27. Januar 46) – Rückkehr nach Aggar.
Afr. Kr. 76,2.

4. April 46 (4. Februar 46; 5. Februar 46) – Caesar zieht von Aggar nach Thapsos. Scipio folgt ihm.
Afr. Kr. 79,1f.; Plut. *Caes.* 53,1.

5. April 46 (5. Februar 46; 6. Februar 46) – Scipio versucht, die nördliche Meerenge von Moknine (nahe Thapsos) abzuriegeln.
Afr. Kr. 80,3; Plut. *Caes.* 53,1; Cass. Dio XLIII 7,3.

6. April 46 (6. Februar 46; 7. Februar 46) – Schlacht bei Thapsos.
Afr. Kr. 83; Liv. *Per.* 114; Plut. *Caes.* 53,4; App. *Bürgerkr.* II 96f.; Cass. Dio XLIII 7f.

Anfang April 46 (Anfang Februar 46; Anfang Februar 46) – Ankunft von Pompeius dem Sohn in Spanien.
Afr. Kr. 23,3; Cass. Dio XLIII 29,2–30,1.

Abend des 8. April (8. Februar 46; 9. Februar 46) – Die Nachricht vom Ausgang der Schlacht bei Thapsos erreicht Utica.
Plut. *Cato d. J.* 58,13; App. *Bürgerkr.* II 98.

9. April 46 (9. Februar 46; 10. Februar 46) – Caesar schickt Messalla nach Utica voraus. Cato beruft den Rat der Dreihundert ein.
Afr. Kr. 86,3; 88,1; Plut. *Cato d. J.* 59,3.

10.–11. April 46 (10.–11. Februar 46; 11.–12. Februar 46) – Einnahme von Uzita und Hadrumetum.
Afr. Kr. 89,1f.

Nacht vom 12. auf den 13. April 46 (Nacht vom 12. auf den 13. Februar 46; Nacht vom 13. auf den 14. Februar 46) – Catos Selbstmord.
Afr. Kr. 88,3–5; Liv. *Per.* 114; Plut. *Caes.* 54,2; *Cat. d. J.* 70; App. *Bürgerkr.* II 98f.; Cass. Dio XLIII 11.

14. April 46 (14. Februar 46; 15. Februar 46) – Messalla vor Utica.
Afr. Kr. 88,7.

16.–17. April 46 (16.–17. Februar 46; 17.–18. Februar 46) – Caesars abendliche Ankunft in Utica; tags darauf betritt er die Stadt.
Afr. Kr. 89,5–90,1.

29. April 46 (1. März 46; 2. März 46) – Gesandtschaft aus Zama.
Afr. Kr. 92,1.

5. Mai 46 (6. März 46; 7. März 46) – Caesars Ankunft in Zama.
Afr. Kr. 92,4.

17. Mai 46 (18. März 46; 19. März 46) – Rückkehr nach Utica.
Afr. Kr. 97,1.

13. Juni 46 (14. April 46; 15. April 46) – Caesar sticht von Utica aus in See.
    Afr. Kr. 98,1; Plut. *Caes.* 55,1.
15. Juni 46 (16. April 46; 17. April 46) – Ankunft in Caralis (Cagliari).
    Afr. Kr. 98,1; Plut. *Caes.* 55,1; Cass. Dio XLIII 14,2.
27. Juni 46 (28. April 46; 29. April 46) – Caesars Aufbruch aus Cagliari.
    Afr. Kr. 98,2.
25. Juli 46 (25. Mai 46; 26. Mai 46) – Ankunft in Rom.
    Afr. Kr. 98,2; Plut. *Caes.* 55,1; Cass. Dio XLIII 14,2.
August 46 (Juni 46; Juni 46) – Feier der vier Triumphe *ex Gallia, ex Aegypto, ex Ponto, ex Africa de rege Iuba.*
    Span. Kr. 1,1; Liv. *Per.* 115; Plut. *Caes.* 55,2; Suet. *Caes.* 37,1; App. *Bürgerkr.* II 101; Cass. Dio XLIII 19–22.
25.–26. September 46 (24.–25. Juli 46; 25.–25. Juli 46) – Einweihung des Forum Iulium und des Tempels der Venus Genetrix.
    Plut. *Caes.* 55,4; App. *Bürgerkr.* II 102; Cass. Dio XLIII 22,2; *Fast. Pinc.* S. 48; *Fast. Vall.* S. 151.
2. außerordentliche Interkalation 46 (Anfang November 46; Anfang November 46) – Caesars Aufbruch nach Spanien.
    Plut. *Caes.* 56,1; Suet. *Caes.* 56,5; App. *Bürgerkr.* II 103.
Anfang Dezember 46 (Anfang Dezember 46; Anfang Dezember 46) – Ankunft in Obulco.
    Span. Kr. 2,1; Strab. III 4,9; Cass. Dio XLIII 32,1.
19. Februar 45 – Kapitulation von Ategua.
    Span. Kr. 19,6; Cass. Dio XLIII 33,2–34,5.
17. März 45 – Schlacht bei Munda.
    Span. Kr. 31,8; Liv. *Per.* 115; Plut. *Caes.* 56,2–6; App. *Bürgerkr.* II 104; Cass. Dio XLIII 35,4–38,4.
12. April 45 – Caesar in Cadiz. In Hispalis wird der Kopf des Gnaeus Pompeius dem Volk gezeigt.
    Span. Kr. 39,3; Vell. Pat. II 55,4; Plut. *Caes.* 56,6; App. *Bürgerkr.* II 105.
30. April 45 – Caesar in Hispalis.
    Cic. *Att. Br.* XIII 20,1.
Juni–August 45 – Octavius' Ankunft bei Caesar in Spanien.
    Nic. Dam. *Aug.* 21f.; Vell. Pat. II 59,3; Suet. *Aug.* 8,1; Cass. Dio XLIII 41,3.
13. September 45 – Caesar verfaßt sein Testament in seiner Villa bei Lavicum. Adoption des Octavius.
    Liv. *Per.* 116; Suet. *Caes.* 83,1.
Anfang Oktober 45 – Caesars Ankunft in Rom. Feier des Triumphs über die Söhne des Pompeius.
    Liv. *Per.* 116; Vell. Pat. II 56,3; Plut. *Caes.* 56,7; Suet. *Caes.* 37,1; Cass. Dio XLIII 42.
14. Januar 44 – Caesar ist *imperator*, Konsul und zum fünften Mal Diktator.
    Plut. *Caes.* 56,1.
26. Januar 44 – Nach dem Ende der *Feriae Latinae* kehrt Caesar aus Alba nach Rom zurück.
    Plut. *Caes.* 60,3; Suet. *Caes.* 79,1; App. *Bürgerkr.* II 108; Cass. Dio XLIV 10,1.
14. Februar 44 – Caesar wird offiziell die lebenslange Diktatur verliehen.
    Liv. *Per.* 116; Plut. *Caes.* 57,1; Suet. *Caes.* 76,1.

15. Februar 44 – Luperkalienfest: Caesar weist die Königskrone zurück.
  Nic. Dam. *Aug.* 71–75; Liv. *Per.* 116; Plut. *Caes.* 61,1–6; Cass. Dio XLIV 11,2f.
15. März 44 – Ermordung Caesars.
  Nic. Dam. *Aug.* 88–90; Liv. *Per.* 116; Plut. *Caes.* 66,4–14; *Brut.* 17,3–5; Suet.
  Caes. 82,1f. App. *Bürgerkr.* II 117; Cass. Dio XLIV 19,3–5.

Abkürzungen

Die Quellen zu den einzelnen Ereignissen sind wie folgt abgekürzt:
Caes. *Gall. Kr.* = Caesar, *Der Gallische Krieg*
Caes. *Bürgerkr.* = Caesar, *Der Bürgerkrieg*
Alex. Kr. = *Der Alexandrinische Krieg*
Afr. Kr. = *Der Afrikanische Krieg*
Span. Kr. = *Der Spanische Krieg*
App. *Bürgerkr.* = Appian, *Die Bürgerkriege*
App. *Iber.* = Appian, *Das iberische Buch*
App. *Kelt.* = Appian, *Das keltische Buch*
Asc. = Asconius, *Kommentar zu fünf Reden Ciceros* (nach der Ausgabe von
  Clark)
[Aur. Vict.] *über ber. Männer* = [Aurelius Victor], *Über berühmte Männer der
  Stadt Rom*
Cic. *Att.-Br.* = Cicero, *Atticus-Briefe*
Cic. *An s. Fr.* = Cicero, *An seine Freunde*
Cic. *Quint.* = Cicero, *Briefe an den Bruder Quintus*
Cic. *Balb.* = Cicero, *Rede für Balbus*
Cic. *Mil.* = Cicero, *Rede für Milo*
Cic. *Kons. Prov.* = Cicero, *Über die konsularischen Provinzen*
Cic. *Verr.* = Cicero, *Verrinen*
Cass. Dio = Cassius Dio, *Römische Geschichte*
Dion. Hal. = Dionysios von Halikarnaß, *Urgeschichte der Römer*
Flor. = Florus, *Epitome*
Gell. = Gellius, *Attische Nächte*
Flav. Jos. *Jüd. Alt.* = Flavius Josephus, *Jüdische Altertümer*
Flav. Jos. *Jüd. Kr.* = Flavius Josephus, *Geschichte des Jüdischen Krieges*
Liv. *Per.* = Livius, *Periochae*
Luc. = Lukan, *Pharsalia*
Macr. *Sat.* = Macrobius, *Saturnalien*
Nic. Dam. *Aug.* = Nikolaus von Damaskus, *Leben des Augustus* (*FGrHist* 90
  F 125–F 130 Jacoby)
Plin. = Plinius der Ältere, *Naturkunde*
Plut. *Ant.* = Plutarch, *Antonius*
Plut. *Brut.* = Plutarch, *Brutus*
Plut. *Caes.* = Plutarch, *Caesar*
Plut. *Cat. d. J.* = Plutarch, *Cato der Jüngere*
Plut. *Cic.* = Plutarch, *Cicero*
Plut. *Crass.* = Plutarch, *Crassus*
Plut. *Pomp.* = Plutarch, *Pompeius*

Sall. *Cat.* = Sallust, *Die Verschwörung des Catilina*
Strab. = Strabon, *Erdbeschreibung*
Suet. *Caes.* = Sueton, *Caesar*
Val. Max. = Valerius Maximus, *Denkwürdige Taten und Worte*
Vell. Pat. = Velleius Paterculus, *Römische Geschichte*
Vitr. = Vitruv, *Zehn Bücher über Architektur*
Fast. Amit. = *Fasti Amiternini*, in: *Inscriptiones Italiae* XIII 2, curavit A. Degrassi,
    Rom 1963, S. 185–200
Fat. Ant. = *Fasti Antiates ministrorum domus Augustae*, ebd., S. 201–212
Fast. Caeret. = *Fasti Caeretani*, ebd., S. 64–68
Fast. Capit. = *Fasti consulares et triumphales Capitolini*, in: *Inscriptiones Italiae*
    XIII 1, curavit A. Degrassi, Rom 1947, S. 1–142
Fast. cons. = *Fasti consulares*, ebd., S. 346–533
Fast. Maff. = *Fasti Maffeiani*, in: *Inscriptiones Italiae* XIII 2, curavit A. Degrassi,
    Rom 1963, S. 70–84
Fast. Pinc. = *Fasti Pinciani*, ebd., S. 47–49
Fast. Vall. = *Fasti Vallenses*, ebd., S. 146–152

Glossar*

Ädilität, Ädilen (aediles)

Es gibt plebeische Ädilen (aediles plebis) und kurulische Ädilen (aediles curiles). Das Amt der aediles plebis wurde nach der Überlieferung im Jahr 494 zusammen mit dem Amt der Volkstribunen eingerichtet. Die Ädilen hatten die Aufgabe, die plebeischen Archive im Cerestempel zu verwalten (aediles Cereris). Ab 471 (Lex Publilia Voleronis) wurden sie unter dem Vorsitz eines Volkstribunen von den Tributkomitien gewählt, im Jahr 454 erhielten sie das ius multae dictionis sowie das ius contionis. Mit der Lex Valeria Horatia wurde ihnen im Jahr 449 die Unverletzlichkeit zugebilligt. Der Senat beauftragte sie damit, die senatus consulta im Cerestempel aufzubewahren. Das Amt der aediles curules, Angehörige des Patriziats, wurde im Jahr 367 mit den Leges Liciniae Sextiae geschaffen. Im Unterschied zu den aediles plebis waren sie nicht sakrosankt, sie durften die toga praetexta tragen, hatten das Recht auf den kurulischen Sessel (sella curulis), auf das ius imaginum, das ius auspicii und das ius edicendi. Sie wurden unter Vorsitz des Konsuls von den Tributkomitien gewählt und hatten schließlich dieselben Aufgabe wie die aediles plebis. Beide besaßen zwar potestas, aber nicht imperium. Ihre Aufgaben waren die Abhaltung der Märkte, sie hatten die Befugnisse einer städtischen Polizei, die cura annonae (Verpflegung der Stadt Rom), die Durchführung von Spielen und die Aufsicht über die Archive.

Ager publicus populi Romani

Staatsdomäne. Unveräußerlicher und nicht veräußerbarer staatlicher Grundbesitz. Im Laufe der Zeit wurden große Stücke davon an Privatleute und Städte zur Pacht vergeben. Zum ager publicus gehörte ein Teil des ager Romanus (des Territoriums der Stadt Rom), das aus den Eroberungen stammende fremdländisches Territorium (im Zuge der Unterwerfung eines Staates unter die Herrschaft Roms; dieses Territorium war oft für die Gründung von Kolonien bestimmt oder wurde verpachtet) sowie die aus Konfiskationen stammenden bona damnatorum. Der ager publicus wurde zum Teil direkt vom Staat verwaltet (silvae publicae, pascuae, caeduae; saltus, metalla, salinae, lacus, flumina), zum Teil (wiederum in kultivierbares und nichtkultivierbares Land unterteilt) anderen überlassen.

---

* Erstellt von M. Stefania Montecalvo. Die Stichwörter des Glossars beziehen sich auf die republikanische Zeit.

Agrargesetze (leges agrariae)

Gegenstand der Ackergesetze war im allgemeinen die Rückgewinnung von *ager publicus*, der Privatleuten überlassen worden war. Dieses Land sollte an weniger begüterte Bürger vergeben werden. Es waren gewöhnlich die Volkstribunen (seltener die Konsuln), die solche Gesetzesanträge stellten. Mit der Durchführung der Gesetze wurden vom Volk gewählte Kommissare beauftragt. Im Laufe der Geschichte der Römischen Republik wurde immer wieder die Notwendigkeit einer Neuverteilung des *ager publicus* erkannt. Eine erste derartige Maßnahme waren die *Leges Liciniae Sextiae* (367 v. Chr.), die den Besitz an Staatsland auf 500 *iugera* beschränkten, die Weidewirtschaft regelten und Arbeitsmöglichkeiten für Freie garantierten. Die Agrargesetzgebung zeigte jedoch erst nach 340 Wirkung, als weitere Maßnahmen getroffen wurden, um die Ärmsten unter den Plebeiern zu schützen (mit der *Lex Poetelia Papiria* im Jahr 326 und der Zensur des Appius Claudius Caecus im Jahr 312 wurde die Sklaverei wegen Verschuldung abgeschafft). Ab der zweiten Hälfte des 2. vorchristlichen Jahrhunderts wurde die Lösung der Agrarfrage (eine der Hauptforderungen der Popularen) zunehmend schwieriger, und Reformmaßnahmen wie die der Gracchen (Tiberius im Jahr 133 und Gaius im Jahr 122 v. Chr.) stießen auf den heftigen Widerstand konservativer politischer Gruppen. Bekannt ist der Widerstand Ciceros während seines Konsulats gegen den Antrag des Servilius Rullus (63 v. Chr.). Im Jahr 60 widersetzte er sich der *Rogatio Flavia agraria*. Dagegen wurde im Jahr 59 v. Chr. die vom Konsul Iulius Caesar vorgeschlagene *Lex Iulia Campana* verwirklicht.

Ambitus

Ursprünglich war der *ambitus honorum* das Recht eines Kandidaten, Freunde und andere heranzuziehen, um sich Wählerstimmen zu beschaffen. Diese gängige Wahlpraxis verkam binnen kurzer Zeit zum Stimmenkauf. Daher erkannte man die Notwendigkeit eines Gesetzes, das den Kauf von Wählerstimmen unter Strafe stellte. Viele dieser Maßnahmen waren jedoch in Wirklichkeit ein politisches Mittel, um den Gegner aus dem Feld zu schlagen. Bereits im Jahr 432 v. Chr. wurde nach der Überlieferung ein Gesetz verabschiedet, das den Kandidaten das Tragen der *toga candida* nicht gestattete. Die *Lex Poetelia* von 358 verbot Wahlpropaganda außerhalb Roms und bremste den Aufstieg der *homines novi*. Mit der *Lex Cornelia Baebia* von 181 und der *Lex Cornelia Fulvia* von 159 v. Chr. wurden strenge Gesetzesmaßnahmen gegen Wahlmißbrauch getroffen. Besonders in den sechziger Jahren des ersten vorchristlichen Jahrhunderts wurde eine Reihe von Gesetzen *de ambitu* erlassen, zumeist auf Antrag der Volkstribunen, deren Macht unter dem Konsulat von Crassus und Pompeius (70 v. Chr.) wiederhergestellt worden war. Im Jahr 67 v. Chr., nach der gescheiterten *Rogatio Cornelia*, wurde die *Lex Calpurnia* erlassen, und im Jahr 63 brachte Cicero die *Lex Tullia* auf den Weg – Ergebnis eines Kompromisses zwischen dem strikten Gesetzesvorschlag des Juristen Servius Sulpicius Rufus (der von Cato und dem Senat unterstützt wurde) und Pompeius, der für seine Kandidatur für den Konsulat in absehbarer Zeit Vorkehrungen treffen wollte.

Ämterlaufbahn *(cursus honorum)*

In der politischen Praxis in Rom (mindestens ab dem 3. vorchristlichen Jahrhundert) folgte die Bekleidung öffentlicher Ämter einer festgelegten Laufbahn, die von den niederen zu den höheren Ämtern führte (Quästur, Ädilität, Prätur, Konsulat und Zensur), auch wenn diese Reihenfolge nicht immer genau eingehalten wurde. Die *Lex Villia annalis* (180 v. Chr.) legte ein Mindestalter für die wichtigsten Ämter fest (Prätur mit 40, Konsulat mit 43 Jahren) und regelte die Abfolge der Kandidaturen.

Auguratorium

So hieß der nach der Überlieferung von Romulus gegründete Tempel, in dem die Auguren den Vogelflug beobachteten und die Zeichen deuteten. Dieser Tempel lag auf dem Kapitolinischen Hügel und beherbergte vermutlich auch das Archiv, in dem die *fasti*, die *acta augurum*, die Bücher (*commentarii augurum* oder *augurales*), die *decreta* und *responsa* aufbewahrt wurden.

Auguren *(augures)*

Die Priester, die die Auspizien einholten. Sie beobachteten und deuteten die Zeichen in der Natur (vor allem den Vogelflug), um den Willen Iupiters bezüglich bestimmter Handlungen zu befragen und um Priester, Könige, Tempel und Orte zu weihen (*inauguratio*). Eine Liste mit den Aufgaben der Auguren gibt Cicero (*Gesetze* II 8,20f.): Begrenzung des *templum* (eines geweihten und damit als *inauguratus* bezeichneten Ortes) und der *auguria*; Inauguration und Einholung der Auspizien der Magistrate; Inauguration der Orte; Durchführung religiöser Zeremonien. Die *augures privati*, auch *auspices* genannt (in Verbindung mit den *auspicia privata*), waren Berater des Auguren und verloren in republikanischer Zeit ihre Bedeutung, die sie aber bei häuslichen Zeremonien (etwa bei der Inauguration der Eheschließung) beibehielten. Eine wichtige Funktion dagegen erfüllten die *augures publici*, die die Auspizien einholten (Deutung der von Iupiter dem römischen Volk gesandten Zeichen).

Comitia calata

Versammlung der Kurien, die zu religiösen Handlungen, Weihungen oder Testamentseröffnungen einberufen wurden.

Comitia centuriata

Anfangs eine Versammlungsform militärischen Charakters. Die Zenturiatskomitien fanden außerhalb des Pomeriums (auf dem Marsfeld) statt. Die Zenturien wählten die Beamten, denen ein *imperium* verliehen wurde – die Konsuln und die Prätoren – sowie die Zensoren. Im Bereich der Legislative hatten sie das Recht, über Kriegserklärungen abzustimmen (*lex de bello indicendo*) und die Zensoren in ihr Amt einzusetzen *(lex de censoria potestate)*. Nach 218 v. Chr. ging viel von ihren legislativen Befugnissen auf die *comitia tributa* über. In der Rechtsprechung wurden die *comitia centuriata* mit der *Lex Valeria* (300 v. Chr.) durch die *provocatio* zur Appellationsinstanz für alle Prozesse, die über Todesstrafe, Exil, Auspeitschung, die *interdictio aquae et ignis* und Fälle von *perduellio* zu befinden hatten. Die Richter führten das Ermittlungsverfahren mithilfe der Quästoren durch, die Komitien fällten das Urteil. Mit der Einrichtung der *quaestiones* wurde die Macht der Zenturiatskomitien beschränkt.

Comitia curiata

Sie existierten angeblich seit der Zeit des Servius Tullius. Die 30 Kurien (10 für jede Tribus) ernannten und proklamierten den König und billigten die Gesetze. Zur Zeit der Republik wurden ihre Kompetenzen auf die Zustimmung zu Adoptionen (*adrogatio*) beschränkt, wie sie beispielsweise im Rahmen der *transitio ad plebem* durchgeführt wurden. Die Kuriatskomitien verliehen den von den Zenturien gewählten Beamten das *imperium* (*lex curiata de imperio*; zumeist eine reine Formalität); die Komitien konnten vom *pontifex maximus* zur *inauguratio* von Priestern einberufen werden. Schon ab 218 v. Chr. wurden die Kurien durch Liktoren repräsentiert. Ihr Versammlungsort war das Comitium, ein nordöstlich an das Forum angrenzender abgeschlossener Bereich, oder auch das Kapitol.

Comitia tributa

Die nach regionalen Tribus gegliederte Volksversammlung; sie unterstand im Unterschied zu den *comitia curiata* nicht mehr der Rechtsprechung der Patrizier. Es lassen sich zwei Phasen unterscheiden: eine erste (nach der Überlieferung 493–449) mit den *concilia plebis* (Versammlungen der Plebs), die von einem Volkstribun einberufen wurden; ab 449 entstanden nach dem Vorbild der *concilia plebis* die *comitia tributa*, die die Anwesenheit von Patriziern zuließen. Sie traten innerhalb des Pomeriums zusammen. Bei den Tributkomitien führte ein Konsul oder ein Prätor den Vorsitz, und es wurden kurulische Ädilen, Quästoren und *tribuni militum* gewählt. Bei einem *concilium plebis* führte ein Tribun den Vorsitz. Mit der *Lex Hortensia* von 287 v. Chr., die den *plebiscita* auch ohne die Billigung durch den Senat Gültigkeit verlieh, wuchs die Bedeutung der Tributkomitien (siehe auch Volkstribunat).

Contio

Von einem Beamten einberufene Volksversammlung, bei der die Bürger Anordnungen oder Mitteilungen erhielten (*contiones*). Der vorsitzende Magistrat erteilte das Wort dem, der es wünschte (*contionem dare alicui*), aber die Stimmabgabe war allein den Komitien vorbehalten. Die *comitia* dagegen waren eine beschlie-ßende Versammlung, bei der das Volk wählte, und die Aufgabe des Beamten war durch die Formel *agere cum populo* definiert. Bedeutend ist das Zeugnis des Gellius, der schreibt: *Manifestum est aliud esse cum populo agere, aliud contio-nem habere. Nam cum populo agere est rogare quid populum quod suffragiis suis aut iubeat aut vetet; contionem autem habere est verba facere ad populum sine ulla rogatione* (XIII 16). Wenn auf die *contio* die *comitia* folgten, wurde die Versammlung mit der Formel *discedite* aufgefordert, *ire in suffragium* (siehe auch *Komitien*).

Diktatur, Diktator (dictator)

Außerordentliche Magistratur mit außerordentlichen Befugnissen; trat an die Stelle des Konsulats. Die Diktatur wurde nach dem Willen des Senats in beson-ders schwerwiegenden Situationen verliehen. Einer der Konsuln ernannte den Diktator (*dictio*), nachdem er die Auspizien eingeholt hatte, innerhalb des römi-schen Territoriums. Ungewöhnlich waren die Ernennung Sullas, der von einem *interrex* (per Sondergesetz) eingesetzt wurde, und die Ernennung Caesars durch einen Prätor. Im Jahr 44 schaffte Antonius die Diktatur ab (*Lex Antonia de dictatura tollenda*). Der Diktator ernannte sich einen *magister equitum*, erhielt die *lex curiata de imperio* und trat das Amt an. Er besaß ähnliche Machtvoll-kommenheit wie ein König. Er stand über den Konsuln, ja er vereinigte deren Befugnisse in sich. Er war von 24 *fasces* und – ein bedeutsames Detail – den Beilen auch innerhalb des Pomeriums umgeben. Er war weder der *intercessio* noch der *provocatio* unterworfen. Die Anordnungen des Diktators hatten ähnlich wie die der Konsuln den Wert von *edicta*. Die Diktatur dauerte maximal sechs Monate, doch man bemühte sich, die Amtszeit des Diktators auf ein Minimum zu beschränken. Die Ursprünge dieses Amtes liegen im militärischen Bereich, daher war der häufigste Fall die Militärdiktatur (*optimo iure, belli gerendi causa*). Sehr selten waren die Fälle einer nichtmilitärischen Diktatur (um die Konsular-komitien abzuhalten, bei Hochverratsprozessen, um die Senatsliste aufzustellen).

Flamen Dialis

Flamen heißt der Priester, dem der Dienst an einer bestimmten Gottheit zugeteilt war (Cicero, *Gesetze* II 8,20). Die wichtigsten Priester (*flamines maiores*) waren die des Iupiter (*flamen Dialis*), des Mars (*flamen Martialis*) und des Quirinus (*flamen Quirinalis*). Sie wurden vom *pontifex maximus* ernannt und in den *co-mitia calata* inauguriert. Sie waren auch Mitglieder des Kollegiums der Pontifices. Der *flamen Dialis* war der erste unter allen *flamines*; er hatte seinen Sitz auf dem Palatin und wurde mit seiner ganzen Familie als das Eigentum Iupiters betrachtet.

Haruspices

Priester etruskischen Ursprungs, die für die Untersuchung der Eingeweide von Opfertieren und die Deutung von Vorzeichen sowie deren Entsühnung (*procuratio prodigiorum*) zuständig waren. Diese Form der Weissagung wurde zunehmend in den römischen Kult eingegliedert, und im 2. Jahrhundert v. Chr. (Cicero, *Über die Weissagung* I 92) regelte der Senat die Beziehungen zur etruskischen Religion. Am Ende des ersten vorchristlichen Jahrhunderts wurde der *ordo haruspicum* geschaffen, ein Zeichen für die vollständige Eingliederung des Kults in die römische Religion.

Homo novus

Derjenige, der als erster seiner Familie Senatsmitglied wurde und damit eine politische Karriere einschlug. Zwischen dem ersten Konsulat des Marius und dem Tod Caesars wurden elf *homines novi* Konsuln.

Imperator

Dieser Titel wurde per Akklamation der Soldaten dem in einer Schlacht siegreichen General verliehen. Der *imperator* war ein mit dem *imperium* ausgestatteter Beamter – eine Beschränkung, die von Caesar ignoriert wurde, der diese Ehre auch Legaten verlieh. Wer diesen Titel trug, durfte auch Triumphe feiern. Neben dem Heer konnte auch der Senat den *imperator* akklamieren.

Imperium

Das Oberkommando des Heeres und die oberste Rechtsprechung (gewöhnlich der *potestas* gegenübergestellt). Das *imperium* lag beim Volk, wurde aber vom Magistrat gegenüber den Bürgern ausgeübt. Es oblag Konsuln, Prätoren, dem Diktator, Prokonsuln und Proprätoren, dem *magister equitum* (und in der Vergangenheit auch dem König, den *decemviri consulari imperio legibus scribundis* und den *tribuni militum consulari potestate*) bzw. anderen delegierten Beamten. Die Dauer des *imperiums* betrug ein Jahr. Innerhalb des Pomeriums unterlag es erheblichen Einschränkungen, jenseits dieser Grenze waren *provocatio* und *intercessio* nicht möglich. Die Beamte, die das *imperium* innehatten, verfügten über die gleichen Rechte wie diejenigen, die die *potestas* ausübten, darüber hinaus über a) das Recht, inner- und außerhalb Roms die Auspizien einzuholen; b) das Heer aufzustellen und zu befehligen und die Offiziere zu ernennen; c) im militärischen und im zivilen Bereich Recht zu sprechen; d) das Recht der *coercitio*; e) das Recht, das Volk in Zenturiatskomitien zusammenzurufen. Das *imperium* wurde aufgrund der *lex curiata* verliehen; seine äußeren Zeichen waren Rutenbündel und Liktoren.

Inauguratio

Zeremonie, die nach Einholung der Auspizien dem neuen Priester, Beamten oder Ort einen geweihten Charakter verlieh.

Intercessio

Das Einspruchsrecht eines Magistraten gegenüber einem anderen, gleichrangigen oder untergeordneten Magistraten im Falle eines *senatus consultum*, den Komitien unterbreiteter *rogationes* und von Dekreten der Magistrate. Auch die Volkstribunen hatte das Recht der *intercessio*, obwohl sie keine Magistrate waren.

Interrex

Magistratur mit vorläufigem Charakter. In der Königszeit wurde bis zur Wahl des neuen Königs ein *interrex* eingesetzt. Wenn der Inhaber einer Magistratur (gewöhnlich der Konsul) starb, bevor er das *ius auspicii* an seinen Nachfolger übergeben konnte, ging in republikanischer Zeit die Funktion des *interrex* auf die Gesamtheit der *patres* über, die einen Magistrat, den *interrex*, durch das Los bestimmten (es mußte ein Patrizier sein). Der wiederum mußte nach fünf Tagen einen neuen *interrex* ernennen und so weiter, bis es schließlich zur Wahl neuer Konsuln kam.

Klienten, Klientel (clientes, clientela)

Am Anfang waren patrizische Familien mit Familien aus niedrigeren Verhältnissen durch erbliche Beziehung miteinander verbunden. Obwohl diese Beziehung theoretisch auf dem Prinzip gegenseitiger Dienstleistungen basierte, war es in Wirklichkeit ein Abhängigkeitsverhältnis. Die Person (das Familienoberhaupt), mit der der Klient verbunden war, übernahm die Aufgabe des *patronus*. In der Folge verlor die Beziehung ihren sakralen und erblichen Charakter. Die Einrichtung von Klientelbeziehungen ist archaischen Ursprungs und war mit den gesellschaftlichen und politischen Strukturen Roms eng verwachsen, wo es gegenüber relativ einfachen hierarchischen Beziehungen eine vielgestaltige „horizontale" Gliederung der Gesellschaft in *gentes*, Kurien und Tribus gab. Im Laufe der Zeit konnte die Klientel bedeutender Familien erheblichen Umfang gewinnen.

Kohorten (cohortes)

Die Kohorte war das Kontingent von Soldaten, das von jeder verbündeten Stadt geschickt wurde, bzw. eine Abteilung der römischen Legion. Die Aufteilung der Legion in Kohorten geht auf Gaius Marius zurück, der das Heer reformierte und die Kohorte zu einer militärischen Kampfeinheit machte (zuvor war die Legion nach Manipeln aufgeteilt). Jede Legion hatte zehn Kohorten.

Komitien *(comitia)*

Volksversammlungen. Im Unterschied zu den *contiones* (siehe *contio*) war hier die Endabstimmung vorgesehen. Das Procedere der Komitien wurde durch die *Leges Aelia et Fufia* geregelt (um 160, vielleicht 158 v. Chr.): Sie legten die *dies comitiales* fest (195 pro Jahr) und regelten die *obnuntiatio* (siehe dort). Des weiteren durch die *Lex Caecilia Didia* (98 v. Chr.): Sie schrieb vor, daß der Gesetzesvorschlag innerhalb einer bestimmten zeitlichen Frist vor der Abstimmung eingereicht werden müsse, und verbot Vorschläge mit mehr als einer Bestimmung. Weiter durch die *Lex Iunia Licinia* (62 v. Chr.): die Pflicht, eine Abschrift des Gesetzes in Anwesenheit von Zeugen im Aerarium zu hinterlegen. Zwischen der Einberufung und der Sitzung mußten 24 Tage liegen (*trinum nundinum*: drei Markttage); die *rogatio* (siehe dort) mußte bekanntgegeben werden (*promulgata*), sobald der Zeitpunkt der Versammlung bestimmt war; während der 24 Tage dazwischen konnte die *rogatio* Gegenstand von Debatten in *contiones* und öffentlichen Versammlungen sein; bei Wahlkomitien ließen sich die Kandidaten innerhalb eines bestimmten Zeitraums einschreiben (*profiteri*), der von dem mit der Einberufung der Versammlung beauftragten Magistrat festgesetzt wurde. Für die Komitien mußten die Auspizien eingeholt werden (siehe Auguren). Im Falle einer Einberufung durch den Tribun (der nicht das *ius auspicii* genoß) war die Versammlung *inauspicatum*. Wurde ein Blitz (ein Zeichen Iupiters) gesehen, der von rechts nach links verlief, konnte die Sitzung verschoben werden (*obnuntiatio*). Eine Diskussion über Gesetze oder Kandidaten war nicht möglich; ein Herold verlas die *rogatio*, und wenn es seitens eines Tribunen keine *intercessio* gab, wurde abgestimmt. Gewählt wurde entsprechend den einzelnen Kategorien der Komitien: nach Kurien (*comitia curiata*), nach Zenturien (*comitia centuriata*: jede Zenturie hatte eine Stimme; in den zuerst abstimmenden Zenturien der Besitzenden fiel zumeist eine Vorentscheidung) und nach Tribus (*comitia tributa*). Die Stimmabgabe war anfangs mündlich, doch zwischen 139 und 107 wurde durch eine Reihe von Gesetzen die schriftliche Stimmabgabe eingeführt (*Lex Cassia* von 137; *Lex Papiria* von 131 oder 130; *Lex Caelia* von 107). Fand die Wahl mündlich statt, bat der *rogator* jeden einzelnen um Stimmabgabe und verzeichnete auf vorbereiteten Täfelchen die einzelnen Stimmen mit *puncta*. Die schriftliche Stimmabgabe wurde auf Wachstäfelchen verzeichnet, die so groß waren, daß sie bei Konsularkomitien den Namen des Konsuls enthielten; bei anderen Wahlen konnte diese Täfelchen kleiner sein und enthielten: V (= *uti rogas* „wie du verlangst") bei Billigung eines Gesetzesvorschlags bzw. A (= *antiquo*) bei dessen Ablehnung; L (= *libera*) bei Freispruch eines Angeklagten bzw. D (= *damna*) bei Schuldspruch.

Konsulat, Konsuln *(consules)*

Oberste Magistratur, die nach der Überlieferung im Jahr 510 auf Antrag von Lucius Iunius Brutus (zusammen mit Lucius Tarquinius Collatinus erster Konsul) von den Kuriatskomitien eingerichtet wurde. Die Beamten wurden in Kriegszeiten Prätoren (*praetores*, von *prae-itor*, das heißt, der vorangeht und das Heer führt) und in Friedenszeiten *iudices* genannt. Zur Zeit des Dezemvirats (451–450 v. Chr.) nahmen sie den Namen *consules* an (möglich ist aber auch, daß diese Bezeichnung gleichzeitig mit den Begriffen *praetor* und *iudex* gebräuchlich war und den kollegialen Charakter des Amtes anzeigte). Seit 367 v. Chr. konnte nach Verabschiedung der *Leges Liciniae Sextiae* einer der beiden Konsuln auch Plebeier sein. Dank eines im allgemeinen Genucius (Livius VII 42) zugeschriebenen Plebiszits fand im Jahr 342 (bzw. 329 v. Chr.) auch die Möglichkeit Berücksichtigung, daß beide Konsuln Plebeier waren. Das Plebiszit legte weiterhin fest, daß ein Amt ein und derselben Person erst nach einer Wartezeit von zehn Jahren erneut übertragen werden konnte. Dieses zwischenzeitlich abgeschaffte Gesetz wurde später wieder in Kraft gesetzt. Mit der *Lex Villia annalis* von 180 v. Chr. wurde auch eine Mindestaltersgrenze festgelegt. Sie betrug 43 Jahre; außerdem wurde bestimmt, daß der Kandidat zuvor die Prätur bekleiden mußte. Die *Lex Villia* setzte weiterhin fest, daß man nicht unmittelbar hintereinander in dasselbe Amt gewählt werden konnte. Die Konsuln wurden von den Zenturiatskomitien gewählt, die Amtszeit betrug ein Jahr. Die Konsularkomitien fanden in der späten Republik gewöhnlich im Juli statt, aber es gab immer wieder Verschiebungen. Um gewählt werden zu können, mußte der Kandidat mindestes 24 Tage vor der Wahl anwesend sein *(professio)*; aber bis Ende des 4. Jahrhunderts konnte man auch *in absentia* kandidieren. *Consules designati* waren die gewählten Konsuln, die noch nicht ihr Amt angetreten hatten und noch Privatleute waren. Von den beiden Konsuln war *maior* der ältere Konsul, *prior* derjenige, der die meisten Stimmen erhalten hatte. Die Konsuln beriefen den Senat ein und leiteten die Versammlung, sie durften Gesetzesvorschläge vorlegen und waren mit der Ausführung der Senatsbeschlüsse beauftragt. Sie handelten nach Absprache mit dem Senat *(in auctoritate senatus, cum patribus)*. Sie beriefen die Kuriatkomitien und die Zenturiatskomitien ein *(ius cum populo agendi)*, trugen ihre Anträge vor *(rogationes)* und führten den Vorsitz. Nach Absprache mit dem Senat durften sie Verträge mit auswärtigen Staaten abschließen. Sie empfingen fremde Herrscher und Gesandte und führten sie vor den Senat. Ihre rechtsprechende Gewalt wurde im Verhältnis zum König durch *leges Valeriae* sowie *leges Porciae (provocatio)* im Bereich des Strafrechts eingeschränkt, durch die Schaffung der Prätur und der kurulischen Ädilität im Bereich des Zivilrechts. Im administrativen Bereich legten sie den Zensus fest und kontrollierten die staatlichen Fonds, aber im Jahr 443 v. Chr. ging diese Aufgabe an die Zensoren über. Eine weitere Aufgabe war die Provinzverwaltung. Militärisch hatten sie dagegen dieselben Befugnisse wie die Könige: Sie stellten Legionen auf, setzten die Truppenkontingente der Verbündeten fest, standen an der Spitze des Heeres und führten die militärischen Operationen durch. Standen beide Konsuln an der Spitze des Heeres, so wechselten sich sich im Kommando ab. *Consul armatus* hieß der Konsul, der in den Krieg zog, *consul togatus* derjenige, der in Rom blieb. Beim Tod eines der beiden Konsuln berief der andere die Komitien *ad subrogandum* oder *sufficiendum consulem (consul suffectus)* ein, so daß ein Ersatzmann gewählt werden konnte. Die Insignien der Konsuln waren zwölf Liktoren, die Rutenbündel oder *virgae* trugen. Sie gingen dem Konsul voran und schafften ihm Platz, versammelten sich im Haus des Konsuls und begleiteten ihn überallhin, auch außerhalb Roms oder wenn er an der Spitze des Heeres stand, dann mit Beilen in den Rutenbündeln.

Legion (legio)

Abteilung des römischen Heeres, bestehend aus durchschnittlich 6000 Mann, eingeteilt in 30 Manipeln zu jeweils zwei Zenturien (insgesamt also 60 Zenturien unter dem Befehl eines Zenturio). Das Kommando der Infanterie wurde den (sechs) *tribuni militum* übertragen. Die Reiterei befehligte nicht ein einziger, denn sie war in *turmae* von je drei Dekurien eingeteilt. Jede Dekurie wurde von einem Dekurio kommandiert. Zur Verbesserung der Kommandostruktur wurden die Zenturien durch die Manipeln ersetzt. Schließlich ersetzte Marius die Manipeln durch die Kohorten (siehe dort), und zwar jeweils zehn pro Legion. Seit den Samnitenkriegen bestand das normale Heer aus zwei Legionen sowie einer gleichwertigen Zahl von Bundesgenossen.

Magister equitum

Befehlshaber der Reiterei, der vom Diktator ernannt wurde. Er trug die *toga praetexta*, hatte das Recht auf sechs Rutenbündel und auf den kurulischen Stuhl. Er konnte weder vom Diktator abgesetzt werden noch nach Beendigung der Diktatur im Amt bleiben.

Militärtribunen (tribuni militum)

Offiziere mit dem Kommando über die Legion (sechs pro Legion). Sie mußten mindestens fünf Jahre militärische Erfahrung nachweisen. Der Überlieferung zufolge wurde das Amt im Jahr 444 v. Chr. geschaffen. Anfangs von den Konsuln nominiert, wurde ab dem Jahr 362 von den Konsuln nur noch ein Teil bestimmt (*tribuni militum rufuli*), die anderen wurden vom Volk gewählt (*tribuni militum comitiati*), aber wie vorher aus den jüngeren Mitgliedern bedeutender Familien.

Obnuntiatio

Verschiebung der Versammlung durch den Augur aufgrund ungünstiger Vorzeichen (gewöhnlich der Richtung eines Blitzes oder – schlimmer noch – aufgrund eines Donnerschlags). Sprach der Augur die Worte *alio die* zu dem Vorsitzenden der Versammlung, war die Sitzung verschoben (vgl. Cicero, *Gesetze* II 31).

Optimaten (optimates)

Im politischen Kampf in Rom (ab dem 2. Jahrhundert v. Chr.) wurden gewöhnlich *optimates* und *populares* einander gegenübergestellt. Es handelte sich aber in Wirklichkeit nicht um zwei „Parteien", denen bestimmte soziale Gruppen angehörten. In dieser Hinsicht waren die beiden Gruppen im wesentlichen in sich heterogen. Die Optimaten (die Senatsoligarchie und ihre Anhänger) vertraten eine konservativ geprägte Politik. Entscheidend hierzu scheint die Aussage Ciceros (*Staat* I 51), der schrieb, das Heil des Staates (*salus civitatium*) liege „in den Entscheidungen der 'Besten' (*optimorum*)", auch wenn zu seiner Zeit „die Herrschaft weniger (*paucorum*)" den Staat bestimme: *opulenti* und *copiosi*, die nur nominell *principes optimatium* sind. Den oligarchischen Charakter dieser Gruppe verdeutlicht Sallust, der nie den Begriff *optimates* verwendet, sondern von *potentia paucorum* oder auch nur von *factio* spricht.

Patron (patronus)

So heißt der *nobilis* im Verhältnis zu seiner Klientel, der er persönlichen und rechtlichen Schutz verleiht. In früher Zeit stellte der Patron seinem Klienten ein Stück Land zu Verfügung, das dieser mit seiner Familie bearbeitete.

Perduellio

Das *crimen* der *perduellio* ist gleichbedeutend mit Hochverrat (*maiestas*) und hat sakralen Charakter (daher, so manche Forscher, auch die Ernennung der besonderen Magistratur, der *duumviri perduellionis*). Es beinhaltete staatsfeindliches Verhalten (*per* = verstärkend; *duellio* hat dieselbe Wurzel wie *bellum*). Die Verurteilung des Angeklagten war anfangs zwei Beamten anvertraut (den *duumviri perduellionis*), die vom Volk gewählt wurden.

Pomerium

Heilige Grenze der Stadt Rom.

Pontifex Maximus

Das höchste Priesteramt (Oberpontifikat). Der *pontifex maximus* wohnte im Königspalast (*regia*) und wurde als der sakrale Nachfolger der Könige betrachtet. Er repräsentierte alle vom Staat anerkannten Gottheiten und stand über allen anderen Priestern. Seine Aufgabe bestand in der Handhabung der *prodigia*, der Bestimmung von günstigen und ungünstigen Tagen, der *feriae stativae* (feststehende Feiertage) und der *indictiones* (Ankündigungen); in der Ernennung und Leitung der fünf *flamines*, des *rex sacrorum* und der Vestalinnen; in der Überwachung der kultischen Versammlungen; in der Mitwirkung an Eheschließungen mit *confarreatio*, an einigen privaten Opfern und bei allem, was mit häuslichen und Familienkulten zu tun hatte.

Popularen *(populares)*

Wie bei den Optimaten, so war auch die soziale Zusammensetzung der Gruppe der Popularen durchaus heterogen. Der Begriff *popularis* kann sich auf eine Person, auf ein Verhalten oder eine Regelung beziehen. Die Popularen waren die Reformpolitiker und ihr Anhang, sie vertraten ein Programm der sozialen Gerechtigkeit, um auch marginalisierte Schichten in die Politik einzubeziehen (insbesondere den Ritterstand). Immer wiederkehrende Themen der popularen Politik waren die Agrarfrage, die Verteilung von Getreide an die *proletarii*, das Eintreten für die italischen Verbündeten. Die Popularen kämpften auch gegen die Intransigenz der senatorischen Oligarchie *(factio)*. Ein Beispiel für ihre Aktivitäten ist der Versuch, das Mittel des *senatus consultum* abzuschaffen.

Potestas

In administrativer Hinsicht (und im Gegensatz zum *imperium*) umfaßte sie: a) die Einholung der Auspizien innerhalb des Pomeriums; b) das *ius edicendi*; c) die Auferlegung von *multae (ammendae)* und die Konfiszierung von Besitz; d) die Einberufung des Volkes zur Beratung *(contionem habere)* bzw. zu Komitien *(cum populo agere)*; e) Einberufung und Vorsitz des Senats *(cum patribus agere)*.

Prätur, Prätoren *(praetores)*

In der Frühzeit der Republik war der Prätor der in Waffen stehende Konsul. Ab 367 war er nach den *Leges Liciniae Sextiae* ein Beamter, der damit beauftragt war, in Rom die bürgerliche Rechtsprechung auszuüben *(praetor urbanus)*. Er konnte Patrizier oder Plebeier sein. Diesem Prätor gesellte sich ab 241 der *praetor peregrinus* hinzu, der Streitigkeiten zwischen Fremden oder zwischen Bürgern und Fremden zu schlichten hatte. Zu diesen beiden kamen später weitere hinzu, je nach den Erfordernissen der Provinzverwaltung, unter Sulla waren es insgesamt acht. Sie wurden unter Vorsitz des Konsuls von den Zenturien gewählt, und die Provinz wurde verlost *(sortitio provinciarum)*. Bei seinem Amtsantritt erließ der *praetor urbanus* ein Edikt, das ein Jahr Gültigkeit besaß und die Prinzipien enthielt, auf deren Grundlage er seine Entscheidungen traf. Der Prätor sprach nicht Recht, sondern bereitete die Verhandlung vor und leitete sie (er führte den Vorsitz über die *quaestiones*). Seine Delegierten waren die Präfekten *(praefecti)*.

Princeps senatus

Der Senator, der an der Spitze der Senatorenliste stand und das Recht hatte, im Senat als erster das Wort zu ergreifen.

Prokonsulat, Prokonsul (proconsul)

Mit prokonsularischem *imperium* ausgestatteter Promagistrat. Ihm unterstanden gewöhnlich Truppen und Provinzen, die schwierig zu verwalten waren. Im Jahr 327 wurde durch ein Plebiszit das *imperium* des Konsuls Publilius Philo um ein Jahr verlängert. Dies war der erste Fall einer *prorogatio imperii* (die am Anfang des Prokonsulats stand). Nach der *Lex Cornelia de provinciis ordinandis* Sullas von 81 verbrachten Konsuln und Prätoren ihr Amtsjahr in Rom, ein weiteres Jahr als Prokonsuln und Proprätoren in den Provinzen. Im Jahr 52 verfügte Pompeius mit der *Lex Pompeia de provinciis*, daß die Konsuln erst nach einem Zeitraum von fünf Jahren zu Prokonsuln ernannt werden konnten.

Provocatio

Berufung bei den Zenturiatskomitien: Gemäß der *Lex Valeria de provocatione* aus dem Jahr 300 v. Chr. konnte in Rom und bis zu einer Meile vom römischen Territorium entfernt der zur Todesstrafe verurteilte Bürger bei der Volksversammlung Berufung einlegen, die dann in einem Gerichtsverfahren entschied. Die Magistrate konnten keine Körperstrafen vollziehen, wenn sich der Bürger ans Volk gewandt hatte. Gegen Befehle des Diktators und Entscheidungen der *quaestiones* war keine *provocatio* möglich.

Publicatio bonorum

Konfiskation von Gütern (bei Todesstrafe und Verbannung).

Quaestiones

Um der Langsamkeit der Komitien bei der Rechtsprechung in den ihnen aufgrund der *provocatio* übergebenen Prozessen etwas entgegenzusetzen, wurden außerordentliche Gerichte eingesetzt *(quaestiones extraordinariae)*, die ohne Berufung Urteile fällen konnten (da das Volk ja bereits durch diese Richter vertreten war). Für bestimmte Straftaten (Erpressung, Giftmord, Unterschlagung im Amt) wurden ständige Gerichtshöfe geschaffen *(quaestiones perpetuae)*, acht in der späten Republik, unter Vorsitz der Prätoren.

Quästur, Quästoren (quaestores)

In der Königszeit waren die *quaestores paricidii* mit der Untersuchung bestimmter Verbrechenstatbestände beauftragt. Im Jahr 509 v. Chr. wurden sie angeblich mit der *Lex Valeria de quaestoribus* zu staatlichen Beamten und mit der Verwaltung der Staatskasse beauftragt *(aerarium)*. Es gab: *quaestores urbani*, die den Staatsschatz verwalteten *(aerarium Saturni)*; *quaestores pro praetore*, die einen

Promagistrat in die Provinz begleiteten; *quaestores classici*, die die Flottenregister betreuten und sich unter den Verbündeten um Silber, Schiffe und militärische Ausrüstung kümmerten.

Ritter (equites)

Während seit der Zeit des Königs Servius im 6. Jahrhundert v. Chr. die *equites* angeblich die Mitglieder der Reiterzenturien, die Senatoren und die reichsten *iuniores* umfaßten (die Mitglieder des Heeres im Alter zwischen 17 und 40 Jahren), erweiterte sich ab dem 2. Jahrhundert v. Chr. der Begriff und bezeichnete jetzt einen „Stand" (*ordo*). Um Mitglied des Ritterstands zu werden, mußte man ein bestimmtes Vermögen aufweisen (*census equester*), als Freier geboren und unbescholten sein. Die Angehörigen des Ritterstandes widmeten sich dem Handel (als *negotiatores*), der gemäß der *Lex Claudia* von 218 v. Chr. den Senatoren verboten war, und finanziellen Transaktionen (als *faeneratores* oder *argentarii*: Geldverleiher und Bankiers); als Staatspächter (*publicani*) erhoben sie die Abgaben für den Unterhalt des Heeres, für öffentliche Bauarbeiten, Zoll und Steuern; sie waren aber auch Großgrundbesitzer und investierten die Erträge ihrer Aktivitäten in Grund und Boden. Im 2. Jahrhundert v. Chr. und besonders in dessen zweiter Hälfte wuchs die wirtschaftliche Bedeutung der Ritter kontinuierlich an. Gaius Gracchus verschaffte ihnen mit der *quaestio de repetundis* erstmals auch politische Anerkennung: Im Jahr 122 v. Chr. wurden gemäß der *Lex Acilia repetundarum* die aus Senatoren bestehenden Richterkollegien abgeschafft und die Prozesse *de rebus repetundis* den Rittern anvertraut. Symbole des Ritterstandes waren das Staatspferd, der goldene Ring, der *angusticlavius* (ein schmaler Purpurstreifen an der Toga). Im Theater standen ihnen reservierte Plätze zu (was durch die *Lex Roscia* von 67 v. Chr. endgültig festgelegt wurde).

Rogatio

Gesetzesvorschlag; derjenige, der den Vorschlag einbrachte, hieß *rogator*.

Senat (senatus)

Zur Zeit der Monarchie bestand der königliche Rat (*consilium regium*) aus den Familienoberhäuptern der bedeutendsten *gentes* und überwachte die Einhaltung des *mos maiorum*. Ab 509 v. Chr., dem überlieferten Datum für die Errichtung der Republik, wuchs die Bedeutung des Senats. Ihm gehörten 300 Senatoren an (vielleicht entsprechend den drei Tribus und den 30 Kurien). Für die Mitgliedschaft im Senat war der Ritterzensus (400 000 Sesterzen) erforderlich. Die Senatoren hießen *patres et conscripti*: *Patres* waren die Senatoren patrizischer, *conscripti* die Senatoren plebeischer Herkunft, die später in den Senat aufgenommen wurden. Anfangs lag die Auswahl der Senatoren im Ermessen des oder der Konsuln (in der Königszeit im Ermessen des Königs). Es gab zwei Arten von Senatoren: jene, die von den Konsuln ernannt wurden, um verwaiste Senatorenstellen neu zu besetzen, und die ehemaligen Magistrate, die das Recht hatten, ihre Ansicht im Senat vorzutragen (*senatores quibus dicere sententiam in senatu licet; ius sententiae dicendae*). Mit der *Lex Ovinia* (die zwischen 339 und 318 v. Chr. in Kraft trat) ging das Recht zur Besetzung der vakanten Senatorensitze von den Konsuln auf die Zensoren über. Sie wählten alle fünf Jahre unter den einstigen Magistraten jene aus, die bereits das *ius sententiae dicendae* innehatten, gelegentlich auch unter den Nicht-Magistraten. Sie konnten die Unwürdigen aus dem Senat ausstoßen. Je nach den bekleideten Ämtern wurden die Senatoren in *consulares, praetorii* und *tribunicii* aufgeteilt. Sulla erweiterte den Senat um 300 neue Mitglieder (aus dem Ritterstand) und erhöhte die Zahl der Senatoren damit auf 600. Caesar förderte die Aufnahme seiner Anhänger. Im Jahr 45 v. Chr. zählte der Senat 900 Mitglieder. Die Senatoren trugen einen breiten Purpurstreifen auf der Toga, hatten reservierte Plätze bei Spielen und bei religiösen Zeremonien. Sie konnten Italien nur mit Erlaubnis des Senats verlassen. Den Vorsitz im Senat führte derjenige Magistrat, der ihn einberufen hatte (*vocare, cogere senatum*). Die Einberufung geschah durch einen Herold oder durch Briefe an die einzelnen Mitglieder. Die Sitzungen fanden an einem geweihten Ort statt (die erste Sitzung im Jahr jeweils im Iupitertempel auf dem Kapitol). Der Vorsitzende trug den Antrag vor, dann kam es zur Abstimmung bzw. zur Diskussion (nach der Rangfolge: *per singulorum exquisitas sententias; consulere ordine senatum; perrogare sententias*) bzw. zur Endabstimmung. Im Falle einer *intercessio* (siehe dort) blieb die Entscheidung des Senats *auctoritas senatus* (auf beratender Ebene). Die Protokolle der Senatssitzungen wurden unter Aufsicht der Ädilen im Aerarium niedergelegt; Caesar verfügte die Veröffentlichung der *acta senatus*. Der Senat war für die Bewahrung des traditionellen Kults, die Finanzverwaltung, die öffentliche Sicherheit und die Wahrung der Sitten zuständig; ihm oblagen die Beschlüsse über Kriegsführung, Verhandlungen mit fremden Völkern und Staaten, die Verwaltung der dem römischen Volk unterworfenen Territorien. Auf der Ebene der Gesetzgebung billigte der Senat im vorhinein die von den Komitien zu beschließenden Gesetze (*auctoritas patrum*). Er konnte Gesetze vorschlagen, indem er die Konsuln oder Tribunen aufforderte, sich dem Votum des Volkes zu beugen (*agere cum consulibus, cum tribunis, ut ferant*); er konnte dem Volk vorschlagen, einen Bürger von der Geltung eines Gesetzes auszunehmen (*solvere aliquem legibus*). Der Senat konnte außerordentliche Maßnahmen beschließen, beispielsweise, die oberste Gewalt den Konsuln zu übertragen (*videant consules ne quid res publica detrimenti capiat*) (siehe auch *senatus consultum ultimum*). Mit der Erklärung eines *tumultus* forderte der Senat die Bürger auf, das Kriegskleid anzulegen, und brachte vorübergehend das öffentliche Leben zum Erliegen (*iustitium*). Außerdem konnte der Senat jemanden zum Staatsfeind erklären (*hostis*), in einem bestimmten Zeitraum erlassene Gesetze für ungültig erklären (*non videri populum iis legibus teneri*) sowie die Befugnisse von Magistraten beschränken (*circumscribere magistratus*).

Senatus consultum ultimum

Der Terminus wurde erstmals von Caesar verwendet (*Bürgerkrieg* I 5,3). Dies war ein Instrument, mit dem der Senat eine Situation als für das Wohl des Staates bedrohlich einstufte und beschloß, dessen Schutz den Konsuln zu übertragen, indem er ihnen das Recht übertrug, gegen die Urheber der Störung vorzugehen. Im Lateinischen wurde gewöhnlich der Ausdruck *videant consules ne quid res publica detrimenti capiat* (mit Abwandlungen) verwendet. Gewöhnlich wurde das *senatus consultum ultimum* erlassen, nachdem man eine Situation zum *tumultus* erklärt hatte. Soweit wir wissen, setzte man erstmals im Jahr 121 v. Chr. gegen Gaius Sempronius Gracchus und Marcus Fulvius Flaccus dieses Instrument ein; dann erneut im Jahr 100 v. Chr. gegen Lucius Appuleius Saturninus und Gaius Servilius Glaucia; im Jahr 83 v. Chr. in der Auseinandersetzung zwischen Marius und Sulla; im Jahr 63 v. Chr. gegen Catilina und im Jahr 49 v. Chr. gegen Caesar.

Transitio ad plebem

Mit diesem Verfahren wurde ein Angehöriger einer patrizischen Familie von einem Plebeier adoptiert, damit er Ämter bekleiden konnte, die den Plebeiern vorbehalten waren. Das prominenteste Beispiel ist Clodius.

Triumph (triumphus)

Feierlicher Einzug des Siegers in die Stadt mit höchsten militärischen Ehren. Nur die Diktatoren, Konsuln und Prätoren, die Träger des *imperium*, in außergewöhnlichen Fällen auch die Legaten, durften einen Triumph abhalten, wenn sie ein Heer befehligt (und mindestens 5000 Feinde getötet) hatten. Der Triumph wurde vom Senat bewilligt. Die Straßen und die Gebäude wurden zu diesem Anlaß prachtvoll geschmückt. Bei einem Triumph hatte der Kommandant auch innerhalb des Pomeriums den Befehl über das Heer inne. Er sammelte die Truppen auf dem Marsfeld und wurde vom gesamten Senat, den Magistraten und den wichtigsten Bürgern am Triumphtor empfangen (wir wissen nicht, wo es lag, vielleicht war es ein Teil der *porta Carmentalis*). Der Kommandant zog sodann auf einem von vier Pferden gezogenen Wagen in die Stadt ein, vor ihm gingen die Liktoren, ein Sklave hielt einen goldenen Kranz über sein Haupt und erinnerte ihn daran, daß er sterblich war; die Soldaten richteten Spottverse an ihn (*fescennini*). Er wurde von seinen Söhnen und von den wichtigsten Kriegsgefangenen begleitet, die anschließend hingerichtet wurden. Ziel des Triumphzugs war der Iupitertempel auf dem Kapitol.

Volkstribunen (tribuni plebis)

Das Amt des Volkstribunen wurde der Überlieferung zufolge im Jahr 494/493 geschaffen, als die erste Volksversammlung stattfand. Die Befugnisse der Tribunen wurden mit einem heiligen Eid besiegelt (durch die *lex sacrata*). Sie wurden von den Kurien, ab 471 von den *concilia plebis* (auch *comitia plebis tributa* genannt) gewählt. Anfangs fünf, später zehn (bereits ab 449), waren sie keine Beamten, weil sie nicht die Auspizien durchführen durften. Sie übten das *ius auxilii* (bzw. *auxilium tribunicium*) aus, hatten also die Aufgabe, Personen und Eigentum der Plebs zu verteidigen. Ihre Macht wuchs ihnen durch ihre Unverletzbarkeit zu (*sacrosanctitas, sacrosancta potestas*). Ihnen gingen die *viatores* voraus. Sie übten ihre Macht innerhalb des Pomeriums aus, hatten das Recht der *intercessio*, der *obnuntiatio*, der *coercitio* (das Recht, die Erlasse der Plebs und die eigenen Rechte durchzusetzen). Die Tribunen wurden durch *plebiscita* und Gesetze anerkannt, beispielsweise die *Lex Hortensia* von 287 v. Chr., die den *plebiscita* auch ohne Zustimmung des Senats Rechtsgültigkeit verschaffte. Sie hatten Zutritt zu den Senatssitzungen und daher auch das Recht, den Senat einzuberufen und *senatus consulta* einzufordern. Sie erhielten das *ius cum plebe agendi* (das Recht, Volksversammlungen einzuberufen und abzuhalten). Auch konnten sie vor den *concilia plebis* gegen Magistrate Anklage erheben und die Verurteilten in zweiter Instanz vor den Tributkomitien strafrechtlich verfolgen (sie traten als Vertreter der staatlichen Anklage an die Stelle der Quästoren). Von Sulla wurden sie in ihren Befugnissen stark beschnitten (er erkannte ihnen ihre Befugnisse im Bereich der Gesetzgebung fast vollständig ab, ebenso die rechtsprechende Gewalt). Ihre Amtsgewalt (*tribunicia potestas*) wurde von den Konsuln Pompeius und Crassus im Jahr 70 v. Chr. wiederhergestellt.

Zensur, Zensoren (censores)

In der Republik gehörte die Zensur neben der Prätur und dem Konsulat zu den obersten Ämtern. Der Zensor war ein Beamter, der den *census* durchzuführen hatte: die Zählung der Bürger und die Bestandsaufnahme ihres Besitzes, um Pflichten und Abgaben zu bemessen. Die Schätzung des Vermögens wurde auf der Grundlage der Ausrüstung durchgeführt, die sich ein Bürger im Kriegsfall zulegen mußte. Die Zensur wurde der Überlieferung nach im Jahr 443 v. Chr. als Amt eingerichtet, wohl um den Konsuln ihre Aufgaben zu erleichtern. Ab 403 (oder ab 367 mit den *Leges Liciniae Sextiae*) wurde dieses Amt auch den Plebeiern zugänglich gemacht. Es verlor unter Sulla und mit Clodius an Bedeutung. Am Ende der Republik wurde es als veraltetes Amt betrachtet. Es gab zwei Zensoren, die alle fünf Jahre (ab 434/433 dauerte die Amtszeit achtzehn Monate) von den Zenturiatskomitien gewählt wurden. Die Stellung der Zensoren wurde mit der *Lex centuriata de censoria potestate* bestätigt. Die Zensoren machten Gebrauch vom *ius edicendi* (um Edikte zu erlassen), vom *ius contionis* (um eine *contio* durchzuführen) sowie vom *ius coercitionis*. Zu ihren besonderen Aufgaben zählten: a) unter Mithilfe von *curatores tribuum* und *iuratores* den *census* festzulegen (*formula censendi; lex censui censendo*); b) über die Sitten zu wachen (*regimen morum*): Sie hatten das Recht, jeden Bürger über das öffentliche und das Privatleben zu befragen. Zu den Strafen zählte unter anderem der Ausschluß des Bürgers aus seiner Tribus, wobei er alle seine politischen Rechte verlor, oder der Ausschluß aus dem Ritterstand oder dem Senat oder auch der Ausschluß eines Bürgers aus einer städtischen und die Aufnahme in eine ländliche (und damit weniger bedeutende) Tribus. Mit dieser Aufgabe war die Revision der Senatorenliste verbunden. Gegen die Zensusbewertung war keine *provocatio* möglich; c) die Steuern festzulegen (*vectigalia* und *ultro tributa*), das Aerarium zu verwalten (das heißt, sie hatten die Oberaufsicht über das gesamte Staatsvermögen und

schlichteten Streitigkeiten zwischen Privatleuten und dem Staat); d) Verwaltungs-
recht zu sprechen (wenn es um Fragen ging wie Grenzziehung zwischen Staats-
besitz und/oder sakralem und Privatbesitz, widerrechtliches Bauen auf öffentlichem Grund, Wasserleitungen und Wasserversorgung, Verpachtung von Staats-
besitz, Steuerpacht).

Register

Das Register beschränkt sich auf Personen und ausgewählte Sachbegriffe. Der Anhang ist nicht berücksichtigt.

Buchanzeigen

Die Antike bei C.H. Beck
Eine Auswahl

Kai Brodersen (Hrsg.)
Große Gestalten der griechischen Antike
58 historische Portraits von Homer bis Kleopatra
1999. 507 Seiten mit 1 Karte und Zeittafel. Leinen

Leonhard Burckhardt/Jürgen von Ungern-Sternberg (Hrsg.)
Große Prozesse im antiken Athen
2000. 301 Seiten mit 9 Abbildungen im Text. Leinen

Karl Christ
Hellas
Griechische Geschichte und deutsche Geschichtswissenschaft
1999. 534 Seiten. Leinen

Manfred Clauss (Hrsg.)
Die römischen Kaiser
55 historische Portraits von Caesar bis Iustinian
2., durchgesehene Auflage. 2001. 501 Seiten mit 55 Abbildungen
und 2 Karten. Broschiert

Hellmut Flashar
Sophokles
Dichter im demokratischen Athen
2000. 220 Seiten. Leinen

Hans-Joachim Gehrke
Kleine Geschichte der Antike
1999. 243 Seiten mit 124 Abbildungen, davon 61 in Farbe, sowie 3 Plänen und 2 farbigen Karten als Vor- und Nachsatz. Gebunden

Verlag C.H. Beck

Volkert Haas
Babylonischer Liebesgarten
Erotik und Sexualität im Alten Orient
1999. 208 Seiten mit 10 Abbildungen und 1 Karte. Gebunden

Karl-Joachim Hölkeskamp/Elke Stein-Hölkeskamp (Hrsg.)
Von Romulus zu Augustus
Große Gestalten der römischen Republik
2000. 394 Seiten mit 4 Karten. Leinen

Niklas Holzberg
Ovid
Dichter und Werk
2., durchgesehene Auflage. 1998. 220 Seiten. Leinen

Werner Huß
Ägypten in hellenistischer Zeit 332–30 v. Chr.
2001. 890 Seiten mit 1 Stammtafel und 2 Karten. Leinen

Jörg Rüpke
Die Religion der Römer
Eine Einführung
2001. 260 Seiten mit 24 Abbildungen. Broschiert

Leonhard Schumacher
Sklaverei in der Antike
Alltag und Schicksal der Unfreien
2001. 320 Seiten mit 146 Abbildungen. Leinen

Michael Theunissen
Pindar
Menschenlos und Wende der Zeit
2000. XVIII, 1094 Seiten. Leinen

Verlag C. H. Beck